国王神迹

英法王权所谓超自然性研究

〔法〕马克·布洛赫 著

张绪山 译

商务印书馆
The Commercial Press

Marc Bloch
LES ROIS THAUMATURGES

根据 *Les rois thaumaturges: étude sur le caractère surnaturel attribué a la puissance royale particulièrement en france et en angleterre*, Gallimard 1983;
The Royal Touch: Sacred Monarchy and Scrofula in England and France, translated by J. E. Anderson, Routledge & Kegan Paul 1989 对照译出。

涵芬楼文化 出品

【图版一】 一位法国国王领受圣餐的面包与酒,并准备触摸瘰疬病患者。16 世纪的图画,作者未知:都灵,王室美术馆第 194 号。吉罗东(Giraudon)拍摄。见本书第 451—453 页。

当代的专家们认为,此画出自贝纳尔·冯·奥尔雷(Bernard Van Orley)之手,是圣克鲁瓦教堂的一幅三折画中的一面,于 1515—1520 年间为弗尔讷的圣瓦尔堡教堂(Sainte-Walburge de Furnes)所作。场景仍不可解。似可肯定的是,场面上有一位法国国王及一些乞求治疗的患者。(雅克·勒高夫注)

【图版一(附)】 圣马库尔向一位法国国王传达治病能力。圣里基耶修道院(索姆省)。见本书第285—286、457—458页。

【图版二】 一位法国国王与圣马库尔治疗瘰疬病患者。圣坛画,17世纪下半叶,被认为是米歇尔·布永(Michel Bouillon)所作:图尔奈,圣布里斯教堂。J.梅西安(J. Messiaen)摄。

【图版三】 法国国王亨利四世触摸瘰疬病患者。版画,作于1594—1610年间。埃南(Hennin)收藏,巴黎国家图书馆。国家图书馆摄。

【图版四】 英国国王查理二世触摸瘰疬病患者。版画，罗伯特·怀特（Robert White）所作：J. Browne, *Chrisma Basilikon*, 1684 卷首插图，伦敦不列颠图书馆。雷·加德纳（Ray Gardner）摄。

目　录

意大利文版序言（卡洛·金兹堡）　　／i
序　言（雅克·勒高夫）　　／xiii
致　谢　　／li

导　言　　／1

第一卷　起　源

第一章　瘰疬病触摸治疗的肇始　　／13

1 瘰疬病　　／13
2 治病仪式在法国的开端　　／14
3 治病仪式在英国的开端　　／27

第二章　国王治病能力的起源：
中世纪早期数世纪王权的神圣化　　／37

1 神圣化王权的演化：圣化礼　　／37
2 神圣之人的治疗能力　　／58
3 卡佩家族早期及亨利一世的王朝政策　　／61

第二卷　国王奇迹的辉煌及其变迁

第一章　15世纪末叶以前瘰疬病触摸治疗及其流行　　／71

1 法国与英国的触摸仪式　　／71
2 国王触摸的流行　　／78

3 中世纪医学文献所见国王对瘰疬病患者的触摸　　/ 95
　　　4 教会对瘰疬病触摸治疗的观点　　/ 99
　　　5 瘰疬病触摸治疗与各国间的对立；模仿的意图　　/ 123

第二章　英国王权的第二奇迹：治病戒指　　/ 135
　　　1 14世纪的戒指仪式　　/ 135
　　　2 传说上的解释　　/ 137
　　　3 戒指仪式的魔法渊源　　/ 141
　　　4 国王奇迹如何战胜魔法疗术　　/ 147

第三章　王权的奇异和神圣：
　　　　从瘰疬病触摸治疗之初到文艺复兴时期　　/ 159
　　　1 国王的教士特性　　/ 159
　　　2 涂油礼问题　　/ 188
　　　3 一些传说：法国君主主题系列；
　　　　英国圣化礼中的圣油主题　　/ 196
　　　4 一些迷信：国王胎记；国王与狮子　　/ 215
　　　5 结　论　　/ 227

第四章　一些混同的信仰：圣马库尔、法国国王和第七子　　/ 231
　　　1 圣马库尔传奇与崇拜　　/ 231
　　　2 圣马库尔及法国诸王创造奇迹的能力　　/ 248
　　　3 第七子、法国诸王与圣马库尔　　/ 261

第五章　宗教战争与绝对君主制时期的国王奇迹　　/ 275
　　　1 危机发生前创造奇迹的国王　　/ 275
　　　2 文艺复兴与宗教改革　　/ 291
　　　3 专制主义与神圣王权；法国君主系列最后的传说　　/ 305
　　　4 法国绝对专制时期和英国内战初期的瘰疬病触摸治疗　　/ 320

第六章　国王触摸的衰亡　/ 339

    1　对国王奇迹的信仰如何消失　/ 339
    2　治病仪式在英国的终结　/ 346
    3　治病仪式在法国的终结　/ 354

第三卷　对国王奇迹的批判性解释

    1　进行理性解释的初步尝试　/ 365
    2　人们何以相信国王的奇迹　/ 375

附　录

一　法国和英国王室账簿中的国王奇迹　/ 387
    1　法国账簿中的瘰疬病触摸　/ 387
    2　英国的账簿　/ 391

二　图像说明　/ 403
    1　对瘰疬病的触摸治疗　/ 404
    2　医疗戒指圣化礼　/ 413
    3　圣马库尔与法国诸王　/ 413

三　国王涂油礼及圣化礼的肇始　/ 417
    1　西班牙的西哥特王国　/ 418
    2　法兰克王国　/ 419
    3　加洛林帝国的涂油礼　/ 420
    4　英　国　/ 422
    5　凯尔特诸国　/ 425
    6　加冕礼；王冠交接与涂油礼合为一体　/ 427
    7　涂油礼的存续；在德国的中断　/ 428
    8　拜占庭帝国　/ 431

四　让·戈林《论圣化礼》节录及简析　　／ 437

五　法国诸王举行圣化礼后前往科尔贝尼朝圣
　　及圣马库尔圣物向兰斯的迁移　　／ 449

六　补充与修正　／ 453
　　1　日耳曼各族的原始共和制度　　／ 453
　　2　充当祭司的法兰克国王　　／ 454
　　3　百合花传说中的图像学　　／ 455
　　4　诺曼诸公爵的圣化礼　　／ 455
　　5　国王詹姆士二世身后的奇迹　　／ 457
　　6　Gratia Gratis Data　　／ 457
　　7　第七子或第七女；百合花与圣马库尔　　／ 458
　　8　杂补与修正　　／ 459

参考书目　　／ 463

索　引　　／ 477

译后絮语　　／ 519

意大利文版序言

卡洛·金兹堡[1]

这里将要呈现给意大利读者的这本书,其命运着实离奇曲折。它的广博与新颖吸引了许多不同学科学者的关注,赢得了他们的赞誉,如阿尔凡代里(Alphandéry)、圭涅伯(Guignebert)这样的宗教史家,桑代克(Thorndike)这样的科学史家,布隆代尔(Blondel)这样的心理学家,更不必说赫伊津哈(Huizinga)了。尽管如此,这本书似乎并未在历史学界激起它本所应有的反响。恰恰相反,我们历史学家觉得它冗长而又混乱,这点已经讲得够多了。但除此以外,这本书还有其他东西值得一提。简要地重述这一著作的起源及意义,将对我们有所助益。

《国王神迹》是在布洛赫个人经历(不单是学术经历)中一个十分确切的时刻写就的。它是《国王与农奴》(*Rois et serfs*, 1920)之后,布洛赫的第一部视野开阔的作品;前者是布洛赫的学位论文,不太具有原创性,且由于外部因素而被迫缩减了篇幅。此外,《国王神迹》还标志着布洛赫的兴趣超越了更传统的历史学的边界——某位批评者(R.法弗

---

[1] 卡洛·金兹堡(Carlo Ginzburg, 1939—),意大利历史学家,微观历史学(microhistory)研究的代表人物,著有《奶酪与虫》(*Il formaggio e i vermi*, 1976)、《心醉神迷》(*Storia notturna: Una decifrazione del Sabba*, 1989)等作品。本文是他为意大利文版《国王神迹》所写的序言。——译者

捷［R. Fawtier］）甚至认为它已经不算是历史学了——这是布洛赫借鉴了涂尔干（Durkheim）理路的结果。就在1924年，即《国王神迹》出版的这一年，布洛赫曾在《历史评论》（Revue historique）上撰文评论吕西安·费弗尔（Lucien Febvre）的《大地与人类演进》（La terre et l'évolution humaine）。在该文中，布洛赫指出，整整一代法国历史学家都受到了维达尔·德·拉布拉什（Vidal de la Blache）和涂尔干两位大师的影响。然而，如果说从年轻时代对法兰西岛（Ile de France）的研究到《法国农村史》，拉布拉什的人文地理学对布洛赫的吸引力显而易见，那么他与涂尔干之间的关系则更为复杂。我们可以将布洛赫28岁时在亚眠中学发表的讲演作为第一个参照点。这篇讲演作于1914年末为学生颁奖时，后来以《历史批判与证据考证》（Critique historique et critique du témoignage）为题出版。该文并不仅仅是一篇应时之作；而且，与费弗尔在时隔近四十年后将其重版时的论断恰恰相反，布洛赫在这篇文章中所持的立场，与他本人作为成熟历史学家所持的立场之间有着显著的差异。1914年困扰布洛赫的问题，是如何在自然科学面前主张历史学研究的有效性，更确切地说，即：对于个别的历史事实，批判的、科学的知识如何可能。这种对自然科学模式的效仿，当然是实证主义的老生常谈；然而，如果我们记得涂尔干为《社会学年鉴》（Année sociologique）的首部合订本（1896年）所做的著名序言，便会明白布洛赫的意图的确就是如此。在这篇序言中，涂尔干对比了由"个人或群体的传记"构成因而缺乏科学意义的历史事实，与"那些似乎更易于在一个触手可及的未来被并入科学，即能够被比较的事实"；这里所说的科学无非是指社会学。换言之，对涂尔干而言，历史学要么是不科学的，因而仍旧局限在奇闻轶事的范围之内；要么是科学的，即能够运用比较的方法，将事实视作阐明规律的工具，因而与社会学等同。为了在这一论断面前为历史学研究辩护，布洛赫坚持历史研究具有"科学性"。他指出，历史学家固然与物理学家或者生物学家不同，其工作必须建立在遗痕、证据的基础之上，但存在着一种"历史批判"，一种"对证据的批判"。例如，1848年2月激起巴黎革命的那声枪响，是来自一个卫队士兵还是来自一个游行抗议者？原则上，通过这种批判，学者们能够在这种问题上达成共识。之所以说是"原则上"，是因为布洛赫承认，在实践中，即便是对那些最为确切的证据而言，其价值也是非常难以考察且不确定的。

这个例子必然会导向怀疑主义。这也许足以证明，1914年的布洛赫在何种程度上仍然与"事件"史有所关联；这种历史学以朗格诺瓦（Langlois）与瑟诺博司（Seignobos）的名字为代表，布洛赫本人与费弗尔后来向这种历史学宣战，赢取了他们最辉煌的胜利之一。要理解这一点，对比一下布洛赫青年时代的讲演，与朗格诺瓦和瑟诺博司撰写的著名教科书《历史研究导论》(Introduction aux études historiques, 1898)第二部分的第七章《真诚性及精确性之消极内证》(Critique interne négative de sincerité et d'exactitude)，就足够了。多年之后，布洛赫在写作《历史学家的技艺》(Métier d'historien)一书——作为一名历史学家对方法论的思考，布洛赫的这部遗作注定将广受好评——时，引用了这篇讲演中的词句和事例。究竟是谁打响了"激起"二月革命的著名一枪，这可以说是一个不可解的困局；而在《历史学家的技艺》中，布洛赫以其典型的方式，一举从这个困局中摆脱出来：他指出，托克维尔已经意识到，那次骚动的根源在许久之前便不可考了。随着这一立场上的改变，布洛赫不再将自然科学模式与历史研究模式看作是对立的，并且认识到了历史研究具有特殊性。这一改变仿佛是布洛赫作为历史学家在思想上发展成熟过程的缩影。从某些方面来说，这个过程似乎在1921年已经完成，其标志是一篇题为《一位史学家对战争虚假消息的思考》(Réflexions d'un historien sur les fausses nouvelles de la guerre)的论文，这篇论文发表于由贝尔（Barr）主编的《历史综合评论》(Revue de synthèse historique)。可以说，这篇思路极为清晰明澈的文章是《国王神迹》名副其实的导言。

布洛赫在此的出发点仍然是对证据的批判。心理学家已对有关见证问题做过实验和研究，他们就怀疑主义为历史学家上了一课。心理学家已经证明，即便是目击证人，也时常看不见事情的经过，或是看得并不真确：可以想见历史学家一般情况下所必须依赖的间接证据会有多大价值。然而，这时布洛赫却突然离开了他直至此刻都在其中进行讨论的那个领域。他指出,"必须加一句,这种怀疑主义只触及了那些非常肤浅的东西;法制史、经济史、宗教史仍然完好无损;历史中最深层的东西应是最真确的"。对历史学家来说,错误并不总是一种异物(corpo estraneo),能够借助尽可能精确的研究工具而排除:它也可以成为研究的对象。"错误的说法煽动了民众。谣言以各种形式传播开来——简单的闲话、谎言、传说——而这里面包含着人类的生活。它们是如何诞生的?什么样的因素促成了它们的存在?它们的传播是通过口口相传还是以书面的形式?任何问题都不及这个问题更能引起热爱历史思考之人的兴趣。"所以,在撰写《国王神迹》之时,布洛赫触及一种"更为深层"的历史。在这个层面上,他试图解决历史研究在自然科学面前具有何种程度的确定性的问题。布洛赫与此前一代史学家,与朗格诺瓦和瑟诺博司之间,有着清晰的距离。正如有人正确指出的那样,[1] 朗格诺瓦和瑟诺博司在他们撰写的方法论教科书中认为,现象("意见……宗教教义……知识")是更为"确定"的东西,艺术史、文学史、科学史、哲学史、法制史、大众信仰史所研究的正是这些现象。然而,他们认为,在这些"专门史"之上,还存在着一种"普遍史"。这种普遍史等同于传统的政治史、"事件"史,"名副其实的历史学元素"(着重处系我所加)便寓于其中;"事实上,具体的行为是由某个人或某个群体在某个时刻所做出的"。因此,从严格意义上,尽管我们前引布洛赫的那句话,在方法论层面算不得新颖,但它指明了这样一个方向,即以一种更为"深层"、题材更为广泛的历史学名义,拒绝狭隘、肤浅的政治史。我们将看到,这种历史学同样适用于专门的政治史问题。布洛赫再也不曾背离这个方向:在《历史学家的技艺》中,布洛赫再次使用了包含如上文引述的那句话

---

[1] 见阿纳尔迪(G. Arnaldi)为布洛赫《为历史学辩护或历史学家的技艺》所做的导言(introduzione a M. Bloch, *Apologia della storia o mestiere dello storico*, Torino 1969, p. XXXIII)。在这篇导言中,阿纳尔迪更正并补充了我在《中世纪研究》(*Studi medievali*, s. 3ª, VI, 1965)上发表过的一篇论文。在此我也再次论及了那篇论文的部分内容。我与阿纳尔迪之间的分歧可见下文。另外,阿纳尔迪指出,朗格诺瓦和瑟诺博司在他们撰写的教科书中提及了"战争史",但丝毫没有否定意味(*Introduction aux études historiques*, Paris 1898, p. 205;又见阿纳尔迪的前述导言,p. XVIII)。

在内的《对战争虚假消息的思考》的大量内容。

勒费弗尔（Lefebvre）的《大恐慌》(*La grande peur*)是心态史研究的另一部名著，以布洛赫本人为这部著作所下的定义，我们可以说，《国王神迹》研究的主题是一则"巨大的虚假消息"：对法国和英国国王治愈瘰疬病的神奇力量的信仰。布洛赫以极卓越的才能，将这一信仰、这一表面上看来无足轻重的现象当作一条线索，引导我们前进。或者可以说，它像是一台极灵敏的地震仪，以精准而优美的方式记录了欧洲历史上的一个重大现象，即君权及与之相关联的意识形态从中世纪直到现代的兴衰。事实上，布洛赫的研究是在两个层面上进行的。一方面，他借助极其精细的批判方法，消解了国王奇迹之神秘（正如有人所说，不乏伏尔泰式的讥讽），并追溯信仰的起源，将其归因于王朝政治的操控。另一方面，在"错误"与传奇之外，他发现了一种更为深层的现实，那便是"集体表象"(représentations collectives)，它使得对法国和英国国王神奇力量的信仰得以维持并传播。多年之后，布洛赫在《历史学家的技艺》中写道，他这一代人的任务，就是调和朗格诺瓦和瑟诺博司的博学、对史料的忠实，与涂尔干所关注的问题的广度。从某种意义上说，《国王神迹》中互相交织的两个层面，对应了这两方面的抱负；在文体上，这两个层面也分别对应了两种不同的风格，即历史学家消解神秘智识时那愉快的讥讽，及对病痛折磨下的穷人所持幻觉的同情，虽然这种同情不是漫无限度的。

布洛赫在《国王神迹》中使用了"集体表象"这样的关键性术语，这是他重回涂尔干的理路并使其开花结果的明证。在方法论上，使布洛赫走向成熟的，无疑是斯特拉斯堡大学高度活跃的学术环境，布洛赫自1919年起便任教于此；是与费弗尔的相遇以及两人之间持久的友谊，费弗尔是《腓力二世与弗朗什孔泰》(*Philippe II et la Franche-Comté*)一书的作者。此外，布洛赫与那些研究内容涉及涂尔干的学者亦有相当密切的关系，如夏尔·布隆代尔（Charles Blondel）和莫里斯·哈布瓦赫（Maurice Halbwachs），这两位分别是《集体心理学引论》(*Introduction à la psychologie collective*)和《记忆的社会结构》(*Les cadres sociaux de la mémoire*）的作者。布洛赫相当关注这些著作，并为它们撰写过书评。然而，布洛赫选择《国王神迹》这样一个看似怪异且无足轻重、近乎一则历史"轶事"的题材，这本身已显示出其兴趣发生了改变和深化：现在我们知道，这一改变与深化就发生在布洛赫前往斯特拉斯堡之前。夏尔－埃德蒙·佩兰（Charles-Edmond Perrin）讲过这样一件事。1919年2月，他与布洛赫一同到下孚日山（Bassi Vosgi）远足。战争结束了，这两位已成为战友的历史学家将在不久后退伍。登临巴尔峰（Haut-Barre）的峰顶，俯瞰着阿尔萨斯平原，布洛赫对朋友讲起自己未来的研究计划："待我完成农村史研究之后，我将着手研究在兰斯地方进行的国王圣化礼。"此时布洛赫已萌生了撰写《国王神迹》的念头。如前所述，他出版《国王与农奴》之后，便专注于《国王神迹》的研究与写作。但是，为什么布洛赫会在这个时间，恰巧选定了这个主题呢？

关于《国王神迹》的起源，我们可以在布洛赫的许多作品中找到间接的线索。有一次，在讨论西米昂（F. Simiand）关于经济理论和价格史的著作时，布洛赫涉及了一个非常著名的问题，即"实验"（expérimentation）与"经验"（expérience）之间的区别。布洛赫认为，从严格意义上说，"实验"仅在自然科学中具有特权地位。化学家或生物学家能够在实验室中重复某个特定现象，并变换可能的环境条件。反之，历史学家则不得不安于现实提供给他的"经验"；他至多能够以类推的方法，从经验中得出关于他所研究的现象的宝贵线索：这有点像医生研究疾病。疾病并不是由医生制造出来的，而是某种自然的"经验"。"不可能有意地去煽动一场恐慌或宗教狂热——即便可以做到，也不会有人胆敢这么去做。"十年后，在《历史学家的技艺》中，布洛赫在一个略微不同的背景下这样写道。对布洛赫来说，当时的战争以及战壕中的生活，正是一种巨大的"经验"。这种经验将他推入一个异常的环境之中。这个环境从某种意义上说是人为的；如果不考虑年代错置的问题，它与布洛赫后来在《国王神迹》中试图从历史学角度去重构的那种环境有些相似。在前述《关于战争虚假消息的思考》一文中，布洛赫写道，审查制度令前线的士兵们不再信赖报章上的报道，或是来自后方的书信中偶尔包含的消息。这催生了"口头传统——传奇与神话的古老源头——的惊人复生。人们做梦也没有想过的最大胆的实验就这样一下子发生了（着重处系我所加）。几个世纪前已被废除的审查制度的再临，将前线的士兵重新带回到了旧时代的信息手段与精神状态：面对报纸、传单、书籍"。因而，"虚假消息"从这种环境中诞生了。此处布洛赫又做了一次类比。"历史学家应当去认识那些组织形式极其松散的社会。在这些社会中，不同社会组织之间的接触稀少而困难——在动荡的时代，是通过流浪汉、托钵修士、小贩——更加常规的接触方式，则是通过集市或宗教节日。"在前线，充当这种中介的是联络员、接线员、炮兵技术员，而厨房则是尤其便利于虚假消息产生和传播的场所。正如布洛赫在《历史学家的技艺》中重谈这个问题时所说的那样，他亲眼看到战争是如何制造了一个准中世纪式的社会及与之相应的精神状态。《国王神迹》正是脱胎于这种经验。

《国王神迹》与战争经验之间的联系并未被研究者们所低估。第一次世界大战中野蛮与非理性的爆发，对许多理智清明的欧洲知识分子来说，自然是一次影响深远的冲击。只消提及弗洛伊德的例子就够了：他借由心理分析理论，本已察觉到人类本性中具有根深蒂固的毁灭冲动；但在战争中目睹的事实令他痛苦地确信，这种毁灭冲动确实存在。此后，弗洛伊德再次彻底修改了关于人类本能的整套理论，为的是将"死亡本能"加入其中。或者，举一个例子，这个例子与布洛赫，特别是与写作《国王神迹》时的布洛赫更为贴近：想一想阿比·瓦尔堡（Aby Warburg）的情况。前线的疯狂，这样一场几乎如预言般直观而恐怖的战争的可怖景象，都对他造成了冲击；瓦尔堡最终投身于对占星术和巫术信仰的研究，其目的正是借由如此非理性[1]的题材所蕴含的理性成分，驱除内心的魔鬼。这些例子将我们带到了一个距离布洛赫著作十分遥远、迥然不同且更富戏剧性的层面。然而，我们已经看到，如同水印在逆光下浮现，

---

[1] "非理性"一词在原文中是"燃烧的"。据金兹堡本人对译者所做提问的书信答复，此处暗指意大利史学家坎蒂莫里（Delio Cantimori）所做的一个比喻：瓦尔堡学派如同沙罗曼蛇，能够毫发无损地穿越非理性之烈焰。——译者

倘若进行逆向解读，便能发现《国王神迹》之中亦包含着战争的经验。那种向古代倒退的经验，那种以战争为代表、全然不受控制的非理性情感的回潮——布洛赫似乎试图具体地描绘它们，同时弘扬静穆的、启蒙式的信念，这种信念正寓于理性消解神秘的力量之中。于是，我们再一次回到了本书的特征，即两个层面的互相交织。

我们知道，在完成《国王神迹》之后，布洛赫的研究走上了另一条道路。但同样已有人指出，布洛赫再也没有放弃这样一种倾向，即将社会史或经济史问题还原为心态史问题。我们只需指出这一点就够了：布洛赫坚持强调，要从主观的、心理学的角度来解释"社会阶层"这个概念。此外，《封建社会》（*Société féodale*）关于心态和集体记忆的部分，在全书中显得最为鲜活，这也绝非偶然。不过，开拓"历史心理学"（psychologie historique）这一新研究方向的使命，是由布洛赫的著名友人、合作者吕西安·费弗尔来承担的。费弗尔的论述出现在两篇非常著名的文章中，这两篇激动人心的文章同样面世于一个具有特殊意义的时刻。让我们来看看它们的出版时间：《历史学与心理学概观》（*Une vue d'ensemble: histoire et psychologie*）问世于1938年，《如何重构过往的情感生活：感性与历史学》（*Comment reconstituer la vie affective d'autrefois. La sensibilité et l'histoire*）问世于1941年。在这两篇文章中，费弗尔要求赋予激情、情感以及非理性冲动（他使用"心态"或"感性"这样的术语来界定这些非理性冲动）以实际的历史重要性。这是费弗尔对当时所面临的问题做出的回答。这些问题中仍包含战争，但这次战争是一场失败的战争。另一个问题是如何应对纳粹主义。当时纳粹主义诉诸血统与土地的神话，并赞颂暴力。尽管存在着对审查制度的顾虑，1941年那篇文章的结论已经足够清晰了。

费弗尔的大声疾呼并没有落空：时至今日，整个"历史心理学"或者"心态史"学派仍在援用费弗尔的理论。然而，将近三十年过后，似乎有理由认为，费弗尔与他的后继者们的研究做到的是单纯阐明问题，并没有走得更远。（尽管在这个问题上也有例外存在，但在此讨论它们会显得太过离题。[1]）我们看到，一旦缺少了大师的文采，仅凭借灵感便不足以掩盖研究中的漏洞与架构上的薄弱。如巴尔布（Z. Barbu）的《历史心理学问题》（*Problems of Historical Psychology*, London, 1960）——它在一个具有异质性的背景下重提费弗尔的那些论点——这样的著作，证明了我们仍然局限于（或者只是稍微超越了）对原则的讨论。此外，对于有关这一类研究的驳斥与争议来说，也是如此。人们可能会觉得，由费弗尔的著名论文与研究所推动的那种"历史心理学"，实际上也许是一个错误的起点。这一点已经被事实所证明。例如，韦尔南（J. -P. Vernant）在其引人入胜的《希腊人的神话与思想》（*Mythe et pensée chez les Grecs*, Paris 1965）一书中，从副标题开始便将自身定义为"历史心理学研究"。但韦尔南几乎有意不提费弗尔及其后继者的名字，而是返回到梅耶尔森（I. Meyerson）的研究。梅耶尔森在《心理学功能及其作用》（*Fonctions psychologiques et les œuvres*, Paris, 1948）一书中，向心理学家们倡议将历史学向度纳入考虑。毫无疑问，人们可以认为，这一提议证明了费弗尔的历史心理学是恰逢其需、恰得其时的。但另一方面，梅耶尔森这本书的扉页上，意外地出现了题献给夏尔·瑟诺博司的献词，而后者恰恰是被费弗尔作为声名狼藉的"直陈的历史学"（histoire historisante）之代表而大加挞伐的历史学家，这似乎悖谬地证明了这两个派别之间的隔阂，尽管它们都打着"历史心理学"的旗号。

《国王神迹》并未对其后的学术发展产生影响，甚至连间接的影响都没有；然而，如果今天人们仍将这部书作为心态史研究来阅读的话，它必定会影响到最新的那些学术进展——尤其会影响到费弗尔所提出的那种历史心理学。毫无疑问，作为一项心态史研究，《国王神迹》是值得赞赏的。它的内容极为充实、具体（这在许多章节中都有所体现），可谓引人入胜；它探讨的问题具有普遍意义，而文字上亦颇有可观之处。这也正是费弗尔作品的特征，如著名的《16世纪的无信仰问题》（*Le Problème de l'incroyance au XVIᵉ siècle*）的最后一部分。布洛赫能够从

---

1 据金兹堡本人书信答复，在此所说的"例外"是指雅克·勒高夫。——译者

诸如英国国王的账目记录这样枯燥的档案中提取出宝贵线索,亦证明他所具有的洞察力与智慧。然而,为避免过分片面的解读,我们应时刻铭记布洛赫本人对这部书的界定:"在本质上是为欧洲政治史贡献一分力量——我指的是宽泛且真实意义上的欧洲政治史。"若干年后,布洛赫在评论阿尔方(L. Halphen)的一本关于11、12世纪欧洲政治史的著作时写道:"帝国、王室,这些显赫的词语在人们灵魂中产生了怎样的回响?当然,不会和今天一样。"《国王神迹》所希望做出的贡献正是去理解这种"回响",而维系君权并不是这种"回响"的最终目的。在国王施加于其臣民头上的行政、司法、财政组织的运作之外,布洛赫还探知了另一个自然生成的层面,即"围绕王室滋长起来的各种信仰和传说"。为了准确地评估这一思路的创新性,只消提及朗格诺瓦与瑟诺博司在他们著名的教科书中所做的专横而有些轻蔑的界定:"传奇与轶闻基本上只是民众的信仰,被随意地安置于历史人物头上;它们属于民俗学的研究范围,不属于历史。"布洛赫毫不犹豫地拓宽了对王权问题的研究思路,同时也参与了一场正在历史学界进行的争论;那些年间他分别为科恩和施拉姆的研究撰写的两篇评论,也证明了这一点。

这部书的独创性使它在专家圈之外亦具有生命力;但这种独创性主要不在于其结论的新颖,而是在于它提出了新的研究思路。它使用极为芜杂的文献,如神学、医学、法学方面的著作,政论、行政文书、民俗学报告、绘画、版画、编年史、史诗,来重构一个统一的历史问题;所用材料之广博,不禁令人想到瓦尔堡与他的后继者们也是在那些年间所开展的研究。《国王神迹》是那种"跨学科研究思路"的一个实例。我们自己也非常清楚,对于这种路径,我们空谈过多而做得过少。从另一个方面来说,布罗代尔关于"长时段"的论文曾引起过人们的讨论——但可能也有人记得列维-斯特劳斯(Léve-Strauss)那篇《历史学与民族志》(Histoire et ethnologie),这篇论文在当时算作长篇大论,后来作为《结构人类学》(Anthropologie structurale)一书的导言重新出版。经由这场讨论,《国王神迹》中两个层面——政治、个人的作用、算计以及布洛赫所说的"偶然性"(harsard)的层面,与更深的、自发的、无意识的、

"集体表象"的层面——的融合,使得这部经典著作极具生命力与现实意义。列维-斯特劳斯在前述论文中写道,"所有优秀的历史著作……都渗透着民族志",他列举的例证是费弗尔的《16世纪的无信仰问题》。《国王神迹》力求以间接的方式理解人们在无意识状态下的姿态与表现,所以与民族志的交织更为深入。但值得注意的是,在本书中,这种"民族志"向度是与一种相对传统的思路联系在一起的;当然,这里所说的民族志,绝非布洛赫正确拒斥的那种泛泛而不加区分的类比;同时,它也为这种传统思路注入了新的活力。

(陈栋 译)

序 言

雅克·勒高夫

马克·布洛赫因参加抵抗运动，遭受盖世太保拷打，于1944年6月16日被枪杀于里昂附近的圣迪迪埃-德福曼（安省），终年57岁。在布洛赫英勇就义之后的三十来年间，他的史学家声誉屹立于三个基点上。首先，他与吕西安·费弗尔共同创建和指导了革新历史研究方法的《年鉴》杂志。[1] 然后是两部重要著作。《法国农村史》（1931年）尤其受到专家们的赞赏，他们正确地视之为法国地理历史的巅峰之作，中世纪和近代农村史研究新境界的起点；《封建社会》（1939—1940年）是卓越的开创性综合著作，它以一种融会经济史、社会史和心态史的社会整体观念，改变了制度史研究的面貌，并涉及更广泛的民众。再就是（他死后出版的）关于历史研究法的论文《为历史学辩护》即《历史学家的技艺》（1949年由吕西安·费弗尔整理出版）。这是一篇未完成的论文，洞见、卓识与草稿杂乱相伴，作者原本必定要对杂乱之处加以修订而后出版的。

---

[1] 该杂志于1929年以《经济社会史年鉴》为名创刊，随着战争的爆发，改名为《社会史年鉴》（1939—1941年，1945年复刊），1942—1944年，屈从维希政府的压力改名《社会史论丛》，维希政府特别规定，犹太人马克·布洛赫的名字不能出现在杂志封面上。马克·布洛赫在1941年5月致吕西安·费弗尔的一封信中，首先表示反对在维希政权下继续出版该杂志，然而在此期间他还是以马克·富热尔的化名撰写文章；他在1942年10月致吕西安·费弗尔的另一封信中，放弃了反对立场，并确认了这个决定的理由。如果他活下来，他是否在战后有意重归他在该杂志的位置，各种证据有矛盾。他死后，该杂志于1946年以《经济·社会·文明年鉴》出版，一直延续至今。

近年来，对越来越多的人文社会学研究者而言，马克·布洛赫首先是一部开拓性作品的作者，这就是他的第一部货真价实的著作《国王神迹：英法王权所谓超自然性研究》（1924年）。它使这位著名的历史学家成为历史人类学的奠基人。[1]

* * *

《国王神迹》的诞生

以我们目前对马克·布洛赫的了解，在他及各通讯人的信件可能给我们提供一些细节甚至新发现之前，我们可以说，《国王神迹》的构思历时十二年左右，且得益于三段主要经历：两段经历属于智识范畴，而在这两段经历中间是一段生存体验。[2]

第一段经历是以巴黎梯也尔基金会为舞台。1908年马克·布洛赫从高等师范学院毕业，获得历史教师资格；1909年至1912年，他在梯也尔基金会带薪从事研究。此后他经历1914—1918年第一次世界大战，在军队中四次立功受奖，荣获十字勋章，最终以上尉军衔退役。

最后是斯特拉斯堡大学文学院的环境，在这里他于1919年12月[3]被提名担任教职，1921年成为教授。

马克·布洛赫的研究活动开始于1911—1912年。他发表了最初的一

1　这是乔治·杜比在《为历史学辩护》即《历史学家的技艺》第七版（1974年）序言中所认识到的："无论如何，在他56岁所写的最后的文字中，参加抵抗运动的布洛赫再一次断言，社会状态'在深层性质上是心理状态'，人们不是在重修其第一部名副其实的名著，重读需要阅读的《国王神迹》，继续从事他放弃的心态史吗？整整五十年前，年轻的布洛赫恐怕是心态史创立人吧？"（该书第15页）

2　我首先要感谢马克·布洛赫之子艾蒂安·布洛赫，向我提供了他拥有的有关其父及《国王神迹》的材料与文件，他授权我研究保存于国家档案馆的马克·布洛赫的稿件赠品，承蒙馆长苏珊·德于阿尔夫人关照，我可以极方便地参阅这些稿件。这些稿件赠品的编号是 AB XIX 3796-3852（编号 AB XIX 表示存于国家档案馆的著名学者的稿件）。本序言未注明出处的引文多出于这些稿件。感谢我的朋友安德烈·比尔吉埃（André Burguière）所给予的各种珍贵提示。

3　下文 p. vii 称布洛赫于 1919 年 10 月被任命为讲师。

按：文中所提及的本书页码系指法文原版页码，即中译本的边码。下同。——译者

些论文。直到第一次世界大战,这些研究一直显示出三个明显相互关联的兴趣中心。首先是中世纪封建社会的惯制史,特别是封建体系中王权的地位和农奴的地位——这是一项研究的第一步,战后按照有利于参加过一战的大学教师的规定,这第一步将告中止,形成论文《国王与农奴:卡佩王朝史的一个篇章》的雏形。随后,他进入了历史地理学研究的范围,其研究对象是一个地区即法兰西岛。自维达尔·德·拉布拉什及其学生,历史地理学对两次世界大战期间的法国新历史学派产生了巨大影响。最后是第一篇关于研究方法的论文,1914年,第一次世界大战的前夜,在亚眠中学颁奖典礼上发表的鲜为人知的简短演说:《历史批判与证据考证》。

在最初的这些论文中,1912年问世的一篇《旧封建法中臣服关系的解除方式》值得特别关注。[1] 在这篇论文中,马克·布洛赫描述了一种封建"仪式",这就是表示臣服关系破裂的"掷麦秆"或有时出现的"折断"麦秆(exfesticatio)的仪式。马克·布洛赫由于对往昔惯制中的仪式具有早熟的兴趣,而且面对的是法国历史学家和中世纪法律史家近乎全然一致的漠然态度〔两处注释提到加斯东·帕里斯(Gaston Paris),一处暗示雅克·弗拉克(Jacque Flach)〕,所以他转向了从事中世纪法律研究的德国史学家——当时这些人正在从事民族志(ethnographie)和比较语言学研究——恩斯特·冯·莫伊勒(Ernst von Moeller)的一篇文章,特别是"卡尔·冯·阿米拉的名作"《日耳曼象征意识中的条棒》(M. Karl von Amira, *Der Stab in der germanischen Rechtssymbolik*)。[2]

梯也尔基金会的三人小组

当时马克·布洛赫在哪里呢?继1908—1909年在德国的柏林、莱比锡等地各大学游学之后,他完成了在梯也尔基金会的活动。在梯也尔

---

[1] 发表于 *Nouvelle Revue historique du droit francaise et étranger*, t. XXXVI, mars-avril 1912, p. 141-177,收入 Marc Bloch, *Mélanges historiques*, Paris, 1963(高等实验研究院第六部总文库,S. E. V. P. E. N.), t. I, p. 189-209。

[2] 上引马克·布洛赫的文章 *Mélanges historiques*, I, p. 190, note 2 明确提到这两部作品。

基金会，他重逢了在高等师范学院读书时的两位故交，路易·热尔内（Louis Gernet）和马塞尔·葛兰言（Marcel Granet）。热尔内于1902年入高等师范学院，研究希腊史；葛兰言是汉学家，与他一样于1904年入高等师范学院。三位年轻学者组织了一个研究小组。葛兰言对两位朋友的影响似乎特别大。他提出问题的方法和解决问题的方法使汉学研究耳目一新，有助于路易·热尔内和马克·布洛赫转向更宽广的视野——比研究古希腊和中世纪西欧的传统史学更宽阔的视野。就在1924年《国王神迹》出版之前，马塞尔·葛兰言已出版《中国古代的节日与歌谣》（1919年）、《中国人的宗教》（1922年），开始进行引导他完成两部综合性巨著——《中国文明史》（1929年）和《中国思想史》（1934年）——的思考和研究。他也写完了《中国封建制度史》，于1932年在奥斯陆出版。而在前一年马克·布洛赫出版了《法国农村史》。他曾在布洛赫之后作为客座学者，在挪威首都的研究所从事文明比较研究（马克·布洛赫在1930年《年鉴》杂志第83—85页做过介绍）。在最初阶段，葛兰言的著作使得马克·布洛赫坚定了其兴趣，研究历史上的仪式与神话、礼仪和传奇、比较集体心理、"思想体系"及社会信仰。[1]

路易·热尔内后来的教学活动长期局限于阿尔及尔大学（他确曾在这里接待过年轻的史学家费尔南·布罗代尔），他与他的著作被该大学盛行的希腊研究风气可耻地边缘化了，但他的思想和方法仍然接近马克·布洛赫。1917年热尔内出版了《希腊法律思想和伦理史研究》（*Recherches sur le développement de la pensée juridique et morale en Grèce*）。他与安德烈·布朗热（André Boulanger）合写的研究希腊化时期的综合性巨著《宗教中的希腊神灵》（*Le Génie grec dans la religion*）于1932年出版，该著作引起的反响要到1970年再版时才显现出来，这时他死后结集的论文集《古希腊人类学》（*Anthropologie de la Grèce antique*，1968年出版，1982年再版）最终允许人们估量他的研究规模，

---

[1] 《国王神迹》出版以前，马塞尔·葛兰言对一种司法仪式的研究（Marcel Granet, 'Le dépôt de l'enfant sur le sol'）发表于1922年的 *La Revue archéologique*。

理解他对研究古代希腊历史人类学的当代法国各大流派（让-皮埃尔·韦尔南、皮埃尔·维达尔·纳凯、马塞尔·德田讷、韦尼德列日、尼克尔·洛罗、弗朗索瓦·阿图格等等）所具有的影响。马克·布洛赫（及葛兰言）与热尔内的讨论，让他更深刻地关注种族法律思想、神话、仪式，以及敏锐且审慎的比较研究法。[1]

第一次世界大战

然后是第二段经历：亲历1914—1918年的战争。这段经历对马克·布洛赫是异乎寻常的意外事件。他在战争第一年写下的回忆录，以朴实的笔触与强烈的爱国热情，表达了对士兵每天经历的惨剧与苦难的深切感受，对战士生活中肮脏、残酷的现实难以掩饰的忧虑。但是，他总是保持着清醒的意识，这使他在投入最激烈的行动之前，与行动保持距离，充满人性地注视着周围的人及他自己，尽管没有得意之感。他不断地力图以史学家的身份思考正在目睹的和已经目睹的一切。他记载了1914年9月10日参加战斗第一天的情形："好奇心如影相随，萦绕在我心中。"好奇心是历史学的第一刺激源，在这种好奇心的鼓动下，他立即为自己增加了一份工作：根据记忆进行研究。他每天在记事本上记下一天之中发生的事件，直到1914年11月15日他负伤和患病，难以在这个记事本做征程记录。1915年初，一场重病让他不得不撤回后方，接受恢复性疗养；他赶紧撰写回忆录，不愿意依赖记忆：记忆在过去进行过"在我看来通常不太合理的拣选"。作为史学家，他回忆了这场战争的最初五个月，从亲身经历中得出了结论。他大致勾勒出了1940年在《奇怪的败北》

---

[1] 比萨高等师范研究院的理查多·迪·多纳托（Richardo Di Donato）教授，对路易·热尔内做过很多研究，他向我提供了1909—1912年间布洛赫-葛兰言-热尔内小组在梯也尔基金会的主要讯息，谨此致谢。

中重新讨论的一些主题。¹ 但是，对他而言，重要的是有关心理学的内容：军官与士兵们的个人心理、军人团体的集体心理。²

卡洛·金兹堡以高度的洞察力和敏锐感揭示和分析了《国王神迹》脱胎于1914—1918年战争经历的问题。在这场战争中，马克·布洛赫目睹了一个准中世纪社会的重现，一种向"野蛮和非理性"心态的倒退。在他看来，传回后方的主要是一些虚假消息，这些虚假消息的传播，启发他写成了非常著名的文章之一："一位史学家对战争虚假消息的思考"。³在这篇文章里，他特别说明检察机关如何由于不信任它强制检核的作品，造成"口头传说——传奇和神话的古老源头——的惊人复生"。战争还为这位史学家提供了直接观察中世纪历史所不可缺少的方法："由于采取过去不敢设想的大胆行动，检察机关——极鲁莽的实验者——消除了几个世纪的隔阂，将前线的士兵重新带回到了旧时代的信息手段与精神状态：面对报纸、传单、书籍。"但是，这位史学家面对虚假消息传播所产生的怀疑态度并没有涉及"法律、经济、宗教的历史"，也几乎没有涉及集体心理史："历史中最深层的东西应该是最稳定的东西"。所以，《国王神迹》是潜入"深层"历史的作品。⁴

马克·布洛赫在著作的末尾对国王奇迹所做的判断是：一种"巨大的虚假消息"。1932年他再次使用这个词语，用以说明乔治·勒费弗尔的

---

1 《奇怪的败北》(*L'Étrange défaite*)这部遗作于1946年在巴黎出版（伽利马出版社正拟出版新版本）。

2 见 Marc Bloch, 'Souvenir de guerre 1914-1915', *Cahier des Annales*, 26, Paris, 1969。作为军官被要求乡移送战时委员会的士兵进行辩护之际，马克·布洛赫一定充实了对士兵心理的体验。他所做辩护词的记录已经保存下来。见马克·布洛赫展览（由安德烈·比尔吉埃与克洛德·尚多奈筹备）目录，社会科学高等研究院，1979年5月。

第一次世界大战的经历对马克·布洛赫研究集体心理的影响，已由卡罗尔·芬克（Carole Fink）合理地揭示出来，他为马克·布洛赫《战争回忆录》英译本所做的序言，仍是迄今为止对这位大史学家生平与思想的最好的概述。

M. Bloch, *Memoires of War, 1914-1915*, Carole Fink 翻译及作序, Cornell University Press, Ithaca et Londres, 1980。又参见精短的文章：J. Cl. Schmitt, 'Marc Bloch', 载 *La Nouvelle Histoire*, J. Le Goff, R. Chartier, J. Revel, éd., Paris, 1978, p. 79-82。

3 *Revue de synthèse historique*, t. 33, 1921, p. 13-35, 收入 *Mélanges historiques*, t. 1, Paris, 1963, p. 41-57。

4 Carlo Ginzburg, *I re taumaturghi*, Turin, Einaudi, 1973, p. XI-XIX, 意大利文译本序言。

另一部心态史名著《1789年大恐慌》所研究的现象。[1]

战争体验强化了马克·布洛赫的信念："不理解现在就注定不理解历史"，同样正确的是，需要"以理解现在去理解历史"，这一点他在《历史学家的技艺》中再次提到。对他而言，"回溯法"（méthode régressive）的重要性正在于此。1914—1918年士兵与民众的心理状态，可以阐明中世纪（18世纪以前）人们面对国王奇迹的态度。

无论如何，撰写《国王神迹》的研究计划，是在大战期间形成于这位年轻史学家的头脑中的。他的同事夏尔-埃德蒙·佩兰（Charles-Edmond Perrin）披露说，1919年2月，有次去孚日山做集体远足（当时他们还没有复员），马克·布洛赫对他说，"待我完成农村史研究之后，我将着手研究兰斯地方国王圣化礼中的涂油礼"[2]。

斯特拉斯堡

第三段经历促成了对国王奇迹研究的最终选择与撰写；在斯特拉斯堡大学，马克·布洛赫于1919年10月被任命为讲师。人们对此了解较多，此处将略述。[3] 一战以后，斯特拉斯堡大学重新成为法国领土，受到当局的特别重视，旨在遮蔽对这所德国大学的记忆，使这个研究机构成为法国拥有的面向德语世界的思想与研究之窗。在才华出众的年轻讲师中，可以列举的名字有：历史学家吕西安·费弗尔（生于1878年）——首先提到他，是因为与他的决定性相遇，最终才有1929年共同创办的《经济社会史年鉴》；在其他历史学家中，有古罗马史专家安德烈·皮加尼奥尔

---

[1] 马克·布洛赫对乔治·勒费弗尔著作所做的评论，题为：'L'erreur collective de la "grande peur" comme symptôme d'un état social', 载 Annales d'histoire économique et sociale, V, 1933, p. 301-304.

[2] Marc Bloch, Mélanges historiques, op. cit., p. XI, 夏尔-埃德蒙·佩兰所写的序言。

[3] 见 Lucien Febvre, 'Souvenie d'un grande histoire: Marc Bloch et Strasbourg', Memorial des années 1939-1945, Strasbourg, Faculté des Lettres; 收入 Combats pour histoire, Paris, A. Colin,1953.

（André Piganiol），中世纪专家夏尔-埃德蒙·佩兰，特别是研究法国革命史的著名史学家乔治·勒费弗尔（Georges Lefebvre）。同样还有法国宗教社会学的奠基人加布里埃尔·拉布拉斯（Gabriel le Bras）、地理学家亨利·鲍利格（Henri Baulig）、语文学家恩内斯特·厄普夫内（Ernest Hoepffner），尤其是医生与心理学家夏尔·布隆代尔，以及社会学家莫里斯·哈布瓦赫。夏尔·布隆代尔在1914年已经出版了《病态意识》（La Conscience morbide），还计划于1926年出版《原始心态》（La Mentalité primitive），并且正在撰写其巨著《集体心理学导论》（Introduction à la psychologie collective，1928年）——对这部著作，马克·布洛赫在1929年的《历史评论》上做过评论。正如乔治·杜比所指出，布隆代尔断言"坚持确定感觉、思想与行动的普遍方式不会是问题"，向历史学家们发出了挑战——但这已是《国王神迹》出版四年以后。他呼吁在时间与空间上转向心态与行为研究，写出一种不同的历史来。马克·布洛赫《国王神迹》出版一年后，莫里斯·哈布瓦赫出版了一本重要著作《记忆的社会构架》（Les Cadres sociaux de la mémoire），其探索的领域，我们今天称之为人文与社会科学。就在该著作问世的这一年，马克·布洛赫为他写了一篇长文，发表在亨利·贝尔主编的《历史综合评论》（Revue de synthèse hishorique）上，亨利·贝尔是新兴历史学与人文科学先驱。[1] 记忆与社会，记忆与历史，哪个主题更吸引马克·布洛赫呢？

通过布隆代尔与哈布瓦赫，马克·布洛赫发现了他们的老师社会学家埃米尔·涂尔干。涂尔干卒于1917年，对布洛赫的思想形成产生了最为突出的影响。1912年，埃米尔·涂尔干在研究澳大利亚图腾制度之初，就出版了《宗教生活的基本形式》（Les Formes élémentaires de la vie religieuse），书中将圣化礼界定为"一种社会表象"。[2] 亨利·塞（Henri Sée）在一封信中极为敏锐地指出了埃米尔·涂尔干对布洛赫的

---

[1] 'Mémoire collective, tradition et coutume à propos d'un livre récent', Revue de synthèse historique, t. 40, 1925, p. 73-83.

[2] J.-L. Fabiani, 'Durkheim (Émile)', 载 La Nouvelle Histoire, J. Le Goff, R. Chartier et J. Revel, éd., 1978, p. 149。

影响，这封信是他写给布洛赫表示感谢并祝贺《国王神迹》出版的，其中也提到马克·布洛赫刚刚在《历史评论》发表的评论，其对象是吕西安·费弗尔〔与利昂内尔·巴塔永（Lionel Bataillon）合作〕完成的《大地与人类的演进：历史地理学导论》(La Terre et l'évolution humaine. Introduction géographique à l'histoire, 1922)，亨利·塞写道："你对吕西安·费弗尔著作的评论，在我看来是非常合理的。其实，历史学……与社会学的关系，较之它与地理学的关系，更为密切；社会学方法，正如涂尔干所指出，在很大程度上是一种历史学方法。"实际上，涂尔干在1898年《社会学年刊》(Année sociologique) 创刊号上首先提到的就是菲斯泰尔·德·古朗日（Fustel de Coulanges），马克·布洛赫在《历史学家的技艺》中也经常借重菲斯泰尔·德·古朗日，从青年时代起，菲斯泰尔·德·古朗日就是他的灵感之源。1909年，克里斯蒂安·普菲斯特（Chrisian Pfister）在为布洛赫申请梯也尔基金会候选人资格所写推荐信中写道，马克·布洛赫关注于社会史问题，这些问题自菲斯泰尔·德·古朗日以来一直被人忽视。[1] 马克·布洛赫在《历史学家的技艺》中说，他本人与渴望摆脱大学里实证主义史学喧嚣的历史学家，都获益于涂尔干，也同样受益于他的学派，"从这种巨大的努力中，我们的研究获益匪浅。他让我们学会了进行更深度分析，更贴近问题，可以说，不做廉价的思考"。[2]

所以，对马克·布洛赫而言，斯特拉斯堡是纽带，它经由同事与朋友，维持着与社会科学各学科——历史学姐妹学科——的联系。《国王神迹》深植于跨学科的沃土中。正如亨利·塞所揭示的那样："你最后一章极为出色，不仅历史学家感兴趣，而且民俗学家、心理学家及社会学家都会在其中找到思考的材料。"人们发现这一点毫不足怪。

1　见 Carole Fink, *op. cit.*, n. 9。
2　*Apologie pour l'histoire ou Métier d'historien*, 7ᵉ éd. 1974, p. 27. 关于涂尔干、历史学及马克·布洛赫，见 Robert N. Bellah, 'Durkheim and History', 载 *American Sociological Review*, 24, 1959, p. 447-461; R. Colbert, Rhodes, 'Emile Durkheim and the Historical Thought of Marc Bloch', 载 *Theory and Society*, 6, n.1, 1978, p. 45-73。

1919—1924年间《国王神迹》得益于斯特拉斯堡。要完全说明这一情况，也需要考虑一下它令人称美的大学图书馆；对于图书馆，德国人（从1871年至1918年）与法国人都争先恐后地投入资金，视为攸关荣誉之事。吕西安·费弗尔说得好："其背景是图书馆，斯特拉斯堡拥有令人称美的全国性大学图书馆，其珍贵的收藏就在我们眼前，触手可及：这在法国是无与伦比、得天独厚的工作条件。如果我们一些人能在身后留下著作，那么他们在一定程度上是受益于斯特拉斯堡图书馆。对于它的巨大资源，应该好好地加以利用。"[1]

德国的中世纪研究者

有两个迥然有别的因素最终发挥作用，推动马克·布洛赫转向对国王病的研究。第一个因素是他熟悉德国中世纪研究者的著作，为德国人的博学多识以及日耳曼式提问方法所吸引。克里斯蒂安·普菲斯特在1909年的信件（前文已提及）中曾提到这一点。1908—1909他在柏林及莱比锡的居留已经结出了果实。1921年他在《历史评论》上发表的最初的评论之一，其对象是弗里茨·科恩（Fritz Kern）1914年出版的著作《中世纪早期的神恩与抵抗权：对君主发展史的贡献》(*Gottesgnadentum und Widerstandsrecht im früheren Mittelalyer. Zur Entwichlungsgeschichte der Monarchie*）。

另外，在国家档案馆所存《国王神迹》的卷宗及马克·布洛赫的文件中，有弗里茨·科恩对马克·布洛赫所写评论的感谢信。对于马克·布洛赫对其著作的关注，以及这位斯特拉斯堡年轻人为他所做的细心校订，这位德国史学家大为感动。他说，战后他从法国同行那里得到的只有冷漠或拒斥。从这一点说来，他更为感动。

---

[1] 见 'Marc Bloch et Strasbourg'，收入 *Combats pour l'histoire*, p. 400。当然，马克·布洛赫也利用过巴黎的国家图书馆及伦敦的大不列颠图书馆，还向法国及外国的档案馆写过众多信件。

德国学者的作品如果不是启发了马克·布洛赫,至少也是有助于他的研究。在他1912年完成的关于《旧封建法中臣服关系的解除方式》的文章中,他已经运用了民族法律学(ethnojuridisme)方面德国代表人物的成果,这在法国是被人忽视的一门学科。[1] 德国的历史编纂学使他获得信息,推动着他去实现超越,去研究君权、图像以及权力符号的历史,在这些方面施拉姆(P. E. Schramm)及其学派后来享有盛誉。

做医生的兄长

最后,他与身为医生的兄长关系密切,引导他深化其研究,特别是其主题所涉及的医学方面,以及涉及民众医学的各方面。在1923年12月28日为《国王神迹》前言所做的补充说明中,马克·布洛赫回忆了这位亡兄在著作准备过程中所发挥的影响,马克·布洛赫认为这种影响的作用是决定性的。他的这位兄长像他父亲一样,没有见到作品的完成与出版。[2]

* * *

一种奇迹的整体史

考察《国王神迹》,如马克·布洛赫对它的构思与写作,现在需要做的,是将它置于他那个时代——20世纪20年代初——的历史与人类学思想中。

马克·布洛赫想研究的,从整体上说,是一种奇迹以及对这种奇迹所怀信仰的历史。这两个方面或多或少是纠缠在一起的。马克·布洛赫向人们说明,在某个阶段上人们可能信仰它(在马克·布洛赫那里不存

---

[1] 见 p. iii, n. I。
[2] 原注有误。见下文,p. xl-xli。——译者

在决定论，但存在历史现象间的合理关联，但没有理性与实际之间的黑格尔式的辩证），这种奇迹开始存在，在人们不再信仰它的某个阶段上，它开始衰落，然后消失。"如果不是担心一个本已很冗长的标题变得臃肿不堪，我会给本书增加第二个副标题：'一种奇迹的历史'。"[1]

长时段

对于这个奇迹，他想"从其发展阶段与演化过程来解释"，做一种"整体性的解释"。在这里，人们看到了年鉴学派坚持的两大主题：总体史（或整体史）及长时段。整体史——称作"整体的解释"更确当！——当然是一种理想，一种有限度的情况，一种难以企及的前景。对于长时段，费尔南·布罗代尔在1958年的一篇相当著名的论文中对它的定义做过阐释，[2] 此前在《地中海与菲利普二世时代的地中海世界》（1949年）中做过极出色的展示。长时段并不必然是编年史上的漫长时期，它是历史的局部，一种发展与变化较为缓慢的结构。长时段是一种缓慢的节奏。人们可以在相对短暂的一个时间段上发现与观察它，但要在事件史与中时段的局势之下。最糟糕的情况是，认为"源于我们时代"的问题研究法——这种问题研究法与历史科学研究法是难以通融的——就是十足的长时段。但在这种情况下，就像《国王神迹》，历史家有机会了解一种历史现象的来龙去脉，能够在其整个历史历程中研究其生长、衰落与消失。这是一个例外的机遇。所以，马克·布洛赫能够提出，国王创造奇迹即触摸仪式，"在法国产生于1000年前后，在英国则大约在一个世纪以后"；它的消失，在英国发生在1714年汉诺威的德国王朝登基

---

[1] 见下文 p. 21。——译者

[2] F. Braudel, 'Histoire et sciences sociales: La longue durée', *Annales E. S. C.*, 1958, p. 725-753, 收入 *Écrits sur l'histoire*, Paris Flammarion, 1969, p. 41-83。

之时，在法国则是在1825年5月31日，查理十世是最后一位在完成圣化礼（5月29日）之后触摸瘰疬病病人的法国国王。

起源崇拜

具有双重矛盾的是，在今天看来《国王神迹》应该修正的内容，正是有关国王触摸起源的部分。一个矛盾是，马克·布洛赫不久之后谴责《历史学家的技艺》所谓的"起源崇拜"，但在这里却迁就这个概念——这个概念导致起源（origines）、源头（sources）与原因（causes）的混淆。源头一词是另一个具有危险性的字眼，历史上的事物来自源头即自然产生。不过，马克·布洛赫在《国王神迹》中让人们意识到更具丰富意义的概念：遗产、选择、诞生、发生，以及基于"一种历史现象，除了研究它的机遇，否则无法得到充分解释"的观念。第二个矛盾是，对历史学家而言，博学总是必要的、基本的东西，但在本质上它并不比假设、诠释与观念来得更可靠。历史学家认为充分运用博学可以产生绝对的确定性，得到决定性的结论，这种幻觉是危险的。所以，博学也是不可靠的，甚至是更不可靠的。其他文献涌现出来，会改变编年系列中先前熟悉的文献的地位。一个新的研究角度可以给旧文献带来新的理解，包括其文献价值与史实价值。从文献搜集的水准上，由于发现的增多、新技术的使用，过去的历史展现出美好前景。所以，从历史研究的博学程序中，我们要保持虚心、谦恭，面对未来就像面对过去一样，在我看来，《国王神迹》树立了典范。经过对文献的收集与考证——一些受马克·布洛赫方法所吸引的学识不太渊博的学者，甚至用这些文献回应更严格的学问要求——马克·布洛赫从一部分文献中抽出一份资料，这就是一位生活于英国亨利二世宫廷的法裔教士布卢瓦的彼得的书信。这位教士在1180年前后写道："我想让你知道，〔对一位教士而言〕服侍国王是件神圣的事情，因为国王是神圣的；他是神命之主；他不是徒劳地接受国王涂油圣礼，如果有人偶或对其效能不知道或对它有怀疑，那么侵袭腹股沟的疫病的消失和瘰疬病的痊愈，可以充分证明之。"[1]

我对腹股沟疫病（peste inguinale）——又称作peste bubonique（腺鼠疫），即中世纪的黑死病（peste noire）——的历史曾有过兴趣，所以读《国王神迹》时，对于认定亨利二世（死于1189年）能够治愈这种腹股沟疫病的这个资料，我感到困惑不解。实际上，今天我们知道（在这里，我们可以根据经验说，像黑死病这样的大规模现象在12世纪相当丰富的文献中是必定能遇到的），从7世纪到1347年西欧并没有腹股沟疫病流行。[2] 但是，六十年前，对黑死病的历史，历史编纂学完全处于茫然状态，大多数严肃的历史学家，包括博学且好奇的马克·布洛赫，逐渐地对这种疾病产生兴趣——这种疾病，他们在7世纪到14世纪之间的文献中没有遇到过，原因就不用说了。然而，在这种症状面前，马克·布洛赫感觉到某种不安。他说："我们不能确切地知道上述字眼指的是什么病。也许是某种淋巴腺鼠疫，人们相信这种病是国王的神奇力量所能治好的。正如出色的医学史家克劳福德所指出，将某些形式的淋巴腺鼠疫混同于腹股沟淋巴腺炎，在当时的人而言，是很有可能的。布卢瓦的彼得不是医生"，等等（p. 42）。但是，如果布卢瓦的彼得的说法不是腹股沟鼠疫的确凿证据，那么何以能成为瘰疬病的证据呢？

然而，马克·布洛赫的结论是："亨利二世治疗过瘰疬病。"如果他认为能够有保留地将11世纪文献解释为，可以认定11世纪初英国存在国王触摸，那么这就说明，他无保留地肯定这个文献是证明英国国王治愈瘰疬病的最古老的确凿证据（p. 49）。

---

1 该拉丁资料编入 Migne, *Patrologie latine*, t. 207, col. 440 D，马克·布洛赫曾加以核定，参考的是巴黎国家图书馆所藏手稿资料，新获拉丁文献785，f. 59，我对它的核定乃基于更古老的手稿〔因为我一度认为真本资料可能不是 inguinariae pestis（即腹股沟疫病、黑死病），而是 igniariae pestis（内热病，即麦角病），这种病为时代所证实〕："fidem ejus plenissimam faciet defectus inguinariae pestis, et curatio scrophularum"（*Les rois thaumaturges*, p. 41-42, 及 p. 41, n. 4）。

2 Dr. Jean-Noël Biraben, *Les Hommes et la peste en France et dans les pays européens et méditerranéens*, 2 vol., Paris-La Haye, 1976. Dr. Jean-Noël Biraben et J. Le Goff, La Peste dans le haut Moyen Age, *Annale E. S. C.*, 1969, p. 1484-1508.

序　言

对布卢瓦的彼得作品中所做的鼠疫在国王力量面前消失的记载，我已可以确定其极可能的来源。[1] 图尔的格利高里在《法兰克人史》(X, I)中记载，大格利高里当选教皇这一年（590年），曾为罗马人举行祝祷仪式——悔罪游行与诵祷——以消弭肆虐罗马的一种严重的"腹股沟疫病"（peste inguinaire），这是当时非常流行的瘟疫。这个重大的祝祷仪式，由于与罗马法律草案规定的小祝祷式对立，因而此后在整个基督教世界于4月25日举行庆祝活动，并成为固定的宗教仪式。7世纪初比德曾提及（Bède, *Homilia 97, De majori litania, P. L.*, t. 94, col. 499）。就在布卢瓦的彼得写这封信前不久，巴黎的宗教仪式家让·贝莱特（Jean Beleth）在其《教会职务大全》（*Summa de Ecclesiastias officiis*）的"论祝祷式"一章，提到过大格利高里为消灭一种"腹股沟疫病"而建立的这种重要祝祷式的起源。[2] 13世纪，这个事件仍为雅克·德·沃拉吉纳的《圣徒传》（Jacques de Voragine, *Légende dorée*, 1255年前后）所记载，多米尼克会士让·德·迈利（Jean de Mailly）未出版的著作《神圣行为与奇迹要略》（*Abreviatio in gestis et miraculis sanctorum*, 1243年前后）在述及重大死亡事件（major letania）时，也提到它的起源。他讲述了这个传奇故事。按照这个故事，大格利高里在一座罗马城堡的高处看到一位天使揩干了宝剑上的血迹，将宝剑装入鞘内，由此这座古迹以圣天使堡之名见诸碑文。他还补充说，这个悔罪游行式据说来自"黑十字"（croix noires）。[3] 此事发生于4月25日圣马克节，儒安维尔提醒说，圣路易就出生在（1214年）这一天，这预示了他在突尼斯的悲剧性死亡。

所以，布卢瓦的彼得只不过借用了一个为人所熟知的文学性传说及

1　感谢马里-克莱尔·加诺（Marie-Clair Gasnault）在这一研究中提供的帮助。

2　Jean Beleth, *Summa de Ecclesiastias officiis*, éd. H. Douteil, Turnholt, 1976. *Corpus christiarorum, Continuation medievalis*, XLI, p. 232-234.

3　Jacques de Voragine, *Légende dorée*，大祝祷式与小祝祷式。Jean de Mailly, *Abreviatio in gestis et miraculis sanctorum*, Paris, bibl. Mazarine, ms. 1731, f. 55V-56, 我得知此书得益于马里-克莱尔·加诺。

持续数世纪的礼拜仪式,而在这几个世纪里并没有发生任何黑死病瘟疫。所以,亨利二世没有治愈任何疫病,但布卢瓦的彼得却将散见于圣徒传及礼仪书的大格利高里的奇迹归到了他身上。难道他本人没有进行瘰疬病治疗吗?我们无法肯定,因为不同于黑死病的消失。有关这一说法,我没有找到任何更在此前的确切传说,但对于亨利二世奇迹的历史真实性,布卢瓦的彼得的信件完全不足为凭。

英国历史学家弗兰克·巴洛(Frank Barlow)没有注意到这份文献,但在分析其他非常近似的文献——马克·布洛赫以这些文献为基础,证明国王触摸治疗瘰疬病在英国始于12世纪初,在法国始于11世纪——时,令人信服地证明,这些文献中的任何一件都不可能让人确信事情就是如此。在他看来——我也认为——对于法国国王,如果有单独的一份可靠的文献提及路易六世于12世纪对瘰疬病患者实施过国王触摸,那么也没有任何证据证明,在圣路易之前他们定期触摸这些患者。至于英国国王,关于这种仪式的首次可靠记载应推迟至1276年。[1]

所以,可能是在13世纪中叶,法国与英国的国王治疗瘰疬病的仪式才变成一种习惯性做法。但是,马克·布洛赫所做论证的主要部分仍是完整无损的。在中世纪的发展进程中,由于一整套仪式及一种特别的信仰,两国的基督教国王都变成了神圣之人,神奇的治病人。这是神圣王权下不一样的基督徒。除了圣徒,上帝选择两国的国王以他的名义创造奇迹。教会虽然控制一切,也得承认新生的国王能力。简单地说,国王们为了获取这种力量,花费了更多的时间,这是马克·布洛赫没有想到的。除了特有的政治形势,13世纪的环境(俗人的立场、仪式与手势的演化、神圣性的概念、对于身体与疾病的态度等),也许能更确切地解释国王的奇迹,而马克·布洛赫由于将它置于更早的时代,则难以做到。

---

1 Frank Barlow, 'The King's Evil', 载 *Englishi Historical Review*, 1980, p. 3-27。这篇重要文章的作者,对马克·布洛赫的开拓性著作表示敬意,说国王的奇迹"不是表现神圣之性(holiness),而是表现王尊之性(regality)"(p. 25)。它所涉及的不是神圣王权的圣徒之性(sainteté),而是神化之性(sacralité)。

序　言

涂油礼与政治

　　马克·布洛赫研究"起源",即国王奇迹的历史开端时,已经碰到了其著作涉及的两个主要问题:创造奇迹能力与圣化礼(更确切说即涂油礼)之间的联系,以及诉求于圣化礼的政治动机。

　　正如13世纪的法国国王圣化礼礼拜手册即圣化礼规程书所示,[1]在兰斯举行的仪式包括两个方面——这两个方面是仪式中前后相继的两个阶段——圣化礼(或称涂油礼)与加冕礼。正是从涂油礼中,法国诸王获得神奇能力。正是涂油礼,使法国国王成为中世纪晚期人们所称的至为虔诚之王;而使法国国王优越于基督教世界其他国王的,是圣化礼仪式中使用的唯一具有超自然渊源的圣油。这圣油来自一只鸽子(圣灵或其使者)衔来的圣油瓶,为的是供圣雷米为克洛维实施洗礼。只有法王才以来自天堂的神圣之油进行涂敷(人们注意到,王后不过是以自然之油进行涂敷)。不过,14世纪的英国君主要求享有同样的特权。1318年英国多米尼克会修士尼古拉·斯特拉顿向驻跸于阿维尼翁的教皇约翰二十二世陈述说,著名的大主教托马斯·贝克特——此人在死后三年(1173年)封圣——被放逐而居留法国时,从圣母玛利亚手里接受了一个油瓶,这个油瓶注定要为亨利二世之后的第五位英国国王(即1318年在位的爱德华二世)涂油,因为与他的那位杀害贝克特的祖辈不同,这位国王是"一位正直之人,教会的保卫者",将"从异教居民手中夺回圣地"。约翰二十二世既没有否定也没有承认这个故事。但在英国,至少舆论确认英国国王也以超自然之油进行涂敷了。

1　关于法国国王圣化礼规程书,经典研究仍然是 P. E. Schramm, 'Ordines – Studien II: Die Kronung bei den Westfranken und den Franzosen', 载 Archiv für Urkunden Forschung, 15, 1938, p. 3-55。但由于不熟悉手稿,对日期缺乏鉴定,书中充满了错误。重要而合理的修正见于 Hervé Finoteau, 'La tenue du sacre de saint Louis IX, roi de France', 载 Itinéraires, no. 162, avril 1972, p. 120-166, 以及 Richard A. Jackson, 'Les manuscrips des ordines du couronnement de la bibliothèque de Charles V, roi de France', 载 Le Moyen Age, 1976, p. 67-88。社会科学高等研究院的西欧中世纪历史人类学研究小组,研究与编辑《规程书》之一中最有趣的手稿之一,即巴黎国家图书馆拉丁文1246手稿,希望对13世纪法国国王的《规程书》提出一种新的分类与编年划分。

同时，马克·布洛赫注意到，国王触摸行为产生过程中，游戏规则显然掺入到了政治气候（climat politique）中。国王的政策涉及教会，也涉及英、法国王在各自国内的政策，以及彼此相对立时的政策。神奇能力的获得与英、法君主权力得到的肯定相辅而行，而君主权力面对的是大封建主、伯爵。神奇权力是王朝运用的一种工具。马克·布洛赫在这里看到了一种手段——两国国王赖以从封建等级之外的另一个社会等级那里获得一种主要权力的手段。如果回忆一下从11—12世纪到13世纪获得这种权力的过程，那么它涉及的与其说是一种达到目的的手段，不如说是一种圣化礼。

但它也是两个君主政权，更精确些说，是卡佩王朝与金雀花王朝之间为争夺声望而下的赌注。国王奇迹是中世纪英、法两大对手相互仿效与竞争的象征与目标之一。[1]

奇迹的流行

在研究了国王触摸的"起源"以后，马克·布洛赫显然转入了他更感兴趣的内容，即触摸治疗的"流行"问题。对他而言，"流行"这个词语表示两个不能互相完全涵盖的现象。一方面是奇迹的传播问题：研究触摸的频繁度、参加者的数量、接受触摸的患者的地域来源。在这方面，主要文献是王室账簿。对法国来说，不幸的是，1737年西岱岛宫殿内的审计法庭[2]储藏室发生火灾，仅留下了账簿的残余。这些残余文献使马克·布洛赫对仪式习俗、心态现象只能进行粗略的初步数量研究。在这

---

[1] 马克·布洛赫倾向于认为，创始权与最初的成功来自法国君权，而为英国君权所仿效。弗兰克·巴洛及我本人所提出的纪年上的修正并不是否定这种模式，而是在时间上做了调整。应该记住，正如马克·布洛赫所见，在国王圣化礼问题上，法国与英国的关系可追溯到中世纪早期："法兰克人与盎格鲁－撒克逊人的仪式并驾齐驱地发展起来，我们许大可认为，它们之间存在着交互影响。"（p. 470）在13世纪的法国规程书中，我们可以看到有关盎格鲁－撒克逊仪式的确切资料。

[2] 参见本书中文版第388页注1。——译者

个研究领域，他引入了统计学方法。[1]

但"流行"问题还有奇迹被"人们""接受"这个方面。于是马克·布洛赫从社会心理的视角论述了对一种历史现象的"接受"史。众所周知，社会心理方法在当今获得了巨大成功，尤其是在文学史研究领域。[2] 他向历史学家提出了一个根本问题：一个现象，不管它有何种魔法与民俗背景，如何被社会文化等级顶端有限的人员，即国王及其廷臣、主教、礼拜仪式人员、神学家所改造呢？它能触及民众并且触及过民众吗？精英们的理论与实践之间的关系为一方面，"公众的"信仰与心态之间的关系为另一方面，它们是国王奇迹的核心，也是所有奇迹的核心。在这里，我们已经远离了传统观念史，远离了实证主义或理念主义传统〔德国大师们的精神史（Geistesgeschichte）〕。实证主义或理念主义曾被置于理念天空之中与社会顶端之上。

为了回答这个问题，马克·布洛赫当然考虑过教会的观点——教会享有控制官方意识形态的特权——但是他特别地探索了一个领域；在他看来，这个领域与此事关涉更密切、更直接，这就是大众医学、医学民俗学。在兄长的帮助下，他扩大了研究与阅读范围。他在这里开出的书单是一座巨大的宝库，书单中的论文证明了他广博的研究兴趣，而该著作只是他的探索与研究结果的一部分。当教会针对一个受到怀疑的魔法与异教仪式的检查措施日益消减之时，对瘰疬病患者的触摸治疗成了医学学术论文中的"医学常识"，布洛赫在书中对此种触摸治疗尤其关注。马克·布洛赫永远是思想启蒙者与领路人，他启发了人们对医学观念演化与宗教意识形态进行比较研究的兴趣。[3]

---

1 "如果历史学家试图探索人们对王权忠诚的细微变化过程，那么有关国王触摸的统计将引起他的兴趣。" p. 102。

2 H. Robert Jauss, *Pour une esthétique de la réception* (trad. de allemand), Paris, Gallimard, 1978.

3 见 R. Zapperi, *L'uomo incinto. La donna, l'uomo e il potere*（*L'homme enceint. La femme, et le pouvoir*，法文译本，P. U. F. 出版），Cosenza, 1979。该书说明，怀孕男人的神话——男人对女人具有统治权的手段——成为中世纪末到文艺复兴时代"科学"心理学上正当性的主题，这种正当性认可了宗教意识形态。

仪　式

马克·布洛赫也许对英国仪式中的一个特殊内容更感兴趣，这个特殊内容在法国仪式中是不存在的，此即"英国王权的第二个奇迹：医疗戒指"。从14世纪初叶起，耶稣受难日，英王将钱币放在圣坛上之后，会放置其他一些等值的钱币取代之，将它们"赎回"，并让人用最初的钱币制成戒指，然后发给患者，特别是癫痫病患者，这些人发现自己佩戴这些被称作"痉挛戒指"的戒指后恢复了健康。

马克·布洛赫对英国国王完成的仪式及治疗手势，做出了典范性的描述（p. 159-160）。他将它与各种护符的用法进行比较，说明"戒指仪式的魔法起源"，并强调"这个行动的中心'存在于'某种法律性的自然行为中：捐献金、银钱币并以同等数量的钱将它们赎回"（p. 169）。然后他强调指出，这个基于魔术传统的过程是一个历史过程：是"一种魔术疗法为国王奇迹所征服的过程"（p. 172以下）。他对仪式中各要素的关注显示出人类学的态度。他首先关注圣化礼范围内的根本要素，即空间与时间背景。[1] 在他标注"法国圣化礼"的文献卷宗封面上，有两个问题："在哪里？""谁主持？"

马克·布洛赫收集且粗略研究过的图像材料应该得到完善与系统分析。根据图像看国王进行触摸的地点，我们得到的印象是，触摸仪式举行的地点选在教堂与国王驻地——王宫，甚至国王行在的外地，这些地方会在他周围形成神圣的国王小天地。情况似乎是，为了象征性与现实的原因，人们经常使用折中性地点，如王宫的小教堂、教堂的花园等。经常见到的事情是，与弥撒联系起来，有时与国王领受圣餐两圣体联合起来。正如马克·布洛赫所指出的，英国国王似乎更难避免融入教会场所。对瘰疬病患者的触摸变成了教士主持的名副其实的礼拜式。痉挛戒指的奇迹于基督受难日发生在王宫小教堂，圣坛处于中心位置，扮演主要角色。

---

[1] 譬如说，英国国王制造的痉挛戒指是在耶稣受难日。

在这种仪式中，谁主导并且控制礼仪呢？在圣化礼及涂油礼中，是教会，是为法王举行仪式的兰斯主教及其周围的副主教。而在为瘰疬病患者触摸的场合，难道不是国王本人既当仪式的演员又主导仪式吗？

最后，马克·布洛赫强调了神圣物在仪式中的重要性。他在文中开列了称作神圣国王要素的清单："国王胎记、圣托马斯·贝克特的油瓶、兰斯的圣油瓶、斯昆石、狮子与国王、百合花及军旗、圣餐两圣体、圣长矛、宝剑、加冕程式、权杖、冠、戒指（以及痉挛戒指）。"马克·布洛赫非常敏锐地指出，这些物件在没有历史的社会里（假如存在这样的社会）是不使用的。但是，中世纪的人们给它们赋予了历史身份，认定它们产生于某个时代、某些环境。兰斯的圣油瓶在克洛维受洗日进入了尘世历史，托马斯·贝克特的油瓶在这位圣徒主教被流放到法国之时进入尘世历史，而马尔穆杰的圣油瓶是圣马丁在修道院摔倒、一位天使带神圣膏油治疗其身侧骨折时进入尘世历史的。圣油是于1594年在沙特尔用于亨利四世的圣化礼的，此前则带给了躺在灵床上的路易十一，有传说认为，1108年圣油曾被带到奥尔良路易六世的圣化礼上。[1]马克·布洛赫论文卷宗的题目是："加冕礼上的物件呈现历史价值"，一张卡片上的标题是："在最初的象征物中看到历史标的之倾向"。历史学家马克·布洛赫已经具有将基督教写入历史的深刻倾向。传说、民俗、符号都进入了历史。

从这里，他很自然地进入更广泛的问题，即西欧中世纪的"神奇王

---

[1] 见 Pierre Gasnault, 'La Sainte Ampoule de Marmoutier', 载 *Analecta Bollondia, Mélange offerts à Baudouin de Gaiffier et Francois Halkin*, t. 100, 1982, p. 243-257。我们注意到一种结构模型的持续存在，虽有不同神圣中介者的变化，却没有普洛普（Propp）意义上功能的变化。由一只鸽子（圣灵）衔来的兰斯圣油瓶于9世纪出现（用于6世纪初克洛维洗礼），（12世纪末由天使赠送的）托马斯·贝克特圣油瓶在14世纪初出现，马尔穆杰圣油瓶于16世纪末受到召唤，它需要一份内容更丰富的档案材料，至少要多于它仅有的知名度（4世纪一位天使赠给圣马丁的礼物，12世纪初赠给路易六世圣化礼的礼物，15世纪末与路易十一联系起来）。

按：弗拉基米尔·普罗普（Vladimir Propp, 1895—1970年），苏联著名的语言学家、民俗学家、民间文艺学家、艺术理论家。1928年出版《故事形态学》一书，在民间创作研究领域开辟了独具特色的研究方向和方法，享有世界性声誉。普洛普研究俄国民间故事，试图抽出民间故事中存在的共性。他认为在民间故事中，人物的行为是不变的，称为"功能"；这些功能经常纠缠在一起，形成"角色"；角色和功能是故事的两个基本元素。——译者

权与圣化礼"问题。

所以,他开始研究教士性王权的材料。结果是微不足道的。实际上,如果说,拜占庭的皇帝(basileus)成功地控制了教、俗两界,那么在西欧并没有类似皇权-教权主义(césaro-papisme)的东西。国王(与皇帝)摇摆于两种姿态之间,或试图将两者结合起来。或者清楚地区分教俗之间的界限,独立地占据世俗世界——按照两种真理即信仰真理与理性真理的信条,我称之为政治阿维罗伊主义(Averroïsme politique);或者像教皇一样,追回对世俗世界的管理权,按照权力的收放,根据罪孽的大小(ex ratione peccati),获得某种教士身份,取得精神领域的权力。在这里,马克·布洛赫提醒人们注意这个事实,即较之参与教俗大争论的神学家与理论家所突出的教士国王(rex-sacerdos)观念,行之更甚的是,在礼拜仪式范围内,通过对各论著乃至仪式的分析,人们意识到各种相近关系——国王试图依靠这种关系渗透到教会的教阶制度中。而教会一面,其倾向性是,将国王限定在类似副助祭(sous-diacres)的角色上,而神圣化礼仪则显露出,国王及其臣僚力图使他的"圣职授任礼"模仿主教授职礼。不过,这个研究几乎还完全没有展开。

传 说

马克·布洛赫接着研究显示中世纪神圣君权的传说,特别是"法国君主系列传说"。在这里,马克·布洛赫搜集了一簇信仰——这些信仰由一些促生传说的超自然性国王标识联系起来——并在其中加入了对瘰疬病的触摸:"除了圣油瓶、天上送来的百合花、源自天堂的军旗、治病能力,我们还将看到,卡佩王朝的辩护者们此后不断奉献出来的引起欧洲仰慕的一簇神奇故事。"(p. 237)所以,除了严格意义上的国王标识,还有——与保存在兰斯的圣雷米修道院的圣油瓶相对——保存在圣德尼王家修道院的一些国王用物(如王冠、宝剑、金马刺、镀金权杖),刻在象牙手上的圣母像、饰有绣金百合花的紫色丝绸紧身裤、"弥撒中副助祭穿着的"紫色祭服、同样为紫色的无兜帽的上衣，[1] 还有一些来自天堂并具有治病能力的超自然物。这些物件与这种能力使国王与上帝直接交流，但教会的中介作用在一定程度上继续保持着：圣油瓶是带给圣雷米的，是圣雷米修道院保管它，在举行圣化礼之日将它带来并带回原处，为国王实施涂油的，则是雷米修道院的大主教。此外，如果像马克·布洛赫所想的那样，兰斯大主教欣克马尔于9世纪第一个将这个广被借用的传说载入罗马民间传说，那么它肯定记载了这个奇迹，以便从一开始就服务于兰斯教会所要求的教会至上权力，并按照加洛林王朝的风俗，主张教会对君主的控制权。

马克·布洛赫没有比较中世纪法、英国王的治病能力与其他社会的那些享有特殊威信的首领的能力，因为他已经注意到比较方法带来的局限。他在利用人类学主要引路人弗雷泽的成果时，提到了大洋洲部落的信仰与风俗，以及波利尼西亚汤加诺岛首领的能力。但这种情况是孤例，所以他提出了合理比较方法的主要规则："对大洋洲诸部落的研究表明，其他地方存在的神圣王权观念，也盛行于古代乃至中世纪的欧洲；但是，人们不能指望在欧洲发现大洋洲的所有惯制。……早期的传教士中许多人认为，他们在'未开化的人群'中发现了基督教观念的蛛丝马迹。我们要谨慎小心，避免犯相反的错误，将对蹠地（Antipodes）转移到巴黎或伦敦"（p. 53-54）。

马克·布洛赫接着又绕了一个弯，研究了两个传奇故事。这两个传奇故事位于基督教化国王传奇的边缘：国王胎记及狮子对国王的态度。在教会不接受的严格意义上的民众信仰中，法国国王与其他君主一样，皮肤上长有一块十字形的胎记、一块斑、痣，几乎总是长在右肩上，极少数出现在胸间，呈鲜红色。这很可能是查理七世在希农密会贞德时，

---

1 这些物件至少从12世纪中叶就保存在那里，而不是 P. E. 施拉姆所称的1260年国王将它们交给圣德尼修道院之时，既然如此，则当然是在腓力·奥古斯都于1179年举行圣化礼之时。参见 *Recueil des Historiens de la France*, t. 12, p. 215 及 E. Berger, 'Annales de Saint-Denis', 载 *Bibliothèque de l'École des charles*, t. 40, 1879, p. 279-288. 关于军旗，参见 Ph. Contantine, 'L'oriflamme de Saint-Denis aux XIVe et XVe siècles. Étude de symbologie religieuse et royale', 载 *Annales de l'Est*, 1973, n. 3, p. 179-244.

向她显示的胎记，目的是向她证明他是亨利六世合法的儿子，不是私生子。这种信仰既见于古希腊，也见于当代欧洲一些江湖郎中的自我吹嘘。另外，普通老百姓相信"狮子从不伤害真正的王者"。1340年爱德华三世派往威尼斯的使节是一位多米尼克会士，他向威尼斯总督陈述说，英国国王"愿意承认瓦洛亚家族的腓力为法国国王，如果这位君主可以自处于饿狮之前而不为狮子所伤"（p. 16, 257-258）。

最后，马克·布洛赫以其个人的创造性的长期研究，分析了圣徒崇拜与国王的治疗瘰疬病仪式之间的感染——这是历史学家应纳入其专有研究领域的民俗学的基本现象。10世纪初叶以后，埃纳省的科尔贝尼民间流行着对一位圣徒——来自库唐斯的马库尔福（马库尔）——的崇拜。13世纪时，大概是因为词源上有关mar（坏）与cou（1）的文字游戏，这位圣徒似乎也获得了治疗瘰疬病的专长。这种能力很接近于国王的能力，于是两种崇拜统一起来。从14世纪到17世纪，除亨利四世外，法国诸王都要在举行圣化礼之后，绕道科尔贝尼去迎接圣骨（头骨），然后施展由圣徒之力增强的力量为瘰疬病患者触摸。路易十四与后继者举行圣化礼时，派人将圣骨盒从科尔贝尼迁到了兰斯。

对于圣马库尔崇拜与国王奇迹之间的这种感染，马克·布洛赫又补充了历史上与前两种信仰相连的第三种民间信仰。有些地方人们相信，没有女儿楔入其间的第七个儿子具有魔力，特别是治病能力。由于与国王治病能力相类似，人们不仅认为第七子具有治病的特殊能力，而且还在身体上长有与生俱来的明显标识。最终形成的风俗是，第七子在施展其能力前，到科尔贝尼朝圣，瞻礼圣马库尔遗骨。对于这种流行于法国各省、欧洲及美洲印第安柴罗基部落中的信仰，马克·布洛赫搜集了大量材料，他特别感兴趣的是，这三种信仰相互渗透的机制原理，以及一种民间信仰与教士所容忍或吸纳的习俗的历史性交汇。

奇迹的终结

马克·布洛赫交替使用历史学家仍然奉为恰当手段的编年法与主

题法，完成了其著作中篇幅最大的部分，这一部分研究的是16—18世纪——"宗教战争与绝对君主制时期"——及衰亡阶段上国王奇迹的变迁。

这里所展示的是一种结构：在新历史环境中，国王触摸在地点与意涵上的变化，在根本形式上的无变化。关于仪式的终结，它在英国经受了清教的猛烈攻击，随着1714年王朝的变化而消失；在法国，它的消亡与法国大革命与王权的崩溃同时发生，虽然1825年查理十世曾短暂且不合时宜地复活过圣化礼。不过，问题的本质不在这些事件，尽管它们具有重要意义。一种历史现象，尤其是一种信仰、一种心理行为，是很难被扼杀的。它的消亡，或多或少地是随着心态的变化节奏，以及这种心态所由产生的环境的变化节奏而缓慢实现的。

在这里，马克·布洛赫放弃了仪式、行为与想象，他不再借助于民俗学、人种学、医学。"深层的东西"、"集体心理"受到精英人物思想变化的决定性影响。消灭国王奇迹的是"理性主义者"的精神，这些"理性主义者"从17世纪起一直在为国王奇迹寻求一种理性解释，直到18世纪启蒙运动时期才放弃这种研究，直截了当地宣布所有奇迹并不存在。国王的奇迹不再由诸如血统之类的自然原因加以解释，与其他奇迹一道，随着与它"联姻"的"整体宇宙观念"从学者们的信仰中消失。马克·布洛赫总是头脑清晰，他清楚地看到，18世纪具有批判能力的人与继续信仰"奇迹行为"的"俗众"之间，在所持"舆论"上是存在区别的（p.412）。

解释：一种"集体错误"

马克·布洛赫是理性主义者、启蒙运动的继承人、无神论的犹太人，比任何人都相信来自传说的重大世俗价值，在他之前有谁提出过"人们何以相信国王的奇迹"的问题呢？在这里，作为历史学家，他运用人类学与社会学进行探索，开始做出一种解释，力求避免时代错乱与降低客观性。首先，如果说国王"从来没有治愈过病人"，但"这些行医的君主"并不是骗子（p. 420）。从中世纪到启蒙运动时期的几乎整个社会，所有相信治疗者能力的人之所以相信治病能力，主要有两个原因。首先是心理、医疗活动本身允许人们相信这一点。混杂在瘰疬病名下的疾病有时是自然痊愈的，尽管通常是不完全或暂时性的痊愈。自然界创造了奇迹。如果治疗通常是在治疗仪式后很久才发挥作用，那么当时的人们很容易相信奇迹是延时实现的。

尤其是，马克·布洛赫做出了（但没有展开）基于心态史与历史心理学的一种解释，即"正是一定有奇迹产生的信念，促成了人们对奇迹的信仰"。

然而，这种极为简练且极为概括的解释具有理性主义的烙印——作者仍充满理性主义情怀。他的著名结论是，"在国王奇迹的信仰中，我们难以看到其他东西，只有集体错误造成的后果"（p. 429）。但人们怎能指责马克·布洛赫，说他没有避开他特有的问题体系呢？而他本人在《历史学家的技艺》中引用过阿拉伯谚语："同辈相似，胜过父子"，[1] 这个谚语对大人物也是千真万确的。他在书中创立了至今尤为新颖的研究手段，提醒人们注意真实性的必要性（真实性标志着历史学家深入历史的限度）。在他做出这一切之后，人们怎能对他怀有抱怨？如果一种心态史仅限于深入了解过去人们拥有的观念与词汇，以避开时代错乱症为满足，那不过是施展了历史学家半数的技艺。在找到历史的真实底色以后，它有义务以其时代的科学知识手段做出解释。

马克·布洛赫的概念工具

我们与《国王神迹》之间有距离，也有亲密关系，在衡估这一点之前，我想搜罗一下马克·布洛赫研究计划的某些既定要素，即他使用的

---

[1] "Les hommes ressemblent plus à leur temps qu'à leurs pères"，可直译为："人们与时代的相似性，超过与其父的相似性"。——译者

方法、概念工具。

马克·布洛赫使用的词汇显示出某些踌躇倾向，其开拓性研究具有某种模糊性，总之，新概念的有效性部分地与其模糊性联系在一起，[1] 说到底是与避开太过僵化的概念元素的愿望联系在一起。他在谈到法国农村的独特性时说过，他喜欢体制（régime）观念超过系统（system）观念，因为这个观念更具灵活性，更接近历史实际。

他用来表达所研究的这些现象的短语，通常带有一个脱不开的形容词"集体的"（collectif），这个形容词可由"公共的"（commun）一词所替换；在他看来，这些现象差不多等同于"思维习惯"（p. 64）、"通俗化胜过学术化的观念"（p. 224, 258）、"集体观念"（p. 41）、"集体见解"（p. 154）、与神学家精妙用词相对立的"公众舆论"（p. 221, 223, 246）、"集体表象"（p. 51, 53, 250）、"心态表象"（p. 52）、"精神和情感表象"（p. 259），以及最终的"意象"（p. 17）、"象征性意象"（p. 227）、"想象力"（p. 228, 246）、"公众的想象"（p. 256）。

然而，对于意象（images）而言，概念性或象征性的想象力[2] 使马克·布洛赫赋予肖像学以特别重要的意义（如p. 22, 144），他并且搜集了丰富的肖像资料，他将这些资料排列在附录二。毫无疑问，在这里，马克·布洛赫还没有深入研究历史与历史思想中意象的地位。但他已经提醒历史学家注意这种特殊文献。作为特别对象，图像是重要的解读物，现在需要它的大多是艺术史家，甚至肖像学及现代寓意画艺术史家，此外不为人所重视。它与文献资料的关系，它在历史社会中的作用，它的结构与定位，都值得仔细研究。艺术史的革新是当今历史研究的先行领域之一。

与图像文献相连，马克·布洛赫补充了手势，[3] 他经常强调它的意义（p. 70, 76, 90, 92, 197等）。当然还有他以非常可靠的方法加以分析

1　参见 J. Le Goff: 'Les mentalité, une histoire ambiguë?'，载 J. Le Goff et P. Nora, éd., *Faire de l'histoire*。

2　参见 É. Patlagean, 'L'Histoire de imaginaire'，载 *La Nouvelle Histoire*, op. cit., p. 249-269。

3　见 J.-Cl. Schmit, 'Gestes' 词条，载 *La nouvelle Histoire, op. cit.*, p. 194-195。

的仪式。他也没有省略国王在仪式——在这个仪式过程中国王本性发生改变——中获得的能力。他提到了使人本性发生变化的仪式（rites de passage）(p. 67, 200)，不过没有从这个根本概念中获得人们可以见到的全部益处。他小心翼翼追索的是"君主产生过程中的身份变化"(p. 200)。

最后，作为一种整体概念，马克·布洛赫马上谈到了"集体意识"(p. 69, 86, 256等)，在更稀见的情况下，也谈到"心态"。他同样提及"两种精神状态之间存在的鸿沟"(p. 17)。"心态"(mentalité)这个词语几乎不动声色地出现于他的所有著作中，它生机勃勃地出现于《封建社会》一书最为独出心裁的部分，最后一次出现在《历史学家的技艺》修订稿末尾的最终一段文字："社会状态在本质上是心理状态……"心态的背后总是覆盖着"深层的事物"(p. 86, 108, 114等)，这些"深层的事物"似乎对其精神发挥着隐隐约约的诱惑作用。"深层次"，这是一个隐喻，对此不能忘记的是，它没有把历史引向精神分析，半个世纪以来它已经成为幽暗不明的概念之一，它帮助历史学跨越了一些局限与障碍，走向了其他地方，走得更远，更接近现象、人物及历史社会的要害。

至于现存各学科，或马克·布洛赫部分程度上参与创建的或他希望发展的学科，则有"集体心理学"(p. 243)、"民俗学"(p. 92, 250等)、"比较大众医学"(p. 160)、"比较民族志"(p. 20)。最后是生物学，因为在《国王神迹》中也已经有了身体史的雏形，这身体就是接受国王治疗行动的身体，罹患瘰疬病、遭受痛苦、这种疾病已经使之变成一种文化与社会符号的身体，尤其是马克·布洛赫强调的身体的"触摸"、"接触"，化为魔法师圣物的骨骸与尘埃的身体。

我搁置了一个词语（以及相近的字眼），这个词语展示了马克·布洛赫"心态"概念的一个"传统的"方面，尽管有"集体错误"这个创造性的短语，但正是这个词语启发他得出了《国王神迹》中所持的结论，这就是马克·布洛赫在不同形式下使用的"迷信"一词，如"民间迷信"(p. 153, 258)、"迷信风习"(p. 165)，或直接使用的"迷信"(p. 253)，与这些词语相伴而行的，是诸如"民间的道听途说"(p. 229)、"幼稚

（p. 232）等短语。[1]

马克·布洛赫也使用了带有贬义的、谴责性的旧词语，从中世纪早期到我们的时代（如果不是今天，也是昨天），这些词语一直为教会所使用，见证了18世纪的一个鼎盛时期——这个时期教会的陈旧态度越来越受到理性主义精神渗透，与启蒙运动心态汇合起来；[2] 他用这些旧词语表示教会没有驯服的所有宗教信仰与风习。在这里，马克·布洛赫是中世纪神职人员、启蒙运动人士的继承者，一位20世纪初的知识分子。

* * *

对《国王神迹》的接受

1924年《国王神迹》被人接受的情况如何呢？首先，很自然，这部博学的著作没有超出专业学者范围。对它的接受总体说来是好的。从马克·布洛赫本人搜集的评论以及学术杂志上的调查，我列出三种异常热烈的反应。

最先做出反应的，当然是吕西安·费弗尔。在一封没有注明日期、但肯定写于1924年的信件中，他对马克·布洛赫写道，在思考过"这个非常狭小"且涉及"历史枝节"的主题以后，他已经从阅读中意识到，本书是"这样的中心书籍之一：阅读它们似乎使人变得更加聪明；这些书阐明了许多事情，唤醒了人们永久的好奇心"。马克·布洛赫死后不久，费弗尔写道："该书具有罕见的优秀品质：它是斯特拉斯堡图书馆从

---

[1] 见 D. Harmening, *Superstio. Uberlieferungs: und Theorie: geschichtliche Untersuchungen zur kirchlich–theologischen Aberglaubenslieteratur der Mittelaters*, Berlin, 1979 及 J.-Cl. Schmit, 'Les traditions folkloriques dans la culture médiévale', 载 *Archives de science sociales des religions*, 52, I, p. 5-20, 1981。

[2] 这种精神状态的主要产物，一部价值难以估量的文献，是 Jean-Baptiste Thiers 的作品，*Traité des superstition selon l'Écriture sainte, les décrets des Conciles et les sentiments des Saintes Pères et des théologiens*, Paris 1670 与 *Traité des superstition qui regardent tous les sacrements*, Paris, 1703-1704 汇编成的一部著作（4 vol.），Paris, 1741；1777年在阿维尼翁再版。

刚成立的文学院得到的瑰宝之一。我曾常对布洛赫说，这是他的著作中我最欣赏的部分——他愉快地说感谢我'对这个粗劣作品'的好感。"[1]

与费弗尔做出同样反应的，是著名历史学家、他的比利时朋友亨利·皮朗。皮朗是这两位学者热烈敬慕的对象，他的一篇文章发表在《年鉴》杂志第一期上。1924年5月4日，他在读完书的前156页后，从冈特给马克·布洛赫写了一封热情洋溢的信件。赞扬该书"对政治、宗教与社会各观念的认识"做出了重大贡献。他补充说："您所追踪的道路已经穿越了整个历史，我无限美佩的是，您既没有迷途离题，也没有忘记主题，您为我们带来了新发现。"

最后是我们已经提及的亨利·塞，他称赞这部著作的多学科特点、所受到的涂尔干的影响，用他自己的评价来说："如果我知道您的著作，我肯定会修正我关于专制主义学说的一些观点。毫无疑问，研究不应只局限于一些作者的'社会哲学'，但是，您知道，深入研究民众的情感很不容易，在这个意义上，您将为研究政治观念的史学家确立方向。"

在那些对此书感兴趣且表示肯定意见的学者中，有两种反应似乎特别有趣。这就是语文学家恩内斯特·厄普夫内（Ernest Hoepffner）的反应。他是马克·布洛赫的同事与朋友，确切说，是布洛赫在斯特拉斯堡时的同事与朋友。他在《罗马辖区》(Romania, t. IV, n° 199, 1924, p. 478-480) 杂志撰文指出，"这个重要的研究由于它对中世纪观念史的广泛兴趣，也由于文献众多，为我们研究古文献的历史学家提供了有益且新颖的资料"，并做出结论，"这项内容充实且新颖的研究，即使对于我们的旧文献史，也是极为重要的"。吕西安·列维－布留尔（Lucien Lévy-Bruhl）在1922年刚出版了《原始思维》(La Mentalité Primitive)，他于1924年4月9日写信给马克·布洛赫说，他还没有读到此书，而且很遗憾没有时间为《哲学评论》(Revue philosophique) 写篇评论，但他又说："你研究的国王'奇迹'令我极感兴趣，我研究的是一些社会中的所谓原始心态，这些社会不同于你可能研究的社会，但我感谢那些像你一样，

---

[1] L. Febvre, *Combats pour l'histoire*, p. 393.

研究历史上相近地域与时间中相似心态的人。它将为我提供可贵的反思与比较材料。"

并非所有信件与评论都表示赞许。情况似乎是，大多数人虽表示赞扬，但面对布洛赫验证其博学的这个"怪诞"主题，还是放心不下。

有些人显然没有注意到布洛赫这本书所关注的东西。恩内斯特·佩罗（Ernest Perrot）在《法律史评论》（*Revue historique de droit*, 1927, n. 2, p. 322-326）表达了赞扬之后，又遗憾地说："然而，在本书中，对于这些研究（对法律的研究）并没有表现出同样的兴趣。实际上，马克·布洛赫特别坚持对王权神圣性的表象之一，即国王创造奇迹的能力进行研究——而这个研究对法学家而言，其价值恰恰是最微不足道的。"

弗朗索瓦·冈绍夫（François-L. Ganshof）是比利时中世纪研究者，当时是一位很有作为的年轻人，根据他发表在《比利时语文与历史评论》（*Revue belge de philologie et d'histoire*, t. V, 1926, fasc. 2/3, p. 611-615）上的评论，他对这部著作并不很感兴趣。尽管称赞它的"渊博、敏锐、判断稳健"，但他还是写道："马克·布洛赫先生的这一大部头著作不是医学史著作，更不是——谢天谢地——比较社会学论文。它是确切意义上的历史书……"但他把"主要的东西"（即"国王能力的准教士特性"）让给了次要事物，即对瘰疬病的触摸。我们离皮朗很远了！

不管怎样说，《国王神迹》在马克·布洛赫的作品中居于独特地位。查理-埃德蒙·佩林（Charles-Edmond Perrin）说得好："需要指出，这个年代（1924年）以后，马克·布洛赫再没有回到国王涂油礼这个问题上来；他贡献的这部作品在他的著作中独具气象；可以说，它本身的存在就足够了，没有任何文章为之前导，也没有任何补充性研究随之而来。"[1]

为何放弃了这个主题？

由于没有来自马克·布洛赫的解释，我们只能做一些推测。

首先，马克·布洛赫因为大学里的需要与机遇已经改变了方向，不

---

[1] Marc Bloch, *Mélanges historiques*, t. I, p. XI 前言。需要指出，马克·布洛赫曾于1932年1月在冈特做过讲座，题为 'Traditions, rites et légends de l'ancienne monarchie française'（"传说、仪式与古代法国君主传奇"）。

再从事这种研究。由于研究项目很少向这类问题开放，马克·布洛赫总是受到比较方法的吸引（如有名的文章《为欧洲社会的比较史而奋斗》就完成于1928年），所以他投身到了农村史研究。当他被任命为大学讲师，随后被任命为索邦大学经济史教授（1936—1937年）时，他已经迷上了这个比较新鲜的研究方向。

我们也可以想到，比较人类学方法对他已经显示出局限性。首先，对于像他那样苛峻的历史家而言，缺乏可资利用的研究成果；其次，是因为他不能在比较研究方面建立起足够精确的方法。

最后，我们可以想见，大学环境造成的对《国王神迹》的接受虽然是积极的，但除了特殊情况，实际上是不理解的，这使得他最终放弃了这类研究——无论如何，这类研究肯定不利于人们希望名正言顺地从大学生涯中获得满足感。只有一些像他那样的开拓者才能够明白这一著作所具有的创新性、意义及未来扩展力。实际上，马克·布洛赫并没有完全放弃《国王神迹》，因为他一直保管着"公开的档案材料"，在做完施拉姆两部作品（1937年关于英国加冕礼的著作及法国加冕礼的文章）的笔记后，他在一份有关圣化礼的档案材料中的一个卡片上写道："圣化礼，法弗捷，载格洛茨，p.62，极力说明他不甚了解。"[1] 自1924年以来，法国的这所大学没有发生太多变化。

* * *

当今的《国王神迹》：比较研究

当今历史学家会如何阅读《国王神迹》？

---

[1] 此处涉及 *Histoire du Moyen Age*, t. VI, I（载格洛茨[G. Glotz]指导出版的 *Histoire générale*）；由法弗捷（R. Fawtier）所写 *L'Europe occidentale de 1270 à 1380*, Paris 1940。法弗捷后来修正了自己的见解。他在 *Hisroire des institutions françaises au Moyen Age*, t. II, *Institutions royales*（Paris 1958）中回应马克·布洛赫，写道："我们不必担心会犯严重错误，认为法国王权的神圣性在这个进步过程中发挥过重要作用。"（p. 28-29）

序　言

首先令人着迷的仍然是，并且总是来自这部著作的比较研究视野。对于马克·布洛赫的比较法，最近美国几位历史学家展开了争论。在1980年的《美国历史评论》上，阿利特·奥林·希尔（Arlette Olin Hill）与博伊德·H. 希尔（Boyd H. Hill），一方特别地以1928年的文章《为欧洲社会的比较史而奋斗》为基础，另一方则以其他人的语言理论为基础，又重新讨论马克·布洛赫对普遍比较法与历史比较法所做的区别——历史比较法如果不是限于时间上同代、空间上毗连的社会，那么也是限于时空上邻近的社会。马克·布洛赫明显表现出对历史比较法的青睐。两位希尔断言实际上并不存在这两类可能的比较法，指责马克·布洛赫混淆了两种方法（尤其是在《国王神迹》中），并表示他们青睐普遍比较法，他们以诺阿姆·乔姆斯基（Noam Chomsky）的语言学理论为依据，明显地倾向于将普遍比较法视为唯一令人感兴趣的方法。这个研究发表之后，1980年的《美国历史评论》发表了两篇针对他们观点的非常犀利的回应文章，作者是威廉·H. 休厄尔（William H. Sewell）及西尔维亚·L. 思拉普（Sylvia H.Thrupp）；前者于1967年发表过重要研究成果《马克·布洛赫与比较史》，后者是卓越且具革新性的杂志《社会学与历史学比较研究》（Comparative Studies in Sciology and History）的创刊人。休厄尔与思拉普条理清晰地回应了两位希尔的观点，认为马克·布洛赫的思想与著作在比较方法上并没有呈现出混乱倾向，只有比较方法的两个范例，历史学家在布洛赫身上总能感觉到，他在《国王神迹》中拒绝了弗雷泽所用的某些普遍化的比较方法。

无论如何，我认为，马克·布洛赫赞扬与阐释的比较法，在他曾经指出的审慎限度内，从来就是极有必要的，如果在这方面《国王神迹》最终有了后继篇，他会非常高兴。[1] 但是应坚持马克·布洛赫的精神，只对可比较的事物进行比较。

真正说来，马克·布洛赫的比较法仍然是有点缩手缩脚的，我认为

1　Jean de Pange, *Le Roi très chrétien*, Paris, 1949, p. 39 以下，研究"三组人类社会"中的国王涂油礼，在这里我们读到："太平洋与美洲的国王涂油礼，然后是印度的国王涂油礼，最后是巴比伦、埃及与以色列的国王涂油礼。"

主要是因为他还没掌握理论与方法——这些理论与方法允许他走得更远，而不放弃历史反思必需的历史真实性（historicité）所要求的审慎规则与需求。我尤其相信，结构主义的某些形式可以很好地与历史研究结合起来，支持历史学家的研究。所以，我们能够利用列维－斯特劳斯的结构主义来达到列维－斯特劳斯创立结构主义的目的：对神话与仪式进行内在分析。此外，在我看来，乔治·杜梅泽尔（Georges Dumézil）[1]的真正科学的比较观念与方法，恰能对诸如国王奇迹之类的现象带来补充性的解释。按照杜梅泽尔的观点，这一切处于第三功能中难以划定范围的领域中。健康与多子多孙、事业兴旺与美丽永驻一样具有重要意义。治病者显然是发挥第三功能的人。不过，在11—13世纪的基督教西欧，我们看到，除了第三功能的主要领域，国王试图出现在第三功能的任何一个领域中。[2] 国王为获取神奇能力而进行的斗争，在圣职领域，少于处于第三功能之内的圣化礼场所。在这个领域，国王的对手总是教会。一个时期内，经济功能倾向于获得自由，转到劳动者（laboratores）手中，国王虽对收成掌握其保持的小部分魔术力量（马克·布洛赫将它与治病能力相比较，在他的论文中仔细地记录了中世纪与近代的例证），但所能做到的只是在第三功能领域凭借善行树立威望。在这里，教会也倾向于保持垄断权：建立慈善机构、对穷人实施监护、独占圣物领有权。教士埃尔戈于11世纪初完成的《虔诚者罗贝尔传》曾极力利用这位慈善国王、穷人与患者的保护者的形象。但只有国王医师的形象可以确切地赋予国王在第三功能中有一个相称的地位。

---

1 乔治·杜梅泽尔（George Dumézil，1898—1986年），当代法国民俗学最有影响的人物之一，印欧学专家。以古代印度神话为基础构筑理论体系，从神话系统的结构分析入手，揭示语言、神话与社会组织之间的相互关系。以其对印欧宗教与社会中的王权与力量的分析闻名于世。他最著名的理论是"三功能论"（trifunctional hypothesis），即认为古代印度神话分为社会伦理、战争、生产三个功能层次，各有不同的神来表现。——译者

2 见 J. Le Goff, 'Note sur société tripartie, idéologie monarchique et renouveau économique dans la chrétienté du IXe au XIIe siècle' （载 L'Europe aux IXe- XIe siècle, Varsovie, 1968），转载于 Pour un autre Moyen Age, p. 80-90。

序 言

历史人类学

在《国王神迹》中,马克·布洛赫了不起的创新是创立了人类学,他是历史人类学之父,这个学科的发展今日方兴未艾。对于他1924年问世的著作,如果不计民俗学研究成果,马克·布洛赫所能利用的只有两位人类学名家的著作:一是詹姆士·弗雷泽爵士。弗雷泽于1911年出版的《金枝》(《对魔法与宗教的研究》,1—2卷,《国王的魔法术及演化》,1922年以缩写本形式再版),与1905年出版的《早期王权史演讲集》(Lectures on the Early History of the Kingship)——该书于1920年刚刚以《王权的魔法起源》(Les Origines magiques de la royauté)之名译成法文(马克·布洛赫可以读和说英文、德文与意大利文)。一是吕西安·列维-布留尔。从前一位作者那里,他结识了王权的魔法起源概念,从后一位作者那里他熟悉了原始心态观念。但是,马克·布洛赫仍然抵制了诱惑,没有使用弗雷泽著作使用的普遍比较法,以及将中世纪之人与"野蛮人"同化。将中世纪之人同化于"野蛮人"是来自列维-布留尔的理念。

需要强调指出的是,如果说1924年的马克·布洛赫背后树立着涂尔干的巨大身影,那么他在书中并没有提及1924年以前出版的两部重要著作(似乎他没有读到)。马塞尔·莫斯(Marcel Mauss)是涂尔干的弟子与外甥,他与H. 于贝尔(H. Hubert)合作在《社会学年鉴》(Année sciologique, t. VII, 1902-1903, p. 1-146)上发表了《魔法通论概要》(Esquisse d'une théorie générale de la magie)。针对弗雷泽的观点,他在魔法仪式与宗教仪式之间所做的区分,关于魔法思想是"因果律主题巨大差异"的著名格言,已经帮助他出色地界定与分析了国王创造奇迹的仪式,最大程度地确定了它与教会与宗教环境的关系。[1]

第二个惊人的漏隙是阿诺德·范热纳的名著《品性转变仪式》

---

[1] 参见 Claude Lévi-Strauss, *Introduction à l'oeuvre de Marcel Mauss*, 载 M. Mauss, *Sociologie et anthropologie*, Paris, 1950, 及 Marc Augé, 'Magia' 词条, 见 *Enciclopedia Einaudi*, t. 8, p. 708-723。

（Arnold Van Gennep, *Les Rites de passage*, Paris, 1909）。马克·布洛赫使用过这个字眼，知道这种仪式，所以他能够找到办法，非常准确地确立触摸行动在圣化礼与加冕礼仪式中的位置。这是由被授圣职者品性转变而来的新生能力之一。这种能力的第一次行使，应在仪式所允许的尽可能近的时间内。国王触摸差不多是在举行圣化礼之后立刻实施。自《国王神迹》问世以后，出现了许多著作，包括一些专门研究神圣王权的一流著作。法兰克福《王权与神祇：连接社会与自然的古代近东宗教研究》（H. Frankfort, *Kingship and the Gods. A study of Ancient Near Eastern Religion as the Integration of Society and Nature*, Chicago, 1948; 法文译本 *La Royauté et les Dieu*, Paris, 1951）就是这样的作品。在这部著作中，作者向人们说明，古代王权是宇宙正常演进与社会良好运行的保证。中世纪的君主，通过国王神迹，也表露这种概念吗？1936年，英国著名人类学家阿瑟·莫里斯·霍卡特于开罗出版《国王与谋僚》（Arthur Maurice Hocart, *Kings and Councillors*）——此著作当时未引人注目——曾引用过马克·布洛赫的《国王神迹》；[1] 作者让这项国王惯制从一项命定的仪式脱离出来而保持其生命力。然后仪式的安排变成了一种政府惯制。国家的创立是因为国王持续存在。起初，国王是仪式的中心人物，他极力隐瞒这种起源。霍卡特的题记引用莎士比亚的话："神圣性笼罩着国王"（There's much divinity doth hedge a King），马克·布洛赫的题记则引用孟德斯鸠《波斯人信札》："这位国王是大魔法师。"然而，霍卡特发现，在人类学方面，让历史学家马克·布洛赫震惊的奇迹治疗非常稀少，更不用说国王的治疗能力。

有关神圣国王研究与理论的演变与发展，已经成为最近瓦莱里奥·瓦莱里（Valerio Valeri）为《埃诺迪百科全书》（*Enciclopedia Einaudi*, vol. XI, 1980, p. 742-771）所写"王权"（Regalità）词条的主题。作者提到，关于王权起源的理论主要有两大类型：魔法起源论与历史起源论，历史起源论又分为两个主要观点，即暴力征服论（譬如，Jean de

---

[1] 1970年新版于芝加哥问世，法文译本 *Rois et courtisans*, Paris, Éd. du Seuil, 1978, 配有罗德内·尼达姆（Rodney Needham）所做的出色序言。

Meung, *Roman de la Rose* 就持这种观点）与契约论。马克·布洛赫没有探讨这个问题，他的兴趣限于指出由源头而来的遗迹对历史现象的解释作用，他似乎更倾向于人类学创始人弗雷泽的观点。弗雷泽的理论在人类学界一度经历过消退，他的观点在今天经常被宣布为过时，或受到强烈攻击。[1] 但瓦莱里奥·瓦莱里指出，在霍卡特及吕克·德·厄施（Luc de Heusch, *Le Roi ivre ou l'origine de l'État*, Paris, Gallimard, 1972）的著作中，又出现了某种向弗雷泽回归的现象。

需要再次说明的是，马克·布洛赫对起源问题不感兴趣。但他对国王奇迹的研究倾向于证明，霍卡特所做的仪式与政治之间的基本区分，至少在中世纪的西欧，是被夸大了。触摸仪式是一种政治姿态。

我不主张这一点，即面对总体性的奇迹，尤其是国王奇迹，布洛赫的"理性主义"与"进步主义"态度在今日可能很难引人注目了。这不是因为历史学家们开始重新相信奇迹，而是因为他们提出的问题局限于马克·布洛赫已经提出的问题："人们如何以及为何相信国王的奇迹？一种信仰是在它的科学真实性之外得到说明的。"

马塞尔·德廷纳（Marcel Detienne）已经合理地指出了马克·布洛赫阅读过的两位人类学家弗雷泽与列维-布留尔在方法上的相似性。对他而言，20世纪初人类学还有一个主导方向："从弗雷泽到列维-布留尔，神话学仍然研究精神错乱与神经幼稚症"，《金枝》只是"论述被魔法引入歧途的人类悲剧偏向史的前导"。另外，"对吕西安·列维-布留尔而言，初民社会与我们的区别在心态组织的不同：与我们的思想构成不同，他们的思想具有神秘性；统摄他们的是一种'参与法则'，这个法则使得他们不关心无矛盾的逻辑——这种逻辑乃是我们全部思想体系的基础……他的著作与弗雷泽的著作存在深层上的一致性，在今天看来，也参与了监禁原始思想的行动。"[2]

我不认为，面对卢梭式的列维-斯特劳斯，伏尔泰式的马克·布洛赫

---

1 这些攻击可能是一种系统性的否定，有时变成一种丑闻。见 *Encyclopaedia Universalis*, t. VII, 1968, p. 372-373 有关他的词条。

2 见 'Théorie de l'interprétation des mythes' 一文，载 *Dictionaire des mythologies*, éd. Y. Bonnefoy, t. I, Paris, Flammarion, 1981, p. 568-573.

会心安理得地参与这类行动。对于我们祖先的轻信行为，至少应有一点同情。

《国王神迹》包含着依旧新颖的巨大思想库：对历史社会的仪式、图像以及手势的研究，在很大程度上仍是今天可资利用与发展的。

新政治史

除了已经得到颇多开发，甚至有点受到损害的心态史，马克·布洛赫为我们明确开辟的未来大道，正是新政治史。

在布洛赫留下（由其子艾蒂安整理）的档案中，关于权力起源的各种理论与霍卡尔的观念并非冲突，而在历史时间、某种相似性上，似乎都与之具有继承性。首先是神圣王权与王权传说、"迷信"、圣化礼、加冕礼及徽章，然后是出自封建制度又从封建制度解脱出来的"契约理论"，最后是新选举权与议会制度。在所有这些事物中流动的是"深层事物"的引线，是对权力——各种形式掩盖下、拥有各种手段的权力——的整体史的追寻。这是一种权力的历史，这种权力不能与其仪式基础割裂开来，也没有脱离其意象（images）与表象（représentation）。我敢说，为了理解法国与英国封建社会创造奇迹的王权，需要介绍封建生产方式中符号体系（Symbolique）的生产。

马克·布洛赫留给未来的启示，是号召人们回归政治史，[1] 但那是一种革新了的政治史，一种"历史政治人类学"——《国王神迹》将是历史政治人类学中的第一部且青春永驻的典范著作。

（顾杭　校）

---

[1] J. Le Goff, 'Is Politics still the Backbone of History?' 载 *Historical Studies Today*, éd. F. Gilbert et St. R. Graubard, New York, 1972, p. 337-355。

致　谢

　　本书堪称友情促成的作品，这样的作品可谓罕见。对于慷慨给予帮助的所有合作者，我的确应该视之为朋友。在这些朋友中，一些人展现的友善尤其令人钦佩，这种友善并不是当面施与我的，因为他们从未与我谋面。我要处理的资料极为分散，而研究的问题又极为复杂，如果没有这么多人提供弥足珍贵的帮助，我的研究简直不可能展开。为了征询意见或建议，我烦劳过斯特拉斯堡、巴黎、伦敦、图尔奈、博洛尼亚、华盛顿和其他地方的师长和同事，而他们总是乐于立即答复。想到所有这些人，我便感愧不已。如果要在这里对他们逐一表达谢忱，那就是以一个几乎没完没了的名单来考验读者的耐心。况且，他们已经显示了不求回报的善意，即使我不提及其大名——至少在此前言中不提及其大名——他们也不以为忤。不过，对于那些好心为我提供了各自收藏品指导的图书馆馆员和档案员，如果现在不表达特别谢忱，那么我就真的没有尽到义务。他们是：国家档案馆的希拉里·詹金森先生，法国国家图书馆的亨利·吉拉尔女士、安德烈·马丁、亨利·蒙塞尔，兰期档案馆的加斯东·罗贝尔先生。同样，我还要感谢海伦·法夸尔小姐和E.W.威廉森神甫，他们以始终如一的善意提供大量有用的知识。最后，我要感谢欧内斯特·威斯克海默博士所提供的帮助，他使我在一个自己感到完全没有把握的研究领域中避免了无数的错误；能得到这样一位极为能干的医学史家提供的迅速且差不多每天都需要的帮助，其意义是难以估量的。我还要对法兰西学院表达敬意和感激，它准许我进入其伦敦分部，使我可以随时利用英国的图书和档案。

然而，正是在我们的文学院，我尤其感受到身边热情、融洽的氛围，文学院的组织和生活习惯特别有利于追求共同的事业。特别是，我的同事吕西安·费弗尔和夏尔·布隆代尔，将会在下文中看到他们自身的很多贡献，只有说明我在友好交往中从他们的思想中学到了多少东西，才能表达对他们的感谢。[1]

这样的一本著作，在它出版时就谈论再版事宜，将是狂妄的行为。但设想为它增补些材料，至少还是合理的。希望我的研究所发挥的主要作用，就是引起人们的注意，关注一个至今颇受漠视的问题。毫无疑问，很多读者会惊讶于我书中所犯的错误，尤其是其中的遗漏。我只能说，如果坚持做到既要避免不可预见的空白，又要避免可以预见的空白，但又无法填补之，那么有些著作将永远无法完成；现在我公之于世的这本著作肯定就是这样的一部作品。如果读者以适合自己的任何方式指出我的错误和疏漏，我都将深为感激。本书臻此形态，得益于他人合作甚多，如能一如既往地继续得到这种合作，我心中的欢愉将无以言表。

马洛特，1923年10月4日

当此校阅清样，再读这些谢词之际，我难以安心于任其一仍其旧。这里漏掉了两个人的名字。某种情感上的羞涩，也许是不必要的多虑，使我没有提到他们；但我不能再让这两个名字归于默默无闻了。毫无疑问，如果没有兄长[2]与我之间长年累月的思想交流，我将永远不会产生从事这些研究的念头。作为医生，兄长对其专业怀有强烈的兴趣，他帮助我思考过国王医师问题。他对比较人类学和宗教心理学怀有强烈兴趣，他的兴趣有助于我认识到这些重大问题的意义——这些问题我这里只是提及而已。他对许多问题都兴致盎然，但其持久不倦的好奇心通常是为

---

[1] 同样，我要特别感谢我的同事阿尔法里克（P. Alfaric）与厄普夫内（E. Hoepffner），他们与费弗尔一起友善地帮我校读了清样。

[2] 即路易·布洛赫（Louis Bloch），生于1878年。——译者

了娱乐。我所接受的历史研究的最好训练来自父亲。[1] 他的教导从我的孩提时代开始,从未间断,给我留下了永不磨灭的印象。我兄长知道这本书时,还只是一个粗略的纲要。我父亲读过手稿,但未能见到它的出版。如果没有忆及这两位亲人,我身上将缺乏父子之爱和兄弟手足之情,但在未来岁月里,只有他们的榜样和我对他们的思念引我前行了。

1923年12月28日

---

[1] 马克·布洛赫的父亲古斯塔夫·布洛赫(Gustave Bloch,1848—1923年)是一位大学教授,长期从事古希腊罗马历史研究,曾任教于里昂大学与巴黎高师。——译者

"这位国王是大魔法师。"
——孟德斯鸠:《波斯人信札》,24

"基督教和法国王室中持续发生的唯一奇迹……"
——皮埃尔·马蒂厄:《法王路易十一史》,1610年,第472页

导　言

　　多明我会的法兰西斯修士是那不勒斯省比撒希亚地方的主教，安茹的罗伯特国王的随军教士。1340年4月27日，他作为英国国王爱德华三世的临时使节出现在威尼斯总督面前。[1] 当时正值引发百年战争的英、法王朝争斗爆发不久，双方的敌对行动已经开始，但外交战仍在继续，敌对的两国君主正在欧洲各地寻找联盟。法兰西斯修士衔其君命，争取威尼斯人的支持，要求他们采取友好行动，与热那亚人斡旋。我们至今仍保存着他的演说概要。[2] 他理所当然地对英王的和平意愿吹嘘一番。"尊贵的爱德华殿下"，诚挚地希望避免杀戮广大无辜的基督教徒，已写信给"自称法王的瓦洛亚家族的腓力"，建议以三种可能的方法，而不是以战争，裁决他们之间的重大争端，首先是比武场决斗，诉诸神命裁判，可由他们两位王位争夺者决斗，也可由双方的六至八位忠实追随者决斗；或者采取下列两种裁决法

---

[1] 此人的身份有些难以确定。下文注 2 所引用的威尼斯文献称他为理查："fratri Richardo Dei gratia Bisaciensis episcopus, incliti principis domini regis Roberti capellano et familiari domesticc"。但在 1340 年，比撒希亚的这位主教是一位多米尼克会成员，是一位"修士"，被称作法兰西斯，见 Eubel, *Hierarchia catholica*, 2^e ed., 1913, Ughelli, *Italia sacra*, t. VI, in-4°, Venise, 1720, col. 841. 几无可疑的是，出现在威尼斯总督面前的，正是这位法兰西斯修士；威尼斯的抄写员一定是在拼读或书写上犯了错误（也许是开头的字母不准确）。我认为应该改正。

[2] Venise, Archivio di Stato, *Commenoriali*, vol. III, p. 171. *Calendar of State Paper, Venice*, I, n°, 25 做过分析。承蒙罗马大学康塔莱利（M. Cantarelli）教授盛情，为我复制了这件极为有趣的文献。E. Deprez, *Les Préliminaires de la Guerre de Cent Ans*, 1902 (*Bibl. Athènes et Rome*) 一书中没有提到比撒希亚主教的这次出使行动。他对 *Calendar* 一书的分析存在错误：将 *comitatum de Pontyus in Picardiam* (le Ponthieu) 译作 the counties ... of Pontoise（蓬图瓦兹诸伯爵领）。

之一来决断——此处我引用原文："如果瓦洛亚家族的腓力像他所自诩的那样，是真正的法国国王，那么他可以自处于饿狮之前以证明之，因为饿狮从不伤害真正的国王；也可以像其他真正的国王通常所做的那样，展示他医治病人的奇迹"——毫无疑问，"真正的国王"指的是其他真正的法国国王。"如果不能，则承认自己不配享有这个国家。"但是，法兰西斯修士说，腓力"傲慢地"拒绝了这些建议。[1]

爱德华三世是否真的提出过这些建议，也许大可置疑。有关英、法谈判的文献相当完好地保存了下来，但并没有显示出丝毫迹象，证明存在比撒希亚主教所简述的这封信件。事情可能是，他为了迷惑威尼斯人，凭空臆造了这封信。但是，即使姑且认为此信确曾送达，对于以投身饿狮或创造奇迹来进行裁决，也没有必要信以为真，那不过是挑起决斗而已。决斗是守规矩的君王在开战之前习以为常的传统挑战形式，但在人们的记忆中还从未见过国王迎战之事。这只是一种外交套路，在这件事中，毋宁说是一位滑巧的外交官的轻佻之词。

然而，这些无谓之词应引起史学家的思考。尽管它们表面上无足轻重，但可以说明一些深刻的问题。拿这些无谓之词与今日处于类似位置的全权大臣可能做出的说辞比较一下，其差异可以显示出两种精神状态之间存在的鸿沟，因为这种用于展示目的的宣词，显然反映了一种集体意识（conscience collective）。法兰西斯修士没有说服威尼斯人放弃中立身份，他们认为中立对其贸易有利。威尼斯人既不为他所展示的爱德华三世的和平意愿所打动——据说直到最后一刻，法兰西斯修士都在展示证据证

---

[1] "... ne tanta strages Christianorum, que ex dicto belo orta et oritur et oriri in posterum creditur, ipsi serenissimo principi Eudoardo imputaretur aliquatenus, in principio dicte guerre suas literas supradicto destinavit Philipo, continentes quod ad evitandum mala super inocentes ventura eligeret alterum trium: silicet quod de pari ipsi duo soli duelum intrarent, vel eligeret sibi sex vel octo aut quot velet, et ipsi totidem, et si[c] questio terminaretur inter paucos, Altissimo de celo justitiam querenti victoriam tribuente; aut si verus rex Francie esse[t], ut asserit, faceret probam offerendo se leonibus famelicis qui verum regem nullactenus lesunt; aut miraculum de curandis infirmis, sicut solent facere ceteri reges verti, faceret [ms: facerent]; alias indignum se regni Francie reputaret. Que omnia supradicta, ac plures et diversos [ms: diversi] pacis tractatus contempsit, se in superbiam elevando."

明这一点——也不为其说辞的后一部分所展示的更独特的许诺所打动。但是，由英王向法王主动提出的建议，大概没有像我们所想的那样，受到不信任的对待。毫无疑问，威尼斯人不希望看到瓦洛亚家族的腓力投身狮穴，但他们透过当时的各种传奇文学，熟悉"狮不食王胄"的观念。他们都很清楚爱德华三世不会轻易将法兰西王国让给对手，即使后者成功地完成了治疗病疾的奇迹。但在14世纪，即使最具怀疑精神的人，也几乎不会怀疑从经验获得的知识，即法国和英国的每一位真正的国王都能创造这种奇迹。在威尼斯和整个意大利，人们相信这种奇特能力的真实性，如果需要，则会求诸这种奇特能力。一份免于毁灭而保存下来的文献，记载了四位威尼斯名人于1307年——法兰西斯修士行动之前三十三年——游历法国，从美男子腓力那里接受过治疗。[1]

所以，一位爱说大话的外交官的这种说辞恰好提醒我们，那些生活在中世纪乃至更晚近时代的我们的先祖，对王权所具有的意象与我们迥然有别。在那个时代，各国的国王都被视为神圣，而且，至少在一些国家，他们被认为具有超凡的治病能力。在许多世纪里，法国和英国的国王们曾经——以当时的经典表述——"以触摸治疗瘰疬病"。这就是说，这些国王都声称，仅以触摸就能治愈人们的这种疾病，而他们的臣民都相信诸王的治病能力。在几乎同样漫长的时期内，英国诸王曾向其臣民乃至境外的臣民发放所谓的痉挛戒指，这些戒指经国王之手得到圣化，被认为获得了一种能力，能治愈癫痫病，能缓解各种肌肉疼痛。这些事实，至少大略内容，是所有研究者及感兴趣的人熟悉的。不过，必须承认，现代人的思想特别拒斥这些事实，因为它们通常都已湮没无闻。有的史学家写下洋洋大观的著作论述王权观念，甚至没有提及这些事情。所以本书的主要目的是填补这一空白。

研究这些治病仪式以及——更广泛些——这些仪式所包含的王权观念，这样的念头产生于几年前，当时我在读戈德弗雷（Godefroy）的《礼仪论》（*Le Ceremonial*），其中的文献提到法国诸王的涂油礼。当时我远没有意识

---

[1] 与狮子相关的信仰，见下文 p. 256；关于四位威尼斯人的游历，见下文 p. 109。

到这一研究的真正内涵；我身陷其中的这项研究所具有的广泛性和复杂性，远远超出我的预料。我坚持进行这一尝试性研究，是否有道理呢？听我吐露这些意图的人，想必不止一次地认为我是在一种奇异、整个说来相当无谓的好奇心上空耗心力。我是在进行一种旁门左道的研究吗？一位英国人确曾善意地称这项研究为"你的僻异小径"。然而，这个人迹罕至的小径似乎值得去探寻，而经验似乎说明，这条小径正通往一个有前景的去处。我发现，迄今为止仅被视为趣闻的东西可以转变为历史。这个导言不适合说明我的计划、详细地证明其合理性。一本书应自证其合理性。我在这里只想简单地说明我怎样构思研究，以及引导我进行工作的主要观念。

* * *

抛开构成君主观念的"神奇元素"的一套迷信和传说，孤立地考察治病仪式，是不行的。那样做是在事先宣告，我在其中所看到的只是与集体意识的整体倾向全无关联的荒谬的怪异事物。我把治病仪式当作一条引线，来研究法、英两国长期赋予王权的超自然特征，用社会学家已经稍微歪曲了其本初意义的一个术语，可以称之为王权的"神秘性"。王权，它的历史主导了欧洲诸惯制[1]的整个发展过程。西欧各族民众差不多至今仍受国王的统治。我们欧洲各国人类社会体的政治发展，在很长时期内几乎可以无例外地概述为各大王朝权力的变迁。要了解先前的君主是何样人物，特别是他们如何持久地控制人们的思想，只关注他们强加于臣民的行政、司法和财政机构运作的细节，是不够的；进行抽象分析，从少数著名理论家著作中抽象出专制主义或神圣权利的概念，同样是不够的。我们必须深入分析围绕王室滋长起来的各种信仰和传说。在多种意义上，民俗会比任何理论学说告诉我们更多知识。克洛德·达尔邦（Clande d'Albon）是"多菲内的法学家和诗人"，1575年他在《论君权》（*De la maiesté royalle*）中恰如其分地写道："诸王备受尊崇的原因主要是，人们只是从他们身上，而

---

[1] 法文 institutions 与英文写法相同，含有"惯例"、"制度"之意，但使用其中一意，皆难达其旨；细加揣摩，这个词所表达的，是前现代社会由风俗习惯演化成的习惯性定制，故译作"惯制"。——译者

不是在其他人身上，看到了神性和神力。"[1]

当然，克洛德·达尔邦并不相信"神性和神力"是国王权力存在的唯一原因。有必要宣布我也不相信这一点吗？过去的国王，包括最伟大的国王如圣路易、爱德华一世和路易十四，都像今日乡村的"持秘方的医师"一样，声称仅以触摸就能治愈疾病，但若因此而仅以巫师视之，那就是再荒谬不过了。他们是国家元首、法官和战争统帅。君主制度满足了旧时社会的一些永恒需要，这些需要是完全真实的，完全出乎人性本质的。当今的社会也同样认识到这些需要，但通常以另外的方式来加以满足。但在忠诚的臣民眼里，一位国王毕竟不同于一位普通的高官，一种"尊崇氛围"环绕着他，这种"尊崇氛围"并非只是源于他所履行的职责。如果我们从一开始就拒绝正视笼罩在王冠上的超自然的光环，那么我们怎能理解一些历史阶段上所存在的如此强烈而独特的忠诚感呢？

我们不探讨处于胚芽阶段的"神秘"王权观念，也不追寻其最初原则。研究中世纪和近代欧洲历史的史学家们无法弄清楚它的起源；实际上，历史家对此全然无能为力，只有比较民族学似乎可以在一定程度上阐明之。这些直接衍生出我们自身文明的文明，从消失于史前暗影中的更古老的文明中接受了这份遗产。一些东西有时被人们有点轻蔑地称为"遗物"，那么，我们只是以这些东西作为我们的研究对象吗？

稍后我们有机会注意到，就国王治病的各礼仪本身而论，无论如何也不能名正言顺地将"遗物"这个词用在它们上面。诚然，对瘰疬病的触摸治疗，似乎创自法国的卡佩王朝早期和英国的诺曼人统治时期。至于英国君主为戒指祈福，我们将看到，这种做法只是出现在神奇王权发展过程的更晚些时候。国王具有神圣性和神奇性的内在观念仍然存在，这种观念在本质上是一种心理特征，我们所探讨的治病仪式只是其众多表现之一。这种观念的古老程度，远过于法国和英国的历史最悠久的王朝；而且，也许可以说，其寿命之长久，远过于最初为其产生提供条件的社会环境，而对

---

[1] 见 d'Albon, *De la Maiesté royale, institution et preeminence et des faveurs Divines particulieres envers icelle*, Lyon, 1575, p. 29 v。

于这种环境,实际上我们一无所知。但是,如果我们从通常的意义上来理解"遗物",即将它理解为一种制度或信仰,所有的真实生活已经从它那里消失,它的存在只能由它一度对应的某种事实——这种事实是见证久已消失的时代的一种化石——来证实,那么,在这种意义上,我们所研究的这种观念,在中世纪,至少17世纪以前,就没有什么东西允许人们使用这个词语;它的长寿并不是一个退化过程。相反,它仍保持着深厚的生命力,继续被人们赋予一种生生不息的情感力量;它适应了新的政治环境,尤其是新的宗教环境;采纳了过去闻所未闻的形式,其中治病仪式是其关键。

21 对治病仪式的起源,我们将不做解说,因为那将逸出我们的研究范围;但我们必须探讨它的延续性和发展过程,这两个方面是整个研究的一部分,一个非常重要的部分。在生物学上,理解一个生物的存在并不是简单地寻求其原初形式,同样重要的,是要找出决定其生存、促使其变化的环境所具有的特点。这一点——mutatis mutandis(必要的变更)——对于社会现象同样适用。

简言之,我这里所要做的工作,在本质上是为欧洲政治史贡献一分力量——我指的是宽泛且真实意义上的欧洲政治史。

由于研究题材的特性,这部政治史论著不得不采取比较史研究的形式,因为法国和英国都有行医的国王;至于奇异王权和神圣王权的观念,则为整个西欧所共有。我认为,我们所继承的文明所经历的发展过程,只有在我们能够超越非常狭隘的民族传统架构,从外部加以认识时,庶几可以看得清楚。如果真能这样做,将是必要的,也是幸运的。[1]

---

[1] 此外,我清楚地意识到,我希望研究这两个国家相似的命运,但在研究过程中,并非总能在它们之间保持平衡。有时候英国似乎被忽视了。我认为,我对英国治疗仪式的研究同法国一样彻底(除了少数细节);但不是总体上的神圣王权史。欧洲目前(1923年)的状况,既不利于旅行,也不利于公、私图书馆购买外国书;它使比较史研究比以往更为困难。克服的办法,无疑应该是有一个通畅的国际借阅体系,以借取出版的书籍和手稿;但众所周知的是,大不列颠还尤其没有走上这样的道路。我已经说明,只是由于罗思柴尔德(M. de Rothschild)先生的慷慨捐赠,我的研究才得以进行,法兰西学院的伦敦藏书室归功于他的捐赠。遗憾的是,我只造访过英国一次,是在研究刚刚开始时,就是说,我访问之时,这些问题的广泛性和复杂性绝没有显现出来,而这种广泛性和复杂性是后来注定要显现出来的。所以,尽管有伦敦朋友的善意帮助,还是有一些空白我永远无法填补。

还要说的是，如果不是担心一个本已很冗长的标题变得臃肿不堪，我会给本书增加第二个副标题："一种奇迹的历史"。正如比撒希亚主教对威尼斯人所做的提示，国王以触摸治疗瘰疬病或癫痫病确实是一种"奇迹"，是一种实实在在的大奇迹，应被视为历史上出现的最为显著、最具连续性的奇迹之一；为无数的证据所证实；它深孚人望、风光旖旎地存在了七个世纪，此后其声誉才逐渐消失。一部研究此类超自然迹象的考辨性历史著作怎能漠然于宗教心理，或者说，怎能不涉及我们对人类精神的认识呢？

＊　＊　＊

在研究过程中，我遇到的最大难题是资料状态。不是因为国王神奇治病能力的证据——就其整体及关于起源的特定事实而论——相当缺乏，而是因为这些证据极为分散，性质上千差万别。举一例就可以说明问题。我们所掌握的有关法国国王以触摸治疗瘰疬病的最古老的资料，见于一本称作《论圣物》(*Traité sur les reliques*，即 *De Pignoribus Sanctorum*) 的宗教论战的小书；在英国，关于同一种仪式的最早且可靠的证据来自一封私人信件，大概只是一个文体写作练习本。人们知道的最早提到英王圣化戒指的事例见于一份王室敕令。对于这个事件的其他内容，我们不得不利用大量不同种类的文献：账簿、公文资料、叙事文学、政治和神学作品、医学论文、礼拜文、人物雕像碑——更多文献就不再数列了；读者甚至会发现自己面对的是一种纸牌游戏。法、英两国王室的账簿，如果不加严格审查，就不能充分利用，所以我对它们进行了特别研究，但这一研究会使这个导言不堪重负；我把它放在了本书的末尾。肖像资料相当稀少，比较容易安排；我已尝试着列出了一个准确的目录，也置于附录之中。其他资料似乎过于繁多而杂芜，无法制成完整的清单，我只限于引用这些资料，并在使用时做出评论。此外，对这样的材料，试图为这些资料定名有什么用呢？不过是随即探查的书目而已。以很少的几份文献人们就可以有几分把握地预测它能否提供有关国王奇迹史的有用知识。这是在探路，是在凭运气和知觉行事，费时甚多而收获甚少。如果所有文献汇编都备有索引——

一个主题材料索引，那该有多好！但是，不消说，这在许多情况下是完全缺乏的。年代越是晚近的文献，这些必要的工具似乎就越少。频繁出现的工具缺乏，是我们目前的出版方法最令人吃惊的缺陷之一。在这一点上，我感到有点痛心，因为这个令人烦恼的遗漏经常使我的研究处于极度困难的境地。此外，即使有索引，通常的情况是，作者将治疗仪式视为不足道，有损于历史的尊严，已将它们彻底地略去不提。很多时候，我感到自己就像置身于众多紧锁的保险箱中间，这些保险箱中有一些储藏着金子，而另一些则只有石头，但没有任何标示让人分清财宝和石头。换言之，我完全不敢说已经完成了任务：我只希望此书能激励研究者去做出新的发现。

幸运的是，我不是在一个全新的领域进行探索。据我所知，在这个问题上，还没有现成的历史著作表现出我在书中力图展现的广泛度和批判性。但关于国王治疗术的"文献"却是相当丰富的。这种文献分为两类，其来源不同，并驾齐驱，在很大程度上彼此互不搭界：一类是专业学者的著作，另一类更广泛的作品是医生们的著作。我已竭尽全力对这两类作品尽心研究并加以利用。读者将在本书中看到一个相当长的书目。但是我不希望我经常利用的某些特别杰出的著作淹埋在书垒中，故在这里重点介绍主要的指导书。劳·赫西和沃特顿二人前些时候发表的研究对我帮助很大。仍然健在的作者中，对弗朗索瓦-德拉博德先生、克劳福德博士及海伦·法夸尔小姐，我的感激之情难以言表。

我还要对往时的前辈表达无任感佩。从16世纪到18世纪，人们写下了许多关于治疗仪式的作品；在旧制度遗留下的文献中，甚至废料都是有趣的，因为它们时常提供彼一时代精神状态的珍贵讯息，但它并不是仅仅包含废料。尤其是，17世纪的确产生了一些特别愚昧的著作和小册子，但也出现了一些出色的著作，如迪佩拉的《宫廷教会史》（Du Peyrat, *Histoire ecclésiastique de la Cour*）中论瘰疬病的部分。尤为出色的两部学术论著，分别由丹尼尔·乔治·莫尔霍夫（Daniel Georges Morhof）和让·若阿基姆·曾格拉夫（Jean Joachim Zentgraff）完成。这两部论著为我提供的大量有用的参考资料，是在其他地方找不到的。我在这里忆及从第二部论著中汲取的一切，感到特别高兴，因为我本人可以以同事的身份向作者表达敬意。让·若阿基姆·曾格拉夫是斯特拉斯堡人，他出生在这个自由的城市，是路易十四的臣民，发表过对亨利大王的颂词，[1]他在这座当时已经归属法国的城市里创造了辉煌的大学生涯。本书列入我们复建的文学院的出版物出版；这在一定程度上能够延续古老的斯特拉斯堡大学一位校长先前开创的事业，对此我感到很高兴，虽然我充分意识到我们各自所处时代具有不同的精神。

---

[1] 1691 年 5 月 17 日。这篇演讲已被印出：*Speculum boni principis in Henrico Magno Franciae et Navarrae rege exhibitum exercitatione politica Deo annuente, in inclyta Argentoratensium Academia...Argentorati, Literis Joh. Frideici Spoor*（小四开本，54 页）。这部小作品必定非常稀少：我不知道其他副本，只知道国家图书馆和斯特拉斯堡的威廉米塔纳图书馆（Bibl.Wilhelmitana）的那些副本。在第 12 页上有对南特敕令的赞词，这个赞词虽然简约，在当时也许是颇有影响的。关于曾格拉夫的生平，除了发表在 *Allegemeine deutsche Biographie* 及 *La France protestante* 上的文章，读者可以参阅 O. Berger-Levrault, *Annales des professeurs des Académies et Universités alsaciennes*, Nancy, 1892, p. 262。

第一卷

起　源

第一章

瘰疬病触摸治疗的肇始

1 瘰疬病

écrouelles（瘰疬病）一词，更常见的形式是 scrofula，后者只是前者的学术化形式（二者均来自拉丁文 scrofula），这两个词被现在的医生用来表示结核性腺炎，即结核杆菌引起的淋巴腺炎症。这两个名称可以追溯到古代医学，但在细菌学产生以前，对它们做专门化处理显然是极不可能的。人们无法区别不同的感染性的腱鞘囊肿；无论如何，进行分类的尝试性的科学努力——这种努力是注定失败的——在流行的医学语言中没有留下任何痕迹。所有这些传染病在法文中一律称作 écrouelles，在拉丁文中称作 scrofula 或 strumae；最后两个字通常是同义词。应补充说明的是，绝大多数腱鞘囊肿炎症源于结核，所以，被中世纪医生归类于瘰疬病的大多数病例，也被今天的医生做同样的归类。但民众语言不及专门语言准确。最容易受到结核病侵袭的腱鞘囊肿都是脖颈疾症，这种疾病得不到治疗且化脓时，脸面似乎很容易受到感染。所以，瘰疬病和其他各种面部甚或眼部的感染病会产生混渚，这种混淆见于许多文献中。[1] 结核性腺炎即使在今天也是非常广泛的，在卫生水平远逊于今日的状态中，又会是什么样子？如果我们更想到其他类的腺炎症，以及在民间与之混淆的全部大量模糊不清的疾病，我们就会在某种程度上了解旧时欧洲曾归于"瘰疬病"名下的疾病所造成的灾害。正如中世纪和近代医生们所证实，在一些地区，这些疾病实际上是地方病。[2] 这种病不是致命的疾病，但在得不到适当治疗的地方，却是非常折磨人的，且给人造成毁容。经常发生的化脓在病人身上产生某种令人厌恶的东西，它所产生的恐惧被不止一件古代记录直白地加以记载：脸面"腐烂"、溃疡处发出一种"恶臭"。所以，研究国王奇迹的历史学家应该铭记于心的背景场面是，无数患者渴望得到治疗，随时准备求助于从公众消息中获悉的治疗手段。

我已经提醒读者注意这种奇迹是什么。在旧时法国人们常称瘰疬病为"国王病"（mal le roi），在英国称作"国王之魔"（King's Evil）。法国和英国的国王们声称，按照传统仪式，他们简单地以手触摸就能治愈瘰疬病。他们从何时开始发挥这种奇异的能力？其臣民又怎样逐渐承认之？这些微妙的问题正是我想加以解决的。下面的研究将以可靠的证据为基础展开；但在这里，即研究起源的第一卷中，我们所涉及的是一段非常幽暗不明的历史，需要预先花费相当大的篇幅讨论一些假说。只要不将这些假说当作既定事实，历史学家就可以使用之。"行医的君主"曾经是人们对他们的称呼，我们首先搜集有关"行医的君主"的最古老的资料。我们从法国开始。

2 治病仪式在法国的开端

我们所知道的第一件确凿无疑地记载法国"触摸行为"的文献，来自

---

[1] 与面部疾病的混淆，在今天仍然是现代医学论著提醒开业医生加以防范的混淆之一。参见 Brouard el Gilbert Girode, *Traité de Médecine et de Thérapeutique*, III, p. 596 及以下德·热纳（de Gennes）的文章。与眼疾的混淆，参见 Browne, *Adenochairadologia*, p. 140 以下，149，168；参见 Crawfurd, *King's Evil*, p. 99。

[2] 关于意大利（卢卡地区）的情况，见 H. Finke, *Aus den Tagen Bonifaz VIII (Vorreformationsgeschichtliche Forschungen* 2), Münster, 1902, p. 105, n. 2 引用阿诺·德·维尔纳夫（Arnaud de Villeneuve）的例证；关于西班牙的情况，见下文 p. 311, n. 2。

第一章　瘰疬病触摸治疗的肇始

偶然发生的一场异乎寻常的争论。[1] 大约在12世纪初，苏瓦松地方圣梅达尔修道院声称拥有一件稀世圣物——基督的一枚牙齿，据称是一枚乳牙。[2] 为了让天下人知道他们拥有光荣的珍宝，教士们编就了一本小册子，这个小册子已经佚失；但由于其他众多例证，人们不难猜想那是什么样的物件。这本小册子必定是一件相当粗糙的作品：一本收纳奇迹故事、供朝圣者使用的小书。[3] 此时一位名叫吉贝尔的人，生活在距苏瓦松不远的地方，此人是库西下的诺让（Nogent-sous-Coucy）修道院的院长，这一时期最出色的作家之一。他天资机敏。可能发生过一场缘由不明、现在已湮没不彰的争论，这场争论促使吉贝尔去抨击苏瓦松的"邻居们"。[4] 尖锐的教会对立事件充斥此一时期的历史，这是其中之一。这次论争很可能强化了他对争议所涉及的事实真相的热情。他不相信这著名牙齿的真实性；在上述文献出现时，他便下定决心，要使那些被圣梅达尔修道院的"造假者"所欺骗的信众幡然醒悟。[5] 由此产生了《论圣物》这篇有趣的论文。这篇文章在中世纪似乎并未引起人们多大的兴趣。事实上，我们看到的仍然是一份手稿，可能是在吉贝尔本人监督下完成的副本；[6] 不过，令当今学者们感到高兴的是，在大量废杂物中发现了不拘一格的批判意识的证据，这种批判意识在12世纪是极为罕见的。这是一部相当不连贯的作品，除了趣闻轶事之外，还有涉及圣物、幻象以及一般神奇现象的不相关的大量评论。[7] 让我们看一看第一卷吧。在这一卷中，吉贝尔完全按照极为正统的教条形成自己

1　下文取自 Guibert de Nogent, *De Pignoribus Sanctorum*，最可用的版本是 Migne, *Patrologia Latina*, t. 156。

2　*P. L.*, t. 156, col. 651 以下。

3　III § IV 开端的 col. 664: "in eorum libello qui super dente hoc et sanctorum loci miraculis actitat"。

4　Col. 607 "nobis contigui"; col. 651 "finitimi nostri"。

5　Col. 652 "Attendite, falsarii..."。

6　Bibl. Nat. MS. Lat. 2900, 此件来自诺让地方的这个修道院。

7　特别参见阿贝尔·勒弗朗克极为有趣的回忆录：M. Abel. Lefranc, Le traité des reliques de Guibert de Nogent et les commencements de la critique historique au moyen âge, 见 *Étude d'histoire du moyen âge dédiées à Gabriel Monod*, 1896, p. 285。在我看来，勒弗朗克有点夸大了吉贝尔的批判意识，尽管我们肯定不能否认它。见 Bernard Monod, *Le Moine Guibert et son temps*, 1905。

的见解,认为奇迹本身并不表示任何神圣性。只有上帝才是奇迹的创造者;上帝以其神圣的智慧选择那些合适之人作为实现其目的的工具或"渠道",即使这些人不具有神性。然后是取自《圣经》或古史家著作的一些事例,在当时的文人那里,古史家的著作差不多被盲目地与《圣经》等量齐观。他提到巴兰[1]的预言,该亚法[2]的预言,苇斯巴芗[3]治愈跛子,潘菲利亚的大海在亚历山大大帝面前分开,最后提到宣告君王诞生或死亡时显示的迹象。[4] 此外,吉贝尔补充说:

> 我说什么呢?难道我们没有看到我们的君主路易国王演示一种惯常的奇迹吗?我曾亲眼看见了脖颈或身体其他部位上患瘰疬病的人簇拥在国王周围以求其触摸的情形:国王除触摸之外,还要画十字。我在距国王很近的地方,甚至帮忙出力,使人群不要过于挤靠国王。不过,国王对人们显示出内心的慷慨大度,他从容不迫地用手将人们拉到身边,谦和地在他们身上画着十字。其父腓力也曾热诚地发挥过这种光荣而神奇的能力,但不知他犯下何种罪愆,而失去了这种能力。[5]

---

1 巴兰(Balaam),《圣经》人物,据说是幼发拉底河边的一位术士。摩押王巴勒率军同以色列人对阵,知不能以武力取胜,乃以重金聘巴兰前去诅咒以色列人。巴兰骑驴南下时,上帝使驴说人话阻止,并差天使在路上,手执宝剑阻其前行。天使命他不得乱说,应按上帝的旨意说话。巴兰未诅咒以色列人,而遵上帝之命,为以色列人祝福。——译者

2 该亚法(Caiaphas),《圣经》人物,罗马任命的大祭司(18—36年),据说曾组织暗杀耶稣的行动。——译者

3 苇斯巴芗(T. Flavius Vespasian, 9—79年),罗马皇帝,69—79年在位。——译者

4 Col. 615, 616. 另外,涉及瘰疬病的这一段,非常奇怪地插进了对古代事例及对巴兰、该亚法预言的回忆中间。这篇论文整个说来编纂得很糟糕。吉贝尔·德·诺让引用的大部分事例在当时都是很经典的,比如,从该亚法预言获取训诫的做法,被当作一种圣物买卖罪。S. Pierre Damien, *Liber gratissimus*, c. X, *Momumenta Germaniae, Libelli de lite*, I, p. 31。

5 我引自手稿 fol. 14: "Quid quod dominum nostrum Ludovicum regem consuetudinario uti videmus prodigio? Hos plane, qui scrophas circa jugulum, aut uspiam in corpore patiuntur, ad tactum eius, superadito crucis signo, vidi catervatim, me ei coherente et etiam prohibente, concurrere. Quos tamen ille ingenita liberalitate, serena ad se manus obuncans, humillime consignabat. Cuius gloriam miraculi cum Philippus pater ejus alacriter exerceret, nescio quibus incidentibus culpis amisit." *P. L.* t. 156, col. 616 的文本分开写出,是正确的。

就是这几行文字，自17世纪以来，被研究瘰疬病的史家们反复引用。文中提到的这两位君王显然是路易六世和他的父亲腓力一世。我们能从中得出什么结论呢？

首先，路易六世（1108—1137年在位）被认为拥有治愈瘰疬病的能力，患者习惯于聚拢在他的周围求其医治，而国王本人则完全相信上天赋予他的这种能力，答应了请求者的要求。此事并非仅见于群众情绪激动的特殊时刻、某种偶然的场合；我们见到的已经是一种"惯常的"习俗，一种固定的仪式，这种固定仪式所采取的形式贯穿于法国君主制的历史。国王触摸患者，在他们身上画出十字，这两个连续性的动作，注定要成为这个传统的永恒内容。吉贝尔是目击者，他的证据不应受到怀疑；他在拉昂遇见路易六世，在其他地方也可能有机会遇见国王；他作为修道院的院长，有正常的机会接近其君主。[1]

但事情远非仅此而已。人们并不认为这种奇异的能力属于路易国王一人。文中提到路易国王的父亲、前任国王腓力一世（1060—1108年）曾在此前施展过这种能力，腓力一世的秉政期很长，这使我们差不多回到11世纪中叶；据说他由于"不知何种罪愆"后来丧失了这种能力，吉贝尔委婉地提到这件事，因为他与卡佩家族关系密切，需要为之避讳。毫无疑问，这里涉及的是腓力与贝特拉德·德孟福尔之间具有双重奸情的婚姻。腓力国王由于此罪而被革除教籍，人们认为，他因各种"可耻"的疾病已遭天谴。[2] 他同时失去了治病能力，毫不足怪。在这里，教会的传说对我们而言无关紧要，但它的确说明腓力一世是第一位触摸瘰疬病患者的法国君主，对此我们可以肯定。

还应该注意的是，这份珍贵的文献，就其所处的时代而言，仍然是绝

1　参见布尔金（G. Bourgin）所编 Guibert de Nogent, *Histoire de sa vie* (*Collect. de textes pour l'étude et l'ens. de l'hist.*), p. xiii 引言, 他似乎没有注意到《论圣物》关于瘰疬病治疗的一段文字，或者说，他不应该将吉贝尔和国王之间的相见，仅仅说成是"也许"。

2　Orderic Vital, 1. VIII, c. xx, éd. Leprévost, III, p. 390.

无仅有的。当我们一步步依时推移,寻找法国诸王实施的治疗时,需要到圣路易(1226—1270年)执政时才发现新的记录;关于圣路易的资料是相当丰富的。[1] 如果圣梅达尔修道院的教士没有声言拥有基督的牙齿,如果吉贝尔头脑里没有勃兴驳斥他们的念头,或者吉贝尔的论文像其他许多同类作品一样已经佚失,那么我们毫无疑问会倾向于认定圣路易是第一位实施治疗的君王。实际上没有任何理由认为,1137—1226年[2] 国王的神奇治病会有中断。关于圣路易的资料清楚地表明,他的能力是传统性的,也是继承性的。不过,持续的文献失载长达近一个世纪,是需要说明的,这一点稍后我们将做解释。现在我们必须集中精力,以确定这种治病仪式肇始于何时,只是需要记住刚刚讲过的内容,审慎行事。以有利条件论,我们仍然有12世纪的一位作者的几句话,这位作者在回忆中顺便提到了其君主曾经为瘰疬病人治疗;而另外其他一些不太有利的因素,可能使我们找不到有关先前诸王的相似记载。如果不做更多的审视而断言腓力一世是第一位"触摸瘰疬患者"的国王,那么我们就有犯错的危险,其情形就如同,假若唯一保存下来的《论圣物》手稿已经佚失,在没有早于圣路易的材料的情况下,断言这位国王是这种仪式的肇始者一样。

我们有希望追溯到腓力一世以前的时代吗?

卡佩家族声言第一、二朝代的国王们已具有治病的能力,是否如此,不是一个新问题。16、17世纪的博学之士曾几次三番地讨论这个问题,其余响甚至波及王室的宴席上。亨利四世在枫丹白露过复活节期间,为瘰疬病患者实施触摸以后,认为应该举行一场新颖的比赛以活跃宴会的气氛。他选择了几位文人作为竞斗士,包括他的首席医生安德烈·迪洛朗、史官皮埃尔·马蒂厄、布道神甫纪尧姆·迪佩拉。医生和史官坚持认为,其君主刚刚展示的这种能力可追溯到克洛维,而布道神甫则否认墨洛温王朝和

---

[1] 这些材料见于下文 p. 128。
[2] 此指路易六世(1108—1137年)至路易九世(1226—1270年)之间的时期,中间跨越路易七世(1137—1180年)、腓力二世(1180—1223年)、路易八世(1223—1226年)三朝。——译者

加洛林王朝曾施展过这种能力。[1] 那么，就让我们也加入论战，寻求一下结论吧。这是一个相当复杂的问题，但它可以分解为一些更简单的问题，逐次加以考察。

首先，是否有文献证据说明，在这两个最初的王朝中，某位国王可能已声称治疗过瘰疬病患者呢？在这一点上，我们将毫不犹豫地赞同否定性观点，迪佩拉、西皮翁·迪普莱以及17世纪的所有博学者，经常强烈地表达这种否定性观点。人们找不到这样的文献。但是我们应该将目光放得更远些。我们对于中世纪盛期的知识是基于为数不多的材料，所以很容易进行考察。在长达数世纪中，这些资料已被各国的学者仔细地加以清理。如果说人们从未发现这样的资料，那么也许可以安全地断言不存在这样的资料。稍后我们将有机会看到，16世纪如何产生了克洛维治愈其侍从拉尼塞的故事；我们将看到这个传说没有任何真实根基：它是圣油瓶传说或百合花天堂起源传说的后起姊妹篇，它与更早的同类故事一起，要归于陈旧的历史枝蔓故事的范围。这是所有严肃的历史学家很早以前就赞同的。

现在，我们必须赋予我们所研究的问题以一种更广泛的形式。就资料而论，无论是墨洛温王朝还是加洛林王朝，都不掌握这种特别形式的治病能力，用于治疗一种特定的疾病——瘰疬病。但是，难道人们就不认为他们具有医治某种其他特别疾病甚或一般疾病的能力吗？让我们看一下图尔的格利高里的记载吧。在第九卷中，提到克洛塔尔一世的儿子贡特拉姆国王时，有下列一段文字：

> 信徒们中间广泛传诵着这件事：一位妇女，她的儿子患了四日疟，痛苦地躺在床上，这位妇女穿过人群来到国王身后，趁国王不注意，从国王的斗篷的缘饰上撕下一片布。她将这片布浸泡在水中，然后拿

---

[1] Du Peyrat, *Histoire ecclésiastique de la cour*, p. 871. 人们注意到，詹姆士·弗雷泽爵士现在重新捡起了迪洛朗与皮埃尔·马蒂厄的旧说，而没有意识到它形成的历史难点（*Golden Bough*, I, p. 370）。

这水给她的儿子喝下，儿子的疟病当即消退，疾病被治愈。在我而言，我不怀疑这件事，因为我经常目睹附在人身上的魔鬼，被国王进出的威力识破，呼喊着国王的名字，忏悔罪行。[1]

所以，贡特拉姆在其臣民和钦慕者中享有医疗者的声誉——我们知道，图尔的格利高里就是其钦慕者之一。接触其身体的衣物也被赋予了一种奇异的内在力量。只要他出现，或者说只要呼唤他的名字（此点文献记载太不清楚），就能驱除附身的魔鬼。全部问题是要知道，他与其族人都拥有这种神奇能力，抑或这种能力仅仅专属个人。对他的记忆似乎从未成为官方承认的任何祭礼的对象，虽然14世纪意大利圣徒传记作家皮特罗·纳塔利认为他应该在《圣徒录》（*Catalogus Sanctorum*）中占有一席之地；[2] 但是，毫无疑问，与他同时代的许多人，首先是图尔的主教格利高里，认为他是一位圣徒。不是因为其行为特别纯洁或高雅，而是因为他至为虔诚！因为，就在上述引文之前的不远处，格利高里说，"他与其说是一位国王，不如说是一位主教"。这位格利高里还详细记载了贡特拉姆的先祖、伯父们和兄弟们。韦连蒂奴·福尔图纳为墨洛温王朝的好几位君主写过赞美词，但似乎无一处文字提到其中的君主为人治病，尽管或多或少地赞扬过他们的虔诚、慷慨或勇敢。对于加洛林王朝，情况也是如此。加洛林文艺复兴留下了比较丰富的文献，特别是一些关于王权主题的半政治、半伦理性论著，以及一些君主传记或轶事录，但在其中不可能发现任何涉及诸王治病能力的内容。如果我们依据图尔的格利高里记载中的一段记载就认定墨洛

---

[1] *Historia Francorum*, IX, c. 21: "Nam caelebre tunc a fidelibus ferebatur, quod mulier quaedam, cuius filius quartano tibo gravabatur et in strato anxius decubabat, accessit inter turbas populi usque ad tergum regis, abruptisque clam regalis indumenti fimbriis, in aqua posuit filioque bibendum dedit; statimque, restincta febre, sanatus est. Quod non habetur a me dubium, cum ego ipse saepius larvas inergia famulante nomen eius invocantes audierim ac criminum propriorum gesta, virtute ipsius discernente, fateri."

[2] *Bibliotheca hagiographica Latina*, I, p. 555.

温王朝早期的君主拥有治病能力,那么我们就应该设定,这种能力在加洛林王朝经历了一个隐没期。如此,则贡特拉姆和腓力一世之间,即6世纪的一位国王与11世纪的一位国王之间,就不存在一种连续性。简言之,应该承认,民众信念将这些奇迹归于贡特拉姆,并非作为一种国王品行,而是因为信众赋予他圣徒性格的必然结果。因为,在当时人们的心目中,圣徒首先是惠泽民众的奇迹创造者,否则,又是做什么的呢?我们将在后面看到,贡特拉姆更像个圣徒,因为他是国王,属于法兰克人很久即在习惯上认为具有神圣性的王朝。但是,如果说他的圣洁(以及由此具有的神奇能力)至少有一部分缘于其王族出身,那么这能力也只是个人接受的恩赐,其祖先、前人和后人并不具有这种能力。中世纪法国连绵不断的行医国王系列,并非肇始于图尔的格利高里心目中的这位十分亲切的虔诚君主。

在这里,也许我要中断一下论述,对一种异议暂做讨论。毫无疑问,墨洛温王朝或加洛林王朝的文献——至少流传至今的文献——在任何地方都没有向我们证明一位国王曾为瘰疬病人治疗(除了我们刚刚研究过的图尔的格利高里记载中的一段文字),从未提到国王治疗过任何可以想象的疾病。这是无可争议的事实。但是,如上所述,我们的资料太过稀少,文献上的沉默表示无从知晓,除此之外,我们还能得出其他结论吗?如果前两个王朝的君主们确实为病人实施触摸治疗,我们却对此一无所知,这不可能吗?可以肯定,在研究所有的科学问题时,否定性的论证是危险的,在历史批评中尤其如此,以沉默的材料立论总是充满陷阱。然而,我们不应该被"否定的"这个可怕的字眼引入歧途。在这个问题上,迪佩拉非常令人敬佩地写道:

> 也许有人对我说,从否定性的依据而来的推论不能成为断论;但我要像克弗托回答普莱西·莫尔奈一样回答他,这种逻辑不适合于历史学;正相反,这实际上是一种肯定性推论,因为,如果这件事在他们的时代确曾实行过,所有作者如圣雷米、图尔的格利高里、欣克马尔以及他们后面的第二个王朝的其他作者,作为诚实的历史家,有义

务在其作品中提到这种值得纪念的事……因为他们的作品没有提到这样的奇迹，这就在事实上证实，在他们生活的这个世纪里此事是不为人所知的。[1]

36　　换言之，整个问题是要知道，与墨洛温王朝和加洛林王朝同时代的文献是否是这样一种文献：国王治疗活动曾经存在过，而这些文献却任其湮没而无与闻之。这件事似乎非常不可能，尤其是在福尔图纳和图尔的格利高里生活的6世纪，而在下一个更加辉煌的王朝的时代，就更不可能了。如果说查理曼或虔诚者路易曾为患者实施触摸治疗，那么，能想象圣加尔修道院的这位修士或那位星象家对这奇异事迹略而不提吗？在加洛林宫廷里构成"加洛林文艺复兴"灿烂群星的作者中，所有人都没有注意到这样一个事实而任由其湮没，这可能吗？毫无疑问，如我在上文所说，从路易六世到圣路易之间存在着同样的文献上的沉默，但下面我将说明这个仅持续了三代君主的沉默状态：我将说明这种情况如何发源于格利高里改革的政治思想运动，这场改革的主导思想与激发上述作者灵感的思想极不相同。墨洛温王朝和加洛林王朝时期的文献中所出现的这种无比冗长的沉默，只能解释为，这种仪式——我们正在寻求却徒劳无功的仪式——并不存在，除此之外绝对不可能由其他任何推测加以解释。无法相信，克洛维或丕平的后代在其王位上曾声称能为人治病。

现在我们要考察一下卡佩王朝早期的情况。我们知道，卡佩王朝的第二位国王虔诚者罗贝尔手下的一位被保护人，一位名叫埃尔戈的教士，为罗贝尔写过传记。这是一篇歌功颂德的文字：罗贝尔被赋予各种美德，特别是被认为属于教士应有的那些美德。埃尔戈尤其称颂了他对麻风病人的友善，并补充说：

神圣的美德给予这位完美之人一种了不起的恩泽，即治疗人体疾

---

[1] *Histoire ecclésiastique de la Cour*, p. 806.

病的能力。他极为虔诚地用手触摸患者的疮肿处,并在上面画出神圣的十字,以这样的方法他解除了患者们的痛苦,治愈了他们的疾病。[1]

这段简短的文字已有很多讨论。名流学者拒绝视之为法国诸王治病能力的最早证据。让我们看一看他们的理由吧。

罗贝尔国王传记确切地说了些什么呢?它说的是这位国王曾经治愈过病人。但这是由于特别的恩赐呢,还是由于他与王族成员共有的遗传性天职呢?文献资料对此没有言及。埃尔戈对国王满怀崇敬,记下了国王的丰功伟绩,并且可能已准备未来将他列入圣徒传。难道他不是将主人公身上的神奇能力严格地视为个人神圣性的表现吗?人们有理由提出这样的疑问。我们暂且回到上文提到的图尔的格利高里的记载。我们的结论是,贡特拉姆国王是从个人方面被视为圣徒,而不是整个墨洛温家族都被认为具有神奇的治病能力。对埃尔戈的记载肯定也应做同样的解释。然而,更仔细地加以审视可以看到,这种相似性完全是表面的。图尔的格利高里的记载,在长期且普遍的文献沉默中,是绝对的孤证。在克洛塔尔的儿子和腓力一世执政时真正开始的对瘰疬病的触摸治疗之间,要想建立联系,我们需要跨越五个世纪、三个王朝;需要假定众多作者对过去完全保持沉默,而他们没有任何必要保持沉默。但在后一种情况下,却不难找到这种联系。在罗贝尔二世和他的孙子腓力一世之间,只有短短的二十年的间隔,中间只有一代人、一位君主,即亨利一世秉政时期,而亨利一世恰好是这个阶段执政君王中最不为人熟知的君王。对于这位君王,我们几乎一无所知。很有可能他为病人实施过触摸治疗,却没有任何记载流传下来,我们不必惊讶于对这件事的茫然无知。现在,让我们暂且假定罗贝尔二世开启了我们正在研究其历史的这个著名仪式,看看情况如何。他的忠实随从相信他能

---

[1] *Histor. de. France,* X, p. 115A; Migne, *P. L.* t. 141, col. 931: "Tantam quippe gratiam in medendis corporibus perfecto viro contulit divina virtus ut, sua piissima manu infirmis locum tangens vulneris et illis imprimens signum sanctae crucis, omnem auferret ab eis dolorem infirmitatis." 我应特别指出,下文所要诠释的这段记载,已经由 Crawfurd, *King's Evil*, p. 12, 13 大致说明了。

够为人治病，这为其传记作者的话所证实。总之，他们也许认为这种能力是其君主特有的。但他的后代和继承人却断言其父辈的这份特权是约定俗成的遗产。我们不知道埃尔戈是否比他的主人公多活了很长时间，但他可能并不了解其后代和继承人的主张，或者，虽然他知道，却由于某种原因而置之不理。但我们真的没有理由怀疑，因为我们有确凿的资料，证明他的孙子罗贝尔仅在数年之后就运用过这种能力。人们想象到这一点是再自然不过了：在如此相近的两代人之间延续着同一种神奇习俗，或者更确切地说，延续着同一种仪式——以手触摸，继以十字手势（这种仪式涉及罗贝尔或路易六世），因为其治疗动作看上去如出一辙。在这一点上，关于腓力一世的文献做了记载。埃尔戈似乎并不把上帝赋予其国王的"伟大恩泽"视为其祖先的遗产。这样我们也许可以颇有把握地做出结论，认为罗贝尔二世是第一位创造奇迹的国王，是这个光荣链的初始环节；但并不是因为随后的国王无人完成治疗行为，这与事实相悖。

还有一个难题：腓力一世触摸过瘰疬病人，而埃尔戈的记载中并没有提到瘰疬病。埃尔戈提到的"大恩典"出现在他详述国王对麻风病人的行为之后，虽然他的动作看上去不是特别针对麻风病。按照罗贝尔崇拜者的话，罗贝尔能够治疗的并不是瘰疬病、麻风病或其他特种病，而是泛指所有疾病。德拉博德写道："应注意的是，这本传记中的这段文字一向被视为最早提及我国各王的特殊才赋，其中并未提到瘰疬病；它所提及的是所有圣徒都有的总体性治病能力。"[1] 我同意这种看法。但是，可以肯定地说人们认定属于国王的才赋从一开始就被认定是国王特有吗？将法国诸王的神奇能力单独地与瘰疬病的治疗能力联系起来，我们对此已很习惯，对于这种神奇能力采取这种严格限定的形式，我们不再感到惊诧。但是，认定情况从一开始就是如此，将是一个不合道理的假设，这一点可以由比较来说明。真正深孚众望的圣徒大部分也有独到的才能。有的人祈求这位圣徒医治眼疾，另外的人则祈求另一位圣徒医治肠胃病，等等。不过，就我们看到的

---

1 *Du toucher des écrouelles*, p. 175, n.1.

情况，这些技艺的专门化很少是原初就有的，其最有力的证据是有时出现的变动。在民众的头脑中，每位圣徒都是一位医生，日久天长，通过一种模糊不清的联想，有时只是文字游戏，信众们养成了一种习惯，赋予他们信仰的圣徒缓解某种特定疾病的能力。随着时光的流逝，一切成为自然。一些年头过后，对这种特定能力的信念，在罹患此种疾病的可怜患者中变成了真正的信条。在后面的叙述中，我们将看到一位受朝拜的著名圣徒科尔贝尼地方的圣马库尔的情况。像法国诸王一样，他能治疗瘰疬病，而且以此卓有声誉，但这已经是在相当晚的时候。早前数世纪，他只是许多圣徒中的一位，不论罹患何种疾病，人们都会不加区别地乞灵于他。我们对这位圣徒的故事相当熟悉，这故事看起来大概只是重复我们现在还不甚了解的法国诸王故事，虽然二者之间相距达数世纪之久。就像科尔贝尼的这位圣徒一样，法国诸王最初也治疗许多疾病，只是在后来才逐渐地专注于一种疾病。集体表象[1]促成了王者具有医疗能力这种观念，这是个复杂的问题，需要在其全部衍生物中探寻，但并非不可理解。在下文中我将重构这些集体表象，说明它们与一系列信念有关，这些信念涉及我们正在研究的王权神圣性。真正不可理解的是，法国人的头脑会骤然相信他们的君王能够治疗瘰疬病，而且只是瘰疬病，而非全部疾病。

相反，让我们设想事情的发展沿着与圣马库尔的情况相同的路线演变。假定卡佩王朝早期诸君主——比如说虔诚者罗贝尔之后诸君主——为所有可怜的疾病患者"触摸"并"覆以十字手势"，这些患者为卡佩王朝诸君王创造奇迹的声誉所吸引，聚拢到他们身边。这些患者中当然有一些瘰疬病患者，在当时的欧洲，瘰疬病是一种极为常见且非常可怕的疾病。但基本上是一种相当温和的疾病，与其说它真有危险性，倒不如说看上去令人生厌，这种疾病特别容易缓解，起码是表面上或暂时性的缓解。[2]在那些经由国王之手触摸的瘰疬病患者中，有些人痊愈了，许多人看上去似乎痊愈

---

[1] 法文原作 représentations collectives，英译本或作 collective notions，或作 collective ideas，意义似稍有偏离。——译者

[2] 关于这一点，以及与国王奇迹相关的关键说明，见本书第三卷。

了，我们今天说，这是一个自然过程，但在11世纪人们说它是国王触摸之效。可以很容易想象到的是，由于某种原因，疾病的痊愈有些恰恰发生在特别适于激发人们想象力的情况下。于是，人们很自然地将病情解除的患者拿来与罹患其他疾病的患者相对比，这些患者曾经受国王触摸但却不见效验，这种情况足以在人们的头脑中注入一种观念，即卡佩王朝诸君王专长于治疗瘰疬病。毫无疑问，复原这种事件的前后顺序，必定有很大的假定因素。追踪一位全科医生成为专科医生的详细过程，总是困难的，因为这个变化是由众多小事件促成的，这些小事件只能以累积的分量产生效果。单独加以考虑，其意义则过于微不足道，不为文献所记载，这就是历史学家所说的"偶然性"。但是，这样一个过程的可能性，可由圣徒崇拜的历史充分展示出来。在这里，我们的观点是有坚实依据的，我们拥有一份特别的文献。没有理由拒绝埃尔戈的证据，在它帮助我们追溯奇迹的发展过程中，没有什么东西有悖于这种可能性。我们应该接受这份文献。

所以，我们感到可以持之有故地总结如下：卡佩王朝第二位国王虔诚者罗贝尔，在其忠实的崇拜者那里，被认为具有为人治病的能力；其后继者继承了他的这种能力；但在流传几代人之后，这种王朝性的效力逐渐得到限定，变得日益精确。国王触摸是一种君主治疗法，这种观念的兴起不是一视同仁地施之于所有疾病，而是特指一种流行极为广泛的疾病，即瘰疬病；到罗贝尔的孙子腓力一世时代，这种转变已经完成。

这样，我们就能以某种可能性来确定瘰疬病触摸治疗法在法国的起源。以起源一词的严格意义而言，还需要追寻其各源头，即要理解各位国王如何被视为不可思议的医生。但是，目前这项研究还不会获得充分的成功。实际上，国王的奇迹在英国和法国都存在，在分析研究其起源时，这两个国家是不应该分别对待的。如果要确定这种治疗仪式何以在某个特定时刻出现在法国而不是另一个国家，那么，不先确定同一仪式何时首现于英国，就不能展开探索。没有这个不可或缺的步骤，如何知道法国诸王是否只是模仿他们的英国对手呢？再者，如果要分析这种仪式所体现的王权概念，那么在这两个相邻国家的资料中就可以找到相同的集体观念。所以，我们必须首先对英国的情况做同样的批判性研究,正如我们对法国文献已做的研究一样。

3 治病仪式在英国的开端

12世纪末,英王亨利二世的宫廷里有一位法国血统的教士布卢瓦的彼得。气势恢宏的金雀花宫廷造就了众多教会学者,布卢瓦的彼得是其中的一位。按照奥雷欧的说法,[1] 这些人的精神追求远过于同时期法国国王身边的那些教会学者。在他的著作中,有一本珍贵的书信集,大可仔细研读品味。在这本书信集中,我们读到两封彼此密切关联的信件,是写给御座周围的教士们的。在第一封信中,彼得极尽能事痛诋法国王廷及其廷臣;而在第二封信中,他又为王廷及廷臣大唱赞歌。[2] 他的退缩是迫于其君主的不悦吗?一些史学家认为是这样。[3] 在我看来,郑重其事地对待这两封信是不合道理的,我在其中所看到的只不过是两份修辞或诡辩练习,是一份与时代情趣完全契合的《是与非》(sic et non)。不过,这并不重要。第二封信有这样一段文字:

> 我想让你知道,〔对一位教士而言〕服侍国王是件神圣的事情,因为国王是神圣的;他是神命之主;他不是徒劳地接受国王涂油圣礼,如果有人偶或对其效能不知道或对它有怀疑,那么侵袭腹股沟的疫病

---

1 *Journal des Savants*, 1881, p. 744.

2 Migne, *P. L.*, t. 207, 特别是 XIV, col. 42; CL, col. 439。

3 如参见吕谢尔在他那篇论布卢瓦的彼得的引人入胜的论文中的论述, A. Luchaire, *Mém. Acad. Sc. Morales*, t. 171, 1909, p. 375。要对布卢瓦的彼得的通信和他的书信的诚实性有一个正确的判断,需要记住这一点:他创作了一本论书信写作艺术的手册, *Libellus de arte dictandi rhetorice*;见 Ch.-V. Langlois, *Notices et extraits*, XXXIV, 2, p. 23。关于彼得的生平,参见最近的 J. Armitage Robinson, *Somerset Historical Essays* (published for the British Academy), Londres, 1921 中的 "Peter of Blois"。

的消失或瘰疬病的痊愈,可以充分证明之。[1]

所以,亨利二世曾经治愈过疾病。侵袭腹股沟的疫病(*inguinariae pestis*)的消失,同样被认为是国王的能力所致。我们不能确切地知道上述字眼指的是什么病。也许是某种淋巴腺鼠疫,人们相信这种病是国王的神奇力量所能治好的。正如出色的医学史家克劳福德所指出,将某些形式的淋巴腺鼠疫混同于腹股沟淋巴腺炎,在当时的人而言,是很有可能的。[2] 布卢瓦的彼得不是医生,怀有当时流行的错误认识;他大概认为淋巴腺鼠疫——他像身边大多数人一样,认为亨利二世治愈过这种病——是众多腱鞘囊肿病中一种特种病例,中世纪将众多腱鞘囊肿病都归在瘰疬病名下。简言之,治疗瘰疬病是亨利二世的专长。他的治病能力不是个人的,而属于他的职责,因为他是作为国王具备这种创造奇迹的能力的。亨利二世死于1189年。在接下来的一个世纪里,我们有一系列的文献——在接近1300年时这些文献在数量上愈益增加——表明他的后继者们继承了同样的能力。[3] 在国王奇迹史上,他在英格兰所占的地位,就如同腓力一世在法国所占的地位,即可以肯定的第一位触摸瘰疬病患者的君主。但是,如果需要的话,我们可以借助于某些推测,追溯到较亨利二世更远的时代。

如前所述,以旧制度时期[4]某些法国学者的看法,在拉芒什海峡的法国一边,这种治病式的创始者是克洛维。16世纪的英国教士威廉·图克将同样的荣耀给了卢修斯王,此人被认为是统治大不列颠的第一位基督教

---

1 例如,*P. L.*, t. 207, col. 440 D: "Fateor quidem, quod sanctum est domino regi assistere; sanctus enim et christus Domini est, nec in vacuum accepit unctionis regiae sacramentum, cujus efficacia, si nescitur, aut in dubium venit, fidem ejus plenissimam faciet defectus inguinariae pestis, et curatio scrophularum". Bibl. Nat., fol. 59 中的 nouv acqu. lat. 785 的正文,与这个版本是一致的,只是有一个不太重要的倒置: "unctionis regiae sacramentum accepit"。

2 *King's Evil*, p. 25, 26. 我从这个出色的评注中获益良多。

3 这些文献将在下文讨论, p. 116 以下, p. 133 以下。

4 旧制度时期(Ancien Régime),指法国大革命发生前的历史时期。——译者

徒。¹ 这个说法的证据极为薄弱，完全没有价值。克洛维起码还是个真实存在的人物，而好人卢修斯从来就不存在，只限于学者们的想象。就确凿的历史而论，在盎格鲁-撒克逊时期的大部分时间内，并没有任何记载提到诸王具有治病能力。² 直到诺曼征服前不久，我们才发现有一位君主被人们（或对或错地）认为是一个为人治病的王族中的首位君主：忏悔者爱德华在今天差不多仍被普遍地认为是这种治病方式在英国的创始者。这个故事之所以分量益重，是因为莎士比亚像通常所做的那样，在霍林谢德记载的基础上，将这个故事提取出来，在一部极为著名且流传甚广的剧本中，将它加工成自己的故事。在《麦克白》剧中，马尔康和麦克德夫由于对苏格兰暴君的痛恨而逃离，寻庇护于忏悔者爱德华的宫廷，在那里马尔康惊讶地目睹了这种奇迹，向同伴报告说：

> 害着怪病的人们，
>
> 浑身肿烂，惨不忍睹，
>
> 外科大夫束手无策，
>
> 而他却妙手回春。
>
> 他把一枚金币挂在他们的颈上，
>
> 口里念着祈祷文；
>
> 据说他将这种治病的天能
>
> 传给了继任的王子王孙。³

1　*Charisma*, p. 84. 图克也相当不肯定地提出，阿里马提亚的约瑟夫（Joseph d'Arimathie）是英国治病仪式的创立者。卢修斯在英国的名望主要是由 Bede, *Historia Ecclesiastica*, I, 4 所传播，我们知道，卢修斯的出现，主要是因为 *Liber Pontificalis* 提到一封信，这封信说是"不列颠王卢修斯"写给教皇埃莱夫赛里乌（Eleutherius）的，哈尔纳克（Harnack）证明，埃莱夫赛里乌传的编者将艾德萨的一位国王误作不列颠君主。见 *Sitzungsberichte der kg. preussischen Akademie*, 1904, I, p. 906-916。

2　见 J. F. Payne, *English Medicine in Anglo-Saxon Times (Fitzpatrick Lectures)*, Oxford, 1904, p. 158。

3　见 *Macbeth*, IV, sc. III；另见 Holinshed, *Chronicles of England, Scotland and Ireland*, I, VIII, chap. 7, éd de 1807, I, in-4°, Londres, p. 754。

我们可以接受莎士比亚的这一观点吗？

我们知道忏悔者爱德华的生平，特别是他的超自然的德行，主要经由四个文献：马姆斯伯里的威廉所著《王史》(*Historia Regum*)的一些记载，以及三本传记，一本传记出自无名氏之手，其他两本则分别由克莱尔的奥斯伯特和里沃克斯的艾尔列完成。艾尔列写于亨利二世统治下的1163年；奥斯伯特写于布卢瓦的斯蒂芬统治时期的1138年。威廉生活的时间稍早，《王史》的第一个版本完成于亨利一世统治期的后半叶，于1124年或1125年。最后，人们通常认为无名氏的《传记》(*Vie Anonyme*)大致与主人公为同时代，大概是在爱德华死后集合而成，大约完成于1067年，肯定是在1076年以前。这起码是迄今为止普遍性的看法。我在其他地方已经试图说明，这种观念并不可靠，《传记》也完成于亨利一世执政时期，是在其前期，即1103年至1120年间。在这里，我设定情况就是如此。[1]

忏悔者爱德华不久即被认为是圣徒；对他的崇拜虽然没有获得官方的准许，但在亨利一世时期已盛行起来。奥斯伯特支持对爱德华的封圣，而艾尔列开始写作时，封圣事件已经发生。所以，上述四部著作将大量治病奇迹归于他，不足为怪：爱德华既然是圣徒，那么就应该创造奇迹。在各色奇闻轶事中，只有一则"触摸"故事由历史家们依传统习惯保存下来，以几乎相似的形式见于全部四位作者的作品。在这里，也如同其他地方一样，艾尔列所做的不过是将奥斯伯特混乱而又啰唆的叙述加以条理化，而奥斯伯特显然了解无名氏的《传记》。至于两位更早期的作者，威廉及《传记》的匿名作者（这位匿名作者通常被称为传记家），二人似乎都取自一部奇迹集，该作品无疑是在威斯敏斯特创作，并且同样为奥斯伯特所引用。我们将这个著名的故事简述如下：[2]

---

1 关于忏悔者爱德华生平详情，请读者参阅我编辑的 Osbert de Clare, *Analecta Bollandiana*, XLI（1923），p. 5 以下的导言。

2 *Lives of Edward the Condessor*, ed. Luard (Roll Series), p. 428 的 *Vita Aeduuardi regis qui apud Westmonasterium requiescit*；William of Malmesbury, *Historia Regum*, II, I, § 222, éd. Stubbs (*Roll Series*), I, p. 272; Osbert de Clare, chap. XIII; Ailred, éd. R. Twysden, *Historiae anglicanae scriptores*, X, folio, Londres, 1652, col. 390, 及 Migne, *P. L.*, vol. 195, col. 761。

第一章　瘰疬病触摸治疗的肇始

当时英国有一位年轻的妇女患上了一种可怕的疾病，颈腺上的肿块发出臭气。她在梦中被告知去请求国王治疗。国王命人取来一瓶水，将指头浸入其中，然后触摸患处，几次覆以十字。在国王之手的压力下，血水、脓液立即流了出来，病情似乎缓解。患者被留在宫中，但似乎并没有进行重复治疗。然而，差不多一星期过后，这位妇女高兴地发现自己痊愈；不仅这种疾病治好了，而且让她痛苦不堪的不育顽症也治好了，她在这一年为其丈夫生了一个儿子。

这就是故事的概要。这几位作者增加了一些评论，对我们而言，这些评论与正文同样重要，甚或过之。

首先是马姆斯伯里的威廉所做的独特评论：

> 现在，有的人利用这些奇迹〔发生在这位年轻妇女身上的奇迹以及其他类似的奇迹，我们将看到，这些奇迹被认为是青年爱德华所创造的〕来证明一个错误的观点。他们声称国王拥有医治此种疫病的能力，不是因为他的神圣性，而是由于作为王族特权的世袭身份。[1]

这是一个具有双重价值的评论，因为它使我们知道了威廉的观点，同时也使我们知道了他同时代人所持有的迥然不同的见解。马姆斯伯里的这位教士坚持认为，只有圣徒可以创造奇迹，国王如果是圣徒，可以创造奇迹，但并非因于他们的王权；创造奇迹的家族是并不存在的。我们将在稍后再次谈到这种观念；当我们记得格利高里七世时，可以将这种观念称作格利高里式的观念。目下我们最感兴趣的是对立的观点，因为威廉正是在反驳这种观点时为我们提供了确凿的证据。

现在是1124年或1125年的英格兰。忏悔者爱德华约在六十年前驾崩，此时人们相信他治愈过许多患者。他治愈的这些疾病都是同一类疾病吗？

---

[1] 前引书，p. 273: "unde nostro tempore quidam falsam insumunt operam, qui asseverant istius morbi curationem non ex sanctitate, sed ex regalis prosapiae hereditate fluxisse".

显然并非每个人都认为这样。一些人认为对瘰疬病的治疗奇迹应该属于一个特殊类别：爱德华之所以能够实施治疗，是因为其王族出身，而非其宗教德行。持有这种见解的人显然有理由相信国王确实治愈了瘰疬病，那么，类似的见解从何而来？毫无疑问，来自亲眼所见的事实，他们是亨利一世的臣民；这是否说明亨利一世已经宣称拥有了他的孙子亨利二世所声称拥有的这种神奇能力呢？我们很难不得出这个结论。

大约与《王史》出自同一时代的另一文献，也必须加以考虑。前面我曾引用过吉贝尔·德·诺让记载中的那段著名的文字，那是法国治疗式的最早的证据；但我有意略去了最后几句话。现在让我们将它补上：

> 在治疗瘰疬病方面，其他国王怎么做呢？对此我将三缄其口；然而，据我所知，从未有任何一位英国国王敢于尝试之。[1]

法国史学家曾长期以这一片语证明，亨利一世在位时期，即《论圣物》完成时，英国诸王还不曾分享属于卡佩诸王的这个显赫特权。[2] 这种解释使吉贝尔不胜欢喜，因为这正是他希望后代所相信的。但这样的解释大概有点简单化了。德·诺让修道院长敏感的爱国情绪是众所熟知的，但他为法国这个王朝的特权辩护的热情有点值得怀疑：他从欧洲的所有君主中选择这位诺曼王子出来，断然否定其具备治病的能力，有什么必要呢？情况看起来很像是"某种篡改的流言"——这是克劳福德博士兴高采烈的表述——从英国传到了他那里。[3] 从其自身来看，他的证据也许从任何方面都不能证

---

[1] "Super aliis regibus qualiter se gerant in hac re, supersedeo; regem tamen Anglicum neutiquam in talibus audere scio". 起码本手稿及各位编者采用的手稿的正文就是如此；参见 Migne, *P. L.*, t. 156, col. 616. 情况似乎是，12 世纪的一位作者试图将 scio 修正为 comperio，其做法是在 sc 前面增加略写的 com，sc 改为 per。

[2] 如，Mabillon, *AA. SS. ord. S. Benedê.*, IV, 2, p. 523; 时至今日仍是德拉博德 (M. Delaborde) 所采纳的解释。

[3] *King's Evil*, p. 18. 克劳福德认为亨利一世没有为瘰疬病人实施触摸，他从吉贝尔的话中看到的是圣爱德华创造奇迹的暗示。

明什么，但与马姆斯伯里的威廉的证据结合起来，它将间接地不自觉地肯定了我们上面的推论。亨利一世很有可能确曾为瘰疬病人触摸。

在我们所掌握的与那位瘰疬病女患者治疗相关的各种资料中，刚才讨论过的出自马姆斯伯里的威廉作品的这段文字并不是唯一的注解。现在我要引述一句话，这句话以非常相似的形式出现在三位不同作者——传记家、威廉和奥斯伯特——的作品中。情况看起来可能是，这句话已经见于前二位作者采撷的原初的奇迹辑录。传记家是三位作者中最早的一位，我要以他的话表出之。为了明白起见，我们需要记住，爱德华曾因丹麦人的入侵而被赶出国门，在其亲属诺曼诸公爵的宫廷中度过其青春岁月。

> 虽然这件事在我们而言似乎很新鲜，但法国人说，在青年时代居留纽斯特里亚（即今之诺曼底）时，这位国王经常做这件事。[1]

这真是惊人之语！当然，无人家中做先知。但还是很难理解爱德华这位流亡的年轻人，为何能为外人行使他创造奇迹的能力，而后来在自己的国家中却失去了这种能力，或者更确切些说，很难理解已经产生出来的这一观念，怎样在这些传记作者的头脑中生根。此外，在涉及一位特别的英国圣徒时，诉诸拉芒什海峡另一边的人民即法国人，此举意义何在？细审亨利一世统治时期的历史，我们就会找到谜底的答案。[2]

亨利一世虽是一位名不正言不顺的君王，但为政极为精明。对于满足其土著臣民的情感，他颇为重视。虽然遭到诺曼贵族的讥讽，他还是娶了该岛国古老的王室家族的一位妇女。这次联姻为他带来了一个儿子。他放出一个预言，称这位年轻的王子代表着国家的期望，将他视为旧王朝之树上结出的新绿枝，这个旧王朝之树昔日摧折于哈罗德的篡权和诺曼人的征服。由于这个幻景需要一位预言者，于是亨利和他的幕僚便选择了忏悔者

---

[1] P. 429: "Quod, licet nobis novum videatur, hoc eum in adolescentia, cum esset in Neustria quae nunc Normannia nuncupatur, saepius egisse Franci testantur".

[2] 下文参见我为 Osbert de Clare, *Vie* 所写的导言，尤其是 p. 20, 35。

爱德华,让这位盎格鲁-撒克逊末代国王临终时宣布一位命定之子的降临。这个事件出现在这位圣徒的各传记中,我们在上述各种著作中都读到这个故事,形式相同或近乎相同。其共同的根基——我们知道,这个根基很可能是一部没有流传下来的奇迹汇编——受到亨利一世本人政治观念的影响。

现在,让我们借助于这些事实,试着解释这位患瘰疬病的妇女的小故事。圣爱德华的所有传记中都提到这个故事,但它们提供的证据自然不能用来说明忏悔者爱德华确实治疗过——或认为他治疗过——这个妇女颈上的淋巴腺炎。它只是证明,这些传记中最早的那一部编成时,这个奇迹正在广为流传:此时正是亨利一世统治时期。我们有严肃的理由相信,亨利确实触摸过瘰疬病人。他凭什么声称有此能力?马姆斯伯里的威廉努力使我们认识到某些人——这些人急于为其君主的善行寻找先例——的论断,这些论断涉及民众认为圣爱德华创造的这个奇迹;这无疑是官方的解释。对王室特权而言,将它与人们对那位极虔诚的君主的记忆联系起来,还能找到比这更好的源头吗?在英国人心目中,这位君主是那么亲切,征服者威廉本人总是自称为他的继承人。所以,12世纪重新建构的这位圣徒的传记,已经烙上了清晰的政府印迹。一个预言既已被引入其中,那么掺杂进一种神奇治疗,不也是十分自然的吗?不过,这位英国妇女的故事不可能全然是由思虑不周的编辑者杜撰出来的。解除瘰疬病患者的病情,是圣徒的功绩,也可以说,它与盲者复明或麻风病人四肢康复一样,同属自然生成的经典故事;圣徒传的作者们不可能不把这样的重大功绩归功于圣爱德华。但是,当亨利一世的幕僚们遇到这个奇迹——它是正在形成阶段的传说的一部分——以及其他许多类似的现象时,他们很自然会受到引导,给予这个奇迹以特殊位置,利用它去证明其主人创造奇迹的德行。只是有一个难题:这个奇迹是唯一的。爱德华在其执政时期只为瘰疬病患者触摸过一次,对于亨利国王声称其为部分王权遗产的这种特殊治病能力而言,这是一个非常脆弱的根基。在这个点上,传说已经牢固地建立起来,进行任何改变看来都是很不便利,也许是亵渎神明。但是,在登上王位之前,爱德华曾居于诺曼底;对于他在欧洲大陆的居留,英国的传说并未留意,于是一个念头萌生了：在亨利一世的直系祖先的宫中，爱德华曾治愈过众多的瘰疬病患者。这一修正被引入初始的圣徒传说，并且见于早期的所有传记。[1] 马姆斯伯里的威廉拒斥他周围的人从诺曼人的奇迹中得出的结论，但他不敢贸然拒斥从他的资料中得到的一则讯息。正如其他人一样，他相信这些发生在异国土地上的奇事。今天我们或许可以正当地保持更多怀疑，或者说，保持更多批判性；并且我们必须认定这些奇事也是"伪造品"。[2]

所以，没有理由相信，盎格鲁-撒克逊诸王曾经宣称，因为他们是国王所以能为人医治瘰疬病，忏悔者爱德华更不可能比其前辈更有此作为。可以肯定，亨利二世施展过这种能力，也许亨利一世已经声称拥有这种能力。为了证明其正当性，他抬出了一个重要人物——圣爱德华以为奥援。就我们所知，这似乎就是英国治疗仪式的开始。[3]

---

[1] 诺曼人的奇迹不见于艾尔列的作品。在他生活的时代，即亨利二世统治时期，对国王创造奇迹能力的信仰已经牢固树立起来，坚持认为忏悔者爱德华治愈过众多瘰疬病患者，已经再也没有意义。此外，诉诸不为人熟知、据说发生在国外的事件，看起来有点古怪。毫无疑问，这就是艾尔列受官方委托修订奥斯伯特文本时，删去这句话的原因。

[2] 牛津的阿什莫利博物馆（Ashmolean Museum）藏有一枚斯堪的纳维亚人或盎格鲁-撒克逊人制造的徽章，这枚徽章在17世纪发现于牛津城附近。上部有一穿洞，铭文难以释读。徽章最初发现时，铭文被认为是 E. C.，一些学者神使鬼差地误解为 Edward the Confessor（忏悔者爱德华），好似爱德华在其有生之年就已经使用使徒传中的称号！在近代英国，国王们将触摸后的钱币分给瘰疬病患者，这些钱币——触摸之币——也被穿孔，为的是悬挂在病人的颈项上，所以那些聪明过分的学者认为，此前发现的那一枚钱币是圣爱德华的触摸之币。他们的观点不值一驳。参见 Farquhar, *Royal Charities*, I, p. 47 以下。

[3] 在亨利一世和亨利二世执政期之间执政的是布卢瓦的斯蒂芬。他是亨利一世的外甥，他不顾舅舅立下的遗嘱而执政，是他声称拥有他舅舅开始展施的治病能力呢，还是亨利二世执政后复兴了一度中断的传统呢？由于缺乏文献证据，这个小问题仍然不得其解。

第二章

国王治病能力的起源：
中世纪早期数世纪王权的神圣化

1 神圣化王权的演化：圣化礼

现在我们所关注的问题是一个双重性的问题。国王的奇迹首先表达一种至上政治权力的概念；依这种观点，要解释它，就要将它与一整套理念和信仰联系起来，而国王的奇迹是这一套理念和信仰的最典型表现之一。而且，将特殊案例置于某种更一般的现象范围中，不是所有科学"解释"所依靠的原则吗？我们已将研究推进至此，但还没有完成任务；如果就此止步，我们就恰恰放过了这个特殊案例。我们还要弄明白，由遍及整个欧洲的一种思想和情感运动所促生的治病仪式，何以出现在这个特殊时刻而不是另一个时刻，是在法国和英国，而不是其他地方。简言之，我们必须一方面研究深层次的原因，另一方面研究其确切的机缘，即偶然行动，这种偶然行动促生了一种曾长期支配人们头脑的惯制。

但是，也许有人会问，我们真的需要进行长期研究，来探寻瘰疬病触摸行动源头上的集体表象吗？乍看起来，这种外表独特的仪式只是那些

"原始"信仰——现代科学正在凭借对未开化族群的研究重现这些"原始"信仰——在中世纪和近代社会的绝响,难道不是很显然吗?要理解这种风俗,浏览一下詹姆士·弗雷泽爵士在《金枝》和《魔法和国王》中仔细认真而又独具匠心地加以搜罗的大量事实,就足够了。萨洛蒙·雷纳克写道:"如果有人向路易十四证明,他为瘰疬病人触摸的行动只是仿效了波利尼西亚岛上的一位首领,那么路易十四会如何作答?"[1] 孟德斯鸠早已以波斯人郁斯贝克的名义提到这位君主:"这位国王是大魔法师;他甚至统治了其臣民的思想……甚至使臣民相信,他以触摸可以为他们治疗各种疾病,他对臣民的精神所拥有的威力是如此巨大。"[2] 在孟德斯鸠的思想中,魔法师这个词只不过是个俏皮字眼,但我们现在却很愿意赋予它充分的含义。我已经将这一短语用作本书卷首题词,不过,将它置于詹姆士·弗雷泽爵士的那些杰出著作的卷首,也许更为合适。这些杰出的著作教会我们如何理解某些关于事物本性的古老概念与人类最早的政治惯制之间长期不为人所知的联系。可以说,治疗瘰疬病的奇迹肯定与一套心理体系相关联,这套心理体系可以称作"原始"心理体系,其原因有二:首先,它具有非理性的未开化的思维方式的特征;其次,它见于那些我们认为可称作"原始"社会的特别纯洁的状态中。但是,我们这样说,不过大致说明了我们的研究所应指向的一种心态表象。历史实际并不像这类程式化表述一样简单,其内涵之丰富远过于此。

詹姆士·弗雷泽爵士在《金枝》中写道:"在太平洋诸岛和其他地方,一些王室人员被认为生活在一种充满灵性之电的环境中,这种灵性之电可以摧毁贸然闯入其魔力圈的所有人;但令人欣慰的是,它也具有一种能力:以其简单的触摸可以使人重新恢复健康。我们也许可以推想,对于我们的英国君主的先人们,从前也有类似观念,瘰疬病获得'国王之魔'的名称,是因为人们相信此病既由国王的触摸所引起,也由国王的触摸所治愈。"

---

[1] *Cultes, mythes et religions*, II, p. 21.
[2] *Lettres Persanes*, I, 24.

第二章　国王治病能力的起源：中世纪早期数世纪王权的神圣化

（着重处系由本人所加）。[1] 我们要认真理解这段话。詹姆士·弗雷泽爵士并没有断言，人们认为11、12世纪英国和法国的君主们能够在其周围散布瘰疬病，同时又治疗之；他只是设想，很久以前的历史黎明时期，他们的先祖曾经使用过这个双刃武器；后来国王能力令人恐怖的一面被逐渐忘却，仅其有益的一面保存下来。事实上，我们已经知道，11世纪或12世纪创造奇迹的国王们并无必要拒绝祖先的部分遗产，因为他们的奇异能力之中，没有什么东西来自极为遥远的过去。这种论断看起来似乎是有充分理由的。不过，我们暂且将它搁置一边，而假定诺曼或卡佩诸王的治病能力溯源于久远的过去。詹姆士·弗雷泽爵士的假说得到强化了吗？我认为没有。这种假说立论的基础是波利尼西亚汤加诸岛的情况，那里的某些首领据说拥有这类能力。但是，由相似性推出的论断到底有多大价值呢？比较方法如果限于一般性方面，是非常有成效的，但它不能用于细节的重塑。

一些集体表象影响整体社会生活，在大的轮廓上显示出极大的相似性，见于众多民族；这些集体表象明显地象征着特定的文明状态，随着这些特定状态而变化。其他一些社会，我们只是依据较晚近或不完整的文献有所了解，在这些社会中，没有历史证据证明存在这样的观念。这说明不存在这样的观念吗？大概不是；比较社会学可以使我们相当逼真地重构这些观念。但这些或多或少为整个人类所共有的重要观念，在不同的地点和环境中显然具有不同的应用性。对大洋洲诸部落的研究表明，其他地方存在的神圣王权观念也存在于古代乃至中世纪的欧洲；但是，人们不能指望在欧洲发现大洋洲的所有惯制。在波利尼西亚的一个岛上——这是人们引用的唯一例证——其首领们既是导致疾病的媒介，又是治疗疾病的医生：他们身上的超自然能力就这样展现出来。但是，在其他地方，同一种能力可能以不同的方式表现出来，如表现为治病救人，而不是促生疾病。早期的传教士中许多人认为，他们在"未开化的人群"中发现了基督教观念的蛛丝

---

[1] *Golden Bough*, I, p. 371; 又见前引书, III, p. 134。

马迹。我们要谨慎小心，避免犯相反的错误，将对蹠地转移到巴黎或伦敦。

所以就让我们尝试着完整地重塑这一种信仰和情感运动吧！正是这一信仰和情感运动，才使触摸仪式能够产生于西欧这两个国家。

法国和英国诸王之所以能够变成神奇的医师，是因为他们很久即已被人们视为神圣之人。"他是神圣之人、神命之主"，布卢瓦的彼得这样说他的主公亨利二世，是为了证明他创造奇迹的能力。所以，我们必须首先说明王权的神圣特性是怎样得到人们承认，然后再解释他们的治病能力如何通过观念的自然联合，从这种特性中，作为一个不证自明的结论被演绎出来。[1]

卡佩王朝总是坚称自己是加洛林王朝的真正继承者，而加洛林王朝也同样坚称自己是克洛维及其后人的继承者；英国的诺曼诸王声称，对盎格鲁-撒克逊诸王的继承权是他们的祖产。从古代法兰克人、盎格鲁人和撒克逊人的首领到12世纪的法、英诸王，他们之间存在着直接且连续的联系。所以我们应首先注意古代日耳曼人的王统，通过这些王统我们可以接触到各种极为古老观念和惯制的根基。

遗憾的是，我们对这些观念和惯制的知识太不完备。由于缺乏任何书面文献，基督教纪元以前的整个日耳曼人的情况将永远晦暗不明，无可补救。我们所能瞥见的只是少许光亮，但这少许光亮足以使我们肯定，日耳曼人中的王权概念，也像所有处于同一文明阶段的族群一样，带有深深的

---

[1] 在下面的论述中，我从科恩的力作《中世纪早期的神恩与抵抗权》（Kern, *Gottesgnadentum*）中获益良多。该书有一个非常详备的参考书目（遗憾的是没有进行分类）；它将使我能够大幅度减少参考书目的内容，尤其是关于圣化礼的书目。如果我告诉研究者，Jos von Held, *Königtum und Göttlichkeit; Am Ur-Quell, Monatschrift für Volkskunde*, III (1892) 一文中无任何有用内容，也许可为他们提供方便。从科恩的书出版以来，雷金纳德·马克斯韦尔·伍利（Reginald Maxwell Woolley）已出版了一部关于圣化礼问题的著作：*Coronation Rites (The Cambridge Handbooks of Liturgical Study)* in-12, Cambridge 1915；乔治·佩雷（Georges Péré）在图卢兹法学院发表了一篇论文：*Le sacre et le couronnement des rois de France dans leurs rapports avec les lois fondamentales*, s. l. 1921, 其中有一些法律方面的知识，令人遗憾的大缺陷是，它令人吃惊地忽略了有关这个主题的文献；参见 Ulrich Stutz, *Reims und Mainz in der Königswahl des X. und zu Beginn des XI. Jahrhunderts; Sitzungsber. der preussischen Akademie*, 1921, p. 414。

第二章　国王治病能力的起源：中世纪早期数世纪王权的神圣化

宗教特性。[1] 塔西佗已经注意到日耳曼人中间存在的战时暂行职权的领袖和国王之间的区别，战时领袖以个人勇武而被民众自由推举出来，而国王则只能由一些贵族家族选出，这无疑意味着，一些家族已被世袭性地赋予了某种神圣品行。[2] 国王们被认为是神类，至少被认为是诸神之苗裔。约达尼斯恰如其分地告诉我们："哥特人曾将他们取得的胜利归功于其君主的庇佑，不愿意视其君主为平凡之人；所以称之为阿斯（Ase），即半神。"[3] 阿斯一词见于古斯堪的纳维亚语，用以表示神或某类神。我们至今仍有几个盎格鲁-撒克逊王室族谱，这些族谱全部追溯到沃顿神（Woden）。[4] 对

---

[1] 古代日耳曼王权的神圣性已经为很多著作揭示出来。特别应参考的是，H. M. Chadwick, *The Ancient Teutonic Priesthood*, *Folk-lore*, 1900；参见同一作者，*The Origin of the English Nation*, Cambridge, 1907, p. 320。J. Flach, *Les origines de l'ancienne France*, III, p. 236, 237 及 Paul Vinogradoff, *Outline of Historical Jurisprudence*, I, Oxford, 1920, p. 352 中有些建议性的提示。在下面的论述中，我借用了一些斯堪的纳维亚族群的知识。我清楚地知道，在这些人中间，由于缺乏专门化的教士阶级，王权的神圣性要强化得多，而在其他许多日耳曼部落中，似乎已经存在专门化的教士阶级。北欧的国王永远是教士，但确切的日耳曼尼亚的国王，在大入侵时期，绝大多数都不具有，或者说不再发挥这种作用。我们在这里所关注的并不是这些差异，不管这些差异是何等重要；南欧与北欧一样，基本观念是相同的，这就是我们需要知道的全部内容。

[2] *Germ.* VII: "Reges ex nobilitate, duces ex virtute sumunt"。人们经常且正确地将塔西佗书中的这句话与图尔的格利高里的著作 *Histor. Franc.*, II, 9 中论法兰克人起源的一句话加以比较："ibique iuxta pagos vel civitates reges crinitos super se creavisse de prima, et, ut ita dicam, de nobiliori familia"。

[3] *Getica*, c. XIII, éd. Mommsen (*Mon. Germ. A.A.*, V), p. 76, 关于阿马尔家族："iam proceres suos, quorum quasi fortuna vincebant, non puros homines, sed semideos id est Ansis uocauerunt"。关于 Ase 一词的意义，参见 Maurice Cahen, *Le mot "Dieu" en vieux-scandinave* (Collect. linguistique Soc. Linguistique de Paris, X, et thèse Fac. Lettres, Paris), 1921, p.10, n.1。Hoops, *Reallexikon der germ. Altertumskunde* 中，莫格（E. Mogk）所写的 Asen 词条，似乎认为该词仅用于已故或死后被神化的国王；但我从约达尼斯的记载中看不出这种意思。Justin, *Histor. Philippic.* VII, 2 中有一段有趣的记载，说马其顿人随着其少年国王投入战斗，"tanquam deo victi antea fuissent, quod bellantibus sibi regis sui auspicia defuissent"；这说明存在一种信仰，这种信仰很类似于约达尼斯记载中所证实的哥特人的信仰。

[4] 尤其应参考 Kemble, *The Saxons in England*, 1876 éd., Londres, I, p. 336; W. Golther, *Handbuck der deutschen Mythologie*, 1895, p. 299; J. Grimm, *Deutsche Mythologie*, 4e éd., Berlin 1878, III, p. 377。最近研究族谱的一篇文章是 E. Hackenberg, *Die Stammtafeln der anglo-sächsischen Königreiche*, Beilin, 1918。我没有读到这篇文章，但其主要结论已总结于 Alois Brandel, *Archiv für das Studium der neueren Sprachen*, t. 137, 1918, p. 6 以下（尤其是 p. 18）。维也纳主教阿维图在克洛维受洗时曾给他写过一封有名的信件，其中有句话可能提及墨洛温家族所谓的神圣渊源。参见 Junghans, *Histoire de Childerich et de Chlodovech*, trans. Monod (*Bibl. Hautes Études*, fasc.37), p. 63, n. 4。

国王超自然出身的信仰产生出一种忠诚感。这种忠诚感不是固附于一个特定人物，因为长子继承制并不存在，王朝内部的继承权并不固定。君主可以更换，条件是永远从同一家族中选出。阿塔拉里克写给罗马元老院的信说："如同你们的后代据说将成为元老院成员一样，阿马尔家族成员合当秉政——所有贵族对它都礼让有加。"在其他场合，这位君主将日耳曼观念和罗马语汇混而使用，提到"阿马尔家族胤胄，命当执王柄"[1]。只有这些命定的家族才能提供真正有效的主人，因为只有他们才拥有神秘的运气——约达尼斯称之为 quasi fortuna（准命运），人们将他们取得的胜利归功于这种神秘的运气，远过于某个特定首领的军事才能。个人合法性的观念很弱，但王朝合法性的观念则非常强。[2] 6世纪时，赫鲁利家族分离出去的一群人在多瑙河地区定居下来，正统族系中出产首领的一支也随之到达那里。但是，这个族系最终完全灭绝了。其末代君主，就像那些暴力充斥时代的许多君主一样，为其臣属暗杀。但是，这些暗杀其王的野蛮人，并没有委身于王室血统以外的人。他们决定前往其远方的故乡图勒，从这个古老族系中找一位代表并带回来，以普罗柯比[3]的说法，其远方的故乡无疑是指斯堪的纳维亚半岛。他们选择的第一位代表死于途中，于是使节们折回去带来了第二位。在此期间，赫鲁利家族不耐烦于等待下去，遂推举他们的一位伙伴为新首领。此人的当选只是基于个人的才能。也许因为不敢擅作主张，他们请求拜占庭皇帝任命。但合法继承人抵达后，一夜之间便获得了差不多全部民众的支持，虽然他完全是个陌生人。[4]

真正具有神圣性的国王被人们认为拥有某种超自然的力量。按照其他

---

1 Cassiodorus, *Variae*, VIII, 2: "quoniam quaevis claritas generis Hamalis cedit, et sicut ex vobis qui nascitur, origo senatoria uncupatur, ita qui ex hac familia progreditur, regno dignissimus approbatur". IX,1: "Hamali sanguinis purpuream dignitatem".

2 这是日耳曼史家将 Geblütsrecht（族权）和 Erbrecht（继承权）对照所表达的意思。

3 普罗柯比（Procopius，约500—570年），拜占庭帝国查士丁尼时代的历史家，著有《战争史》、《论建筑》及《秘史》。——译者

4 Procopius, *De Bello Gothico*, II, 15. 见 Kern, *Gottesgnadentum*, p. 22。以普罗柯比的见解，定居于图勒的赫鲁利家族的这群人很晚时候才自黑海地区迁来，赫鲁利人"自古"就居住在黑海地区。这是一个明显的错误，已为学者们一致拒斥。

第二章　国王治病能力的起源：中世纪早期数世纪王权的神圣化

许多民族中存在的观念，特别是盛行于中国社会的观念，君主被认为对万物的秩序负有责任。13世纪的《挪威诸王传》[1]记载一则传说，说挪威国王黑人哈夫丹是"一位能使作物丰产的国王"。他驾崩时，他的臣民不是将其遗体完整地葬在一个地方，而是将它切割成四块，每一块葬于全国四大区中一个大区的山丘下，因为"拥有其遗体"或其一部分，"在得到它的人们看来，就有望继续获得好收成"。[2] 12世纪的丹麦人也相信，一位杰出的君王触摸孩子和庄稼，可以保证一个人子孙繁盛，五谷丰登。[3] 有时庄稼歉收，国王会遭废黜。根据阿米安奴斯·马赛利奴斯的记载，碰到相似的情况，勃艮第诸王也曾遭遇同样的命运；这位罗马历史家以其惯有的聪慧，请求读者将这种习俗与典型的神圣王权国家古埃及的传统进行比较。信仰异端的瑞典似乎盛行过同样的习俗。[4]

能够带来丰收年景的日耳曼国王也具备治病能力吗？《挪威诸王传》

---

[1] 《挪威诸王传》(*Heimskringla*)，诗人、历史家斯诺里·斯特卢森（Snorri Sturluson，1179—1241年）于1230年前后在冰岛用古挪威文写成的诸王传奇，始于传说中的英林（Ynglings）家族的瑞典王朝，包括10—12世纪挪威诸王的传说。——译者

[2] *Heimskringla*, éd. Finnur Jonsson, I, *Halfdana Saga Svarta*, K. 9. 这段文字及下文所引述出自同一资料的其他各段文字的翻译，得到我的同事莫里斯·卡昂（M. Maurice Cahen）的友好帮助。

[3] 此段论述取自丹麦历史家萨克索·格拉玛提库（Saxo Grammaticus）著作的一段文字（lib. XIV, éd. Holder-Egger, Strasbourg, 1886, p. 537）。按照这段文字，丹麦的瓦尔德马尔一世于1164年穿越德国去多勒地方的杰特（Diète de Dole）途中，据说一些妇女带着孩子，一些农民带着谷物前来求他触摸，希望孩子健康成长，谷物获得丰产。这样，似乎连外国人也相信瓦尔德马尔的神奇能力。这显然是夸大其词，只是因为萨克索·格拉玛提库的沙文情绪作祟。不过，这个小插曲却富有启发意义，它告诉我们的不是德国人的心态，而是丹麦人的心态。为了宣扬本国国王的能力，萨克索·格拉玛提库力图刻画一种场景：甚至连邻国的人民也求助于这位君王的神圣之手。就他的同胞而言，这样的姿态也许是司空见惯，不值一提。当然，他没有杜撰我们看到的这种信仰。但他从哪里得到这种想法呢？人们只能推测，他变换国度是为了增加故事的效果。也许他本人就怀有这种信仰：他提到这个故事时，显然抱有同情感，虽然——无疑是因为对教会条令的尊敬——他认为自己应该说明这是一种迷信故事："Nec minus supersticiosi agrestes..."。

[4] Amm. Marcellin, XXXIII, 14: "Apud hos generali nimine rex appelatur Hendinos, et ritu ueteri potestate deposita remouetur, si sub eo fortuna titubauerit belli, vel segetum copia negauerit terra, ut solent Aegyptii casus eiusmodi suis adsignare rectoribus." 关于瑞典的情况，参见 *Heimskringla*, I, *Ynglinga*, K. 15, 43. 在这些文字的第二段中，请注意已经出现这样的想法：歉收并不归因于国王神奇能力的失灵，约达尼斯所谓的 quasi fortuna（准命运），而是归因于他的某件具体错误处置（如忽略了应有的祭祀）。这是走向理性解释的第一步，它开始动摇旧的信仰。关于原始人类中存在的相同迷信，文献很多，见最近的权威著作 L. Lévy-Bruhl, *La mentalité primitive*, 1922, p. 366 以下。

说，11世纪初叶在位的挪威国王,哈拉尔德之子奥拉夫,治好了一些疾病,[1] 但是,如前所述,这个文献直到13世纪才在冰岛由一位叫作斯诺里·斯图尔拉松的教士写成。此外,奥拉夫即圣奥拉夫是一位基督教圣徒,冰岛传奇归到他身上的奇迹,可能只是对圣徒传主题的模仿。毫无疑问,我们掌握的文献资料太少,不足以证明是否有日耳曼族群将君主视为医师。为审慎和明智起见,此点我们最好置而不论。在文献缺乏的情况下,人们总想求助于比较社会学。不过,在这里我们也没有必要由于古日耳曼君王被赋予了神圣权力,就坚持认为他们全部或大部分是治病师,因为在所有时代和所有地方,为人治病的国王似乎都是很稀少的。起码詹姆士·弗雷泽爵士的著作给予我们的印象就是这样;这些作品搜集的这种国王魔法事例并非很多。塞内加尔的乌阿拉人和汤加诸岛的波利尼西亚人的头领被一再提及,其频繁的出现令人想起戏台上的那些人物,绕着同样的布景走动来表示队伍行进的情形。[2] 这类事例的缺乏,实在没有什么值得大惊小怪。"蒙昧人"赋予其君王的奇异能力通常被认为用于集体目的,用来谋求整个群体的福祉,并不服务于个人利益;其角色是祈雨或保障正常收成,而不是解除个人的痛苦。从民族志中很容易找到"祈雨"首领的事例,来写满

---

1 *Heimskringla*, II, *Olaf Saga Helga Konungs*, II. K. 155, 189. 奥拉夫死于1030年。埃波斯坦(W. Ebstein, *Zur Geschichte der Krankenbehandlung, Janus*, 1910, p. 224)利用了这些资料(从这些资料的第二部分,人们看到奥拉夫治愈了小男孩颈上的肿瘤),为的是将触摸治疗瘰疬病归于斯堪的纳维亚渊源,认为这种习惯从北欧各国传播到爱德华时期的英国,从英国传播到法国。这一见解无须详加驳论。只要想一下这些日期就可以了:奥拉夫的治病能力只是见于13世纪的文献,没有记载说明挪威诸王曾施展过一种家族能力。忏悔者爱德华的奇迹只是在12世纪初才见于记载,而这些记载是很可疑的。在法国,治病仪式在11世纪下半叶(腓力一世时期)已经存在;而且很有可能,法国国王创造奇迹的能力可追溯到10世纪末,也就是说,不仅早于包含奥拉夫治病记载的传奇,甚至早于这位君王与圣爱德华的执政期。

2 我们也许可以再补充一些阿拉伯贵族家族,它们的治病能力似乎专注于狂犬病的治疗,而且可追溯到伊斯兰时代以前;参见下文 p. 85, n. 1。关于古典古代的情况,文献证据晦暗不明。普鲁塔克的《皮洛士》(*Pyrrhus*)第三章的一段话提到,人们曾认为皮洛士具有为人治病的能力,就皮洛士而言,其创造奇迹能力的部位是脚拇趾,但是没有记载说明伊庇鲁斯的其他国王也有这种能力。这种情况大概类似于墨洛温王朝的贡特拉姆:对王权魔力特点的普遍信仰专用于一位特别著名的个人,而非整个家族。顺便说一句,在古代文献中,麻风病和黄疸症这两种疾病被称作 morbus regius(国王病)(特别参见 Law Hussey, *On the cure of scrofulous diseases*, p. 188),但它无论如何不能说明这个名称最初与国王"奇迹"有何联系。

第二章　国王治病能力的起源：中世纪早期数世纪王权的神圣化

几页纸。这大概可以解释说明，我们所关注的触摸式，何以在一些社会群体中更容易发展起来：在这些社会群体中，信仰宗教阻碍人们相信，国王会对关乎族群生活的重大天体现象具有任何影响。

宗教上的变革在日耳曼人中盛行开来以后，确实给予古代神圣王权的观念以致命打击。基督教的出现，使其失去了天然的支持者，即族群信仰的异教。国王作为国家首脑继续存在，在大入侵之后的短时间内，其政治力量甚至较以前更为强大，但他们不再被当作神人——至少在官方场面上是如此。毫无疑问，旧观念并未立即完全消亡，大概或多或少地隐隐约约地继续存在于民众的意识之中。对于这一点，我们掌握的文献不时提供一些证据，如果我们的资料不是全部来源于教会，并在这一点上敌视过去，那么我们也许可以发现更多的证据。[1] 长发是法兰克王朝的传统标志（其他自由人一旦成年就要剪成短发），这种长发起初肯定象征着一种超自然性，或者说，在源头上，从来不曾剪过的头发必定被认为是这个特定氏族子孙身上的奇异能力的居所。长发国王（reges criniti）也是些强壮男子。

---

[1] 我这里的论述限于确定的遗迹，虽然有人也提到其他遗迹。依照某些历史家的见解（例如，Grimm, *Deutsche Rechtsaltertümer*, 4ᵉ éd., I, p. 314 以下；Chadwick, 前引书），艾因哈德提到墨洛温末代族人使用以牛牵引的车，这些牛车是圣车，类似于塔西佗（*Germ.*, 40）记载的纳尔土斯女神行列中使用的神车。这个假说也许是诱人的，但毕竟只是假说而已。首先由伪弗列德加留（pseudo-Frédégarius, III, c. 9）证实的一个传说，将墨洛维说成是海怪的儿子。这是否是某个古老的异端海上神话的遗留？或者说，这是否是最初产生于高卢的纯粹词源学上的传说，以墨洛维的名字玩弄的文字游戏？人们不得而知。我们必须小心从事。在这一点上，我也许可以举一个有趣的事例，说明那些过分热情的民俗学者容易做出的过分行动。在格里姆著作（Grimm, 前引书, I, p. 339）中，我们读到这句话——这句话引用了普罗旺斯的诗歌《费厄拉布拉》（*Fierabras*）作为根据——"Der könig, der ein pferd tödtet, hat kein recht im reich"（那位杀马的国王，在王国中不再拥有权利）。这也许是一种"禁忌"？如果我们返回到文献，我们知道，费厄拉布拉是一位异端国王，但也是一位勇猛的武士。他与奥利维耶比武，意外地系死了对方的战马，严重违反了骑士比武规则，因为以杀死对手的坐骑而取胜是最不体面的。因此奥利维耶谴责说，如此行事的人不配再执王柄（rey que caval auci non a dreg en regnat），格里姆引用的普罗旺斯诗歌如此说（I. Bekker, *Der Roman von Fierabras*, Berlin, 1829, v. 1388）；"Rois ki ceval ocist n'a droit en ireté"，法国诗歌则如此说（éd. Guessard in *Les anciens poëtes de la France*, 1860, v. 1119）。于是费厄拉布拉翻身下马，两位英雄现在处在平等的位置，比武以正当的形式继续进行。我所引用的这行文字，如果脱离于上下文，似乎可为国王的魔力提供奇独特的资料，这一点自然也正是格里姆的理解。但是，只要人们通读全部场景，就会看到，它所提供的只是武士比武的规则知识而已。

这种风俗为非常古老的证据所证实，其存在与墨洛温王朝同久，虽然我们无法知道，起码在普通民众中，它的魔力性影响是否持续到底。[1] 盎格鲁－撒克逊王室的许多人死后被尊奉为圣徒，同样的情形也见于墨洛温王朝，只是为数较少。这并不是因为这些王族特别饶有宗教或个人品行，而是因为，将通常视为圣洁家族的成员追奉为圣坛上的圣徒，是人们喜欢的一种做法。[2] 从达戈贝尔起，墨洛温王朝就陷入了大权旁落的状态；不过，这些国王虽只是玩偶，但仍居君位一个半世纪。针对他们的首次武装政变即格里莫阿尔发动的政变，是一次惨败。查理·马特自信可以暂时挟制王权，但不是为了僭取国王的称号。毫无疑问，这次政变失败和查理·马特审慎地规避王权，可以部分地由豪族巨室间的对立来解释，但只能说明部分原因；我们必须相信，合法的血统在此王权旁落时期仍保持着某种威望。克洛维的子孙在宫相们手中只是徒具虚名，有时人们将他们的生活与古代日本幕府将军治下的天皇生活相提并论，这种比较恰如其分。实际上，法兰克的君主正如日本天皇，大概在很长时期内受到保护，这如果不是完全因为其神圣性，至少也是因为人们思想中对其古代角色保持的模糊记忆。不过，就其职责表现看，直到8世纪，法兰克或英国诸王都不过是普通的基督教徒，也可以说只是俗人。他们登基秉政并不举行任何宗教仪式，只是依据不太确定的习俗举行仪式。他们的额头上并没有接受任何特别的宗教

---

1 最早的证据无疑见于 Claudien IV, *Consul. Honor.*, 446; *Laud. Stilic.*, I, 203；阿维图就克洛维受洗给他的信，见 U. Chevailier, *Oeuvres de St. Avit*, Lyons, 1890, 特别是 XXXVIII, p. 192；Priscus, Ιστορία Γοθίκη, c. 16。在韦兹隆思（Vézerence）战场上，克洛多米尔的遗体是由他的长发，"王族的荣耀"，被人辨认出来的：见 Agathias, *Histor.*, I, c. 3 中非常有趣的记载。法兰克成年被迫剪短发的习俗为 Grég. de Tours, *Histor.*, III, 18 的记载所证实。在这里，我不想研究其他日耳曼人中长发是否也是王权特征的问题。可以肯定，起码在一些人中，这种特权为所有自由人所共享。关于塔西佗时代的苏维汇人，见 *Germania*, XXXVIII；关于哥特人，见 F. Dahn, *Die Könige der Germanen*, III, p. 26。关于长发所具有的魔力意义，参见 J. Frazer, *Folk-lore in the Old Testament*, II, London, 1919, p. 480 以下。

2 布雷耶（Brehier）注意到拜占庭帝国存在同样的情况："（帝国文化残存的）另一个事实是，帝国经常举行封圣活动"，见 Louis Brehier and Pierre Batiffol, *Les survivances du culte impérial romain*, 1920, p. 72, n. 21。

第二章　国王治病能力的起源：中世纪早期数世纪王权的神圣化

印记。[1]

日耳曼的君主就像墨洛温人一样，在入侵运动以后，发现自己所统治的是一个罗马化很深的国家，被征服民众的传统所展示的全是帝国宗教的辉煌。毫无疑问，基督教的影响是短暂的，虽然它逐渐改变了某些形式，但并没有触及其深层基础。在拜占庭，帝国宗教的存在注定与帝国同寿。[2]我们了解它在官方的显赫，但并不真正了解它对人们思想所产生的影响。一些皇帝被认为具有创造奇迹的能力。苇斯巴芗在东方充满救世期盼的环境中被拥为皇帝后，曾为人治过病；但这事发生在亚历山大里亚，那个地方在数千年间习惯于将其首领尊奉为神主。此外，塞拉皮乌姆[3]祭司们的手腕是人所共知的，人们怀疑他们操纵了那些神奇的表象。据说，哈德良也曾医治过盲人妇女。[4]但这些都是孤例。我们将永远无法知道民众对皇帝神性的信仰是否足够强大，以致认定他们的神奇能力真的灵验。不过，无可怀疑的是，皇帝崇拜是极为有效的统治工具，随着蛮族的到来，这种工具失效了。[5]况且，墨洛温王朝并没有装作是罗马帝国的继承者。诚

1　W. Schuecking, *Der Regierungsantritt*, Leipzig, 1889 已将有关蛮族各王朝践祚仪式的文献加以搜集，并机敏地加以注释，读者可以很方便地读到这些文献。概言之，在墨洛温王朝，新国王即位伴有各种变化无常的行为，这些行为似乎从未集中并固定在一个相伴的仪式上：从盾牌上高高升起，授予长矛，在国内庄严穆地巡游……所有这些做法有一共同特点，它们都是严格意义上的世俗行为（被认为没有异端的古代宗教特点）；教会无与其中。最近出现的相反观点，见 Gernain Morin, *Appendice* III, p. 463。

2　见 Louis Brehier & Pierre Batiffol, *Les survivances du culte impérial romain*, 1920, p. 35, 43, 59; J. Ebersolt, *Moyen âge*, 1920, p. 286 的评论。

3　塞拉皮乌姆（Serapeum）即塞拉皮斯（Serapis 或作 Sarapis）神庙。塞拉皮斯神是希腊化时代埃及最重要的神祇之一。对他的崇拜肇始于公元前4世纪，是埃及希腊宗教观念合流的结果。除埃及外，希腊、整个罗马帝国和大夏，对他的崇拜都极为盛行。其形象是类似宙斯和哈得斯的成年男子，有胡须，着希腊式服装，头上有果篮。——译者

4　关于苇斯巴芗，见 Tacite, *Hist.*, IV, 81; Suétone, *Vesp.*, 7; Dio Cassius, LXVI, 8。关于哈德良，见 Vita Hadriani, c. 25。参见 Otto Weinreich, *Antike Heilungswunder* (*Religions ges chichtliche Versuche*, VIII, 1), Giessen, 1909, p. 66, 68, 75; H.Dieterich, *Archiv. für Religionswiseenschaft*, VIII, 1905, n. 1。关于苇斯巴芗和救世主降临思想，勒南（Renan, *L'Antéchrist*, c. IX）有很好的论述。

5　巴蒂福尔（M. Batiffol, 前引书，p. 17, n. 2）正确地注意到，意大利境内的东哥特王国有皇帝崇拜的迹象；在提奥多里克统治时期，皇帝的紫袍受到人们的崇拜: Cassiodores, *Variae*, XI, 20, 31。但从政治法角度，提奥多里克王国的位置是不确定的，至少从理论上仍然是帝国的一部分；就帝国的行政官员而论，卡西奥多罗提到的 primiscrinii 和 primicerii 执行的是传统仪式。

然，如果我们接受图尔的格利高里提供的证据——我认为没有理由拒绝承认之——克洛维确实从拜占庭君主手中接受过官职，而且以某种僭越手段，自称奥古斯都。[1] 但他的后代并没有继续使用这个称号。对于博斯普鲁斯海峡岸边的奥古斯都，他们也许比克洛维更感到自由些；因为查士丁尼的征服活动将"罗马"军队重新开入了帝国西部，使法兰克诸王最终脱离了对这个古老的世界之主的依附。迄至当时为止，他们一直乐于接受一位远方皇帝的颇不明确的至上权威，现在他们不愿意再对一个近在咫尺、咄咄逼人的邻居保持任何臣服关系，不管这种臣服关系是何等幽晦不明。他们声称拥有自治，尤其是以自己的名义铸造货币的自治，但是，无论是出于仍保留的一些敬意，还是出于浑不在意，他们没有采取任何一种可以昭示君主神圣性的古称。帝国奉行的崇拜与罗马的统治同时从高卢消失。我们可以推测的，充其量只能是，它所保持的旧思维习惯将某些政治与神学范畴混合起来的倾向并没有完全消歇。

后来，查理曼复兴了与罗马传统的联系。罗马帝国重新复活。[2] 但它此时已完全是一个基督教帝国。罗马帝国奉行的宗教，从本质上是异教，且长期遭到禁绝，它不能随着帝国复活而重新复兴。在拜占庭，诸位皇帝继续自称神圣；查理曼，或以他的名义起草《加洛林书》（*Libri Carolini*）序言的幕僚们，禁不住要谴责他们源自正统位置的居高临下的傲慢。[3] 然而，

---

[1] 在这里我不想讨论一个完全无关紧要的主题，只需注意到一点：提奥多里克当然是一个军事官员（magister militum），即一个帝国官员，一个意大利铭文给他的称呼是"永远的奥古斯都"（semper augustus）：*C. I. L.*, X, 6851. 所以，普通的风俗在蛮族统治下的罗马化国家中，并不排除此类语言上的混乱。当然，有些问题仍然是模糊不清的，特别是图尔的格利高里记载中阿纳斯塔修斯给予克洛维的确切称号问题。

[2] 关于加洛林时代的政治-宗教理论，H. Lilienfein, Die Anschauungen von Staat und Kirche im Reiche der Karolinger, *Heidelb. Abh. zur mittleren und neueren Gesch.*, I, Heidelberg, 1902 中收集了一些有用的参考资料，并做了一些慧眼独具的提示；遗憾的是，作者意以"罗马化"和"日耳曼化"的对立来解释所有事物。学者们何时才能下定决心抛弃这种幼稚的二分法呢？从 W. Ohr, *Der karolingische Gottesstaat in Theorie und in Praxis*, Leipzig, 1902 中我获益不多。

[3] I, I, 3; Migne, *P. L.*, vol. 98, col. 1014, 1015. 很久以后，红胡子腓特烈在这个问题上却有颇多自责，他同样不惮于批评而将"圣徒"一词用于拜占庭皇帝。见 Tageno de Passau in *Monum. Germaniae*, SS., XVII, p. 510, ligne 51 以下。

正是在这个时期一些更无恶意的词语再次引入，这些词语转自拜占庭帝国使用的献媚性语言，如神圣的皇帝、最神圣的奥古斯都、神圣的宫殿。[1] 欣克马尔本人处心积虑地否认世俗君主具有任何祭司特性，但他有一天不是也忘乎所以地写到皇帝"神圣的眼睛"吗？[2] 但是我们不要对这个词语产生幻觉。至少在法国，该词的使用寿命几乎没有超出加洛林时代。[3] 在罗马，它已逐渐失去了原来的意义。这些充满虔诚感的惯用语已经或多或少地变成了只是表达礼貌行为的用语。简言之，在9世纪的作者而言，这些惯用语只不过说明人们熟悉拉丁文献的措辞。如果说在法兰克最初诸帝时代的人们而言，这些具有古老外表的用语有时的确表达充分的含义，那么它意味着，他们不再考虑从前使用此类词语的陈旧祭礼，而考虑的是一种新的货真价实的基督教仪式。由于一项新惯制的出现，帝国西部的君主再次正式地变得具有神圣性：因为他们登基时接受圣化礼，特别是这个仪式中的根本性的涂油礼。我们将看到，涂油礼在7、8世纪出现于各蛮族国家。而在拜占庭，这种仪式在相当晚的时候才传入，并且显然是仿效了外来风俗。在查理曼时代，那里的民众还往往嘲笑这种做法，因为他们不明白其中之意。他们说——大概是以一种嘲笑的方式——教皇为法兰克皇帝"从头到脚"涂油。[4] 历史学家们有时不明白帝国西部和东部皇室诸仪式的差异缘何而来。我

---

[1] E. Eichmann, *Festschrift G. v. Hertling dargebracht*, p. 268, n. 3, 援引了一些事例，还有其他一些可以列入。向读者指出这一点就够了，参考 *Monumenta Germ.* 版本中 *Capitularia regum Francorum* 和 *Concilia* 的索引。还可参见 Sedulius Scottus, *Liber de rectoribus christianis*, c. 9, éd. S. Hellmann (*Quellen und Unters zur latein. Philologie des Mittelalters*, I, 1), p. 47; Paschase Radbert, *Epitaphium Arsenii*, l. II, c. 9, 16, éd. Duemmler (*Kgl. Prressische Akademie, Phil.- hist: Klasse, Abhandl.*, 1900, II), p. 71, 85.

[2] *De ordine palatii*, c. XXXIV, éd. Prou (*Bibl. Ec. Hautes Étude*, fasc. 58), p. 90: "in sacris ejus obtutibus". 人们知道，欣克马尔的这篇论文，不过是更早时候科尔比地方的阿达拉尔创作的一部著作的提要，阿达拉尔的这部著作现在已经佚失。我所引用的这个句子与其说符合欣克马尔的思想，倒不如说更符合阿达拉尔的思想。欣克马尔的思想大概是来自这个源头。

[3] 人们可以看到，在德国，它的使用见于萨克森诸帝时，见 Waitz, *Verfassungsgeschichte*, 2ᵉ éd., VI, p. 155, n. 5; 霍亨斯陶芬王朝时期，它自然又重新风靡起来：参见 Max Pomtow, *Uber den Einfluss der altrömischen Vorstellungen vom Staat auf die Politik Kaiser Friederichs I*, Halle, 1885, p. 39, 61. 同样参见前文，p. 353.

[4] 见下文，p. 464。关于涂油礼传入拜占庭的问题的争论，下文，p. 473.

认为其因甚明。帝国宗教在东罗马仍然极为活跃，所以使新的仪式成为多余。

概言之，在各次入侵活动中兴起的诸国家中，众多渊源不同的记忆——日耳曼的或罗马帝国东部的记忆，为王权蒙上了一种准宗教的崇拜氛围；但是并没有一种固定的惯制来体现这种朦胧的情感。正是《圣经》最终提供了一种办法，将过去的神圣王权重新引入合法的基督教仪式中。它最初提供的是一些有用的比喻。《创世记》的第十四章记载亚伯拉罕从麦基洗德（Melchisédec）那里接受面包和酒。麦基洗德是撒冷国王，同时又是至高之神的祭司。[1] 这个神秘的故事，今天的注释家仍难以做出解释。早期的注释家赋予它一种象征意义，从而摆脱了窘境。麦基洗德是基督的形象，因此人们可以看见众多教堂上表现的他的形象。但是这样一个谜团中的人物也诱惑着王权的辩护者，因为对于那些赋予国王以超人性的人来说，这位祭司-国王将这种观念追溯到了神秘而遥远的往昔。11、12世纪教士力量和帝国力量间展开大辩论，在此期间，圣麦基洗德——圣阿芒[2]的加洛林圣礼书对他的称呼[3]——显然已为时所尚。早在墨洛温时期他就被人们视为样板人物。福尔图纳论希尔德贝尔[4]说："我们的麦基洗德尽管是个俗人，但却（被）正确地（称为）国王和教士，他完成了与宗教相关的事业。"[5]

但是，《旧约圣经》不仅是象征性事物的来源，而且也为一种非常具体的惯制提供了榜样。在古代东方世界，国王被理所当然地视为神圣之人。在许多民族中，他们的超自然特性是由意义极明确的仪式来表现的。登基

---

1 *Gen.*, XIV, 18; 参见 *Psalm.*, CIX, 4; 麦基洗德所扮演的象征性角色已在《希伯来书》中充分展示出来。

2 圣阿芒（St. Amand），传教士，死于675年。——译者

3 *Mémoires de l'Acad. des Inscriptions*, XXXII, I, p. 361.

4 希尔德贝尔（Childebert I，496—558年），生于兰斯，克洛维与克洛提尔达之子。511年克洛维去世后，他得到巴黎的统治权。——译者

5 II, 10: "Melchisedek noster, merito rex atque sacerdos, - Complevit laicus religionis opus." F. Kern, *Der Rex und Sacerdos in biblischer Darstellung, Forschungen und Versuche zur Gesch. des Mittelalters und der Neuzeit, Festschrift Dietrich Schäfel ... dargebracht*, Jana, 1915 这篇文章，讨论中世纪早期麦基洗德在肖像学上的角色。*Sacerdos* 一词应用于世俗君主，使人们想起某种官方的阿谀奉承的套语，其证迹见于5世纪的拜占庭帝国，这一时期教廷长官本身有时委自枉屈，用这个词语来称呼皇帝；参见下文 p. 187, n. 2, 尤其是 p. 350。此前一个多世纪，人们随意将一些语言用在提奥多西二世、马尔西安或利奥一世身上，但是，在福尔图纳的诗歌和这些语言之间，唯一的联系无疑是数世纪间帝国宗教植于人们心灵中的共同习惯。

第二章 国王治病能力的起源：中世纪早期数世纪王权的神圣化

践祚时，他们要在身体的某些部分施以涂油，而所用之油事先已被祈福及圣化。特尔·阿马尔纳（Tell-el Amarna）泥板为我们保存了一个称作阿杜·尼拉里（Addu-Nirari）的叙利亚家族于公元前1500年左右写给法老阿门诺菲斯四世[1]的一封信，信中提醒法老注意这个日子，即"你的祖父、埃及国王马纳比里亚在努哈斯（Nuhasse）立我的祖父塔库为王，并在其头上涂油"。记载诸王涂油礼文献的日期最终确定之时，这份珍贵的泥板残笺所记述的文字大可置于本书的开头。7、8世纪的基督教徒通过阅读《圣经》已对古代叙利亚或迦南诸文明异常熟悉，正是从这些古文明中，国王的涂油礼传了下来。以色列的子孙们是实行这些习俗的民族之一。此外，在以色列人，大概还有周围的民族中，涂油礼的实施并不限于国王。在希伯来所有礼仪中，涂油礼是一个基本的要素，它构成一个人或物由俗入圣的正常步骤。[2] 由于这种普遍实用性，基督教从《古法》（l'Ancienne Loi）中借用了这种礼仪。它很快就开始在这种新宗教的礼仪中扮演重要角色，尤其是在帝国西部，特别是盛行高卢仪式的国家，即西班牙、高卢、大不列颠和意大利北部。在这里它更多地用于新入教者的坚信礼及教士和主教的授职礼。[3] 完整地复兴古代以色列的这些风俗，将它们从初入教者或教士

---

[1] Amenophis IV，即阿门霍特普四世（Amenhetop IV，约公元前1367—公元前1350年），古埃及第十八王朝法老，曾大力提倡一神崇拜。——译者

[2] 阿杜·尼拉里信件的内容，见 J. A. Knudtzon, *Die El-Amarna Tafeln*, Leipzig, 1915, I, n°. 51, 参见 II, p. 1073, 1103。关于希伯来崇拜中的涂油礼，尤其参见 T. K. Cheyne 和 J. Sutherland Black 在 *Encyclopaedia Biblica* 中所写的"涂油礼"词条。阿杜·尼拉里信件自然提出了古埃及是否实行国王涂油礼的问题。承蒙我的同行蒙泰先生（M. Montet）盛情，写信就此答复如下："在埃及所有仪式中，人们首先要为宴会的主人洗濯，不管它是神、国王还是死尸；然后人们要为他涂上香油……在这之后，正式的仪式开始。加冕式的末尾，也有非常相似的程序，先是行净化礼和涂油，然后将其标帜物交与王位继承人。当时王权的继承人或候选人要成为两界的主人法老，还不取决于涂油礼。"当然，特尔·阿马尔纳书板似乎提到一种涂油礼在其中发挥着更重要作用的仪式，这种仪式无疑是一种叙利亚仪式，正在接受圣化礼的法老也许曾遵照这种仪式行事。

[3] L. Duchesne, *Origines du culte Chrétien*, 5ᵉ éd., 1920; 参见 *Liber Pontificalis*, II, in-4, 1892, p. 38, n. 35。关于高卢教会仪式中新入教者所接受的涂油礼，即克洛维在兰斯所接受的涂油礼的特点，教仪家（或称神学家）们存在争议。这种争议在这里与我们的主题无关。见 Domde Puniet et R. P. Galtier, *Revue des questions historiques*, t. 72 (1903) 及 *Rev. d'histoire ecclésiastique*, XIII (1912) 的文章。

的涂油礼转入国王涂油礼，这个观念肯定非常自然地发展起来。大卫和所罗门的榜样提供了一种方法，使国王们在基督教背景中重振属于他们的神圣性。[1]

这种新的惯制首先在西班牙的西哥特王国形成。在那里，阿里乌斯教消失以后，教会和王室家族关系极为密切。这种惯制在7世纪即告产生，然后传入法兰克王国。

墨洛温王朝从来没有以国王的身份接受涂油礼，无须说，克洛维没有，其他人也没有。他所接受的唯一的涂油礼是高卢教会为所有新入教者规定的那种涂油礼。下文我们将谈到，很晚时期的传说将圣雷米在兰斯完成的仪式说成是首次国王圣化礼，实际上它不过是简单的洗礼。但在751年，丕平果敢地迈出了其父查理·马特不敢迈出的一步，他决定将克洛维的末代后裔关进修道院，并且攫取国王的权力和荣誉。他当时感到必须以某种宗教威望来粉饰其篡权行为。毫无疑问，旧时的国王总是被其忠诚的拥护者视为大大优越于他人，但是笼罩其身的朦胧神秘氛围只是源自帝国以异教时代模糊记忆对集体意识的影响。而这个真正神圣不可侵犯的新王朝，将从具体行为中获得认可，而其具体行动则由《圣经》赋予其正义性，是完全基督教性质的。高卢的神学家们很乐于接受犹太习俗的复兴，因为当时他们中间的风气有利于接受《旧约圣经》；而且，部分地受到爱尔兰人的影响，摩西律法正在浸入基督教会的戒律中。[2] 这样，丕平就成为按希伯来首领的方式从教士手中接受涂油礼的首位法兰克国王。"很显然，"他在一份文告中自豪地说，"以涂油礼，神命已将我们扶持到宝座上。"[3] 他的后继者也毫不迟疑地追随其榜样。8世纪末叶同样的仪式也在英格兰扎根落户，大概是

---

1 关于国王涂油礼的开端问题，见附录三，p. 460 的参考书目和讨论。

2 参见 P. Fournier, *Le Liber ex lege Moysi et les tendances bibliques du droit canonique irlandais*, *Revue celtique*, XXX（1909），p. 231 以下。应该指出的是，在所有的圣化礼仪式中，将国王与大卫及所罗门相比乃司空见惯之事。各教皇在他们与法兰克诸王的通信中也随意使用这个比喻，搜集起来的一些例证见于：*Epistolae aevi carolini* (*Monum. Germ.*), III, p. 505, n. 2；同时参见艾希曼（E. Eichmann）的文章：*Festschrift G. von Hertling dargebracht*, p. 268, n. 10。查理曼在熟人圈里不是自称大卫吗？应将国王涂油礼的历史与什一税的历史加以比较，什一税也是从摩西律法中借鉴来的。在很长时期内只是一种宗教义务，只是由教会强制执行，丕平使之具有法律的效力。

3 *Monum. Germaniae, Diplomata Karolina*, I, n°. 16, p. 22, "divina nobis providentia in solium regni unxisse manifestum est"。

仿效了法兰克境内刚刚发生的事情。不久，这种习俗差不多传遍了整个西欧。

与此同时，有着不同起源的第二项礼仪与它结合起来。800年12月25日，在圣彼得大教堂，教皇利奥三世将一顶"皇冠"（couronne）戴在了查理曼头上，宣布他为皇帝。这顶皇冠无疑是一个金圈，类似于拜占庭君主头戴的皇冠——这种皇冠在许多世纪以前就取代了君士坦丁及紧随其后的后继者们头戴的冕（diadème），即饰以珍珠、宝石的织料帽圈。冠和冕都是皇帝们从东方君主借鉴来的，冕大概学自波斯君主。从起源上，冠和冕无疑具有宗教品性；但在查理曼同时代的基督教徒眼中，皇冠的唯一神圣特性来自将它戴在君主头上的手，即拜占庭的宗主教和罗马的教皇，以及彼时环绕高级教士的教会典仪。由于查理曼一度接受涂油礼称王，所以他没有接受涂油礼称帝。816年，他的儿子虔诚者路易在兰斯第一次从斯蒂芬四世那里接受皇帝称号、皇冠及涂油礼。从那时起，这两个动作就多少有些不可分离了。对于一位皇帝的圣化礼，这两个动作变成了必要内容，很快变成了国王圣化礼的必要部分。在法国从秃头查理开始，在英国从9世纪开始，我们看到国王连续性地接受涂油礼和加冕礼。由这两种基本礼仪，每个国家很快发展出一种内容丰富的仪式。交给新君主的皇权标志物很快增多起来。早在秃头查理时代，除了皇冠外，权杖就已出现；按照英国的旧礼拜文献，同样的事情也在英国发生。徽章大部分是很古老的，新奇之处在于，在登基仪式的宗教盛典上各徽章也占有一席之地。简言之，在这些隆重仪式中总存在两个因素：一方面是标志物的交接，其中皇冠仍是主要部分；另一方面是涂油礼，这个仪式始终是特别神圣的行为。圣化礼就是这样产生的。[1]

所以，用《圣经》中的话说，各位国王在成为"神命之主"之后，可以用神诫摒除所有邪恶事物侵犯，因为上帝说过："不要触及我为之涂油者。"787年切尔西举行宗教会议，大概在这次会议期间，实施了英格兰的首次国王涂油礼，此时人们想起了这条训诫。[2] 由于这个原因，王权的敌对

---

[1] 参见下文附录三，p. 469。
[2] 参见下文 p. 466。

者将被视为亵渎神圣之人；但就那些动荡时代暴力充斥的历史而论，这无疑是一种相当虚幻的保护。[1] 不过，我们知道，君主们对它的重视可能超过我们今天所能想象，而且，渴求拥有《圣经》神诫所说的这种特权，这种欲望可能已影响不止一位君王，使之寻求教会提供的这种圣化礼。

由于接受圣油，君王们受到吹捧，凌驾于普通民众之上。难道他们不与教士和主教分享这种特权吗？凡事利弊互依。在举行仪式过程中，主持涂油仪式的教士似乎一时超越了虔诚接受涂油的君主。此后人们很可能认为必须由一位教士来造就一位国王：这显然象征着教会高于俗权。查理曼之后不久，某些教士就已经拥有这类观念。如兰斯的欣克马尔对国王圣化礼重要性的强调为他人所不及。虽然这种仪式的存在为时很短，但如下文所论，欣克马尔或以杜撰手法，或通过独出心裁地改变一个传说，极力为它寻找著名而奇异的先例。这位宏图远略之人何以对这些礼拜行为如此感兴趣呢？要理解他所持态度的缘由，我们只要比较其著作中的两段文字就足够了。868年他写信给秃头查理说："你的国王职分，更多地源自你所接受的涂油礼，即主教实施的灵性活动，以及从中溢出的恩宠，而不是你的世俗权力。"所以没有圣化礼就不会有真正的国王，不管他对王位是何种"现世的"身份。在法兰克人举行首次圣化礼之后不到一百年的时间里，一些教会团体已经得出这样的结论。在圣马克赖宗教会议上，欣克马尔主持大会，编定了会议录，其中的一段文字是："教皇的威望超乎国王的威望，因为国王是由教皇举行圣化礼，而教皇非由国王举行圣化礼。"[2] 此中之意

---

[1] 应该指出，尽管9、10世纪存在王朝纷争，死于非命即战场的唯一的法国国王，是臭名昭著的篡权者罗贝尔一世。在盎格鲁-撒克逊人中，爱德华二世于978年或979年遭暗杀；但他被认为是圣徒，即"殉难者"圣爱德华。

[2] *Quaterniones*, Migne, *P. L.*, t. 125, col. 1040: "Quia enim - post illam unctionem qua cum caeteris fidelibus meruistis hoc consequi quod beatus apostolus Petrus dicit: 'Vos genus electum, regale sacerdotium', -episcopali et spirituali unctione ac benedictione regiam dignitatem potius quam terrena potestate consecuti estis". Concilie de Sainte. Macre, Mansi, XVIII, 538: "Et tanto est dignitas pontificum major quam regum, quia reges in culmen regium sacrantur a pontificibus, pontifices autem a regibus consecrari non possunt." 同样的意识见于879年约翰八世给米兰大主教的训谕，*Monum. Germ., Epist.*, VII, I, n°. 163, l. 32。欣克马尔强调赋予涂油礼的重要性，特别见于 *Libellus proclamationis adversus Wenilonem*, 这个文件以秃头查理的名义起草，但其真正的作者无疑是这位兰斯大主教，见 *Capitularia*, éd. Boretius, II, p. 450, c. 3。

第二章 国王治病能力的起源：中世纪早期数世纪王权的神圣化

是再清楚不过了。大概惧于相似的阐释，在随后一个世纪，德国的亨利一世国王拒绝由美因茨大主教实施涂油礼和加冕礼，是他那个时代和家族中唯一一位这样做的国王；一位圣徒传记作者借使徒彼得之口对他进行谴责，称亨利一世的践祚"没有得到教皇的祝福"。[1] 很显然，这个新仪式是一柄双刃利器。

不过，非常清楚地看到这一点，要在数世纪之后著名的格利高里大争论开始之时。最初的二三个世纪，它似乎首先是有助于巩固人们思想中国王神圣性的观念，或更确切说，是强化人们思想中国王为准教士的观念，只有少数教会理论家除外。当然，一些头脑精明的人非常敏锐地认识到，这种混淆——一种本质上说来的世俗职分和教士特性之间的混淆，对教会乃至基督教都是危险的。在这里，我们再次遇到了欣克马尔。他从不倦怠地重复这一点，即：从基督诞生以来，没有人既是教士又是国王。[2] 但是他的坚忍不拔说明他所要反对的理念是何等广泛。古老的圣化礼典仪将比其他任何文献更清楚地说明，这种仪式已具有官方色彩。

让我们暂且考察一下旧文献吧。我们不难发现人们专心于拾掇可能有利于混淆两种非常相似仪式的一切——这两种仪式，一种通向教士职位，一种通向王权。总的说来，是古法提供了必要的套语："愿圣油涂您的手，那圣油曾经涂敷过诸王及预言者"——与加洛林王朝早期同时代的一份古老的礼仪书就是这样说的。年代无疑更晚的一份祈祷书，更精确地表达了同样的思想。我们不知道这份祈祷书产生的确切日期，但它首次见于历史，是在秃头查理加冕成为洛林国王的典礼上。实在是机缘凑巧，那天正是欣克马尔亲自主持圣化礼；毫无疑问，他根据既定的传统，说出这样的话："愿上帝以光辉的王冠为你加冕……以此涂油礼你成为国王，此油得到圣灵

---

[1] 此外，不应忘记，此一时期在东法兰克即德国，坚持涂油礼的传统，似乎并不如法国本土强烈。不过，康拉德、亨利一世直接的前任曾接受涂油礼，他的后代和继承者们也同样接受了涂油礼。关于亨利一世拒绝涂油礼的情况，见下文附录三，p. 472 中的参考书及讨论。

[2] 参见 Lilienfein, *Die Anschauungen vom Staat und Kirche*, p. 96, 109, 146。关于拜占庭皇帝的主张这一问题，教皇格拉修斯一世在 *De anathematis vinculo* 中的一段话已经有力地表达了同样的见解，这段文字在 11、12 世纪的大论战中经常被引用，Migne, *P. L.*, t. 59, col. 108-109。又，参考欣克马尔的同代人尼古拉一世的观点，Mansi, *Concilia*, XV, p. 214。

的恩典，他曾以此油为教士、国王、预言者和殉难者涂油。"古老的盎格鲁－撒克逊仪典书这样说："啊，上帝……您以圣油实施涂油礼为您的仆人亚伦[1]祝圣，使之成为祭司，后来您以同样的膏油造就了祭司、国王和预言者，去统治以色列，……我们祈求你，全能的父啊，请您屈尊赐福，用这取自您的一种造物的油脂，圣化您面前的仆人……授予他权力，让他忠诚地追随亚伦的榜样，为您效劳。"[2] 很显然，在英格兰和法兰克君主面前，举行圣化礼之日所唤起的幻景中，不仅有犹太诸王，而且还有祭司和预言家，伟大的亚伦——希伯来祭司制度的建立者，可以说，这些人都是他们的祖先。毫不奇怪，当时一位诗人在欢庆一位皇帝——弗留利的贝伦加尔，这是一位相当可怜的皇帝，不过这没有关系——的圣化礼，描述正要前往教堂举行仪式的皇帝时，竟敢说他的主人公："他很快将成为一名教士。"（mox quipe sacerdos ipse futurus erat）[3]

---

[1] 亚伦（Aaron），《圣经》人物，摩西之兄，犹太教第一位祭司长。——译者

[2] 我们还没有对所有国家圣化礼规矩进行真正严格的研究，所以在这里我只能做一些简单而极不完整的评论，但对于我所观察的问题，这已经足够了。Dom Germain Morin, *Rev. bénédictine*, XXIX（1912）, p. 188 刊载的古代高卢仪式祝福词是："Unguantur manus istae de oleo sanctificato unde uncti fuerant reges et profetae"。对秃头查理和结巴路易所使用的祈祷辞是："Coronet te Dominus corona gloriae ... et ungat te in regis regimine oleo gratiae Spiritus sancti sui, unde unxit sacerdotes, reges, prophetas et martyres"（*Capitularia regum Francorum*, éd. Boretius, II, p. 457, 461）；这段祈祷词也出现在兰斯主教仪典书中，见 G. Waitz, *Die Formeln der deutschen Königs-und der Römischen Kaiser-Krönung, Abh. der Gesellsch. der Wissensch. Gottingen*, XVIII（1873）, p. 80。它大概源自 *Benedictio olei*（当然是有意不提国王涂油礼），见 *Sacramentaire Gélasien*, éd. H. A. Wilson, Oxford, 1894, p. 70。盎格鲁－撒克逊祈祷词是："Deus ... qui ... iterumque Aaron famulum tuum per unctionem olei sacerdotem sanxisti, et postea per hujus unguenti infusionem ad regendum populum Israheleticum sacerdotes ac reges et prophetas perfecisti ... : ita quaesumus, Omnipotens Pater, ut per hujus creaturae pinguedinem hunc servum tuum sanctificare tua benedictione digneris, eumque ... et exempla Aaron in Dei servitio diligenter imitari ... facias"，见 Egbert, *Pontifical*, éd. Surtees Society, XXVII（1853）, p. 101; Robert de Jumièges, *Bénédictinal*, éd. H. A. Wilson, Bradshaw Society, XXIV（1903）, p. 143; *Missel* de Léofric, éd. F. E. Warren, in-4, Oxford, 1883, p. 230; 所谓的 Ethelred *ordo*, éd. J. Wickham Legg, *Three Coronation Orders*, Bradshaw Soc., XIX（1900）, p. 56 稍有不同。最后这两个汇编集，以一个祈祷词为另一个的序言，该祈祷词非常类似于对秃头查理和结巴路易所使用的祈祷词；也许可以在两者之间进行选择。《贝伦加尔之歌》（*Gesta Berengarii*）诗作者在介绍圣化礼仪式时提到，希伯来人是用圣油为其国王和预言者涂油。（IV, v. 180: *Monum. Germ., Poetae Latini*, IV, I, p. 401）

[3] *Gesta Berengarii*, IV, v. 133-134（*Monumenta Germaniae, Poetae Latini*, IV, I, p. 399）。

第二章　国王治病能力的起源：中世纪早期数世纪王权的神圣化

此外，教士领袖们并不总是以欣克马尔的语言说话。欣克马尔直截了当地指出，在新法之下，教士职分和国王职分不相调和，在他说这话的这个时期，加洛林王朝的日渐衰弱有利于教士觊觎国王导师的角色；然而，在加洛林政权的强盛时期，这样的论调是极不合适的。794年意大利北部的主教出席法兰克福宗教会议，发表了一篇抗辩词以捍卫正统教义，反对西班牙的基督嗣子论者[1]。在这份神学宣言的末尾，神学家们呼吁君主担当信仰的保护者。在这份宣言中，查理曼不仅被称为"主和父"、"所有基督教徒最稳健的总督"，而且还被确切地称为"国王和教士"。[2] 此前数年，教皇斯蒂芬三世本人想献媚查理和卡洛曼，要他们为其效劳，萌生了一个念头，想从《彼得前书》中寻获这位使徒用到选民身上的词语，然后将其原意略加曲解，用以恭维这个法兰克家族："你们是神圣的家族，王室出身的教士。"[3] 不管尘世的所有欣克马尔信徒随后讲了些什么，这样的语句从未被人们忘记。

因此，西欧的君主们已经继承了长期存在的尊崇习俗，而且发现自己确实烙上了神圣的印记，并将永远负载之。在这一点上，卡佩王朝统治下的法国、诺曼人统治下的英国、德国的萨克森（即萨利克）皇帝们，都不否认加洛林传统。相反，在11世纪，各方都以空前直率的方式，致力

---

1 基督嗣子论者（Adoptionists）。基督嗣子论是基督教神学中基督论学说之一。否认耶稣基督是三位一体上帝第二位的圣子。认为基督只是一个人，但超越一般人，在受洗时被上帝认作嗣子。2世纪时由拜占庭的提奥多特（Theodotus）首先提出。8世纪时，西班牙托莱多总主教埃利潘度（Elipandus, 718—808年）和乌尔哥主教菲利克斯（Felix d'Urgel, 750—816年）主张耶稣基督既由玛利亚所生，就不能称作上帝之子，只能说是上帝的嗣子或义子，此说被正统派斥为异端。——译者

2 这本小册子是由阿奎利亚的保利努斯起草。*Monum. German., Concilia*, II, I, p. 141: "Indulgeat miseratus captivis, subveniat oppressis, dissolvat fasciculos deprimentes, sit consolatio viduarum, miserorum refrigerium, sit dominus et pater, sit rex et sacerdos, sit omnium Christianorum moderantissimus gubernator ...."应该注意的是，这些主教通过这类情况下非常见的一种抗辩，将国王与有形的教会敌人进行的战斗和主教们反对无形敌人的斗争对立起来，这等于说俗世和精神的明显对立。见下文，p. 191-192。

3 Jaffé Wattenbach, 2381；原文见 *Prima, Petri*, II, 9。引文见 Hincmar, *Quaterniones*（这段文字见于前文 p. 71, n. 1），但适于国王们与其共同接受第一种涂油礼（受洗涂油礼）的所有信众，所以，毫无疑问，欣克马尔是在非常有意识地恢复《圣经》词语的原始意义，以教训秃头查理。

于推进王权威望向教士威望的靠拢。我们将在下文提到这种努力,但现在可以暂且置而不论。了解这一点就足够了,即在我们所特别关注的这两个国家,国王们虽然独立存在,没有同化于教士阶级,但他们仍然继续被人们视为神圣之人。文献可以使我们确信这一点。我们现在掌握的一些信件,是虔诚者罗贝尔时代德高望重的沙特尔主教富尔贝写给罗贝尔的,在信中这位主教毫无顾忌地称国王为"神圣的父"(Sainte Père)和"圣座"(Sainteté),这些称呼今天是天主教徒专用于教会最高首脑的。[1] 前文我们已经看到,布卢瓦的彼得如何从诸王的涂油礼中推衍出他们的"神圣性";毫无疑问,在这个问题上,同时代的大多数人都像他一样有着同样的看法。

但是,布卢瓦的彼得行之更远。他实际上说过,其主上是神圣之人,所以他可以为人治病。初审之下,这似乎是一个奇怪的推论,但我们将看到,对于12世纪的一个普通人的头脑而言,这个观念是一点也不奇怪的。

2 神圣之人的治疗能力

中世纪的人们——至少是其中的绝大多数人——习惯于以一种极为世俗,或者说极为实际的方式来想象宗教事务。不如此又能怎样呢?基督教仪式开启大门进入的奇异世界,在他们看来,与他们生活的世界之间并没有一条不可跨越的鸿沟,两个世界是相互渗透的。影响彼岸生活的行为怎能对此岸生活没有作用呢?当然,任何人不会对此类相互干预的观念感到吃惊,因为人们还没有自然法则的确切概念。所以神圣的行为、对象和个人不仅被认为是各种力量的储存器,可以用于来世的生活,而且也被认为

---

[1] *Histor. de France*, X, lettre, XL, p. 464 E; LXII, p. 474 B. Fulbert (L. LV, p. 470 E, LVIII, p. 472C) 按照加洛林时代复兴起来的罗马帝国的旧风俗(如 Lupus de Ferrières, *Monum. Germ., Epist.*, VI, I, n°. 18, p. 25)同样称王室信件为"圣物"。稍后,Odo de Deuil(*De Ludovici Francorum Regis profectione in Orientem*, Migne, *P. L.*, t., 185, I, 13; II, 19)似乎将此字专用于皇帝的信件(指拜占庭皇帝)。

第二章　国王治病能力的起源：中世纪早期数世纪王权的神圣化

是能量之源，能对这个世界产生直接的影响。此外，他们以细腻的词语刻画这种能量，说它具有某些重量。图尔的格利高里告诉我们，一位伟大圣徒，如圣彼得或圣马丁，假如想展示其能力的话，他祭坛上放置的物件，会比以前变得更为沉重。[1]

教士虽被人们认为具有神圣的能力，但也被许多人视为某类魔法师，所以有时受到尊崇，有时遭到忌恨。在一些地方，当教士从旁走过，人们会在胸前画十字，因为路遇教士被认为是不吉利的。[2] 在11世纪的丹麦，人们将教士与巫师等量齐观，认为他们对气候失调、疾病流行负有责任，有时他们被认为是这些灾祸的制造者而受到迫害，这种迫害非常残酷，曾受到格利高里七世的抗议。[3] 此外，我们没有必要去关注如此遥远的北方，下列富有寓意的故事，无疑就属于13世纪的法国。故事的讲述者雅克·德·维特里说，他记载的这个故事"来源可靠"。一个村庄爆发了瘟疫，为了制止瘟疫，村民们苦寻良方而不得，认为只有牺牲教区的教士才能济事。当教士穿着祭服主持葬礼之日，村民们猛然将他倒栽葱扔到了墓坑的尸体旁边。[4] 类似的疯狂习俗——只是形式稍见温和——不是一直延续到今天吗？

所以通常被舆论归于神圣之人的力量，有时呈现出可怕且令人厌恶的面目；但在更常见的情况下，它被视为有益的因素。还有什么益处比健康更为重要且敏感呢？人们很容易认为，在某种程度上构成圣化礼内容的一

1　*In gloria martyrum*, c. 27; *De virtutibus S. Martini*, I, c. II.

2　Jacques de Vitry, *Exempla ex sermonibus vulgaribus*, éd. Crane (Folklore Society), Londres, 1890, p. 112, n°. CCLXVIII.

3　Jaffé-Wattenbach, n°. 5164; Jaffé, *Monumenta Gregoriana* (Bibliotheca rerum germanicarum, II), p. 413: "Illud interea non praetereundum sed magnopere apostolica interdictione prohibendum videtur, quod de gente vestra nobis innotuit: scilicet vos intemperiem temporum, corruptiones aeris, quascunque molestias corporum ad sacerdotum culpas transferre ... Praeterea in mulieres, ob eandem causam simili immanitate barbari ritus damnatas, quicquam impietatis faciendi vobis fas esse, nolite putare."

4　Jacque de Vitry, 前引书。

切都具有治病能力。[1] 圣餐用的面包、酒，洗礼用过的水，主礼教士触摸圣物后浸手用的水，教士的手指，所有这一些都被认为可以治病。即使在今天，在某些教区，教堂里的尘埃和教堂墙壁上的苔藓仍被认为具有治病的特性。[2] 这类念头有时使那些头脑简单的人陷入迷乱。图尔的格利高里讲过一些蛮族首领的故事，这些人感到脚痛时，就把脚浸在盛过圣餐面包的圣盘中洗浴。[3] 教士们自然谴责这种过分行为，但允许一些做法继续存在，他们认为那些习惯无害于正当崇拜的尊严。况且，民众的信仰在很大程度上不是他们所能控制的。在所有的教堂用品中，圣油作为圣化礼最通常的媒介物，似乎具有异常丰富的超自然功效。参与神命裁判的诉讼人往往喝一些，以便求得对自己有利的结果。尤其是，圣油被认为对所有的身体病疫具有神奇的疗效，所以必须保护盛圣油的容器，防范信徒们的非分之念。[4] 实际上，在那个年代，"圣化"一词意味着具备治病能力。

---

1 关于与神圣之物相关的医疗迷信，这两本书收集了非常有用的事实：S. Franz, *Die Messe im deutschen Mittelalter*, Freibury, i. B. 1902, p. 87, 107, 及 *Die kirchlichen Benediktionen Mittelalter*, Freiburg i. B. 1909, 尤其是 II, p. 329, 503。同样参考 A. Wuttke, *Der deutsche Volksaberglaube*, 2e éd., Berlin, 1869, p. 131 以下；关于圣餐，Dom Chardon, *Histoire des sacraments*, Livre I, section III, chap. XV in Migne, *Theologiae cursus completus*, XX, col. 337 以下。同样，圣餐和圣水也被人们认为对恶意魔法有用，在这种形式下，它们对中世纪巫术中的真实或虚拟的行为产生了重要影响。J. Hansen, *Zauberwahn, Inquisition und Hexenprozess im Mittelalter* (*Histor. Bibliothek*, XII), 1900, p. 242, 243, 245, 294, 299, 332, 387, 429, 433, 450 提供了众多参考资料。

2 P. Sébillot, *Le paganisme contemporain*, in-12, 1908, p. 140, 143; A. Wuttke, 前引书，p. 135。关于弥撒中使用的酒，见 Elard Hugo Meyer, *Deutche Volkskunde*, 1898, p. 265。

3 *In gloria martyrum*, c. 84. 这里涉及的人员是不列吞的一位"伯爵"和伦巴第的一位"公爵"，这二人互无关涉，但人们认为他们都有这种奇怪的嗜好。

4 除上文 p. 77, n. 2 所引著作，可参见 Vacant and Mangenot, *Dictionnaire de théologie catholique* 中的 *chréme* 词条，Dom Chardon, 前引书，livre I, section II, chap. II, col. 174。用圣油胡乱治病，见 Hansen, *Zauberwahn*, p. 128, n. 3, 245, 271, 294, 332, 387。人们也许应该记得，路易十一临终时，从图尔的普莱塞（Plessis-les-Tour）派人去兰斯取圣瓶及圣母给圣马丁的神奇香脂，并让人用这两种圣油为他施涂油礼，希望这两样东西使他康复：见 Prosper Tarbé, *Louis XI et la sainte ampoule*, Rheims, 1842 (Soc. des bibliophiles de Reims); M. Pasquier, *Bullet. Histor. et philolog.*, 1903, p. 455-458。Leber, *Des cérémonies du sacre*, p. 455 以下已经指出国王声称的治病能力与人们通常认为圣油具有的治病能力之间的联系。但涂油礼自然不是这种能力的唯一渊源，或者人们对它通常持有这种观念的唯一渊源，因为并非所有接受涂油礼的国王都具有这种能力；在人们的思想中还需要一种特别的可继承的品性：参见该书前文 p. 223。

那么，就让我们记住国王是何许人吧！以布卢瓦的彼得的话说，差不多每个人都相信他们具有"神圣性"。但这种观念还有更多的内涵。这种"神圣性"从何而来？毫无疑问，在民众眼中，在很大程度上来自这个家族的定命。由于民众仍持有古代的观念，所以肯定还没有抛弃对于家族定命观念的信仰。但从加洛林时代以后，这种"神圣性"已变得更为明确，更多地来自基督教情感，来自涂油礼这种宗教礼仪，换言之，来自圣化过的膏油——它对许多疾病的治疗似乎极为灵验。这样国王就从两个方面被标示出来，充当有益的奇迹创造者的角色：首先是其自身的神圣特征，然后，更为特别的，是这种特征所具有的极为明显且崇高的渊源，其神圣特征来源于这种渊源。情况似乎是，他们迟早必定作为医师而出现。

然而，他们并没有立即变成医师，也就是说，在西欧各政权引入国王涂油礼之后，他们没有立即成为医师，也没有在所有国家都变成医师。所以刚才提出的总体性的解释，还不足以解释法国和英国出现的国王触摸；这些解释不过是说明人们的思想已具备想象或接受这类习惯的条件。为了解释它何以诞生在一个特别时日和一种特定环境中，我们需要诉求于不同且更具偶然性的事实，这些事实在更高程度上意味着个人意志的作用。

3 卡佩家族早期及亨利一世的王朝政策

据认为，为人治病的第一位法国君主是虔诚者罗贝尔。罗贝尔是一个新王朝的第二位代表人物。他接受王号和涂油礼时，他父亲于格（Hugue）还在世，此事发生在987年，即篡夺王位的那一年。卡佩家族的统治是成功的，所以我们不容易想到其政权在初期是何等脆弱。不过，我们知道这个政权是有争议的。加洛林家族拥有巨大的威望，936年以后，无人敢于质疑其秉政称王的权利。要想他们垮台，需要一场狩猎事故——这次事故导致路易五世的死亡——和一场国际性的阴谋。987年乃至更晚时候，谁能肯定他们彻底地失去了江山？毫无疑问，对许多人而言，这种父子联合秉政只是权宜之举:正如热贝尔于989年或990年所写的那样,他们只是"临时执政的国王"(intereges)。[1] 在很长时期内,反对势力有几个中心,尤其是在桑斯和法国南部各地。实际上,991年复活节前礼拜日这天发生的一件幸运的意外,使查理曼家族中的王位觊觎者落到了于格的手中,这次意外使其家族的朋党可能做的任何努力成为徒劳,因为他们的首领从此成了囚徒,其末代后裔注定湮没无闻。但是,这不期而遇的成功并不能保障未来。一些前王朝的拥护者对前主子的后代仍保持忠诚,但这种持续不断的忠诚也许从来就没有对卡佩家族构成非常严重的威胁。真正的威胁另有来处:新王们的宝座的获得归功于987年的这些事件,但这些事件对于臣下的忠诚,尤其对世袭君主制原则,造成严重的伤害。桑利斯会议的决议所产生的危险性是,它似乎标志着选举原则的胜利。这肯定不是新原则。我们已经看到,起码在古代日耳曼人中,与这个原则相关联的是,君王必须从神圣家族中选出。但此时自由选举原则似乎变得无拘无束了。历史家里歇尔借大主教阿德尔伯罗之口,对显赫人物们发表了袒护于格·卡佩的长篇大论,其中有下列惊人之语:"王权不是一项世袭权利";[2] 在献给国王于格和罗贝尔的著作里,阿邦写下了如下文字:"我们承认三种普选,即国王或皇帝的选举、主教的选举和修道院院长的选举。"[3] 这后一段陈述意义特别重大,值得注意。教士阶层已经习惯于将选举视为主教或修道院院长所享权力的唯一合法来源,所以也很自然地倾向于将选举视为至上政治权力的最可称许的源泉。然而,一次选举形成的结果可由另一次选举废止,如果需

---

1 *Lettres*, éd. J. Havet (Collection pour l'étude ... de l'histoire), n°. 164, p. 146. 关于卡佩家族早期的对立面,特别参见 Paul Viollet, *La question de la légitimité à l'avènement de Hugues Capet*, Mém. Acadèm. Inscriptions, XXXIV, I (1892)。无须说,关于987年发生的事件和卡佩王朝早期的情况,读者一定要参阅这些经典作品:M. F. Lot, *Les derniers Carolingiens*, 1891 及 *Étude sur le règne de Hugues Capet*, 1903。

2 IV, II: "Sed si de hoc agitur, nec regnum iure hereditario adquiritur, nec in regnum promovendum est, nisi quem non solum corporis nobilitas, sed et animi sapientia illustrat, fides munit, magnanimitas firmat."

3 *Canones*, IV (*Histor. de France*, X, p. 628): "Tres namque electiones generales novimus, quarum una est Regis vel Imperatoris, altera Pontificis, tertia Abbatis."

第二章 国王治病能力的起源：中世纪早期数世纪王权的神圣化

要，可以不等初次当选者故去，并且在任何情况下都可以不顾及其后代的要求。人们当然没有忘记胖子查理[1]被废黜后五十年间发生的事情。而且，不管幸运的候选人出身如何，总有涂油礼圣化之。简言之，卡佩家族所面临的最迫切的任务，是重新确立其家族的合法性，使之对己有利。只要他们意识到自身所处的险境，以及注定落在其后代头上的危险，他们就会感觉到必须找到某种新颖的表征来光耀门楣。在极为相似的情况下，加洛林王朝曾求助于《圣经》中提到的一种仪式，即国王涂油礼。从前丕平在忧思中仿效希伯来君主的榜样行事，罗贝尔二世执政时国王治病能力的出现，难道不可以由同样的忧思加以解释吗？要证实这一点是狂妄的，但这肯定是一个充满诱惑力的设想。

当然，这种设想并不是一个简单的推定。罗贝尔本人以虔诚著称，这大概可以解释，卡佩家族的奇迹何以肇始于他而不是他的父亲于格。人们赋予这位做国王的人以圣徒特性，以及王权固有的神圣性，必定很自然地促使其臣民相信他具备治病的神奇能力。如果想进行假设的话，我们可以想见，第一位请求国王触摸者——何时请求触摸我们将永远不得而知——其行为乃出于自然。毕竟早在此前的统治者时代，其他类似的行为在一些地方已经实施过，就像从前贡特拉姆时代发生的情形一样。但是当我们看到这些迄至当时还飘忽不定的信念形成于该王朝尚处于风雨飘摇状态之际，那么，我们似乎不可能认为在这些信念明朗化过程中没有任何内在政治动机发挥作用，虽然其形成过程并非以原始形式展现。此外，罗贝尔本人无疑相信他本人迸发的神奇能力，其幕僚亦复如此。各宗教发展的历史已充分证明，为了利用一种奇迹，是无须对它怀疑的。罗贝尔宫廷可能竭力吸引患者前来求医，并将任何医治应验的好消息广为传播；开始时，人们似乎不太注意这种治病能力属于此时的君主个人还是属于卡佩家族。实际上，正如前文所指出，罗贝尔的后继者们煞费苦心，为的是不使如此卓异的才

---

[1] 胖子查理（Charles le Gros），加洛林王朝皇帝，881—887年在位。887年，被他的侄子克恩滕公爵阿努尔夫废黜并取代。——译者

能湮没。他们也像罗贝尔一样继续为人治病，并且很快就专注于特定的疾病：瘰疬病。

人们也许会问，他们每个人在分享这份光荣的特权、宣称自己有此能力时，是否有超乎个人利益的期望。不过，他们也许没有认识到，他们联合一致的努力所产生的最终效果，是赋予其整个家族以超自然的特性。此外，我们知道，亨利一世在英国创建了这种仪式，直到亨利一世秉政，即至早到1100年，罗贝尔二世及其子孙是欧洲仅有的触摸病人的君主；其他国王虽是"神命之主"，但并无意于为人治病。所以，涂油礼似乎还不足传达这种奇异的才能。要造就一位真正的国王，一位真正圣徒般的国王，除了要有圣化礼伴随其后的选举之外，还需要其他一些东西：祖传的德行仍然是不可忽视的因素。卡佩家族坚忍不拔地宣称拥有为人治病的神奇能力，当然不会自动地使人相信其家族的合法性——这种合法性被证明是法国王权最有力的支柱。确切地说，情况恰恰相反：继承性神奇能力的观念之所以被接受，是因为世袭神圣家族的古老观念仍然萦绕在人们心中。但毋庸置疑的是，国王治病的景象有助于强化这种情感，并在一定程度上恢复其青春活力。卡佩王朝第二代人既已开始创造这种奇迹，其后继者为了君主制的巩固，将这种能力不再限于一位国王，而是扩及整个家族。

现在让我们转到英国。在那里我们也将见到充当医师的国王。这样我们就面临一个永恒性的问题，这个问题是历史学家们遇到相邻国家出现类似惯制时所面对的问题：这是一种巧合，还是相互影响的结果？如果我们倾向于后一种假设，我们到哪个王朝去找原型？到哪里去找仿效者？从前这曾是个非常棘手的问题，爱国热情曾长期干扰着对它的解答。16、17世纪研究这个问题的早期学者，依其本身是法国人还是英国人，最终站在法国一边或英国一边。现在，比较客观地研究这个问题，对我们而言，将不再感到困难。当然，促生治病仪式且使之可能成功的各种集体信念，是整个西欧共有的政治、宗教状态结出的果实，它们不但自发地在法国发育，而且也自发地在英国发育，然后同样地衰歇；但是，有朝一日它们以国王的"触摸"这种精确且正规的惯制，在拉芒什海峡两岸成形了；正是在这种惯制的产生过程中，人们才感觉到一个国家对另一个国家的影响。

让我们看一看这些日期吧。亨利一世是人所共知的其家族中第一位触摸病人的君主，他于1100年践祚。此时在法国首开御触先例的罗贝尔二世已死去六十九年。卡佩家族不是抄袭者，但他们是否遭人抄袭呢？如果国王奇迹在英国是独立发展，全然不是对外人的仿效，那么它的发展方式大概也应如同法国：首先是创造奇迹的能力出现，毫无区别地应用于所有疾病，然后经过一个人们永远无法知晓的随意发展阶段，逐渐集中于一种特定的疾病；认为瘰疬病被选中也纯粹出乎偶然，将是令人费解的。诚然，瘰疬病特别适合于奇迹的发生，我们已经说过，这种病很容易给人造成已被治愈的幻觉。但是，其他许多感染病也有同样的情况。人们知道一些圣徒擅长治疗瘰疬病，但人们乞灵于某位圣徒治疗的其他疾病，会有多少呢？现在的情况是，英国诸王似乎从来就没有，甚至从一开始就没有声称拥有某种宽泛的治病能力。从刚一开始，他们声称能够治疗的疾病，恰恰就是他们的法国邻居们经过一个非常自然的发展过程后实施治疗的疾病。亨利一世拥有一半以上的法国血统，他不可能不知道其封主和对手卡佩家族所治愈的疾病。他必定羡慕他们的声望，岂有不仿效之理？[1]

但亨利一世不承认任何模仿行为。他有一妙招，即将他的神奇能力置于一位民族伟人的庇护下。忏悔者爱德华是盎格鲁-撒克逊王朝的末代代表，亨利一世曾通过婚姻关系极力与之建立联系，这位德行高尚的君主很快即将成为这个君主国的正式圣徒，成为他的庇护人和后盾。在英国的宗教观念上，他是否遇到某些难题呢？虔诚者罗贝尔在法国开始触摸病患者时，格利高里式的各种改革还没有发生。稍后我们再回来谈这些改革，我们将看到，这些改革对于国王的特权几乎没有同情，对于任何意味僭越教士权利的行为更是敌视。当治病仪式跨越拉芒什海峡时，格利高里改革正

---

[1] 百年战争以后，英国诸王仍然以法国国王称号为其官衔的一个部分，在欧洲人们通常认为，正是因为这种要求，他们才摆出了瘰疬病治疗者的样子。尤其参见下文 p. 336, n. 3 所引斯卡拉迈利关于詹姆士一世的信件，以及萨克森-魏玛的约翰·恩斯特公爵的旅行报告。根据上文提到的事实，没有必要再讨论这种理论。

在如火如荼地展开；我们看到，改革的主导理念由马姆斯伯里的威廉所说的一句藐视性的话语表现出来，这句话抗议的是王权忠诚支持者的"弄虚作假"。但威廉的态度不能代表全英国教会人士的态度。大约在亨利一世开始施展其神奇才能时，一位附属于约克大教堂的教士正在写作他的35篇论作，这些论作代表了所有反格利高里思想的精华，展示出对国王涂油礼各功能、王权的祭司特权和半神性质的绝对而不妥协的信仰。[1] 亨利一世本人，至少在其执政的前半期，对改革者态度微妙。大概是他的臣僚草拟了一份藐视所有新原则的伪教皇训谕，承认英国诸王拥有"对英国所有教堂的庇护权和保护权"，以及永恒的教廷使节派遣权。[2] 毫无疑问，亨利正是选择这个时候在他的领土之内确立起创造奇迹的习俗，对此人们并不感到奇怪，因为它代表了对国王神圣力量的信仰，是对它的最高礼赞。从此之后这种习俗在一个顺风顺水的土地上大行其道，是不足为怪的。

这样看来，触摸仪式在1000年左右起源于法国，大约在一个世纪以后出现于英国，它出现于其中的王朝，与古代日耳曼人的习惯不同，长子继承制开始占据主导地位。在伊斯兰教初期的穆斯林国家，人们相信王族能医治狂犬病，但在穆斯林民众眼里，当政的君主即哈里发并不独擅这种功能，哈里发出身的家族的每个成员都有同样的神奇功能，这种功能被认为是得因于其血脉中流淌的血液[3]：事实上，整个王族被认为具有神圣性；伊斯兰教国家在政治事务中从来不承认长子的特权。而在法国和英国，治疗

---

[1] 特别参见第四篇论文 *De consecratione pontificum et regum*，文中有一夹注涉及圣化礼：*Libelli de lite* (*Mon. Germ.*), III, p. 662 以下。关于约克的"匿名作者"，参见 H. Boehmer, *Kirche und Staat in England und in der Normandie im XI. und XII. Jahrhundert*, Leipzig, 1899, p. 177 以下。（从前未发表的摘要，p. 433 以下。）

[2] 参见 H. Boehmer, 前引书, p. 287 以下；以及我为 Osbert de Clare, *Analecta Bollandiana*, 1923 所作的序言, p. 51。

[3] J. Wellhausen, *Reste arabischen Heidentums* (*Skizzen und Vorabeiten*, H. 3, Berlin, 1887), p. 142. 参见 G. W. Freytag, *Arabum proverbia*, I, Bonn, 1838, p. 488; E. W. Lane, *An Arabic-English Lexicon*, I, 7, Leipzig, 1884, p. 2626, 2ᵉ col. 这种迷信必定起源于前伊斯兰时代。人们认为来自 Banou-Sinan 血统的同样的能力，也见于一首古诗，这首古诗收入 *Hamasa*（G. W. Freytag 译），II, 2, Bohn, 1847, p. 583。

第二章 国王治病能力的起源：中世纪早期数世纪王权的神圣化

瘰疬病总是被认为是君主独擅的特权；其后代无权分享，除非他们本身就是国王。[1] 神圣性不再像早期的日耳曼人一样扩展到整个家族，而是具体地集中在一个人身上，这就是最长支系的首领，唯一的王位合法继承人，只有他才拥有创造奇迹的权利。

* * *

对于所有的宗教现象，有两种传统解释方法。一种方法——我们不妨称之为伏尔泰式——喜欢将研究的事实视为个人深思熟虑的有意识行为；另一种方法正相反，它寻找的是诸种社会力量的表现形式，这些力量晦暗不明，但影响深远，这种方法可称为浪漫主义方法，浪漫主义研究方法的重大贡献之一，不就是大力强调人类事务的自发性吗？这两种解释方式只是表面上存在矛盾。如果出乎个人意志、具有特定目的的一种惯制要为整个国家的民众所接受，那么它就必须有更深层的集体意识的潮流。相反的情况大概也是对的：一种晦暗不明的信仰要固化为一种常规的仪式，明确的个人意志有助于它的成形，这不是无关紧要的。如果上述各假设是可以接受的话，那么，国王触摸的起源史就应该是历史上出现的这种双重性影响发生作用的众多事例之一。

---

[1] 旧制度时期的作家们经常提及这一点。他们将这一点视为有力的论据用来反驳自然主义者的论断，按照后者的观点，治病能力是王族的标志，或多或少具有生理性（参见下文 p. 415）：如 Du Laurens, *De Mirabili*, p. 33. 我当然很清楚地知道，在罗贝尔或英国的亨利一世时代，长子继承制原则还远远没有普遍确立，但已有坚实的基础，在法国，尽管加洛林传统仍然有影响，但从 954 年罗退尔登基以后，这一原则已被采用。据我所知，还没有人认真研究这个新观念如何引入君主制度的法律；但此处不宜展开研究。指出这一点就足够了：在君主制观念的影响下，某些人思想上认为，不是长子就可以膺其位，而是其父被宣布为国王之后或举行了圣化礼这样的仪式之后出生的儿子才能膺其位，不管他在家族中的年序位置。在这些法学家看来，要想成为真正的储君，不是仅仅要由王子所生，而是要由国王所生。这种观念从来没有获得法律效力，但却成为萨克森的亨利反抗其兄弟奥托一世的借口。（参见 Boehmer-Ottenthal, *Regesten des Kaiserreichs unter den Herrschern aus dem sächsischen Hause*, p. 31, 33）这一点在各种文献中都有反映，如 Eadmer, *Vita s. Dunstani Memorials of St. Dunstan*, éd. Stubbs, Rolls Series, p. 214, c. 35; Mathieu Paris, *Historia Anglorum*, éd. Madden, *R. S.*, I, p. 353, 及 *Chronica majora*, éd. Luard, *R. S.*, IV, p. 546。

第二卷

国王奇迹的辉煌及其变迁

第一章

15世纪末叶以前瘰疬病触摸治疗及其流行

1 法国与英国的触摸仪式

我们已经看到触摸治疗这一习俗如何出现于卡佩时期的法国和诺曼时期的英国。现在我们要考察一下它在中世纪最后数世纪的发展情况，这个发展期延续到15世纪末的精神大危机；15世纪末的大危机动摇了许多旧观念，尤其是对国王治病能力的信仰。我们先追溯一下这个时期这种治病仪式成形时的外在形式。

法国和英国的仪式最初是完全相同的。它不能是另外的样子，因为后者模仿前者。无论如何，二者都是初具规模。但是，所有的礼仪都具有一种内在的发展力量，触摸仪式也脱不了这一普遍规律。它逐渐变得复杂起来，同时相当深刻的差异在两国之间也开始发展起来。这一变化过程在很大程度上不属于本章论述范围，因为只是在近代它才清晰地显露出来，而在近代，国王的奇迹已经成为环绕绝对君主制的一种程序细密、气势宏大的仪式了。目下我们所关注的仪式形式还相当简单且不稳定，我们对它所知甚少，起码在细节上所知不多；中世纪的宫廷礼仪很不严格，几乎没有为我们留下任何仪典文献。

实际上，其原初形式并无新颖之处。充当医师的国王们自然是倾向于重现固定不变的行为，这些行为被长期流传的传说——这些传说由圣徒传所普及——归于奇迹的创造者。虔诚医师的故事是国王们熟悉的，正如他们一样，国王们曾经以手触摸患者，最常见的似乎是触摸患者的患部。所以他们在无意中重复了一种非常古老的风俗，这种风俗与人类所怀有的最古老的信仰同时存在：以不同方式实现两个身体的接触，尤其是以手为媒介实现接触，似乎总是将无形力量从一个个体传送到另一个个体的最有效的方法。在这个古老的魔术般的姿势之外，他们增加了另一个姿势，这个姿势在他们生活的时代也是传统的，但尤其是基督教性质的，这就是在病人身上或其患处画十字。据说，正是由于使用了这一神圣的手势，圣徒们在许多不同的场合战胜了疾病。在法国，从罗贝尔二世以降，国王们都追随其榜样，在英国则似乎从一开始就是如此。此外，对于虔信宗教的人们，他们已习惯于在所有重大生活行为上使用这种神圣的手势，岂能不使用它而将治病仪式神圣化？[1] 所以国王是在众目睽睽之下以上帝之名发挥其神奇能力，使之昭然于世人的。13世纪的英国文献经常使用的措辞颇具特点：为了表示国王已为病人触摸，这些文献通常很简捷地说，他为病人"画过十字"。[2]

忏悔者爱德华的各种旧传记中都有一则趣闻。这些圣徒传的作者说，

---

[1] 以画十字作为治病手段，这里有一实例。在 *Garin le Lorrain* (*Li Roman de Garin le Loherain*, éd. P. Paris: *Les Romans des douze pairs*, I, p. 273)，我们看到，医生们在贝贡公爵的伤口上敷上膏药，然后在上面画了十字。在日常生活的所有行为中，画十字作为祝祷和驱魔仪式已是常规，所以在 St. Columban, *Regula Coenobialis* 中明白规定，任何教士在使用汤匙喝东西之前，如果不在其上画十字，或让一位高级教士在他刚点燃的灯火上燎烤一下，将受到惩罚，被打六下。见 *Zeischrift für Kirchengeschichte*, XVII（1897），p. 220。

[2] 事例很多，兹举一例，R. O., *Chancery Miscellanea*, IV, I, fol. 17 v°, 1378年5月27日 "xvij egrotis signatis per regem xvij d"。

一位罹患瘰疬病的妇女在梦中被告知应去找国王，她从这一启示中知道，"如果能由国王以水相涤"，她将摆脱病魔的困扰。在这个故事的稍后部分，我们看到这位圣徒——以匿名作者所作传记的特有表述——以手指尖在患部实施"涂油"。在这里我们也辨识出一个古老的行为过程，一种久远的魔法遗产。治病者浸手的液体也被认为获得了神奇功能。那么，这是否说明，国王们也以这种方法行事呢？我认为并非如此。法国和英国关于治病仪式的全部记载，都认为治病能力乃得自手的直接接触。[1] 对于12世纪或更晚时期英国宫廷实行的仪式，人们不可能从圣爱德华的各种传记中获得任何准确知识；因为被亨利一世的谋臣们当作国王奇迹的原型加以利用的这则瘰疬病轶闻，显然并非完全由他们编造。在其主人践祚以前，这则轶闻必定已经成为忏悔者故事内容的一部分。在这同一些传记中，与这则轶闻并行的其他故事，也赋予了水以重要作用。所以，在这里，我们似乎是在研究圣徒传说中的一个主题，而不是英格兰诸王实际施行的治病礼仪的行为。在传奇文学中，尤其是在大不列颠境内创作的作品中，有关圣徒传说中的这个主题有很多例证。[2]

不过，在拉芒什海峡两岸的仪式中，洗手水确曾占有一定地位，至少在原则上占有一定地位，虽然是一个不太重要的地位。在触摸了众多令人生厌的肿瘤以后，国王洗手是理所应当的。这个举动出于最基本的清洁要求，原本并不具有神奇性质。但民众怎能不赋予御用洗手盆里的水以某种治病效力呢？由于这水接触过治病的手，所以它似乎也变成了治病的药剂。艾田·德·孔第是科尔比地方的教士，他曾在查理六世统治初期写过一本论法国王权的短文，描述过瘰疬病的治疗仪式。他说，国王为患者触摸后要沐浴，国王用过的水被患者们收集起来，饮用九日，同时以至诚之心斋

1　对艾田·德·孔第记载中一段幽晦文字的解释，见 p. 92, n. 1。
2　参见匿名作者的 *Vie*, éd. Luard, *Lives of Edward the Confessor*, p. 429，尤其是 Osbert de Clare, chap. XIV, XV, XVI, XVII（读者在彼处可以看到其他传记提到的相关段落）；也可参见 Ad. Franz, *Die kirchlichen Benediktionen*, I, p. 79 以下，p. 84。

戒，此后"不用其他任何药物"而痊愈。[1] 这种奇怪的迷信似乎从未穿越拉芒什海峡，即使在法国，在近代也未留下任何遗迹。但是，我们将看到，在英国，给予瘰疬病患者的钱币却变成了一种完全相似的信仰的主题。在两种情况下，治病的流质被认为从国王的手上转移到了它所触及的物件上。围绕官方仪式的原初内核，一套民间传说注定产生并扩展开来。

在完成其神奇的治疗行动时，国王们不是默不作声。从很早以前，法国诸王就习惯于以某种崇敬之辞伴随这个传统的双重行动。若弗鲁瓦·德·博利厄告诉我们，圣路易为病人触摸时，口中念念有词，其用语"适于实际情况且为风俗所承认，全系神圣的天主教用语"。[2] 这同样的"神圣而虔诚的"话，美男子腓力临终时说过，据说是教给其继承人路易亲王的，或者更确切地说，是提醒路易亲王的，其中并没有很神秘的东西。[3] 这

---

[1] Bibl. Nat. lat. I1730, fol. 31 v°: "Item post dictam sanctam unctionem et coronacionem regum Francie omnes predicti reges singularis quilibet ipsorum fecit pluries miracula in vita sua, videlicet sanando omnino de venenosa, turpi et inmunda scabie, que Gallice vocatur *escroelles*. Item modus sanandi est iste: postquam rex audivit missam, affertur ante eum vas plenum aque, statim tunc facit oracionem suam ante altare et postea manu dextra tangit infirmitatem, et lavat in dicta aqua. Infirmi vero accipientes de dicta aqua et potantes per novem dies jejuni cum devotione sine alia medicina omnino sanantur. Et est rei veritas, quod quasi innumerabiles sic de dicta infirmitate fuerunt sanati per plures reges Francie." 这段文字已经由 d'Achery 在他对 Guibert de Nogent 的 *De vita sua* 注释中转引，在他之后，Migne, *P. L.*, t. 156, col. 1022-23 转引。关于作者，见 L. Delisle, *Le cabinet des manuscrits de la Bibl. Nationale*, II, p. 127 的一个说明（更早发表于 *Bibl. Ec. Chartes*, 1860, p. 421）。这篇论法国王权的小文章被安排在马蒂尼安·克罗尼克尔（Martinian Chronicle）续篇的开头，马蒂尼安·克罗尼克尔续篇同样是出自艾田·德·孔贝之手（这个续篇的一个片段由 J. H. Albanès et U. Chevalier, *Actes anciens et documents concernant le bienheureux Urbain V*, p. 73 发表），这里讲到的最后事件是尼科堡之战（1396 年 9 月 25 日）。这个注释开头引用的这段文字不无幽晦之点：根据人们给予 lavat（洗濯）一字的主动或中性含义——这两种含义都完全合乎古典用法——其意义既可以表示国王洗涤疮胗处，也可以表示国王在为病人触摸后的自我洗濯。我倾向于第二种含义，因为第一种含义虽被普遍接受，但显然有悖于我们从其他资料所了解的有关法国仪式的所有知识。

[2] *Histor. de France*, XX, p. 20, c. XXXV（下文 p. 191, n. 1 引用的内容）。

[3] Ives de Saint-Denis, *Histor. de France*, XXI, p. 207, C et D: "primogenitum iterum ad se vocatum secretius, praesente scilicet solo confessore, instruxit de modo tangendi infirmos, dicens ei sancta et devota verba quae in tangendo infirmos dicere fuerat assuetus. Similiter docuit eum quod cum magna reverentia, sanctitate et puritate deberet illum contactum infirmorum et mundis a peccato manibus exercere." 1314 年 11 月 26 日美男子腓力临终时与其继承人的会面，也得到梅杰卡国王所派使节的证实（他没有注意二人所谈内容），*Bibl. Ec. Chartes*, LVIII (1897), p. 12。

话说了些什么呢？我们不得而知。16世纪以后法国诸王采用的定型的套语是，"国王为你触摸，上帝为你治疗"，16世纪以前则没有证据证明法王使用过这句话。这句话似乎从未使用于拉芒什海峡彼岸，也没有其他类似的用语。英国诸王并非不说话，他们说的是祷告词。

无须说，宗教也浸入了法国的治病仪式。它以画十字和其他的方式进入了这种仪式。艾田·德·孔第说，国王为病人治病前要祈祷。这无疑是一个古老的习惯，但它是否含有默祷以外的意义？我们将看到，在16世纪，这种场合出现了一些特别的祈祷形式；但是这些特别祈祷形式流行时间很短，而且具有晚期传说的痕迹。[1] 与这种贫乏形成对照的是，英国为我们提供了极为丰富的内容。在英国，国王的触摸变成了真正的礼拜仪式，在这种礼拜仪式中，国王在其教士辅助下，几乎充当了主祭教士的角色。遗憾的是，英国的瘰疬病治疗仪式没有留下近代以前的遗迹。我们所知道的最早的"治病仪式"追溯到亨利八世，也许可追溯到亨利七世。不过，这最早的仪式中无疑包含着更古老的材料。可以非常肯定的是，这种特殊仪式的发展可以做很远的追溯。爱德华三世的教士托马斯·布拉瓦丁在1344年所写的一篇哲学文章中，已经提到国王在为人治病前要"祈祷良久"。[2] 还有，此前一个世纪的英国王室账簿，表达国王为患者触摸时，不仅像我前面提到的，说国王为患者"画十字"，而且，更常提到国王为他们"祈福"："祈福"这个词早已或多或少地变成了经典词汇。它见于布拉瓦丁的作品中，也见于一位名叫约翰·加德登的医生的作品。[3] 当然，我们将在下文看到，国王的"祈福"所具有的意义在此一时期并不是英国所独有。归于君主之手的神圣力量展现在这类保护性的手势中，同样也表现在人们认

---

[1] 见下文 p. 286。

[2] 见下文 p. 99, n.1。

[3] 关于这些记载，实例很多，其中见于 R. O., *Chancery Miscellanea*, IV, 1, fol. 20, 1278年6月3日："tribus egrotis benedictis de manu Regis"；E. A., 352, 18, 1289年4月8日："Domino Henrico elemosinario ... die Parasceue, apud Condom ... pro infirmis quos Rex benedixit ibidem: xxj. d. st."；Bradwardine, 下文 p. 99 所引文字。John of Gaddesden, *Praxis medica seu Rosa anglica dicta*, in-8°, s. l. n. d. [1492] fol. 54 v°（参见下文 p. 119）。

为能够驱除疾病的手势中。似乎必定存在着一种将二者混同起来的自然倾向。不过，法国的文献从来没有将它们联系起来。相反，在英国，二者常被混为一谈。这是因为，英国人眼里看到了一种治病仪式，这种仪式似乎需要使用借自教会词汇的字眼来称呼。

两国仪式存在如此鲜明的对照，原因何在？难以厘清。一个可能的假设是，应该到英国仪式最初产生的环境中去寻找。王权神圣观念已经随着格利高里改革引发的争论得到强化。如果说亨利的廷臣中有许多像约克地方的匿名教士那样的教士，那么看到这种情形就不足惊奇了：亨利被轻而易举地说服，而采纳了一种准教士的态度，随后被其后继者所仿效。

最初时，国王们似乎随便地行使其奇异能力，为任何前来求医的病人治疗。吉贝尔·德诺让的记载说明，人们聚拥在路易六世周围，相当混乱不堪。随着西欧各位著名君主警卫条件普遍地得到改善，行政机构的固定性习惯和办事程序进入宫廷生活，某种纪律也逐渐地进入了国王施展神奇能力的外在形式。路易六世似乎每天都"触摸"病人，或者说在需要时每天都触摸病人，不过是在出席弥撒之后的限定的时间里。迟到者就要在宫中过夜——他们在那里获得食宿——在次日适当时刻再觐见国王。不定时为人治病的习惯，在美男子腓力时代的法国仍然存在；同样，三位爱德华统治时期的英国也是如此，在那里这种习惯延续到15世纪末。亨利七世为病人触摸似乎没有固定的日期。而在法国，路易十一时代，病人每星期只有一次集体觐见国王，这种做法对于一位勤政而繁忙的君主而言，当然可以节省大量时间。[1]

在法国，至少从15世纪，人们已经习惯于从那些为治疗各种疾病前来觐见君主的穷人中进行拣选。因为从那时起，庄严的国王医师的专长已经

1　关于圣路易，他的传记，见 Guillaume de Saint-Pathus, éd. Delaborde (*Collection de textes pour servir à l'étude ... de l'histoire*), p. 99. 关于美男子腓力以及英国君王，见下文辑录，附录一，p. 431。关于路易十一，Commines, VI, c. VI, éd. Maindrot (*Collection de textes pour servir à l'étude ... de l'histoire*), II, p. 41。

牢固确立：国王只治疗瘰疬病而不治疗其他疾病。所以只允许那些罹患这种疾病的人觐见国王，才是恰当合理的；接纳其他病人是浪费国王的时间，还可能损害其威望。在他注定无能为力的情况下，就不应该要求他实施治疗行动。所以无疑从这时起，宫廷中的医生开始实施粗略的基本治疗；所有渴望御触的病人首先要接受这种检查。这种做法并非总是被人们心平气和地接受。曾有一天，查理七世正在朗格勒，住在该城附近的一位铁匠亨利·帕约，想带他的妹妹觐见国王，这位女子据说罹患瘰疬病。但是，国王的官员拒绝接纳她，理由是她患的不是瘰疬病。亨利·帕约已经为战争带来的损失而感到恼怨，于是因这最后的不满而发泄怒火，恶语相向。他诅咒说国王和王后遭受天谴，骂国王夫妇必定是傻瓜。他气冲冲地重复着这些话和其他一些恶言恶语；后来，这位倒霉汉获得一纸赦免书，而他无疑要为此付出一笔现金。[1]

对这个世界上的穷人慷慨相助，是中世纪的道德良心强烈要求君主承担的一项义务。而君主们毫不吝啬地履行了这项义务。在法国，不幸的是，有关国王花费的文献实在极为稀少；在英国，这些文献得到很好的保存。浏览过王室开支账目的任何人都知道，施舍金是其中不小的一部分。[2] 在前来觐见国王求治疾病的患者中，很多人处于贫困状态，给予他们一些金钱的习惯很快就形成了。在美男子腓力统治下的法国，原则上似乎只将金钱给予那些远道而来的患者，即来自异国他乡或来自国内最偏远地方的患者；这笔施舍金从二十苏到六或十二里弗尔不等；二十苏是通常的施舍金数目，至少是1307—1308年间的施舍金数目。[3] 我对后来几个君主统治下的情况一无所知，因为从腓力四世到查理八世，关于这个问题的资料完全付之阙

---

[1] 上面的这段叙述所根据的信息，取自1454年10月23日从罗莫朗坦发给亨利·帕约的赦免书，"这位头脑简单的穷汉铁匠，死于小波尔塞或桑斯管辖区和朗格勒主教区"：Arch. Nat., JJ. 187, fol. 113 V°（Charpentier 对 Du Cange, *Glossarium* 的 *scroellae* 词条所做补遗指出这一点）。

[2] 这里根据的是王室账目，见附录一的研究。

[3] 毫无疑问，按照王室的习惯，这是以巴黎货币支付，虽然在账目中没有明确说明。

如。在英国，爱德华一世、爱德华二世和爱德华三世在位期间，对瘰疬病患者的施舍金一直是相同的，即一便士。[1] 这笔施舍比法国的施舍数目要小许多，因施舍范围要广泛得多。所有患者或几乎所有患者确实都享受到这笔施舍金，但也许可以想见，早些时候一些高贵者和富有者可能选择不接受这笔施舍金。不过，这样的例外情况必定极为罕见，否则这笔开支的总数额不会达到庞大数字——这些数字我很快就会提到。拒收施舍金的例外情况无疑很快就消失了，在近代则完全没有。在当时的民众眼里，这枚钱币已经变成了仪式的一个根本特征：不接受国王手里的这枚钱币将损失至少一半的治疗奇迹。我在后面将更详尽地讨论这个迷信，但此时此地必须提到它。其久远的起源涉及中世纪，因为它的产生只能由英国宫廷早期广泛盛行的习惯来解释：施舍行为总是与国王治病行动相伴而行。

我们已经看到了国王施展神奇力量的一些仪式和典礼。需要研究的是，国王们声称具有的这种能力，对于民众有多大的信服力。国王们做出创造奇迹的姿态，谁相信之？他们做出医师的姿态，谁是其患者？

2 国王触摸的流行

我们应该记住，在英国，在爱德华一世、爱德华二世和爱德华三世前后三代（1272—1377年）统治时期，患者接受国王触摸后，都曾接受施舍——一枚价值固定为一便士的钱币。我们仍然掌握一些账目，记载不同时期的全部款项，或记载整个活动的花费总额，或更详细些地记载一天、一周、两周的账目。就让我们以数字来说明问题吧。这些数字本身具有某

---

[1] 此外，最贫穷者还可以接受食物援助：E. A., 350, 23。1277年7月12日星期天开始的一个星期："Sexaginta et undecim egrotis benedictis de manu regis per illam ebdomadam de dono regis per elemosinarium suum v. s. xj. d. In pascendis quinque pauperibus dictorum egrotorum per elemosinarium regis vij. d. ob."

种强大说服力。然后我们将对这些数字做出评论。¹

在这三位君主中，以我们掌握的材料，第一位君主似乎在神奇治疗上保持着"记录"，虽然这些记载太不完全，不允许做出准确的比较。爱德华一世在其执政的第二十八年，为983人"祈福"；第三十二年，为1219人"祈福"；第十八年，为1736人"祈福"。成绩稍逊色的年份是，第二十五年，725人；第十五年，627人；第十七年，519人；第十二年，197人。²

现在我们看一看爱德华二世的情况，我们发现，我们所了解的这一年全年的数字是很低的：在其执政的第十四年（1320年7月8日至1321年7月7日）中，他触摸了79人。但不属同类编年框架的其他资料，对其医疗活动所展现的是同样的图景。1320年3月20日至7月7日，四个月时间，他接待了93名病人；1316年7月27日至11月30日，略长一点的一段时间，他接待了214名病人。³

---

1 关于这些法文或英文账目的技术性细节，见附录一。尤其是，其中包括了我参考的年复一年的英国王室账目，这些账目使我简化了下面列出的参考书目。对于爱德华一世账目资料的解释，我使用了 Henry Gough, *Itinerary of King Edward the first*, 2 vols. in-4°, Paisley, 1900; 也请参考克雷布（Th. Craib）记载的这位君主的旅行路线，他的记载是一个打印本，保存在伦敦公共档案馆。关于爱德华一世对阿基坦的访问，还应补充的是 Ch. Bémont, *Rôles gascons* (*Doc. inédits*), III, p. IX 以下。关于爱德华二世，我使用的是 C. H. Hartshorne, *An itinerary of Edward II*, British Archaeological Association, *Collectanea Archaeologica*, I (1861), p. 113-114。我十分清楚，掌玺大臣公署文件刻画的这些不同旅行路线需要仔细检查，也许应该借助于王室账目进行纠正，但我没有时间来做这项工作。此外，对于我的预期目标，只有粗线条的刻画才是重要的。

2 爱德华一世在位的第二十八年是从1299年11月20日至1300年11月19日；第三十二年是从1303年11月20日至1304年11月19日；第十八年是从1289年11月20日至1290年11月19日；第二十五年是从1296年11月20日至1297年11月19日；第五年是从1276年11月20日至1277年11月19日；第十七年是从1288年11月20日至1289年11月19日；第十二年是从1283年11月20日至1284年11月19日。加上 p. 438 n. 1-3 提到的不同账目详列的数字，我已经获得以上各年的全数。从爱德华一世执政期，国家档案馆（*Chancery Miscellanea*, IV, 1）已经有一种王室现金账簿，是从1278年1月31日至同年的11月19日。我没有将它作为国王触摸的统计资料使用，因为除了完全清楚的一些条目如"pro xxx egrotis egritudinis Regis"（9 v°）、"pro c xx/iiii xij egrotis de morbo regio curatis"（II v°），还有其他一些条目以简单的形式如"pro egrotis"来表示，人们难以弄清楚它是给予全体患者的施舍，还是给予国王触摸过的瘰疬病患者的施舍。同样，也无法使用 E. A., 353, 16 中第二十一年施舍卷轴中表明"pro infirmis"诸条的资料。

3 第一个数字取自 Brit. Mns., Add.mss. 9951, fol. 3 v°；第二个数字取自 Add. mss. 17632, fol. 5；第三个数字是累积 *Archaeologia*, XXVI, p. 319-20（见下文 p. 102, n. 2）所分析的账目的条目所得。

爱德华三世在1337年7月10日至1338年7月10日间，实施了136次治疗行动；但这是治疗行动比较少的一年，不可视为典型。从1338年7月12日到1340年5月28日，22个月稍多一点的时间，治疗人数达到885人，每年平均人数几乎达到500人。另一方面，从1336年1月25日到1337年8月30日间19个月中，他治疗的人数未超过108人。[1]

从整体上，这些数字给人以深刻的印象。它们使人强烈地意识到金雀花王朝所享有的为人治病的威望。托马斯·布拉瓦丁于1349年死于坎特伯雷大主教任上，在他还是爱德华三世的随军教士时，他完成了一部著作，在这一著作中他告诉我们，他的主公所完成的神异奇迹"为接受治疗的病人所见证，为治疗行动实施时在场的人所见证，也为目睹治疗效果的人所见证，为许多国家的人所见证，为其遐迩闻名的声誉所证实"。[2] 对于英王治疗仪式的声望，他是否在夸大其词呢？如果不是这些账目促使我们郑重其事地对待他的说法，我们也许会倾向于这样想。他所援引的这种声望不只是修辞学上的数字：它确实使人们涌向英王身边，有时一年超过千余人。

对于法国国王的医疗活动，没有文献为我们提供精确数字。然而，这

---

1 第一个数字取自 E. A., 388, 5（一案卷的最后一页羊皮纸）；第二个数字取自 R. O., *Treasure of Receipt, Miscell. Books*, 203, fol. 177；第三个数字取自 Brit. Mus., Cotton Nero C VIII, fol. 208（fol. 207 v° 有关穷人所接受的一餐定量的一则暗示，使我们可以断定，最后这笔账目所涉及的接受触摸者的人数所适用的时期）。应注意的是，Cotton Nero C VIII 的数字和 E. A., 388, 5 的数字之间有重叠之处；参见下文 p. 101, n. 1。

2 Thomae Bradwardini, *De causa Dei contra Pelagium et de virtute causarum ad suos Mertonenses libri tres*, gr. in-8°, Londres, 1618, I, c. I. corol. pars 32, p. 39. "Quicumque etiam negas miracula Christiana, veni et vide ad oculum, adhuc istis temporibus in locis Sanctorum per vices miraculosa gloriosa. Veni in Angliam ad Regem Anglorum praesentem, duc tecum Christianum quemcunque habentem morbum Regium, quantumcunque inveteratum, profundatum et turpem, et oratione fusa, manu imposita, ac benedictine, sub signo crucis data, ipsum curabit in nomime Jesu Christi. Hoc enim facit continue, et fecit saepissime viris et mulieribus immundissimis, et catervatim ad eum ruentibus, in Anglia, in Alemannia, et in Francia circumquaque: sicut facta quotidiana, sicut qui curati sunt, sicut qui interfuerunt et viderunt, sicut populi nationum et fama quam celebris certissime contestantur. Quod et omnes Reges Christiani Anglorum solent divinitus facere, et Francorum, sicut Libri Antiquitatum et fama Regnorum concors testantur: Unde et morbus Regius nomen sumpsit." 这部完成于1344年的著作，在中世纪哲学史上占有一定的地位。参见 F. Ueberweg, *Grundriss der Geschichte der Philosophie*, II, *Die mittler ... Zeit*, 10e éd., 1915, p. 586。

一时期法国诸王的声誉似乎并不逊色于其邻居。这两个国家拥有相似的信念，这些信念构成一种相似仪式的基础。我们很快将看到，求见美男子腓力的人不仅仅有其直接的臣属。在他实施触摸治疗的日子里，他也接待西班牙人、意大利人，而在他接待的法国人中，一些人来自遥远且不受其统辖的采邑。这些外国人或半外国人似乎与他直接统辖的民众一样，对他怀有同样强烈的信心。布拉瓦丁承认法国君主与金雀花诸王都拥有这种治病能力。他说"这两个国家用相谐一致的声音"坚称国王创造奇迹。就英国而论，文献在各方面都肯定其证据；对法国而言，如果我们掌握的资料再完备些，那么，其情形无疑也大同小异。

不过，英国方面的数字虽然整个说来予人以深刻印象，但在细节上仍是变化无常的。这些差别似乎并非源于资料来源的多样性。我们从中获得数字的王室账目，在爱德华三世治下得到妥善保管，与爱德华一世治下的情况不相上下；对爱德华一世在位第十二年的记载，与对第十八年的记载一样准确。小数字与大数字同样可信。那么出现这样的不规则变化，原因何在？

对一些年份，原因很简单：国王正在进行战争或在旅途中。所以，除了少数场合，他不能举行这种和平仪式，只能异乎寻常地在英国领土之外的其他地方进行。有时候，他完全无法从事这种活动达数月之久。如前所说，从1283年11月20日到1284年11月19日（在位第十二年），爱德华一世只触摸了197人。但是，如果仔细观察一下我们掌握的账目，就会发现，其中185例发生在3月15日之前。[1] 正是在这一天，这位金雀花王朝君主进入威尔士，为的是完成对它的征服；他在那里一直待到11月19日。在他触摸的其他12人中，其中的3人拜见他，是在他短暂居留于位于边境的切斯特郡

---

[1] 实际上，这个数字不能完全准确地确定。按照施舍款卷轴 E. A., 351, 15 的记载，3 月 12 日（教皇圣格利高里节）以后的这一周中，有八位患者接受触摸。这些人是在 3 月 15 日之前的这个时期在英国接受触摸呢，还是此后一个时期在威尔士接受触摸呢？我采用的是前一种看法，这种看法似乎更有可能。而且，若采取第二种看法，也对我们的结果影响不大。

时。¹ 其他9人无疑是士兵或威尔士归顺者。1299年11月28日到1300年11月19日（即在位的第二十八年），见诸王室账簿的983位患者，实际上不应归于这12个月。登记簿中提到的国王触摸行动于12月12日戛然而止。这是因为，13日国王及其军队开进了还处于叛乱高潮的苏格兰。从1月3日，记载又重新开始：1月1日，爱德华已经返回了英格兰。从6月24日起记载再次中断：7月5日王廷又到了苏格兰。我们认定属于在位第二十五年（1296年11月20日到1297年11月19日）的725位患者，实际上都是在8月18日之前不到9个月的时间内受到治疗的。这个月的22日到27日，爱德华又渡海前往佛兰德尔，待在那儿直到他的财政计划完结，在此期间他不可能为人治病。对于爱德华三世，我们掌握的资料更少。这些数字只是大致涵盖各个大的时期。不过，显而易见的是，从1338年7月12日到1340年5月17日近两年间的885名患者，并不表示正常的平均数。下面我们将看到，所有这些治疗行为都是在欧洲大陆实施的。

还有其他一些时期，在这些时期中，似乎国王无暇从事治疗活动，因为更多的紧急要务使他们难得闲暇。从1336年1月25日到1338年7月19日，爱德华三世实施的治疗不到244例。² 这个治疗活动不多的阶段，显然正好是一个外交和军事活动极为频繁、完全忙于准备对法国战争的时期。同样，在他秉政的1283—1284年，爱德华一世在四个月时间内仅为187人祈福，远少于通常数字。这段时间，他无疑忙于讨论和安排征服威尔士古国的重要措施。

但是，旅行、战争以及准备战争，导致治疗活动的数字降到最低的那些偶然事件，并没有影响人们对国王之手效能的信仰。我们不能自诩了解其他事实，其他诸如此类的原因，如国王生病、宫廷节日、流行病、饥荒、

1　这一周开始于9月17日（圣马修节之前的星期日）。
2　从1336年1月25日到1337年8月30日治疗108人；从1337年7月10日到1338年7月10日治疗136日，总计244人。但这些数字是重叠的。应该指出，爱德华三世第八到十一年的锦衣库细目检核册（Countrerôle de la Garderobe）和 B. M. Cotton Nero C VIII —— 这里面（fol. 200 vº-8）有第八年（1334年）7月31日至1337年8月30日的 *Titulus de elemosina*（布施名册）—— 没有提供第八年7月31日到第十年1月24日这一段时间接受触摸的病人的任何证据。差不多在这整个阶段，爱德华在苏格兰或北部诸郡，从事他的苏格兰冒险事业。

第一章 15 世纪末叶以前瘰疬病触摸治疗及其流行

路途艰危等，也许阻碍了这位威严的医生完成其治疗任务，或暂时阻止了成群结队的信仰者。以人们对瘰疬病神奇治疗信仰上的某些波动，来解释我们统计资料中存在的不规则现象，乃至其中的大部分不规则现象，将是徒劳无益的。流传至今的爱德华三世时期的三本账簿中所记载的数字，都明显地低于爱德华一世账簿中记载的数字。这一点可以视为人们信仰衰落的证据吗？我们认为不能，因为这些文献所涉及的是一个非正常时期。不过，如果历史学家试图探索人们对王权忠诚的细微变化过程，那么有关国王触摸的统计将引起他的兴趣。文学教本和官方文献给予我们的，通常只是一幅扭曲的图像，总是疑窦丛生；然而，我们掌握的账目，无论是英国的账目还是法国的账目，却使我们看到一件活生生的事实，看到它最典型、最自然的一面；有时候，这些账目甚至异乎寻常地记录它的变化。

首先看一下爱德华二世的情况。所有的编年史，以及大多数近代历史家的作品，颇为一致地留给人们的印象是，这是一位声名欠佳的君主，性格和智慧都平庸无奇，廷臣也很糟糕，被人怀疑犯下了令人厌恶的罪恶，遭到亲密朋友的背叛，注定下场悲惨。[1] 但他们的证据却值得怀疑：我们认为这种印象可能只反映了少数大贵族的仇恨。那么，普通民众有何想法呢？让我们探究一下我们看到的账簿吧。账目记载的这位君王救治病人的三个数字都是相当低的，而且他没有走出国境从事旅行或为军事行动做准备，所以这些都难以解释这种贫乏性。[2] 尤其意味深长的是，这些数字的逐

---

[1] T. F. Tout, *The place of the reign of Edward II in English history* (*Manchester Historical Series*, XXI), 1914, p. 9 写道："编年史的说法各不相同，但在描述卡纳万的爱德华的性格时，却表现出绝对出奇的一致。"

[2] 为了达到完全准确，应该补充的是，从 1320 年 6 月 20 日至同年的 7 月 21 日，爱德华二世曾到皮卡第做短暂的旅行。〔参见 *Collectanea Archaeologica*, I（1861），p. 135 以下。〕这样，从 1320 年 3 月 20 日到 7 月 7 日他为 93 位病人触摸，我们必须从这段时间内扣除缺勤的 18 天，从他在位的第十四年（始于 1320 年 7 月 8 日）中扣除 14 天。但是，扣除的这些天数，对于四个月的总数和一整年的总数，为数甚小，不会产生明显的影响。我只是从 *Archaeologia*, XXVI, p. 318 以下所做的分析中获知他在位第十年（1316 年 7 月 8 日至 1317 年 7 月 7 日）的账目。如果这个分析是全面的，那么它只包括了 1316 年 7 月 27 日到 11 月 30 日这个阶段国王的触摸，但是对于这一年的其他时间出现的此类记载的付之阙如，对我而言却是难以解释的。这个账目单现存伦敦古物学会（London Society of Antiquaries）的图书馆。我只希望拙著能引起某位博学的英国学者解决我提出的这个小问题。

次递减。1316年，在大约四个月时间中有214名患者受到治疗；从1320年3月20日到同年7月7日，也是在大约相同的时间里，却只有不超过93人得到治疗；从1320年7月8日到1321年7月7日一年时间中，数字降至79人。1320年与1321年，他的侄子、兰加斯特的托马斯赫然矗立在这位软弱的国王面前。托马斯也是一个不足称道的人物，但对民众而言却是一个英雄；1322年3月22日他被斩首时，人们将许多奇迹归于他的名下。[1] 毫无疑问，从1320年起，爱德华的声望在其对手日渐高涨的光辉面前显得苍白无力。几乎没有人继续前来请求这位缺乏威望的君主实施治疗。

我们已经看到，1299—1300年爱德华一世踏上苏格兰领土之时，这位君王的治病能力似乎骤然而止：此时正值苏格兰风起云涌地反抗英格兰入侵者之时。但是，如果我们看一下他在位第三十二年（1303—1304年）这个国家的情况，我们就会发现，对这个国家的征服正接近尾声。许多从前的敌人正在聚集到英国人一边；2月摄政王本人和大多数贵族前来降服，苏格兰与英国的合并提上了议事日程。1304年8月25日以前爱德华一直待在特威德河之北，从1303年11月20日起，他在那里至少为995位患者祈福。人们不应认为所有这些求治者都是他身边的英国人，其中肯定也有好多苏格兰人。这个从前掀起暴动的国家的许多居民，正在承认金雀花王朝的这位君主为其合法国王，并且从他那里祈求神奇治疗。

法王和英王都声称拥有治病能力，而此时的英王在欧洲大陆拥有从法王那里得到的作为采邑的土地。在这些半属法国、半属英国的地区，在这两位敌对的神奇治疗者中，瘰疬病患者去找哪一位治病呢？我们拥有非常详细的账目单，证明爱德华一世在阿基坦地区的领地上巡行时为人实施治疗。他曾在阿基坦、孔东、利布尔讷附近的孔达以及其他地方为患者触摸，但为数很少：七个月左右的时间仅触摸124人。但在8月12日他返回英国以

---

[1] 参见 J. C. Davis, *The baronial opposition to Edward II*, Cambridge, 1918, p. 109。

后，三个月稍多的时间，约有395人前来请求治疗。[1] 很显然，在波尔多居民和加斯科尼人看来，采邑主对其附庸的威望正受到损害。正如下文所述，即使在波尔多，其居民也并非不属于从卡佩家族寻求健康。

当金雀花王朝采用法国国王的称号时，形势必定发生了变化。1297年，爱德华一世到达佛兰德尔时，他立即停止为人治疗，因为这个国家名义上属于法国且与英国王权没有任何联系，在这个国家他只是一位外邦君主。[2]

现在让我们转向爱德华三世。大家要知道，从1338年7月12日到1340年5月27日，王室费用总账目提到的接受治疗的患者为885人。在这22个月中，爱德华仅两度居住于英格兰，为时不到四个月。[3] 该时期的其余时间他在海峡彼岸度过，准备对瓦洛亚家族的腓力的战争，或与低地国家的封主和市民进行谈判。尤其是，他穿越了佛兰德尔和属于法国领土的北部地区；实际上，他几乎没有走出他声称属于自己财产的卡佩王国的领土。很难相信885次神奇治疗都在不到四个月的时间中，或者接受治疗者都是这位国王的直接随从；这些人中的大多数可能都来自大陆。1340年1月26日他接受根特民众的臣服，被视为法国国王的一位君主，大可在法国领土上大展其神奇能力。

英国的账目已经将我们带到了法国领土，我们将在这里停留一会儿。让我们追溯到卡佩王朝的合法要求不受争议的时代，检查一下美男子腓力时期记录王室费用的蜡板。我们掌握的这些蜡板涵盖时间从1307年1月18日到6月28日、从1308年7月1日到12月30日，是由勒诺·德·鲁瓦耶保管的。

1　施舍卷轴，E. A., 352, 18。在6月29日至7月1日间，爱德华去了普瓦图。他于8月12日在多佛尔登陆，这段时间他在法国境内居住或旅行，不在其阿基坦领地内，所以他自然不会"触摸"任何人。至少从7月29日到8月4日，他确实待在蓬蒂欧小伯爵领、索姆河口，这些地方是他的属地。但他似乎没有在那里施展他的能力。他在大陆所做的最后触摸是在6月26日的前一个星期内；在英国所做的第一次触摸是在8月14日前的一个星期内（羊皮纸第4页）。

2　关于1289年阿基坦之外的法国之行，见前注。

3　爱德华三世于1338年7月16日在安特卫普登陆；1340年2月20日离开欧洲大陆。见陶特（T. F. Tout）的文章：W. Hunt et Reginald L. Poole, *The political history of England*, III, p. 335, 344。Jean Lemoine 在他编辑的 Richard Lescot 的 *Chronique* (Soc. de l'hist. de France) 后，附有一文 *Itinéraires d'Edouard III d'Angleterre pendant ses expéditions en France*，此文全然不足为凭。

他似乎是一位极为小心谨慎的官员，不满足于准确地说明用于"国王之魔病患者"的钱款的用途——他的前任们曾经将这些钱和其他施舍款归拢在一起——而且每次都记下病人的名字和家庭住址。这对历史学家是极有价值的信息，尽管勒伯夫修道院院长[1]之外，似乎至今无人对它产生兴趣。我们要记得，这一时期，并不是所有瘰疬病患者都接受金钱，只有那些远道而来的患者才接受之。所以，法国王室蜡板不能像英国文献那样使我们建立完全的统计。但是由于勒诺·德·鲁瓦耶处事精密的个性，这些蜡板使那些得到神奇治疗的患者栩栩如生地复活了。[2]

接受触摸者的社会身份一般都没有说明。然而，人们不难发现，成群结队涌向国王身边的患者中有来自各等级的人。图尔的让娜于1307年5月12日在普瓦提埃接受国王触摸，然后从守门人维维安手中接受60苏的施舍，此人肯定是一位贵族夫人。[3]宗教阶层的人也不惮前来求助于国王的治疗。1307—1308年大约12个月中，仅在外国人或法国边远省份的民众中，就有一位奥古斯丁会修士、两位小兄弟会修士和一位方济各会修士。[4]

1307和1308年美男子腓力没有前往普瓦提埃以南地区，而主要留在北方地区，我们通常看不到这时候居住在宫廷近处的患者的名字，原因是他们一般都不接受施舍。然而，诺曼底（埃尔伯夫）、阿图瓦（海边的蒙特勒伊）、香槟（圣梅内乌尔附近的昂斯）异乎寻常地出现在勒诺·德·鲁瓦耶记录的出生地名录中。埃尔伯夫的阿涅丝、蒙特勒伊的吉莱特·勒沙特莱纳以及昂斯的玛格丽特，无疑都是贫穷的妇女，不能不施舍一些金钱。[5]

---

[1] Mémoire touchant l'usage d'écrire sur des tablettes de cire, *Mém. Acad. Inscriptions*, XX (1753), p. 307: "那里标出了〔施舍〕对象的名字、身份和住址：这是值得仔细考察的。"

[2] 勒诺·德·鲁瓦耶蜡板发表于 *Recueil des Historiens de France*, XXII, p. 545-565；下文提到的内容见于此卷。这些蜡板很难通读，对于某些与触摸相关的条目，编辑们不能读出出生地；这些条目将不包括在下文中。我曾比较过这个版本与 Bibl. Nat. ms. lat in 9026 收录的 1307 年蜡板的旧副本。

[3] 554 d.: "Domicella Johanna de Torre, patiens morbum regium, ibi tunc, LX s. per Vivianum". 关于维维安的职守，参见同前，511 j, 538 f, 543 e。

[4] 560 k; 557 h; 553 k.

[5] 558 b; 559 b; 558 b.

特别有意思的是，更远地区也被提到。它说明卡佩家族的治病能力在法国中部的省份拥有其信仰者，不同寻常的是，在归附法国王权不久的图卢兹地区，在遥远的比利牛斯山河谷比格拉——此地被国王没收不到二十年，在勃艮第、布列塔尼的大封臣的领地（这些领地多半保持独立），在依附于马亚卡国王的蒙彼利埃，在金雀花王朝的大陆首府波尔多，都有其信仰者。[1]

让我们暂且思考一下这些事实。现在我们处在1307年和1308年：在这悲剧性的岁月中，更为迫切的金钱需要使卡佩王朝陷于圣殿骑士团的丑闻。毫无疑问，王权的财政负担开始压迫人民，重压几乎难以承受。尽管面临种种困难，患者似乎仍然从全国的四面八方趋向国王身边。甘冈处于布列塔尼的不列吞中心地带，图卢兹附近的村落朗格多克乡村、阿尔比人从前的故乡，这些地区的穷人感觉自己患上瘰疬病的时候，便持着手杖，沿着崎岖不平、有时非常危险的道路，前往法兰西岛宫廷或国王逗留的卢瓦尔河谷地，祈求国王的治疗奇迹。1307年12月13日，正值隆冬，王廷正在卢万河畔的内穆尔，一位名叫吉扬的男子到达此地，他来自比格拉地方的欧本——那儿有高悬着的阿杜尔河岸堤；他长途跋涉、远道而来，为的是得到国王的顾怜，为之触摸。[2] 这个卑微信徒的故事，较之有关国王威望和神圣角色的所有著作，难道不是更有说服力吗？

朗格多克、波尔多、不列吞的民众不管距巴黎有多远，他们都是法国

1　La Souterraine (Creuse): 557 e; La Marche (?), 557 h; Toulouse et Toulousain: 554 c, 558g, 558 l; Bigorre: 561 a; Bourgogne: 558 l; Nantes: 557 c; Guingamp: 557 c; Montpellier: 558 c; Bordeaux: 553 k. 关于这些地区或城镇的政治即封建形势，这里提一次就足够了：请参考 Aug. Longnon, *La formation de l'unité française*, 1922. 赠给波尔多的一位方济各会修女阿涅丝的钱是 12 英镑，数额之高异乎寻常，这个数额的施舍另外仅有的一次，是给予此前不久前来请求国王触摸的四位伦巴第人和纳瓦拉居民，他们每人都得到了这个数额的金钱（553 j）。这是否可以解释为，王室政府力图以丰厚的施舍为诱惑，拉拢英王臣民中的患者呢？（关于 16 世纪对西班牙人采取的政策，参见下文 p. 312。）

2　561 a: "Guillelmus de Alba in Bigorra, paciens morbum regis, ibi tunc, xx s. per Petrum de Carnoto". 将 Alba 考订为 Hauban（上比利牛斯，比涅尔 - 德比戈尔）只是一个推测性的见解；此外，这个考订意义不大，因为这个地区的方位由 Bigorra 这个字确定地表达出来。

人：他们希望从自己的国王那里得到治疗。同样，站在爱德华一世一边的苏格兰人接受爱德华一世的祈福，以爱德华三世为法国王权正统继承人的佛兰德尔人接受爱德华三世的祈福，只是期望从这些君主那里得到治疗奇迹，因为他们认为这些君主是合法的统治者。在成群结队簇拥在神奇国王周围的患者中间，是否有海峡两边的真正的外国人？布拉瓦丁说，成群结队的人"从英国、德国、法国以及各个地方"涌向他的君主。[1] 英国的账目只含有数字，无法让我们检验他的说法；但是我们似应对这位王室管家抱有某种信心，因为他的职责是协助其君主完成这种神奇仪式。而且，我们发现，到目前为止他所有的言论都准确无误。在数以千计的寻求国王触摸的患者中，无疑必定有一些人并非金雀花王朝的臣民。至于卡佩王朝诸王，美男子腓力时期的王室蜡板生动地呈现出了他们在欧洲享有的声誉。

首先来自神圣罗马帝国领土。沿着法兰西的西部边境，从南至北绵延着一狭长地带，这就是加洛林帝国分裂时罗退尔分得的领地。名义上它依附于德国君主，实际上法国的影响从一开始就使帝国各政权的要求颇受争议。美男子腓力在这方面尤其积极主动。他的"扩张政策"常为人提及，[2] 但一般读者持有的唯一印象是编年史和外交文献所造就的，即由他与城市和封主订立的契约、司法程序书或领主权联盟书。不过，人们还想更进一步，想知道卡佩政权逐渐渗透的地区的民众，对佩戴百合花徽章的法国国王持有何种看法。但怎样做到这一点？由于勒诺·德·鲁瓦耶的记载，我们至少知道，民众有时候会向法王求助，视之为奇迹的创造者。在洛林地区，尤其在梅斯城，人们相信国王触摸的功效，法国政府在最近数年间曾数度请求这里的主教们与之结盟。在更南部的洛桑、萨瓦省、罗讷河两岸、

---

[1] 见上文 p. 99, n. 1。1344 年布拉瓦丁条约签订时，在金雀花王朝的一位忠实拥护者看来，法国佬可以被视为爱德华三世的臣民；但德国人却是无可争议的外国人。

[2] 这是科恩的名著 *Die Anfänge der französischen Ausdehnungspolitik bis zum Jahr 1308*, Tübingen, 1910 的标题。

阿尔附近的塔拉斯孔，人们也相信国王的触摸。[1]

同样的信仰盛行于更远的地区，甚至盛行于纯粹的外国领土：在比利牛斯山以远地区，不仅盛行于法国公主作为嫁妆带给其丈夫的纳瓦拉小国，而且盛行于西班牙本土；特别是阿尔卑斯山以远地区。1307年和1308年，请求国王触摸的人中至少有16位意大利人：几位伦巴第人（尤其是来自米兰、帕尔马和皮亚琴察的人）、维罗纳的乔万尼、四位威尼斯人、一位托斯卡纳人、罗马涅地区的民众、一位乌尔比诺妇女、一位来自佩鲁贾地区的修士。[2] 大约在这个时候，但丁在其作品中将卡佩王朝称作将阴影投向各地的"罪恶草木"。[3] 这个侵略性的君主国已拥有其武器，其中之一是创造奇迹。如果他们接受触摸后，碰巧发现自己的病被治愈了——如翁布里亚修道院的奥古斯丁修士会的格利高里奥修士，或家乡在博洛尼亚的格拉斯的基娅拉夫人——他们将成为何等出色的宣传员！[4]

美男子腓力的教会政策有时似乎是一种历史悖论。这位给教皇权以重创的君主，无疑又是一位笃信宗教、虔诚且禁欲的人。[5] 他的身上没有霍亨斯陶芬王朝腓特烈二世的特点。怎样解释他的态度呢？乍看起来，这个谜也许不难解开。我们太容易忘记卜尼法斯八世是何样人物。此人是合法性可疑的教皇，他在受人怀疑的情况中获得教皇宝座，他当上教皇只是因为前任教皇做出的"重大拒绝"，即合法性可疑的逊位；他迫害（方济

1　Metz: 558 b; Lorraine: 553 k; Lausanne: 554 d; Savoie: 551 g; Tarascon: 554 b. 关于梅斯在卡佩王朝外交中的地位，参见 F. Kern, 前引书, p. 172, 144。我们将看到，给予外国人的施舍金，虽然有时数额很高，但在其他情况下降至最低额 20 苏，这无疑是国王触摸施舍金的正常数额。

2　Navarre: 522 c, 553 j, 554 a; Espagne: 553 m, 554 c, 557 c, 559 e ("Maria de Garda in Esturia, paciens morbum regis, ... apud Longum Pontem"); Lombardie: 553 j 和 lat. 9026, 蜡板 p. 13: "... de Lombardia paciens morbum regium"（在该版本中遗漏）; Milan: 560 a; Parme: 551 h; Plaisance: 560 f; *Johannes de Verona*, 558 d; Venise: 553 f; Romagne: 558 h, 560 h; Bologne: 553 m; Tuscane: 554 c; Urbin: 557 k; 'Gando'près Peruse: 560 k.

3　*Purg.*, XX, 43 以下。

4　560 k: "Frater Gregorius de Gando prope Perusium, ordinis sancti Augustini, paciens morbum regis..."; 553 m: "Clara de Bononia Crassa et Maria de Hispania, pacientes morbum regium ..."（编辑者在 Bononia 与 Crassa 之间加入的逗号自然应删掉。）

5　参见 Ives de Saint Denis, *Histor. de France*, XXI, p. 202, 205; Wenck, *Philipp der Schöne*, p. 67, n. 2。

各)灵修会,是许多虔信的基督教信徒愤恨的目标。将他变成殉教者需要夏尔拉·科洛纳和诺加雷的奋斗。尽管我们知道这一切,但我们对这位虔诚的君主——他授权或允许这种臭名昭著的恶行,然后又以他的名义加以掩盖——的心态仍然并不了解;更不用说其臣下的心态,这些人大多是良善的天主教徒,但比其主公更难安抚。我们对瘰疬病触摸行为的研究,也许可以对这个心理问题做出阐释。诺加雷和普莱西安在1310年写成的回忆录中为这件事辩护,对其主公的长篇赞美词的结尾文字,在某种程度上是全篇的高潮:"通过国王之手,上帝显然创造了有利于患者的奇迹。"[1] 我们千万不要以为这话不过是一位辩护士的空洞辩词。对当时人而言,这些话表达的是一个无可辩驳的事实,这个事实是整个一种情感方式的源头。朝圣者满怀希望长途跋涉前往著名的圣殿朝拜,同样的希望也促使那些渴望疾病痊愈的人涌向这位卡佩王朝的君王。佩鲁贾和乌尔比诺在理论上属于教皇国,但仍然于1308年将其瘰疬病患者派到他那里。1308年是值得注意的年份,阿纳尼事件[2]发生在此前五年。在法国国王本人或在其臣民看来,法王都不仅仅是世俗君主。他是上帝恩典选择的工具、神奇的医师,整个天主教世界应该像寻求圣徒的帮助一样寻求他的帮助。他身上太多的神圣性使他不能向罗马卑躬屈膝。谁能说,美男子腓力心中掩藏着何种隐秘的骄傲感,滋育了他的创造奇迹能力的意识呢?或者说,看到各国的患者涌向王廷之门的场景,身处窘境的忠实信徒,怎能不从这景象中获得安慰呢?

---

[1] P. Dupuy, *Histoire du differend d'entre le pape Boniface VIII et Philippe le Bel*, in-4° 1655, p. 519: "apertaque miracula Deus infirmis, Deus per manus eius ministrat". 关于回忆录完成的日期,参见 R. Holtzmann, *Wilhelm von Nagaret*, Fribourg en B., 1890, p. 200; Georges Lizerand, *Clément V et Philippe IV le Bel* (thèsis lettres Paris), 1910, p. 209.

[2] 卜尼法斯八世(Boniface VIII,1294—1303年),意大利人,原为本尼迪克托·加塔尼红衣主教。1292年,教皇尼古拉四世去世,"摩罗尼的彼得"被选为教皇,称塞莱斯廷五世,据说加塔尼耍手段迫使教皇塞莱斯廷五世逊位,于1294年当上教皇,称卜尼法斯八世,是鼓吹教权高于俗权最力的教皇之一。法王腓力四世向教士征收捐税,与卜尼法斯八世发生冲突,1303年9月,卜尼法斯八世在阿纳尼宫召集枢机主教秘密会议,策划对腓力四世的惩罚。法王腓力四世派人将教皇卜尼法斯八世逮捕,并派密使诺加雷到罗马,勾结科洛纳家族,共反教皇。由于民众的压力,教皇很快被释放,但不久忧闷而死。此后,在法王干预下选出新教皇克力门五世,教廷被迁往法国阿维尼翁城,史称"阿维尼翁之囚"(1308—1378年)。——译者

第一章　15世纪末叶以前瘰疬病触摸治疗及其流行

　　14世纪下半叶以及整个15世纪是君主制的危机时代，先是法国，然后是英国。在法国，有瓦洛亚王朝与金雀花王朝的敌对，外族入侵、各种政治和社会骚乱；在英国，王朝更替和内战动摇了国家的组织。经历了这些动荡以后，对国王奇迹的信仰是否完好无损？我们确实很想知道这一点。但是，令人遗憾的是缺乏确切的资料。法国的记载消失了，英国王室的账簿部分保存下来，但没有关于我们研究主题的资料。因为在这个时期，它们不再记载发给瘰疬病患者的施舍金全额。有时，人们以此为依据认为国王们不再实施治疗，起码是比以前稀少了。但这样的推论，我认为是难以成立的。这种现象也许可以更直接地解释为记录方法的改变。施济人无疑一仍其旧，继续给患者金钱，但在每日记录的费用中，账面上他支付的款项现在与其他开支搅在一起了。现在我们仍然能看到国王施舍的总数字，但再也看不到细节了。此外，几乎不用怀疑，在百年战争和玫瑰战争期间，英、法两国的国王仍在为瘰疬病患者触摸，因为许多不同种类的文献，如编年史、医学著作和政治论战集，[1] 都向我们证明国王们仍在做这件事，虽然这些文献无法使我们判断出这种触摸仪式的流行程度。

　　不过，看起来很有可能的是，英国王族不同分支间的争斗，的确对民众的心理产生了干扰作用。而且，这也不仅仅是猜想而已。约翰·福蒂斯丘爵士是亨利六世的支持者，他给我们提供了一个惊人的例证。此人在1461—1463年间被流放到苏格兰，在此期间他写下了各种论文支持其主子。这些论文我们现在还能读到。在这些作品中，他否认当时控制王位的爱德华四世具有创造奇迹的能力；在他看来，这种能力只属于亨利六世。

　　　　经他至纯之手的触摸……你可以看到，即使是今日罹患国王之魔疾病的人，包括医生们束手无策的那些患者，都由于神的介入而恢复了渴望已久的健康；这要赞美万能的上帝，因为健康之赐来自神的恩

1　福蒂斯丘文，见下注；医学文献，见 p. 117；各种文献（神学、政治、哲学）内容，见下文 p. 134 以下。

典。那些见证了这些奇迹的人更加忠诚于这位国王，而这位君主对王位无可置疑的权利又因神的赞许得到肯定。[1]

112 于是兰加斯特家族拒绝承认约克家族拥有这种神奇的才能。而他的政治对手的回应无疑如出一辙。双方都极力贬损对方举行的仪式的效力。这怎能不在整体上对这种仪式产生某种损害呢？人们认为合法君主可以为人治病，但谁是合法的君主呢？这个微妙点经常处在争议状态中，它的模糊不清在一定程度上不可避免地造成患者群体的枯竭，而以往他们曾在指定的日期迫不及待地蜂拥而来，接受国王的触摸。正如前文所说，对于这种信仰的衰落，我们不可能提供决定性的数字证据，但我们拥有一些间接证据，现在将做检阅。

玫瑰战争之后不久，我们看到，在亨利七世和亨利八世的账目中，涉及国王触摸的记载又再次出现了。这些账目很稀少，因为这些账目可能很不完备。大多数病人无疑被包括在施舍费的总预算中，对于总预算的详细情况，我们不得而知。我们只知道某些例外支出，这支出是由王室常设慈善机构之外的人员所为，因而载入王室现金簿，这些现金簿仍然部分保留。对于都铎王朝早期，就像稍前一个时期，我们不要试图拟定可与爱德华一世、二世及三世时期的统计相比的年度统计。但是，我们不去比较支出总

---

[1] *De titulo Edwardi comitis Marchie*, c. X, 见 *The works of Sir John Fortescue... now first collected by* Th. Lord Clermont —— *Sir John Fortescue, knight, his life, works and family history*, in-4°, Londres, 1869 ("为私人收藏印发"；大英博物馆存一副本), t. I, p. 70*: "virtute cujus debitae sibi unctionis per mundissimorum suarum manuum contactum labe aliquâ utpote sanguine homicidii et fame luxuriae incontaminatarum, languentes morbo regio, de quibus medici expertissimi desperarunt, usque in hodiernum diem optatam Domino conferente recipiunt sospitatem ad Dei omnipotentis laudem, de cujus gratia venit gratia sanitatum, ad videntium, et assistentium fidelitatis ad ipsum regem constantiam, et sui indubitatissimi tituli, Domino approbante, confirmationem." 这段文字的续文内容，见下文 p. 223。参见同作者同一时期的另一部文献 *Defensio juris domus Lancastriae* (éd. Clermont, p. 508; 类似的一段文字发表于 Freind, *The History of Physick*, 5ᵉ éd., II, 1758, p. [32]，以及 Crawfurd, *King's Evil*, p. 45 (参见下文 p. 178, n. 1)。福蒂斯丘主张王后不具备国王治疗瘰疬病患者的才能。取自 *Defensio* 这段文字，在同时期的第三篇论文 *Of the title of the House of York* (éd. Clermont, p. 498; Crawfurd, 前引书, p. 46) 中几乎是逐字译出。关于福蒂斯丘的生平和著述年表，见普卢默 (C. Plummer) 为其编辑的论文 *On the governance of England*, Oxford, 1885 所写的前言。

额，而要单独检核亨利七世账目中涉及"治疗"的各项。那些接受国王触摸的患者每人接受6先令8便士的钱款。如前所述，三位爱德华统治时期，这是一笔固定的钱款，但数量很小，只有1个便士。当然，简单的数字比较不能确定价值差异；有人认为6先令8便士相当于80便士，因为亨利七世时代1便士代表的贵金属分量较之13世纪末要小得多。简单地这样说是没有用的，因为钱币的不断贬值是中世纪根本性的经济事实之一。不过，亨利七世分发的施舍金要比爱德华一世甚或爱德华三世满足患者的施舍金，在价值上无疑要高许多。在后者统治时期，便士是小银币，重量不足1½克。[1] 在亨利七世时期以及亨利八世的早年，6先令8便士相当于重量5克稍多的一枚金币。[2] 这种5克多的金币叫作"天使币"，因为它的上面有天使长圣米切尔的肖像。在都铎王朝时期，"天使币"变成了一种特定的钱币，用来给予接受国王触摸者，在斯图亚特王朝时期，这种钱币仍然这样使用。就像其他金属钱币一样，作为记账货币，它的价值随当时的财政政策变化。1526年，亨利八世将它提高到7先令6便士。[3] 这是一种"正在贬值"的钱币，但患者并没有因这个行动而遭受损失，因为从那时起，他们接受了正好7先令8便士的钱款。换言之，他们像过去一样继续接受同样的金币，所以，不去剥夺他们享有的总是恒定数量的贵金属，似乎是确实必要的。至于不同时期的货币购买能力，目前我们的知识水平，不允许做出完全准确的衡量。然而，我们知道在黑死病爆发之前，1便士通常是一个收割工——一个报酬相当低的工人——一天的工资，16世纪初叶，一个"天使币"通

---

1 确切的重量是22⅔格令（grain），至少到他在位的第十八年是如此。1格令相当于0.0648克。后来1个小银币逐渐衰贬为18格令。见 E. Hawkins, *The silver coins of England*, 3ᵉ éd. (revue par R. L. Kenyon) Londres, 1887, p. 207。

2 确切的重量是80格令：R. L. Kenyon, *The gold coins of England*, Londres, 1884, p. 89。这个重量是指亨利八世在位时期；但无疑与亨利七世时代略同。关于都铎时代国王触摸的钱币史，见 Farquhar, *Royal Charities*, I。

3 Farquhar, I, p. 84。我说"同样的金币"，是做简单化处理，因为钱币的名称是随着时代而变化的，而且随后仍将变化，但这一点在这里无关紧要。

常是向一个著名医生问诊所需要的费用;这二者之间的差别是显而易见的。[1] 概言之,从爱德华三世到亨利七世,给予瘰疬病患者的施舍费由银币变为金币,同时,其经济价值大为增加。这种变化何时发生的呢?是在亨利七世统治时期还是此前呢?是突然变化还是渐次变化呢?我们不得而知。爱德华四世似乎是第一位铸造"天使币"的国王,但他是否因治疗仪式需要首先使用"天使币"呢?我们无从确知。不过,有一点可以肯定:这种有趣的演变的结局是,给予患者的固定施舍费变成了某种奖励金,对于那些在前来接受国王触摸问题上可能举棋不定的人,则变成了一种诱惑物,这种变化发生在一个出现危机的时期,即角逐王位的对手们互相否认对方创造治病奇迹能力的时期。这是否出于偶然?很难做这样的设想。每一位王位觊觎者一定千方百计地极力将那些罹患瘰疬病而寻求治疗的人吸引到自己一边,因为,以福蒂斯丘的话说,对于一项"不容置疑的称号",没有何种事物是比神奇治病能力更显著的"证明"。在法国没有发生这样的内部纷争,分给触摸受益人的这笔钱一直相当小,路易十二和弗朗索瓦一世统治时期,是两先令,相当于两个非常小的银币。[2] 在英国施舍费的惊人提高中,难道人们看不出两个敌对家族竞争造成的影响吗?

尽管发生了这一切,人们对国王奇迹的信仰历经政治变迁而胜利流传下来。稍后我们将看到,一些深层的心理因素给予这种信仰以力量,使之免于毁灭。但在目前我们所研究的这个时代,这种信仰除了得到那些半无意识(demi inconscientes)心理倾向的支持,还得到其他因素的支持;因为医学、神学和政治哲学都利用这个信仰,且以书面文字对它表示赞同。所以,现在就让我们首先从医生开始,看一看文献作者们的情况吧。

---

[1] 关于法国古币 denier,见 1350 年的 *Statute of Labourers*, Statute, I, p. 311: "et que nul preigne en temps de sarcler ou feyns faire for que j. d. le jor";我认为,feyns faire 应译为 faner (toss),因为它与 sarcler 密切相关,特别是因为在下面的项目中,割草工的工资被列出来,它们自然是较高的:1 顷地 5 个 denier 或 1 天 5 个 denier。关于"天使币",见 Farquhar, I, p. 73。

[2] 参见下文 p. 310, n. 2。路易十二统治时期,根据 1507 年 11 月 19 日的敕令,图尔地方价值 12 个 denier 的 grand blanc 重量不足 2.85 克;在弗朗索瓦一世统治下,直到 1519 年,情况相同。从 1519 年到 1539 年,blanc 的重量稍低于 2.66 克;从 1540 年到 1547 年,douzain(图尔地方的 denier)重量稍多于 2.68 克。参见 A. Blanchet et A. Dieudonné, *Manuel de numismatique française*, II, p. 308, 314。

3 中世纪医学文献所见国王对瘰疬病患者的触摸

很长时期情况似乎是，医学作家避免提及国王们创造奇迹的能力。实际上，他们中的很多人只是谦卑地抄写或注释古代作家和阿拉伯人的著作。他们的缄默大多可以很自然地由其榜样的缄默得到解释。但似乎还别有原因，在我们看到这种缄默何时首先被打破时，这个原因也就很容易找到了。

中世纪有一部医学论著《医典》（*Compendium Medicinae*）享有一定的知名度，这部医著以英国人吉尔伯特（Gibertus Anglicus）之名流传下来。关于吉尔伯特其人，我们一无所知；他的姓氏显示他与英国有些关系；不过，是因为身份隶属英国，还是家族源自英国，抑或曾在英国居留，我们无法判断。至于作品完成的时间，可以明确地确定在13世纪上半叶；但更精确的日期则无从知晓。据我所知，这部颇为神秘的著作是这类书中第一部提及国王触摸的著作。在第三卷中，我们读到下列文字："瘰疬病……也称作'国王之魔'，因为国王可以治愈之。"[1] 人们可以看到，这只是附带性地简单地提及之，且更多地涉及语言上的惯用法，而非作者特别推荐的医治方法。真正承认国王奇迹为学问的作者，是法国人和美男子腓力的臣

---

[1] Ed. de Lyon, in-4°, 1510, "De scrophulis et glandulis" 一章："et vocantur scrophule ... et etiam morbus regis quia reges hunc morbum currant." 我担心这句话可能是后来加入的，所以找到旺多姆图书馆（ms. 173）所藏《医典》的一个古抄本，这是13世纪的一个手抄本，其中的这个句子完全正确（fol. 122a）。关于这个论著完成的日期，可以这样确定：关于眼疾，吉尔伯特提到："collirium quod feci Bertranno filio domini H. de Jubileto"（Vendôme ms., fol. 94b, p. 137, édit. de Lyon）。吉布利（Giblet, Gjebaïl）家族是圣地的大领主家族之一，其族谱见于 Du Cange, *Les Families d'Outremer*, éd., E. G. Rey (*Doc. inéd.*), 1869, p. 325；其中涉及的人不是别人，只能是于格之子伯特兰二世（Bertrand II）。伯特兰于1217年参加十字军东征，同年为一案件出庭作证。于格死于1232年。这段文字曾为 Littré, *Histoire littéraire*, XXI, p. 394 提及。M. J. Payne, *English Medicine in the Anglo-Norman Period* (*British Medical Journal*, 1904, II, p. 1283) 认为乃窜入文字而拒斥。除非对手稿进行透彻研究，否则难得明确的解答；不过，必须指出，旺多姆手稿中确有这段争议文字。此外，佩恩（Payne）认为吉尔伯特的活动是在1200年前后。佩恩接受一个传说，该传说认为吉尔伯特是坎特伯雷大主教休伯特·沃尔特的医生，但在17世纪以前并无证据证明这个传说。人们怎能相信古文献无征、这么晚才出现的口头证据呢？我无法读到 H. E. Handerson, *Gilbertus Anglicus*（死后出版的私人分赠书，由 The Cleveland Medical Library Association 出版），Cleveland, Ohio, 1918；Lynn Thorndike, *A history of magic and experimental science*, II, Londres, 1923, p. 478, n. 1 提及此书，但 Thorndike 的注释对于日期问题未增加任何确切的知识。

民，即贝尔纳·古尔东、[1] 为罗吉尔和罗兰·德·帕尔玛的外科论著写下评注的四位匿名作者，[2] 以及亨利·德·蒙德维尔。蒙德维尔是国王的私人外科医生，他将其主公视为专业上的同道，为此感到自豪，他天真地写道："我们的救世主基督耶稣以其双手实施外科手术，使所有外科医生感到荣光，同样，我们最尊贵的主公法王陛下仅以双手触摸就使瘰疬病患者霍然痊愈，既为外科医生增光，也为外科职业添彩。"[3] 但是，并不是所有人都有这样的热情。大约在1325年，生活在伊普尔地方的一位名叫让的外科医生，留下了一部论外科学的论著。他似乎参与了当时分裂佛兰德尔的政治斗争，是法国王室的敌人；所以，他对于法国医学舆论声称的卡佩王朝的治病能力，持有怀疑态度。"现在要说的是，"他写道，"许多人相信上帝赋予了法国国王治病能力，仅以双手抚摸就能治愈化脓的瘰疬病；人们常常认为，许多接受抚摸的患者康复了。但有时他们并没有痊愈。"[4] 很显然，在名医让看来，将国王触摸疗法列入古代医典，这种想法仍然是一种奇思异想。但这种见解很快就焕然改观。确实，下一个时期的作者们，于1300年前后，

---

1 *Lilium Medicinae*, 1550 éd, pars I, p. 85; *Lilium* 写成于1305年前后。

2 *Collectio Salernitana*, II, Naples, 1853, p. 597; 有人认为乃法国作者所为，也许是很有可能的，但不能肯定，参见 Gurlt, *Geschi. der Chirurgie*, I, p. 703。

3 J. L. Pagel, *Leben, Lehre und Leistungen des Heinrich von Mondeville, Theil I, Die Chirurgie des Heinrich von M.*, Berlin 1892 (首见于 *Archiv für klinische Chirurgie*, XL, XLI), Tract. II., *Notabilia introductoria*, p. 135: "Et sicut praedictum est, quod Salvator noster, Dominus Jhesus Christus, officium cyrurgicum propriis manibus exercendo voluit cyrurgicos honorare, ita et eodem modo Princeps Serenissimus. Francorun rex, ipsos et eorum status honorat, qui curat scrophulas solo tactu ..." 参见 Tract III, doctr. II, cap. IV, p. 470。这两段文字在法文译文中都付之阙如（在法文译文中，第三篇论文完全缺失，第二篇论文的前言仅以提要形式存在）：*La Chirurgie de maître Henri de Mondeville*, éd. A. Bos, 2 vols. 1897-8 (Soc. des anciens texts)。关于亨利·德·蒙德维尔的生卒年月，见 Wenck, *Philipp der Schöne*, p. 16, n. 4。

4 *La chirurgie de maître Jehan Yperman*, éd. Broeckx, *Annales académ. archéolog. Belgique*, XX (1863), p. 259. "Van des conincs evele sal men jou nou segghen her hebben vele lieden ghelove ane den coninc van Vranckerike dat hem God macht heeft gheghevan scrouffelen te ghenesene die loepen ende dat alle met sin begripe van der hant ende dese lieden ghenesen vele bi hore ghelove ende onder wilen ghenesen si niet". 我在布鲁塞尔的同事冈绍夫先生（M. Ganshof）为我翻译了这段文字。关于伊普尔地方的让，见布勒克斯（Broeckx）所做的序言；在1325年对路易伯爵的战争中，让负责伊普尔军队的医疗事务。参见 Gurlt, *Geschichte der Chirurgie*, II, p. 137。

在法国团体的推动下，未费周折就俯首听命了。法国的居伊·德·肖利亚克于1363年编成《外科大全》(*Grande Chirurgie*)，直到近代仍然是从业医生中流行的指南手册，他的情况就是如此；[1] 在英国，爱德华三世时期的约翰·加德登，[2] 以及查理二世时期的约翰·米菲尔德，[3] 也是如此。令人极为惊异的是，在教会戒律结束此前一直存在的近乎一致的排斥时，这种治病仪式竟然获得了学术上的某种承认，而且几乎是在同样的一些人中间。在这个问题上，医生们在很多年间保持缄默，无疑只是仿效了神学界为他们立下的审慎行事的榜样。至于其中的缘由，下面我们再做探讨。

此外，并非他们中的所有人都改变了其行为。只有法国人和英国人有时在其作品中提到这种治疗仪式，他们因为其国籍而直接对国王奇迹的荣光产生兴趣。但他们的外国同行并不仿效之，虽然这些人通常并没有行之更远，以致怀疑国王触摸的效力。伊普尔地方的让的情况属于特例，他所持的怀疑，是由他对卡佩王朝的强烈仇恨所引发，是佛兰德尔市政冲突引起的。他们大部分人满足于缄默不语。如何解释他们的沉默呢？主要是因为无知或惯常的漠不关心；但对有些人而言，则肯定是有意为之。我们以阿诺·德·维尔纳夫为例。此人是14世纪最著名的医生之一，出生于阿拉贡，但生活在法国的阿维尼翁。谁能相信他从未听说过瓦洛亚王朝进行的触摸治疗呢？但在他的《实用医典》的一章《论瘰疬病》中，却找不到有关国王触摸治疗的文字。[4] 这是一位具有独立思想的人，即使在使人轻信的环境中，也能做到特异独立，他当然不为时人的盲目信仰所动。就我所见，

---

1 Tract. II, doct. I, cap. IV; 拉丁文献：*Chirurgie magna Guidonis de Gauliaco*, in-4°, Lyon, 1535, p. 79; 法文文献：ed. E. Nicaise, in-4°, 1890, p. 127。

2 *Praxis medica, rosa anglica dicta*, lib. II, 1492年版本标题为 *Curatio scrophularum...*, in-8°, s. l. n. d., p. 54 v°，没有说明地点和时间。

3 *Breviarum Bartholomaei*, British Museum, Harleian ms. 3, fol. 41, col. I（Crawfurt, *King's Evil*, p. 42引述过）。我不明白朗弗朗（Lanfrank）在其著作 *Science of Cirurgie* 讨论瘰疬病主题的一章（*Early English Texts*, O. S. 102, III, II, 13），为何没有提到国王们的治疗能力。也许他抄袭了一位更早的没有提及此事的作者。

4 *Compendium medicinae practicae*, lib. II, cap. V, Lyon éd., in-4°, 1586, p. A 54 v° 以下。

16世纪以前，国王具有治病能力这种观念并没有进入国际医学文献。[1]

此外，千万不要认为中世纪的医生，甚至英国和法国的医生，会逸出正途，热心于这些治疗仪式。无论是世俗君主创造的奇迹，还是圣徒创造的奇迹，都是他们非常熟悉的，与他们的世界体系并不矛盾。他们相信这些奇迹，但淡然处之而无激情。此外，他们朦胧于自然治疗法——普遍地视之为全然神秘的东西——和超自然治疗法之间的区别，毫无恶意地将它们与超自然治疗法相提并论。他们常常将其他各种治疗手段难以奏效的瘰疬病患者送到国王那里。"作为最后的办法，"贝尔纳·古尔东在《医学百合花》（*Lis de la Médecine*）中说，"是求助于外科医生；否则，就去见国王。"[2] 约翰·加德登颠倒了这个秩序：他的《实用医学》（*Pratiques Médicale*）中有这样的话："如果所有的治疗都归于无效，要让病人去见国王，接受国王的触摸和祈福……最后，如果其他一切归于无效，就让他去见外科医生。"[3] 我们不要认为这个建议具有讽刺意味：加德登并不认为外科医生一定比国王更有能为，相反，他认为进行手术是危险的，应该尽量避免。只有其他所有可能的手段——包括奇迹治疗——已经山穷水尽，才应该诉诸手术。国王们不是总能取得治疗成功，也不比圣徒们更成功；然而这不是怀疑二者的能力。16、17世纪国王奇迹的辩护士们说话的口气将全然不同，因为他们不在同样的环境中生活，不得不提高嗓门让当时大失信仰的民众听到他们的声音。一种简单的信仰非常简单而质朴地表达出来。

这样，对瘰疬病患者的触摸，在英国和法国变成了医学上司空见惯的行为，技术性的指南手册以其自身方式发挥作用，为君主制度增光添彩。

---

[1] 就我所知，法国和英国之外，第一个提到且似乎相信此事的医生，是意大利人杰罗姆·墨丘里阿尔（Jérôme Mercuriale），他在其著作 *De morbis puerorum* 中提到此事，该书于1583年面世；见 éd. de 1588, in-4°, Venise, p. 35。此后，另一位意大利人，科学解剖学的奠基人之一法布里齐奥·达卡本登（Fabrizio d'Acquapendente），在他1592年首次出版的 *Pentateuchus* 一书中也提到此事（Gurlt, *Geschi. der Chirurgie*, II, p. 451 引述过）。

[2] 前引书："Finaliter oporter recurrere ad manum chiruricam...et si non, vadamus ad reges。"约翰·米菲尔德使用了类似的词语。

[3] 前引书："Et si ista non sufficiant, vadat ad Regem, ut ab eo tangatur atque benedicatur: quia iste vocatur morbus regius; et valet tactus nobilissimi et serenissimi regis anglicorum. Ultimo tamen si ista non sufficiunt tradatur cirurgico."

毫无疑问，从手册中获取知识和技巧的许多开业医生，会向患者提出"去见国王"的经典建议。现在就让我们看一看教会的医生们曾对其虔信的信徒说了些什么。

4 教会对瘰疬病触摸治疗的观点

11世纪，最初的治疗仪式在法国形成后不久，一场声势浩大的教义改革运动从根基上动摇了天主教信仰下欧洲的生活。历史学家将这场运动归于教皇格利高里七世名下，所以通常称之为格利高里运动。我将沿用这一习惯用法；但应该记住，这场出自深层情感的宗教觉醒运动，首先是一场集体行动。一群修士和高级教士革新了教会。这些人的行动虽然是强有力的，但是，在思想领域的任何层面上他们都不是创新者：他们喋喋不休重复着的主题，前人早已提出。他们的创造性不在这里，而在于不可改变的逻辑意识，这种逻辑意识使他们在一些原则的运用上走向了极端——这些原则来自传说，因长期使用而有点失去锋利。新颖之处是，他们在阐明这些陈旧理论时表现出的难得的真诚，这种真诚给予这些陈旧理论一种新鲜的音调；尤其是，为了将一些理念转化为实践的行动规则，他们所做的艰苦努力——这些理念大多与基督教一样古老，但很久以来人们已经习惯于漠然地将他们锁入道德世界和神学论文中。这些人的影响力，将在很多年中决定教会文献对国王奇迹的态度；我们看一看它在何种意义上发挥了作用。[1]

为了理解这个派别的政治理念，需要准确了解他们所反对的事物。这

---

[1] 对于格利高里运动，即使声称可在这里列出一个大略的参考书目，也将是非常荒唐的。近来的著作已为 J. P. Whitney, *Gregory VII, Eng. Historical Review*, 1919, p. 129 列出，为人使用提供了方便。关于这个时期的政治教义史，最新的通论著作是 R. W. et A. J. Carlyle, *A history of mediaeval political theory in the West*, III, IV, Edinburg et Londres, 1915, 1922。我要说明，从 E. Bernheim, *Mittelalterliche Zeitanschauungen in ihrem Einfluss auf Politik und Geschichtsschreibung*, I, Tübingen, 1918 所获甚少；而 F. Kern, *Gottesgnadentum* 总是值得参考的。

一点有时被人忘记。他们所无情攻击的世俗政权，与很久以后注定遭受其他天主教思想家攻击的世俗政府，毫无共同之处。世俗政权并不寻求断绝与宗教的一切联系，相反还声称具有高度的宗教特性：它是神圣王权，是过去时代的遗产，教会曾经在8、9世纪（也许不太慎重地）予以承认。自从国王涂油礼引入西欧以后，其重要性和威望就不断增长。我们稍后将有机会看到，至少在某些人群中，人们很快从涂油礼中获得了君主具有准祭司特性的观念。皇帝与国王们从涂油礼使用的圣油推出各种结论，为的是控制教士阶层乃至教皇本身。

世俗君主自视为神圣之人，改革者的首要目标，是剥夺他们超自然的印记。他们要将这些君主降到凡人的水平，其帝国限于管理尘世的事务，不管王权的支持者持有何种观点。这就是我们为何会遇到一种表面上的悖论：坚信政府源自人民的人，理论上支持某种社会契约，但在这个时期却是宗教事务上的最狂热的权威的支持者。在格利高里时代，一位名叫马内戈尔·劳登巴赫的阿尔萨斯修士，在一篇捍卫教皇政策的论文中说明，国王被选举出来，是为了阻止恶人的阴谋、保护好人。但是，如果一位国王没有履行这些约定，那么他将丧失其权位，"因为，在这种情况下，他本人已经很明显地打破了他所以成为国王的契约"。民众和统治者之间的这种契约，从根本上是可以废除的；在接下来的几行文字之后，马内戈尔毫不犹豫地将这个契约比作一个人"出一份不菲的工资"与雇来照管猪群的一位猪倌缔结的协议。¹ 这是一些意涵特别明确的表述；作者本人也许没有领

---

1 *Ad Gebehardum liber*, XXX (*Monum. German.*, *Libelli de lite*, I, p. 365: "Neque enim populus ideo eum super se exaltat, ut liberam in se exercendae tyrannidis facultatem concedat, sed ut a tyrannide ceterorum et improbitate defendat. Atqui, cum ille, qui pro coercendis pravis, probis defendendis eligitur, pravitatem in se fovere, bonos conterere, tyrannidem, quam debuit propulsare, in subiectos ceperit ipse crudelissime exercere, nonne clarum est, merito illum a concessa dignitate cadere, populum ab eius dominio et subiectuione liberum existere, cum pactum, pro quo constitutus est, constet illum prius irrupisse? ... Ut enim de rebus vilioribus exemplum trahamus, si quis alicui digna mercede porcos suos pascendos committeret ipsumque postmodo eos non pascere, sed furari, matcare et perdere cognosceret, nonne, promissa mercede etiam sibi retenta, a porcis pascendis cum contumelia illum amoveret?" 关于马内戈尔，各书之中尤应参见 A. Fliche, *Les théories germaniques de la souveraineté à la fin du XIe siècle, Revue historique*, CXXV (1917), p. 41 以下；R. W. & A. J. Carlyle, 前引书。

会其广泛意义，但这些表述肯定属于这场思想运动的深刻逻辑——它们是从这场思想运动中产生出来的。历史学家通常将这个运动说成是将世俗权力置于精神权力之下的努力。这确实是一个准确的解说，但不完整。它首先是政治领域出现的强劲运动，目的是结束世俗权力和精神权力之间久已存在的混淆。

此外，从格利高里七世的一封著名信件中，我们可以看到他本人对君主权力的看法，这封信件是他于1081年3月15日写给梅斯主教埃尔曼的。他刚刚对亨利四世皇帝第二次宣布破门律；他知道自己已经投入了没有退路的斗争，不再需要小心翼翼。在这份光辉的宣言书中，他坦露了自己的想法——大概有些刻意为之，因为他通常会更温和地表达自己的想法。不过，这些夸张之词——如果有的话——本身只是用来突出一个信条的本质特征，这个信条整个说来是完全牢固不破且协调一致的。他心怀怨怒，申述王权在教士等级面前的低劣，贬抑之甚几乎视同恶魔般的制度。这个世界的君王在他眼中为何如此愚顽低劣？因为他们是俗世之人，不享有超自然的恩宠。一个皇帝或国王，不管他在这个世界上如何权势显赫，但与一个教士相比又算得了什么？教士"凭借简单的话语"就能将面包和酒转化为"主的肉和血"；即使与一位驱魔师（即三品修士）相比，又算得了什么？皇帝和国王只是管理凡人，而三品修士是"获权驱魔的灵性皇帝"[1]（在这里，格利高里恰到好处地使用了圣职授任礼使用的术语）。这位教皇又补充了如

---

[1] Ph. Jaffé, *Gregorii VII registrum* (*Bibliotheca rerum Germanicarum*, II), VIII, 21, p. 453 以下，p. 457: "Quis nesciat reges et duces ab iis habuisse principium qui, Deum ignorantes, superbia, rapinis, perfidia, homicidiis, postremo universis pene sceleribus, mundi principe, diabolo videlicet, agitante, super pares, scilicet homines, dominari caeca cupidine et intolerabili praesumptione affectarunt." 关于国王对于三品修士的劣势，p. 459: "Meminisse etiam debet fraternitas tua: quia maior potestas exorcistae conceditur, cum spiritualis imperator ad abiciendos demones constituitur, quam alicui laicorum causa saecularis dominationis tribui possi." 关于教士，p. 460: "Et quod maximum est in christiana religione, quis eorum valet proprio ore corpus et sanguinem Domini conficere?" "驱魔的灵性皇帝"（spirituales imperatores ad abjiciendos daemones）几个字，迄今仍然见于罗马教廷为一位三品修士的圣职授任礼规定的一份祈祷书。这个套语是很古老的，参见 dom Martene, *De antiquis ecclesiae ritibus*, Bassano éd., 1788, fol. II, p. 30 以下辑录的各种规程（ordines）。

下令人难忘的话:

123　　在皇帝与国王之中,我们在哪里可以发现,有人创造了堪比圣马丁、圣安托万或圣本笃——更不用说诸位使徒和殉道者——的奇迹呢?哪位皇帝或国王使死人复生,使麻风病人康复,使盲者重见光明?看一看留下虔诚名声的君士坦丁,看一看提奥多西和霍诺里乌斯、查理和路易吧,所有这些人都热爱正义,是基督教的传播者,教会的保护者。神圣的教会赞扬他们、尊敬他们,但并没有说他们享有创造任何同类奇迹的荣光。[1]

124　　这样,格利高里七世明确地否定了俗世的君主,乃至虔诚笃信的君主,具有任何创造奇迹的能力。他这样做的时候,想到法国已有两代君主宣称具备创造奇迹的能力吗?他表达思想的形式极为笼统,我们难以从中看到这样的暗示;此外,他的眼睛关注的是神圣罗马帝国,而非卡佩王朝小王国。毫无疑问,他对政治权力的性质已经形成了一些观念,他的意图只是想从这些观念中得出极为自然的结论,而无关乎任何特别的事例。但是,

---

至于格利高里七世是否真的认为世俗政权起源于恶魔这个问题,人们还经常讨论;特别参见科什司铎(Cauchie, *Revue d'histoire ecclésiastiques*, V (1904), p. 588-597)所做的有趣讨论,它试图调和格利高里七世在这个问题上的不同意见,必须承认,按照这位教皇是否有理由喜欢或不喜欢某位世俗君主,格利高里七世的意见变化很大。科什总结(p. 593)说:"这样说来并不矛盾:(1)实际上,这种权力是以魔鬼的方式建立起来的;(2)原则上,它虽然具有原始的邪恶,但必须承认它是符合上帝的意愿或被上帝允许的。"这不等于说格利高里七世认为这个世界所有事情,甚至魔鬼做的事情,都是经过上帝允许的吗?换言之,这不等于说他不是摩尼教徒吗?这是人们很容易赞同的一个观点。简言之,他无疑确实从王权的起源中看到了魔鬼性的东西。这也同样是此前的一位格利高里式的人物、列日主教瓦松(Wazon)的见解,瓦松在给亨利三世的著名复函中,对国王和教士涂油礼进行比较,认为教士的涂油礼是为活人创造,而国王的涂油礼是为死人创造:*Anselmi Gesta Episcop. Leodensium, Monum German.*, SS., VII, p. 229。

　　1 前引书, p. 462: "Namque, ut de apostolis et martyribus taceamus, quis imperatorum vel regum aeque ut beatus Martinus, Antonius et Benedictus miraculis claruit? Quis enim imperator aut rex mortuos suscitavit, leprosos mundavit, cecos illuminavit? Ecce Constantinum piae memoriae imperatorem, Theodosium et Honorium, Carolum et Lodoicum, iustitiae amatores, christianae religionis propagatores, ecclesiarum defensores, sancta quidem ecclesia laudat et veneratur; non tamen eos fulsisse tanta miraculorum gloria indicat."

必定出自格利高里学派原则的这同一些观念，除了他，其他人也会想到，并且一定会将它们运用到法国或英国国王身上。教会无疑总是教导人们说，奇迹并不是神圣性的证据；奇迹来自上帝，上帝以其意志选择他的工具。[1]对于具有调和精神的人，如吉贝尔·德·诺让，在这种理论中，可以找到一种办法，既可以接受国王奇迹而又不与正统观点相冲突；但是对于更严格的神学博士们，这似乎只是摆脱困境的办法，不足称道；他们了然于胸的是，民众并不这样想。承认世俗君主能够完成超自然的治病行为，不管愿意与否，就会强化人们头脑中王权神圣这种观念，而这正是他们极力想摧毁的东西。

他们的思想状态，在国王触摸的最初期，就由马姆斯伯里的威廉清楚地表达出来了。我们记得，有的人声称忏悔者爱德华"具有治病的能力，不是靠他的神圣性，而是靠世袭的职分、王族的特长"，威廉谴责这些人所说乃"虚伪之事"。[2]奇怪的是，没有人重提这旗帜鲜明的抗议。其他怀有同样信念的作家确实以自己的方式表达了抗议，但并没有大张旗鼓地抗议。在法国，差不多有两个世纪的时间，源自教会的全部文献——就这个时期而言，就是所有的历史和说教文献——在治病仪式这个主题上，几乎不约而同地保持沉默。英国的情况也是如出一辙，甚至为时更久。这难道是纯粹的巧合抑或偶然的疏忽？恐怕不能做此想法。举例说来，罗伯特·格罗塞特是林肯地方的主教，他在1235—1253年间应其主公亨利三世之邀，写信解释国王涂油礼的功效和性质。[3]民众认为由圣油带来的国王的神奇能力，在信中任何地方都没有提及；单是说由于健忘难以自圆其说，必是处心积虑的遗漏。只有两位作家是例外，此即法国的吉贝尔·德·诺让和英国布卢瓦的彼得，然而，他们的态度并不令人惊异，因为他们只是对源自格利高里派的观点表示了一点温和的热情。吉贝尔与这位可怕的教

1　譬如，可参照 St. Thomas Aquin, *Summa theolog.*, II, 2, quaest. 178, art. 2。

2　见前文，p. 45, n. 1。

3　Ed. Luard (*Rolls Series*), nº. CXXIV, p. 350. 同样可以看到，吉罗·德·康布里埃（Giraud de Cambrie）在腓力·奥古斯都时代写成其著作 *De principis instructione* 时，在一定程度上是相当支持卡佩王朝的，但对国王奇迹未置一词。

皇是同代人，他对加诸结婚神父之身的迫害毫不同情。[1] 布卢瓦的彼得与亨利二世关系友善，他似乎并不赞同其主子的教会政策，这些政策因不利于教士的"特权"而遐迩闻名。[2] 这些人对宗教改革者心中珍视的观念漠不关心，只有他们才会在作品中为国王奇迹留有位置；其他人遵从某种心照不宣的命令（这命令同样约束其良心），保持沉默。面对史学家们的询问，我已经有机会就法国治病仪式问题，谈一谈文献中长期存在的沉默问题。现在我们可以看到它形成的原因，此即11世纪伟大复兴运动的影响，这个复兴运动波浪起伏，其影响绵延于后来的两个世纪。这种影响对于所有同代作者都具有同等的效力，不仅及于神学家或修道院的编年史家，而且也及于用民众语言写作的作家即行吟诗人，对于这一点，任何人不应感到太吃惊。情况似乎是，在任何一部史诗或冒险传奇中，他们都没有让他们的传奇国王进行过神奇治疗，而这正是现实生活中近在眼前的君主每日都在完成的事情。现在我们知道，整个世界都受到教会权威的支配，程度之甚，远过于我们从前的想象。[3]

---

[1] *De vita sua*, I, c. VII, éd. G. Bourgin (*Collection de textes pour servir à l'étude et l'ens de histoire*), p. 20.

[2] 他是理查德大主教的大管家。理查德在坎特伯雷教区接替托马斯·贝克特，其政策与其前任大为不同。参见 J. Armitage Robinson, *Somerset historical essays*, 1921, p. 108。

[3] 应该补充说明的是，就我所见，虚构性作品的作者们，在国王奇迹的整个主题上，即使在严格的教会团体不再为排斥行为的时候，还在继续保持缄默。据我所知，中世纪的任何浪漫故事作品，都没有使用国王为瘰疬病人触摸这个主题。这种相当奇异的克制，也许应该解释为，浪漫故事的作者们有墨守成规的习惯，中世纪快要结束的时候，他们所做的也只是重复早先时代传下来的题目，未敢越雷池一步。而且，我毫不迟疑地声明，在这个问题上，较之其他问题，我的探索更不敢说已经完成；此外，对于晚些世纪的文献，我还没有像中世纪早期那样找到同样的帮助。对于中世纪早期文献的研究，以及某些冒险传奇，我得到一些德文学位论文的有力帮助，这些论文证明是非常有用的参考资料。我把它们列举出来：A. Euler, *Das Königtum im altfranzösischen Epos* (*Ausg. u. Abh.* 65), Marburg, 1886; O. Geissler, *Religion und Aberglaube in den mittelenglischen Versromanzen*, Halle, 1908; M. Hallauer, *Das wunderbare Element in den Chansons de Geste*, Bâle, 1918; O. Kühn, *Medizinisches aus der altfranzösischen Dichtung* (*Abh. zur Gesch. der Medizin*, 8), Breslau, 1904; F. Laue, *Über Krankenbehandlung und Heilkunde in der Literatur des alten Frankreichs*, Göttingen, 1904; F. Werner, *Königtum und Lehenswesen im französischen Nationalepos*. (*Roman. Forsch.* 25), 1908. 从 Funck-Bretano, *Le Roi*, p. 177, n. 4 的一个提示中，人们也许得出结论，15世纪一份手稿（Arsenal 3364）保留的《圣雷米的秘密》(*Mystère de St-Remy*) 中有关于国王触摸的一段资料，但情况并非如此；《秘密》只是描述了圣油瓶的奇迹。

但是，无疑会有人问，格利高里思想的支持者们为何选择沉默路线？那些大胆的狂信者为何不直接攻击他们深恶痛绝的治病仪式呢？此外，这些人毕竟不是绝无仅有的大师巨匠，他们必定遇到过许多有能力且雄辩的对手，甚至是教士阶级中的对手，他们中间何以无人站出来旗帜鲜明地为国王的奇迹进行辩护呢？围绕格利高里改革运动形成了一个完整的论战体系，这个论战体系对中世纪社会的政治教育具有决定性意义，为何对瘰疬病的触摸在其中全然没有任何地位呢？答案很简单：这场思想大冲突几乎完全在法国和英国之外的战场上进行。这位神秘的英国或称诺曼作家——因为没有更合适的称呼，我们可以称之为约克的匿名作家——可称为绝无仅有的特例。[1] 如果说这种仪式当时确已产生，那么也是处在最幼稚状态，所以人们不能责难他在这种仪式问题上的沉默。这位作家之外，在书中或小册子中进行论战的，是德国人或意大利人，他们所意识到的几乎只有神圣罗马帝国，而忽略了西欧各国。这并不意味着在这些西欧国家，国王与教士间的大争吵没有像别处一样搅扰政府；但是，在很长时期内，它所影响到的不过是教会要职的任命权或教士阶级的财政、司法特权。这些激烈争论虽然发生在实际问题范围内，但它确实成了敌对观念和情感的背景。只是在这里，这种深刻的对抗仍然大多未被意识到，至少没有表现出来。对于这一规则，存在少数几个例外情况，下面我们将看到，最明显的一个例外，可以由非常例外的环境本身加以解释。但总的说来，在我们正在讨论的这两个国家，总有一种避免引发原则难题的倾向。这或许是出于审慎（因为无论在法国还是在英国，其斗争都没有像在神圣罗马帝国那样形成难

---

[1] 于格·德·弗勒里（Hugue de Fleury）是与这位匿名作者同代的法国人，人们也许很想把他与这位作为政治理论家的匿名作者做一比较。于格·德·弗勒里的著作 *Tractatus de regia potestate et sacerdotali dignitate* 是献给英国亨利一世的；尽管于格书中有一句名言，将国王比作圣父上帝，主教只是基督（I, c. 3; *Monum. Germ., Libelli de lite*, III, p. 468），但还不能因此将作者说成是国王死心塌地的党羽，此外，M. A. J. Carlyle, *A history of mediaeval political theory*, IV, p. 268 已经指出，这句话不过是充满书卷气的追忆话。吕谢尔（M. Luchaire）将于格·德·弗勒里与伊夫·德·沙特尔（Ive de Chartres）相提并论，恰如其分地称之为法国的"第三党"（Lavisse, *Histoire de France*, II, 2, p. 219）。

以和解的特点），或许是因为对神学思辨缺乏兴趣。无论如何，直到美男子腓力统治下的卡佩君主国成为欧洲大国，似有可能继承霍亨斯陶芬王朝消失后留下的角色之时，法国都避开了这些原则上的问题。美男子腓力当政时，法国国王当仁不让地充当了世俗权力的保卫者，法国的论战者们投入了捍卫其主子的战场。我们很快将看到，他们殚精竭虑，为的是不要忘记神奇治疗的能力。

此外，在法国，沉默的禁令在13世纪中叶已经开始松弛。有两位阅历不明的教会作家，一位姓名不为人知的作家，在1242—1244年间写了萨维尼地方诸圣徒奇迹；另一位名叫克莱芒，于1260年前后草成了一位名叫托马斯·德·比维尔的诺曼教士的传记。前者偶然地提到"国王之魔"，[1] 后者则明确地提到"瘰疬病，法国国王通过神恩以其双手加以治疗"。[2] 但是，只有在圣路易死后，在涉及他的功德时，真正的著名教士才敢打破旧的沉默禁忌。这位虔诚的国王似乎将所有与他相关的事物都神圣化了。不过，请注意为他立传的作者们在涉入这个危险领域时所抱持的谨慎态度。纪尧姆·德·圣帕图只是顺便提到国王的触摸。[3] 而在另一方面，若弗鲁瓦·德·博利厄却以相当的篇幅讨论这个主题，而且明确地说明了这个备

---

[1] *Histor. de France*, XXIII, p. 597 c.: "Dicebant autem aliqui qui eum visitabant quod hic erat morbus regius, id est lupus."

[2] *Histor. de France*, XXIII, p. 565, XXXVI: "morbus erat scrophularum, a quo rex Franciae tactum manuum suarum divinitus curat." 关于这部著作及其作者，参见 Paulin Paris, *Hist. littéraire*, XXXI, p. 65 及 Léopold Delisle, *Mémoire sur le bienheureux Thomas de Biville*, Saint Lô, 1912. 在 De Pontaumont, *Vie du B. Thomas Hélie de Biville*, Cherbourg, 1868 法文译本中，国王奇迹及我们关注的这个段落缺失。纪念圣马库尔的一篇布道词——大概出于 13 世纪，但精确年月不可考——也使用 morbus regius（国王病）这个术语：参见下文第 266 页。迪康热（Du Cange），或者更确切地说，本尼迪克会士完成的迪康热的《辞典》（*Glossarium*），在 "Scroellae" 条目中也引用了下面的句子，这个句子取自德普雷圣日耳曼文库（Bibliothèque de St-Germaindes-Prés）的拉丁文 – 法文词汇表（我已精确地按照手稿原文重构了这段文字）: "le Escroelle, une maladie qui vient ou col, c'est le mal le Roy." 承蒙安托万·托马（M. Antoine Thomas）的热心帮助，我已能够确认这个词汇表就是 Bibl. Nat. ms. Lat. 13032；我们提到的这句话见于 fol. 139. v°；这个手稿乃 14 世纪的作品，大大晚于我们上文提到的各文献。卡尔庞捷（Carpentier）在迪康热的著作的 *Malum Regis*: AA. SS. Aug., VI, p. 618 条下引述的 Miracles de Saint Fiacre 则更属晚出。

[3] 见前文，p. 95, n. 1。

受争议的习惯所具有的宗教特点。他不满足于强调此处所说的话是"真正神圣且符合天主教的",而且行之更甚,乃至声称他的主公是将画十字的手势引入这个仪式的第一人,"所以治疗的效果与其归功于国王陛下的行动,毋宁归功于十字的功效"。[1] 对此说法我们不要信以为真,因为通过埃尔戈和吉贝尔·德·诺让的记载我们知道,罗贝尔二世和路易四世已经在使用同样的手势,我们很难理解传说为何会在这一特别点上发生断裂。若弗鲁瓦的说法是不准确的:是有意为之还是无意为之,无从知晓。这并不重要,因为不管采纳哪种假设,其解释并无二致。其意图在于说明,这位虔诚的君主已经在完全按照最严格的正统教义努力地施展其治病能力。没有什么东西比这更清楚地证明教会舆论的小心谨慎。[2]

现在我们要讨论美男子腓力。正如前文所见,正是在与教廷的大冲突中,法国王权的辩护士们才第一次求助于国王治病的奇迹。我们已经看到诺加雷和普莱西安提供的证据。[3] 同样的论点在一本以《正反两方面的问题》(*Quaestio in utramque partem*)为人所知的小册子中得到某种程度的详细阐述。这本小册子在完成之时,就已相当有名,所以被抄进了掌玺大臣公

---

[1] *Histor. de France*, XX, p. 20, c. XXXV: "In tangendis infirmitatibus, quae vulgo scroalae vocantur, super quibus curandis Franciae regibus Dominus contulit gratiam singularem, pius Rex modum hunc praeter reges caeteros voluit observare. Cum enim alii reges praedecessores sui, tangendo solummodo locum morbi, verba ad hoc appropriata et consueta proferrent, quae quidem verba sancta sunt atque catholica, nec facere consuevissent aliquod signum crucis, ipse super consuetudinem aliorum hoc addidit, quod, dicendo verba super locum morbi, sanctae crucis signaculum imprimebat, ut sequens curatio virtuti crucis attribueretur potius quam regiae majestati." Guillaume de Nangis, 同前, p. 408 引述了这段文字。

[2] 旧制度时期的某些作家,如 Du Laurens, *De mirabili*, p. 17 及 Raulin, *Panegyre*, p. 179 引述圣路易封圣的教皇谕令的一个短语,"strumis beneficium liberationis impendit",认为这是半正式地承认法国诸王创造奇迹的能力;但一望而知,这个短语(*Histor. de France*, XXIII, p. 159 d)仅仅应用于这位国王死后的圣体所完成的奇迹。没有人认为对瘰疬病的治疗——法国诸王的世袭特长——是路易九世神圣性的根据之一,教皇谕令没有涉及这个问题。此外,人们请求死后的圣路易除了完成其他奇迹外,为人们解除他生前就有能力治疗的疾病,乃是很自然的事情。他的遗物经常被人们认为具有治疗瘰疬病的特殊功效。见 Jacobus Valdesius, *De dignitate regum regnorumque Hispaniae*, in-4°, Granade, 1602(加泰罗尼亚的珀波莱地方的遗物),及 Cabanès, *Remèdes d'autrefois*, p. 40. n. 2。

[3] 前文 p. 110, n. 1。

署掌管的登记簿；在下一个世纪中，查理五世仍然对它赞誉有加，让他信任的译员拉乌尔·德·普雷勒翻译成法文。这位匿名作者列举了证据，证明法国国王的"正当权利"：

> 第二，同样的事情可由这些显见的奇迹证明，这些奇迹对于所有人都是明显的，而且是昭然若揭。对于这些奇迹，我们的主公国王陛下可以用上帝基督耶稣在福音书中回答犹太人诽谤的话，来支持其正当的权利："如果你不相信我，那么就相信我的功业吧"。正如儿子因继承权继承父亲的王国一样，一位国王也由继承权继承了另一位国王创造同样奇迹的能力，这些奇迹是上帝通过他们来完成的，正如通过其代理人完成这些奇迹一样。[1]

历史家追步政论家的后尘：世俗之人如美男子腓力治下的纪尧姆·吉亚尔，[2] 教会人士如腓力四世治下充任官方历史编纂官的圣德尼修道院的伊沃修士，[3] 在其作品中也不再忌惮论及国王触摸的"奇迹"。但是，事情不止于此。宗教界的巧言雄辩也在此时加入进来，为卡佩王朝的治病声誉

---

[1] M. Goldast, *Monarchia S. Romani Imperii*, in-4°, Hanovre, 1612, I, p. 49. 拉丁原文：*ibidem*, II (éd. Amsterdam, 1631), p. 102；但我将直接引用一份手稿：Arch. Nat. JJ. 28, fol. Fol. 250: "Secundo, hoc idem probant aperta miracula, universo orbi manifeste notoria et notorie manifesta. Unde Dominus Rex, de iusto titulo suo respondens, dicere potest illud Euangelicum quod respondit Dominus Ihesus contra calumpnias Judeorum: *Si mihi non uultis credere, operibus credite*. Sicut enim hereditario iure succedit patri filius in adoptionem regni, sic quasi hereditario iure succedit, faciente Deo, alter alteri in simili potestate huiusmodi miraculi faciendi." 关于这一著作，见 Richard Scholz, *Die Publizistik zur Zeit Philipps des Schönen und Bonifaz VIII* (*Kirchenrechtliche Abhandl. hgg. von U. Stutz*, 6-8), p. 224 以下。在最近法国天主教委员会为纪念但丁逝世六百年出版的 *Bulletin du jubilé* 上，富尼耶（M. P.Fournier）发表文章（p. 172）提出，虽然不能固执，但《正反两方面的问题》很有可能是普莱西安的作品。实际上，作者不为人知的姓名将永远不可能揭示出来。

[2] *Histor. de France*, XXII, p. 175, v. 198 以下："Diex di ciel, li souverains peres, — Si grant bonne aventure donne — A quiconques a la couronne — De la terre ramenteue, — Qu'il fait, puis qi'il l'a receue, — Tout son vivant miracles beles; — Car il guerist des escroeles — Tant seulement par y touchier, — Sans emplastres dessus couchier, — Ce qu'autres roys ne puent faire."

[3] 见前文 p. 93, n. 1。

摇旗呐喊。纪尧姆·德·索克维尔是诺曼人出身的多米尼克修士,大约在1300年他作过一篇关于这个主题的有趣的布道文《大卫之子颂歌》。[1] 这篇布道文说明这位布道者充满极端强烈的民族自豪感。他宣布法国对神圣罗马帝国的独立,借助于可悲的文字游戏对这个帝国大加嘲讽(Empire: en pire)[2]。正是在这个时候,法国作家与教会之间的激烈论争,因反对罗马帝国声称的普世霸权而得到强化。[3] 纪尧姆修士说,法国国王配得上称作大卫之子,因为大卫的意思是"勇敢的手"(manu fortis);而国王的手是敢于为人治病的:"每一位承继法国大统的君主,一旦接受涂油和加冕,就从上帝那里接受了特殊恩典以及以手触摸为人治病的特殊品性;所以我们看到国王之瘰疬病患者从许多地方和不同地区前来觐见国王。"这就是布道文的开篇词。[4] 论战性的辩词是很难为民众所获悉的,但像这样来自布道讲坛的讲演却必定对民众产生影响!

大约在相同时期,一位意大利作家对治病仪式所持的态度,注定其后对整个教会舆论产生真正强有力的影响。弗拉·托罗米奥是一位多米尼克修士,出生于卢卡地方,大约于1327年死于托尔切罗主教任上,他是一位极多产的历史家和政治理论家。很难从他的作品中总结出任何非常确定的原则,因为这位多题材作家不是一位知识宏富的思想家。此人无疑敌视神圣罗马帝国而拥护教皇的至上地位,但他并非教皇的忠实信徒,不像对安茹家族那般忠诚。此时在许多目标上——虽然不是在所有目标上——安茹家族与教皇是一个利益共同体。在一个卢卡人而言,这一点是很自然

---

[1] Matth., XXI, 9.

[2] 意为"越来越坏"。——译者

[3] 参见 Paul Fournier, *La Monarchia de Dante et l'opinion française: Comité français catholique pour la célébration du sixième centenaire de la mort de Dante Alighieri*, *Bulletin*, 1921, p. 155 以下。

[4] Bibl. Nat. Latin 16495, fol. 96 d. 以下;这篇布道词乃为纪念圣尼古拉而作,但在布道词中这位圣徒只是在相当后面的地方才出现。这句有争议的话是:"Quilibet heres Francie, ex quo inunctus et coronatus, habet specialem gratiam et virtutem a Deo quod tactu manus suae curat infirmos: propter quod habentes infirmitatem regiam veniunt ad regem de multis locis et terris diversis";它被 N. Valois 论 Guillaume de Sauqueville 的文章所引述,见 *Histoire littéraire*, XXXIV, p. 298 以下。我从这篇文章得到上文提到的关于作者和这些布道日期的知识。

的，因为在意大利北部，卢卡是安茹王朝政策最强有力的支持者之一。安茹家族的查理是神圣罗马帝国在托斯卡纳地方的代理人，在那里颇受人尊敬；托罗米奥两度称之为主公和国王。当这位著名的教皇派的征服者亡故时，这位多米尼克修士对他的依附就转移到他的家族上了。1315年，那不勒斯的罗伯特之侄、塔兰托的查理王子在蒙特卡蒂尼的战场上阵亡，当时托罗米奥是佛罗伦萨的桑塔·玛利亚·诺韦拉修道院的院长，就是他自告奋勇前往获胜的比萨军队寻索查理王子的尸体。[1] 圣路易的兄弟、安茹的查理是卡佩王朝的一员，这样的话，他一定是相信国王奇迹的，在他成为意大利国王时，就更加坚定地相信了，因为，我们将看到，他也声称拥有治病的能力。考虑到这些方面，就可以解释托罗米奥支持国王触摸瘰疬病患者的态度。关于这个问题，他在两部作品中表达过自己的观点。首先，是他于1280年前后写的《帝国权利撮要》(*Determinatio compendiosa de jurisdictione imperii*)，这是一篇政治论辩的小册子，在这本小册子里，他明确地捍卫那不勒斯国王的利益，反对罗马人的国王和教皇本人。在第十八章中，他力图证明王权来自上帝，提出如下观点：他声称这个理论的

---

[1] 关于卢卡地方的托罗米奥的文献非常丰富，但是没有真正透彻的研究。G. Mollat, *Etude critique sur les Vitae Paparum Avenionensium d'Etienne Baluze*, 1917, p. 1 以下已经提到并使用过大多数有用的著作；对此需要补充的是最近的这篇文章：Martin Grabmann, *La scuola tomistica italiana*, *Rivista di filosofia neo-scolastica*, XV (1923)，其中第四部分讨论托罗米奥。值得提及的还有这篇论文：Karl Krüger, *Des Ptolemäus Lucensis Leben und Werke*, Göttingen, 1874；同样应参考 M. Krammer (éd.), *Fontes iuris germanici antiqui*, Hanover and Leipzig, 1909 版所写的序言。关于其他作者，读者参考一下莫拉特（Mollat）列出的参考书目就可以了。在我看来，研究托罗米奥政治观念的学者，似乎普遍地没有足够重视他与安茹家族的关系，如 Albert Bazaillas, *Étude sur le De regimine principum, Rec Académ. Sciences Belles Lettres et Arts de Tarn et Garonne*, 2e series, VIII (1892)，特别是 p. 136-143 及 Jacques Zeiller, *L'Idée de l'État dans saint Thomas d'Aquin*, 1910, p. 161。关于卢卡人与安茹家族的关系，参见 Krammer, 前引书，p. xvi-xvii。托罗米奥在 *De regimine* IV, 8 中称安茹的查理为"rege nostro Karolo"("我们的查理王")，在 *Determinatio*（下文 p.133）中，称之为"dominus noster rex Karolus"("我们的主公查理王")。在 *De regimine*, IV, 8, 他坚持法国人与那不勒斯王国民众的完全同化。最后，*Determinatio* 的整个目标，是捍卫安茹的查理充任托斯卡纳的教皇的代理人，反对哈布斯堡王朝的鲁道夫和教皇马丁四世本人；关于这个问题，除了参见 Krammer 为其编辑的著作所写的序言，还需要参见 F. Kern, *Die Reichsgewalt des deutschen Königs nach dem Interregnum, Histor. Zeitschrift*, CVI (1911), p. 71-74。关于1315年的故事，见 R. Davidsohn, *Forschungen zur Geschichte von Florenz*, IV, Berlin, 1908, p. 368。

证据是"我们时代的一些君主、善良的天主教徒和教廷的一些成员所做出的榜样；因为，由于受到特别神性的影响，他们比普通人分享了更多的神性，拥有一种独特的治病能力，如法国诸王，我们的主公查理国王"——这里指的是安茹家族的查理；"据说英国诸王也具有这种能力"。[1] 如果说托罗米奥只是在当时读者颇多的《撮要》中提到这种"独特能力"，而在14世纪之后就被人忘记了，那么，他的名字在我们所关注的这段历史中就只能占据一个次要的位置。但是，他在统一时期还完成了另一部著作，取得了更大的成功。他曾是圣托马斯·阿奎那的弟子，这位弟子在其老师的著作中发现了一部未完成的《论君主统治》(De regimine)；他毅然担当重任，完成了这部作品。在他续写的其中一章中，有一段文字论及涂油礼，特别是法国诸王接受的涂油礼，这段文字写道："这些国王是克洛维的继承人，他们接受了涂油礼，〔圣油乃是先前一只鸽子从天上衔来的〕；由于这种涂油礼，不同迹象、预兆和治病行为在他们身上出现了。"[2] 这段文字较之

---

[1] Éd. Mario Krammer, Hanover and Leipzig, 1909 (*Fontes iuris germanici antiqui*), p. 39. c.XVIII: "Hoc etiam apparet in modernis principibus viris catolicis et ecclesiasticis, quod ex speciali divina influentia super eos, ex ampliori participatione Entis, singuliorem habent virtutem super populum egritudine laborantem, ut sunt reges Francie, dominus noster rex Karolus, et de rege Anglie fertur." 参见 H. Grauert, *Aus der kirchenpolitischen Litteratur des 14. Jahrh.*, *Histor. Jahrbuck*, XXIX (1908), p. 502, 519. 格劳尔认为条约于1300年签订；"查理王"在当时不应是安茹的查理，而是他的儿子查理二世。我采用克拉默尔（Krammer）所确定的日期。毫无疑问，托罗米奥就是《撮要》的作者，因为 Martin Grabmann, *Neues Archiv*, XXXVII (1912), p. 818 已经在这位作者的另一部作品 *Exaemeron* 中发现一个地方提到这一点："libellus sive tractatus de iurisdictione Imperii et Summi Pontifice"。

[2] *De regimine principum ad regem Cypri*, II, cap. XVI; *Sancti Thomae Aquinatis ... opera omnia*, in fol., Parme, 1864, p. 250, col. 1 et 2: "Cujus sanctitatis etiam argumentum assumimus ex gestis Francorum de beati Remigii super Clodoveum regem primum Christianum inter reges Francorum, et delatione olei desuper per columbam, quo rex praefatus fuit inunctus et inunguntur posteri, signis et portentis ac variis curis apparentibus in eis ex unctione praedicta." 关于 *De regimine*，最后请参见出色的著作：Martin Grabmann, *Die echten Schriften des hl. Thomas von Aquin*, Munich, 1920 (*Beiträge zur Gesch. der Philosophie des Mittelalters*, XXII, 1-2), p. 216 以下。续作肯定不是圣托马斯所为，将它认定为托罗米奥所作，如果不能确定无疑，至少也是非常可能的。我要补充的是，如果将涉及国王奇迹的这段文字与 *Determinatio* 中阐发更多的这段文字并列放在一起，在我看来就增加了证明这个论点的另一个强有力的论据。关于续作完成的日期存在争论，我愿意赞同 A. Busson, *Sitzungber. Der phil.-hist. Klasse der k. Akademie Wien*, LXXXVIII (1877), p. 723 的结论。

134 前文引述的一段更不明确；不过它注定更加声名远扬。因为《论君主统治》通常作为圣托马斯的著作广为流行，人们分不清哪些出自他的手笔，哪些是后继者的增补。特别是在旧体制时代，国王触摸治疗法的辩护者们很愿意借助于圣托马斯的权威。[1] 实际上，他们所乞灵的只是弗拉·托罗米奥的权威；但是，即使对更审慎的历史学家而言，《论君主统治》的内容也提出一个甚至延续到现今的难题：为何是这位来自卢卡、强烈捍卫教廷和教皇的作者，第一个承认这种"预兆"和"治病行为"，而此前无论是教廷还是各位教皇都没有宣布赞同之？最近出版的《论君主统治》已经揭开这个谜团。正是安茹家族的要求，才使托罗米奥成了国王触摸的坚强支持者，并且间接地为创造奇迹的仪式获得了伪造却珍贵的圣托马斯·阿奎那的支持。

最早提出论据支持这种奇迹的法国政论家已经显示出某种勇气；其后继者只是收获他们的劳动果实。

在14世纪的法国，这种助力得到极广泛的利用，特别是在查理五世的近臣中。首先让我们看一下1380年国王本人给予兰斯教士会的一个庄重的契约书。在这份文书的顶端，是王室的两个开头字母K和A，装饰着小而135 雅致的饰图；上有契约授予式的经典场面——这位君主正将羊皮纸文件交给教士会成员们，这个文件将使他们成为沃克勒克领地的领主——在这个场面的旁边是克洛维接受神奇洗礼的场景。前言中确实回忆了圣油瓶的传说；但也直接将传说与治病能力联系起来：

> 在著名的兰斯城的神圣教堂里，当时的法兰西国王克洛维倾听着雷米——这位至为荣耀、为人称赞的忏悔者，这座名城的主教——的宣道。这位主教在这里为国王及其部属洗礼时，神灵抑或天使，化作

---

[1] 譬如，Meurier, *De sacris unctionibus*, p. 261; Mauclerc, *De monarchia divina*, col. 1567; du Peyrat, *Histoire ecclésiastique de la Cour*, p. 806; Oroux, *Histoire ecclésiastique de la Cour*, p. 180.

第一章　15世纪末叶以前瘰疬病触摸治疗及其流行

一只鸽子出现了，从天上降临，带来了满瓶的圣油；正是用这瓶里的圣油，国王本人和我们法国所有的先辈国王以及我本人，在举行圣化礼和加冕礼之日接受了涂油礼；依靠这涂油礼，以及神圣的怜悯，法国诸王分享了这样的品性和恩典，他们仅以手触摸就能保护病人，治愈瘰疬病恶疾；此事为事实所确证，也为无数人所见证。[1]

一位基督教国王明确地摆出奇迹创造者的姿态，这是第一次。

至于这位聪慧国王的宫廷中活跃的博学且雄辩的演说家和作家们，则竞相宣扬国王触摸的力量。《园林之梦》(*Somnium Viridarii*)的作者通过一位骑士之口，断言世俗权力的神圣性高于教士阶层。[2] 我们已经提到了拉乌尔·德·普雷勒，以及他从拉丁文翻译成法文的《正反两方面的问题》。他还遵照其主子的命令翻译了圣奥古斯丁的《上帝之城》，在译本序言中，

---

[1] 原文见于 Arch. de Rheims, fond du chapitre métropolitain, Vauclerc, liasse I, n°. 4; éd. Dom Marlot, *Historia ecclesie Remensis*, II, p. 660（法文版的标题为：*Histoire de la ville de Reims*, IV, in-4°, Reims, 1846, p. 631）以及 *Le Théâtre d'honneur*, p. 757（部分）。这个教士会似乎不为 E. Dupont 所知，他在 *Notices et documents publiés par la Soc. de l'Hist. de France à l'occasion du cinquantième anniversaire de sa fondation*, 1884, p. 187-218 列出了"带有授予者肖像"的契约名单。它同样也不见于 L. Delisle, *Recherches sur la librairie de Charles V*, I, 1907, p. 61 列出的契约名单，这份契约名单的开头有查理五世的"肖像"。我引述的原文如下："quando in sancta egregie civitatis Remensis ecclesia a Clodoveo, tunc Francorum rege, audita est gloriosissimi confessoris beati Remigii eiusdem clare urbis episcopi predicacio, cui, dum ibidem prefatum regem cum suo populo baptizaret, Spiritus Sanctus seu angelus Dei in columbe specie, de Celo descendens, apparuit, portans et ministrans sibi ampulam sancti chrismatis liquore refertam de quo ipse Rex et omnes deinceps Francorum reges predecessores nostri in eorum et nos eciam in nostra consecracione et coronacione, Deo propicio, suscepimus unctionem, per quam ipsis regibus, diuina operante clemencia, virtus infunditur et gracia qua solo contactu manuum infirmos servant ab egritudine scrofularum, quod in personis innumeris per facti evidenciam constat esse probatum。"

[2] 拉丁文版：Goldast, *Monarchia imperii*, I, lib. I, cap. CLXXII et CLXXIII, 173, p. 128-129; 法文版：J. L. Brunet, *Traitez des droictz et libertez de l'église gallicane*, fol. 1731, II, livre. I, chap. LXXIX, LXXX, p. 81-82。此外，正如 Carl Müller, *Zeitschrift für Kirchenrecht*, XIV (1879), p. 142 指出,《园林之梦》的作者也多少引述了奥卡姆的内容，但做了重要修正，关于这一点下文（p. 222）还要谈到。

他为法国君主歌功颂德，不惜华美之词，其中也提到国王的神奇特长。[1] 下面我们将更详细地看到，让·戈林在他翻译的纪尧姆·迪朗的《神职论》(*Rationale Divinorum Officiorm*)中的做法也是如出一辙；1367年4月底，典礼官安索·肖卡尔以国王的名义对教皇乌尔班五世高谈阔论，为的是打消他返回罗马的念头。[2]

不过，我们不要犯错误。这些群体对国王治病能力的颂扬，只是一种整体趋势的诸多表象之一，这种整体趋势的意义是很清楚的。因为，在查理五世的咨议官和廷臣中，人们可以清晰地看到一种非常强烈的意图，即利用一切手段强化卡佩王朝的宗教性和超自然性的威望。正如诺埃尔·瓦卢瓦指出的，正是在这个时候，法国宫廷中出现了这种念头：将此前司空见惯的"至真基督教徒"称号，作为王室家族的特定荣耀，留给各位国王。[3] 在神奇传说中，再没有比这更响亮的赞辞，使百合花王朝的君主感到自豪的了。另外，我们很快将看到，似乎在那些以王室"文库"

---

[1] 1531 éd., folio Paris, fol. a III v° 拉乌尔回忆了涂油礼和圣油的奇迹，然后直接对查理五世说："Et ne tiengne vous ne autre que celle consecracion soit sans tres grant digne et noble mistere car par icelle voz devanciers et vous avez telle virtu et puissance qui vous est donnée et attribuée de dieu que vous faictes miracles en vostre vie telles, si grandes et si apertes que vous garissiez d'une tres horrible maladie qui s'appelle les escroelles de laquelle nul autre prince terrien ne peut garir fors vous。" Guillebert de Metz 于1434年之后完成其作品 *Description de Paris*，其中转述了这段文字；见 Leroux de Lincy et L. M. Tisserant, *Paris et ses historiens* (Hist. génér. de Paris), in-4°, 1867, p. 148。

[2] C. E. Bulaeus [du Boulay], *Historia Universitatis Parisiensis*, IV, in-4°, Paris, 1668, 4, p. 408: "ex sanctissima unctione spirituali, et divina, non humana, qua inungitur Rex ipse, propter quam sanctificatus est...et exinde curat morbos in signum sanctissimae unctionis." 关于这篇演说的作者及发表演说的原委，见 R. Delachenal, *Histoire de Charles V*, III, 1916, p. 517 以下，尤其是 p. 518, n. 5。

[3] "*Le roi très chrétien*", 载 *La France Chrétien dans l'histoire, ouvrage publié... sous la direction du R. P. Baudrillart*, 1896, p. 317 以下，瓦卢瓦（M. Valois）引述的内容之外，还应补充的，是让·戈林论圣化礼的论文（见本书附录四，p. 480, 1, 13）以及艾田·德·孔第论法国王权的小文章中的一段文字，这是稍晚于查理五世时代的作品（见前文 p. 92, n. 1），忠实地反映了流行于国王周围人群中的各种理论：Bibl. Nat. latin 11730, fol. 32 v°, col. 1: "Romani pontifices omnes semper scripserunt et scribunt cotidie regi Francie cristianissimo (sic), quasi suppellativo in fide catholica, sed aliis regibus omnibus et principibus scribunt: tali regi *christiano*, in simplici positivo." 瓦卢瓦非常明白围绕查理五世所进行的所有宣传工作："现在教士们环绕在王座周围，他们驾轻就熟地找到了广为流传的过去的事实，以提高王权的威望……什么人比他们更愿意肯定君王的神圣性呢？哪些人会比他们更愿意提到圣油，或回忆起百合花的天堂渊源呢？"（该书 p. 323）

第一章　15世纪末叶以前瘰疬病触摸治疗及其流行

（Librairie）为活动中心的尊崇王权的小团体中，甚至有人试图为其先辈流传的传奇遗产增加点内容。[1] 在大众观念中，国王们是从涂油仪式中接受了神圣印记；查理五世自然对这些仪式表现出特别的兴趣。他的图书馆里保存了不下七卷有关法国仪式的书籍；这些书籍之外，需要补充的是一部有关神圣罗马帝国涂油礼的著作，和一本包括英国圣化礼仪式的圣诗集。[2] 而且，正是通过他的直接鼓励，他雇佣的一位作者、卡迈尔会修士让·戈林，才炮制了一篇关于法国诸王和王后接受涂油礼的小论文，关于这篇小论文，下面我们还要详细讨论。那么，对一切与神圣王权相关的事物，这位君主和他的廷臣热情高涨，缘由何在？毫无疑问，部分地源于查理五世本人的性情。由于他生性极为虔诚，深信自己任重道远，所以他必定强调"王室身份"的宗教性。另外，他的思想被引向了神学思辨。用让·戈林的话说，他在所理解的神学术语范围内，已"将其敏锐的头脑用于研究这些事情"，[3] 倾向于赏识王权及圣化礼的神秘性和象征性理论，而这些神秘性和象征性理论早由他那个时代的文人为他准备好了。在君权的神奇因素问题上，这个时代官方或非官方的作家引起了骚动，但是，认为整个骚动不过是这些作者奉迎一个君主的无关利害的癖好，那就有些天真幼稚了。在我们关注的这段历史中，我们将看到一种现象非常有规则地发生：法、英两国王朝经常为严重的危机所动摇，每当受损的王室声誉需要修复时，王权宣传员们所偏好的主题几乎总是涉及全部神圣王权，特别是神奇治疗能力。让我们仅举几个较近期且非常清楚的例证，看一下法国亨利四世和英国查理二世执政时期的情况。这是讲究正统性的仆人们最喜欢唠叨的主题。

查理五世统治时，国家正在摆脱一场实在可怕的危机，这场席卷全国的危机是由普瓦提埃战役引起的。我们这个时代的一些史学家认为，对瓦洛亚王朝和君主制度本身当时所面临的危险性，不应估计过高。不过，危险似乎确实存在且真的很严重，不仅是因为一些才智之士试图将政府置于

1　见下文，p. 232、236。

2　Léopold Delisle, *Recherches sur la librairie de Charles V, II. Inventaire general des livres ayant appartenu aux rois Charles V et Charles VI*, n°s. 227-233, 226, 259.

3　见下文，附录四，p. 489。

国民控制之下，而且更因为激起整个普通民众反对贵族阶级的剧烈仇恨和叛乱活动。富裕商人阶级也参加进来，因为他们还没有像随后数世纪那样，成功地集体性强行进入这个特权阶级。君主制本身似乎一时间威信扫地，这种威信丧失已经突然降临到一个社会等级身上，而王权似乎是与这个社会等级同流合污。如果有人怀疑在这悲剧性的数年间搅扰人们心灵的这种情感力量，那么，只要读一下偶然流传下来的艾田·马赛写的三封信件，就足够了。瓦洛亚王朝如何渡过波荡起伏的难关，此处不宜详究；我们知道，这些事件的记忆对于查理五世的心智，已经产生了非常强大而持久的影响，毫无疑问，这种记忆促使他利用一切可能的手段强化君主制国家对臣民精神的控制。我们已经很公道地说过，这是一位对"舆论力量"的实在价值非常敏感的君主。这样的一位君主，苦心孤诣地将治病奇迹作为武器加以利用，还有什么奇怪呢？[1]

不过，这位精明的政治家同时也是一位非常虔诚的人。似乎可以肯定的是，他身边的人有时给予他的轻率的赞美之词，在某个时刻激起了他的某些顾虑。他渴望将其辩护者限定在健全的正统观念所规定的范围之内。我们看到一份迄今多少有些被人忽视的文献，有必要详细地描述一下。在这份文献中，我们看到一则有趣的证据，说明他的顾虑。查理五世曾出资让人将众多拉丁著作翻译成法文，在其中的极为重要的中世纪礼拜式论著中，有一本《神职论》，由芒德地方的主教纪尧姆·迪朗于1285年前后所作。翻译任务交由卡迈尔会修士让·戈林完成，1372年译者将译作交付国王。这是一部著名的作品，1503年印行，此时查理五世"文库"的训导文学正为某些雄心勃勃的出版商提供琳琅满目的材料。但是，通常不被人注意的是，这部作品内容多于一部译作，且优于一部译作。在一个章节中，芒德的这位主教从整体上表达了有关涂油礼的观点，但没有特别地讨论国王的涂油礼，在这一章的末尾，"出于"对"他最敬畏的身为君主的领

---

[1] 德拉舍纳尔（Delachenal, *History de Charles V*, II, p. 369）："查理五世甚至在即王位前，就非常清楚地认识到舆论的力量。"关于反贵族运动，一些典型例证被收入该书 I, p. 395 以下。很难再增加其他例证。

主"、于1364年5月19日举行过圣化礼的法国国王的"崇敬",让·戈林认为应该增加些他本人的东西。这是一篇"论君主圣化礼的小论文",在印有皇家书页图版的原书手稿中,这篇小论文占有不下二十五页,每页分两栏,书法相当流畅。它不只从整体上论述君主的圣化礼,而且尤其研究与叙述了法国的圣化礼仪式。除了以相当沉重的手笔说明兰斯仪典书的象征意义与"神秘意义",还有关于法国公共法——特别是关于继承权的传说基础——以及关于神圣王权观念及其神奇传说系列的大量珍贵资料;在本书后面的研究中我们将对神奇传说系列的一些方面进行研究。还有一些更有用的东西。至少在一个问题,即我们现在特别感兴趣的国王治病能力问题上,让·戈林明确宣称自己是获得授权的其主人思想的的解说者。拉乌尔·德·普雷勒在为《上帝之城》撰写的前言里,对查理五世献殷勤,写道:"您拥有上帝赋予的这样的品性和力量,您能够在生命历程中创造奇迹。"前面引述的文献说明,这种措辞完全符合当时的习惯。然而,他却似乎使这位虔诚的国君感到吃惊。"他既不应该被塑造成一位圣徒,也不应该被塑造成为创造奇迹者,"让·戈林坚持说;类似的事情没有经过他的"同意"被有的人说出来了;这位优秀的卡迈尔会修士继续博学地解释说,只有上帝才能创造出奇迹。这无疑是完全对的。但是我们不要夸大了这位君主的谦卑,也不要夸大了其代言人的谦卑。戈林煞费苦心地提醒我们,这个无可争辩的神学事实既应验于圣徒,也应验于创造奇迹的诸位国王。在这两种情况下,他们创造的奇迹都是神圣力量的效验。那些不懂"神学语言"的人,在任何一种情况下都说他们创造了奇迹或治愈了某某疾病,原因在此。这一比较大概足以满足国王的自豪感。所以,查理五世及其神学家们成功地调和了他们对正统观念的关注及正当欲望,这正当欲望就是:"国王的身份"应该是"道义上的持有,而且具有正当的理由"。[1]

动力首先来自美男子腓力的廷臣,然后是查理五世的廷臣。此后,国

---

[1] 关于上文内容,我只需提到附录四就可以了,在那里读者将看到一个分析和让·戈林论文的大段节录。我们将注意到(p.489),拉乌尔·德·普雷勒受到非常明确的批评,虽然这种批评温文尔雅。

王的神奇治疗变成了所有的法国王权颂词的必要成分。查理六世时期，一位名叫艾田·德孔第的修士，将这些神奇治疗纳入他认为诸王具有的辉煌特长之列。[1] 至少有两次——在查理七世和路易十一两代——法国大使在教皇的宫廷上提到这些特异能力，为的是证明法国王族的特殊神圣性，以及随之而来的他们对教会所行使权力的合法性。[2] 最后提到的这些实例尤其意味深长。正如稍后我们将看到的情形，一整套观念和情感集合体，以法国教会自主论[3]的形式表达出来，在这其中，古老的神圣王权观念是其一部分，包括对普通民众思想最真实且最明显的事物，即治病能力。所以，人们发现这种情况不必惊诧：在教会诉讼案件中，甚至进行辩护的律师，也使用奇迹作为论据。1493年初，高等法院面临着一件对于政治和宗教都至关重要的诉讼案件。诉讼方是两位教士，二人都声称拥有巴黎主教之职。吉拉尔·戈巴耶是由教士会选举，让·西蒙则由国王提名、教皇批准。让·西蒙的律师奥利维耶法官自然认为应当维护国王介入教会人员提名的权利，因为这种权利最显然的运用形式之一即国王对教会的特权（régale spirituelle）。这种权利就是主教职位出现空缺时，传统上法王任命主教就任教职的权利。在律师的辩护过程中，他用当时习以为常的拉丁语和法语混杂的语言朗声说道：

> 同样，国王不是纯粹的世俗之人，因为他不仅像其他国王一样接

---

[1] 参见上文，p. 92, n. 1。除了15世纪提及国王触摸的这些作者之外，还应补充的是尼古拉·德·拉里斯维拉（Nicolas de Larisvilla）的说法，Marlot, *Le théâtre d'honneur*, p. 758 引述说，他"于1460年……在一篇论作中……论及圣雷米教堂的题词"。

[2] 1459年11月30日在曼托瓦对庇护二世所讲，d'Achery, *Spicilegium*, fol., 1723, III, p. 821, col. 2; 参见 du Fresne de Beaucourt, *Histoire de Charles VII*, VI, p. 256。1478年对西克塔斯四世所讲，见 de Maulde, *La Diplomatie au temps de Machiavel*, p. 60, n. 2; 参见 J. Comblet, *Louis XI et le Saint Siège* (thesis, Lettres Nancy) 1903, p. 170。第一份材料明确提到瘰疬病的治疗，第二份材料提到国王们完成的"奇迹"，但无更详细的内容。

按：西克塔斯四世（Sixtus IV），罗马教皇，1478—1784年在位。——译者

[3] 法国教会自主论（Gallicanism），又称作教会的高卢主义。15世纪，法王反对罗马教皇对法国教会的控制，在法国天主教内部形成了王权派与教权派。王权派主张法国教会对罗马教廷的独立自主，限制罗马教皇的权力，被称为高卢派，其主张称为"高卢主义"，即法国教会自主论。——译者

受加冕和涂油，而且已被圣化（consacré, consecrated）。但是，不止如此。乔万尼·安德烈（14世纪意大利教规学者，下文我们将谈到他）写有论教皇谕令集的论文，正如他在题为"论权利"（licet）的一章中所写，国王仅以手接触就可以治愈病人，所以他拥有对教会的特权，不足为奇。[1]

在英国，政论家们利用这种论据似乎还不很多。这大概是因为，在14世纪和15世纪，他们还没有像法国那么多的机会与罗马交锋。然而，来自英国的一位作者，在一篇响亮的反教皇权的论文中，确实使用了奇迹的创造作为武器。他虽然是英国人，但供职于神圣罗马帝国。在1340年前后，德国君主、巴伐利亚的路易，重新挑起了霍亨斯陶芬时代末期以来几乎处于沉寂状态的旧争论。他将不少文人纠集在身边，一些人是那个时代最雄健的思想家，威廉·奥卡姆就是其中的一位。在这位著名的思想家此时所写的著作中，有一本叫《教皇权能与职分八问》（*Octo Quaestiones de Potestate et Dignitate Papali*）。在第五问的第八章中，奥卡姆试图证明，国王们通过涂油礼接受了"精神能力的恩典"；在他的证据中，他提到了法国国王和英国国王对瘰疬病的治疗。[2] 他的影响几乎不逊色于格利高里。

142

---

1 Arch. Nat. X 1 A. 4834, fol. 141（1493年2月5日）: "Pareillement le roy n'est pas pur lay *quia non solum coronatur et inungitur, sicut ceteri, ymo consecratur* y a plus, car, comme dit Jehan André in N [ovel] la *in* D [ecretales] , c, licet, *ad solum tactum dicitur sanare languidos et egrotos et par ce ne se fault esmerveiller s'il a droit de regale.*" 关于法律案件，参见前引书，fol. 122 v° 以及 *Gallia Christiana*, VII, col. 155-156。

2 *Octo quaestiones super potestate ac dignitate papali*, quaest. V. cap. VII-IX; Goldast, *Monarchia S. Romani Imperii*, II, p. 372.（关于该著作的日期，见 A. G. Little, *The Grey Friars in Oxford*, Oxford, 1892, p. 233.）存在争论的问题如下: "an rex hereditarie succedens ex hoc quod a persona ecclesiastica inungitur et consecratur et coronatur, gratiam consequatur doni spiritualis"。支持肯定性意见的理由如下: "Naturalis curatio aegritudinis corporalis est gratia Dei spiritualis. Quibusdam autem regibus, scilicet Franciae et Angliae, sicut fertur, per unctionem regalem confertur potestas curandi et sanandi specialiter scrophulas patientes. Ergo per huiusmodi unctionem rex consequitur gratiam doni spiritualis." 按照经院哲学讨论问题的规则，奥卡姆列出了否定性结论的理由: "Ad secundum motivum respondetur, quod si reges Angliae et Franciae habent gratiam curandi

在14、15世纪，国王的奇迹就这样在王权的辩护者手里得到广泛利用。这个时期教皇至上权威的拥护者们持有何种见解呢？葡萄牙主教阿尔瓦雷斯·佩拉约是奥卡姆的同代人，是站在教皇一边写下最激烈论著的作者之一，他把国王的奇迹视为"谎言和梦幻"。[1] 很久以后，教皇庇护二世在其《注解》(*Commentaries*)里，对人们所说的查理七世完成的治疗问题表达过谨慎的怀疑。这种怀疑可能主要是他面对法国论战者和演说家喋喋不休的议论，不胜其烦而做出的反应，他对这些政论家和演说家没有好感。此外，《注解》没有指望在作者有生之年出版。[2] 但是，这样的宣言似乎极为独异特出。法国雇佣的政论家在治疗仪式问题上已经不再保持沉默；相反，他们在锐意进取。他们的对手却没有在这方面跟进。这种局面不仅始自教会大分裂——教会大分裂将教会论战家的思想转向了其他的方向；甚至在美男子腓力时代，也没有证据证明站在教皇一边的作者们奋起迎战，回应

---

de scrophulis, non habent potestatem propter unctionem regalem: quia multi alii reges, quamvis inunguntur, huiusmodi gratia non decorantur: sed sunt digni huiusmodi gratia propter aliam causam, que nec licet nec potest ab homine indicari."因为肯定性观点在随后的发展过程中获得胜利（cap. X），所以毫无疑问，这就是奥卡姆个人的观点。但是，必须承认，这部书整个是由命题和反命题、答辩和反答辩构成的，作者本人的思想是极难把握的。人们可以理解奥卡姆论辩方法在文艺复兴时期人们头脑中引起的恐慌。《园林之梦》的作者受到奥卡姆的启发；参见上文 p. 136, n. 1 及下文 p. 222。

1 *Collirium super hereses novas*, 见 R. Scholz, *Unbekannte kirchenpolitische Streitschriften aus der Zeit Ludwigs des Bayern*, Teil II, Rome 1914 (*Bibl. des Kgl. Preuss. Instit. in Rom, X*), p. 509: "Nec dicat hereticus quod reges Francie et Anglie gratiam curationis habere consueverant, quia hoc apocrifum enim vel sompnium ... Item constat quod hec virtus curationis non est virtus corporis sed anime ... sicut nec regnum, quod institutum est ad bene regendum, datur sanguini, sed vite..." 关于阿尔瓦雷斯及其著作，见 R. Scholz, *Unbekannte Streitschriften*, I (*Bibliothek*, IX) 1911, p. 197 以下（附有书目参考）。阿尔瓦雷斯对于国王奇迹并非总是采取这样一种态度，见上文，p.151。

2 Livre VI. 我引述的内容出自 J. Quicherat, *Procè... de Jeanne d'Arc* (*Soc. de l'hist. de France*), IV, p. 514-515（关于这段文字提到的查理七世到科尔贝尼的几次朝圣，见下文，p. 281）："Mos enim Franciae regibus est, die quae coronationem sequitur, templum quoddam peregrinando petere, cui sanctus *Marchoul* praesidet, atque ibi aegrotos curare. Miraculum Galli vulgaverunt, morbum quemdam humano in gutture nasci, qui solo regis tactu et arcanis quibusdam curetur verbis; idque post coronationem in hoc templo fieri ... quarta die peregrinatio facta est, in qua de curatione morborum nihil satis compertum habeo, quamvis Gallici omnia illa credant fieri miraculose。"

诺加雷或《正反两方面的问题》的作者发出的挑战。人们得到的印象是，14世纪初叶时，卡佩王朝或英国的君主们完成的治疗已经牢固地控制了所有人的思想，甚至控制了最顽固的宗教人士的思想，已经被作为一种经验性的真理加以接受。人们普遍地开始对这些事情展开讨论，无疑是因为没有人再受到冒犯。在英国，托马斯·格拉德沃丁讨论奇迹时提到这些事情，没有些微恶意。此人是一位非常正统的哲学家，后来在爱德华三世时期担任大主教之职。[1] 14世纪上半叶的意大利教规学者乔万尼·安德烈——我们过去的作者称之为约翰·安德烈——以及下个世纪末叶的菲利诺·桑德二人，都顺便提到了法国国王创造的"奇迹"，将这些"奇迹"视为众所周知的事实。诚然，桑德将这些奇迹归因于"亲族力量"，即一种遗传性的生理素质，而不认为是为君主保留的神圣恩典。但是，他显然相信这些东西，而从未想到冒犯他人。[2] 两个王朝具有的神奇能力成了外交活动中习以为常的事物之一。法兰西斯修士以爱德华三世的名义请求威尼斯总督有所作为时，[3] 路易十一的使节向米兰公爵游说时，[4] 苏格兰的一位大使向路易十一本人慷慨陈词时，[5] 都非常自然地提到了这些奇迹。一种长期饱受争议的信仰变为一种老生常谈的事物，这是否可算作它取得胜利的一种至为清

144

1　见上文，p. 99, n. 1。

2　Joannis Andreae, *J.C. Bononiensis, In sextum Decretalium librum Novella Commentaria*, fol., Venice 1581, lib. III, Tit. IV, *De praebendis et dignitatibus*, cap. II, fol. 94 v°；对法国和英国诸王拥有某些教职权利的原因，正如法国人所坚信的那样，其解释是："Item ad solum manus tactum certos infirmos sanare dicuntur."乔·安德烈死于1348年，参见上文，p. 141, n. 2。Felino Sandei (1444-1503), *Commentaria in V libros Decretalium*, folio, Bâle 1567, lib. II, tit. XX, cap. LII, p. 823；作者解释说，一个圣徒要得到承认，不仅必须证明他的奇迹，而且要证明他"圣化的生平"（sanctimonia vitae）："quia multi non sancti faciunt miracula, aut vi verborum: ut consecratio eucharistiae, aut vi parentelae, ut Rex Franciae, vel illi de domo sancti Pauli arte magica." "圣保罗的亲属"是意大利的魔法师，声称其祖先是异教徒的使徒，关于这个家族，见下文，p. 300, n. 2。关于桑德（Sandei）的理论，也参见下文，p. 415-416。

3　见上文，p. 16, n. 1。

4　De Maulde, *Les origines de la Révolution française*, p. 26-27（1478年12月27日）。

5　埃尔芬斯通是未来的阿伯丁主教，他在1479年受詹姆士三世派遣，晋见路易十一。他的讲话（大概做了些润色）转载于Hector Boetius, *Murthlacencium et Aberdonensium episcoporum vitae*, éd. J. Moir (*New Spalding Club*), in-4°, Aberdeen, 1894, p. 73（传记初版于1522年）。

楚的表现呢？

情况似乎是，在15世纪末的法国，国王的治病行动首次出现在艺术领域。据我们所知，全部属于宗教内容的中世纪肖像学，从来不敢表现这种奇异事物——那样做几乎被视为亵渎神明；13世纪有一幅彩饰画，描述忏悔者爱德华双手放在罹患瘰疬病的妇女身上的情形，这幅画当然应算作一件圣徒传记作品。但在1488年，安德烈·洛雷已经为圣米歇尔山修道院装饰了一些富丽堂皇的彩色玻璃。与英国进行战争的最后数年，特别是1469年8月1日圣米歇尔修道会——大天使保佑下成立的皇家骑士修道会——成立以来，这个修道院实际上已经成为全国和全王朝的圣殿。一座以环形圣米歇尔殿见称的长方形礼拜堂，其彩色玻璃窗中有一扇窗户上描绘的是法国诸王的涂油礼。在这里人们可以看到分布在几个区间的这个仪式的主要特点；创造奇迹的才能——这位主教无疑认为这种才能源自涂油礼——也没有被忘记，不过被置于上端的一个圆形雕饰图中。阿贝·皮容是《新编圣米歇尔山历史与景物指南》(*Nouveau guide historique et descriptif du Mont Saint-Michel*, 1864) 一书的作者，他对此有所描述："第二个圆形雕饰图表现的是国王，他领受两种形式的圣体后，走到一个公园，那里汇集了众多患者。他以右手逐个触摸他们，从前额到下巴，从一个脸颊到另一个脸颊。"可惜啊！我们再也不能将这还算准确的描述与原物对照了！监狱管理局对艺术犯下许多罪行，其中之一就是长期控制着圣米歇尔山，却听任最古老的石碑被毁或朽坏——这石碑是虔诚的臣民为宣示国王奇迹的荣耀而建立的。描绘法国诸王圣化礼的彩色玻璃现在已荡然无存。[1] 但是，在这个教堂为表达信徒的崇拜而绘制的图画中，国王的奇迹与圣徒的奇迹并驾齐驱地绘制在一起，这是怎样的一种荣耀！当时的情况似乎是，相信君主具有创造奇迹的能力，这一古老的信仰已经取得了确定无疑的胜利，不仅如上所述，取得了对于政治对手的胜利，而且也战胜了剧烈且隐秘的敌对情绪，这种敌对情绪在很长时期中见证了教会舆论中存在的极为活跃的各因素。

---

1 见下文附录二，n° 1 (介绍代表圣爱德华奇迹的彩饰画), n° 2 (介绍圣米歇尔山玻璃窗)。

5 瘰疬病触摸治疗与各国间的对立；模仿的意图

11、12世纪，只有两个王族已经开始实施对瘰疬病人的触摸，此即法国的卡佩家族和英国的诺曼诸王及其继承者金雀花家族。它们之间存在着一种竞争关系；此外，它们不可避免地引起其他君主的嫉妒。所以，需要研究一下它们之间的相互敌对行为——这些相互敌对行为容易激起针对它们的一致敌对行动——所引起的国家或王朝自负所带来的反应。

令人惊异的是，中世纪的大多数法国或英国作家都坦然接受海峡彼岸的外邦君主实施的治疗，并没有表现出任何刻薄态度。吉贝尔·德·诺让曾一再否定亨利一世的全部神奇能力，但无人继承其衣钵。即使是最强烈的沙文主义者，通常满足于保持沉默，避而不谈海峡彼岸创造的奇迹。有时他们只是简单地宣称，只有他们的国王拥有这种治病能力：

他治瘰疬病
惟以手触之，
不用膏药敷，
他王难济事。[1]

这就是诗人士兵纪尧姆·吉亚尔对美男子腓力的赞辞。但任何一位作家，即使是最热诚者，也没有在这个问题上深陷其中而不能自拔，投入真正的论战。但是，更具调和倾向的人物，如贝尔纳·古尔东医生，[2] 毫不迟疑地承认，两个王朝都拥有同样的神奇治病能力。人们将看到，对比近代两国的爱国者采取的迥然不同的态度，这种温和姿态尤为鲜明。实际上，自16

---

[1] *Histor. de France*, XXII, p. 175, v. 204 以下；前文 p. 130, n. 2。同样，让·戈林（下文 p. 486）也认为法国国王拥有"超越其他国王的治病特长"；英国国王当时是法王的敌人。

[2] 见上文 p. 116, n. 1 引述的内容。在上文 p. 99, n. 1 引述的段落中，托马斯·布拉瓦丁虽是英国人，但同样承认法国王朝的神奇力量；但在 1344 年的作品中，他无疑认为其主公爱德华三世是卡佩王朝以及金雀花王朝的合法继承者，这有点丧失了他的公正立场。

世纪以后，英、法两国互不承认对方奇迹，与其说是由于民族情绪，毋宁说是由于宗教仇恨。宗教改革之前并无此类情况。此外，中世纪的人们深信奇迹，没有人太在意这个超自然现象的另外证据。法国人对英国治病式的态度以及英国人对法国治病式的态度，与虔诚的异教徒的态度不无相似之处：虽然信仰自己城市的神灵，相信其神灵的优越的力量和仁惠，但不觉得必须否认相邻国家信奉的各神的存在：

我侍奉我的神灵，你侍奉你的神灵，
他们都是强有力的神灵。

在这两个西欧大国之外，舆论好像已经非常愿意承认对瘰疬病的触摸治疗。它的效力从来没有受到公开质疑，只有少数作家是例外，这少数作家并非固执于民族偏见：如葡萄牙主教阿尔瓦雷斯·佩拉约、教皇庇护二世，他们的言论代表的是教会的正统观念，即对法国教会自主论的痛恨；佛兰德尔医生伊普尔的让反对百合花家族的原因，我们可以说，乃是出于内部政策。最重要的是，自14世纪初叶以来，卡佩王朝已经接待成群结队的外国病患者的造访，金雀花王朝大概也是如此。这个证据极有力地说明，它们的声望已经超越国界。

如果说各地民众差不多都承认法、英国王创造奇迹的能力，那么，在不同国家里，有时就有人试图挑起竞争。谁会挑起竞争呢？或者将问题说得更宽泛些，在欧洲，除了这两个国家，还有充当医师的君主，仿效法国和英国的做法，或依据自身的独立传统（这是一种先天性地无法排除的可能性），在施展其技艺吗？对此，我们需要考察一下。

要有权利对这个问题做出确定回答，需要完成几乎难以完成的任务，即详查有关这个问题的各种来源的所有文献。我的研究必定受到限制。幸运的是，我得到了研究旧制度时期的专家们的成果的宝贵帮助，特别是法国和西班牙学者的宝贵帮助。虽然我将得出的结论是预设性的，但我认为它们显然地可以被视为是可能的。我先从总体上考察这个问题，原则上暂时不超出本章所确定的编年范围。我们要研究的一些证据确实晚于中世纪，但是，在这个方面任何严肃的尝试都不晚于16世纪初叶；就我确知，所有的尝试都不成功，它们的失败具有某种反证性质，对于中世纪时期卡佩王朝和英国治病仪式的兴起和发展的原因，可以得出重要结论。

首先让我们浏览一下有关欧洲不同国家的无稽之谈。17世纪初叶，法国的两位论战作家，热罗姆·比尼翁和阿罗伊，想在神奇治疗上为波旁王朝保留某种特权位置，所以指出法国国王和丹麦国王之间的对照：法国国王仅靠触摸就完成治疗奇迹，而丹麦国王据说能治疗癫痫病，但只是由于一种"秘密疗法"。[1] 毫无疑问，这个说法是想回答敌对阵营中的一位政论家提出的某种观点，这位政论家是何许人，我们无从稽考。但对于这样一种说法，丹麦历史似乎没有提供任何证明。16世纪以后，某些忠于哈布斯堡王朝的作家称，匈牙利（我们知道，这个名称是奥地利家族首领继承下来的）诸王具有治疗黄疸病的能力。这些作家选择这种疾病，可以说是参酌古老的古典科学术语的结果。不知是何原因，黄疸病常常被称作国王病（morbus regius）。不过，说匈牙利诸王具有创造奇迹的天才，似乎不过是一个博学的寓言；至少没有证据说明他们曾付诸实践。1736年一位匿名作者在《欧洲学者著作的合理书目》（*Bibliothèque raisonnée des ouvrages des savants de l'Europe*）中写下过这样的睿智之语，我们最好引述之："如果他们确有这种才能，却没有使用它，那就太缺乏仁爱之心了。"[2]

---

[1] P. H. B. P. (Jérôme Bignon), *De l'excellence des Roys et du royaume de France*, petit in-8°, 1610, p. 510; Besian Arroy, *Questions décidées*, 1634, p. 40-41. 在一位丹麦学者关于触摸治疗法的著作中，从未提到这个显然完全虚假的传说，见 Chr. Barfoed, *Haands-Paalaeggelse*, Copenhagne, 1914。

[2] 耶稣会士 Melchior Inchofer, *Annales ecclesiastici regni Hungariae*, éd 1797, III, Presburg, p. 288-289 承认匈牙利诸王具有医治黄疸病的能力〔还具有——英国诸王那样的（？）——医治毒蛇咬伤的能力〕；这本书初版于1644年。同样的传说也见于法国：Du Laurens, *De mirabili*, p. 31; Mathieu, *Histoire de Louis XI*, p. 472 (Du Peyrat, *Histoire ecclésiastique*, p. 793; Balthasar de Riez, *L'incomparable piété des tres chrestiens rois de France*, 1672, II, p. 151-152 接受之); Armacanus [Jansenius], *Mars Gallicus*, p. 69 认为西班牙领土上也有这样的传说；另外，这些作者显然是相互抄袭。引述的这一段文字可以在 *Bibliothèque raisonnée*, XVI, I (Amsterdam 1736), p. 153 读到。(Mathias Bel 有评论：*Notitia Hungariae novae*。) 关于 morbus regius（国王病）一词，见上文 p. 59, n. 2。

在德国，对国王或君主们治病能力的信仰当然也广泛盛行。路德的《桌边谈话》(*Tischreden*)就包含着这种观念的影子：

> 神奇的是，人们看到，某些治疗方法经伟大的君主或封主之手而产生效用，而经医生之手却无效验。我听说萨克森的两位选帝侯，腓特烈公爵和约翰公爵，拥有一种眼药水，由他们亲自施药时，无论是受热还是受冷引起的疼痛，都会应验。但医生却不敢施药。关乎精神治疗的神学也是一样，一位特定的布道师教诲或劝慰人们的良知时，会比另一位布道师具有更多的功效。[1]

这些飘忽不定的观念似乎从来没有牢固确立起来。某些封主如萨克森选帝侯，无疑拥有一些家族治疗法。哥达图书馆仍然藏有三卷未刊手稿，据我所知，在手稿中，路德提及的选帝侯约翰记载了一些医学或制药学上的知识。也许人们仍然可以在字里行间读到制造眼药水的配方及其神奇疗效。[2] 当君主本人亲自施药时，药方被认为特别有效。但以手触摸则没有单独实施过。尤其是，任何地方都没有发展出一种固定且持久的实用仪式。

然而，一些作者声称哈布斯堡王朝拥有一种名副其实的创造奇迹的能力，其中最早的一位作者无疑是其他各位作者的消息源，此人是士瓦本地方的修士，名叫费利克斯·法布里，他在13世纪末完成了一部《德意志、

1　XXIV, 9, éd. Förstemann, III, p. 15-16; "Aber Wunder ist es (dass ich dieses auch sage, dess ich gewiss bericht bin), dass grosser Fürsten und Herrn Arznei, die sie selbs geben und appliciren, kräftig und heilsam sind, sonst nichts wirkte, wenns ein Medicus gäbe. Also höre ich, dass beide Kurfürsten zu Sachsen etc., Herzog Friedrich und Herzog Johanns, haben ein Augenwasser, das hilft, wem sie es geben, es komme die Ursach der Augenweh aus Hitze oder aus Kälte. Ein Medicus dürfte es nicht wagen noch geben. Also in Theologia, da den Leuten geistlich gerathen wird, hat ein Prediger mehr Gnade, betrübte Gewissen zu trösten und lehren, denn ein ander". 福斯特曼（Förstemann）编辑的《桌边谈话》再现了奥里法贝（Aurifaber）于1566年交付艾斯莱本出版社的原版形貌。正如现在大家所熟知的情况，奥里法贝版本总是有点靠不住。不幸的是，在称作魏玛版的严肃的路德著作中，《桌边谈话》仍然是不完整的；由于缺乏索引，对已经出版的各卷著作，任何研究者几乎无法进行。

2　E. S. Cyprianus, *Catalogus codicum manuscriptorum bibliothecae Gothanae*, in-4°, 1714, p. 22, n° lxxii-lxxiv.

士瓦本和乌尔姆城记事》(*Description de l'Allemagne, de la Souabe et de la ville d'Ulm*),其中可读到以下文字:

> 哈布斯堡诸公爵的编年史告诉我们,这些贵族已经可以随意获得神恩,罹患瘰疬病或痛风病的任何人从其中一位的手中接受饮料后,会很快发现喉咙又完全康复、声音洪亮了。在上阿尔萨斯的阿尔布莱希达尔地方,这一点时常为人们所见证,那里的人先天性地罹患瘰疬病;因为,正如我所说的那样,在士瓦本河谷属于哈布斯堡诸伯爵或奥地利诸公爵的时候,他们前来求医且被治愈了。此外,这个事实也广为人知,且经常向人们展示:任何说话结巴的人受到这些君主的拥抱,即使不做请求,也很快发现说话变得很容易了,至少在他年龄允许的时候情况是这样。[1]

这确实是一些娓娓动听的故事,值得费利克斯·法布里这样的大旅行家来叙述。但是人们对此很难信以为真。尤其是,他提到阿尔布莱希达尔,这一点更令人生疑,因为现在称作瓦勒·德·维莱的这块领土,是哈布斯堡王朝的鲁道夫于1254年作为他妻子的嫁妆接受过来的,1314年已经脱离奥地利家族的控制,从此再未回到他们手中。[2] 如果乌尔姆城的这位修士将

---

[1] Felicis Fabri *monachi Ulmenis Historiae Suevorum*, lib. I, c. XV, 见 Goldast, *Rerum Suevicarum Scriptores*, folio, Ulm, 1727, p. 60: "Legimus enim in Chronicis Comitum de Habspurg, quod tantum donum gratis datum habeant, ut quicunque strumosus aut gutture globosus de manu alicuius Comitis de Habspurg potum acceperit, mox sanum, aptum et gracile gutter reportabit quod sepe visum est in valle Albrechztaal in Alsatia superiori, in qua sunt homines strumosi naturaliter, qui passim praedicto modo sanabantur, dum vallis adhuc esset illorum Comitum vel Austriae Ducum. Insuper notorium est, et sepe probatum, quod dum quis balbutiens est, vel impeditioris linguae, si ab uno Principe de praemissis sine alio quocunque suffragio osculum acceperit, officium loquendi disertissime aetati suae congruum mox patenter obtinebit." 关于作者的情况,见 Max Haeussler, *Felix Fabri aus Ulm und seine Stellung zum geistlichen Leben seiner Zeit* (Beiträge zur Kulturgeschichte des Mittelalters…, 15), 1914。

[2] O. Redlich, *Rudolf von Habsburg*, Innsbruck, 1903, p. 87; Th. Nartz, *Le Val de Villé*, Strasbourg, 1887, p. 17; *Das Reichsland Elsass-Lothringen*, III, p. 1191-1192。

哈布斯堡家族最彰显的治病实例放置在其他地方，而不是置于此前一个半世纪这个家族就已不再实施治病能力的地方，那么我们应该对他怀有更多的信心。当然，除非他周围的人习惯于认为国王具有各种奇异的品性，那么他将永远不会产生讲述这些传说的念头。他是为一个流行的主题锦上添花，但这份作品似乎是他个人杜撰出来的。至少没有其他证据证实他的说法，因为后来历史家所能做的都是重复它，甚至更不准确。[1] 如果哈布斯堡王朝像它的法国和英国对手那样定时地举行治病仪式，那么我们怎会如此寒酸，仅拥有一位身份含糊的士瓦本编年史家道听途说的这么一条相关资料呢？仅有奥地利或西班牙豢养的少数几位政论作家提供的幽晦不清的肯定性意见呢？

我们已经提到阿尔瓦雷斯·佩拉约。人们会记得，他曾一度宣称法、英诸王许多自命不凡的说法是"谎言和梦幻"。在国王的神奇治疗能力上，他并非总是保持严厉态度。其保护人的利益以及他个人的爱国情怀，曾一度相当强大，足以使其在正统观点上保持缄默。他大概出生在卡斯蒂利亚王国，而且肯定是在卡斯蒂利亚王国的宫廷中成长起来，所以，在1340年后不久，他就代表这个国家的君主阿方索十一世写了一部著作，题为《国王之鉴》（*Miroir des rois*），其目的就是要证明，虽然世俗权力乃是人类罪愆的结果，但它随后获得了神的恩准。他的一个证据是：

> 据说法国和英国诸王具备一种（治病）能力；同样，你的先人、至为虔诚的西班牙诸王也拥有一种能力，能治疗魔怪附身症及罹患几种疾病的病人。在我的孩提时代，我就目睹了你的祖父、曾养育我成人的桑科国王（桑科二世［Sancho II］，1284—1295年在位）将御脚放在一位着魔人的喉咙上，这位着魔人开始辱骂国王；国王从一本小

---

[1] 认为哈布斯堡王朝拥有治疗瘰疬病能力的这个传说，在 Camerarius, *Operae horarum subcisivarum*, 1650, p. 145 受到否定，但在 Armacanus〔Jansenius〕, *Mars Gallicus*, 1636, p. 69 和耶稣会士 Melchuior Inchofer, *Annales ecclesiastici regni Hungariae*, éd. 1797, III, p. 288 中又再次出现。Raulin, *Panégyre*, p. 176 认为他们"医治过人们的甲状腺肿病即大脖子病"。

书上读出几句话，将魔鬼从这个女人身上驱逐出去，使她完全康复。[1]

据我所知，这就是我们掌握的卡斯蒂利亚王族声称拥有驱魔才能的最古老的证据。需要注意的是，与费利克斯·法布里不同，阿尔瓦雷斯讲述了一个他实际上很可能见证过的确切的事实。这个传说再现于17世纪的各位作家那里，[2] 我们没有权利对它表示怀疑。很有可能，卡斯蒂利亚人的确相信他们的国王具有医治神经疾病的能力，在当时这种疾病通常被认为是魔鬼附身所引起。此外，没有一种情感更有利于神奇治疗这种原始心理治疗形式。也许有一些孤立的治疗实例，就像阿尔瓦雷斯讲述的桑科老爷的事例；但对它们的信仰似乎并没有促生一种固定的仪式，而且这种信仰也不具有永久生命力。到17世纪它已仅是一种记忆，虽被王朝的辩护士们所利用，但却得不到民众的支持，甚至在西班牙本土，也遭遇到公然的怀疑。这个国家的一位医生塞巴斯蒂安·德·索托先生写过一本名称奇怪的著作《论疾病使修女打破严格的闭修生活为合法行为》(*Sur les maladies qui rendent licite pour les religieuses la rupture de la clôture*)，他在其中就否认神奇治疗。另一位医生古铁雷斯先生更相信君王传说，这样回答索托先生：

> 他（塞巴斯蒂安）的说法毫无价值。他从治病行为的缺失做出结论，说这种能力不存在；但这就好像在说，因为上帝过去没有并且将

---

1 *Speculum regnum*, éd. R. Scholz, *Unbekannte kirchenpolitische Streitschriften*, II, p, 517: "Reges Francie et Anglie habere dicuntur virtutem; et reges devoti Yspanie, a quibus descendi, habere dicuntur virtutem super energuminos et super quibusdam egritudinibus laborantes, sicut vidi, cum essem puer, in avo tuo, inclito domino rege Sancio, qui me nutriebat, quod a muliere demoniaca ipsum vituperante tenentem pedem super guttur eius et legentem in quodam libelo ab ea demonem expulsit et curatam reliquit."

2 遍引17世纪提及卡斯蒂利亚诸王治疗魔怪附体病人传说的全部作者，对读者而言将是过于冗长而乏味的。提到下列作者就够了：Gutierrez, *Opusculum de Fascino*, 1653, p. 153；Gaspar a Reies, *Elysius*, 1670, p. 162, 342, 二者都提供了大量参考资料。这同一个传说出现于法国，出现在Albon, *De la maiesté royalle*, Lyon, 1575, p. 29 v°, du Laurens, *De mirabilis*, p. 31, 以及其他各作者的作品中——这些作者显然受到最后这位作者的影响。

来也不会创造每一种可能的造物,所以就不能创造他们。同样,我们的国王拥有这种能力,但却出于谦卑而没有使用它……[1]

这样,对于卡斯蒂利亚诸王的驱魔能力,至此反对方和支持方两个方面起码在一个点上达成了一致,即这种能力实际上从来没有得到验证。换言之,再没有人相信这种能力。

西班牙国王作为卡斯蒂利亚诸王的后继者,至少在名义上被认为可以治疗魔鬼附体病人。有时他们的支持者认为他们像法国诸王一样,能够治疗瘰疬病;据这位博识之人解释,这是因为他们是另一个伊比利亚重要王朝——阿拉贡王朝——的继承者。实际上,我们知道,至少中世纪末的阿拉贡王朝有一位王子卡洛斯·德·维亚纳,人们认为他除了能治疗其他疾病外,还能治疗瘰疬病。民间的迷信,为一个政治派别巧妙地加以利用,在他死后——或许在他还活着的时候(这一点不太肯定)——赋予了他这种能力。1461年9月23日,这位阿拉贡与纳瓦拉的王子在巴塞罗那结束了充满冒险性和悲剧性的一生,这时候,那些在他生前曾想推戴他为加泰罗尼亚独立运动领袖的忠实支持者,企图将他变成一个圣徒,因为他们现在只有对他的记忆可资利用了。他的遗体被说成能够创造奇迹;路易十一在给加泰罗尼亚代表的一封吊唁信中,不经意间明确提到了那些正合时宜的奇迹。特别是,一位罹患瘰疬病的妇女在这位圣徒墓边痊愈了,当时的一份调查叙述说:"一位无缘在王子生前见到王子的妇女说'王子在世时我不能见到他,并让他为我治病,但我相信他在死后会满足我的请求'。"很难确定这些话具有多大的意义。要断言卡洛斯在生前就已经扮演过医生的角色,我们需要更多的确凿证据。但无可置疑的是,他的遗物确实被认为具有缓

---

[1] Gutierrez, *Opusculum de fascino*, 1653, p. 155-156: "vana eius est arguties, ab actu negative ad potentiam, quasi diceret Deus non produxit creaturas possibiles, imo non producet, ergo non est illarum productiuus, haec illatio undique falsa est, sed Reges nostri humili majestate ducti illius virtutis exercitio non intendunt, omne huiuscemodi ius sacris Sacerdotibus relinquentes. Tum quia minus, quam exteri, his nouitatibus Hispani delectamur." 我只是通过古铁雷斯(Gutierrez)著作所包含的反驳才知道 Sebastien de Soto, *De monialium clausura licite reseranda ob morbos*。

解疾病，特别是瘰疬病的良效。虽然对他的崇拜从来没有得到教会的正式承认，但这种崇拜一直盛行到16、17世纪。对他进行祭祀的主要圣所是巴塞罗那附近的珀波莱（Poblet）教堂，那里安放着能创造奇迹的遗体。在圣物中，一只手受到特别的崇敬，据说，受它触摸可以解除瘰疬病。[1]

卡洛斯的事例很有意思。从他的事例中可以看到一种趋势，随着我们研究的进展，这种趋势将变得愈益熟悉。在每个国家，集体见解都在根本上倾向于将出身高贵之人和注定得到王冠者视为奇迹创造者，特别是他们生活中的某件事情超越常人之时。当遐迩闻名且不期而至的不幸事件使他们蒙上殉道者的光环——如维亚纳地方这位不幸的王子——时，这种态度就有了更强大的理由。此外，可能出现的情况是，在与法国接壤的国家以及受法国影响渗透的国家如加泰罗尼亚，民众想象中的国王奇迹，很自然地获得了卡佩王朝的榜样所提供的古典形式；这种感染性的仿效，由于卡洛斯的母亲出身于纳瓦拉的卡佩家族，而变得更为容易。但是，没有任何迹象表明阿拉贡朝廷曾发展出任何正规的触摸治疗仪式。

至于17世纪熟悉西班牙事物的那些论战作家提出自命不凡的见解，[2] 他们宣称，国王们与生俱来的瘰疬病治疗能力，只能视为一种空泛的企图，目的是提高西班牙哈布斯堡王朝的威信，降低法国君主的威信。大量可靠

---

[1] 上文提到的调查包含在一份马约卡教规纪念册 Antoni de Busquets 中，M. Aguilo, *Calendari Català pera l'any* 1902，是 M. Joan B. Batle 指导下的一份出版物，它曾研究过 Antoni de Busquets。遗憾的是，我没有找到这一著作，我只知道 M. Batista y Roca, *Notes and Queries*, 1917, p. 481 引用的有关瘰疬病的这段文字的译文。关于卡洛斯死后的奇迹及对他的崇拜，见 G. Desdevises du Désert, *Don Carlos d'Aragon, prince de Viane*, 1889, p. 396 以下。路易十一的一封信见于 *Soc. de l' histoire de France, II*, nº XIII。法国旅行家 Barthélemy Joly 于1604年游历珀波莱教堂，在他的记录 *Revue hispanique*, XX (1909), p. 500 对珀波莱的遗物做过有趣的记载。据 J. Valdesius, *De dignitate regum regnorumque Hispaniae*, 1602，珀波莱地方的人们崇敬圣路易的一只手臂，这只手臂被认为能治疗瘰疬病。人们赋予这两种圣物以治病力量。在归于这两种圣物的力量之间，也许存在着某种混淆吧。

[2] 譬如，J. Valdesius, *De dignitate regum regnorumque Hispaniae*, in-4º, Granade, p. 140; Armacanus (Jansenius), *Mars Gallicus*, p. 69; Gaspar a Reies, *Elysius*, p. 275（这些著作都认为这种能力源自阿拉贡王朝）；Gutierrez, *Opusculum de Fascino*, p. 153。这些作者都参考了 P. A. Beuter, *Cronica generale d' Hispagna*。我没有像 M. Batista y Roca（*Notes and Queries*, p. 481）一样成功地找到这位作者想到的这段文字。

的证据表明,这一时期乃至一个世纪之前,许多西班牙人特意前往法国游历,为的是接受国王触摸;弗朗索瓦一世于帕维亚附近被俘,在阿拉贡岸边登陆时,一些人簇拥到他的身边,也是出于同样的目的。[1] 这样的热情只能使人推定,在马德里或埃斯科里亚尔[2]没有举行过类似的仪式。

最后我们看一下意大利的情况。13世纪的最后数十年,意大利的一位君主试图装作瘰疬病医生,或者说,至少他的支持者试图把他说成是瘰疬病医生的样子。这就是安茹的查理。此人我们已经谈到过,他属于卡佩族人。[3] 他的法国血统无疑使他最有资格担当医疗者的角色。我们对这种企图的唯一知识来自卢卡地方的托罗米奥已提到的很简短的文字。没有证据表明那不勒斯的安茹诸王曾严肃地坚持这种角色。

所以,随着时间的推移,法国和英国国王很有可能引起了某些政论家的妒忌,导致他们声称其君主也具有类似能力;但是这些君主从来没有认真地仿效过。即使在一些地方如卡斯蒂利亚,类似的一种信仰——与拉芒什海峡两岸盛行的信仰相类似——在某个时期似乎确曾独立地存在过,它也缺乏一种必要的活力促生一种正规的根深蒂固的惯制。法国和英国何以仍然保持国王治疗法的垄断权呢?

这是一个非常微妙且几乎难以解决的问题。历史学家总是致力于解释肯定性现象产生的原因;但要提供不存在的事物的原因,其任务将是何等艰巨!在这样的情况下,他通常所能做到的,充其量只是提出一些可能性,以此为满足。对于欧洲大多数王朝没有展现治病能力,在我看来,下面的解释意见似乎比较令人满意。

我们研究国王触摸的起源时,似乎已经看到它的深层原因和偶然原因。这深层原因就是对王权超自然特性的信仰;这偶然性原因,就法国论,似乎在于卡佩王朝早期的政策,就英国论,则在于亨利一世的雄心和能力。这个信仰本身通行于整个西欧。法国和英国之外其他国家所缺乏的东西只

---

[1] 见下文 p. 313。
[2] 埃斯科里亚尔(Escorial),1563—1584年西班牙国王菲利普二世建造的皇家住所。——译者
[3] 前文 p. 133。

是特殊环境。在这两个国家，一定存在着一些条件，使此前一直还很模糊的观念在11、12世纪凝结成一种具体且稳固的惯制。在德国，人们可以设想，萨克森王朝和士瓦本王朝从帝国皇冠上享受着太多的荣光，想不到去扮演医生的角色。在其他国家，其君主无疑缺乏必要的机敏去做这样一种设计，或者缺乏必要的胆量、毅力或个人威望去推行之。一种偶然因素，或者说，个人的天才，一定发挥了作用，促使法国或英国治病仪式的产生；而在其他地方，同样意义上的偶然性，似乎可以解释类似现象何以没有出现。

13世纪末，当卡佩王朝和金雀花王朝的治病声誉在天主教世界遐迩闻名时，大可相信，不止一位君主对他们妒火中烧，但是，要想仿效他们并取得成功，大概为时太晚。法国和英国的治病仪式拥有当时最强大的力量即传说的支持。对于数代人证实的一种奇迹，谁人敢于严肃不苟地加以否认？教会的教义在原则上讨厌国王的神奇治疗，要创造一种新的奇迹，肯定招致教会的攻击，因此是一件危险的事业。也许这种事业从来就无人尝试过，如果有些鲁莽之人曾尝试过——对此我们无从知晓——也免不了失败。法国和英国没有失去悠久的风俗习惯所保障的特权。

神圣且奇异王权的观念，辅以偶然的环境，促生了瘰疬病的触摸治疗。由于触摸治疗牢固地扎根于民众的心灵中，所以它能历经风险和攻击而安然无恙。而且，王权很有可能反过来从触摸治疗中获取了新的力量。开始时，人们会像布卢瓦的彼得那样说："国王是神圣之人，让我们去觐见国王吧，因为他们除了接受无数的恩典，无疑还接受了治病的力量。"然后，人们又会像生活于美男子腓力时代的《正反两方面的问题》的作者那样，说：我的国王能为人治病，所以他不是与芸芸众生相同的凡人。我们已经展示了这些初始的习惯在中世纪末叶数世纪显示出的活力及其发展状况，但做到这一步是不够的。在这个时期的英国，完全不同于旧治病仪式的第二个治病仪式出现了：这就是对国王用来治疗癫痫病的医疗戒指的祝福礼。因而应该考察一下旧信仰在新面目之下的繁荣发展。

第二章

英国王权的第二奇迹：治病戒指

1 14世纪的戒指仪式

在中世纪，每年的基督受难日，英国诸王都会像所有虔诚的基督教徒一样，对十字架敬拜。在他当时驻足的城堡的礼拜堂里，通常——起码在14世纪——竖立起一个十字架，即"格内丝十字架"（croix de Gneyth）。这是人们给予一个神奇圣物的名字，此圣物似乎是由爱德华一世得自威尔士。据说其中有一片木头，取自耶稣被钉死在上面的那块木桩。[1]国王在一定的距离之外，拜倒在地，然后——不能站起来——慢慢地接近神圣的象征物。所有的典仪家所描述的姿势都是这样："在这个敬拜行为中，"让·德·阿夫朗什说，"腹部必须触地，因为奥古斯丁在《圣诗》43的注

---

[1] 参见 *Liber Quetidianus contrarotulatoris garderobae* (Soc. of Antiquaries of London), in-4°, Londres, 1787, *Glossary*, p. 365; Hubert Hall, *The antiquities and curiosities of the Exchequer*, 2ᵉ éd., in-12, Londres, 1898, p. 43。

释中说过，屈膝并不是一种完全的谦卑行为，但是，一个人完全拜伏在地以示谦卑，就是谦卑之至了。"[1] 在国家图书馆保存的一份手稿里，有纪尧姆·德帕图写的圣路易传记，手稿中有一幅有趣的彩饰画，[2] 表现的就是这位国王全神贯注地举行这一仪式的场景。从很早的时期，英国文献就将这一行动称为"匍向十字架"。[3] 直到那个时候，还没有任何东西可以将英国宫廷的习俗与天主教普遍遵循的习俗区别开来。

但在金雀花王朝时期，最晚从爱德华二世开始，基督受难日的仪式，对国王又增加了一种不属于流行仪式的奇特做法，变得更为复杂。在爱德华及其后继者时代，直到亨利五世——包括亨利五世时代——基督受难日在国王礼拜堂里举行的活动是这样：

英王一旦完成了匍向十字架的行动，他将走上圣坛，向圣坛献礼，礼物包括一定数量的形态美观的金银币——佛罗棱、诺布尔或斯特灵。然后再将这些钱币取回——称作赎回——代之以同样数量的普通钱币。英王用这些在圣坛上稍作放置而后又赎回的珍贵金属，命人制成一定数量的戒指。人们要明白，这些戒指是一些意义相当复杂的行为的最终结果，它们已经不是普通的戒指。这些戒指被认为能治疗人们的某些疾病。最早的文献没有具体说明是哪些疾病。爱德华二世时期的一份处方称之为"用作各种医疗手段的戒指"（anulx a doner pour medicine as divers gentz）；王室账簿只是称之为"anuli medicinales"（医疗戒指）。但在15世纪，有一些更清晰的文献记载，说明这些辟邪物被认为可以解除肌肉疼痛或痉挛，特别是癫痫病；所以，此后这些戒指得名痉挛戒指（cramp-rings），这个名称至今仍为英国史学家普遍使用。不久我们将看到，大众医学的比较研究倾向于

---

[1] Migne, *P. L.* t. 147, col. 51: "Adoratio omnium ita fiat, ut uniuscuiusque venter in terra haereat; dum enim juxta Augustinum in psalmo XLIII genuflectitur, adhuc restat quod humilietur; qui autem sic humiliatur ut totus in terra haereat, nihil in eo amplius humitatis restat." 关于这种仪式，见 J. D. Chambers, *Divine worship in England in the thirteenth and fourteenth centuries*, Londres, 1877, *Appendix*, p. 31; E. K. Chambers, *The Mediaeval Stage*, II, p. 17, n. 3（参考书目）。

[2] Lat. 5716, fol. 63; 转载于 Joinville, éd. N. de Wailly, in-4°, 1874, p. 2。

[3] J. A. H. Murray, *A New English Dictionary* 中 *Creep* 一词（1200年前后最古老的文献证据）。

表明，这些戒指从一开始就被认为在这种神奇治疗上具有特殊疗效。[1]

这种奇特的仪式就是如此，它是国王触摸治病术的某种补充，但不同的是，这种仪式限于英国王权，法国没有这种仪式。对于它的起源，我们将做何解释？

2 传说上的解释

人们对痉挛戒指神奇效力的信仰达于顶峰时，很自然要为之寻求传说上的保护人。亚利马太的约瑟的高大形象主导着英国基督教的诗意化的历史。他是耶稣的一位门徒，按照福音书的说法，幸运降临在他的身上，是他埋葬了从十字架上解放下来的耶稣的遗体。教会作家们认为是他首先将福音传入了不列颠岛：这是一种美化性的信仰，目的是为教会寻求准使徒性的起源；从中世纪初期，圆桌骑士的传说让这种信仰广为人知。人们还认为，这位创造奇迹的人，将用戒指治疗癫痫病的技艺，以及取自《所罗门之书》中的好几个秘密，一起带到了英国。这个传说大概起源于英国，西班牙历史家雅克·瓦尔德斯于1602年重提这个传说，将它记载下来。[2] 在这里讨论一下这个传说，读者肯定不会认为多此一举。

从很早的时候，至少从16世纪初，另一种解释就已出现。其目标是将基督受难日的仪式置于忏悔者爱德华的保护之下。奇怪的是，这种观点现在仍受到英国历史学家某种程度的支持：并不是因为有人至今还信以为真，坚持认为爱德华确有一枚治病的戒指，而是因为有人轻易地认定，从这个仪式出现之初，不管它在何时何地举行，英国诸王都认为他们是在仿效其

---

1 *Household Ordinance d'York*, Juin 1323: 最好的版本见于 T. F. Tout, *The place of the reign of Edward II in English History*, Manchester, 1914, p. 317: "Item le roi doit offrer de certein le jour de graunde venderdy a crouce Vs., queux il est acustumez recivre divers lui a le mene le chapeleyne, a faire ent anulx a doner pur medicine as divers gentz, et a rementre autre Vs." 关于这些极为详细记载这种仪式的记录，见下文 p. 445。参见 Murray, 前引书，cramp-ring 条。

2 Jacobus Valdesius, *De dignitate regum regnorumque Hispaniae*, in-4°, Granade, 1602, p. 140.

虔诚的前人。

在忏悔者爱德华的传说中,有一个特别著名的故事,在这个故事中,确有一枚戒指居于主导地位。1163年里沃克斯的圣艾尔列写的《爱德华传》中首次讲述了这个故事,其大致梗概如下:某日,爱德华面前来了一个乞丐,向他乞求施舍。但爱德华碰巧口袋里没有钱,于是便将戒指给了乞丐。[1]这位衣衫褴褛的穷人并非别人,正是布道者圣约翰。后来——某些文献说是七年后——英国的两位朝拜者在巴勒斯坦遇见了一位仪表岸然的老者。此人又是圣约翰。他把戒指交还给他们,要求他们归还给其主人,同时告诉其主人,不久他将应召加入上帝的选民团体。这个富有诗意的小故事,由于在一些熟谙来世秘密的圣徒传记家那里,补充了一些引人入胜的内容而锦上添花,流传甚广。[2]无论在英国还是欧洲大陆,雕刻家、彩饰画作者、画家、玻璃器制造家、各类装饰画家,都竞相用自己的作品表现这个故事。[3]亨利三世特别忠诚于盎格鲁-撒克逊诸王中这位末代国王,所以为他的长子取名叫爱德华,当时这个名字还没有出现于诺曼王朝和安茹王朝列出的名录。他还让人将两位圣徒会面的场景绘在伦敦塔的圣约翰礼拜

---

1 Twysden, *Historiae anglicanae scriptores X*, col. 409; Migne, *P. L.* t. 195, col. 769.

2 *Analecta Bollandiana*, 1923, p. 58 以下。

3 John Dart, *Westmonasterium*, I, Londres, fol. 1742, p. 51 及 Waterton, *On a remarkable incident*, p. 105 以下列举了一些关于艺术的著作。(沃特顿的作品第103页的对面页上转载了13世纪的彩饰画,最近 Hubert Hall, *Court Life under the Plantagenets*, Londres, 1902, pl. VII 也转载了这幅彩饰画)。我们可以为他们的书目做一补充,但不敢自称完备:(1)拉德洛教堂的一扇彩色玻璃窗(W. Jones, *Finger-Lore*, p. 118, n. 1 提及之);(2)威斯敏斯特教堂的教士会礼堂中的一块瓷砖,Kunz, *Rings for finger*, p. 342 转载;(3)为威斯敏斯特教堂制造的13世纪早期的两块壁毯(?),现已佚失。(*The history of Westminster Abbey by John Flete*, éd. J. A. Robinson, Cambridge, 1909, p. 28-29, n°. 2 与威斯敏斯特教堂相关的注释与文献);(4)法国亚眠大教堂的一扇彩色玻璃窗(G. Durand, *Monographie de la cathédrale d'Amien*, I, p. 550)。在剑桥大学图书馆,编目 Ee III 59 下,有一部13世纪的手稿,其中有一首法文诗 *Estoire de Seint Aedward le Rei*,是作者献给亨利三世的妻子埃莉诺王后的。沃特顿提及的三幅彩饰画,Luard, *Lives of Edward the Confessor*, p. 16 也做过概略的描述,这三幅彩饰画专门表现这枚戒指的传说。Crawfurd, *Cramp-rings*, pl. XXXIX 转载的取自同一手稿的另一幅彩饰画,所表现的是患者们趋近这位圣徒的圣物盒的情形。在圣物盒上面是两个小雕像,其一是国王手持戒指,其一是扮作朝拜者的圣约翰。我不知道,是否可以认为这幅小绘画准确地表现了亨利三世将圣物盒交给威斯敏斯特教堂的情形,它是否在亨利八世时代被熔化掉。关于现已佚失的表现同一传说的其他艺术作品,也见下注。

第二章　英国王权的第二奇迹：治病戒指

堂的墙壁上。爱德华二世在其圣化礼之日，向威斯敏斯特教堂赠送了两尊小雕像，其一表现这位君主奉送戒指的情形，其一表现伪装乞丐者接受戒指的情形。[1] 威斯敏斯特寺确实是适合安放这种礼物的地方，不仅藏有极受人敬重的圣爱德华的神龛，而且，1163年将取自圣体上的一枚戒指转移到一个新的圣物盒时，修士们还向信众展示了这枚戒指。[2] 人们普遍认为，这就是福音传道者曾经接受、然后又还给国王的那枚戒指。深孚众望的传教士约翰·米尔克于1400年左右为听众讲完这个著名故事后，对人说："如果有人想看到事情确是如此的证据，那么，就让他到威斯敏斯特教堂去吧，在那里他将目睹这枚在天堂里待了七年的戒指。"[3] 但事实是，在提及这件遗物的众多文献中，直到最近时期，也没有一份能说明人们认为它具有特殊治病效力。此外，在基督受难日仪式上绝对没有任何内容涉及圣爱德华或圣约翰。要找到忏悔者爱德华与痉挛戒指相关联的材料，需要待到意大利人文主义者波利道尔·维吉尔的时代。他曾效力于亨利七世和亨利八世，应他们的要求，于1534年首次出版了《英国史》(History of England)。这位官方历史编纂家显见的意图，是为其主子分散出去的神奇戒指找到权威原型。他之所以乐于认为，保存在威斯敏斯特教堂的各戒指也被赋予了治疗癫痫病的特效力量，其原因即在于此。他的书大获成功，极大地推动了此后这种大众观点的传播，这种观点认为，以戒指治疗癫痫病，就像以触

1　亨利三世的命令，见 John Stow, *A survey of the Cities of London and Westminster*, I, Londres, 1720, p. 69. 关于爱德华二世，见 Dart, 前引书。

2　至少 John Flete, *The history of Westminster Abbey*, éd. J. A. Robinson (*Notes and documents relating to Westminster Abbey*, 2), p. 71 对此加以肯定。弗莱特写作其作品确实较晚，他是1420—1425年威斯敏斯特教堂的修士，但他所述的传说不可能完全与之无关。这个传说与克莱尔的奥斯伯特提供的证据吻合，奥斯伯特于1139年写作时，提到爱德华与其戒指一起安葬，见 *Analecta Bollandiana*, 1923, p. 122, line 1。

3　*Mirk's Festial*, éd. Th. Erbe, *Early English Text Society, Extra Series*, XCVI, p. 149: "Then whoso lust to have this preuet sothe, go he to Westminstyr; and ther he may se the same ryng that was seuen yere yn paradys". 关于作者，参见最近的著作，Gordon Hall Gerould, *Saints' Legends*, in-12, Boston et New York, 1916, p. 184 以下。

摸法治疗瘰疬病一样,都是由忏悔者爱德华创始的。[1] 但这一观念肯定不是这位意大利人杜撰出来的。情况似乎是,他从其主子周围的人员那里现成地撷取了这一观念。认为本朝的这位了不起的圣徒首创了本朝的两大奇迹,难道不是再自然不过的事情吗?这枚"在天堂"待过的著名戒指,在这位圣徒的故事和仪式本身之间提供了一种很便捷的联系;通过一种回溯法,在相当晚的时候他被认为拥有治病能力,这种治病能力,对于确立痉挛戒指疗法开创者称号的企图而言,是必要的。如此有利于威斯敏斯特教堂利益的一种信仰出现后不久,宗教改革就发生了,若不是宗教改革终结了英国境内的圣物崇拜,那么这枚戒指可能已经变成了病人朝拜的对象。但总的说来,基督受难日仪式的真正起源与忏悔者爱德华没有关系,与君主传说也没有关系。我们必须到整个迷信风习的比较史中寻找其秘密。

---

[1] Polydorus Virgilius, *Historia Anglica*, lib. VIII, Leyde éd., in-12, 1651, p. 187; 同样的理论见于17世纪,Richard Smith, *Florum historiae ecclesiasticae gentis Anglorum libri septem*, in-4°, 1654, p. 230; Nicolas Harpsfield *Historia Anglorum ecclesiastica*, fol., Douai, 1622, p. 219, Crawfurd, *Cramp-rings*, p. 179 引用之。不知何故,癫痫病在中世纪以通俗名称之一"圣让病"(mal-saint-Jean)见称,现代史学家认为这个名称是对这种理论的一种肯定(Laurence Joubert, *La première et seconde partie des erreurs populaires touchant la medicine*, 1587, 2ᵉ partie, p. 162; Guillaume du Val, *Historia monogramma*, in-4°, 1643, p. 24; H. Günter, *Legenden- Studien*, Cologne, 1906, p. 124, n. 1; M. Höfler, *Deutsches Krankheitsnamen-Buch*, in-4°, Munich, 1899, "Krankheit"、"Sucht"、"Tanz"词条)。但是,癫痫病何以首先获此名称?哪位 Saint Jean 将这个名称赋予了它?确实全然不知,虽然我们很清楚,为了治疗这种疾病,人们有时乞灵于福音传播者圣约翰,有时呼唤洗礼者圣约翰。在亚眠,自1206年以来亚眠大教堂保存的洗礼者圣约翰的脑袋,是广受癫痫病人朝拜的对象;参见 O. Thorel, *Le Mal Monseigneur Saint-Jean Baptiste au XVIᵉ siècle à Amiens* (*Bullet. trimestriel Soc. antiquaires Picardie*), 1922, p. 474。按照 Antoine Mizauld (*Memorabilium ... Centuriae IX*, in 12, Cologne, 1572, *cent.* V, 11)的说法,夏日的圣约翰节——洗礼者圣徒约翰的节日——特别有利于癫痫病的治疗。也许如 Günter 前著所说,mal-saint-Jean 一词来源于普通人对癫痫病人的狂乱姿态与洗礼者圣徒约翰节上礼仪舞蹈的比较。后来,这个词表示一种理念,这种理念认为这位圣徒——病人佩戴他的标签——具有治疗这种疾病的特殊力量。然后,由于全然自发的错误,归于洗礼者的这些德行转移到了这位同名的使徒身上——同名圣徒间经常发生混淆,这是一个例证。同样,布雷蒂尼的圣于贝尔(St. Hubert de Bretigny),由于与列日的圣于贝尔(St. Hubert de Liège)相似,最终也被认为能治疗狂犬病。(H. Gaidoz, *La rage et St Hubert, Bibliotheca mythica*, 1887, p. 173)当然这一切不过是推测而已,圣徒传上的这个小问题远未澄清。但是,这个问题的答案对我们的研究关涉不大。忏悔者爱德华传说中的这个故事提到圣约翰,在癫痫病俗称和这个故事间进行的比较,在19世纪以前似乎还没有出现(Waterton, *On a remarkable incident*, p. 107 进行比较时还非常犹豫,Crawfurt, *Cramp-rings*, p. 166 则大胆得多);但是这个比较仅应视为一个博学的学者所持的独出心裁的理论,而不是一种流行的理念。

3 戒指仪式的魔法渊源

从很早的时候，戒指就一直是魔法尤其是医学魔法中最受欢迎的道具之一。[1] 在中世纪，就像此前的各世纪一样，情况也是如此。那些更纯洁的佩戴戒指的行为被怀疑为妖术。贞德所戴的戒指受到法官们的仔细盘查，这位可怜的姑娘不得不表示抗议——可能没有说服法庭上的人——表示她从未以戒指为任何人治病。[2] 这些到处可见的护符被用于治疗某些疾病，更多地用于治疗肌肉痉挛和癫痫病。癫痫病发作起来表现剧烈，自然会引起迷信恐慌，通常被认为是由魔鬼造成。[3] 所以，较之其他疾病，这种病更应由迷信手段来治疗。当然，为了达到目的，人们并不是简单地使用某种铁圈，而是使用由特定宗教或魔法献祭仪式赋予了特异效力的特定戒指。学者们称这些戒指为anuli vertuosi（功德戒指）。15世纪一份治疗痛风的德文药方扼要地给了如下指导：以我主的殉难和他的神圣牺牲之名去祈求吧，直到凑齐32个子儿[4]。然后拿其中的16个，用它们打造一个戒指，其余16个用以支付工匠。然后你要一直将戒指佩戴在手上，每天念诵五遍主父文、背诵五遍万福玛利亚，纪念我主的殉难和他的神圣牺牲。[5] 在其他地方，其处方形象显然具有恐怖意味，其建议是取用旧棺材上的金属，或一个人上

---

[1] 关于戒指所具有的魔法和医疗效力，除了参见本书参考书目第五部分所列举的 C. F. Kunz 和 W. Jones 的著作，还有：*Archaeologia*, XXI（1827），p. 119 以下；*Archaeological Journal*, III (1846), p. 357; IV (1847), p. 78; *Notes and Queries*, 4th series, VI (1870), p. 394; 8th series, IX (1896), p. 357 及 X (1896), p. 10; Pettigrew, *On superstitions connected with the history and practice of medicine*, p. 61; O. Geissler, *Religion und Aberglaube in den mittelenglischen Versromanzen*, p. 67 以下。

[2] *Procès de condamnation*, éd. P. Champion, I, 1920, p. 25（3月1日的审讯）: "Item dicit quod nunquam sanavit quamcumque personam de aliquo anulorum suorum"。

[3] Gotschalc Hollen, *Preceptorium divine legis*, Nuremberg, 1497, p. 25 v°（关于癫痫病治疗问题）: "Hoc genus demoniorum non ejicitur nisi in jejunio et oratione"；A Franz, *Die kirchlichen Benediktionen*, II, p. 501, 503. 参见 p. 182 英文祈祷文。

[4] Denier, 旧时法国辅币，相当于一个苏（sou）的十二分之一。——译者

[5] *Germania*, 1879, p. 74; 参见 Ad. Franz, *Die kirchlichen Benediktionen*, II, p. 507。

吊自杀用的钉子。[1] 1800年左右，伯克郡的一些经验丰富的人推荐的一个处方似乎更为纯正，但也更为复杂。为了制造一个戒指作为治疗痉挛的特效药，他们说，需要收集五枚六便士的钱币，每一个都取自不同的单身汉之手；捐献者一定不能知道他们所赠礼物的用途。然后，收集起来的钱必须由另一个单身汉交给一位工匠，这位工匠本人也必须是单身汉……[2] 诸如此类的例子可以轻而易举地加以补充。由国王祭献过的戒指只是非常普遍的一类治疗方法中的一个独特实例。

让我们更仔细地看一下国王的仪式，首先是举行仪式的日期。日期是由风俗所严格规定的。国王只能一年一度将金、银币放置在圣坛上，即在基督受难日对十字架礼拜之后，换言之，就是对耶稣基督举行庄严肃穆的纪念礼之后。选择这个日子只是出乎偶然吗？并非如此。在治疗肌肉疼痛或癫痫病的处方中，特别是在制造医疗戒指时，基督受难是人们记忆中挥之不去的主题。在15世纪初叶，锡耶纳的圣伯纳迪诺在意大利布道时，反对民间的迷信，批评有的人"为了治疗痉挛，在诵读基督受难辞时，戴着让人制造的戒指……"[3] 与此同时，甚至英国，一篇医学论文也有如此建

---

[1] 棺材上的钉子或金属：W. G. Black, *Folk-Medicine* (*Publication of the Folklore Society*, XII), Londres, 1883, p. 175; J. C. Atkinson, *Cleveland Glossary*, 1878 (Murray, *A New English Dictionary*, "cramp-ring" 条引用)； A. Wuttke, *Der deutsche Volksaberglaube*, 2e éd. 1869, p. 334。关于有人上吊自杀用的钉子：Grimm, *Deutsche Mythologie*, 4e éd., II, p. 978。

[2] J. Brand, *Popular Antiquities*, 1870 éd. III, p. 254 以下。(第一版问世于1777年；后来各版系根据作者手稿完成。作者死于1806年。) 关于同类风俗的另一种习惯，参见 Black, 前引书, p. 174-175（北安普敦郡）。我这里还有另一份药方，是大英博物馆的赫伯特（J. Herbert）费心寄给我的；读者将注意到在教堂门口所做的搜集，这个特点可以比之于本书p.169所述的有关"圣礼戒指"的习惯。我抄录盛情的通讯人的原话："我的父亲从1881年到1885年去世，是德文郡诺斯莱的教区牧师，诺斯莱是个村落，位于奥克汉普顿西部9英里。这个时候（我认为是1884年）我母亲写信告诉我前一个礼拜日发生的事情：早晨的礼拜仪式结束时，一个女孩站在教堂的门口，从29位男士那里每位取一枚便士，得到29个便士。他将这些便士交给第三十位年轻男士，换取一枚半克朗硬币，拿着这枚半克朗硬币去找当地的一位'白衣巫婆'（一位农夫的妻子，在村里有一个小店），巫婆最终将把这枚半克朗硬币变为一枚戒指还给她，这就是治疗她的癫痫病的特效方法。"

[3] *S. Bernardi Senensis ... Opera*, fol., Venise 1745, I, p. 42 a, *Quadragesim le de religione christiana*: "Contra malum gramphii portant annulos fusos dum legitur Passio Christi, dies et horas contra Apostolum observantes."

议:"若要治疗痉挛病,就在基督受难日去五个教区的教堂,在每个教堂里,从十字架礼拜式举行后的献礼中取其第一枚便士。然后将所有便士收齐,走向十字架,念五遍天主经,以纪念他所受的五处伤,然后随身佩戴五日,每天用同样的方式诵说同样的祷词。尔后,让人用这些钱币造一枚戒指,不能有其他合金;在戒指的内侧写上 Jaspar、Bastasar、Attrapa,外侧写上 Ihc. Nazarenus;然后在一个礼拜五从金饰匠那里取回戴上,像以前一样念五遍天主经;然后持续地佩戴之。"[1]

详细分析这个药方需要耗费很长时间,它是来源各异的魔法观念的名副其实的大杂烩。朝拜初生耶稣的三博士的名字——人们经常祈求他们来抗击癫痫病——与神的名字一起出现;更有甚者,只有两位博士的名字,第三位 Melchior 已经被代之以一个神秘的字眼 Attrapa,这个字使人联想起炼金术行家使用的 Abraxas。但是基督殉难的形象通常仍居于最重要的位置。人们也经常使用数字"5":在德文药方中我们已经遇到这个数字。它代表耶稣基督所受的五处伤。[2] 尤其是,人们想把自己置于十字架保护之下的欲望,可以解释为主要行动及附带行动所确定的日期:神圣礼拜五以及随后的礼拜五。在法国我们发现也有同样的事情。拉博斯地方有一位教士叫让-巴蒂斯特·梯也尔,在写于1679年的作品中保留了他那个时代治疗癫痫病习俗的记忆。稍后我们将详细讨论这种习俗。现在我们只是简单地说明选定来举行这些"仪式"(这是梯也尔的说法)的日期和时刻,即基督

---

[1] Brit. Mus., Arundel, ms. 276, fol. 23 v°; Stevenson, *On cramp-rings*, p. 49 (*The Gentleman's Magazine Library*, p. 41) 首先引用之,但参考的文本不准确,这段文字此后一直被引用: "For the Crampe … Tak and ger gedir on Gude Friday, at fyfe parisch kirkes, fife of the first penyes that is offerd at the crose, of ilk a kirk the first penye; than tak tham al and ga befor the crosse and say v. pater noster in the worschip of fife wondes, and bare thaim on the v. dais, and say ilk a day als meki on the same wyse; and than gar mak a ryng ther of withowten alay of other metel, and writ within *Jasper, Bastasar, Attrapa*, and writ withouten *Jhc Nazarenus*; and sithen tak it fra the goldsmyth apon a Fridai, and say v. pater noster als thou did be fore and vse it always aftirward." 承蒙大英博物馆的赫伯特盛意,为我核对了这份手稿,我这里能够提供一个比已发表者更为准确的版本。

[2] 关于朝拜耶稣的三博士,参见 Jones, *Finger-ring lore*, p. 137, p. 147 以下;关于耶稣所受五处伤,同前,p. 137(考文垂公园发现的一枚戒指上的铭文)。

受难日、举行十字架礼拜仪式的时刻。[1] 在各礼拜五且只在礼拜五,查理五世国王佩戴一枚特别的戒指,戒指上雕刻着两个黑色的十字架,镶嵌着一个代表基督受难场景的玉雕,这一行为难道不是出于同样的信念?[2] 有一点无可怀疑:在"痉挛"造成的痛苦和基督在十字架上遭受的苦难之间,魔术医疗法进行了有点亵渎神灵意味的比较,所以认为每年的纪念活动以及对基督被钉在十字架上所受痛苦的回忆,特别能将治疗肌肉疼痛的力量传达于戒指上。[3] 国王的痉挛戒指所具有的力量,首先归功于为制造戒指的金属进行圣化仪式的这个特别日子,也归功于国王走向神坛之前"伏"拜的十字架所释发的神奇力量。

不过,仪式的真实本质还不在这里。这个行动的核心是一种法律程序:捐献金、银钱币并以同等数量的钱将它们赎回。这个行为本身也不具有真正的创造性。当时——甚至在我们这个时代——在相信迷信的人们中流传甚广的观念是,教堂作为礼物接受的金钱,特别适于制造治病戒指。上文我们已经注意到,14世纪在英国完成的一篇论文中,就有表现这种观念的一则实例。而且,可以说,即使在今天(1924年),在英国的乡村,为了制造治疗癫痫病和风湿病的戒指,农民还在圣餐礼上寻求募捐的便士和先令。[4] 诚然,在这些情况下,赎买这个因素是不存在的,但是在其他地方,赎买这一因素随着金钱的捐献而出现了,其情形如同它出现在国王举行的

---

1 见下文,p. 170。

2 J. Labarte, *Inventaire de mobilier de Charles V roi de France* (Doc. inéd.), in-4°, 1879, n° 524.

3 同样,来自受难日的套语被认为可有效治疗拷打带来的疼痛:*Edmund le Blant, De l'Ancienne croyance à des moyens secrets de défier la torture, Mém. Acad. Inscriptions*, XXXIV, I, p. 292。在17世纪初叶的佛兰德尔,基督受难日出生的孩子被认为天生可以为人治病(Delrio, *Disquisitionum magicarum*, I, cap. III, qu. IV, p. 57);在17世纪的法国,排行第七的孩子,在人们心目中擅长治疗瘰疬病,他们喜欢在礼拜五施展其技艺(下文,p. 306, n. 2);在爱尔兰,即使在今天,仍有这样的情形(*Dublin University Magazine*, 1879, p. 218)。

4 这种戒指以"圣礼戒指"(sacrament-rings)见称。见 Black, *Folk-medicine*, p. 174(康瓦尔地方有一种风俗,按照这种风俗,捐献钱中的银币必须以30先令赎回,这30先令是在教堂门口行乞得到的——行乞乃是以默然方式进行,公然要求施舍物是不允许的——一旦得到这枚银币,它将成为补充性的圣化仪式的对象。佩戴它的患者必须绕圣餐桌走三圈),& p. 175; *Notes and Queries*, 2nd series, I, p. 331; C. J. S. Thompson, *Royal cramp and other medycinable rings*, p. 10。

第二章　英国王权的第二奇迹：治病戒指

基督受难日仪式上。

首先是17世纪证实的来自法国的一个魔法习俗，我引用让-巴蒂斯特·梯也尔说过的话："那些说自己属于圣马丁家族的人声称，依靠下列仪式他们能够治疗癫痫病：在基督受难日这天，这些人中的一位医生接受一位病人，将病人带到十字架礼拜仪式上，当着祭司和其他教士的面，亲吻十字架，并将一枚钱币投入捐款碗。这个病人在他之后亲吻十字架，取回这枚钱币，代之以其他两枚钱币，然后返回家中，在这枚钱币上凿孔，将它戴在脖子上。"[1]

现在让我们看一看德语国家的情况。圣加尔城的修士图书馆曾经藏有一份15世纪的手稿，这份手稿里载有治疗癫痫病的下列处方。治病行动在复活节前夕举行，我们知道，这个时候要连续举行三场弥撒。第一场弥撒开始时，患者将奉献三枚银币——这个数字纪念神圣的三位一体。神父拿到这三枚钱币，将它们放置一旁，或者放在圣餐布的下面，这样他做祈祷时将恰好在这些钱币的上面画出十字。第一场弥撒结束时，患者用六枚钱币换回他的三枚钱币。第二场弥撒开始，这三枚钱币再次被奉献出来。弥撒结束时，这三枚钱币再次被赎回，这次是以12枚赎回。第三场弥撒还举行同样的仪式，最终的赎买价格是24枚钱币。余下要做的全部事情，是用这经受三重献礼圣化的金属造就一枚戒指，如果癫痫病人将这枚戒指一直戴在手指上，它将保证病人免于疾病的复发。[2]

我们已看到了法国处方、圣加尔修道院的处方和英国王室的治病仪式，比较三种方法可以看到它们之间的相同点，也可以看到其相异之处。在法国，钱币不像其他地方被做成戒指，而是照原样戴起来；在圣加尔，人们选定付诸行动的日子是圣诞节，而不再是基督受难节，而且，赎回行动似

---

[1] *Traité des Superstitions*, p. 439; 第四版题为：*Traité des superstitions qui regardent les sacremens*, 1777, I, p. 448。

[2] A. Franz, *Die kirchlichen Benediktionen*, II, p. 502 对圣加尔城图书馆藏的 ms. 932, p. 553 做过分析。

乎上升到三次。在法国，只有一次赎回行动，但价格却是双倍于第一次的捐献；在英国宫廷，也只有一次赎回行动，所付等同于原来的捐献……需要注意这些差异，因为它们清楚地说明这三种习惯不是简单地相互照搬。不过这些差异毕竟只是次要的细节。毫无疑问，我们所研究的是根本相同的同一观念的三种运用方式，只是随着时间和地点的不同而有所不同而已。它们背后的根本观念是非常清楚的。其目标自然是圣化用来制造治病护符的金属。为了达到这个目的，只要将它们置于神坛之上就可以让人满意了，但是这个普通的程序却没有恰如其分地显现出来，人们渴望更好的程序。于是人们想到将它们献于圣坛。在很短时间里——不管是多么短暂——这些钱币成为教会的财产。我们还可以进一步说，在基督受难日举行这种仪式时，这些钱币就变为了捐献盘上受礼拜的十字架的财产。但是，这种捐献是象征性的，因为这适合既定医疗目的的材料必须收回。为了使捐献变得严肃、灵验，这捐献之礼只能通过付钱而赎回，就如同一件东西从它的合法主人那里买回来。所以，金或银件在短时间真正地合法地成为教会或十字架的财产之后，就完全享有了神圣事物的神奇力量。

现在，我们将明白，在圣化医疗戒指的过程中，国王只是扮演一个次要的角色。至少，就我所探寻出来的治病仪式而言，情况是如此。国王们完成的行动、其捐献和赎回行为，影响着圣化仪式，但这些贵金属并不是通过国王之手的触摸才获得超自然的效力。这种超自然的效力，是在人们认为特别适于解除肌肉疼痛的庄严仪式中，通过贵金属简短地转变为圣坛的财产而产生的。简言之，在金雀花家族堡垒中每年举行的基督受难纪念仪式，从根本上说，不过是一种魔法治疗法，缺乏创造性，与欧洲大陆那些没有君主家族背景的人们通常采取的处方很相似。不过，这种行为虽然在其他地方完全是民众性的，但在英国却呈现出真正的王权特点。这是如何发生的呢？这整个问题涉及痉挛戒指的历史。现在我们必须正视这个问题。我们将看到，从本章开头就进行分析的14世纪的仪式，只不过是其长期发展过程的一个阶段。

4 国王奇迹如何战胜魔法疗术

哪位国王首先向圣坛放置用作治病戒指的金银币呢？毫无疑问，这事将永远不得而知。但是，可以想见，无论这位君主是谁，他当时只是仿效一种广泛流行的习惯，并没有垄断它的想法。谦卑而忠诚的基督教徒，尤其是英国的谦卑而忠诚的基督教徒，总是认为他们有力量从捐献给教会的钱币中制造出屡试不爽的护符。这些人，以及法国的巫师即圣高尔的求药方者，怎会想不到亲自捐献钱币，然后将它们赎回呢？诚然，我们还没有资料说明，在英国，这种模拟性的捐献，还发生在王室礼拜堂之外的其他地方；我们对旧时民众习惯了解甚少，对于这种缄默不必惊讶。

不过，国王不像其他人，在人们心目中他们是神圣之人，更确切说，至少在英国和法国，人们视之为创造奇迹的人。在治病仪式的医疗功能增加的情况下，如果人们长期想不到赋予国王以某种积极角色，岂非怪事？国王们长期被视为瘰疬病的治疗者，所以人们便设想，国王身上迸发出的神奇力量也发挥了作用，将超自然的威力传达于戒指。未来许多年间，人们肯定不会忘记，这种力量的真正源头来自一些使这金属成为神圣之物的动作；人们认为，一些能量强大的手以触摸使瘰疬病人恢复健康，由这些巨手来完成这些动作，将会特别有效。公众舆论逐渐将这种特权留给了天生抗拒疾病的国王们。

起初，国王们为这些戒指举行圣化仪式大概很不定时。然而，终有一天，如同触摸瘰疬病人一样，他们开始视之为其正常职守之一，决定在每个基督受难日定时举行。从爱德华二世于1323年6月在约克颁布的王室诸行政法规中，我们首次瞥见的状况就是如此。[1] 这是最早提到痉挛戒指的文献记录。由于这个文献记录，此前只是推测对象的王室仪式，至此真相大白。从彼时起，到玛丽·都铎驾崩，似乎没有一位君主不在指定的日子里往十字架底放置佛罗棱、诺布尔或斯特灵钱币。只有爱德华五世和理查三世两

---

1 前文 p. 161, n. 1.

位君主没有留下证据；不过，爱德华五世运祚短暂，甚至没有涵盖一个复活节，所以他的在位期显然是例外；至于理查三世，他的在位期有两个季节包含神圣节日，我们不了解这位君主，大概纯属偶然。通常说来，仪式结束后所完成的王室账簿，能够让我们了解基督受难日捐献的情况，但是，理查三世一朝的王室账簿似乎已经丢失或毁掉。[1] 我很快将在下文谈到，从爱德华二世到玛丽·都铎时期，这种仪式的某些细节有所变动，但没有明显的中断。

我们也许可以认为，起初这一仪式不过是偶尔为之的行为，但至少从1323年起，这种行为融进了王室固定不变的仪式。这意味着，创造奇迹的王权向着最终合并古代魔法治疗术迈出了一大步。是否有理由相信爱德华二世与这一转变有关呢？我倾向于认为情况就是如此。当然不是说，由于约克的王室法令之前的资料没有涉及此事，我们就可以做出某种肯定的结论。不过，这件事是令人惊讶的。我已经打开涉及爱德华一世这一代的相当数量的王室账簿，也看过爱德华二世在位时期的三份账簿（全在1323年以前），没有一份提到戒指的圣化仪式，但从爱德华三世时代到玛丽·都铎时期，涉及施舍部分的同类文献都忠实记载了这一仪式。[2] 然而，人们怎能先验地断定，在这些缄默的资料中，某种简单的登记方法（如将所有的捐献都归于一个总数之下）就不可能造成一叶障目、难寻真相的结果呢？在我们可以肯定的国王对瘰疬病的触摸仍在进行的一个时期，它却从账簿上消失了，这一实例有充足理由提醒我们，否定性的证据本身没有多少分量。另一方面，在它们为其他历史可能性所证实时，却具有出乎意料的价值。我们对于1323年颁布约克王室法规的这位君主的所有知识：他的心态、他的不幸，他为匡扶其摇摇欲坠的权威所做的努力，这一切都使得这一想法具有某种合理性——在英国王权采纳新的治病仪式时，这位君主发挥了作用。

---

[1] 起码国家档案馆在 *Exchequer Account* 的 *Household and Wardrobe* 系列中没有任何副本。

[2] 读者将会看到，我已经将爱德华一世的账簿分散陈列在下文 p. 438, n. 2 及 p. 439；爱德华二世的账簿，p. 440, n. 6。

第二章 英国王权的第二奇迹：治病戒指

从执政之初，爱德华二世显然就不得人心。他必定认识到周围的危险，起码他身边的人替他意识到了这些危险。可以肯定，他也许很清楚地想到（不管是直接想到还是受人提示），要以强化国王职位带来的个人神圣性——从民众方面，国王职位是他最强大的条件——来消除人们对他的反感。实际上他确实想到了这一点。稍后，我们将研究与西欧各王朝相关的传说；然后，我们将看到爱德华二世如何在1318年效仿卡佩王朝，让人用所谓来自天堂的圣油为他施行涂油礼，企图以此赋予其家族尤其是他个人以新的光辉。这个企图搁浅了，但这一举动充分说明，这位君主实行的政策是为自己的名字寻求光彩！[1] 他肯定不会忽视实施神奇治疗的可能性。毫无疑问，他已经为瘰疬病人触摸，但是，我们知道，由于他名声不佳，所以成绩平平，而且不断下降。我们自然可以设想，他力图为自己创造奇迹的王冠增加一项新花饰，借此为自己雪耻。当然，他没有发明一种痉挛戒指的仪式——他不需要这样做。民族传说已经创造出这种仪式，一种也许已经长期存在的传统，将它作为现成的礼物奉献在他的面前。如上文所述，我们也许可以相信，甚至在爱德华二世登基以前，他的诸位前任就已经有过这种在十字架祭拜礼之后举行的双重性的圣化礼动作。但是，将这种此前尚欠固定的仪式改造为君主制度下的一种惯制，这种荣耀显然要归功于他。如果没有一位虔诚者罗贝尔式或亨利一世式的人物对脆弱的王位合法性的焦虑不安，对瘰疬病的触摸治疗大概永远不会达到我们所知道的庞大规模。后来这同一种奇迹颇得益于法国亨利四世和英国查理二世处心积虑的经营。我们也许应该相信，爱德华二世的不幸和焦虑与痉挛戒指的大行其道有着某种关联。当然，我们所说的这些可能的行动，国王和他的谋臣之所以想到或付诸实施，只是因为人们相信国王具有超自然的特性。在英国，几乎每天都在进行瘰疬病触摸治疗——这种治疗行为就是国王超自然特性信仰的产物——其景象已经成为这种信仰的最牢固的支撑点；它已经

---

[1] 关于此事，见下文 p. 238 以下。

渗入到集体意识的深处。

况且，旧时代欧洲是虔诚的，也是轻信的，那些工于心计之人很容易利用这种普遍性的轻信。一种以其本性似乎仍可能对每个人开放的魔法治疗法，最终被世袭的治疗人接管并垄断起来，这种情况无疑并不鲜见。我们刚才将一些仪式与痉挛戒指的圣化仪式做过比较，这些仪式的历史就是这种胜利过程的鲜明例证。我们还记得，在圣加尔，任何人都可以依次将钱币奉献到圣坛上，然后赎回；但在让-巴蒂斯特·梯也尔时代的法国，情况就不同了。赎回行动仍然可由患者本人来完成，但奉献行为则必须由一位属于"圣马丁家族"的男人来完成。"圣马丁家族"这个名称指的是一个庞大的魔法师宗族，据说他们的能力源自于他们与图尔地方著名的奇迹创造者的所谓联系。在此一时期的世界各地，不止一个庸医家族用同样的方式吹嘘自家的神圣渊源。在意大利，这些人声称与圣保罗有关系。根据使徒行传记载的事件，这位异教徒的使徒在马耳他被毒蛇咬了，但仍安然无恙，于是他们便摆出能够治疗毒蛇咬伤的姿态。在西班牙，掌握众多秘密治病良方的巫师们（Saludadors）喜欢自称与亚历山大里亚的圣凯瑟琳有关系。几乎在各个地方，特别是在法国，人们声称圣罗克的亲属能防止鼠疫侵害，有时甚至说能够治疗鼠疫。圣于贝尔的信徒们尤其著名，据说他们只靠触摸一下，就能保护病人免于狂犬病。[1] 我们将永远无法知道圣马丁的后代怎样劝诱人们相信，基督受难日奉献银币的动作，只有经过他们的手来完成才能生效。但可以肯定的是，在法国和英国，这种司空见惯的治疗法变成了一个特殊阶层的财产。在法国，它为江湖医生所独擅；在英国，则为王室所垄断。

不过，千万不要以为，在英国这个演变过程于1323年达到了最终阶段。在基督受难日，即使在宫廷的礼拜堂里，国王对圣化礼也还没有完全的垄

---

[1] 关于诸圣徒的所有这些亲属，特别参见 J. B. Thiers, *Traité des superstitions*, 4e éd., I, p. 438-448；关于圣于贝尔的亲属，特别参见 H. Gaidoz, *La rage et St Hubert*, p. 112 以下及下文 p. 382；关于圣保罗的亲属，参见前文 Felino Sandei, p. 144, n. 2 原文以及 Pomponazzi, *De naturalium effectuum causis*, Bâle〔1567〕, p. 48；关于圣凯瑟琳的亲属，下文 p. 300。与圣保罗及毒蛇咬人相关的原文，见 *Actes* XXVIII: 3-6。

第二章　英国王权的第二奇迹：治病戒指

断权；王后似乎与他分享这种特权。根据可靠的资料，我们知道，1369年3月30日，在温莎，爱德华三世的妻子菲利帕在丈夫之后重复了这个传统动作。她也向圣坛放置了一些钱——不是金币，因为最贵重的金属无疑要留给国王——然后将它赎回以便制造医疗戒指。[1] 诚然，这是我们所知道的此类活动的唯一实例；不过，总体说来，对于王后们的私人开销，较之国王们的开支，我们获得的知识要少得多。如果各朝的王室账簿保存得更好些，那么我们很有可能会见到更多的资料提到这一点，至少在14世纪，不止仅有1369年王室账簿偶然保存下来的一例。毫无疑问，菲利帕不是一位地位卑微的人，她佩戴着王冠。但是，应该强调的是，虽然她贵为王后，但她并不像玛丽·都铎、伊丽莎白或维多利亚一样，以世袭的权利在位秉政。她是一位普通的埃诺伯爵的女儿，她的显赫地位纯粹来源于她与国王的婚姻。从来没有这样的王后触摸过瘰疬病人：因为治疗瘰疬病，只有完全意义上的真正的国王之手，才有足够的力量。但事情不止如此。我们很快将看到，15世纪中叶痉挛戒指仪式已经获得新的特点，国王的角色已经变得比过去更为重要，这时人们完全忘记，王后从前一度能够充分有效地完成这个仪式。不过，爱德华三世统治时期，还没有达到这一高度，因为通过圣坛和十字架来实现神圣化仍然被视为根本性的动作；一位出身高贵、地位崇高的妇女为何不能完成这个动作？

此外，这个时期，由痉挛戒指完成的治疗还没有归功于国王创造奇迹的能力。在爱德华三世一朝，布拉瓦丁大主教将国王的治疗奇迹算作最显著奇迹的例证之一，并对它进行详细讨论，但他仅仅提到对瘰疬病的触摸。[2] 他完全没有提及痉挛戒指，痉挛戒指是在约一个世纪以后才被纳入国王超自然能力的诸表征之列。但彼时这个仪式已经发生了变化。

据我所知，充分接受戒指圣化礼，视之为赋予英国王权的神恩之一，

1　该王在位第四十三年（1369年）2月13日至7月27日，Royal Household Counter-roll, *Record Office, Excheque Accounts*, 396, II, fol. 122 v°: "In consimilibus oblacionibus domine regine factis adorando crucem in precio quinque solidorum argenti in capella sua ibidem eodem die V s. In denariis solutis pro eisdem oblacionibus reassumptis pro anulis medicinalibus inde faciendis V s."

2　上文 p. 99, n. 1。

首位这样做的作家是那位约翰·福蒂斯丘，此人的大名及论瘰疬病的著作，我们已经谈到。在1461年4月至1463年7月流放苏格兰期间，他写了反对约克诸王子的论著，其中之一题为《捍卫兰加斯特家族的权利》(*Defensio juris domus Lanca striae*)。在这一作品中，他竭力说明，女系后裔不能传袭王室血统享有的特权。他的理由是，一个女人，即使是王后，都不为她的手接受涂油礼；实际上，英国对国王配偶的规则就是如此。但是，应该注意的是，随后以世袭权利继承王位的公主，如玛丽·都铎、伊丽莎白、玛丽（詹姆士二世之女）、安妮以及维多利亚，并没有遵守这一规则。[1] 所以，这位作者接着说，王后之手不具有国王之手所具有的神奇力量；没有一位王后仅凭她的触摸就可以治愈瘰疬病人。福蒂斯丘又补充说："同样，在基督受难日，按照英国诸王每年都遵循的习惯，被英王那接受过涂油的神圣之手虔诚触摸和奉献的金银币，可以治疗痉挛病和癫痫病，同样，用此种金、银币制造的戒指戴在患者的手指上所产生的效力，为世界众多地区人们的广泛使用所证实。这种恩典不施于王后，因为她们的手没有接受过涂油礼。"[2] 这些话清楚地表明，埃诺的菲利帕的时代已是遥远的过去。在

---

1 关于玛丽·都铎，此点清楚见于她的弥撒书中关于痉挛戒指的那段文字，见下文 p. 182；关于詹姆士二世的女儿玛丽以及维多利亚，参见有关其加冕礼的文献：L. G. W. Legg, *English Coronation Records*, p. 328, 370；关于伊丽莎白和安妮，我没有找到任何直接的证据，但是，伊丽莎白似乎没有理由不追随她的前辈玛丽·都铎，而安妮似乎也没有理由不追随另一位玛丽。明确禁止为诸王出身卑微的妻子举行手的涂油礼，此事在英国圣化礼的各种仪典书中都有清楚的说明。Legg, 前引书，p. 101, 177, 235, 266-167, 310。

2 J. Friend, *The history of Physick*, 5ᵉ éd., II, 1758, p.〔32〕依据 Brit. Mus. Cotton (Claud, A. VIII?) 的手稿发表这段文字，Crawfurd, *King's Evil*, p. 45 载用。但是克劳福德（Crawfurd）错误地认为《捍卫兰加斯特家族的权利》从来没有出版。实际上，它如果不是由洛德·克莱蒙特（Lord Clermont）出版，就是在他编辑的福蒂斯丘的著作中（参见前文，p. 111, n. 2）p. 505 以下刊出。我们关注的这一段文字在第 508 页。在这个版本中，它与克劳福德提供的文字有些不同，我认为克劳福德的文字更好些，我将它引述如下："Item aurum et argentum sacris unctis manibus Regum Angliae in die Parascevae, divinorum tempore, (quemamodum Reges Angliae annuatim facere solent), tactum devote et oblatum, spasmaticos et caducos curant: quemadmodum per annulos ex dicto auro seu argento factos et digitis huiusmodi morbidorum impositos, multis in mundi partibus crebro usu expertum est. Quae gratia Reginis non confertur, cum ipsae in manibus non ungantur." 福蒂斯丘大约写于同一时期的一篇英文短文 *Of the title of the House of York*，几乎以同样的形式转达了同样的观点：Crawfurd, p. 46; Lord Clermont, p. 498。可以一提的是，在查理五世治下的法国，让·戈林也认为，女人不能治疗瘰疬病这个事实是有利于男系继承制的论据：见下文 p. 373。

福蒂斯丘的思想中，圣坛上的圣化礼、奉献与赎回的动作，在仪式中不再居于次要位置。这种金属物的治病功能来源于摆布它的"神圣"之手；或者说，归根结底是源于倾注在那些巨手之上的圣油，因为过去很长时期人们一直认为圣油是媒介物，它将治疗瘰疬病的能力传给了国王。其他的一切已被国王的奇迹所吸纳。

此外，从这时起，经过仪式形式本身的巨大变化，诸观念的演变已经成形。我们已经看到，最初，戒指的铸造只取用基督受难日仪式期间奉献到圣坛上、随后被熔化的金银币。不过，人们最终发现，更方便的办法，是将戒指预先制造好，在既定的日子现成地带来。从此以后，人们将戒指而不是从前的钱币放置在十字架脚下待一会儿，然后用定额的 25 先令一劳永逸地赎回来。仔细考察王室账簿，我们可以断定，这种变化发生在 1413—1441 年间，大概在亨利六世秉政的早些年头。[1] 在都铎王朝时期，这个变化了的惯例仍然盛行。我们从一份宫廷礼仪记载中了解到，亨利八世时期，出席仪式的最显赫的贵族享有这种特权：在举行奉献礼之前，他托着盛有戒指的盘子，送到国王面前。[2] 稍后，在一份玛丽·都铎时代的弥撒书中，就在戒指祈福式所用的祈祷文的前面，有一份彩饰画。这份彩饰画上面，这位女王跪在圣坛前；在环绕她的长方形围栏的左右两边缘上，有两个扁平的金碟，在金碟里面，画师用程式化但可辨认的手法绘上了一

---

[1] 下文附录一，p. 447。
[2] 就我所知，关于这种礼仪，至少有三份手稿：(1) Bibl. Nat. anglais 29，这份手稿似乎始自亨利八世在位第十三年（fol. I v°）；fol. 14 v° 的正文涉及痉挛戒指；取自这部手稿的有关痉挛戒指的文字段落，发表于 *The Gentleman's Magazine*, 1834, I, p. 48 (*The Gentleman's Magazine Library*, III, p. 39), Crawfurd, *Cramp-rings*, p. 167；(2) 1500 年前后的一份手稿，这份手稿来自英国勋章院主管人安斯提（Anstis）的收藏，由诺森伯兰公爵收藏馆保存；取自这个手稿的关于痉挛戒指的段落发表于 Th. Percy, *The regulations and establishment of the household of Henry Algernon Percy, the fifth Earl of Northumberland*, Londres, 1827 (réimpression), p. 436, Percy 发表的文字又被采用于 Maskel, *Monumenta ritualia*, 2ᵉ éd., III, p. 390, n. 1; *The Gentleman's Magazine*, 1774, p. 247 (*The Gentleman's Magazine Library*, III, p. 38); (3) 伦敦徽章院列为第 7 号藏品的手稿，年代为 16 世纪上半叶，参见 Farquhar, *Royal Charitie*, I, p. 67, n. 6, p. 81, n. 1（以及法夸尔小姐的个人通信）。我将克劳福德医生发表的原文文字与 Bibl. Nat. 的手稿进行对照，发现它准确无误（但要注意，第五行中括号里的字是克劳福德医生补入的）。

些小金属圈。[1]

传统习俗中的这种变化，大概发生在亨利六世在位的初期，首位礼仪大师做出这种改变，当然纯粹是出乎实用目的。他的意图是剔除在他看来一项无用的复杂项。但是，他在简化旧礼仪之时，却使之发生了深刻的变化。因为，只有用来制造戒指的材料与正常的贡献品在奉献方式上真正完全相同，作为仪式灵魂的法定假说才有意义。可以说，它一定不能让人看起来是特意制造出来的，这样，这些金银才能有理由被认为在一小段时间里真正地属于圣坛和十字架。在宗教活动中正常的奉献物是什么？是钱币，这里用来制作国王痉挛戒指使用的是佛罗棱、诺布尔或斯特灵，或者更地道些，用来制作其他众多治病戒指的，是取自捐献的真假迪尼尔（denier）即今日的先令。直截了当地将现成的戒指放在圣坛上，意味着只是把它视为模拟性的贡献品；这个事实除去了这个模拟品的本质含义。大约在15世纪之初，奉献模拟献品然后赎回的旧习惯已经差不多失去了意义。福蒂斯丘和亨利八世的礼仪簿只是说国王"奉献"戒指——其意无疑是说，他把戒指暂时放在了圣坛上；一旦这个行动做完，这个仪式对他们而言似乎就完成了。随后是否在放置金属戒指的地方多少放一些钱币，已无关紧要。这个平凡的慷慨行为与刚刚完成的圣化仪式表面上已完全没有关系，没有人记得它曾是仪式的核心内容。[2]

同样，甚至在圣坛上奉献戒指这个行动本身最终也不再是仪式的中心。福蒂斯丘的记录似乎很肯定地表明，在他生活的时代，国王曾经触摸戒指，

1　附录二，n° 19。

2　这个赎回动作的含义在玛丽·都铎时期已经被遗忘，遗忘程度如此之甚，如果人们相信威尼斯人费塔的记载（见下引文），那么，其情形是，女王曾经在基督受难日举行圣化礼，就像王室财库为仪式特制的戒指一样，圣化那些出于个人目的交给她的其他戒指，一旦仪式完成，这些戒指无疑要交还这些人。正如 C. J. S. Thompson, *Royal cramp and other medycinable rings*, p. 9 提出的主张，这个事实大概可以解释这种情况：15世纪末叶以后的一些文献提到镶嵌宝石的痉挛戒指。如果我们将国王为之祝福的戒指理解为痉挛戒指，那么人们只能将这些戒指解释为私人为达此目的借给国王的戒指；但是，因为没有文献资料说明这些戒指是否为"国王的"痉挛戒指，我们研究的这些戒指也有可能是一些魔法戒指，这些魔法戒指被人认为可以有效治疗痉挛病。

第二章　英国王权的第二奇迹：治病戒指

为的是向戒指注入他手掌发出的神秘功效。无论如何，在玛丽·都铎执政时期条理分明的礼仪书中，这个真相大白的动作就是如此。玛丽·都铎一代是奉行这一古老习俗的最后一个朝代，由于机缘不巧，除了玛丽·都铎一代，我们没有掌握有关痉挛戒指圣化式的非常详尽的知识。这无疑是不幸的，但是我们无须过分不安；我们无法设想，这位完全忠于旧信仰的女王，会戒除宫廷习俗中特定的宗教行动。她不会继续进行她的两位新教先驱可能已经开始的任何革新。她所遵循的规则是宗教改革前的最后几任天主教国王执行过的：我们做这样的假设，肯定不会有错。根据她的私人弥撒书记载的礼拜式，[1] 也根据目击者威尼斯人费塔的记载，[2] 这里呈现的是虔诚的玛丽在豪华的皇家气派中举行的基督受难日仪式，这个仪式无疑是在她之前很久就有的。

当十字架礼拜式完成后，这位女王来到她的位置上，这个位置处于圣坛下的一个方形围栏中，这个方形围栏由四条板凳组成，板凳上覆盖着织物或毛毯。她跪下来，盛有戒指的盘子放在她的旁边——前文已经提及，人们在她的弥撒书的图画中看到过这种情形。首先她要诵出相当长的一段祈祷文，其中唯一值得提及的文字是对神圣王权的赞颂：

> 万能且永恒的主啊……您俯允为您擢升到显赫王位的人增添非凡的恩典，使他们成为传达您天禀的工具和渠道，这样，他们根据您的权力和意志君临天下、行使统治时，能够服务于他人，将您的善行传送给他的臣民……

---

[1] 见于玛丽·都铎的弥撒书，该弥撒书现存威斯敏斯特（天主教）大教堂图书馆，见本书附录二，n° 6。该弥撒书展现的痉挛戒指礼拜式已被发表过几次，尤其是 Gilbert Burnett, *The history of the reformation*, éd. Pocock, V, Londres, 1865, p. 445; Wilkins, *Concilia Magnae Britanniae et Hiberniae*, IV, fol. 1737, p. 103; S. Pegge, *Curialia Miscellanea*, Londres, 1818, p. 164; Crawfurt, *Cramp-rings*, p. 182。这个礼拜式的英文译文，无疑属于詹姆士二世统治时期，关于这个译文，见下文，p. 389, n. 3。

[2] *Calendar of State Papers, Venice*, VI, I, n° 473, p. 436。费塔是红衣主教波尔的秘书；他于1556年4月4日目睹了玛丽为戒指祈福。

接下来是另一篇祈祷文,说到了戒指和两个特别的祝福,其中清楚地提到作为魔病的癫痫病:

> 啊,上帝……(您)俯允为这些戒指赐福并使之圣化〔第二个祝福在这方面表达得特别清楚〕,这样,那些佩戴它们的人可以受到保护,免于撒旦的圈套……免于所有神经痉挛病和癫痫病的侵扰。

接下来是一首圣诗——无疑是由出席的教士吟颂——和另一段祈祷文,这段祈祷文显示出一种相当有趣的忧虑,担心仪式求助于遭到禁止的魔法,"但愿远离所有迷信,以及由魔鬼欺骗产生的所有怀疑!"

然后是实质性动作。女王取出戒指并揩拭之,一次揩拭一枚,同时说出下面的话——这些话比任何注释更清楚地说明这个动作的意义:

> 主啊,让这些戒指圣洁吧,施以您天堂的甘露和祝福吧,以我们双手的揩拭圣化它吧——您已经按照我们职守的品级,屈尊为我们的双手涂敷圣油,施以涂油礼,使之圣洁;由于您伟大的恩典,天然金属不能发挥的功效将得以实现……[1]

最后是一项特别的宗教程序:向这些戒指施洒圣水——我们不知道是由女王本人还是女王礼拜堂里的教士——这时女王和其他在场的人,还要

---

[1] "Omnipotens sempiterne Deus, qui...quos ad regalis sublimitatis fastigium extulisti, insignioribus gratiis ornatos, donorumque tuorum organa atque canales esse voluisti, ut sicut per te regnant aliisque praesunt, ita te authore reliquis prosint, et tua in populum beneficia conferant" (Crawfurd, p. 182-183); "Deus...hos annulos propitius benedicere et sanctificare digneris: ut omnes qui eos gestabunt sint immunes ab omnibus Satanae insidiis, sint armati virtute coelestis defensionis, nec eos infestet vel nervorum contractio, vel comitialis morbi pericula"(同前,p. 183)— "... facessat omnis superstitio, procul absit diabolicae fraudis suspicio"(同前,p. 183);"Sanctifica Domine annulos istos, et rore tuae benedictionis benignus asperge, ac manuum nostrarum confricatione, quas, olei sacra infusione externa, sanctificare dignatus es pro ministerii nostri modo, consecra, ut quod natura metalli praestare non possit, gratiae tuae magnitudine efficiatur"(同前,p. 184)。

再说一些礼拜性的祈祷词。

这样，人们看到，从国王手上迸发出的超自然力量所具有的威望已经遮蔽了其他一切。作为虔诚行为中的一项司空见惯的因素，圣水出现在仪式中，就像触摸瘰疬病时画出的十字。无论是玛丽·都铎的弥撒书，还是威尼斯人费塔的记录，都没有提到赎回戒指一事，甚至没有提到在圣坛上放置戒指。不过，在玛丽·都铎统治时期，传统仪式中的这后一部分活动仍在举行。我们也许可以肯定，在亨利八世治下，这项活动还在进行；没有理由认为玛丽会取消之。毫无疑问，这项活动是在祈祷之后举行，这可以说明它何以不见于弥撒书。但人们不再视之为重要之举了：这就是费塔在这一点上缄口不语的原因。仪式的高潮现在已经落在礼拜式的其他地方，正如瘰疬病的治疗活动，君主的个人动作成为最重要的内容，首先落在被涂油礼"圣化"的国王之手对戒指的揩拭行动上。此后，官方祈祷书所使用的词语清楚地显示，这成为了圣化行为的本质内容。

从14世纪初叶开始的这一演变过程——大概受到爱德华二世所做的有趣设计的影响——此时已经达到终点。古老的魔法治疗术经历了明确的变异，演变成为国王特有的奇迹。最终的变化无疑发生在1500年之前数年。正如前文所论，16世纪的最初数年，人们在试图做一件事：想在痉挛戒指与人们对忏悔者爱德华的强烈记忆之间建立联系，而爱德华已经成为瘰疬病触摸治疗法的保护神；所以这些戒指已经融入神奇王权的传说。正如下文所论，将创造奇迹的天赋归于英国国王，这种新形式似乎在这个时期最孚人望。实际上，文艺复兴前夕古代神圣王权观念仍具有力量，最好的例证莫过于，此前归功于十字架和圣坛作用的治病能力，被王权完全僭取了。

第三章

王权的奇异和神圣：
从瘰疬病触摸治疗之初到文艺复兴时期

1 国王的教士特性

我们已经看到，治病仪式源自国王具有超自然性的古老观念。如果这些观念在治病仪式产生后不久很快消失，那么这些仪式本身大概也不会存留下来，至少其流行程度会大为衰弱。但是，这些观念不仅没有消失，而是进行了顽强的抵抗，并且在与新的迷信发生关联时，在某些方面还有所扩张。我们将如何解释瘰疬病触摸治疗法获得的持久成功呢？又如何解释痉挛戒指从古代魔法演变成真正的国王仪式呢？首要的条件就是将这两种习惯置于古代宗教崇拜的氛围中，置于中世纪最后四五百年间环绕君主的奇异环境中。

在天主教社会中，对超自然世界的熟悉基本上限于非常严格限定的信众，即神父、完全献身上帝事业的教士，至少是获得教职的人员。他们是此岸与彼岸世界的正式中介人，较之这些人，只是俗世之人的创造奇迹的国王们，难道没有被认为越位的风险吗？我们知道，格利高里派人物及其继承者肯定对诸王持有这种看法；但并非当时的大多数人都作如是观。关键在于，在大众观念中，国王不是普通的世俗之人。属于他们的显赫权位通常被认为赋予他们一种近乎教士身份的特性。

需要强调的是"近乎"这个词，因为同化从来不是完全的，也不可能是完全的。在一个天主教徒看来，教士职位带有显而易见的超现世秩序的特权，这些特权只能由圣职授任礼所授予。中世纪的君主，不管多么傲慢或强大，都不会自认为能够举行神圣的弥撒祭献礼，圣化面包和酒，让上帝降临圣坛。格利高里七世曾尖锐地提醒皇帝们，因为他们不能驱魔，所以必须甘居于驱魔师之下。其他文明如处于原始阶段的日耳曼人或荷马时代的希腊人，可能有过完全意义上的祭司-国王；但在基督教统治下的中世纪，这样一种傲慢的职位是不可想象的。支持格利高里七世的那些人对此了若指掌。这个阵营中有一位非常聪敏的作家，是一位神秘人物，其确切的国籍不为人知，以其拉丁名字见称，叫作洪诺留斯·奥古斯多丹昂斯。他谴责当时的君主在这一点上不仅亵渎神灵，而且混淆了一些观念。他在1123年之后不久所写的一篇文章中，表达的核心思想是，一个人只能是一个教士，或是一个世俗之人，或可能是一个修士（修士中的许多人虽未被授予神品，但人们认为他们是教士群体的一部分）。一位国王不能是教士，因为他未曾接受圣职；"他有妻子、拥有权力，不能被视为修士"，所以他必为一俗人。[1] 作为一种逻辑推论，这是无可辩驳的；但逻辑一般并不左右人们的情感，尤其是，这些情感带有古代信念的痕迹，并且深深地根植于各废弃宗教以及过时的思维方式中——这些思维方式就像一种积淀物一样，

---

1 *Summa gloria de Apostolico et Augusto; Monumenta Germaniae, Libelli de lite*, t. III, c. 9, p. 69: *Quod rex sit laicus* "Aut enim rex est laicus aut clericus. Sed si non est laicus, tunc est clericus. Et si est clericus, tunc aut est ostiarius aut lector aut exorcista aut acolithus aut subdiaconus aut diaconus aut prosbyter. Si de his gradibus non est, tunc clericus non est. Porro si nec laicus nec clericus est, tunc monachus est. Sed monachum eum excusat uxor et gladius." 参见 c. 28, p. 78。洪诺留斯是一位多产作家，关于他个人的情况，虽有各种研究，但仍是一个谜，不过他无疑是一个德国人（特别参见 Jos. Ant. Endres, *Honorius Augustodunensis, Beitrag zur Geschichte des gestigen Lebens im 12. Jahrhundert*, Kempten et Munich, 1902）。

第三章 王权的奇异和神圣:从瘰疬病触摸治疗之初到文艺复兴时期

留下了一些特别的情感方式。此外,在那个时代,远不是每一个人都具有洪诺留斯·奥古斯多丹昂斯一样的无懈可击的精确性。实际上,在法学实践乃至理论上,较之特兰托会议[1]之后的情况,中世纪的教士和普通基督教徒之间的区别还不太分明,"混合"状态是非常可以理解的。[2] 国王们清楚地知道他们不是纯然的教士,但他们也不认为自己是俗人,他们的忠实臣民也怀有这种情感。[3]

此外,这种陈旧且基本属于异教性质的观念,在基督教各国久已盛行。[4] 我们从福尔图纳著作的字里行间已经看到这种观念。福尔图纳的著作写于墨洛温王朝早期,带有《圣经》寓意画的色彩。尤其是,我们看到,

---

1 特兰托会议(Concile de Trente),1545—1563年间天主教在意大利特兰托召开的宗教会议。历时十八年之久,时断时续。目的是反对宗教改革运动,维护天主教的地位。会议重申天主教教会的垄断地位,宣布所有新教为异端;教皇是教会的最高权威;天主教教会的教条和仪式是不可更改的天条,必须严格遵守;严格审查出版物,初次开列"禁书目录";设立宗教裁判所,镇压一切被称为异端者。——译者

2 参见下文 p. 193 n.1, 210 n. 1, 211 n. 2。关于这个问题,人们会发现下一个注释所引用的 P. Thurston, *The coronation ceremonial*, p. 36 有一些匠心独运但相当夸张的见解。对教士地位进行法律界定所具有的困难,见 R. Génestal, *Le privilegium fori en France du Décret de Gratien à la fin du XIVe siècle* (Bibl. École Haute Études, Sc. religieuses, vol. 35)。

3 某些英国作家,尤其是莱格(G. W. Legg),一直非常强烈地坚持中世纪王权的准祭司特性,有时有些夸张,并且表现出公然的宗教或护教意图:1902年,莱格在 *Church Times* 中写道:"在我看来,如能说明这一点,那将是一件有用的事情,此即国王的权力远不是始自亨利八世提出控制教会的要求,而从很早就已开始……因为这一点,国王就是教会的牧师,由教会本身举行圣化礼得到这个特别的职守。"这招致一位英国耶稣会士瑟斯顿(P. H. Thurston, *The coronation ceremonial*, 2e éd., Londres, 1911)的反驳,目的同样明确。这个论辩有力且深刻,对敌方思想派别的攻击有足够的力量,但它的否定过于绝对,最终较之莱格的观点更远离真理。对历史家而言,偶然注意到古人的争论如今仍在这些人身上具有某种活力,何其有趣!

4 教士性质的王权是中世纪非常熟悉的概念,在其源头中,我们是否应考虑罗马的影响?从382年格拉提安以后信奉基督教的皇帝都已经放弃了"大祭司长"(pontifex maximus)这个旧的异教称号;但是,起码在5世纪以前,在某些形式的官方敬称中,他们仍然被称作教士(关于这些事实,见 J. B. Sägmüller, *Lehrbuch des katholischen Kirchenrechts*, 3e éd., I, Freiburg, 1914, p. 51-52):444年参加君士坦丁堡宗教会议的教父们在正式的颂词中称:"ἀρχιερεῖ βασιλεῖ [πολλὰ τὰ ἔτη]"〔主教皇帝(万寿无疆)〕;同样,451年的卡尔西顿会议也称:"τῷ ἱερεῖ, τῷ βασιλεῖ"(神父,皇帝)(Mansi, *Councilia*, VI, col. 733, VII, col. 177)。稍后一些时候,教皇大利奥写信给皇帝利奥一世:"sacerdotalem namque et apostolicum tuae pietatis animum" (Migne, *P. L.*, t. 54, col. 1131)。但是这些内容并没有被拉丁教会文献收录,而且似乎没有被引用,甚至不为中世纪的西欧作者所知晓;尤西比乌斯的这段著名文字也是这种情况,在这段文字中,君士坦丁自称:"除了……还是主教"(Tῶν ἐκτὸς……ἐπίσκοπος)(见下文 p. 350, n. 3)。只是在后来的17世纪,由于学问的复兴,这些古老

它在加洛林王朝时期从国王所接受的涂油礼中重焕生机；我们注意到，王权支持者的观点很快就从极有利于君主的意义上诠释这种国王和教士共用的仪式，这引起兰斯的欣克马尔及其同党的极大愤慨。从丕平时代起，圣化礼的规模和光彩已在持续不断地增长。1050年前后，圣兰伯特的教士安塞尔姆记载过列日主教瓦佐与亨利三世皇帝的著名对话，让我们听一听这个对话吧。1046年，瓦佐没能向帝国军队派出一支小分队。他因此受召前往帝国宫廷；应召之日，无人给这位失宠的修道院院长提供椅子，他不得不站立应答。他向这位君主抱怨说，即使不对他的年迈表示敬意，起码也应对一位接受了圣油礼的教士表示尊重。这位皇帝回应说："我，有权统辖万物，也接受过圣油涂敷之礼。"这位历史家告诉我们，瓦佐断然回答说，教士接受的涂油礼优于国王接受的涂油礼："这两种涂油礼之间的差异直若生死天壤。"[1]

这些话是否真如安塞尔姆所记载的那样说过吗？对此也许大可质疑。但这无关紧要，因为这些质疑并不损害这些话的心理真相。事实是，同时代的一位编年史家恰恰选用这些话来展示一位皇帝和一位主教对立的观点，就使之变得颇为意味深长了。"我也接受过圣油涂敷之礼"……可以肯定，

的记忆才恢复了一些活力；参见下文，p. 350。另一方面，纪尧姆·迪朗著作的一个段落清楚地表明，某些法律学家为了证明皇帝的教士特性，惯于大肆利用取自罗马法汇编的一段原文，*Rationale divinorum offiiorum*, II, 8 (Lyon éd., in-8°, 1584, p. 56 v°): "Quidam etiam dicunt ut not. ff. de rerum diuisio 1. sancta quod fit presbyter, iuxta illud, Cuius merito qui nos sacerdotes appellat, Imperator etiam pontifex dictus est, prout in tractatu de Episcopo dicetur"。(参见，同前，I, 11, p. 62: "Vnde et Romani Imperatores pontifices Dicebantur")。涉及的这个段落是 Ulpian, *Dig.* I, I, 1，实际上并非用于诸皇帝，而是用于各律师。

1 *Anselmi Gesta Episcop. Leod.*, c. 66; *Monum. Germ. SS.*, VII, p. 229-230: "Imperator vero, utpote qui eiusmodi homo esset, qui sibi super episcopos potestatem nimis carnaliter, ne dicam ambiciose, quereret usurpare: "Ego vero, inquit, similiter sacro oleo, data mihi prae caeteris imperandi potestate, sum peructus". Quem contra antistes veritatis zelo iustitiaeque fervore vehementer accensus, talibus breviter instruendum esse censuit: "Alia, inquiens, est et longe a sacerdotali differens vestra haec quam asseritis unctio, quia per eam vos ad mortificandum, nos auctore Deo ad vivificandum ornati sumus; unde quantum vita morte praestantior, tantum nostra vestra unctione sine dubio est excellentior". 关于这些事实，见 E. Steindorff, *Jahrb. des deutschen Reichs unter Heinrich III*, II, p. 50-51。

第三章 王权的奇异和神圣：从瘰疬病触摸治疗之初到文艺复兴时期

正是对圣化礼举行之日接受神圣烙印所持的记忆，让一位君主——甚至一位非常虔诚的君主——对其权利的正当性理直气壮，用安塞尔姆论及亨利三世的话说，在他"决心行使其世俗统治权"时，试图"擅取支配主教的所有权力"。

尤其是，1100年前后，王权支持者的这种论点开始成型，著名的格利高里争论已经使争论各方各就其位，不再含糊其词。洪诺留斯·奥古斯多丹昂斯在某处谈论说，这些"因傲慢而膨胀的喋喋不休之人，仅仅因为国王们涂敷过造就教士所用之油，就声称国王不应列入俗人之列"。[1] 我们已经熟悉一些"喋喋不休之人"的言论。这些言论清晰明了，一览无余。譬如，盖伊·德奥斯纳布吕克于1084或1085年间写过一篇论文，题为《希尔德布兰与亨利皇帝之论争》。这里的皇帝自然是指亨利四世。他说："国王必须与世俗大众分别开来，由于受过涂敷圣油之礼，他分享了教士的职守。"[2] 稍后一些时候，英国约克地方的匿名作者这样写道："国王，是神命之主，不能被称作俗人。"[3]

可以断言，论战中持肯定主张的大多数作者都是帝国的臣民。约克地方的匿名作者所持的大胆主张，在他的祖国似乎从未被人重复过。正如我们所说，世俗权力的辩护者们差不多全部属于帝国阵营——至少在这个时期是如此。这是事实。在法国和英国，也和其他地方一样，国王们决心辖

---

1 *Summa gloria*, c. 9: "Sed garruli fortasse tumido fastu contendunt regem non esse de numero laicorum, cum unctus sit oleo sacerdotum."

2 *De controversia inter Hildebrandum et Heinricum imperatorem; Libelli de Lite*, I, p. 467: "Unde dicunt nulli laico umquam aliquid de ecclesiasticis disponendi facultatem esse concessam, quamvis rex a numero laicorum merito in huiusmodi separetur, cum oleo consecrationis inunctus sacerdotalis ministerii particeps esse cognoscitur." 参见论战的本方作者的其他言论，以及敌对方作者的反驳言论，见 Heinrich Böhmer, *Kirche und Staat in England und der Normandie*, p. 235; Kern, *Gottesgnadentum*, p. 86, n. 152; 另参见教皇方面的一位编年史家记载的亨利五世近臣的话："Quid referam, quosdam comites eius...eum regem pariter et summum sacerdotem...praedicasse", Laurentius, *Gesta episcop. Virdunensium*; *Monumenta Germ., SS.*, XVIII, 502。

3 *Monum. Germ., Libelli de lite*, III, p. 677: "Quare non est appelandus laicus, quia Christus Domini est..."

制教会，而且其努力获得了相当程度的成功；但是，直到中世纪最后两世纪的教会危机，他们一般都保持克制，没有公开声称其要求是基于王权的准教士特性。这种长期沉寂状态与同时代文献对瘰疬病触摸治疗记载的沉寂状态，必定是并行不悖的。不过，这种沉寂不是绝对的，它不能阻止另一种主导观念不时地显露出来——这种观念引发许多行动，通常没有被表达出来；很有可能，也并非每个人的思想中没有清楚地怀有这种观念。例如，在法国，修道院院长叙热是一位半官方的历史家，他在路易六世的圣化礼举行之日，说路易六世正在佩戴"教会之剑"。[1] 尤其是，在路易七世统治时期，1143年优容巴黎各主教的敕令有一著名的前言："我们深知，依据《旧约圣经》训令，以及我们时代的教会法，只有诸王和教士接受涂油礼，为圣油所圣化。那些共同分享圣油的神圣性、成为上帝之民的首脑的人是独一无二的，他们应该为其臣民提供世俗产品与精神产品，也应该相互地提供世俗产品与精神产品，这是恰如其分的。"[2] 如果上文全部内容略

---

1 *Vie de Louis le Gros*, c XIV, éd. A. Molinier (*Collection de textes pour servir à l'étude de l'hist.*), p. 40: "abjectoque secularis militie gladio, ecclesiastico ad vindictam malefectorum accingens." 在同样的观念体系中，同前，XVIII, p. 62: "partem Dei, cujus ad vivificandum portat rex imaginem, vicarius ejus liberam restituat suppliciter implorant。" 我不知道第一段文字是否是指 Luke, XXII, 38 提到的两种剑的著名比喻，从这个比喻，教皇权力的支持者和世俗权力的捍卫者引申出对立的观点。甚至在叙热时代，若弗鲁瓦·德·旺多姆就先于圣贝尔纳使用过这个比喻，参见 Paul Gennrich, *Die Staats-und Kirchenlehre Johanns von Salisbury*, Gotha, 1894, p. 154, n.1; E. Jordan, *Dante et St. Bernard*, *Bulletin comité catholique français pour le centenaire de Dante*, 1922, p. 277, 278。

2 A. Luchaire, *Études sur les actes de Louis VII*, in-4°, 1885, n° 119（Luchaire 提到的各版本之外，还有 R. de Lasteyrie, *Cartulaire de Paris* (*Hist. Générale de Paris*), n° 302，这是目前最好的版本）: "Scimus quod ex auctoritate Veteris Testamenti, etiam nostris temporibus, ex ecclesiastica institutione soli reges et sacerdotes sacri crismatis unctione consecrantur. Decet autem et qui, soli pre ceteris omnibus sacrosancta crismatis linitione consociati, ad regendum Dei populum perficiciuntur, sibi ipsis et subditis suis tam temporalia quam spiritualia subministrando provideant, et providendo invicem subministrent." 我们不知道是否应将 sacerdotes 翻译为 bishops（"主教"），因为在严格的意义上，圣油礼（chrême, chrism）是主教享有的特权，而不是一位有教士资格者享有的特权（参见下文，p. 200）。但在这个时期的文献中，chrism 有时简单地表示圣油之意。慎重的做法是，保留其本来的译法即教士，同时又不忘记，在路易七世的教职人员的思想里，它尤其指被视为国王天然盟友的主教们；而且，敕令本身是为支持一位主教而制定的。可以与路易七世的前言相比较的是，数年后弗赖辛的奥托为红胡子腓特烈的圣化礼所写的文字；就在腓特烈皇帝接受圣化礼的当天，明斯特地方的主教选举也在同一教堂且由同一些主教主持举行："ut revera summus rex et sacerdos presenti

第三章　王权的奇异和神圣：从瘰疬病触摸治疗之初到文艺复兴时期

去最后一句话——就像吕谢尔版本——也许就不那么令人吃惊；[1]因为"相互地"一词似乎表示对精神的管理之权仅归于教士，教士提供给国王，正如世俗产品乃是俗世君王的特有物。如此，则充分捍卫了两种权力分离的原则。不过，国王和教士接受的这两种涂油礼之间的对等性，或称作联盟，仍然具有重要意义。实际上，它的意义是很大的，在同时代的法国文献中，很难发现任何事情受到同等程度的重视。迄至今日，历史学家们似乎还没有发现，这份文献乃缘于极为特别的一些事件的交结。1143年，罗马与法国朝廷之间爆发了一场极为激烈的争吵。虽面临国王的反对，教皇英诺森二世还是为议事司铎选举出来担任布尔日大主教的皮埃尔·德·沙特举行圣化礼；法国的教权活动遭到禁止。但事情不止于此。我们知道，执行训令且对此事负责的总管名叫卡迪尔克，不幸的是，此人曾是教廷推举的布尔日教区大主教候选人的竞选者。[2]这位胆大包天、诡计多端的教士现在绝无理由放过罗马教廷；相反，他现在最感兴趣的是最大限度地抬高涂油礼的权能，鼓吹涂油礼将国王抬高到几与教士并驾齐驱的位置，且似乎赋予了国王干预教会选举的权利。一位职位遭人取代的野心家的算计或怨恨，

iocunditati hoc quasi prognostico interesse crederetur, qua in una aecclesia una dies duarum personarum, quae solae novi ac veteris instrumenti institutione sacramentaliter unguntur et christi Domini rite dicuntur, vidit unctionem." (*Gesta Frederic*, II, c. 3; *Scriptor. rer. germ. ad usum scholarum*, 3ᵉ éd., p. 105)。最后，类似的观念也见于法国与德国圣化礼中通行的礼拜式套语："Accipe coronam regni, quae...episcoporum...manibus capiti tuo imponitur...et per hanc te participem ministerii nostri non ignores, ita ut, sicut nos in interioribus pastores rectoresque animarum intelligimur, tu quoque in exterioribus verus Dei cultor...semper appareas..."〔Waitz, *Die Foemeln der Deutschen Königs-und der Römischen Kaiserskrönung*, Göttingen, 1872, p. 42, 74, 82; Dewick, *The coronation book of Charles V of France* (Henry Bradshaw Soc., XVI), in-4°, Londres, 1899, col. 36）的记载稍有不同〕。

1　*Histoire des Institutions monarchiques*, 2ᵉ éd. 1890, I, p. 42. 在同一著作的 I, p. 41，吕谢尔引述了亨利一世给巴黎教会的一道敕令（F. Soehnée, *Catalogue des actes de Henry Iᵉʳ*, *Biblioth. Ècole Haute Ètudes*, p. 161, n° 29），在这道敕令中，似乎涉及王权的"神圣职责"，但细审之下，这个敕令前言中的 divinum ministerium 一词指的是（对教会）实施慷慨行为的神圣职责。

2　关于这些事实，见 Luchaire, *Histoire de France*, Lavisse, III, I, p. 5 的论述，又见 Vacandard, *Saint Bernard*, in-12, s. d., II, p. 183。

可以解释卡佩政府何以在这个场合从惯常的缄默中站了出来。

现在让我们转向英国。我不知道博学胜我的学者是否能从官方文献中发现什么事情，可以媲美于卡迪尔克式的恶意及其对路易七世政府造成的意外影响。但可以肯定，给予1143年敕令的前言以启发的这一系列思想，对于英国人而言，就像对于其近邻一样，都是熟悉的。13世纪中叶一位反对这些观念的正统神学家可以为证。罗伯特·格罗塞特是林肯地方的主教，他在一封致亨利三世的信中，向他的主公解释了国王涂油礼的真正性质，并赋予它崇高的地位。不过他感到必须指出，"它的功效绝不可能使国王的职位优越于教士的职位，或与之等量齐观，它也没有赋予国王履行教士职务的任何能力"[1]。除非格罗塞特有理由相信，在他看来如此丑陋不堪的混淆，在他想训导的国王周围已很流行，否则他显然不会如此费心劳力地加以反对。毫无疑问，在英国也像在法国一样，这是一种精神趋向，而不是随意表达的想法。

甚至在帝国境内，萨利安王朝覆亡以后，王权党人似乎不再像此前一样起劲地鼓吹世俗君主的教士特性。沃姆斯协定[2]废除了授权杖和戒指的仪式，但仍允许君主在德国主教选择中发挥重大作用，对格利高里派而言，沃姆斯协定的价值毋宁是在理论上的满足。同样，他们的论战最起码的结果，是使其对手们宣布的原则归于沉寂。这个旧观念在各地仍有显现。1158年前后，博洛尼亚著名的教会法学家鲁芬，为了论证主教向皇帝宣誓效忠的合理性——这种宣誓是与禁止教士依附于俗人的戒条相矛盾的——

---

[1] *Epistolae*, éd. Luard (Rolls Series) n° CXXIV, p. 351; L. G. W. Legg, *English Coronation Records*, p. 67: "Hec tamen unccionis prerogativa nullo modo regiam dignitatem prefert aut etiam equiparat sacerdotali aut potestatem tribuit alicuius sacerdotalis officii."

[2] 沃姆斯协定（Concordat de Worms），1122年德国皇帝亨利五世与教皇加利斯都（Callistus II）之间达成的妥协协议。德皇允许主教和修道院长由教士选举，自由祝圣，同意由教会赐予权杖和戒指象征宗教权力，交还他本人和亨利四世所侵夺的教会财产；教皇则允诺德国主教和修道院长的选举须在皇帝面前进行，首先由皇帝赐予权标，作为领地上世俗权力的象征。教皇与皇帝之间关于主教授职权的争论，获得暂时妥协。——译者

写道："也许可以这样回答，教规不允许全部接受那样的习惯，或者说，皇帝既由涂油礼接受圣职，就不完全是一个世俗之人。"[1]但是，这是一种学院式的论点，偶尔提出来供读者选择，并且几乎被淹没在浩繁的法律论文中，远不如前一个时代轰轰烈烈的争论。此外，霍亨斯陶芬王朝豢养的政论家们，与其说是在解释一个王权原则，毋宁说是在发挥帝国观念。这种做法也许有助于"方国之王"的主张。所谓"方国之王"是红胡子对日耳曼之外的其他各国首脑以及恺撒继承人的称呼。[2]稍后我们将看到，直到高卢运动[3]兴起，才在一个不同的国家出现了如同亨利四世和亨利五世的侍臣们慷慨提出的旗帜鲜明的主张。但是，政治观念或情感史千万不能仅仅从理论家的著作中去寻求；某种思想或情感方式与其说从书中显露出来，还不如说从日常生活事实中清晰地显露出来。在很长一个时期内，有关国王创造奇迹的观念，虽然没有常见于文献，但对催生国王治疗仪式却发挥了作用。同样，国王具有教士特性的概念，虽然或多或少地为法、英作家所忽视，被帝国的支持者所抛弃，但在大量实践活动、语言方式和公共习俗的特点中还是清晰地不间断地显现出来。

首先让我们看一看圣化礼。

涂油是典型的国王特有的行为。在法国，它与国王的称号紧密相连，所以一些大封主有时试图效仿圣化礼中的其他行为，但却从来不敢擅用这个特殊行为。诺曼底或阿基坦的一位公爵也许可以在鲁昂或利摩日的宗教仪式接受职位，佩戴上宝剑和戒指，获得旌旗或公爵之冠，但圣油却从来

---

[1] *Summa Decretorum*, XXII, qu. 5, c. 22: "Si opponatur de iuramento fidelitatis, quod hodie episcopi faciunt imperatori, respondeatur non omnia, que consuetudo habet, canones permittere. Vel dicatur imperatorem non omnino laicum esse, quem per sacram unctionem constat consecratum esse"; éd. J. F. v. Schulte, Giessen, 1892, p. 360; éd H. Singer, Paderborn, 1902, p. 403.

[2] Saxo Grammaticus, éd A. Holder, p. 539: "prouinciarum reges".

[3] 高卢是法国的古称，15世纪起，法国王权反对罗马教皇对法国教会的控制，主张保护法国教会对罗马教廷的独立自主，限制罗马教皇的权力。这一运动被称为高卢运动。——译者

是禁用的。[1] 这个奇妙的礼仪肯定受庇护于一种极为古老且颇受人敬重的传统；甚至最赤诚地反对这种观念的人——为了方便，我们称之为格利高里信徒——也没有产生废除它的梦想。[2] 至少他们曾竭尽全力，阻止教士或主教的涂油礼与国王们的涂油礼出现过分相似的情形。神学家和典仪家都想完成这一任务，但充其量不过是部分地取得成功。

在整个天主教教义中，圣礼教义是最晚形成的信条之一。它只是在经院哲学的影响下才确定下来。在很长时期内，将一个人或物带入神圣事物范畴的任何一种行为，都可以一视同仁地使用圣礼一词。[3] 所以，这个名称很自然地用于国王涂油礼上，并且神学家们也争先恐后地如此行事。博学的神学博士们如沙特尔的伊沃，以及教会改革的先锋们如彼得·达米安，或热心捍卫教士阶级特权的高级教士如托马斯·贝克特，都无所顾忌地将

---

1 关于诺曼底诸公爵，见 Benoit de Peterborough, *Gesta Henrici regis*, éd. Stubbs, *Rolls Series*, II, p. 73（狮心理查于1189年7月20日，当着在场的大主教、诸高级教士和各位伯爵，从鲁昂圣母院的圣坛上取走了"诺曼底公爵之剑"）；Mathiew Paris, *Chronica majora*, éd. Luard, *R. S.*, II, p. 454; *Historia Anglorum*, éd. Madden, *R. S.*, II, p. 79（失地王约翰于1199年4月25日：剑和冠）；很久以后路易十一的兄弟法王查理的即位式，见 H. Stein, *Charles de France, frère de Louis XI*, 1921, p. 146（戒指、剑和旗帜）；有一种礼仪仅见于鲁昂市镇档案中的两份17世纪抄本（参见 Chéruel, *Histoire de Rouen à l'époque communale*, II, 1844, p. 8 以及 Delachenal, *Histoire de Charles V*, I, p. 137, n. 1），两抄本发表于 Duchesne, *Historiae Normannorum Scriptores*, fol., 1619, p. 1050, 及 Martene, *De antiquis Ecclesiae ritibus*, II, col. 853（戒指和剑）。关于阿基坦诸公爵，我们手中有一本 *ordo ad benedicendum*，遗憾的是，这个文献只是草于13世纪初叶，由利摩日的教堂歌咏班领唱人埃利（Elie）完成，所以不能视为关于古代习惯的非常可靠的文献；其标帜是戒指（据说是圣瓦莱里的物产）、冠冕（circulum aureum）、旗帜、剑和马刺（*Histor. de France*, XII, p. 451）。关于狭义法国之外的多菲内省的情况，参见 R. Delachenal, *Histoire de Charles V*, I, p. 40。Guillaume Durand, *Pontifical*（Bibl. Nat.ms. Latin 733, fol. 57）内有一个红色标题：*De benedictione principis siue comitis palatini*；只有一种祷告程式，显然取自皇帝圣化礼且极为普通（同前，fol. 50 v°），除此并无他物；当然也没有提到涂油行动。

2 此外，在国王们看来，涂油礼是非常重要的特权，没有涂油礼传统的王朝时常想获得这种特权。至迟从13世纪，它需要得到教皇授权的观念已经确立。经历长时间的请求，纳瓦拉诸王于1257年，苏格兰诸王于1329年，获得了这种授权。所以，教皇最终——起码在一些世纪里——在这个古旧的君主仪式中找到了可以发挥影响的资源。1204年，英诺森三世亲自为阿拉贡的彼得二世涂油，此人亲到罗马为教廷附庸；这是阿拉贡人接受涂油礼的首例。参见下文 p. 460, n. 1。

3 就后经院哲学的神学而言，sacraments（圣礼）与 sacramentalia（圣事）之间并无明显的分野。G. L. Hahn, *Die Lehre von den Sakramenten in ihrer geschichtlichen Entwicklung innerhalb der abendländischen Kirche bis zum Concil von Trient*, Breslau, 1864, 尤其是 p. 104 对这个问题做过非常清晰的解释。

这个词用到国王涂油礼上。¹ 所以在当时它与教士的授职礼使用同一名称。13世纪，教会的理论在这件事上变得更为严格，此后只有七种圣礼得到承认。圣职授任礼位列其中；而国王的涂油礼被排除在外。这样，造就教士的礼仪和造就国王的礼仪之间就形成了一道鸿沟。不过，当时的语言并没有立即放弃这种古老的用法。1235年至1253年间进行写作的罗伯特·格罗塞特，² 是哲学家和神学家，也是教皇的掌玺大臣，他在1259—1260年的教皇诏书中，³ 仍然坚持从前的用法。尤其是，在很久以后这种用法还自然地保留于以通俗语言写成的世俗著作中。譬如，14世纪写成的《秃头查理》中有：

> Seigneur pour ceste cause dont je vous voy parlant
> Fu adont acordé en France le vaillant
> C'on ne tenroit a roy jamais homme vivant
> S'en la cité de Rains n'avoit le *Sacrement*.
>
> （大人，鉴于我要向您讲述的理由，
> 　法兰西永远不会有人
> 　把一位活人视为国王，
> 　假如他未在兰斯城举行圣礼。）⁴

1　Ives de Chartre, 尤其是 CXIV (*Histor. de France*, XV, p. 145); Pierre Damian, *Sermo* LXIX, Migne, *P. L.*, t. 144, col. 897 以下，*Liber gratissimus*, c. X (*Monum. Germ.*, *Libelli de lite*, I, p. 31); 托马斯·贝克特给亨利二世的信，*Materials for the history of Th. B.*, *Rolls Series*, V, nº CLIV, p. 280。参见 Pierre de Blois, 前引内容，p. 41 及下文 p. 197; Hahn 引述 Hugue de Rouen, 前引书，p. 104; Otto de Freising, *Gesta Friderici*, II, c. III (*Scriptor. rer. Germ.*, 3ᵉ éd., p. 104: "dum finito unctionis sacramento diadema sibi imponeretur"). Kern, *Gottesgnadentum*, p. 78 对这个问题做过很好的讨论；参见 p. 87, n. 154.

2　前文 p. 192, n. 2 所引内容: "unccionis sacramentum"。

3　Baronius-Raynaldus, éd. Theiner, XXII (1257, nº 57 和 1260, nº 18). 参见 Potthast, *Regesta*, II, nº 17054 和 17947. 关于约翰二十二世在 1318 年的态度，见下文 p. 239.

4　*Histoire littéraire*, XXVI, p. 122.（承许明龙先生盛意，翻译此诗。——译者）

这难道只是词义之争吗？当然不是。不管圣礼这个词如何长期界定不清，它总是带有超自然行为的意念，正如奥古斯丁所说，"是神圣事物的显象"。[1] 没有一个稍具神学知识的人可以做出另外的解释。将它应用于国王的涂油礼是要清楚地说明，以圣油完成的圣化礼，使一位国王的灵性发生了深刻变化；事实上，这一点是人们通常具有的信念。正如我们在《列王记》中读到，撒母耳[2]将罐中的油浇注在扫罗头上，对他说："你……将成为另一个人了。"（mutaberis in virum alienum）[3] 既然扫罗的涂油行为预示着基督教国王的涂油礼，人们怎会不利用《圣经》中的这些话来突出涂油行为的作用呢？11世纪，德国教士维坡借美因茨大主教之口，在国王康拉德二世的加冕礼之日说出这些话，作为他讲话的部分内容；稍后一些时候，布卢瓦的彼得提醒西西里国王注意这些话，而教皇亚历山大四世则为惩戒波西米亚国王而提到这些话。[4] 毫无疑问，人们是从字面意义上来理解这些话的。此外，如果我们想知道圣礼一词用于国王涂油礼时通常具有的意义，我们只需看一看罗伯特·格罗塞特的情况就可以了。按照这位极正统且博学的高级教士的意见，随着涂油行动，国王接受"圣灵的七重赠礼"——显然，这种意见就是这种理论乃至坚信礼这种圣礼仪式本身的反映。[5] 简言之，依靠涂油礼这种圣礼，国王似乎诞生在一种新的神秘生活中。这种更深刻的概念，在言辞上非常接近教士的圣职授任礼；更严格的神学禁止这

---

[1] *De catechizandis rudibus*, c. XXVI (Migne, *P. L.*, t. 40, col. 344): "signacula quidem rerum divinarum esse visibilia, sed res ipsas invisibiles in eis honorari."

[2] 撒母耳（Samuel），原意为"上帝之名"，《圣经》故事中的人物。以色列最后一名士师和早期先知。《撒母耳记》为《旧约圣经》中的两卷。记述从士师末年到以色列王国创立及统一之间约百年左右的历史故事。上卷除记述撒母耳的身世外，记述扫罗和大卫之争；下卷记述大卫王朝和希伯来同一王国的建立和定都耶路撒冷的情况。——译者

[3] I, *Reg.*, 10, 6.

[4] Wipo, *Gesta Chuonradi*, c. III, éd. H. Bresslau, *Scr. rer. Germ. in usum scholarum*, 3e éd., p. 23; Pierre de Blois, 特别是 10, Migne, *P. L.*, t. 207, col. 29; 在两种情况下，《圣经》中的这些话充当劝告或谴责的主题。亚历山大四世于 1260 年 10 月 6 日发布的诏谕，见 Raynaldus-Baronius, éd. Theiner, XXII, 1260, n° 18; Potthast, *Regesta*, n° 17947。

[5] 前文所引内容, p. 192, n. 2 (éd. Luard, p. 350): "regalis inunccio signum est prerogative suscepcionis septiformis doni sacratissimi pneumatis"。

种概念,拒绝将这种由长期使用的约定俗成的称号给予君王仪式。

不过,这种旧观念流传了下来,并且注定在法王查理五世的廷臣中采取特别大胆的形式。让我们看一看《论圣礼》这篇论文吧。我们知道,该文是由卡迈尔会修士让·戈林完成,是为这位君主本人而写,受到这位君主的鼓动。在这篇论文里,作者一步步地跟踪这种仪式,不失时机地赋予每个情节以象征意义,直到国王脱掉他此前一直穿在身上的衣服,换上特定的国王服装。对国王的这个相当简单的行动,他所做的神秘解释是:

> 国王更衣时,意味着他抛弃了从前的世俗身份,而取得了国王的宗教身份;如果他以应有的全部诚心如此行事,我认为他就像新近投身宗教生活的人一样,清洗了他所有的罪愆。关于这一点,圣贝尔纳在著作《戒律与天启》(*de precepto et dispensacione*)的结尾说,正如一个人在洗礼中罪愆得到宽恕,当他进入宗教生活时,其罪愆也得到了宽恕。[1]

这段话字里行间充满了暗示,因为它们将国王的显赫职位比作一种"宗教",即修道状态,认为涂油礼具有使人再生的能力,其效力等同于进入宗教生活,甚至等同于接受洗礼;假若国王心神正直,借此可"洗涤"所有的罪愆。这后一种观点无疑是十分大胆的,奇怪的是,这种观点远在让·戈林之前就已提出,见于法国之外的著作——这位法国卡迈尔会修士不可能知道它。1200年之前不久,东方教会的一位显要人物塞奥多鲁斯·巴尔萨蒙,完成了对主要宗教会议决议的评注。在评论安基拉会议的第十二教规时,他叙述了波利尤克特大主教如何于969年先将约翰·齐米兹皇帝——他以暗杀手段登上皇位——革除教籍,然后又对他的刻峻表示宽宥。大主教的态度何以发生改变呢?这位评注人的解释是:

---

[1] 下文附录四,p. 483。让·戈林在下列句子中使他的思想发生了道德化的转变,却限定了它的应用:他说,国王的职位必定像宗教职守一样享有同样的特权,因为它负载更多的"焦虑和劳烦"。

按照神圣宗教会议当时颁布的会议决议（决议文献保存在档案中），大主教宣布，由于神圣洗礼中的涂油礼可以消除从前所犯的所有罪孽（不管这些罪孽如何深重、如何众多），所以，皇帝涂油礼也同样地消除了齐米兹接受涂油礼之前犯下的暗杀罪。[1]

我不知道波利尤克特和宗教会议是否真的宣布过这种意见，但巴尔萨蒙确实接受了这种意见。所以，在这个令人吃惊的观念上，东、西两个教会的保皇派教士已经达成一致，虽然并非因为相互影响。大约在17世纪初叶，这位希腊作者的这段文字引起让·菲莱萨克的注意，此人是索邦大学的一位博士，于1615年完成了一部混乱不堪的论文，题作《论政治崇拜及对国王的合法崇祀》(*Sur l'idolâtrie politique et le culte légitime dû au prince*)。菲莱萨克接受的是源自特兰托宗教会议的更具活力的神学，他认为那样的信条完全是可耻的。他的大致意思是问，国王的涂油礼既非圣礼，如何能消弭大罪？[2] 如果他获悉法国竟早有一位修士，为一位至为虔诚的国王写下其作品，支持同一种观念，无疑会大为惊诧。

世俗君主渴望统治教会；他们要求与教会领袖平起平坐。圣化礼仪式的许多详细资料表明，随着中世纪的演进，有一种倾向稳步发展，越来越清晰地显现出来，它要求在君主礼仪与主教圣化礼——而非普通教士委任礼——仪式之间建立某种平行对应关系。[3] 有些人自命为精神自治制度的捍卫者，下决心竭尽全力反对这种倾向；对这些人而言，这种倾向想必是再危险不过了。

国王以身体的不同部位接受涂油；依据早期仪式所证实的古代风俗，接受涂油的部位包括头部。《圣经》上不是提到撒母耳将油罐里的油浇到扫

1　参见下文附录三，p. 476。

2　*Die idolatria politica et legitimo principis cultu commentarius*, p. 73. 关于这部著作的情况，见下文 p. 354, n. 1。

3　参见 J. Wickham Legg, *The sacring of the English Kings*, Archaeological Journal, LI (1894), p. 33; Woolley, *Coronation rites*, p. 193。

罗头上吗？主教圣化礼遵守同样的习俗，但教士在委任礼中仅享有以手接受涂油的权利。礼拜仪式家们某一天终于觉察到，这些涂油习惯在国王和主教之间建立了令人难以容忍的对等关系。他们认为此后国王只应以胳臂接受涂油，至多以肩或手接受涂油。1204年英诺森三世颁给保加利亚大主教蒂尔诺沃一份诏书，这份诏书是很著名的，后来收入《教令集》，该诏书提供了正统教义关于涂油礼的最权威的概述；对主教和国王所接受的两种仪式的模式，做出了非常清楚的划分。在纪尧姆·迪朗的《神职论》中，我们看到了同样的划分，这部著作集中叙述了整个13世纪有关礼拜仪式的学问。[1] 但这些努力毫无效用。尽管面对教皇和神学家的权威，法国和英国诸王实际上继续效仿使徒继承者的榜样，以头部接受圣油。[2]

不过，主教不同于教士，主教的涂油礼不使用初入教者所用的普通油，而用混有香脂的特殊用油，即圣油。教会想方设法，让国王使用普通用油。在随后的岁月中，这就是英诺森三世和教廷想达到的目标；也是迪朗所坚

---

1 *Corpus Iuris Canonici*, éd. Friedberg, II, col. 132-133 (*Decretal*, I, tit. XV): "Refert autem inter pontificis et principis unctionem, quia caput pontificis chrismate consecratur, brachium vero principis oleo delinitur, ut ostendatur, quanta sit differentia inter auctoritatem pontificis et principis potestatem"；参见 Kern, *Gttesgnadentum*, p. 115；1260 年亚历山大四世为波西米亚诸王的涂油礼而颁布诏谕，其中重复了同样的理论（Baronius-Raynaldus, éd. Theiner, XXII, 1260, n° 18; Potthast, n° 17947）。Guillaume Durant, *Rationale*, I, c. VIII, Lyon éd., 1584, p. 40；自新法引入以后，国王的涂油礼 "a capite ad brachium est translata, ut princeps a tempore Christi non ungatur in capite sed in brachio siue in humero vel in armo"；关于主教头部浇油，参见 40 v°。按照 Guillaume Durant, *Pontifical*（Bibl. Nat. ms latin 733）所收录的教会法规，在国王加冕礼的规程书，我们读到如下文字（fol. 54 v°）: "Post hec metropolitanus inungit in modum crucis cum oleo exorcisato de[x]trum illius brachium et inter scapulas。"

2 Woolley, *Coronation rites*, p. 68, 71, 104; H. Schreuer, *Über altfranzösische Krönungsordnungen*, p. 39, 48; Legg, *Coronation records*, p. XXXV. 头部浇油的做法很快就从皇帝圣化礼仪式中消失了（Kern, p. 115, n. 207），但在充当德国君主的罗马人国王的圣化礼仪式中流传下来（Schreuer, *Die rechtlichen Grundgedanken*, p. 82, n. 3; Woolley, p. 122）。在教会文献中，苏萨地方的枢机主教亨利以霍斯廷西斯（Hostiensis）之名见称，他在 1250—1261 年间写成的著作 *Summa aurea*, lib. I, c. XV (éd. de Lyon, fol., 1588, fol. 41 v°) 中写道：尽管有英诺森三世的教谕和罗马教廷的正式文件，"sed et consuetudo antiqua circa hoc obseruatur, nam supradictorum Regum Franciae et Angliae capita inunguntur"。

持的理论。尽管如此，法国和英国诸王还是保持着使用圣油的特权。[1]

实际上，涂油礼印在国王身上的准教士品性是非常清楚的，礼仪信条最终只好设法弱化之，使之不致造成危害，而不是绝对地否认它。在这方面，最具特色的莫过于皇帝加冕式的历史。在萨克森王朝的鼎盛时期，甚至在萨利安王朝时期，对这种仪式做出规定的官方文献，极为清楚地显示出加诸君主之身的行为的变化。在这些文献的描述中，这些行为包括，教皇向未来的皇帝交付祭服、法衣、长袍、主教冠、长筒袜、便鞋——这些物件几乎都是教士的服装，还有简单的一句话："在这里教皇将他变成了一名教士。"（Ibique facit eum clericum）12世纪时这句话消失了。但交付长袍的仪式继续存在，只要皇帝由教皇举行加冕，这个仪式就存在。但对这个仪式的解释发生了变化。此后，罗马人的国王被认为是由教会接受为成员。不再是一般意义上进入神品（Holy Orders），而只是授予一种特别的荣耀。这确实是一种教会性质的荣耀，但显然是作为一种荣誉称号授予的，按照这一时期的教规习惯，这种荣誉称号甚至可以授给那些仅仅获得较低教阶者。在天主教会的各种教团中，并非所有的教会成员都是教士甚或接受圣职。所以，在特里地方的桑科塔·玛利亚小教堂里，在正式的圣化礼之前所完成的行动，虽然没有失去其原来的意义，但任何威胁教皇派的意义都被剥离了。[2]

---

[1] 英诺森三世和亚历山大四世的教谕，以及纪尧姆·迪朗的文献，前文 p. 199, n. 2；参见 J. Fluck, *Katholische Liturgie*, I, Giessen, 1853, p. 311, 322; Vacant et Mangenot, *Dictionnaire de théologie catholique* 的 Chrème 条目。在12世纪的一首小诗 *De anulo et baculo versus*（*Mon. Germ. histor., Libelli de lite*, III, p. 726, v. 9）中我们已经可以读到："Presulis est autem sacra crismatis unctio…" 关于法国人的用法，有许多文献为证，譬如，可参见 Dewick, *The Coronation Book V of Charlesv of France*（*H. Bradshaw Soc.*, XVI）, col. 8, 25 以下（圣油里掺进了圣油瓶里的一滴油）。关于英国人的用法，见 Legg, *Coronation records*, p. XXXV.

[2] 关于这些事实，可参阅 A. Diemand, *Das Ceremoniell der Kaiserkrönungen; Histor. Abh.*, von Th. Heigel und H. Grauert, 4, Munich, 1894, p. 65, n. 3, 74, 特别参见 E. Eichmann, *Die Ordines der Kaiserkrönung, Zeitschr. der Sav. Stiftung für Rechtsgesch, Kan. Abt.*, 1912。不管迪耶曼（Diemand）可能说什么，没有事实证明，在罗马圣彼得大教堂的教士会礼堂接待皇帝的习惯，是模仿一种习俗，要求皇帝成为艾克斯拉沙佩勒教士会成员；艾克斯的教规似乎模仿了罗马的教规；参见 Beissel, *Der Aachener Königsstuhl, Zeitschr. des Aachener Geschichtsvereins*, IX (1887), p. 23（对于引述的事实有用，而不是对其解释有用）。在这一点上我要补充的是，我没能够看到最近出版的著作：Eva Sperling, *Studien zur Geschichte der Kaiserkrönung und Weihe*, Stuttgart, 1918.

第三章　王权的奇异和神圣：从瘰疬病触摸治疗之初到文艺复兴时期

但是此类努力并未罢休。毕竟皇帝并非一介俗人，这是无可争议的事实；不过，由于在举行弥撒时不能奉献祭献品，他显然没有被赋予教士品行。所以，人们决定在品阶中给予他更具体的位置。自13世纪，加冕礼《规程书》(ordines) 清楚地证明，人们试图将基督教王国中世俗首脑在教会的位置同化于助祭的地位，在更常见的情况下，试图将它同化于副助祭的地位。诸大助祭的首领向他宣读副助祭授任礼使用的应祷文；教皇"如同吻大助祭一样"赐予他和平之吻。在仪式的末尾，新皇帝为教皇举行的弥撒服务，"像副助祭惯常做的那样将圣杯和水"交给教皇。[1] 从所有这些做法中，一些学者推出一种看法，依据这种看法，皇帝真的获得了"副助祭的地位"。彼时每一种观点多少都需要征引文献，他们又想到以格兰西《教会法汇要》的一个法规来支持其结论。这个法规表示瓦伦提尼安对圣安布罗斯说的话："它适合我的等级，我将永远是您的助手，您的利益的捍卫者。"副助祭从根本上难道不是教士和主教们的"助手"吗？纪尧姆·迪朗提到过这种理论，他本人并不支持之，但他很乐于承认皇帝在其圣化礼中的确履行了这个"等级"的职责。[2]

这样，人们不能再像格利高里时代一样，说这个世界的任何君王不管如何伟大，在身份上都低于普通的驱魔者。但是，皇帝虽优于低品阶的教士，却显然处在低于祭司的位置，更不用说主教了。这是核心问题。奇怪的是，在拜占庭帝国，历史家看到了类似的特点。在拜占庭帝国，皇帝

---

[1] Eichmann, 前引书, p. 39, 42（帝国加冕礼《规程》，"第三阶段"）。在回忆录中，艾希曼（Eichmann）充分阐明了归于皇帝之身的教士身份的重要性，但在我看来，他并没有赋予帝国助祭职位以充分的重要性。

[2] Rationale, II, 1584 éd., p. 56 v°: "Canon † Adriani Papae lxiij distinct. Valentinianus in fine videtur innuere, quod Imperator debet ordinem subdiaconatus habere, ubi dicitur, Adiutor et defensor tuus, ut meum ordinem decet, semper existam, sed non est ita. gerit tamen illud officium, quoniam in die ordinationis sue, receptus est primum in canonicum, a canonicis sancti Petri, ministrat domino papae in missa in officio subdiaconatus, parando calicem et huiusmodi faciendo." 此引文参见 Decret. Grat., Dist. LXIII, c. III；我们讨论的这个法规实际上取自 Historia tripartia，从这个意义上，它是错的；在 c. II 中提到了教皇阿德里安二世。

（basileus）直接继承的是晚期罗马帝国的陈旧的神圣君主制，即使在君士坦丁[1]以后，它仍然弥漫着异端传统。5世纪以后，它通常还将ἱερεύς（即祭司）及ἀρχιερεύς（即主教）用于皇帝身上。14、15世纪，一些官方作者渴望解释皇帝享有的崇拜特权，尤其是圣化礼上享有的与教士同等的领受圣餐的权利，但并没有赋予他超过助祭乃至较助祭身份更低的教会官员δεποτάτος的位阶。[2] 所以在欧洲的两个部分，类似的情形使神学家们产生同样的说法，虽然二者之间很可能没有互相影响。

此外，从14世纪起，对这个奇怪的观念，西部帝国的皇帝们似乎已经变得极为严肃。鉴于授任助祭和副助祭职位遇到的抵制，他们很想履行助祭的职权，至少在一年之中的一个主要节日上行使一次职权。所以，查理四世佩戴皇冠，手持宝剑，为圣诞节晨祷诵读第七课。第七课特别适宜由皇帝来诵读，因为开头文字取自福音书午夜弥撒（《路加福音》2：1）："那时候恺撒·奥古斯都发布了一条敕令，所有人都要交税。" 1414年11月25日，查理四世的儿子西吉斯蒙在康斯坦茨宗教会议上亮相，也扮演了同样的角色。同样，各君主确实在继续将自己的风光转化为一种理论，从前人们怀着非常不同的意图精心维护过这种理论。在普通民众眼中，他们在讲经台上的突兀亮相，皇室衮衮华服的装饰，宏大礼拜式的壮阔场景，较之其他行为，更突出了他们在教会事务中的参与。从这一特权得到的威望看起来如此明显，使得其他国家很容易对它感到不快。1378年，查理四世到法国走访他的侄子查理五世时，不得不将行程稍微推后，以便在帝国境内庆祝圣诞节，因为法国政府告诉他，在法国境内他将无权诵读晨祷课。法

---

1 即君士坦丁大帝（306—337年在位），313年颁布米兰敕令，承认基督教的合法地位，330年将罗马帝国的首都从罗马迁到拜占庭，将该地改名为君士坦丁堡。——译者

2 Jean Cantacuzène, *Histor.* lib. I, cap. XLI（Migne, *P. G.*, t. 153, col. 281，关于圣餐，参见288），以及 Codinus, *De officiis Constantinopolitanis*, c. XVII（*P. G.*, t. 157, col. 109；关于圣餐，参见 col. 111），使皇帝成为δεποτάτος（参见 Brightman, *Journal of Theological Studies*, II, 1901, p. 390, n. 1）；Simon de Thessalonique, *De sacro templo*, c. CXLIII（*P. G.*, t. 155, col. 352）将皇帝变成了圣餐礼仪式中的助祭。

国人不允许皇帝在法国境内公开行使法王也不能行使的宗教职能。[1]

法国诸王确实从来不是助祭或副助祭。诚然,从13世纪起,兰斯涂油《规程书》的文字涉及涂油礼之后国王所穿的法衣:"其制式须仿照助祭在弥撒上所穿的祭服。"但没有更进一步说明其对等关系。在同一些文献的另外文字中,国王的上衣被比作教士的上衣。[2]查理五世的仪式将在衣服上引进一个新元素,来暗示另一种相似性:据说国王如果愿意,可以在涂油礼完成后戴上主教们在国王仪式上习惯佩戴的那种紧手套。这虽不是精确的同化,但一切都有助于形成一种观念,将教士和教会所用的服饰与君主在神圣涂油礼和加冕礼上所穿戴的服饰联系起来。况且,人们不是继续诵读旧的祈祷文吗?——这些旧祈祷文的字里行间都传达出一种愿望:在国王涂油礼和圣职涂油礼两种仪式之间建立起某种对等关系。[3]

---

[1] 关于查理四世,R. Delachenal, *Histoire de Charles V*, I, 1909, p. 278, n. 1(其中引用的彩饰画在 *Chronique de Jean II et Charles V*, t. IV, éd. Delachenal, Soc. De l' hist. de France, pl. XXXII 转载)。关于西吉斯蒙,见 *Chronique du Religieux de Saint-Denys*, éd. L. Bellaguet(*Doc. inéd.*), V, p. 470。在皮埃尔·阿梅利(Pierre Amelii, 1370—1375 年)主持的教皇仪式上,关于教皇的圣诞弥撒问题,有人这样说:"Si imperator vel rex sit in curia hac nocte, sacrista et clerici praesentant sibi librum legendarum, in quo debet legere quintam lectionem, et eum honeste instruunt de ceremoniis observandis in petendo benedictionem, in levendo ensem cum vagina, et extrahendo, ipsum vibrando..."(Mabillon, *Museum italicum*, II, in-4°, 1689, p. 325)。另一方面,我们无疑应视下列断言为纯粹的幻想,这个断言转载于 Martene, *De antiquis Ecclesiae ritibus*, 1, II, c. IX, éd. Bassano, 1788, II, p. 213, "ex codice Bigotiano",没有其他资料说明日期和来源:皇帝当选后进入罗马,在弥撒上说:"l'empereur doit dire l'evangile, et le roy de Cecile l'epistre. Mais si le roy de France s'y trouve, il le doit dire devant lui."

[2] H. Schreuer, *Ueber altfranzösische Krönungsordnungem*, Weimar, 1909, (*Zeitschrift der Savigny-Stiftung*, G. A., 1909 修订并单独发表), p. 38, 46; E. S. Dewick, *The coronation book of Charles V of France*, col. 8; Jean Golein, 下文附录四, p. 428。我认为应该再次提醒大家注意,由于缺乏对法国圣化礼法规的真正批判性的分类(H. Schreuer 的工作不过是印刷了资料而已),对于这种仪式,除了一些模糊不定的东西,我们真的说不出更多内容。

[3] 关于手套,见 Dewick,前引书, col. 32: "Postea si uoluerit rex cirotecas subtiles induere sicut faciunt episcopi dum consecrantur";参见 col. 82 注释中的祈祷文: "Christe perunge hunc regem in regimen unde unxisti sacerdotes...";"Deus electorum...Iterumque sacerdotem aaron";"Accipe coronam..."(公式是:"per hanc te participem ministerii nostri non ignores"),同前书, col. 29, 36。似乎在很早时候手套被引入仪式中,为的是满足仪式上的一种特别需要;其作用是在双手涂油后保护圣油不受玷污,参见 Dewick,前引书,特别参见 Jean Golein, 下文 p. 483。但是,手套的使用一度曾表示与主教服装的类似。需要注意,让·戈林(Jean Golein)在总体上避免过分强调王权的教士特性,所以他忽略了这种相似性,或者说对它视而不见。

在英国的仪式中，官方对服饰和礼拜祭文所做的安排，没有像在法国一样使人们联想到不同的教会授职礼。但是，如果我们想了解这些气势恢宏的王室仪式给民众留下的印象，只要读一下对于亨利六世圣化礼的记载就可以了，在这些记载中，当时的作家很自然地提到了国王穿戴的"主教法衣"。[1]

并非只有圣化礼可以说明王权的准教士性质。13世纪末，将圣餐式中的两种餐品严格地保留给教士的习惯已经发展起来，有力地强化了教士与俗人之间的区别；但这个新规则没有应用于所有的君主。在神圣罗马帝国皇帝的圣化礼上，皇帝继续接受酒，也接受面包。在1344年的法国，瓦洛亚朝的腓力获得类似的特权，得到教皇克力门六世的承认。正如皇帝的特权一样，腓力得到的特权甚至不限于特别场合，而是极无限定地使用。而且，这种特权也同时、同等地给予女王、诺曼底公爵、国家假定继承人即未来的约翰二世，以及他的身为公爵的妻子。这是以个人形式给予的认可，不过，由于随后几朝这种权力的明显复兴，更可能是由于某种沉默性的容忍，这个习俗似乎逐渐获得了法律力量，在此后许多世纪里，法国诸王继续利用这种光荣的特权。直到15世纪以后宗教纷争搅动基督教世界，圣餐宗规成为讨论的中心问题，君主们才被迫放弃圣餐中的两种餐品，至少是部分地或暂时地放弃之。腓特烈三世于1452年3月19日接受圣化礼时，只是接受面包。遵守这种古老习俗，似乎就有可能与胡斯教义[2]妥协。不过传统只是中辍而已，因为它随后——至少在17世纪——又得以复兴，扩展到圣化礼以外的仪式。甚至在我们生活的今天，奥地利的皇帝，从前的神圣君主制的最后继承者，还曾经在濯足节享用两种圣餐品。在法国，从亨

---

[1] Brit. Mus. Cotton Nero, C. IX, fol. 173; Legg, *Coronation Records*, p. XL, n. 4 引用。

[2] 扬·胡斯（John Huss, 1369—1415年），捷克宗教改革家。反对教会占有土地，抨击教士奢侈堕落；主张用捷克语举行宗教仪式；教徒与主礼教士在弥撒中享有同领面包（圣体）与葡萄酒（圣血）的权利；反对教皇兜售赎罪券。1415年7月6日被教皇以异端罪烧死于康斯坦茨广场。著有《论教会》，翻译捷克文《圣经》。——译者

第三章 王权的奇异和神圣：从瘰疬病触摸治疗之初到文艺复兴时期

利四世以后，诸王只有在其圣化礼上才获准接受圣杯。纳瓦拉的亨利成为天主教徒以后，继续像异端时代一样遵守同样的圣餐礼仪，被认为是不合适的。他的臣民在不了解真相的情况下，很有可能质疑过他是否真正皈依。至少到旧体制结束，在这个方面圣化礼仪式一仍其旧。[1]

毫无疑问，人们应该记得，圣餐中的面包和酒限于教士享用，这一点只是通过一条纪律性法规来实现的，这条纪律性法规可以变通，且在一些情况下变通了。据说，即使在我们生活的时代，各位教皇有时也将这种特权给予一些世俗名人，这些世俗名人当然不会妄称自己具有任何教士特性。

206

207

---

1 关于圣餐式历史及信条的一般知识，见 Vacant et Mangenot, *Dictionnaire de théologie catholique*, communion 词条。皇帝享用圣餐两圣品，见 A. Diemand, *Das Ceremoniell der Kaiserkrönungen*, p. 93, n. 2。教皇庇护四世恩准路德派对马克西米廉二世的同情，允许他有权使用圣杯〔参见 J. Schlecht, *Histor. Jahrbuch*, XIV (1893), p. 1〕，但我们不知道是否因此引起向这种旧习惯的回归，有证据证明，利奥波德二世在位时期这种旧习惯已经存在。关于法国，1344 年克力门六世颁布诸训谕，惠允腓力六世、王后、诺曼底公爵及公爵夫人享有特权，见 Baronius-Raynaldus, *Annales*, éd. Theiner, XXV 及其分析——除了全文发表的有关公爵的训谕。似乎很可能的是，所有训谕拥有同样的文本。毫无疑问，由于一个错误，Mabillon, *Museum Italicum*, II, in-4°, 1689, p. lxij 断言勃艮第公爵也同时被授予了同样的特权。同意诺曼底公爵享有特权的训谕——很可能还有其他训谕——承认了这一点："ut quae sacra sunt, praeterquam corpus Dominicum, quod per alios quam per sacerdotes tractari non convenit, tangere quoties opportunum fuerit... valeas."关于查理五世加冕仪式上享用圣餐两圣品，见 Dewick, *The coronation Book of Charles V of France*, col. 43, （关于王后）49；另见 col. 87。关于亨利四世统治时期发生的变化，见 Du Peyrat, *Histoire ecclésiastique de la Cour*, p. 727-729。迪佩拉（du Peyrat）将这一点只是归结于"他皈依后，他的礼拜堂最初控制下的那些人的疏忽大意"；我倾向于接受上文所说的动机。关于下个世纪对圣杯的使用，见 Oroux, *Histoire ecclésiastique de la Cour*, I, p. 253, n. (1)。按照 16 世纪下半叶的天主教神学家 Gasparus Cassalius. *De caena et calice Domini*, Venics, 1563, c. II（Henriquez, *Summa Theologiae Moralis*, gr. in-8°, Mayence, 1613, lib. VIII, c. XLIV, § 7, n. n. o. 引用）的说法，这位法国国王只是在他举行圣化礼和驾崩时才使用这一特权。如果这一资料准确，那么，它无疑证明，甚至在亨利四世时代之前，人们担心表面对新教妥协，这种担心已经降低了这一文化特权的意义。奇怪的是，Bibl. Mazarine 保存的 ms. 2734——日期为 17 世纪，大概是路易十三在位时期——记载的国王圣餐仪式书，竟然预见到了圣餐两圣品。这很可能是一份更早的仪式书的复本。这份材料发表于 Franklin, *La vie privée, les médecins*, p. 300；但是，保存在 Bibl. Nat. 的类似 MS. Fr. 4321 的手稿，却缺失这一材料。参见下文 p. 360 n. 3。Gabriel Kehler, *Chrisitianissimi regis Galliae Communionem sub utraque ...* , in-4°, Wittenberg〔1686〕是一本学位论文，无甚意思的新教小册子。我没有见到 J. F. Mayer, *Chrisitianissimi regis Galliae communio sub utraque*, Wittenberg, 1686。在英国，直到宗教改革，无迹象表明诸王接受圣餐两圣品。Legg, *Coronation records*, p. lxi。关于法王接受圣餐两圣品的图画性文献，见附录二，n°s 2, 3；Dewick, *The coronation book*, pl. 28。

事情的确如此。但是，就国王们拥有的圣餐特权而言，这些特权无疑来源于神圣王权——或曰超世俗身份——的概念，这一概念的活力为其他众多事实所证实。这种概念的出现，是在普通基督教徒发现自己被一劳永逸地排除于圣杯享用权之外的时候，或者说差不多是在这个时候。事情似乎是，世俗君主拒绝将自己与普通民众混为一谈，至少一部分君主是如此，因为英国国王从来没有获得，也许从未像其法国邻居一样，去寻求获得同样的优待。在克力门六世颁布的诸训谕中，与这一许可权相伴随的，是一件具有深远影响的授权：对圣餐面包以外的圣物的处理权，但圣餐面包处理权仍然掌握在教士手中；这种情况毫不令人吃惊，因为十分明显的是，王权与教士权的同化从来就不是完全的，也永远不可能完全做到。不过，这并不妨碍二者之间相当程度的接近。拜占庭帝国的情形也颇类似，那里的圣餐仪式虽与拉丁世界的习惯迥不相同，但同样规定了俗世之人与教士的区别。只有后者才被允许特别地享用面包和酒。但在举行圣化礼之日，皇帝像教士一样（ὥσπερ καὶ οἱ ἱερεῖς）享用圣餐，[1] 因为他也不是"一个纯然的世俗之人"。此外，即使给予西欧君主以此殊荣的最初原因并不是如我所说的那样，但民众的情绪很快就赋予了它这种解释。让·戈林在论圣化礼的论文中，先是提到国王和王后从大主教手里接受酒和面包，然后又说这样的一种礼仪只是说明两种"职能"中的一个或另一个"职能"，即"国王的"或"教士的"职能。这是一个相当谨慎的说法，但谁能相信普通民众不会得出结论，说两种职能中的前一职能分享了第二种职能呢？在下面的论述中，我们将看到，17世纪的一些重要作家清晰地表达了这个结论；普通民众无疑在更早得多的时候就得出了这个结论。[2]

《罗兰之歌》的作者是一位伟大的诗人，在其作品中，他以查理曼的大名，刻画了他周围人员心目中理想化的基督教君王形象。如果我们注意

1　Ferdinand Kattenbusch, *Lehrbuch der vergleichenden Confessionskunde,* I, 1892, p. 388, 498, 前文 p. 202, n. 2。

2　关于让·戈林论著的内容，见下文附录四，p. 484；关于17世纪对圣餐两圣品的解释，见下文 p. 349。

一下作者刻画的这位著名皇帝的行为,我们就会看到,那是一位国王-教士的行为。对罗兰的仇恨促使加尼隆作为危险的使节动身行动时,查理曼在他的头上画了十字,赦免了他的罪愆。后来,当法兰克人准备迎战埃米尔巴利冈时,由普瓦图地方的战士和奥弗涅的男爵们组成的第六突击队,来到队伍的最前沿:

> 查理曼举起右手,为他们祈福。[1]

诚然,为了回应现今的人们永远不赞成的一些理论,人们有时倾向于对这部古老的诗篇做出过分新颖的处理。但在作者的教会观念中,还保留着相当古旧的精神观念的印记。在坚持更为严格教俗之别信条的教士中,从前必定不止一位发现过其中的丑闻。大主教特平不满足于像俗人那样热心地战斗、在理论上证明其行为的合理性,大胆地将对武士的崇尚与对修士的蔑视对立起来。他必定像其前任兰斯的马纳塞一样,遭到锐意改革的各位教皇所派使节的免职。[2] 人们可以感觉到,格利高里改革运动还没有在这个方向上产生严肃影响。而在稍晚些时候,其影响却在改写《罗兰之歌》的一位作者那里显现出来。大约在13世纪初叶,一位诗人改写旧故事,而代之以韵文时,他也感到需要使其宗教观念符合时代趣味。他略去了对加尼隆赦罪的内容,但却原封不动地保留了与当时习俗完全符合的对军队的

---

[1] V. 340 et v. 3066. 我所引用的是 J. Bédier 版本。

[2] 关于特平,特别参见1876行以下。我知道 P. Boissonnade, *Du nouveau sur la Chanson de Roland* (1923) 之时,本段文字已经写就。与兰斯的马纳塞相比较,也见于布瓦桑(Boissonade)的著作(p. 327)。我要细加补充说明的是,我的意思只是做一简单的比较,并不想将特平说成是马纳塞的一个政治假用名。《罗兰之歌》并非深藏寓意的小说! 但布瓦桑怎么能在作品里说《罗兰之歌》的作者"宣布了一位追随格利高里改革即神权政治改革之人所坚持的一些理念"?(p. 444; 关于查理曼本人,作者将他诠释为"格利高里七世所梦寐以求的伟大神权政治的理想君主",p. 312。)作者引用来支持这种见解的第3094及3373行的文字,只能证明,"特罗尔"(Turold)知道查理曼与各位教皇关系良好。至于他所援引的2998行的文字,则证明这位诗人认为圣彼得是位著名圣徒,但谁怀疑过此点呢? 如果有人要追踪文献中的国王-教士观念——这不是当下研究的内容——无疑可在圣杯传说中找到相关材料,其中多有古旧的和前基督教的因素。

祝福。[1] 大约在同一时期，一位真实的君主，像传说中的皇帝那样，目睹了投入战阵之前士兵们拜俯于他祈福之手下面的壮观场面。在布汶之战[2] 开始之前，据腓力·奥古斯都的随军教士纪尧姆·勒布雷东的记载，这位君主为士兵们祈福。当时纪尧姆·勒布雷东就在腓力·奥古斯都身边。[3] 腓力·奥古斯都无疑听过《罗兰之歌》；而且，在他身边的人中间，加洛林传说非常流行，他手下的教士则乐于将他比作查理曼。这些人根据某种奇怪的族谱，竭力将他的血统溯源到查理曼那里。[4] 在他即将扮演决胜角色的战场上，他很有可能回想起行吟诗人塑造的其所谓先祖的形象，并刻意仿效之。这样的模仿不足为怪。中世纪的史诗对于这个时代，就如同普鲁塔克对于古代世界，中世纪的"文学水平"大大超乎我们的认识；人们正是从史诗中汲取行动的光辉榜样。尤其是，在人们的心目中保持和强化某种国家和王权理念，史诗贡献良多。但是，不管其灵感是否来自史诗中的榜样，为武士们祝福肯定最雄辩地表现了国王之手的力量，这种力量具有神圣性

---

[1] 沙托鲁和威尼斯所存韵文版 VII。W. Foerster, *Altfranzösische Bibliothek*, VI, str. XXXI (v. 340); v. 3066, str. CCLXXXVIII. 情况好像是，一位皇帝所做的赦罪行为，对于这时的最虔敬的正统派信徒的心灵只是产生了很小的震动，因为，反宗教改革运动之前，有一种流布甚广的习俗，即特殊情况下允许世俗之人主持忏悔式，这种习俗在很晚时期才受到神学家们的讨论，但态度非常犹豫。茹安维尔（Joinville）告诉我们，在危险时刻"'盖伊·德伊伯林老爷'如何向他忏悔：我对他说：'我以上帝可能已经赋予我的权力宽恕你'"（Je vous asol de tel pooir que Diex m'a donnei）(c. LXX; éd. *Soc. de l'Hist. de France*, p. 125-126)；参见 Georg Gromer, *Die Laienbeicht im Mittelalter* (*Veröffentlich. aus dem Kirchenhistor. Seminar München*, III, 7), Munich, 1909; C, J. Merk, *Anschauungen über die Lehre... der Kirche in altfranzösischen Heldenepos* (*Zeitschr. für Romanische Philologie*, Beiheft XLI), p. 120. 但是，在危机时刻且身边没有教士的情况下接受的这些忏悔和给予的赦罪，是带有一定保留色彩的：上帝已经赋予我的权力（de tel pooir que Dieu m'a donnei），这种忏悔与赦罪不能与查理曼的行动相比拟，查理曼的行动是在军队中进行的，传统上认为军队是有教士的。

[2] 布汶（Bouvines）之战，发生于1214年7月27日，英、德、比联军被法国军队击败。——译者

[3] *Chronique*, § 148, éd. Delaborde (*Soc. de l'Hist. de France*), I, p. 273: "His dictis, petierunt milites a rege benedictionem, qui, manu elevata, oravit eis a Domino benedictionem…"

[4] 参见 H. François-Delaborde, *Receuil des actes de Philippe-Auguste*, I, p. XXX-XXXI。广泛研究法国的王权，当然有理由坚持认为，加洛林传统及与查理曼有关的文学，可能对法国诸王及随从产生过巨大影响；但是在这里我只是顺便提及这一点，也许日后我们会在另外的研究中回到这个问题上来。

和准祭司性。毋庸说,在英国,"祈福"这个词通常用来表示为病人祛除疾病的国王触摸。

很清楚,在中世纪诸王的臣民眼中,国王们一直在模糊地分享着教士阶级的荣光。从根本上,这是几乎每个人都承认的事实,但却是一个不好说出来的事实。在美男子腓力统治时期,枢机主教让·勒穆瓦纳还不被人们视为神权政治观念的支持者,我们发现,他说起话来还相当优柔畏缩;关于法国和英国诸王对教会事务的保护权,他说:"接受涂油礼的国王们似乎不具有纯世俗之人的角色,相反,远远超出了这种角色。"[1] 不过,大约在14世纪中叶,人们又开始更自由地谈论这个话题。在英国,威克利夫[2] 在其年轻时代的一部作品《论国王的职责》(1379年)中,明确区分了世俗权和精神权两种权力,将王权划为教会等级之列(ordo in ecclesia)。[3] 在法国,查理五世身边的人费心劳力地搜集了所有相关仪式和传说,以突出王权的神圣价值。让·戈林似乎一直是其主公思想的忠实解释者,他极力保持正统观点;他明确地宣称,与其说涂油礼使国王成为一个教士,倒不如说使之成了一位"创造奇迹"的圣徒;但是,他认为,国王涂油礼距离"教士地位""非常接近",这一点他并不隐瞒。他不惮于向我们谈论"王权的宗教地位"。[4]

接下来是宗教大分裂和一个持久纷扰的时期,这个时期不仅影响了教会纪律,而且作为结果——至少是部分结果,因为宗教危机缘于各种原

---

[1] *Apparatus in librum Sextum*, lib. III, tit. IV: *De praebendis*, c. II, *Licet*; Bibl. Nat. latin 16901, fol. 66 v°: "Item reges, qui inuncti sunt, partem (?) laici meri obtinere non videtur, sed excedere eandem." 关于枢机主教勒穆瓦纳,参见 R. Scholz, *Die Publizistik zur Zeit Philipps des Schönen*, p. 194 以下。

[2] 约翰·威克利夫(John Wyclif, 1320/1330—1384 年)英国学者和神学家,许多观点对新教改革具有影响,被誉为欧洲"宗教改革运动的晨星"。——译者

[3] *Tractatus de officio regis*, éd. A. W. Pollard et Ch. Sayle, Londres, 1887 (*Wyclif's Latin Works, ed. by the Wyclif Society, X*), p. 10-11: "Ex istis patet quod regia potestas, que est ordo in ecclesia..."; *Tractatus* 于宗教大分裂事件发生几个月后问世,其写作时这个事件还远远没有在教义上产生影响。

[4] 下文 p. 486-489, 487, 483。

因——也影响了宗教生活本身。在这一问题上，人们的言论完全放开了。英国的教会法学者林德伍德在他于1430年完成的《英格兰地方教会法令》（*Provinciale*）中表示："一位接受了涂油礼的国王不是一位纯然的世俗之人，而是一个具有混合身份的人。"[1] 这一观点闻名遐迩，但他没有将自己与这一观点联系在一起。香槟地方的著名人文主义者尼古拉·德克拉曼给英国君主查理五世写信，信中的这些话直白地说出了古代乃至史前产生的教士－国王观念："上帝规定国王应具有教士特性，因为通过以圣油实施的神圣涂油礼，基督教诸王必被人们视为神圣，就像教士一样。"[2] 这里不像林德伍德提到的诸理论家一样，在模糊不清的"混合"状态的面具下掩藏观点。

说实话，尼古拉·德克拉曼写信给一位英国国王，乃徒劳之举，因为他毕竟是以一位法国教士的身份说话，反映的是法国各界的观念。这些观念在当时的法国确实普遍地流行，且人们可以相当自由地表达出来。但如果要寻找例证，我们将面临尴尬的选择。1380年，阿拉斯主教皮埃尔·马舒耶请求高等法院，反对他的宗主兰斯城大主教以及该城的教士会。这是一个重要事件：这位刚被擢升到主教职位上的主教，拒绝按习惯向他的上级宣誓服从，拒绝向他敬献斗篷长袍作为就职礼物——敬献斗篷长袍乃古老的风俗所规定，至少在兰斯当局看来是如此。此事关乎教会纪律，所以大主教希望在他自己的法庭上审判这一案件，于是拒绝承认高等法院在他认为纯粹属于精神事务的一件案件上享有的裁判权。而在另一方面，这位主教却要求代表国王的法院宣布其权能。他的一个观点是："我们的主上国王陛下不仅拥有世俗裁判权，而且也拥有神性，因为他接受过涂油，依国王保护权施予圣职。"[3] 我们应特别注意最后一句话。在主教职位空缺期间归国王掌握的教职任命权，有时作为王权教士品性的证据，有时又作为王权

---

[1] Lib. III, tit. 2; 1525 éd., Londres, in-4°, p. 92 v°, "nonobstante quod rex unctus non sit mere persona laica, sed mixta secundum quosdam".

[2] *Opera omnia*, in-4°, Leyde, 1604, 137: "Ideo autem Regnum sacerdotale asse debere Dominus adstruit, quia propter sacram chrismatis unctionem Reges in christiana religione ad similitudinem Sacerdotum sancti esse debent..."

[3] P. Pithou, *Preuves des libertez de l'eglise gallicane*, II, in-4°, 1639, p. 995.

第三章　王权的奇异和神圣：从瘰疬病触摸治疗之初到文艺复兴时期

教士品性的逻辑结果，这些均见于这一时期的文献记录。在1493年一件偶然涉及国王任命权的案件中，我们已经看到其中的辩护词。一位律师认为有必要说明国王不是"纯然的世俗之人"，将论点加以发挥，甚至引用各奇迹作为论据。[1] 早在1477年，弗朗伯格大律师在高等法院和同类辩论中，都将其大部分的观点建立于神圣王权的主题之上。诚然，他没有提及国王进行的奇迹治疗，但他提到了来自天堂的圣油的传说，这一点我们将在下文讨论；作为其观点的精华，他得出如下结论："我们已经指出，国王不是纯然的世俗之人。"[2]

现在让我们离开这些法庭案件，转向让·茹弗内尔·德·乌尔辛，此人曾先后担任博韦和拉昂的主教，当时担任兰斯大主教。在查理七世和路易十一世统治时期，他是法国教会的重要人物之一。在宣教词和备忘录里，他不断提到同一个观念，即国王不是"普通的世俗之人"。由于接受涂油礼，他是"一位教会人士"、"一位高级教士"，这是让·茹弗内尔某日对他的"君王主公"查理七世说的话。[3] 由于这些申辩人企图从各个方面获得武

---

[1] 前文 p. 141. n. 2。

[2] 1477年7月14日弗朗伯格为原告皮埃尔·德·克鲁瓦塞老爷起诉被告埃斯图特威尔的枢机主教所作的辩护词；Arch. Nat. X 1 A 4818, fol. 258 v° 以下："Sed ponis ex institucione canonica subsequente, que non excludit regem sacratissimum unctione sacra miraculose et celitus missa, qui tanquam persona sacrata capax est rerum spiritualium large accipiendo ... Et jaçoit ce que par les droiz canons on veuille dire que *interdicta est administracio spiritualium laicys*, c'est a entendre *de mere laicis, et non de personis sacratis et sublimibus qui ecclesie temporalitates obtulerunt in habundancia...*"在同一页上接下来还写有："国王是神圣之人"（regi, qui est sacrata persona）. fol. 262: "正如所言，国王绝非凡俗之人"（ut dictum est, rex non est mere laicus）。我注意到这一文字，受启发于 R. Delachenal, *Histoire des avocats au Parlement de Paris*, 1885, p. 204。

[3] 致查理七世的备忘录，见 Noël Valois, *Histoire de la Pragmatique Sanction*, 1906, p. 216: "作为首脑、教会中的主要人物……"（Et, comme chef et la personne ecclésiastique...）；Godefroy, *Ceremonial*, p. 77引用了一段有关英、法国王争论的论说："法王一旦举行圣化礼，就是教会人物"（Le Roy de France consacré est personne Ecclesiastique）；对查理七世的劝谏，同前，及 J. Juvénal des Ursins, *Histoire de Charles VII*, éd. Godefroy, 1653, *Annotations*, p. 628: "Au regard de vous, mon Souverain Seigneur, vous n'estes pas simplement personne laye, mais Prelat, Ecclesiastique, les premier en vostre Royaume qui soit apres le Pape, le bras dextre de l'Eglise."（至于您，我的主上，您不是凡俗之人，而是高级教士、教会中人，是我们王国的第一人，您是教皇身边的人，教会的左膀右臂）。

器来捍卫自己的事业，即严格限定各教皇的行动政策，所以，若要考察当时的宗教主张，他们提供的证据的可靠性，恐怕就值得怀疑了。让·热尔松是法国教会所尊崇的著名神学博士之一，一位基督教神秘主义巨擘，还是让我们听一听他的话吧。在1390年的耶稣显灵节上，他向查理六世和集会的众王子布道，他以这样的用语称呼这位年轻君王："基督教的至信之王，被奇迹圣化的人，具有灵性和教士品性的国王……"还有什么比这些用语更意味深长呢？[1]

上文引用的文献，其中有些为人所熟知。特别是让·茹弗内尔的话，几乎被试图阐释法国君王神圣性的所有历史家所引用。但是，人们也许不太注意这些文献的时代。两个世纪以前，要发现这样的一些论述还很困难。即使是美男子腓力麾下参加论辩的作家也不会用这种口气说话。长期的沉默之后，14、15世纪的法国教士，以其对教士性王权的大胆赞美，重新加入了自格利高里争论时代起就存在的帝国政论家的队伍。不过，这是一次没有产生任何直接影响的偶然遭遇战；因为尼古拉·德克拉曼不太可能读到盖伊·德奥斯纳布吕克或约克的匿名作者所写的小册子。应该说，它是同一观念的延续，这种观念过去从未中断，一直包含在一整套礼仪与习惯中，所以从未完全湮没不彰，而是随时准备着，一旦条件允许，就发出自己的声音。最终促使其复兴的条件是什么呢？上文我已经指出这些条件。教会危机，尤其是教皇制的危机，使得人们的思想——即使是至为虔诚与正统的人们的思想——转向了长期遭受谴责的观念。在法国，各种迹象清楚地表明，大约在同一个时期，此前被人们审慎地置之不理的一种古代流弊转变成了一种在国外高调宣扬的特权，人们的态度产生了非常独特的变化。尽管有11、12世纪的宗教改革，国王们还是一直将某些修道院职位控制在自己手中，这些职位甚至是从其王朝建立前的久远的先祖那里继承下来的，如图尔的圣马丁修道院院长职位或奥尔良的圣艾尼昂修道院院长职

---

[1] Bibl. Nat. ms. franç. 1029, fol. 90 a; *Opera*, 1606 éd., fol. *Pars IV*, col. 644 的拉丁译文；参见 E. Bourret, *Essai historique et critique sur les sermons français de Gerson*, 1858, p. 56 以下，87 n. 1。

第三章 王权的奇异和神圣：从瘰疬病触摸治疗之初到文艺复兴时期

位。但是，由于宗教改革者明显占据上风，他们小心翼翼，避免夸耀，因为这种行为明显违背极受人尊崇的修道院规则。然而，时过境迁，现在他们可以扬眉吐气了；诸王与他们的追随者可以利用这一事实为论据以证明他们的宗教特性，所以较之教士享有更优越的国家统治权。[1] 在这个忧扰纷争的时代，如果一个人支持教皇的至上权威，那么就只能认为国王是世俗之人；另一方面，如果有人坚持认为主教会议在教会管理上负有主要责任，不同国家实行教会自治，那么就倾向于主张国王职能与教士职能大略等同。林德伍德之所以不愿意承认国王是"混合"身份，即半教士身份，是因为他担心削弱教皇权力。[2] 除了法国和英国，林德伍德所持理论的最强大的一个对手，是一位意大利教会法学家尼可罗·泰德齐，此人以帕诺米塔努之名闻名于世。这位神学家是15世纪最著名的教会法学家之一，他认为国王是"纯粹的世俗之人"，对于他而言，"加冕式和涂油礼并没有授予任何教会品阶"。人们看到这一点不会感到惊讶：至少帕诺米塔努在撰写包含这句引语的的评注时，是坚决反对这种调和理论的。[3] 这个问题确实可以视为划分天主教世界两大派别的试金石。

---

1 参见 Grassaille, *Regalium Franciae iura omnia*, lib. II, p. 17; P. Pithou, *Preuves*, p. 13; R. Hubert, *Antiquitez historique de l'eglise royale de Saint Aignan d'Orléans*, in-4°, Orléans, 1661, p. 83 以下；E. R. Vaucelle, *La collégiale de Saint-Martin de Tours, des origines à l'avènement des Valois* (*Bullet. et Mém. Soc. Archéol. Tour, Mém. XLVI*), p. 80-81。按沃塞勒（Vaucelle）的说法，查理七世向巴塞尔宗教会议提出，他的称号是圣马丁修道院院长（p. 81, n. 2, 无参考书目）。

2 关于林德伍德的理念，参见 F. W. Maitland, *Roman Canon Law in the Church of England*, Londres, 1898, p. 1 以下。

3 Panormitanus, *Super tertio decretalium*, fol., Lyon, 1546, 对标题 XXX, *De decimis*, c. XXI, fol. 154 v° 的一个评注："Quarto, nota quod laici etiam reges non possunt aliquid donare de iure ecclesiastico nec possunt possidere jus spirituale. Ex quo infertur quod reges sunt puri laici: ita quod per coronationem et unctionem nullum ordinem ecclesiasticum recipiunt." 关于这个时期帕诺米塔努（Panormitanus）的学说，见 *Décrétales*, VI, 4 (1546 éd., fol. 119 v°) 的注解，在注解中，他谈到一些人认为教皇要求大主教们所做的誓言为非法，因为不是宗教会议的规定。他认为这些人是错误的。他声称："romana ecclesia prestat autoritatem conciliis et per ejus autoritatem robur accipiunt, et in conciliis semper excipit eius autoritas"。后来，在巴塞尔宗教会议上，似乎主要是由于政治原因，他改变了自己的态度。见 *Realencyclopädie für protestantische Theologie* 中 Panormitanus 条目下对他所做的说明，此处列有参考书目。帕诺米塔努的著作经常为支持王权准教士性的法国人所引用，并加以反对，如阿努尔·吕泽（Arnoul Ruzé）就是如此，见下文 p. 348, n. 1 提到的一段文字。

至此，我们到达了法国所谓高卢运动真正诞生的历史阶段。这是一个在起源和性质上都极为多样化的运动，在起源上，试图消除教会严重弊端的各种极高尚的愿望，与最实际的财政利益难分难解地纠合在一起。高卢运动本身有时形成为一种推动力，使法国教会至少获得了相对独立；一旦最终摆脱了教廷强加的羁绊，获得了自由，有时又试图将教会置于国王的权力之下。这是一种暧昧不清的两面性，这种两面性常常使现代历史家感到惊讶，有时感到震惊。不过，如果我们记得这一点，就会不太吃惊了：在人们的意识中一些理念或情感正在清楚地显现或重新显现出来，在这些理念或情感中，总是呈现出古老的教士性王权的概念，而在这种古老概念中，今天看起来尖锐对立的原则很容易调和起来。[1]

2 涂油礼问题

在臣民的眼中，国王们从哪里获得这种神圣性，使他们差不多位列教士之伍呢？在这一点上，让我们撇开关于君主宗教遥远渊源的一切知识。中世纪的意识完全蒙昧于它所源出的古代事物。但它感到，需要从当下找到一种理由来说明一种情感——这种情感的全部力量归功于它极为古老的渊源——的合理性。在上文引述的文献，如盖伊·奥斯纳布吕克或尼古拉·德克拉曼的著作，或高卢运动的支持者们所做的演讲中，有一个特殊字眼执拗地反复出现，此即涂油礼。这种仪式通常为人们提供必要的理由。然而，我们要小心行事，不要设想这种仪式总在每个地方，在所有阶段和每一个环境中，都具有同样的影响。与它相关的舆论的起伏变化之所以使我们更感兴趣，是因为它们与神奇治疗史的关系特别密切。

我们已经看到，涂油礼的这种特性，有时充当一方的武器，有时又充

---

[1] 另一方面，这些古旧概念似乎不见于 Jean de Jandun et Marsile de Padoue, *Defensor Pacis*, 他们的思想更为理性。

第三章 王权的奇异和神圣：从瘰疬病触摸治疗之初到文艺复兴时期

当另一方的武器。它对君权论者有用，是因为它为国王们烙上神圣的印记；它对教会的捍卫者有用，是因为它同样使得国王看上去是从教士手中接受其权威。人们一直感受到这种两重性的存在。依照其分属的阵营，作家们强调这种两面性的制度所具有的两个歧异面的此面或彼面。让我们再看一下神权政治概念启发下的思想家的情况。9世纪的欣克马尔，10世纪维罗纳的拉特里乌斯，12世纪圣维克多修道院的于格和索尔兹伯里的约翰，13世纪初叶的英诺森三世，美男子腓力和卜尼法斯八世时期的埃吉迪奥·科罗纳，都是这样的人。他们像普通的学生一样，一代一代忠实地传承着有关圣化礼的这种论点："接受涂油礼者身份低于实施涂油礼者"；或借用圣保罗在希伯来书中的话说："为人祝福者优于被祝福者。"[1] 至于君王以及他们身边的人——有一些是例外，如德国的亨利一世拒绝"由教廷为之祈福"——他们在很长时期内特别起劲地赞美圣油的功效，没有过分理会教士们所做的诠释，这些诠释特别适用于这种君主仪式；在整个格利高里大论争过程中，站在皇帝一边参加论战的作家几乎一致地采取了这种态度。约克地方的匿名作者在其最雄辩的一篇论文中，所做的充其量只是对圣化礼进行解说而已。

然而，拥护世俗权力的斗士们现在比以前更清楚地意识到，表面上过于密切地依靠教会操控的承认对王权可能带来的危险。13世纪中叶，支持霍亨斯陶芬王朝的意大利团体传出了一则有趣的历史传说，一个生动的画面传达出了这些焦虑不安。有人想象说，红胡子腓特烈的加冕礼是完全世俗的仪式。举行仪式的那天，圣彼得大教堂严加封锁，禁止所有教职人员

---

[1] Hincmar, 前文, p. 71. n. 1; Rathier de Vérone, *Praeloquium*, IV, 2 (Migne, *P. L.*, t. 136, col. 249); Hugue de Saint-Victor, *De sacramentis*, II, pars II, cap. 4 (*P. L.*, t. 176, col. 418); Jean de Salisbury, *Policraticus*, IV, 3, éd. C. C. J. Webb, Oxford, 1909, I, p. 240-241; 英诺森三世1202年对土瓦本的腓力使节的答复, *P. L.*, t. 216, col. 1012: "Minor est autem qui ungitur quam qui ungit et dignior est ungens quam unctus"; Egidio Colonna, *De ecclesiastica sive de summi pontificis potestate*, c.IV, éd. Oxilio-Boffito, *Un tratto inedito di Egidio Colonna*, Florence, 1908, p. 14. 这些名字当然只是被作为例证提及，参见 E. Jordan, *Nouv. Rev. Historique du Droit*, 1921, p. 370. 使徒致希伯来人书信的内容（VII, 7），为圣维克多的于格、索尔兹伯里的约翰和 E. 科罗纳所引用。

进入。[1] 但更为严重的是，坚持这一信念的理论家们开始贬低圣化礼的地位，认为就公法而言，它不过是简单地承认一个已经完成的事实。按照这一观点，国王得其称号纯粹是靠世袭，或者如德国境内一样出自选举。前任国王一旦驾崩，或有资格的选帝侯一旦做出任命，从那时起他就是国王。随后的虔诚仪式只是以宗教性的圣化礼为这个真实的事件充当装饰，这种宗教性的圣化礼虽令人肃然起敬且印象深刻，但绝非不可或缺。神圣罗马帝国是这两种力量斗争的舞台，正是在帝国境内，这种学说似乎首先拨云见日。在红胡子腓特烈统治之下，温和阵营的赖彻斯堡的格尔霍这样写道："很显然，教士的祈福并不能造就国王或君主；但是……一旦他们被选为国王……他们就接受教士的祈福。"[2] 他显然认为，对于完善的国王职位，圣化礼在某种程度上是必要的，但是，没有它，或在接受它之前，国王还是国王。后来，法国的作家也固守同样的论题。在美男子腓力执政时期，让·德·巴黎花费相当大的精力讨论这个论题。《园林之梦》的作者和

---

[1] 这个传说转载于 1265 年 5 月 24 日曼弗雷德（Manfred）致罗马人宣言：*Monum Germ, Constitutiones*, II, p. 564, l. 39 以下，其内容应根据 Hampe, *Neues Archiv*, 1911, p. 237 所示各点修正。这个宣言的拟订者可能是普雷扎的彼得（Pierre de Prezza），关于此人，见 Eugen Müller, *Peter von Prezza, Heidelberger Abh. zur mittleren und neueren Gesch.*, H. 37; 也参见 E. Jordan, *Rev. histor. du droit*, 1922, p. 349。

[2] *De investigatione Antichristi*, I, 40; éd. F. Scheibelberger, Linz, 1875, p. 85: "apparet reges ac duces per sacerdotum benedictionem non creari, sed ex divina ordinatione per humanam electionem et acclamationem creatis, ut praedictum est, sacerdotes Domini benedicunt, ut officium, ad quod divina ordinatione assumpti sunt, sacerdotali benedictione prosequente congruentius exequantur." 参见 *De quarta vigilia noctis, Oesterreichische Vierteljahrsschrift für katholische Theologie*, 1871, I, p. 593: "Sicut enim primus Adam primo de limo terrae legitur formatus et postea, Deo insufflante illi spiraculum vitae, animatus atque animantibus cunctis ad dominandum praelatus: sic imperator vel rex primo est a populo vel exercitu creandus tanquam de limo terrae, ac postea principibus vel omnibus vel melioribus in eius principatu coadunatis per benedictionem sacerdotalem quasi per spiraculum vitae animandus, vivificandus et sanctificandus est." 参见 W. Ribbeck, *Gerhoh von Reichersberg und seine Ideen über das Verhältniss zwischen Staat und Kirche, Forsch. z. deutschen Geschichte*, XXIV（1884）p. 3 以下。格尔霍（Gerhoh）所持谨慎而中立的态度以及不同形式已经引起关注，最近一位史学家——也许有点过分严厉——称之为"头脑很不清楚"，见 Schmidlin, *Archiv für katholisches Kirchenrecht*, XXIV (1904), p. 45。

第三章 王权的奇异和神圣：从瘰疬病触摸治疗之初到文艺复兴时期

让·热尔松两人也讨论过这个问题。[1] 不久各掌玺大臣公署也从类似观念获得灵感。在法国，从1270年以后，在英国，从1272年以后，国王的公证人计算国王在位年月，不再从国王举行圣化礼之日算起，而选择从他的登基日算起，而登基日通常系于前任国王死去或殡葬之日。"国王驾崩，国王万岁"的哭号，曾被认为首次使用于弗朗索瓦一世的葬礼上，但早在1423年11月10日，在查理六世刚刚下葬的陵墓上，一些传令官就宣布英国的亨利六世为法国国王。毫无疑问，这种仪式是由传统所确定的。它所包含的观念似乎更为古老，这种观念后来注定要由上文提及的著名哭号中鲜明地表达出来。在继承法主导的国家，一位国王驾崩，他的继任者立刻成为合法继承人。自13世纪末，这种论点几乎在各个地方得到正式的承认。[2] 王权辩护士们没有放弃对涂油礼效能的主张，此时涂油礼所关涉到的，是为其君主神圣性理论寻找理性基础。但是，他们否定了这种仪式在传递至上权力过程中的有效作用，而且拒绝承认它能创造一种合法性。他们无疑认为已

219

---

[1] Johannes Parisiensis, *De potestate regum et papali*, c. XIX, 见 Goldast, *Monarchia*, II, p. 133（参见 R. Scholz, *Die Publizistik*, p. 329）；*Somnium Viridarii*, I, cap. CLIXI, CLXXIV, CLXXIX (Goldast, *Monarchia*, I, p. 126-128, 129-136), 直接借用 Occam, *Octo Quaestiones*, V-VII (Goldast, II, p. 369-378); Gerson, *De potestate ecclesiatica et laica*, Quaest II, cap. IX-XI, 1606 éd。Pars I, col. 841 以下（其中包括对圣化礼所下的定义："illud est solum solemnitatis, et non potestatis"）。关于同一理论在近代的情况，见下文 p. 356。

[2] 对法国君主制的态度，参见 Schreuer, *Die rechtlichen Grundgedanken*, p. 92 以下，99 以下。法国对王位年限的计算，见 Schreuer, 前引文，p. 95（人们对这个问题的兴趣似乎没有被吉里 [Giry] 注意到；这个问题值得密切关注）；在英国，J. E. W. Wallis, *English regnal years and titles* (*Helps for students of history*), in-12, Londres, 1921, p. 20；应该补充的是，预定继承人与王位联系在一起的做法，在卡佩王朝君主制下，特别流行且非常连贯，它使得国王的临政时限从圣化礼算起的习惯在很长时期内甚无大害，因为儿子的圣化礼在其父亲在世时举行。关于"国王驾崩，国王万岁"的哭号，见 R. Delachenal, *Histoire de Charles V*, III, 1916, p. 21；关于查理六世葬礼，见 *Chronique d'Enguerran de Monstrelet*, éd. Douët-d'Arcq (*Soc. de l'hist. de France*), IV, p. 123; Petit-Dutaillis, *Rev. Historique*, CXXV（1917）p. 115, n. 1。当然，就帝国的威望而言，问题本身的表现大不相同。直到中世纪末期，精确地说，到马克西米连一世（1508年）时，没有哪一位皇帝不是由教皇加冕；但德国的理论长期坚持认为，"罗马人的国王"如果是正常选举产生的，那么就有权统治帝国，即使没有帝号。参见下注，并特别参见 F. Kern, *Die Reichsgewaly des deutschen Königs nach dem Interregnum*, Histor. Zertschr., CVI（1911）；K. G. Hugelmann, *Die Wirkungen der Kaiserweihe nach dem Sachsenspiegel*, 载 于 所 著 *Kanonistische Streifzügen durch den Sachsenspiegel;Zeitschr. der Sav.-Stiftung, Kanon. Abt.*, IX (1919) 及 U. Stutz 随后就此文所做注释。

191

经剥夺了对手利用这个论据的机会，而自己仍操之在手，使之变成了为自己的目的服务的有力武器。

老实说，普通民众的心思不会顾及这些奇思妙想。1310年，皇帝卢森堡的亨利向克力门五世抱怨说，虽有司法事实摆在面前，但"平民百姓"还是太易于相信，"在举行加冕礼之前"，对罗马人的国王"没有服从的义务"，毫无疑问，此时他最关心的是找到所有合适的论据，说服教皇亲自为之加冕，而且是越快越好。但他的说法却显示出对"平民百姓"心思的相当准确的了解。[1] 在每一个国家，在这个宗教行动进行之前，民众舆论都不愿意承认国王是真正的国王，或当选皇帝的选帝侯是真正的帝国首脑。在贞德时代，一些法国贵族所写的信，将这个宗教行动生动地称作圣化礼的"精彩的秘密"。[2] 我们很快将更清晰地看到，在法国，涂油礼被认为具有神奇的起源；而且在法国，较之其他任何地方，这种观念更牢固地根植于普通民众的心中。我已经引用《秃头查理》(*Charles le Chauve*)传奇中的重要文字。这是1314年前后巴黎流传的一则富有寓意的趣闻，经圣维克多修道院的编年史家让之手而流传下来。在美男子腓力驾崩后不久，昂盖朗·德·马里尼被年轻的路易十世国王投入监狱，据说他呼唤其熟悉的神灵；恶神出现在他面前，说：

> 很久以前我已告诉你，终有一天教会将没有教皇，法国将没有国王或王后，神圣罗马帝国将没有皇帝，此时你的生命将走到尽头。现在，你看到，这些条件都已具备。因为你视为法王的人现在既没有接受涂

---

[1] Propositione Henrici regis; *Monum. Germ., Constitiones*, V, p. 411, c. 4: "Quia quqnquam homines intelligentes sciant, quod ex quo dictus rex legitime electus et per dictum papam approbatus habere debeat administrationem in imperio, acsi esset coronatus, tamen quidam querentes nocere et zizaniam semiare, suggerunt simplicibus, quod non est ei obediendum, donec fuerit coronatus." 参见 E. Jordan, *Rev. histor. du droit*, 1922, p. 376。

[2] 安杰文家族三贵族所写信件（1429年7月17日），Quicherat, *Procès de Jeanne d'Arc*, V, p. 128; 又见 p. 129。

第三章　王权的奇异和神圣：从瘰疬病触摸治疗之初到文艺复兴时期

油，也没有接受加冕；在这些事情完成之前，他不应被称为国王。[1]

无疑，在圣维克多修道院的让所忠实描述的巴黎市民中，就这后一点而论，人们通常并不普遍地怀有这位恶神的观点。在下一个世纪，埃尼阿·皮科罗米尼写道："法国人否认不以此油涂敷的任何人可以成为真正的国王"，此油即保存于兰斯城的天堂之油。[2] 在这一点上，确有一些例证清楚地说明公众的想法不同于官方神学家。查理五世时代，《大编年史》(*Grandes Chroniques*) 是宫廷直接授意完成的著作，其作者在好人约翰葬礼以后立刻将国王之名赋予了这位王子；但是，弗鲁瓦萨尔考虑到流行的习惯，只是在兰斯举行涂油礼后才给予国王称号。不到一个世纪之后，查理七世在其父驾崩九天取得国王称号；但只要他没有接受圣化礼，贞德就宁愿称之为王太子。[3]

在瘰疬病神奇治疗法盛行的国家，关于涂油礼及其效用产生了一个特别严肃的问题。国王一旦即位就能够为人治病吗？他们的双手只有在圣油使其成为"神命国王"的时刻才充分发挥效力吗？换言之，使他们创造奇迹的超自然性的真正源泉是什么？这种超自然性在其登基之时就已完善，还是在完成这种宗教礼仪后才达于完备呢？

我们的文献太不充分，无法确知这个问题在中世纪实际如何解决。在

---

[1] *Hist. de France*, XXI, p. 661: "Tibi dixeram diu ante quod quando Ecclesia papa careret, et regnum Franciae rege et regina, et Imperium imperatore, quod tunc esset tibi vitae terminus constitutus. Et haec vides adimpleta. Ille enim quem tu regem Franciae reputas non est unctus adhuc nec coronatus et ante hoc non debet rex nominari." 参见 G. Péré, *le Sacre et le couronnement des rois de France*, p. 100。

[2] Quicherat, *Procès de Jeanne d'Arc*, IV, p. 513: "negantque [Galli] verum esse regem aui hoc oleo non sit delibutus."

[3] 关于《大编年史》和弗鲁瓦萨尔，参见 R. Delachenal, *Histoire de Chanrles V*, III, p. 22, 25。查理七世接受称号，见 Beaucourt, *Histoire de Charles VII*, II, 1882, p. 55, n. 2。在英国 12 世纪末，彼得伯勒的本尼迪克（Benedict de Peterborough）的所谓 *Chronicle*（éd. Stubbs, *Rolls Series*, II, 1882, p. 71-82）以迂腐的作风，小心翼翼地行事，在狮心理查的父亲死后，仅以（普瓦提埃）伯爵称呼狮心理查，直到他在鲁昂接受圣化礼后才称其为（诺曼底）公爵，只有在他接受国王的圣化礼后，才称其为国王。

17世纪的英国，国王们肯定是从登基以后、接受圣化礼之前，就实施触摸治疗。[1] 但是我们如何知道这个习惯是先于宗教改革就存在呢，还是相反，只是宗教改革的产物呢？因为新教在所有方面都倾向于弱化圣礼行为的重要性。在法国，从15世纪末叶以后，其习惯大为不同：加冕礼之前不进行任何治疗活动。但推迟活动的原因不在于涂油礼。在各庄严仪式中，有一项是国王进行朝圣之旅，前往朝拜墨洛温时代的一位虔诚的修道院院长圣马库尔的遗骨盒，圣马库尔已经逐渐被认为是国王奇迹的保护神。新王初次发挥其创造奇迹的力量，并不是在兰斯接受天堂之油后立刻进行，而是晚些时候在科尔贝尼——他到此地崇礼圣马库尔圣迹时。在他敢于施展其奇异能力之前，他习惯于等待，但不是等待圣化礼，而是等待圣徒的代祷。[2] 圣马库尔成为治疗瘰疬病的保护圣徒之前，国王如何行事？我们无疑将永远无从知道。

不过，有一件事是肯定的。中世纪末，出现了一位政论家，此人是毫不妥协的君主制捍卫者，拒绝承认涂油礼在任何意义上是国王奇异能力之源。这就是《园林之梦》的作者。这部著作创作于查理五世身边，通常被认为缺乏独创性。作者经常紧紧追随奥卡姆的《教皇权能与职分八问》。奥卡姆对国王触摸甚少涉及；由于他受到帝国思想旧观念的影响，所以高度评价涂油礼的效能，视之为君王治疗惊人效力的源泉。在他看来，只有最尖锐的教会党徒才会有不同的想法。《园林之梦》的作者从这个讨论中获得灵感，但完全改变了其中的名称。他在对话中引入了两个传统人物，教士和骑士。教士蔑视世俗权力，赞美圣油的荣光，认为圣油是创造奇迹才能的缘由。而骑士拒绝接受这种主张，认为这种主张损害法国君主制的尊严，他认为，上帝赋予法国国王的"恩典"来自人眼看不见的源头，与涂油礼无关；否则，其他接受涂油的国王也会拥有这种才能。[3] 这些严格的王

---

1 Farquhar, *Royal Charities*, IV, p. 172（关于查理二世与詹姆斯二世；詹姆斯二世遵循他的新教前任们的习惯）。

2 见下文第四章。亨利四世的情况并不能证明更早期的习惯，见下文 p. 357。

3 见前文 p. 136, n.1 援引段落；关于奥卡姆，p. 142, n. 1。

权信徒，既不愿承认涂油礼在奇迹领域具有任何创造力，也不承认它在政治领域具有任何创造力。在他们看来，王者之身自动地被赋予了一种超自然特性，而教会不过是承认它而已。

毕竟这就是历史真相：神圣王权观念在得到教会承认以前就已经存在。但是在这里，公众舆论无疑从不关注这些过于精微的教条。因为，在布卢瓦的彼得时代，人们仍然多少有些相信圣油"礼仪"与接受者完成的治病行为之间存在模糊的因果关系。为圣化痉挛戒指而进行的礼仪，在最后阶段上，不是宣称浇在英国诸王手上的圣油能够使之为医疗戒指有效地祈福吗？[1] 即使在伊丽莎白时代，图克仍认为君主是在圣化礼上接受"治病的恩典"；[2] 这种观点看起来似乎是古代传统的回响。尤其在法国，人们怎能避免将创造奇迹的能力归功于兰斯地方的天堂之油呢？实际上人们经常将这种能力归于兰斯的圣油：卢卡的托罗米奥可以为证。他在这个问题上的想法大概是取自安茹宫廷，以及查理五世颁布的敕令——我从这个敕令援引了这段重要文字。这位温和的君权主义者详述了一个世纪期间法国的让·戈林，英国的约翰·福蒂斯丘清楚表达的一个教条，即对于一位能够治病的国王而言，涂油礼是必要的，但并不充分；此外，它还需要施之于合适的个人，即拥有合法血统之人。福蒂斯丘说，约克的爱德华错误地宣称自己拥有这种创造奇迹的特权。你说他错了吗？约克家族的党羽回应说，难道他没有像亨利六世一样接受涂油礼吗？兰加斯特派的政论家回答说，他确实接受过涂油礼，但这种涂油礼无效，因为爱德华没有权利接受之：一个女人接受了圣职授任礼，难道就能成为教士吗？让·戈林告诉我们，在法国，"有人不是合法国王而误受涂油礼，如果他想触摸病人，则会为圣雷米病所染而亡"——圣雷米病即瘟疫——"就像从前人们看到的情形"。所以，圣雷米盛怒之日，以其"病"击倒了篡权者，以其复仇行为，既捍卫了圣油瓶的荣耀——他注定要特别尊敬圣油瓶——又捍卫了这个王

---

1 前文 p. 182。

2 Crawfurd, *King's Evil*, p. 70 所引 *Charisma*, chap. X; 也参见 *Epistola dedicatoria*, p. [9]。

朝被肆意践踏的权利。我不知道谁是传说中不配接受王位、承受那样灾难的君主，这无关紧要。重要的是，竟然存在一种传说，其形态显示出一种通俗化胜过学术性的观念的介入，因为法学家通常不杜撰诸如此类的故事。挑动神学家情绪的对立观念没有影响公众的看法。所有人都知道，要造就一位国王，给予他创造奇迹的能力，需要两个条件，让·戈林恰如其分地称之为"圣化礼"和"神圣血统"。[1] 中世纪的各族民众既是基督教传统的继承者，也是古代异教观念的继承者，他们同等地尊崇宗教性登基仪式和王族特权，因而合为一体了。

3 一些传说：法国君主主题系列；英国圣化礼中的圣油主题

围绕法国王权发展出来的一套传说，使王权在源头上与神圣力量建立了直接联系。让我们逐个说来。

首先，这些传说中最古老也最著名的传说，是圣油瓶的传说。大家都知道这个故事的内容。这个古老故事讲的是，克洛维接受洗礼之日，负责带来洗礼用油的教士为一群人所阻挡，不能如期前来。一只鸽子[2]从天而降，用一个小瓶即小圣油瓶，将香脂带给了圣雷米，这位法兰克首领即以此油接受涂油。这是一次超自然的涂油礼；不管历史如何记载，它不仅被民众视为一个洗礼行动，而且被视为最初的国王涂油行动。用原来的小瓶保存在兰斯圣雷米修道院的这瓶天堂香脂，此后被用于所有法国国王的圣

---

1 Fortescue, *De titulo Edwardi comitis Marchie*, cap. X; 参见上文 p. 111, n. 2; 关于这位作者所承认的与痉挛戒指有关的涂油礼的重要意义，见上文 p. 178。让·戈林，下文 p. 482, 486。

2 至少最初的版本就是如此；稍后些时候，从10世纪末，有时人们倾向于以一位天使取代鸽子：Adso, *Vita S. Bercharii*, Migne, *P. L.*, t. 137, col. 675; *Chronique de Morigny*, l. II, c. XV, éd. L. Mirot (*Collection de textes pour l'étude...de l'hist.*), p. 60; Guillaume le Breton, *Philippide*, v. 200; Étienne de Conty, Bibl. Nat. ms. Latin. 11730, fol. 31 v°, col. 1（参见前文 p. 92, n. 1）；参见 Dom Marlot, *Histoire de la ville, cité et université Reims*, II, p. 48, n. 1。调和的说法是以鸽子形状出现的天使：Philippe Mouskes, *Chronique*, éd. Reiffenberg (*Coll. des chro. belges*), v. 432-434。

第三章　王权的奇异和神圣：从瘰疬病触摸治疗之初到文艺复兴时期

化礼。这个故事开始于何时，又是怎样起源的呢？

兰斯的欣克马尔是最早讲述这个故事的人。他在877年或878年完成的《圣雷米传》（*Vie de Saint Rémi*）中详细地讲述了这个故事；人们经常阅读这段文字，并对它做出阐释，所以这段文字比其他任何一部作品更有助于这个传说的传播；不过这位活跃的教士提到这个故事，此处并非第一次，也不是唯一的一次。早在869年9月8日，他在拟定的秃头查理于梅斯加冕成为洛林国王的官方报告中，就明确提到了这个故事；他说自己早已使用这瓶神油为其主公举行过圣化礼。[1] 是他杜撰了这个训导性故事的全部细节吗？有时人们责备他，认为他这样做了。[2] 必须承认，这位大主教被教皇尼古拉一世直斥为骗子，声誉狼藉，臭名昭著，极不值得学者尊敬。[3] 不过，尽管欣克马尔胆大妄为，但我不太相信，他会突然在某一天面对他的教士

1　*Vita Remigii*, éd. Krusch (*Mon. Germ. histor., Scriptor. rer. merou.*, III), c. 15, p. 297. 对869年仪式的记载被欣克马尔插入西法兰克王国的官方编年史，该编年史称作 *Annales Bertiniani*, éd. Waitz (*Scriptores rer. germanic.*), p. 104 及 *Capitularia* (*Mon. Germ. histor.*), II, p. 340；关于这些事实，见 R. Parisot, *Le royaume de Lorraine sous les Carolingiens*, 1899 (th. Lettres Nancy), p. 343 以下。有一个地方隐晦地提到，这些奇迹被认为标志着克洛维以教皇霍尔米斯达（Hormisdas）授予的特权接受洗礼，欣克马尔早在870年就将这些奇迹编入他的 *Capitula*, 而不是拉昂的欣克马尔的说法。*P. L.*, t. 126, col. 338；参见 Jaffé-Wattenbach, *Regesta*, n° 866. 关于欣克马尔的情况，读者只需参考两本著作：Carl von Noorden, *Hinkmar, Erzbischof von Reims*, Bonn, 1886 及 Heinrich Schrörs 的同名著作，Fribourg, 1884；也请参考 B. Krusch, *Reimser-Remigius Fälschungen*, *Neues Archiv*, XX (1895), p. 529-530；E. Lesne, *La hiérarchie épiscopale...depuis la réforme de saint Boniface jusqu'à la mort de Hincmar* (*Mém. et travaux publiés par des professeurs des fac. catholiques de Lille*, I), Lille et Paris, 1905. 此处不宜列出论述神奇油灯的全部书目，但值得顺便提及的是，除了 Chiflet, *De ampulla remensi*, 1651 之外，Suysken, *AA. SS.*, oct., I, p. 83-89 的注解也总是值得参考的。

2　正如魏茨克（Jul. Weiszäcker）于1858年写道："在这样的一些情况下，第一个故事是最可怀疑的"：*Hincmar und Pseudo-Isidor, Zeitschr. Für die histor. Theologie*, 1858, III, p. 417.

3　关于尼古拉一世所做的谴责，见 Lesne, *Hiérarchi épiscoplae*, p. 242, n. 2. 对欣克马尔的指责一度好似全然有失公允。但对其他许多闻名遐迩的欺骗行为，欣克马尔是难辞其咎的，如著名的教皇霍尔米斯达诏书伪造案；还有 Hampe, *Zum Streite Hinkmars mit Ebo von Reims*, *Neues Archiv*, XXIII (1897) 及 Lesne, *Hiérarchi*, p. 247, n. 3 提到的事实。Krusch, *Neues Archiv*, XX, p. 564 提出的观点，是富有激情且颇为严厉的，但克鲁施（Krusch）的有名的对手、著名的天主教史学家戈弗雷·库尔特（Godefroy Kurth）强烈地抗议说："不管克鲁施先生说什么，他从来没有对欣克马尔的诚实提出保证。"（*Études franques*, II, 1919, p. 237）读到这句话，令人颇感兴奋；事实上，他的"诚实"严格说来是无法维护的。

和信众造出了一满瓶神油,并且命令人们此后视之为神圣之油。这件事至少需要提供一些背景,编造某种启示或发现;文献中并没有暗示这类事情。很久以前,17世纪的一位敏锐的学者,让·雅克·希夫莱在神圣油瓶的传说主题中,辨识出了一种肖像学的起源。[1] 在这里,我想说明,人们可以如何补充希夫莱有些粗疏的说法,弄清这个传说可能的来历。

法兰克人由信仰异教而改信基督教是一著名行动,如果兰斯没有从很久以前就保存了这一行动的一些或真或假的遗迹,那将是很令人诧异的。向朝圣者展示雷米用来储存克洛维洗礼用油的圣油瓶,甚或几滴圣油,不过是当时的习惯而已。大量的文献证据表明,圣物或遗物经常保存在一只鸽子形的容器里,这只鸽形的容器通常悬挂在圣坛上方。此外,在少数情况下,在普通基督徒受洗的画面上,通常会有一只象征圣灵的鸽子出现在受洗者的上方。[2] 民众的思想总是乐于在象征性意象上看到某个真实事件的醒示物:一个存有克洛维和雷米某些遗物的普通遗物盒,以及附近的一件表现洗礼场面的镶嵌图案或石棺,也许足以传达神鸟降临之意。欣克马尔无疑只能从当地的传说中寻找这个故事。但是,想到以克洛维香脂为国王们涂油,于869年第一次付诸实施,无疑属于他个人的念头。这个巧妙的想法乃是天才之举,它使一个陈旧的故事服务于他管理下的一个大城市的

---

[1] *De ampulla Remensi*, p. 70; 参见 p. 68。

[2] 参见 Cabrol, *Dictionaire d'archéologie chrétienne* 中的 Colombe 与 Colombe eucharistique 条目。18 世纪时——无疑更在此前很久——圣油灯就保留在兰斯的一个鸽子形状的盒子里,这个圣物盒也许是后来设计成这个样子的,为的是唤起人们对这个传奇的记忆;从这个事实当然不会推论出什么来。参见 Lacatte-Joltrois, *Recherches historique sur la Sainte Ampoule*, Reims, 1825, p. 18 及书前的石版画。对于这个传奇起源之时的圣物盒的形状,我们只能做一些猜测。在欣克马尔之时,兰斯曾展示至少一件据说属于圣雷米的物件——一件刻有诗律铭文的圣餐杯:*Vita Remigii*, c. II, p. 262。一篇题为 *Le baptême de Christ et la Sainte Ampoule* (*Bullet. Acad. royale archéologique de Belgique*, 1922) 的文章很有趣,在这篇文章中,马塞尔·洛朗 (M. Marcel Laurent) 指出,从 9 世纪起,在表现基督受洗的场景上,出现了一个新形象:口衔油瓶的鸽子。洛朗认为,传统肖像上增加的这个补充性细节,起源于兰斯的圣油灯传奇;由于反作用,基督受洗当时也按照克洛维受洗的样子来构想。人们同样大可做相反的设想:圣油灯,还有鸽子,可能是信众或教士们看到刻画基督受洗的艺术作品而想象出来的。遗憾的是,我们所掌握的有关这个传奇的最早证据,及刻画鸽子口衔圣油灯在约旦河降临的最古老的肖像文献——9 世纪的象牙制品——大致为同时代的。除非有新的发现,要知道影响在哪个方向上发生作用,仍是不可能解决的问题。

利益,服务于他宣誓效忠的王朝的利益,服务于一个他盼望看到的高居于世俗权力之上的普世教会的利益。兰斯大主教们既已获得圣油,则注定成为为其合法君主举行圣化礼的天然人选。此后,作为唯一享受这种天赐之油的涂油礼的法兰克人君主,西部的法兰西诸王注定风光无限,大放异彩,超迈其他所有的基督教国王。最后,欣克马尔认为,涂油仪式是王权服从教士阶级的保证和象征,它在较晚近的时候传入高卢后,好像还缺乏一种特别令人崇敬的特点,只有通过其背后的悠久历史才能赋予它虔诚姿态。于是欣克马尔开始制造一种传说。

在欣克马尔之后,这个传说在文学作品中迅速传播,在民众思想中牢固扎根,然而,它的命运是与兰斯城各位大主教提出的主张密切关联的。他们赢得为国王涂油的专有权利并非毫无困难。对他们而言,幸运的是,在987年卡佩王朝最终获得王位之际,他们的强大对手桑斯大主教,站到了敌对者一边。意外的幸运决定了他们的胜利。他们的特权于1089年得到教皇乌尔班二世的庄严承认,直到君主制终结,仅受到两次侵犯:一是1110年受路易六世侵犯,一是1594年受到亨利四世侵犯。在这两次事件中,情况都非常例外。[1] 他们的胜利也就是圣油瓶的胜利。

在一个热衷奇迹的时代,人们的想象力很自然会围绕这个原初主题编织出新的奇思妙想。早在13世纪,人们讲述的故事是,在鸽子衔来的油瓶中,液体的水平是从不变化的,虽然每次施行涂油都要从中汲取数滴。[2] 后

---

[1] R. Holtzmann, *Französische Verfassungsgeschichte*, Munich et Berlin, 1919, p. 114-119 (751-1179), 180 (1223-1429), 312 (1461-1775) 有一个名单记载举行圣化礼的地点和施行圣化礼的高级神职人员。乌尔班二世的诏书,见 Jaffé-Wattenbach, *Regesta*, n° 5415 (1089 年 10 月 25 日)。路易六世的圣化礼,见 A. Luchaire, *Louis VI le Gros*, n° 57;亨利六世的圣化礼,见下文 p. 342。人们将注意到,乌尔班二世的诏书同样授予兰斯大主教以独享之权,无论何时国王出席这样一种隆重仪式,即国王按当时的习惯头戴王冠亮相之时,大主教都有权将王冠戴在国王头上。

[2] 这个传奇似乎首次由下列作品证实:Philippe Mouskes, *Chronique* (Collect. des chron. belges), v. 24221 以下;13 世纪的人在 Bibl. Nat. latin 11730 的一张纸上写下的注释,该注释发表于 Hauréau, *Notices et extraits de quelques manuscrits*, II, 1891, p. 272;稍后又见于 Froissart, II, §173 及 Étienne de Conty, lat. 11730, fol. 31 v°, col. 1。Nicolas de Bray, *Gesta Ludovici VIII, Hist. de France*, XVII, p. 313(彼处第 58 行肯定是讹误)是否已提到这种信仰,也许大可置疑。

来人们又相信相反的说法，即涂油礼完成之后，这个令人惊异的油瓶会突然虚空；它无须人手操纵，在下次举行圣化礼前不久自行注满。[1] 另一种说法是，圣油的水平不断变化，依据在位君王健康状况的好坏而升降。[2] 圣油瓶所装之物不可知，世间之物无与其类，散发出来的是一种令人心旷神怡的芳香……[3] 诚然，所有这些神奇特点不过是民间的道听途说。真实的传说并非如此，它完全集中在香脂的天堂起源上。13世纪的诗人、《圣雷米传》的作者里希耶，用诗情画意的笔触描述了法兰西诸王拥有的无与伦比的特权。"在所有其他地方，"他说，国王们必须"从商人手中购买膏油"，只有在法国，国王圣化礼直接使用来自天堂的圣油，所以这里的情况非常不同：

任何贪心之人都将不能
靠出卖涂油礼
获益或赚取一分钱 [4]

为这个传说的构造再增加些内容，要等到14世纪。大约在14世纪中

1　Robert Blondel, *Oratio historialis*（完成于1449年），cap. XLIII, 110, 见 *Oeuvres*, éd. A. Héron (*Soc. de l'hist. de la Normandie*), I, p. 275；参见法文译本，同前，p. 461; B. Chassanaeus (Chasseneux), *Catalogus gloriae mundi*, in-4°, Francfort, 1586（1579年第一版），pars V, consideratio 30, p. 142。

2　René de Ceriziers, *Les heureux commencemens de la France chrestienne*, 1633, p. 188-189；塞里泽尔（Ceriziers）神甫偶尔拒绝这种信念，也拒绝前一种信念。

3　Jean Golein, 见下文附录四, p. 481。我们有证据证明，在每一个国家，对圣化之油，人们都怀有混杂着恐惧感的敬意，这种敬意的各种表现，多少说明了人种志学者归于"禁忌"（tabou）概念下的各习惯：参见 Legg, *Coranation records*, p. XXXIV；但在法国尤为特殊，圣油的神奇特性导致神学家将这些规定更加精致化：让·戈林行之更甚，乃至断言，国王就像《圣经》里的"拿撒勒人"（参见 Judge, 13: 5），必须做到绝不允许神圣涂油礼触及的脑袋剃去头发，而且为了同样的原因，终生戴着"帽子"（下文，p. 484）。

4　*La Vie de Saint Réme, poème du XIIIe siècle, par Richier*, éd. W. N. Bolderston, in-12, Londres, 1912（很糟糕的版本），v. 8145以下。在查理五世时代，让·戈林可能读过里希耶（Richier）的书，该书的两个副本都藏于皇家图书馆（参见 Paul Meyer, *Notices et Extraits de Manuscrits*, XXV, I, p. 117）他使用了类似的短语；见下文附录四, p. 480, ligne 7以下。

第三章　王权的奇异和神圣：从瘰疬病触摸治疗之初到文艺复兴时期

叶，与百合花的"发明"相关的传说登场了。[1] 百合花徽章装饰卡佩诸王的盾牌已经很长时间了；从腓力·奥古斯都时代，它们就出现在各王的玺章上。[2] 但是，似乎要过很长时间以后，才有人萌生念头，想赋予它们超自然的渊源。实际上，正是在腓力·奥古斯都在位时，吉罗·德·康布里埃的《论君主的教育》(De l'instruction des princes) 为这些"朴素的小花"(simplicibus tantum gladioli flosculi) 大唱赞歌，在他看来，使豹子和狮子逃开的这些小花，是金雀花家族和韦尔弗家族[3]引以为豪的徽记。如果他早已知道以往的神奇历史，他肯定会向我们讲述它。[4] 此后大约一个世纪，两首颂扬盾牌徽章的法语诗作，也同样没有言及此事，一是1335年以前不久腓力·德·维特里创作的《三个饰有百合花的头盔》(Chapel des trois fleurs de lis)，一是显然创作于1338年前后的《百合花的慰藉》(Dict de la fleurs de lys)。[5] 但是此后不久，这个传说以新的面貌出现了。

这个传说首次以文学形式出现，似乎是在一首拉丁短诗中，此诗是一

---

[1] 旧制度留下了一整套关于百合花历史的文献。在我们看来，注意以下三部著作或实录就够了：J. J. Chifletius, *Lilium francicum*, Anvers, in-4°, 1658; Sainte-Marthe, *Traité historique des armes de France*, 1683（涉及百合花的段落转载于 Leber, *Collect. des meilleures dissertations*, XIII, p. 198 以下）；de Foncemagne, *De l'origine des armoiries en général, et en particulier celles de nos rois Mém. Acad. Inscriptions*, XX, 以及 Leber, XIII, p. 169 以下。至于现代著作，要注意的是，迈耶（P. Meyer）在编辑 *Débat des hérauts d'armes de France et d'Angleterre* (Soc. anc. Textes), 1877 时，在§34的注释中所提及的法国人的争论，以及§30的注释中英国人的答复，特别是 Max Prinet, *Les variations du nombre des fleurs de lis dans les armes de France, Bullet. monumental.*, LXXV (1911), p. 482 以下。马尔德海姆（J. van Malderghem）的小册子 *Les Fleurs de lis de l'ancienne monarchie française*, 1894（摘录自 *Annales de la soc. d'Archéologie de Bruxelles*, VIII），并没有研究此处我们感兴趣的这个传奇。雷诺（Renaud）的研究报告 *Origine des fleurs de lis dans les armoiries royales de France, Annales de la Soc. histor. et archéolog. de Château-Thierry*, 1890, p. 145，只需提一下就可以了，无须学者们去费神阅读。

[2] L. Delisle, *Catalogue des actes de Philippe-Auguste*, Introduction, p. lxxxix.

[3] Welfs，指德国南部的贵族世家，此家族在11世纪后期掌握大权，韦尔弗四世成为巴伐利亚公爵。英译本译作 Guelphs，显然有误。Guelphs 指中世纪意大利的教皇派成员。——译者

[4] *De principis instructione*, Dist. III, cap.XXX, éd. Rolls Series, VIII, p. 320-321. 关于韦尔弗家族及布汶战役的战败者奥托四世的狮子，特别参见 Erich Gritzner, *Symbole und Wappen des alten deutschen Reiches* (*Leipziger Studien aus dem Gebiete der Geschichte*, VIII, 3), p. 49.

[5] *Le chapel*: éd. Piaget, Romania, XXVII (1898)；未出版的 *le Dict*；我参考的是 Bibl. Nat. ms. latin. 4120, fol. 148；参见 Prinet, 前引书，p. 482。

甚不押韵的韵文，由沙特尔教区茹因瓦尔修道院的一位修士写成。写成的确切年代很难弄清，但一定是在1350年前后。茹因瓦尔修道院是普赖蒙特莱修士会的一处寺院，1221年由法国宫廷的重要人物巴托罗米·德·鲁瓦总管建立。山丘环抱着马尔利森林，这个修道院坐落于山丘脚下一个小山谷的斜坡上，附近是一眼山泉。距此处不远的稍北处，是塞纳河和瓦兹河的汇流处，一座称作孔夫朗－圣奥诺里讷（Conflans Sainte-Honorine）的村庄，以及山丘上称作蒙茹瓦（Montjoie）的一座塔楼，蒙茹瓦这个名字似乎是位于一个高地显眼处的任何建筑物和石堆的通用名，这个塔也许是为游客服务的路标。这位作者讲述的简单故事，就发生在法兰西岛的这个小镇上。故事的大概情节是：异教时代的法兰西，有两位著名的国王，一位叫孔夫拉，住在孔夫兰堡，另一位叫克洛维，住在蒙茹瓦。此二人都崇拜朱庇特和墨丘利，但却彼此征战不止；不过克洛维势力较弱。克洛维已与一位名叫克洛提尔达的基督教徒结婚，她很久之前即试图劝克洛维皈依，但无济于事。一日孔夫拉送来挑战书，克洛维自忖必败，但不愿拒绝战斗。约定的时间到了，他派人去取武器和盔甲；当他的侍从带来武器和盔甲时，他大为吃惊，发现不是平时的月牙形徽章，而是浅蓝色背景的三棵金色百合花。他要侍从回去，另取其他的武器和盔甲；但侍从回来时，还是同样的图案。如是者凡四，他不再更换，决定披挂着这种装饰着神秘之花的锁子甲上阵。这是怎么回事呢？在茹因瓦尔山谷的山泉附近，居住着一位虔敬的隐士，王后克洛提尔达经常前来拜访。就在决斗日确定前不久，王后去拜访过这位隐士，与这位隐士一起祈祷。这时一位天使出现在这位神圣之人的面前，带来一个饰有金色百合花的浅蓝色盾牌。"这些盾牌徽章，"这位来自天堂的使者说，"如果克洛维戴上它的话，将带给他胜利。"这位王后回到家里，乘她丈夫不在的时机，让人除掉了他的盾牌表面的晦气的月牙，按照神奇盾牌的样子，代之以百合花。我们已经知道克洛维如何吃惊于他妻子安排的这个骗局所带来的结果。无须说，出乎所有人的预料，就在蒙茹瓦这个地方，克洛维获胜，这就是战斗呐喊用语 Montjoie Saint

Denis（蒙茹瓦·圣德尼）的由来；¹ 最后他妻子以真情相告，克洛维皈依基督教，成为非常强大的君主……² 这个小故事的幼稚让人错愕不已，内容之贫乏，只有低劣的文笔可堪其匹。这个故事来自何处？它的基本特点是否在茹因瓦尔得到它之前就已形成？在这个传说形成中普赖蒙特莱修士所发挥的作用，只是将传说的基本情节附加在他们的修道院的背景中呢？还是相反，故事真的诞生在蒙茹瓦附近的这个小团体中，首先作为传说讲给朝拜者听呢？我们不得而知。不过，它很快传播开来，则是事实。

查理五世周围的人不断寻找能强化王权超自然威望的事物，传播这个传说的首功一定属于他们。拉乌尔·德·普雷勒为《上帝之城》做过序言，其论述显然受到茹因瓦尔传说的启发。³ 这位山谷里的隐士似乎即将成为君主制的教父之一。然而，在一段时间里，他有一位叫圣德尼的强大对手。这位了不起的圣徒，远非一位默默无闻的隐修者，在一些人看来，他更有资格接受王室盾牌徽章的启示。这个新型故事很有可能就产生于圣德尼修道院。它只应被视为次要的形式，一种原题易位，其证据是这样一个事实：它也将这个故事的一个基本因素——即天使出现——安放"在距离巴黎六

1　当然，十分清楚的是，这个著名的战斗呐喊用语的出现远早于 14 世纪；有证据证明，它首次出现于 1119 年时，被奥德里克·维塔尔（Orderic Vital）写作 Montjoie (*Meum Gaudium*)：XII, 12; éd. Le Prévost (*Soc. de l'hist. de France*), IV, p. 341. 不过，它的起源仍是一个谜。

2　Bibl. Nat. ms. latin. 14663, fol. 35-36 v°. 这份手稿是出自不同作者手笔的历史文献的辑录，于 14 世纪中叶编成，地点无疑是圣维克多修道院（fol. 13, 14）；拉乌尔·德·普雷勒为《上帝之城》所做序言的摘录，与我们所引用的这首诗并列（fol. 38 et v°）。这首诗是在茹因瓦尔编成，这个事实可由这个文献中的众多段落，尤其是末节的开头文字表现出来："Zelator tocuis boni fundavit Bartholomeus – locum quo sumus coloni…". 关于 Conflans 附近的 Montjoie，见 Abbé Lebeuf, *Histoire de la ville et de tout le diocèse de Paris*, éd. J. Bourbon, II, 1883, p. 87. 关于全部的 Montjoies，特别参见 A. Baudoin, Montjoie Saint-Denis, *Mém. Acad. Sciences Toulouse*, 7ᵉ séries, V, p. 157 以下。关于百合花传奇在茹因瓦尔的地方化问题，也许有人想以肖像学的原因加以解释，即诠释为这个修道院的纹章带有百合花——大概是经皇家特许。但要证明这个假说的可能性，就要证明，早在这个传奇发生的证据出现前，这些纹章就已经具有这种形式了；在目前的知识状态下，做到这一点似乎是不可能的。百合花出现在 1364 年的一个修道院图章背面，但在这个团体 1243 年的图章上并没有出现（Douët d'Arcq, *Collection de sceaux*, III, n° 8776, 8250）。

3　1531 éd., fol. a III; 与克洛维敌对的国王名叫科达（Caudat）（一处文字提到这个民间传说，说英国人长着尾巴：*caudati Anglici*？); 参见 Guillebert de Metz, éd. Leroux de Lincy, p. 149.

古里[1]的蒙茹瓦城堡",即茹因瓦尔附近的同一个城堡。一个完全在圣德尼修道院发展起来的故事,被置于这个大教堂及其周围环境的框架内。在那些经常访问查理五世缮写室的人,即下一代的王权辩护者中,让·戈林、艾田·德孔第、一本颂扬百合花的拉丁短诗的作者——通常认为是热尔松——这些人都是圣德尼的支持者。让·科尔伯尚是英国人巴托罗米所著名作《论事物本性》(De Proprietatibus Rerum)的翻译者和改编者,他与《园林之梦》的作者在观点上保持中立。这位隐士注定最终占据上风。他确实总有支持者。我们现在仍有让·戈林呈给查理五世的《论圣化礼》的副本真本。这个副本中有当时的一位读者留下的边注,我们也许可以认为这些边注是国王本人的意见——授给其秘书的意见,但我们必须小心,不要误以这个诱人的假设乃确定无疑。面对戈林将百合花的奇迹归功于圣德尼的文字,这位注者——不管他是谁——表示,他相信茹因瓦尔传说。15世纪以后,正是这个版本流行开来。[2]

不过仍有一些变化。正如中世纪经常出现的情况,原初的版本将伊斯兰教等同于异教,说皈依之前的克洛维使用月牙作为盾牌徽章。在《园林之梦》中,一个注定胜出的不同点出现了:在法国人的盾牌上,使用百合花之前使用的是三只癞蛤蟆。为何使用癞蛤蟆呢?17世纪的福歇[3]将此解释为图像上的混淆,他的看法是,在古代的盾牌上,工笔粗糙的百合花很

---

[1] 法国古里(lieue),约合4公里。——译者

[2] Jean Golein,下文附录四,p. 483(但请参阅注1);de Conty, latin 11730, fol. 31 v°, col. 2(一个特别铺张的记述提到天使出现在圣德尼修道院:"in castro quod gallice vocatur Montjoie, quod castrum distat a civitate Parisiensi per sex leucas vel circiter");Gerson (?) *Carmen optativum ut Lilia crescant, Opera,* 1606 éd., Pars II, col. 768;Jean Corbechon 所译英国人 Barthélemi, *De proprietatibus des choses,* Laons éd., vers 1485 (Biblioth. de la Sorbonne), livre XVII, cap. CX;涉及的段落自然是巴托罗缪文字的附加文字;参见 Ch. V. Langlois, *La connaissance de la nature et du monde au moyen âge,* in-12, 1911, p. 122, n. 3(读者将在朗格诺瓦[Langlois]对英国人巴托罗缪的简介中找到与克贝肖恩[J. Corbechon]有关的书目);*Songe du Verger,* I, c. CXXXVI, 参见 c. 36 (Brunet, *Traitez,* p. 82, 31);Latin text, I, c. CLXXIII (Goldast, I, p. 129)。对让·戈林手稿的注解,可能不是出自查理五世之手,而可能是他授意某个书记员所为,关于这些注解,见下文,p. 479。

[3] 克劳迪·福歇(Claude Fauchet, 1530—1602年),法国历史学家、古物收藏家。曾担任铸币局(Chambre des Monnaies)局长。——译者

第三章　王权的奇异和神圣：从瘰疬病触摸治疗之初到文艺复兴时期

可能被误作"这种动物"的简单化的形象。我们应接受这种观点吗？作者为这个假说配上了一个小图解，但它与其说令人信服，不如说它匠心独具。[234] 不过，毫无疑问的是，这个癞蛤蟆的故事，首先由那些为法国君主制的荣光而奋斗的作家所传播，但最终却为这个王朝的敌人提供了一个可资取笑的论题。福歇说："佛兰德尔人和低地国家的人因此蔑视我们，称我们为法国癞蛤蟆。"[1]

不过，这些玩笑毕竟无关紧要。百合花传奇在1400年前后已经成形，成为君主传说中最优美的元素之一。1429年圣诞节的温莎，在头戴法国和英国双重王冠的年轻的亨利六世面前，诗人利盖特绘声绘色地讲述了这个故事，以及圣油瓶传奇；从此之后，这二者就永远地联系在一起了。[2] 从这个时期以后，艺术家从政治作家那里借用了这个母题；为贝德福德公爵创作的《时刻簿》(*Book of Hours*) 中的一幅图画，[3] 15世纪的佛兰德尔壁毯，都表现这个主题故事。[4] 说教性著作、图画和诗歌都向人们传达着国王盾形徽章神圣起源的讯息。[5]

1　Claude Fauchet, *Origines des chevaliers, armoiries et héraux,* livre I, chap. II: *Oeuvres*, in-4°, 1610, p. 513 正反面。Sainte-Marthe 坚持肖像学上的假设；见 C. Leber, 前引书，p. 200。

2　Rudolf Brotanek, Die englischen Maskenspiele, *Wiener Beiträge zur englischen Philologie*, XV (1902), p. 317 以下；参见 p. 12（茹因瓦尔的隐士；癞蛤蟆）。

3　Brit. Mus. Add. mss. 18850; 参见 George F. Warner, *Illuminated manuscripts in the British Museum*, 3^d Series, 1903。

4　Jean de Haynin 在描述大胆查理与约克的玛格丽特的婚礼庆典时，提到一块表现百合花历史的壁毯。见 *Les Mémoires de Messire Jean, seigneur de Haynin*, éd. R. Chalon (Soc. bibliophiles belges), I, Mons, 1842, p. 108。Chiflet, *Lilium francicum*, p. 32 在一个版画上转载了另一块壁毯的片段（这块壁毯在他生活的时代曾藏于布鲁塞尔宫），壁毯显示克洛维——被认为是身负征伐阿拉曼人——身后是一面军旗，上有三只蛤蟆的徽章；图版雕刻所依据的工笔画保存在安特卫普的普兰丁博物馆 (Plantin Museum, n° 56); 被认为乃冯·沃尔登 (J. van Werden) 所作。参见下文"补充与订正"。

5　在相当例外的情况下，百合花的起源被归于查理曼；据说一位天使从天上将百合花带给查理曼。英国作家尼古拉·厄普顿 (Nicholas Upton) 曾于 1428 年参加围攻奥尔良，他就是这样讲述这个传说的，见 *De studio militari*, lib. III, in-4°, Londres, 1654, p. 109；也参见 *Magistri Johannis de Bado Aureo tractatus de armis*, 此书在厄普顿时代由比瑟斯 (E. Bissaeus) 出版，饰以同样的封皮，此外，比瑟斯认为，此书就是厄普顿以笔名所作。这种形式的传说似乎不太成功。厄普顿似将它追溯到弗鲁瓦萨尔 (Froissart), 但在弗鲁瓦萨尔的著作中，我并没有发现这类内容。

235　　盾形徽章之后是旗帜。王室旗帜中最著名的是军旗——"红色旗帜"，即卡佩王朝进行新的战役之前要前往圣德尼修道院去取用的旗帜。[1] 军旗的历史并无秘密可言：因为它是圣德尼修道院的旗帜，所以从腓力一世获得韦克辛伯爵领以后，它很自然地成为了王室旗帜，诸王同时成为了这位圣徒的封臣、代理人和旗手。[2] 但是，对于这样一件令人兴奋的物件，这样平凡的历史如何让人安之若素呢？尤其是，王室的第二件标帜即百合花旗帜，在14世纪与之并列出现在圣化礼仪式上，向人们昭示着百合花的奇迹的时候，又如何让人处之泰然呢？从很早时期，人们就乐于将军旗的起源归于从前的各位著名君主：圣德尼修道院的创建者达戈贝尔，[3] 尤其是查理曼。《罗兰之歌》的作者已经将它与教皇利奥三世授给查理的罗马军旗

236　　（vexillum）混淆起来；罗马军旗在各编年史中都有记载，在罗马拉特兰宫的镶嵌画上也有刻画，自然为朝拜者所熟悉。[4] 但直到此时，还没有超自然的因素。制造这个超自然因素的，是查理五世豢养的各位作家。从拉乌

---

[1] 关于军旗，最好的论文莫过于 Du Cange, *De la bannière de Saint Denys et de l'oriflamme*; *Glossarium*, éd. Henschel, VII, p. 71 以下。关于这个主题的现代著作，大致说来是数量多而用处少，请参见 Gustave Desjardins, *Recherches sur les drapeaux français*, 1874, p. 1-13, 126-129。毋庸说，我这里所关注的只是军旗的传说史。

[2] 路易六世给予圣德尼的特许状（1124年），见 J. Tardif, *Monuments historiques*, n° 391 (Luchaire, *Louis VI*, n° 348): Suger, *Vie de Louis le Gros*, éd. A. Molinier (*Collect. de textes pour servir à l'étude ... de l'histoire*), c. XXVI, p. 102。关于教会所有的旗帜的使用，参见一件有趣的文献：*Miracles de Saint Benoit*, V, 2, éd. E. de Certain (Soc. de l'hist. de France), p. 193（涉及贝里地区的"和平军"）。

[3] 这是纪尧姆·吉亚尔阐发的观点，见 Guillaume Guiart, *Branche des royaux lignages*, 载 Buchon, *Collection des chroniques*, VII, v. 1151 以下（1190年）。我们将注意到，按照吉亚尔的观点，法国国王只有在与"突厥人即异教徒"作战时才会举起军旗；至于其他战争，他们可以使用类似军旗的旗帜，但不是真正的军旗（v. 1180 以下）。在拉乌尔·德·普雷勒时代的圣德尼（Cité de Dieu, 1531 éd., fol. a II 前言），确有两种类似的旗帜"其中一称作查理曼之旗，……人们确切地称之为军旗"。也参见 J. Golein, 下文，p. 485，按照戈林的说法，国王们为每一场战斗都制造新的假军旗。我从纪尧姆·吉亚尔那里借来 cendal rouge（灰红色）一词。

[4] 见 3093 行以下；参见 J. Bédier, *Légendes épiques*, II, 1908, p. 229 以下所作注解。关于镶嵌画，Ph. Lauer, *Le Palais du Latran*, gr. in-4°, 1911 (thèse lettres Paris), p. 105 以下。关于当时人们视为加洛林王权象征（signum regis Karolis, vexillum Karoli Magni）的军旗，参见 Gervais de Canterbury, *Chronica* (Rolls Series), I, p. 309, a. 1184; Richer de Senones, *Gesta Senoniensis eccl.*, III, c. 15, *Monum Germ, SS.*, XXV, p. 295。

第三章　王权的奇异和神圣：从瘰疬病触摸治疗之初到文艺复兴时期

尔·德·普雷勒和让·戈林的作品中，我们可以见到同样的故事：据说，君士坦丁堡的皇帝曾在梦中看到一位骑士站在他的床边，手中擎着一支长矛，长矛上发出光焰。一位天使告诉他，正是这位骑士而非他人，将把他的国家从萨拉森人手中解救出来。这位希腊皇帝最终确认查理曼就是他梦中的解放者，发出光焰的长矛变成了军旗。[1] 不过这种传说并没有脱颖而出，获得成功。圣化礼用油和王室盾形徽章已经从天上下赐克洛维；通过一种观念上的自然联系，人们也将关于军旗的启示归到了克洛维身上。这似乎是15世纪末流布最广的信念。[2]

除了圣油瓶、天上送来的百合花、源自天堂的军旗、治病能力，我们还将看到卡佩王朝的辩护者们此后不断奉献出来的引起欧洲仰慕的一簇神奇故事。譬如，查理七世的大使于1459年11月30日向教皇庇护二世所做的讲述。[3] 甚至在圣油瓶传奇是君主主题唯一传说的时期，法国王朝也从中赚

---

[1] 拉乌尔·德·普雷勒为《上帝之城》(*Cité de Dieu*) 译作所作序言，1531 éd., fol. a III v°；参见 Guillebert de Metz, éd. Leroux de Lincy, p. 149-150。Lancelot, *Mémoire sur la vie et les ouvrages de Raoul de Presles*, *Mémoires Acad. Inscriptions*, XIII（1740），p. 627 自拉乌尔书中引用了一篇我所不知道的 *Discours sur l'oriflamme*，其中他同样将军旗的起源归于查理曼，据说圣德尼曾将军旗交给查理曼（前引书，p. 627）；戈林，下文附录四，p. 484。军旗传说的形成与圣化礼中引入这种旗帜祈福礼巧合；这种礼拜文献似乎首次出现在桑斯地方的主教典仪书中，见 Martene, *De antiquis Ecclesiae ritibus*, in-4°, Rouen, 1702, III, p. 221，然后出现在 *Coronation Book of Charles V of France*, éd. Dewick, p. 50；与查理五世同时代的 Brit. Mus. Add. ms. 32097 (U. Chevalier, *Bibl. liturgique*, VII, p. XXXII, n. 2 引用)；戈林，下文，p. 484；参见 Montfaucon, *Monumens de la monarchie française*, III, pl. III, *Coronation Book*, pl. 38, 以及包含让·戈林的著作（参见下文 p. 484, n. 1）的 Bibl. Nat. ms. fr. 437 转载的彩饰画。

[2] 譬如，参见作于 1459 年或 1460 年的论文 *des Droiz de la Couronne*，下文，p. 237, n. 1 将要引述这部作品；写于 1453 年与 1461 年之间的 *Débat des hérauts d'armes de France et d'Angleterre*, éd. L. Pannier et P. Meyer (*Soc. des anc. textes*), 1877, § 34, p. 12。似乎可以肯定的是，在查理七世遣往庇护二世的大使所作的意义模糊的谈话中，这同一种理论也有反映；见下文 p. 237。同样参见稍晚的 R. Gaguin, *Rerum gallicarum Annales*, lib. I, cap. 3, 1527 éd., Francfort, p. 8。正是通过一种类似的混淆——一种逆向的混淆——有时人们将百合花的发明归到了查理曼身上，见上文，p. 234, n. 5。

[3] D'Achery, *Spicilegium*, fol. 1723, III, p. 821, col. 2；关于百合花，参见 1478 年路易六世的使节对教皇的讲话，载 De Maulde, *La diplomatie au temps de Machiavel*, p. 60, n. 2。"带有百合花徽章的武器，以及军旗、圣油瓶"，上帝送给克洛维的这三件东西，在 *des Droiz de la Couronne de France*（作于 1459 年或 1460 年）这篇小文章里也被提及，这篇小文章只是 Robert Blondel, *Oratio historialis* 的一个译文，但经常出现与原文的明显不同；拉丁文则更不清晰："celestia regni insignia et ampulam" (*Oeuvres de Robert Blondel*, éd. A. Héron, p. 402, 232)。

取了很大的声望。在13世纪早期的一份半官方文献即一份圣化礼规程书中，一位法国国王自诩为"大地之上所有国王中，享有辉煌而光荣的特权、接受以天堂香脂涂油的唯一国王"。[1] 数年之后，英国的编年史家马修·帕里斯基于法国国王权力的神圣起源，毫不犹豫地承认法国国王享有某种至上权力。[2] 这种观点甚至从金雀花王朝的臣民口中说出来，不能不招致金雀花王朝的嫉妒，他们在所有事情上都是卡佩王朝的对手。于是轮到他们寻求神奇香脂了。这种动机之下的故事至今为历史学家所忽视，值得较为详细地展示出来。

第一则故事发生在爱德华二世时期。1318年，多米尼克派修士尼古拉·斯特拉顿受爱德华二世秘密派遣，拜见居住在阿维尼翁的教皇约翰二十二世。他向教皇讲了很长一段话，基本思想如下：[3]

让我们想一想金雀花家族的亨利二世统治英国时期的情况。托马斯·贝克特遭到放逐而居留法国时，产生了一个幻觉，圣母出现在他面前，预言他不久将死亡，并且告诉他上帝的安排：亨利二世之后第五位统治英国的国王应是"一位正直的人，教会的保卫者"。正如人们所料，简单计算一下可知，爱德华二世就是所指的国王。这位君主无疑因其特殊美德，

---

1 路易八世所说的圣化礼规程；H. Schreuer éd., *Über altffanzösische Krönungsordnungen*, p. 39: "Regem qui solus inter universos Reges terrae hoc glorioso praefulget Privilegio, ut oleo coelitus misso singulariter inungatur。"

2 *Chron. majora*, éd., Luard (*Rolls Series*), V, p. 480, a. 1254: "Dominus rex Francorum, qui terrestrium rex regum est, tum propter ejus caelestem inunctionem, tum propter sui potestatem et militiae eminentiam"；同前，p. 606 (1257): "Archiepiscopus Remensis qui regem Francorum caelesti consecrat crismate, quapropter rex Francorum regum censetur dignissimus。"如前文所见，卢卡的托罗米奥也吹嘘过法国国王的涂油礼。

3 下文依据1318年6月4日约翰二十二世在阿维尼翁所颁布的教谕，这个教谕最完备的版本见于 L. G. W. Legg, *English Coronation Records*, n° X。但莱格（Legg）错误地认为它从来没有发表；这个教谕的大部分内容已见于 Baronius-Raynaldus, *Annales*, Joann. XXII, an 4, n° 20。受英王派遣的这位多米尼克会士，在教谕中只是被称作："fratris N., ordinis praedicatorum nostri penitentarii"；此人应该明确地被标定为 Nicolas of Stratton，英国从前的教区大主教，1312年2月12日以后温彻斯特主教区的赦罪院神甫，参见 C. F. R. Palmer, *Fasti ordinis fratrum praedicatorum, Archaeological Journal*, XXXV (1878), p. 147。

将由一种特别的圣油实施涂油，这种圣油的本质效能将赋予他力量，"从异教居民手中夺回圣地"。这是一种预言，或者说是一种预言形式的承诺，英国宫廷期待这个预言对于一位正在忙于筹划十字军行动的教皇产生极其良好的影响。这位英勇君主的后继者们也应以这珍贵的圣油实施涂油。于是圣母给予这位具有圣徒品质的大主教一个圣油瓶——里面当然装有预定的圣油。这个圣油瓶如何经托马斯·贝克特传到普瓦提埃地方的圣西普里安修道院的一位修士之手，如何被藏在这座城市的圣乔治教堂的一块石头下，躲过了"异教徒的著名君主"觊觎的目光，最终到达爱德华二世之妹的丈夫、布拉班特公爵约翰二世手中，这些内容说来话长，难以备述。根据这位英国大使的说法，约翰二世于1307年前往伦敦参加其妻舅的加冕式时，随身携带着这瓶圣油，并催促这位新即位的国王用于他的涂油礼。爱德华二世受其廷臣的劝告，拒绝了这个建议，他不希望改变习惯仪式。但是众多不幸事件降临到了他的国家。难道这些事件都是因为忽略了圣母往昔给予圣托马斯的圣油之故吗？如果使用了这圣油，它们不就结束了吗？这个念头尤其自然，因为最近已有证据表明圣油具有神奇功效。由于使用圣油，卢森堡的女伯爵（未来的皇后）治愈了重伤。简言之，需要重新进行涂油礼仪式，使用预言里提到的圣油。但这不就暗示了一种迷信：强调特殊圣油的重要性，而牺牲了1307年以来使用的按照教会常规圣化的用油吗？尤其是，他们有权重复进行这样一种严肃的仪式吗？这样做不是罪孽吗？在这些疑惑不定之处，无疑不乏前例可循，无论如何，至少有一前例，于是尼古拉郑重告诉教皇，查理曼由特平大主教实施第二次涂油，曾使用伟大的圣利奥送来的圣油。这件事普遍不为人所知，因为是秘密行动；但被记载于两块铜板上，保存于艾克斯拉沙佩勒。但情况似乎是，尽管有这一传统权威依据——对于此事，我们只是从尼古拉或他的主子那里知道——爱德华二世的内心并不安宁；他坚持要从基督教世界的精神首脑那里获得对其计划的明确赞同。这位多米尼克派修士获得授权，寻求教皇同意进行再次涂油，这就是他的使命。第一位使节返回后，他派出了由赫里福德主教率领的第二个使团,赫里福德携带着罗马教皇询问的更多讯息,要求给予迅速的答复。

答复最终来了。我们现在还能读到答复的内容。形式上的模棱两可,乃出于谨慎,但无法掩盖明显的疑虑。爱德华二世难道真的相信尼古拉·斯特拉顿向教皇讲述的这个笨拙的寓言吗?我们将永远无从知晓。但是也许可以肯定,在他的谋臣中,并非所有人都同样幼稚。无论如何,约翰二十二世没有被蒙骗。他小心从事,没有相信这种令人生疑的故事,同时认为以不公开拒绝为宜。他自我揣度,小心翼翼地避免对它的真实性表示任何意见;而且,他抓住英国国王提供的这个机会,肯定了关于涂油礼的官方教会理论:"没有在灵魂中留下任何印迹"的涂油礼,即过去不是圣礼的涂油礼,可以重新进行而不会亵渎神圣。对爱德华二世的计划,他断然拒绝做出任何实际的赞同或不赞同。同样,考虑到教皇不应在这个事情上受到任何连累,他拒绝亲自任命高级教士担负重新举行涂油礼之任,尽管有国王的请求。他只是提出一个建议,毋宁说是一个命令:如果国王决定重新举行涂油礼,为了避免可能出现的丑闻,他必须秘密进行。最后教皇以老师为学生授课的语气讲了些劝告之词,这些劝告之词是这位专横的罗马教皇乐于对世俗君主们使用的,尤其是乐于对这位忧郁的英国国王使用的。爱德华二世秘密地接受了涂油礼吗?我们不得而知。无论如何,他必定对约翰二十二世的答复极为失望,他肯定梦想举行一场由教皇特使出席而表明得到承认的公共仪式,从而引起人们的想象力。[1]尼古拉修士提到的"降临全国的不幸事件",就是这位笨拙且很快失去民望的君主自即位之初即面临的困难。这让我们找到了理解这位不幸国王心中所藏计划的钥

---

[1] 关于约翰二十二世的教谕,M. Kern, *Gottesgnadentum*, p. 118, n. 214: "Es wurde also nicht an eine Einwirkung auf die öffentliche Meinung, sondern an eine ganz reale Zauberwirkung des Oels durch physischen Influx gedacht." 我们可以赞同这种说法,即爱德华二世可能相信这类"魔法"行为,但教皇的拒绝似乎足以说明,这位国王还寻求一场可以影响"民众看法"的光明正大的仪式。关于教皇对各君主讲话通常所采用的语气,参见 N. Valois, *Histoire littéraire*, XXXIV, p. 481。

第三章　王权的奇异和神圣：从瘰疬病触摸治疗之初到文艺复兴时期

匙，即借助于奇迹强化其摇摇欲坠的威望。大约在同时或稍晚些时候，也许是同样的原因，促使他将痉挛戒指的圣化式转变成为真正的王室礼仪。约翰二十二世的拒绝意味着，他不能实现基于新的涂油行为之上的愿望。[1]

神奇油瓶随后的命运如何？差不多一个世纪没有文献提及。我们能相信后来的故事，认为它被丢在伦敦塔的保险柜里吗？无论如何，我们可以确知的是，它落到了篡权者兰加斯特的亨利四世手中，在爱德华二世失败的地方获得了成功。在1399年10月13日举行的加冕式上，亨利让人以托马斯·贝克特的圣油为自己实施涂油，用这种神奇事物举行圣化礼，掩盖了他问鼎王座的非法性。这一次，公诸于世的说法与传说的最初版本稍有变化，情节如下：兰加斯特公爵，即亨利四世的父亲，于爱德华三世时在普瓦图作战，发现了这只装在鹰状容器里的油瓶；他将油瓶呈给他的兄弟即黑王子，以为圣化礼之用。但是这位王子未及即位便死去了；这个圣物当时遗失了，只是在理查二世登基很久以后才被重新发现；由于不能从其教士那里获准举行第二次涂油，他不得不甘心于以金鹰作为护符。他一直佩戴着它，直到其对手兰加斯特的亨利从他手里夺走。这个记述真假混杂，即使是爱挑剔的历史学家也必须承认无法加以辨识。此外，一个要紧的事情是这个预言——一个谨慎的暗示性的爱国故事加入进来——大意是说，第一位用这个神圣香脂涂油的国王，将重新夺回其先祖失去的诺曼底和阿

241

---

[1] 我们大可追问爱德华二世是否在另一方面也试图效仿卡佩王朝传统。就我所见，正是在爱德华二世统治时期，首次提到"人头税"——这是英国诸王向坎特伯雷的圣托马斯圣骨堂每年交付的款项（王室账目簿，6月8日—1月31日，第九卷：E. A. 376, 7, fol. 5 反面；1323 年 6 月在约克颁布的王室条令，见 Toute, *The place of the reign of Edward II*, p. 317；关于随后几代的情况，参见 *Liber Niger Domus Regis Edw. IV*, p. 23; Farquhar, *Royal Charities*, I, p. 85）；这难道不是简单地照搬法国诸王所付的"人头税"吗？法国诸王自腓力一世或路易六世时代，大概以圣德尼修道院的封臣的身份，向圣德尼贡献"人头税"。关于法国的习俗，见 H. F. Delaborde, *Pourquoi Saint Louis faisait acte de servage à Saint Denis*, *Bullet. Soc. antiqu.*, 1897, p. 254-257，以及查理曼伪造的敕令：*Momum. Germ., Dipl. Karol.*, n° 286，有关这个奇怪而有趣的仪式，这个敕令是我们看到的最古老的证据，但德拉博德（Delaborde）似乎没有给予注意。这个敕令是 Max Buchner, *Histor. Jahrbuch* 此时正在研究的主题，目前我只能看到它的第一部分（t. XLII, 1922, p. 12 以下）。

基坦，这个暗示正好适于亨利四世。[1] 自此以后，英国的圣化礼也有了自己的传奇故事，因为亨利四世的后继者们，无论出自兰加斯特家族，还是约克家族，或者都铎家族，都继续坚持使用圣母赐给圣托马斯的圣油。尽管有宗教改革出现，这个传说似乎一直在延续，直到詹姆士一世时期；詹姆士一世成长于苏格兰的加尔文教氛围中，拒绝接受一种令人联想起圣母和圣徒可恶崇拜的习惯。[2]

圣托马斯的油瓶并非是与英国国王加冕礼相连的唯一的神奇事物。在今天的威斯敏斯特，加冕礼王座的下面，人们仍可看到一块淡红色的砂岩石，称作"命运石"。据说雅克布主教在那个神秘的夜晚，曾头枕这块石头休息，在巴阿尔-谢巴（Baar-Scébah）与卡兰（Caran）之间，他曾梦见天使们沿天梯上升到天堂，从天堂降下。但这个圣物实际上不过是一件战利品。爱德华一世从苏格兰人手中得到它之后，带到了威斯敏斯特；据说在苏格兰人中间，它最初用于国王的登基仪式。在斯昆镇（Scone），它充当新君主的座位。毫无疑问，老早以前，这块石头就被认为是《圣经》提及的石头，至迟在1300年前后，它已经被直接当作圣石。在加冕礼的庄严场合使用这块石头，最初大概可由凯尔特领土上广泛传播的纯粹的异教信仰来解释。在爱尔兰，在塔拉地方有一块类似的石头，这块石头被放置

---

[1] 关于亨利四世的圣化礼，参见 J. H. Ramsay, *Lancaster and York*, Oxford, 1892, I, p. 4-5 及注释。*Annales Henrici Quarti Regis Angliae*, éd. H. T. Riley, 在 *Chronica monasterii S. Albani: Johannis de Trokelowe ... Chronica et Annales* (*Rolls Series*), p. 297 以下非常详细地载有王室政府所传布的这个官方记录。圣托马斯写下的这个"借据"，据说是与圣油瓶一起发现，这个"借据"转载于 *Annales*，在法国也被圣德尼修道院的修士们转载，éd. L. Bellaguet (*Doc. inéd.*), II, p. 726; Legg, *Coronation Records*, n° XV 依据波德林图书馆的两份15世纪的手稿（Ashmol. 59, 1393）发表了这个"借据"。同样参见 *Eulogium Histoiarum*, éd. F. S. Haydon (*Rolls Series*), III, p. 380; Thomas of Walsingham, *Historia anglicana*, éd. H. T. Riley (*Rolls Series*), II, p. 239. 有一个无关紧要的细节：在新记录中，长期保存圣油瓶的普瓦提埃教堂是因圣格利高里而建，而不再是因圣乔治而建。在 *Annales d'Aquitaine* (1644 éd., Poitiers, in 4°, p. 146) 中，让·布歇（Jean Bouchet）讲述了圣托马斯之油的历史；他甚至知道普瓦提埃圣西普里安修道院的修士巴比罗尼乌（Babilonius）的名字，圣徒曾将圣油瓶交给这位修士。

[2] Woolley, *Coronation rites*, p. 173. 参见 Fortescue, *De titulo Edwardi comitis Marchie*, éd. Clermont, cap. X, p. 70*。

第三章　王权的奇异和神圣：从瘰疬病触摸治疗之初到文艺复兴时期

于新君主的脚下，如果新君主是纯正的王族，石头将在他脚下发出嗡鸣声。[1]

总之，也许可以说，英国君主制的传奇遗产过去和现在一直极为贫乏。斯昆镇的石头只是由于征服活动才成为英国的遗产，而且为时晚出；圣托马斯之油只是圣油瓶的勉强模仿，它于欣克马尔之后四百年出现，乃缘于声望不佳或非法践位诸君主所怀的焦虑。这两个传奇中任何一个传奇，即使在英国，也没有法国传奇系列所具有的声望和光彩，更不用说在欧洲大陆。面对那样的多姿多彩，为何会有如此的苍白贫瘠？难道说，这种局面出现在法国，只是因为，在适当的时候，能够创造或改造这种优美故事的人员和利于这些故事传播的环境，偶然地结合了起来，而在英国这样的巧合却从未发生？还是因为两国深层集体心理的不同？历史学家大可提出诸如此类的问题，但却不能回答之。

无论如何，在法国，这些传说都使这个王朝笼罩上一种特别浓厚的尊隆氛围。此外，自路易七世时代，特别是自圣路易及其后继者时代，卡佩王朝就以出众的虔诚而著称。[2] 所以我们不难理解，从13世纪以后，这个家族何以被人们视为异乎寻常的圣洁。早在1230年，诗人罗贝尔·赛恩塞里奥为路易八世写的葬礼颂词中，提到已故君主的四个儿子："他们出自圣路

243

---

[1] 关于"命运石"的《圣经》渊源，最古老的文献似乎是 Rishanger, *Chronica*, éd. H. T. Riley (*Rollls Series*)，p. 135（1292年）；p. 263（1296年）。马姆斯伯里（？）的这位修士写了一部 *Vie d'Edward II* (*Chronicles of the reigns of Edward I and Edward II*, éd. Stubbs, Rolls Series, II, p. 277)，按照他的说法，这块石头由法老的女儿斯科提娅（Scotia）带到了苏格兰。参见 William F. Skene, *The coronation stone*, Edimbourg, 1869 的研究。关于塔拉地方的石头（Tara Stone 或作 Lia Fa'il），见 John Rhys, *Lecture on the origin and growth of religion as illustrated by Celtic Heathendom*, Londres et Edimbourg, 1888, p. 205-207, Loth, *Comptes rendus Acad. Inscriptions*, 1917, p. 28。在此处对传说史的研究中，我必须抛开与法国与英国王权无关的内容。关于德国皇冠上的红宝石及其与之相关的神奇传说，参见 K. Burdach, *Walther von fer Vogelweide*, Leipzig, 1900, p. 253 以下 315 以下，以及 F. Kamper, *Der Waise, Histor. Jahrbuch*, XXXIX 1919, p. 432-486 显为传奇的回忆录。

[2] Giraud de Cambrie, *De principis institutione*, Dist. I, cap. XX, Dist. III, cap. XXX, éd. *Rolls Series*, VIII, p. 141, 319 已有这种看法；稍晚，大约在腓力三世时代，这位德国教士写作的 *Notitia Saeculi*, éd. Wilhelm, *Mitteil. des Instituts für österreichische Geschichisforschung*, XIX (1898), p. 667 有一种意味深长的取笑语调。

易,故他们将善自为之。"[1] 同样,查理五世在位时期的让·戈林,也提到其主子出身"圣洁而神圣的家族"。[2] 但是,在这个问题上,最有启发意义的莫过于比较一下美男子腓力在位时期埃吉迪奥·科罗纳三部著作开头的三份不同献词;要记住的是,此人敌视启发了法国宫廷宗教策略的各种观念。他对佛兰德尔伯爵之子的献词写道:"致出身望族的腓力爵爷";那不勒斯国王是卡佩族人,但属于较年轻的一支,对他的献词写道:"致杰出的君主,我特别的主子,罗伯特国王";对腓力亲王,法国王位继承人、未来的美男子腓力,他的献词写道:"致我特别的主子,出身王家、血统至为圣洁的腓力爵爷。"[3] 在法国,基于这些传奇,特别是圣油瓶传奇之上的这种情感,将一种准宗教的价值赋予了对王朝的忠诚。在《圣雷米传》中,里希耶写道,对克洛维接受的神奇涂油礼的记忆,是告诫法国人要像热爱和崇敬"海盗船"——即一件最珍贵的圣物——一样,去热爱和崇敬"王权"。为王权而死的人,除非他是异端或从前犯下受谴责的惊人罪孽,都将因这非常的死亡而得救。[4] 最后的这些话值得思量。这些话强烈地提醒人们注意其他更古老的文献——这些文献表面上很相似,但有着深刻的差异。1301年,即抒情诗人创作浪漫传奇《加林·勒洛兰》(Garin le Lorrain)后的一个世纪,参加利摩日宗教会议的修道院院长们也准备承认,那些为捍卫纯世俗事业而亡故的英雄可以享受殉教者的荣光;但他们慷慨施以天堂酬

---

1 *Histor. de France*, XXIII, p. 127, v. 100.

2 参见下文附录四, p. 480 1. 23-24;又见前引书, 1. 28, p. 483 1. 33。

3 *Histoire Littéraire*, XXX, p. 453: "Ex illustri prosapia oriundo domino Philippo"; p. 400: "Magnifico principi, suo domino speciali, domino Roberto". Wenck, *Philipp der Schöne*, p. 5, n. 2: "Ex regia ac sanctissima prosapia, oriundo, suo domino speciali, domino Philippo."

4 Éd. Bolderston, v. 46 以下;原文已发表于 *Notices et extraits*, XXXV, 1, p. 118: "Et ce doit donner remenbrance – As Francois d'anmer la coronne –Dont sor teil oncïon coronne – Sains Remis son fil et son roi –...Autresi doit estre aourée – Com nus haus corsains par raison; – Et qui por si juste occoison – Morroit com por li garder, – Au droit Dieu dire et esgarder – Croi je qu'il devroit estre saus, – S'il n'estoit en creance faus, – Ou de teil pechié entechiés – Qu'il fust ja a danner jugiés."

报的人，是那些为封主利益而牺牲的封臣。[1] 13世纪末，写作《圣雷米传》的诗人想到的是为"王权"战斗而阵亡的战士。这说明两个阶段之间存在的不同。对君权信仰的发展与王权的实际进展并驾齐驱，逐渐倾向于取代封臣对封主的忠诚。政治上和精神上的转变并行不悖，在这个相互作用的过程中，不可能区分出原因和结果来。所以勒南说，"兰斯的宗教"发展起来，贞德将它"不折不扣地付诸生活"。[2] 谁敢否认法国人的爱国情感中现在仍保留着这种神秘的东西？

这些神奇故事为卡佩王朝制造了光辉历史，在另一方面还具有心理学的意义。所有这些故事都有某个共同的矛盾。虽然它们在很大程度上源自各利益方，但它们都在民众中获得了巨大成功：搅动民众的情绪，推动人们行动。我们不应惊讶于人为事物与自发事物的结合，至少在考察各治病仪式的历史时，应当如此。

4 一些迷信：国王胎记；国王与狮子

在民众所持的神奇王权观念中，除了刚讲述的这些虔诚故事，还有一

---

[1] 利摩日宗教会议教令，见 Migne, *P. L.*, t. 142, col. 1400：一位骑士受加斯科尼公爵桑科命令，在承受不服从便被处死的痛苦的情况下，杀死了其主人，一位主教对他说："Debueras pro seniore tuo mortem suscipere, antequam illi manus aliquo modo inferres, et martyr Dei pro tali fide fieres"；参见 J. Flach, *Les origines de l'ancienne France*, III, p. 58, n. 3 – *Li romans de Garin le Loherain*, éd. P. Paris (*Romans des douze pairs de France*, III), II, p. 88: "Crois font sor aus, qu'il erent droit martir, – Por lor seignor orent esté ocis."很显然，在这里，我们应该区分不同的《武功歌》，一些《武功歌》贯穿着对个人忠诚的敬意，利用由封臣道德准则培育的道德实例作为文学主题，另一些（《罗兰之歌》是其完美的代表）则浸透在相当不同的情感，特别是十字军精神和对君主和国家的某种忠诚中。虽然它可能部分地服从文学灵感的命令——这位诗人用"美妙的法兰西"这个特别的词语，可以为证——但它似乎在深层是很真诚的。还须注意的是，罗兰是查理曼的封臣，也是他的部属。参见第 1010 行以下文字。所有这些都是极为微妙的内容，这里只能附带提及，也许在其他地方再行讨论。

[2] *La monarchie constitutionelle en France; Réforme intellectuelle et morale*, p. 251-252. 另外，勒南似乎夸大了法国君主的特殊地位；传奇故事在法国的发展比其他地方更活跃，所以，对君主的信仰也较活跃；但神圣王权观念在中世纪是普遍存在的。

些因素与基督教没有特别的关系。此处应该讨论一下。

按照公众舆论,国王既是神圣之人,因此也是奇迹的创造者。当时人普遍相信,法国和英国的国王们在有生之年创造奇迹;而另外的奇迹则被认为系他们死后所创造。腓力·奥古斯都的情况尤为典型。不能说他终其一生都是私德的榜样,也不能说他完全屈从于教会首领;但他是一位了不起的国王,他的作为给人们留下了深刻印象,所以他的遗体被认为能创造奇迹。[1] 11世纪封圣程序已由罗马加以规范,此后世俗君主便很少被捧到圣坛上奉为圣徒,原因即在于此。但臣民仍然认为他们具有类似圣徒的力量。

此外,人们认为这些人具有超自然性,他们的身体上有一种表明其王族身份的神秘标识。对国王胎记的信念就是中世纪最活跃的迷信之一。从这个信念中我们可以深刻地观察民众的内心世界。[2]

在文学性的文献中,我们可以找到这个信念最常见的表达方式。大约在13世纪中叶,它出现在法国冒险传奇中,直到中世纪末一直是俗套老旧且司空见惯的主题之一。所以它很自然地浸入了冒险传奇。这类浪漫传奇中,许多是围绕一个旧主题展开:孩子偶然丢失了,或由于某些可怕的阴谋而丢失了,然后又被找到。如弗里西亚王之孙、美男子理查,[3] 罗马皇帝之子、双胞胎弗洛伦提乌斯和奥克塔维安,[4] 弗洛伦提乌斯之子奥托奈,[5] 查

---

[1] Guillaume le Breton, *Philippide*, I, XII, v. 613 以下(v. 619, 他的遗体被直接称作"圣体");Ives de Saint-Denis, 见 Duchesne, *Scriptores*, V, p. 260; Al. Cartellieri, *Philipp II August*, IV 2, Leipzig, 1922(取自圣德尼修道院的拉丁编年史的一段节录,见 Bibl. Mazarine, ms. 2017)。为了纪念这些奇迹,曼特斯(Mantes)与圣德尼之间建立了一座教堂。人们认为国王生前的一些神奇表现,证实了这位国王在战争中受到神佑:Rigaud, § 29, 61, 我在这里略而不述,因为很有可能只是编年史家编造的文学性点缀,如关于这位国王之死的了无情趣的说法(参见 Guillaume le Breton, éd. Delaboede, *Soc. de l'hist. de France*, II, p. 377 n. 2)。

[2] 关于这种信仰的研究书目,参见本书所列参考书目;在我展开研究之前,已有众多文献搜集起来,我可以补充一些新的文献资料,也可以将一些迄今为止只是受到独立研究的资料汇集起来。

[3] *Richars li Biaus*, éd. W. Foerster, Vienne, 1874, v. 663 以下(此处注释以及下面的注释,参考的是下文还要讨论的与"王者十字"有关的段落);这首诗属于13世纪下半叶的作品;R. Koehler, *Rev. critique*, III, 2(1868), p. 412 有现成的分析。

[4] *Florent et Octavian: Hist. littéraire*, XXXI, p. 304.

[5] 同前书,p. 332.

第三章 王权的奇异和神圣：从瘰疬病触摸治疗之初到文艺复兴时期

理曼之子马卡里乌斯即路易，[1] 先祖为苏格兰国王的伯夫·汉顿，[2] 圣贾尔斯公爵之子、未来的匈牙利国王于格，[3] 被萨拉森人从床边盗走的圣路易之子让·特里斯坦，[4] 匈牙利腓力国王之子迪厄多内，[5] 布尔日赫平公爵之子利昂……[6] 都是这样的事例。如果中世纪末年流传下来的数不胜数的散文或诗歌形式的虚构作品，不是大部分注定永远不能发表，那么，这个名单大概可以毫无困难地扩展下去。为了使家人认出丢失的可怜的孩子——这是此类冒险故事的必定结局——这个孩子显然必须有一种办法确立其身份。在前文数列的故事中，这种办法是一个皮肤斑点，即十字形斑痣，这个皮肤斑点总是出现在孩子右肩，极少数出现在胸间。斑痣通常是红色，"其色鲜于夏日的玫瑰"，[7] 在罕见的情况下呈白色。这个十字从根本上成了身份辨识的标志。但是，我们不要误会，这斑痣不是常见的个人斑点，并非任何人——不论其家族或其命运如何——可能长有的斑点。它具有人所共知的特殊含义，因为它是"王者十字"，是王族血统的证据，未来承继大位的一种证物。发现"王者十字"的人，甚至在尚未确定这位命定的主人公的准确家系之前，就会像那位营救了美男子理查（理查出生不久就被丢弃在森林里）的伯爵夫人一样，立刻惊叫起来：

---

1 *Macaire*, éd. Guessard, v.1434; Jean d'Outremeuse, *Le myreur des histors*, éd. A. Borgnet (*Acad. royale de Belgique, Collection des doc. inédits*), 2, p. 51.

2 A. Stimming, *Die festländische Fassung von Bueve de Hantone, Fassung I* (*Gesellsch. für roman. Literatur*, 25), p. 408, n. v. 7081; *Fassung II*, t. II（同前，41），p. 213, n. v. 1312-1315 集成的参考资料。

3 *Parise la Duchesse*, éd. Guessard et Larchey (*Les anciens poètes de la France*), 1860, in-16, v. 825, 1171.

4 *Le livre de Baudoyn, comte de Flandre*, Bruxelles, 1836, p. 152, 172, 173.

5 见于诗歌 *Charles le Chauve: Hist. littéraire*, XXVI, p. 101-102。

6 见于武功歌 *Lion de Bourges*（未出版）：参见 H. Wilhelmi, *Studien über die Chanson de Lion de Bourges*, Marbourg, 1894, p. 48; R. Krickmeyer, *Weitere Studien zur Chanson de Lion de Bourges*, TeilI, Greifswald, 1905, p. 8, 9, 25, 29。论述这部冗长骑士浪漫传奇的"文献"，主要来自格赖夫瓦尔德（Greifwald）"研讨班"所完成的文章，参见 Karl Zipp, *Die Clarisse-Episode des Lion de Bourges*, Greifswald, 1912 所列书目。

7 *Bueve de Hantone*, 大陆版, éd. Stimming, 2ᵉ version, v. 5598。

> 上帝啊，他将是一位国王！[1]

此外，讲故事的人小心翼翼地避免将这种胎记赋予故事中的任何人物，除非知道他们最终会获得王位。在这方面，《伯夫·汉顿》(*Beuve de Hantone*)最具启发意义。这部诗歌有一个盎格鲁-诺曼编订本，另外还有欧洲大陆编就的三个版本。在所有这些版本中，伯夫都扮演丢失的孩子的角色，苏格兰国王毫无疑义的孙子。但是，只有大陆各版本在故事的末尾将他塑造成一个国家的征服者，一个版本说他征服了英格兰，其他两个说他征服了耶路撒冷。这样，除了盎格鲁-诺曼编订本，三个版本都赋予了他攸关命运的标识。[2] 这三位旧时的作者都用心良苦，避免将这种标识随便赋予任何人；他们都清楚地意识到，带有这种标识，

> 这意味着他将是荣登大位的国王。[3]

这种迷信并非法国文学所特有。人们也可以在外国作品中见到。诚然，这些作品中有些显然是法国浪漫传奇的翻版。如在西班牙，《西比拉女王故事》(*Historia de la reyna Sebilla*)；[4] 在意大利，与伯夫·汉顿相关的故事，特别是著名的《法兰西真实故事》(*Reali di Francia*)，都是这样的作品。《法兰西真实故事》是由加洛林传说改编，由安德烈·迪·巴贝里诺于1400年前后完成。安德烈头脑机敏，乐于演绎Niello与Croce di Sangue（"黑"与"红"）。[5] 同样的主题也发生在国外更具创造性的作品中。在14世纪初

1　*Richars li Biaus*, v. 670.

2　人们也许注意到，在 *Parise la Duchesse* 中，带有"王者十字"的于格（Hugue），虽然只是一位公爵之子，但在诗歌的结尾将成为匈牙利国王。对于这个规则，我发现唯一的例外是（*Chanson de Lion de Bourges*），在诗歌的结尾，利昂没有成为国王，却神秘地消失在仙境里。他的儿子们确实都戴上了王冠。诗歌的作者无疑认为，这位众王之父，只是由于仙境的历险才没有登上王位，但他命中注定是享有王权的。

3　*Bueve de Hantone*, 大陆版，éd. Stimming, 2ᵉ version, v. 1314 ("il ert" = il sera).

4　G. Paris, *Histoire poétique de Charlemagne*, 1905, p. 393.

5　*I Reali di Francia, di Andrea da Barberino*, éd. Vandelli (*Collezione di opere inedite o rare*), II, 2, libro II, c. I, p. 4-5. 关于niello一词，参见 A. Thomas, *Le signe royal*, p. 281, n. 3. 模仿法国而来的意大利历险浪漫传奇，其他参考材料，见 Pio Rajna, *Le origini dell'epopea*, p. 294-295。

的英国，有一部《丹麦人哈夫洛克之歌》(*Lai de Haveloc le Danois*)。哈夫洛克也是法国故事——毋宁说盎格鲁-诺曼语故事——中的主人公，但他只是在英国诗歌中才被赋予"国王胎记，一个光亮且美艳的十字"；英国诗歌通常被认为是循着独立传统发展的。[1] 在德国，我们必须注意13世纪中叶的《沃尔夫迪耶特里希》(*Wolfdietrich*)的一个版本，[2] 尤其是《库德朗》(*Kudrun*)，这部诗歌可以追溯到1210年前后，似乎是描述一位王子带有著名十字标识的最古老的文献。[3] 当然，这些诗歌既非译自法国样板，也非直接受法国样板的启发；但不能认为，这一时期法国文学在整个欧洲的广泛影响，不会对这个主题的选择产生某种作用。我们将看到，不论对王者标识的信仰首先产生于哪个国家，它在法国和法国以外的地区都深深地扎了根。

如果说我们只是由浪漫传奇了解了这一点，那么我们也许会倾向于仅仅将它当作一种文学设计，也许可称之为一种浪漫手法。但不同时代的文献证明，公众情感将这个主题用在了没有任何传奇故事的人物身上。可以肯定，证据不会很多。但不止一件偶然事件迸发的光芒，会不时地映照出一度充满活力但现在已湮没无闻的集体表象。那么，中世纪民间传说中的哪些东西由此得到说明呢？

在法国，早在13世纪，哈勒地方的抒情诗人亚当曾为出身卡佩家族的西西里国王查理·安茹吟唱赞美诗，断称"他生来带有王者十字"。[4] 哈勒

---

[1] Walter W. Skeat, *The lay of Havelock the Dane*, in-12, Oxford, 1902, v. 602, 1262, 2139. 关于这个诗篇，除了斯基特（Skeat）的导言，还有 Harald E. Heymann, *Studies in the Havelock tale*, Upsal, 1903。在这部英国短诗中，十字是作为一个辨识的标识附加于哈夫洛克独特的身体特征上的，法文和英文所有版本，对他的描述是一致的：他睡觉的时候，一缕散着清香的焰火从他的嘴里冒出来。

[2] Wolfdietrich, B. I. Str. 140: A. Amelung et O. Jaenicke, *Deutsches Heldenbuch*, III, 1, Berlin 1871, p. 188. 关于这个版本的日期，见 H. Paul, Grundriss II, 1, 2ᵉ éd. 251. 有意思的是，M. Hermann Schneider, *Die Gedichte und die Sage von Wolfdietrich*, Munich 1913 是大部头的著作，其中第278页讨论这段文字，但没有注意到，此类"王者十字"，即使在德国，也可以给予历史人物；另一方面，格劳尔（M. Grauert）在其颇有用途的文章 *Zur deutschen Kaisersage*（载于 *Histor. Jahrbuch*, 1892）中，仅知道王者十字是政治预言物，完全不了解它在法国或德国文学上的用处。

[3] Str. 143-147: éd. E. Martin et R. Schröder, *Sammlung germanis. Hilfsnittel*, 2, p. 17-18.

[4] *Oeuvres*, éd. Coussemaker, in-4°, 1872, p. 286.

的亚当是文学作家,将其作为民众观念的诠释者,似乎有些令人怀疑。但对于安托万·托马发现的一封两世纪后的赦免书,却不能置之不理。它讲述了下面的事情。[1] 这些事情发生的场景是比亚隆地方的一个村庄,这个村庄位于中央高原荒野的一个偏远角落,时间是1457年6月18或19日。六位村民围坐在村舍小客栈的桌旁,其中有一位80岁的老者,名叫让·巴蒂福尔。他们在谈论政治和税收。这个教堂区的人负担沉重,怀有强烈的抱怨情绪,认为征税人征索过于苛刻,滥用征税权。其中的一位饮酒者说,如果国王知道这件事,征税人"将为此受到责斥",而巴蒂福尔回答说(我引用他说的原话,因为这些话令人吃惊):"国王确实是国王,但是,是不是国王不取决于他,因为他并非生而为王,他出生时并未带着国王的标识来到人间,没有名副其实的国王所应有的百合花。"他的意思是说,国王(查理七世)不过是一个私生子(我们知道巴伐利亚的伊莎贝拉的行为曾招致各种流言蜚语,布尔日国王的敌人定然借题发挥);证明他不是国王所出的证据,是他出生时身上没有王者胎记。这个胎记现在不再是红色十字,形式已经变化。百合花曾经长期装饰卡佩家族的徽章,涉及法国王室血统,十字已经显得微不足道时,百合花无疑最终取代了民众想象中的十字。将一个上帝眷顾的家族的徽章作为其幼子的与众不同的胎记,还有什么比这更自然的呢?这位年迈且可能缺乏教养的人,在村中酒馆喝酒时说的话很偶然地流传了下来,生动地展示了15世纪的乡下人谈及国王时谈到的神奇故事。[2]

---

1 *Le "signe royal" et le secret de Jeanne d'Arc*, *Rev. histor.* 103; 我从托马斯(A. Thomas)所做的生动分析中借用了一些短语。

2 另一版本同样涉及查理七世,在这个版本中大概也提到了王者标识,虽然对它的诠释仍然极为可疑。Robert Blondel, *Oratio historialis*, 1449, 在讨论兰斯圣化礼时写道:"insignia regalia miraculose assumpsisti" (cap. XLIII, 110 *Oeuvres*, ed. A. Héron, I, p. 275), 这个句子无疑应理解为交付王冠、戒指等国王标识。这一著作于1459年或1460年被译为法文,题目是 *Des droiz de la couronne de France*; 这段文字译作:"illecque receustes vous par miracle divin les enseignes roialles dont vous estes merchié." Merchier 一词的意思是标出,而 enseigne 是一个特定词,我们已经看到,让·巴蒂福尔曾用这个词指示国王身上带有的百合花。人们必定获得的印象是,译者早已熟悉这个传说,依这个传说,查理七世大概只是在接受圣化礼之后才显示出神秘标识。

第三章 王权的奇异和神圣：从瘰疬病触摸治疗之初到文艺复兴时期

同类故事也流行于德国。在德国，争夺帝国权力的个人或家族频繁地利用这生死攸关的十字。大约在1260年，人们想象说，他们在腓特烈·德·梅斯涅的两臂膀间看到了十字，腓特烈·德·梅斯涅是皇帝腓特烈二世的外孙，受到德国和意大利的霍亨斯陶芬家族的最后一批拥护者的支持，在短期内当选，成为这些人希望所寄的继承人。[1] 此时正是哈勒的亚当为查理·安茹吟唱赞歌的时候；在不同国家，这两位敌对的君主——来自西西里的圭尔夫派国王与他的吉伯林派竞争者——看到了人们以同样的热情将同样的预言胎记归到他们身上。哈布斯堡家族是皇族，他们的首领们出生时背上都带有这种胎记，"形若十字，状若白色汗毛"；这至少是费力克斯·法布里的说法，此人是15世纪末的士瓦本修士，是哈布斯堡家族的支持者。[2] 最后，在更晚些时候的宗教战争时期，一些路德派教徒认为，萨克森选帝侯约翰·腓特烈背上带有这种胎记。他的野心在米尔贝格战场上灰飞烟灭，此前他一度梦想从查理五世手中夺取皇冠。[3]

如果我们相信德国历史家菲利普·卡默勒（卡默拉里乌斯）提供的证

---

[1] 根据当时的编年史家 Pierre de Zwittau, *Chronicon Aulae Regiae*, II, c. XII: *Die Königsaaler Geschichtsquellen*, éd. J. Loserth, *Fontes rerum austriacarum*, I, t. VIII, p. 424 提供的证据。关于腓特烈，见 F. X. Wegele, *Friedrich der Friedige*, Nördlingen, 1878；参见 H. Grauert, *Zur deutschen Kaisersage*, p. 112 以下；Eugen Müller, *Peter von Prezza*, p. 81 以下。

[2] *Historia Suevorum*, I, c. XV, Goldast, *Rerum Suevicarum Scriptores*, p. 60: "et fama publica est, quamvis scriptum non inuenerim, quod praefati Comites de Habspurg ab vtero matris suae crucem auream in dorso habeant, hoc est, pilos candidos ut aurum in modo crucis protractos" 关于费力克斯·法布里，参见前文，p. 150, n. 2。

[3] 新教大臣亚伯拉罕·巴克霍尔泽（Abraham Buchholzer）记载的传说，见 Abraham Buchholzer, *Index chronologicus*, Görlitz, 1599, p. 504（Camerarius, *Opera horarum subcisivarum*, 1650 éd., p. 146; Grauert, *Zur deutschen Kaisersage*, p. 135, n. 2 引用）；Johannes Rosinus, *Exempla pietatis illustris*, in-4°, Iéna, 1602, p. V 3（据巴克霍尔泽）；Georg Fabricius, *Saxoniae illustratae libri novem: libri duo posteriores*, Leipzig [1606], l. VIII, p. 33。一本神秘政治学短论至今仍藏于科尔马图书馆，这个作品无疑作于16世纪初，作者是阿尔萨斯人或士瓦本人。在这个作品中，作者宣称一位"黑森林之王"（König vom Schwarzwalde）——也叫作腓特烈皇帝——未来德国救星的降临，这位德国救星的胸膛上有一颗金色的十字；但是，不管查德·施罗德（Richard Schröder, *Die deutsche Kaisersage*, Heidelberg, 1891, p. 14-15）如何说，这颗十字似乎不是作为身体上的标识出现，而是由"黑森林之王"作为圣米歇尔帮会的首领所采用的标记，见 H. Haupt, Ein Oberrheinischer Revolutionär aus dem Zeitalter Kaiser Maximilians I, *Westdeutsche Zeitschr. Ergänzungsh.*, VIII, 1893, p. 209。

据，这样的传言甚至在17世纪初期也流传到了英国。我们知道，詹姆士一世似乎生来就注定要登上苏格兰王位，但在当时似尚未显示注定登上英国王位；不过，人们说从很早的婴儿时期他身上就有一些胎记：一头狮子和一顶王冠，有人还外加一把剑，这些标识预示着他的鸿运。[1]

概言之，我们可以说，对于国王胎记的信仰，存在着广泛的证据。随着时间和地点不同，它具有不同的面貌。在15世纪末的法国，这种信仰似乎达到了这样的程度：每一位合法国王的皮肤上都应该长有其先祖的标识。起初时，人们认为它是十字形，但最终呈现为百合花形。在德国，也许还有英国，人们喜欢将神奇胎记赋予这样的王子们：他们出生时便因某种不幸事件被摒弃于王位之外，但命中注定要在未来登上王位。在民众喜爱的浪漫传奇和故事传说中，这些人是真正的主人公。德国的传统仍然忠实于十字，并且大多视之为金色十字，而不像法国一样，视之为红色十字。在《库德朗》中，爱尔兰的哈根身上的标识就是以这种形式出现，而腓特烈·德·梅斯涅的追随者萨克森的约翰·腓特烈，以及哈布斯堡诸伯爵的追随者，认为他们在其主公们的身上看到过这个标识。[2] 它们在不同传统中呈现出的多姿多彩证明了其活力。

在民俗学研究者看来，上述迷信并无特异之处。古希腊也有关于"家族标识"（τοῦ γένους τὰ γνωρίσματα）的传说：长矛形标识据说属于忒拜城的某些名门望族，这些名门望族被认为是武士（Σπαρτί）的后裔，而这些武士是卡德摩斯所种龙牙所生。[3] 就像中世纪西欧的情形，有时这些显赫的家族乃是王族后裔：据说塞琉古家族的人生来大腿上就长有表明其神圣渊源的船锚状胎记；因为第一个长有胎记的塞琉古大王，据说是从其父阿波

---

[1] Camerarius, *Operae horarum subcisivarum*, 1650 éd., p. 145; 菲利普·卡默勒（Philippe Kammerer）死于1624年。

[2] 例外的是，《沃尔夫迪耶特里希》（Wolfdietrich）中的十字是红色的，就像法国传说中所说："ein rotez kriuzelin."

[3] 典出希腊神话。卡德摩斯是忒拜城的建立者。此地原由一条巨龙统治，卡德摩斯与巨龙作战，取胜后将巨龙的牙齿拔下，播种在地里，地里长出许多武士。武士们互相厮杀，最后仅剩下五名武士，这五名武士帮助卡德摩斯建立卡德摩亚城堡，成为忒拜五家名门望族的始祖。——译者

第三章 王权的奇异和神圣：从瘰疬病触摸治疗之初到文艺复兴时期

罗那里遗传了这种胎记。同样的图案也见于一些塞琉古钱币，以及两个还愿用的称作σελευκίδες（"塞琉古的"）花瓶，这两个花瓶是塞琉古四世的一位大臣在提洛岛的阿波罗神殿奉献的。同样，瓦洛亚家族的百合花，既是身体上的标识，也是铠甲上的徽章。[1] 马可·波罗记载，在格鲁吉亚"从前时候所有国王生来右肩上都长有一块鹰状胎记"。[2] 但据17世纪到过这一地区的一位传教士的记载，这个标识已经改变了，据说现在看起来像十字状。[3] 甚至在近代的欧洲，我们很快将看到，一些声称世代能治疗某些疾病的巫师，也曾向人们展示皮肤上的某种标识，这些标识是表明其真实门第的一种盾牌徽章。[4] 所以，王室或家族符号观念似乎属于所有时代和国家；它自发地产生于不同文明之中，出自关于某些族系，尤其是一个民族的首领所出身的族系具有神圣性的类似观念。在这里，我们显然面临着一个差

1　Preller, *Griechische Mythologie*, 4ᵉ éd. rev. by C. Robert, II, i, p. 109, n. 7 et 947, n. 5 收集了武士之矛的参考资料；我从 Julien, *Oratio*, II, 81 c 借用了 τοῦ γένους τὰ γνωρίσματα（"家族标识"）这个短语。关于塞琉古家族的锚状形胎记，见 Justin, XV, 4; Appien, *Syrica*, 56; Ausone, *Oratio urbium nobilium*, v. 24 下。(*Monum. German. histor.* AA., V, 2, p. 99); 关于钱币，见 E. Babelon, *Catalogue des monnaies grecques de la Bibliothèque Nationale, Rois de Syrie, Introd.* p. vii et viii; 关于提洛岛的花瓶，见 *Bulletin de correspondance hellénique* (xxxv), 1911, p. 434, n. 1。Julien（前引书）及 Grégoire de Naziange, ép. xxxviii (Migne, *P. G.*, t. 37, col. 80) 也援引珀罗普斯族人的肩膀作为家族标识。非常感谢我的同事和朋友皮埃尔·鲁塞尔（Pierre Roussel）提及这段文字。也请参看 A. Thomas, *Le signe royal*, p. 283。（根据马克斯·普里内 [Max Prinet] 给我的信件。）

按："珀罗普斯族人（Pelopides）的肩膀"，典出希腊神话。据希腊神话，小亚细亚的统治者坦塔罗斯邀请奥林波斯山众神赴宴，把亲生儿子珀罗普斯剁成块招待客人。众神没有触动这一盛馔，只有得墨忒尔处在失去女儿的悲伤中，无意间吃了一块肉，原是珀罗普斯的肩膀。众神命令赫尔墨斯使珀罗普斯起死复生。赫尔墨斯将切碎的珀罗普斯的身体各部分收集起来，放到锅里一煮，珀罗普斯复活了，而被得墨忒尔吃掉的那个肩膀，则补上了人工做的象牙肩膀。从此，珀罗普斯家族后裔肩部都有一块白斑。——译者

2　Ed. Pauthier, I, 1865, ch. xxii, p. 40。

3　塞廷会神父克里斯多夫罗·迪卡斯迪利（Cristoforo di Castelli）提到伊伯里亚（Ibérie）的亚历山大国王，裕尔（H. Yule）所注释马可波罗游记（Londres, 1875, I, p. 54-55）曾引用；我用《以赛亚书》一节所做校勘，得益于卡斯迪利神父记载的这一段文字，《以赛亚书》中的一节后面要用到。按照这位传教士的说法，伊伯里亚国王的属臣说，他们的君主还有另一更为奇异的特点：其肋骨是整个一块的。

按：伊伯里亚即现在的格鲁吉亚，非指伊比利亚半岛；塞廷会（Theatine Order）是1524年建立的天主教宗教团体，宗教改革初期在天主教内有过重要影响。——译者

4　下文, p. 300。

不多具有普遍性的主题；但是这并没有解除我们的义务：我们有义务研究中世纪偏爱的特殊用法成形于何时，即它为何在这个特殊背景下采取了十字状。此外，这些传说中的红、白十字，与忒拜的长矛或塞琉古的锚状物并不是相同概念，因为它既象征着命运，也象征着族源，同时预示着国王的前途，这种前途通常在血统特权中得到证实；它从共同的主题派生出来，但有着不同的体现。这需要进一步的解释。

我们应感谢皮奥·拉吉纳，是他首先广泛研究了与法国王权相关的十字问题。他在阅读法国和德国的诗歌，特别是《法兰西真实故事》（*Reali di Francia*）时，想到了这个问题。这个主题所具有的明显的古老特性，给他留下了深刻印象，他认为在这种古老特性中看到了某些非常古老的日耳曼观念的遗存，他将这些观念当作论据，来论证他偏好的关于法国史诗的理论，即认为法国史诗乃由墨洛温时期的"叙事抒情歌"而来。斐迪南·洛特曾在《罗马辖区》杂志上撰文回应过他。由于有了这篇至关重要的回应文章，以及有关我们古代文献史的各种理论的总体发展，我就不需要详细讨论这个颇具匠心但没有牢固根基的假说了。有时人们认为，带有胎记的一些主人公代表了某些墨洛温君主，这些人的形象多少被诗歌传统扭曲了。但对这种渊源关系人们一直存在争论。不过，对我们而言，这种观点正确与否，关系不大：这些主人公只是一系列浪漫传奇中的人物。我们了解到这些浪漫传奇所包含的这种迷信，并不是通过法兰克时期的文本，而是单靠较近期的虚构作品，这些作品没有一部早于13世纪。史诗的古老文本中并没有显示出这种迷信的痕迹。毫无疑问，这种迷信在见诸文字之前的一段时间，可能一直活在人们的思想里。冒险传奇的作者们不可能迟迟看不到民众想象力所奉献的这些熠熠生辉的主题，不可能不迅速地加以利用。我们没有证据确定，对国王标识的信仰早在最初证据很久之前即已产生。为了稳妥起见，我们可以说它似乎产生于12世纪前后。它最早产生于法国还是德国，或者同时独立地产生于这两个国家呢？我们将永远不得而知。但有一件事是肯定的：我们必须视之为一个特别明显的征象，它与治病仪式一起，显示出奇异与神圣王权的观念，在这个时期的发展过程中展示的抵抗力和包容性,尽管存在着对立力量。

但是,当时的人们为何将国王身上的胎记想象成十字,为何将十字置于肩上,更确切说,置于右肩上呢?我们不能不提出这个问题,但不可能做出确定的回答,因为这样的一种集体表象的开端实在太模糊了。不过,做一些推测倒也无妨;如下推测在我看来是很有可能的。在中世纪,以赛亚是《旧约圣经》的所有预言家中最为人们熟悉的,《以赛亚书》中有一段文字,即第九章第五节,基督教徒将它解释为基督的降临。这个预言无人不知无人不晓,因为就像现在一样,当时它是基督徒做弥撒时吟唱的内容。这个段落涉及注定降临的圣子,有下列文字:"统治权将落在他的肩上"(factus est principatus super humerum ejus)。[1] 这一词句充满神秘性,现代的《圣经》注释家全然不知确解。神学家们认为它指的是压在耶稣基督肩上的十字架。由于这一段文字惊人的晦涩难解,而为了信徒的理解对它所做的注解中,想必会不断地出现十字架这个字眼,因此,它让人们在各观念间建立起一种联系,认为国王命运的标识呈现于肩膀之上,且以十字表出,这不是大有可能的吗?如此,则既可以解释这种标识所呈现的特殊形式,又可以解释它对预示命运所发挥的作用。揆诸各个观点,我自然赞成这一观点,而不是皮奥·拉吉纳的假说;因为在12世纪和13世纪,墨洛温传说早被人们忘记了;而且,在这些传说里似乎没有什么内容涉及与未来国王相关的十字;而圣诞节的弥撒却是每个人都要参加的。[2]

对国王标识的信仰很快就被用作了浪漫传奇的主题;而小说作品无疑也非常有助于这种信仰的传播。不过没有理由认为这就是文学的起源:毫

---

[1] 至少拉丁语《圣经》的文本就是如此。圣诞节弥撒的祭文文本稍有不同:"cujus imperium super humerum ejus." 关于希伯来语文本及其意义,见 B. Duhm, *Das Buch Jesaia (Göttinger Handkommentar zum Alten Testament)*, 3ᵉ éd., 1914, p. 66;由十字的象征意义所做的阐释,见 S. Jerôme, *Commentarium in Isaiam*, Migne, *P. L.*, t. 24, col. 130; Walafrid Strabo, *Glossa ordinaria*, ibid., t. 113, col. 1248; Hugues de St-Cher, *In libros prophetarum; Opera*, IV, in-4, Venise, 1703, fol. 25 v°... etc. Diemand, *Ceremoniell der Kaiserkrönungen*, p. 76 将王者标识与在国王背上实施的"十字形"涂油礼联系起来;但据我所见,涂油礼通常在两个肩膀间实施;而王者十字通常出现在(右)肩上。

[2] 王者十字在法国的最后变化,见下文,p. 301。

无疑问,我们认为文学是在公众的想象中自发产生的。这也绝不适于我们将要研究的另一个迷信。我们对这个迷信的研究比较简略,因为这个迷信在原则上是非常造作的,几乎没有渗透到集体意识中去:我这里指的是狮子敬畏王胄之说。这个传说就像古老的动物寓言集所传播的寓言故事,但没有出现在这类作品中。大约在王者十字主题出现的同时,它开始见于为数众多的法文的盎格鲁-诺曼即英国浪漫传奇中;并且经常与十字主题出现在同一诗篇中。《伯夫·汉顿》的一个版本的作者对它的讲述达到了完美的程度,我引用他的原话:

> Mais coustume est, ce testmoigne li brief,
> K'enfant de roy ne doit lyons mengier,
> Ainçois le doit garder et essauchier.
> (习惯是这样,记载也证实,
> 　狮子从不食王子,
> 　反而保护、敬畏之。)[1]

这当然不是一个非常古老的信仰,《罗兰之歌》的作者不知有此信仰,因为他苦心孤诣地设计了一个梦境:查理曼梦见自己受到一头狮子的攻

---

[1] "Selon la coutume, comme en témoigne l'écrit, le lion ne doit [jamais] manger un enfant de roi, mais le doit, au contraire, protéger et respecter." E. Kölbing, *Englische Studien*, XVI (1892) 上的一篇文章收集了关于狮子迷信的法国、英国与意大利许多文本,我对这篇文章唯一要责备的是它的题目,*Zu Shakespeare King Henry IV, Part I, Act I*, 4, 这个题目视乎是有意掩盖而非揭示其内容。我认为这里没有必要转载科尔宾格(Kölbing)收集的资料。也许应注意的是,在法文的丹麦人哈夫洛克之歌(两个盎格鲁-诺曼版本转载于 Gaimar, *Estoire des Engles*, éd. Duffus-Hardy et C. T. Martin, *Rolls Series*, 1888, v. 429 以下。此版丹麦人哈夫洛克之歌的 235 行被插入盖马尔[Gaimar]的著作)中,哈夫洛克(Haveloc)的妻子阿金蒂尔(Argentille)在梦中看到一些狮子跪匐于其丈夫(我们知道,此人有王者之运)面前;同样,在 *Florent et Octavian* 中,一头狮子不仅没有伤害年幼的王者奥克塔维安(Octavian),而且把他当作自己的主人(*Hist. littéraire*, XXXVI, p. 306)。我在《动物寓言集》及各种自然科学书籍中并未找到有关这个迷信的些许内容。我查询的书籍包括:Albert le Grand: *De animalibus*, Barthélemi l'Anglais, *De rerum proprietatibus*, Vincent de Beauvais, *Speculum naturale*. 我不知道在德文文学著作书籍中是否可以发现蛛丝马迹, O. Batereau, *Die Tiere in der mittelhochdeutschen Literatur*, diss. Leipzig, 1900 没有提及此事。

击。[1] 另一方面，这个信仰有着持久的生命力：英国伊丽莎白时期的文学，菲利普·西德尼[2] 乃至莎士比亚的作品中，仍然留有它的遗迹，莎士比亚借法尔斯达夫之口非常明确地提到这种信仰。在我们的环境中，对国王及其臣民，狮子通常不是危险之物，这是有原因的。一个呈现狮子的迷信主题，起初很可能只是学术或文学上的想象。不过，我们知道，这个迷信曾一度用在外交上。我们记得，法兰西斯修士向威尼斯总督高谈阔论时，他曾说，如果瓦洛亚家族的腓力可以自处于饿狮之前而不为狮子所伤，爱德华三世愿意承认他为法国国王，因为如他所说："狮子从不伤害真正的王者"。[3] 为了理解中世纪的政治家的讲话，读一读他们从中摄取了思想营养的浪漫传奇，有时是有助益的。此外，最大的错误莫过于将文学和现实置于永远相互对立的两极，因为中世纪描写神奇事物的虚构作品所获得的成功，可以由接受这些虚构作品的民众所怀有的迷信精神加以解释。毫无疑问，除非听众和读者已经习惯于将国王视为神奇人物，否则以讲故事为职业的人就不会杜撰和传播狮子主题的故事。

5 结　论

正如本章开篇所述，创造奇迹的神圣王权的观念，贯穿于整个中世纪而从未失去其活力。不仅如此，传说、治病仪式、半学术半民间的信仰（这些信仰构成君主制道德力量的大部分内容），所有这一切宝藏都在不断增加。实际上，这种丰富性与严格意义上的政治史提供给我们的知识之间，

1　v. 2549. 比较丕平与狮子格斗的传说，该传说见于 9 世纪，见 G. Paris, *Histoire poétique de Charlemagne*, p. 223.

2　菲利普·西德尼（Sir Philip Sidney，1554—1586 年）英国军人、外交家、政治家与诗人。——译者

3　前文 p. 16；科尔宾格没有注意到这个记载。

并无矛盾之处；这些宝藏与西欧各王朝的物质进步一同增长，并驾齐驱。对于腓力·奥古斯都、英国的亨利二世、德国的亨利六世时期出现的关于王者胎记的迷信，我们不应感到惊讶；对于查理五世时期君主传说的兴旺，我们也不应诧异，因为这里没有任何东西相悖于普遍接受的观念。我们可以肯定地说，许多证据表明，在这两个阶段上王权观念是非常强大的。但是，乍看起来，这种观点似乎有些违背普遍的事态，譬如，在卡佩王朝早期，王权的神圣性通常附着于国王本人，而这时真正的王权力量是非常微小的，而在实际上，国王本人通常也很少受到臣僚的尊重。这是否意味着，这个时期作家们所使用的君主"神圣性"的词句只是徒具形式，缺乏真实情感呢？如果得出这样的结论，则说明我们对这个时代的精神缺乏透辟的理解。我们不要忘记各个动荡不安的社会所特有的野蛮习惯；崇尚暴力的人们在行动中甚至不能一以贯之地善待他们极为尊崇的事物。中世纪的士兵不止抢劫了一座教堂，但我们能由此断言中世纪是不信宗教的时代吗？还有更甚者。研究10、11世纪的历史家不应惊讶于法国王权的孱弱，应该惊讶的是，这个王权运行于它不能再履行任何特别职能的分裂国家中，竟然能存在下来，并且保持了足够的威望，后来——从路易六世起——借助于有利的环境条件，迅速发展其潜在机能，在不到一个世纪的时间里，在内政外交上成为一个强国。这种长期的抵抗及骤然间的扩张，不是可以部分地由我们正在竭力分析的精神和情感表象（représentations intellectuelles et sentimentales）来加以解释吗？

在教皇格利高里七世党徒及其追随者那里，这些精神和情感表象曾遭遇敌视；尽管有这些可怕的对手，但它们取得了胜利。中世纪的人们从来不满足于将国王视为凡夫俗子。11世纪的宗教及教义改革运动，在受到强大而古老的集体观念支持的地方，如在修士独身运动中，曾获得或多或少的成功。普通民众总是喜欢赋予贞洁行为以某种魔术性质。譬如说，他们认为一个人如果在前一个晚上与女人性交，就不能在神明裁判中充当有效的证人；他们很愿意主张，为了神圣的神秘仪式的完全有效，一个教士必

第三章 王权的奇异和神圣：从瘰疬病触摸治疗之初到文艺复兴时期

须戒除所有的肉欲秽行。[1] 但是，由于神圣王权观念牢固地扎根于人们的思想中，改革者们反神圣王权的斗争失败了。必须承认，治病仪式的久负盛名，既是改革者失败的结果，也是其失败的证明。

---

[1] 神命裁判的规则，见 F. Liebermann, *Die Gesetze der Angelsachsen*, in-4°, Halle 1898, I, p. 386。Heinrich Böhmer, *Die Entstehung des Zölibates; Geschichtliche Studien Albert Hauck...dargebracht*, Leipzig, 1916，我因这篇趣味横生的文章而注意到这段文字。波默（M. Böhmer）在真正的"原始"心态层面上，清楚地阐明了，在与格利高里时期的独身运动斗争中，一些民间表象所具有的重要性；但是，就像不止一位新教作家一样，他似乎没有充分意识到贞洁观念之上的这些半魔术性的概念所具有的力量，贞洁观念已经深植于它发源的基督教各界。这种潮流的存在远比中世纪更古老，但它是在中世纪取得了决定性胜利，因为这个时期民众宗教对学术化的宗教发挥了极大的影响。俗世之人在对教士结婚斗争中发挥的作用，是人所周知的。在这里，除了提到米兰人的《帕特里亚》（*Pataria*），我提到这本小册子使用的响当当的标题就足够了：Sigebert de Gembloux, *Epistola cuiusdam adversus laicorum in presbyteros conjugatos calumniam*。由结婚的教士主持圣礼归于无效的想法，在世俗界一定特别盛行（参见 *Vita Norberti*, c. 11, *SS*., XII, p. 681）。教皇颁布的某些不审慎的宣言似乎助长了这种观念；但是，总的说来，天主教神学总是坚定地拒绝以教士的高尚与否来判定圣礼的有效性。

第四章

一些混同的信仰：圣马库尔、法国国王和第七子

1 圣马库尔传奇与崇拜

在中世纪末期的法国，对圣徒马库尔的崇拜，与对国王奇迹的信仰错综复杂地纠缠在一起。我们要解开这个历史迷局。首先要弄清楚的是，其名字与瘰疬病治疗仪式永远联系起来的这个人，是何许人也？[1]

在加洛林早期诸位皇帝统治时期，南村地方的库唐斯教区有一座教堂，那里的一座坟墓掩埋着一位虔诚的修道院院长，名叫马库尔（Marcoul，

---

[1] 本章全文充分利用了科尔贝尼修道院的档案，这些档案是兰斯城圣雷米收藏品的一部分，保存在该城马恩省档案局的一个科室里。本处注释列为参考资料的全部卷宗信息，在没有其他说明时，应理解为兰斯档案，圣雷米收藏品。这里的收藏品分类是 18 世纪完成的，相当奇特；修道院档案人员首先将他们视为最重要文献的收藏品放在一边，以连续的数字序列将它们归于卷宗。对于那些他们认为意义不大的文献——对我们而言常常是最有价值的——将它们归于次要的卷宗，附在前一个卷宗后面，标以同样的数字，但以"资料"标示。举例说，我们在下文将经常看到，除了"卷宗 223"，还有"卷宗 223（资料）"。无须说，在兰斯，档案员罗贝尔（M. G. Robert）先生的热情帮助，大大方便了我的工作。

Marculphus）。[1] 就像常见的情形，人们逐渐养成一个习惯，以这位修士守护者的名字，来称呼簇拥在修道院周围的这个村落；这个名字大概可以从今天的圣马库夫镇识辨出来，此处距海不远，位于科唐坦半岛东岸。[2] 原初的教堂在地图上已看不到了。

9世纪初，[3] 在法兰克高卢，教会在各个方面都显示出对学问的兴趣，都在写作——或者说用更流畅的拉丁文重写——其圣徒的传记。在这个方面，南村的修道士们也不甘人后，其中一人撰写了一部圣马库尔传。[4] 可惜的是，这部小作品内容贫乏，只是一些圣徒传记最常见的传说——在这些故事中，魔鬼扮作遇难船上的美女，说一些取自维吉尔著作的不尽确切的话。它所包含的唯一准确且大致可信的资料，是圣马库尔的出生地巴约，以及他生活的时代，即希尔德贝尔一世及圣洛主教生活的时代，即540年前后。[5] 第一份传记完成后不久编成的第二份传记，只是补充了一些毫无价值的材料。简言之，我们必须接受这个事实，即对于南村的这位圣徒，我们完全（或者说近乎完全）缺乏了解。从这些传记看来，9世纪的人们不比我

---

[1] Marcoul 是这个名字的地道的法语形式；我在这里将使用这一写法，因为，我们将会看到，10世纪以后圣马库尔崇拜的主要中心就在拉昂地区。在诺曼人那里，其形式为 Marcouf，虽然常被写作或读作 Marcou。参见下文，p. 266. n. 3。Marcoulf 这一形式有时也见于17世纪（如详细记载1643年4月17日圣物迁移的223号卷宗第10号文献），这种形式显然是拉丁文名称的翻版，具有"学术性"渊源。

[2] 芒什省蒙特堡区。出现这个名称且最早具有明确日期的契约，似乎是鲁昂大主教罗贝尔一世颁发的一件特许证，这件特许证的年限被认定在 1035—1037 年间；发表于 Ferd. Lot, *Études critiques sur l'abbaye de Saint-Wandrille* (*Biblioth. Hautes Études*, 104), 1913, p. 60；参见前引书，p. 63。在当今的圣马库夫镇，人们仍然崇敬一眼神奇井泉，见 A. de Caumont, *La fontaine St. Marcouf*; *Annuaire des cinq départments de la Normandie, publié par l'Assoc. Normande*, XXVII (1861) p. 442。

[3] 此处英译本误作11世纪。——译者

[4] 这部传记我们称作传记一，稍后出现的另一传记——我们将会谈到——我们称作传记二；关于这两部传记，读者可参考一部优秀的批判性研究著作：Baedorf, *Untersuchungen über Heiligenleben der westlichen Normandie*；在这部著作中读者可以看到必要的书目；参见 *Bibliographia hagiographica latina*, n° 5266-5267。

[5] 这部传记也包含一些地方名称，据说这位圣徒曾路过这些地方。但是，如同其他许多同类作品一样，这些地方的出现，大概为了将这些地方——在这些地方，这些修士曾享有某些特权或曾怀有某些企图——与修道院的这位保护圣徒的传奇联系起来。

第四章 一些混同的信仰：圣马库尔、法国国王和第七子

们了解更多。

然后是诺曼人的入侵。如同西部省份的其他许多修道院，南村在入侵中被焚毁。[1] 修士们携带着圣物逃离。当时成群结队的修士携带着类似的宝物，游荡在高卢的道路上。圣马库尔的奇遇算什么呢？没有人劳心费力地为我们讲述圣马库尔的奇遇。我们仅仅知道圣马库尔的奇遇最后在何处告终。国王傻子查理有一处地产，名叫科尔贝尼，这处地产位于埃纳河以北，克拉奥讷高原的山坡上——山坡从克拉奥讷高原延伸下来，延伸到不远处的埃纳河，沿着罗马的道路伸展开来；他在这里为逃亡者提供了栖身之地。一位圣徒的遗体是一份宝贵财富，查理想保留这份财富。在获得相关教士、库唐斯主教以及鲁昂大主教的同意后，他于906年2月22日在科尔贝尼建立了一座修道院，这座修道院此后成为那些著名圣骨的安放处。它们再没有返回科唐坦半岛。[2]

南村的修士们已经失去了家园，不久他们的独立地位也将一并失去。他们新得到的栖身之地是国王的地产，国王与一位名叫弗雷德隆的年轻女子结了婚，把这个修道院以及周围的地产送给她作为彩礼。岁月流逝，弗雷德隆感到大限临近时，将别墅和修道院遗赠给兰斯的圣雷米修道院。说真的，各位国王并不愿意将一份家族旧产合并到圣雷米修道院所属的庞大领地，尤其是它处于重要的军事位置，易守难攻，能够提供一个俯视整个河谷的绝佳的观察点，拥有一些堡垒即一个城堡，这些堡垒大概环绕着整

---

1 此事仅由韦斯（Wace）的记载为人所知，Wace, *Roman de Rou*, v. 394 (éd. H. Andresen, Heilbronn, 1877, t. I) 对此事的报道，无疑是根据现在已佚失的编年纪。他认为抢劫和焚毁南村修道院乃哈斯廷（Hasting）与比昂（Björn）所为。参见 G. Koerting, *uber die Quellen des Roman de Rou*, Leipzig, 1867, p. 21. "A Saint Marculf en la riviere – Riche abeie ert a pleneire" 这句话造成另一个难题，因为在圣马库夫镇没有河流；毫无疑问，韦斯在地理方面的混乱，可能是由韵律上的需要所造成。W. Vogel, *Die Normannen und das frankische Reich*,（*Heidelb. Abh. zur mittleren und neueren Gesch.*, 14）, p. 387 对南村被毁事件没有提供其他证据，只是提到傻子查理在科尔贝尼为修士们建立避难地。他似乎没有注意到《鲁的传奇》（*Roman de Rou*）中的这段记载。

2 906年2月22日傻子查理的敕令：*Histor. de France*, IX, p. 501. 此外，这个修道院是处在圣彼得的保护之下；当时的习惯规定，宗教机关原则上要有使徒或著名的圣徒作为其保护者。后来，圣马库尔完全取代了圣彼得；*St-Pierre* des Fossés 变成了 *St-Maur* des Fossés。

个修道院建筑，经常见于这个时期的战争史记录。傻子查理在有生之年，以付年租的办法，保留了一处用于宗教活动的小建筑，接受了"基督的忏悔者"的一些遗物。他死后，其子外国人路易设法以同样的条件将这份财产转移到他的名下，甚至为它补加了这个村落及属于它的土地。但在954年临终之时，他把这份财产全部归还了圣雷米修道院，此后圣雷米修道院再未失去这份重要财产。在科尔贝尼再也没有独立的修道院，只有一个小屋子，住着几个修士，处于圣雷米修道院院长管辖之下。这种情况一直持续到法国大革命时期。[1]

在科尔贝尼，也如同在南村一样，圣马库尔拥有其崇拜者；这些人祈求他的帮助，希望奇迹出现，尤其是疾病痊愈。不过，他虽像所有圣徒一样，被视为奇迹的创造者，但他获得某种专长却是在很久以后的事。似乎没有什么特别事物使之特异独出，引起瘰疬病患者的崇拜。在加洛林时期完成的各种传记中，人们在他治疗的疾病中没有提到瘰疬病。从12世纪起，我们已有一些特别有趣的资料，涉及通常归于他的善德。1101年，科尔贝尼村遭受了一系列"惩罚农民恶行"的天谴：牲畜瘟疫流行，士兵抢劫，最后是蒙泰居地方的托马斯的军队的纵火。"托马斯是一个卑鄙、邪恶的暴徒，曾娶其堂妹为妻。"修士们的收入大部分来自佃户的地租，所以这些事件让他们陷于了严重的财政困境。新任命的修道院院长想用施舍供给修道院的日常所需。他萌生了组织一次圣物巡行的念头，于是，修士们扛着圣徒守护人的圣骨盒，奔走于雷米区、拉昂地区以及皮卡第的大街小巷；所

---

[1] 关于从前的情况，见傻子查理于907年4月19日和917年2月14日发布的敕令，*Histor. de France*, IX, p. 504 et 530; Flodoard, *Annales*, éd. Lauer (*Soc. pour l'étude et l'ens. de l'histoire*), 938年, p. 69, 及 *Historia ecclesie Remensis*, IV, c. xxvi, 转载于 Lauer, 所引著作, p.188；罗退尔发布的敕令, *Recueil des actes de Lothaire et de Louis V*, éd. Halphen and Lot (*Chartes et Diplômes*), n° III, IV; A Eckel, *Charles le Simple* (Bibl. Ecole Hautes Etudes, f. 124 以下), p. 42; Ph Lauer, *Louis IV d'Outremer* (Bibl. École Haute Études, f. 127), p. 30, 232. 科尔贝尼在16世纪仍具有重要军事意义；1574年那里曾建筑一些堡垒；file 199, no. 2. 此外，人们还记得，科尔贝尼－克拉奥讷阵地在1914-1918战争中发挥过作用。修道院的教堂于1819年遭到毁坏，但在战前还有一些重要的遗迹，参见 Ledouble, *Notice sur Corbeny*, p. 164；但是，这些遗迹现在已经完全消失了，此点承科尔贝尼的神甫雅意相告。

到之处,奇迹随之发生。我们仍然可以读到对这次行动的简短记述。[1] 在这位圣徒遗体所治疗的所有疾病中,仍没有提到瘰疬病。一个多世纪以后,在库唐斯大教堂,人们为一扇著名的彩饰画玻璃窗——这扇玻璃窗至今仍为我们所赞叹——举行圣化仪式,以纪念南村地方的这位修道院院长;在这位院长曾服务过的教区,人们对他的崇拜仍然活跃。彩饰画只描绘了一件治疗行动——对一位猎人的治疗,按照加洛林时代各传记的说法,这位猎人因为对这位圣徒不敬而受到惩罚:打猎时发生严重的事故,然后又由这位圣徒恢复了健康。[2] 但是,其中还是没有提到瘰疬病。

然而,对于这类疾病的治疗,马库尔注定要成为众望所归的医生。遗憾的是,我们所掌握的他担当这个角色的最早证据,其年代不能确定;这是一份布道词,其年代肯定在1101年圣物巡行之后好些年,但早于1300年前后,因为我们所知道的提到这份布道词的首份手稿,可清楚地追溯到13世纪末。这份布道词有这样的话:"这位圣徒既然从天堂接受了这样的恩典,可以治疗称作国王之魔的疾病,所以你可以看到,成群结队的患者聚拢到他这里——即他的陵墓所在的科尔贝尼——这些人中有些来自附近国家,也有些来自远国和蛮邦。"[3]

大约在12、13世纪,人们相信圣马库尔专擅瘰疬病治疗,原因何在?我们看到,在他从前的传奇中,没有什么故事在人们的思想上酝酿这种念头。毫无疑问,一些表面上无足轻重的事件常常决定民众的意识活动,人

---

[1] Mabillon, *AA. SS. ord. S. Bened.*, IV, 2, p. 525; *AA. SS., maii*, VII, p. 533.

[2] E. A. Pigeon, *Histoire de la Cathédrale de Coutances*, Coutances, 1876, p. 218-220; 关于猎人的故事,*AA. SS. maii*, I, p. 76(传记一), p. 80(传记二)。

[3] 出版时冠以相当不准确的标题:*Miracula circa annum MLXXV Corbiniaci patrata*,见 Mabillon, *AA. SS. ord. S. Bened.*, IV, 2, p. 525; *AA. SS. maii*, VII, p. 531。马比戎(Mabillon)使用过拉昂圣樊尚修道院的一份手稿,但我一直无法找到这份手稿;他还提到巴黎圣维克多修道院的一份手稿,不准确地断定它完成于1400年前后;这份手稿显然就是法国国家图书馆所藏的15024拉丁文手稿(参见 *Catal. codic. hagiog.*, III, p. 299),此稿属于13世纪;这篇布道词也见于图尔城图书馆的339 B手稿,可追溯到14世纪。这句话(15034拉丁文手稿fol. 14)如下:"Nam illius infirmitatis sanande, quam regium morbum vocant, tanta ei gracia celesti dono accessit, ut non minus ex remotis ac barbaris quam ex vicinis nationibus ad eum egrotantium caterve perpetuo confluant."

们趋向这个方向,肯定是受到这样一个事件的影响。在《为希罗多德辩护》(*L'Apologie Pour Hérodote*)中,亨利·艾蒂安写道:"某些圣徒因其名字的缘故而被赋予一些职能,譬如,在为人治病的圣徒中,人们一直持有一种观念,认为某某圣徒能够治疗一种特定疾病,因为这种疾病的名称近似于他的名字。"[1] 很久以前人们已将这个说法应用于圣马库尔。瘰疬病肿瘤似乎多发于脖颈。Marcoul(Marculf)这个名字,最后的辅音l从很早的时候就发音很轻,[2] 包含cou(脖颈),还有一个mar字(人们通常忘记这一点),mar是副词,经常以"坏"(mal, mauvaisement)的意义应用于中世纪语言。由此出现了一种双关语或文字游戏,这种游戏也许被一些狡黠的修士所利用,导致人们将治疗一种脖颈病的特别才能赋予了科尔贝尼的这位圣徒。譬如说,圣克莱尔(St. Clair)作为超自然的眼科专家的身份,是更显见的例子,但两者确实属于同样的情况。

马库尔就这样出乎意料地被赋予了一种特别的能力,大约与此同时,他也变成了一位民间圣徒。迄至当时,在他迁徙前后,无论在纽斯特里亚还是在兰斯省,他都只是享有地方性声誉。9世纪,除南村教会外,还有另一个教会(大概在鲁昂),也拥有部分圣徒遗物。一位作家大概受到近期事件的影响,写了第二本加洛林传记,这位作者在第一本传记所描述的传统画面上增加的一个故事,清楚地显示了这一点。传记作者告诉我们,时任鲁昂主教的圣旺,在人们打开坟墓,取出圣马库尔的头骨时,想得到它。但是,一封书信从天突降,命其放弃这种念头而甘于得到另一片遗骨。这个小故事显然并无其他目的,不过是想贬低一个敌对的修道院。虽然没有

---

[1] Chap. XXXVIII, éd. Ristelhuber, II, 1879, p. 311.

[2] 17世纪的治疗证书,后面我们将做讨论(p. 278以下),这些证书向我们提供了民间缀字法的有力证例:他们通常拼作 Marcou。15世纪图尔奈地方圣布里斯教堂账簿中也是这样的写法(下文 p. 273, n. 1);也请参见亨利三世(1576年9月)与路易八世(1610年11月8日)的专营特许证,liasse 199, n° 3, 6。关于19世纪的情况,见 *Gazette des Hôpitaux*, 1854, p. 498 用博塞隆土语(Beauceron patois)转写的句子。关于双关语在圣徒崇拜中所发挥的作用,参见 H. Delehaye, *Les légendes hagiographique*, Bruxelles, 1905, p. 54;以圣马库尔治疗能力为起源基础的双关语理论,经常受到人们的赞同,如 Anatole France, *Vie de Jeanne d'arc*, I, p. 532; Laisnel de la Salle, *Croyance et légendes du centre de la France*, II, 1875, p. 5(参见 I, p. 179, n. 2)似乎是提及 mar 一词的唯一作者。

否认它享有部分圣物，但拒绝承认它对最珍贵遗物的要求。[1] 著名的《圣哲罗姆殉教录》(*martyrologe hiérnymien*) 的纽斯特里亚各版本都提到圣马库尔，但也只有这些版本才提到他。[2] 有三个法国村落冠以圣马库尔之名，这三个村落全部位于诺曼底，坐落于塞纳河之南。[3]

接下来是往科尔贝尼的迁徙。由于这一流徙，这位漂泊的圣徒此后在这两个地区赢得了虔信者的崇奉。他从未被第一故乡的人所忘记，尤其在库唐斯；1208年与1238年库唐斯大教堂重建时，为他辟出一个礼拜堂，以彩饰玻璃窗加以装饰——这一点前文已经提到。这个教区的日祷书保持着对他的记忆。[4] 尤其是，在科尔贝尼和兰斯，有他的忠实信众；兰斯大主教区的仪典书和传奇故事中很多地方都提到他。圣雷米修道院位于兰斯，其母堂建于埃纳河岸边。[5] 但是，对他的崇拜在很长时期内仅覆盖了很狭窄的

---

1 *AA. SS. maii*, I, p. 80, c. 21. 这个故事也见于圣旺的一个传记，即9世纪中叶完成于鲁昂的传记二（*Bibliotheca hagiographica latina*, n° 753）。这引起了二者的关系问题，并导致了一些学术争论：W. Levison, *Monum. Germ., SS., rer. merov.*, V. p. 550-552 及随后 Baedorf, *Untersuchungen über Heiligenleben*, p. 35 都认为，在这一点上，圣马库尔的第二部传记（即传记二）的作者受到了圣旺传的启发。而瓦康达尔（M. Vacandard, *Analecta Bollandiana*, 20, 1901, p. 166 及 *Vie de St-Ouen*, 1902, p. 211, n. 1）认为圣旺传有抄袭行为，圣马库尔传所述乃原初版本。我毫不犹豫地赞同第二种观点。这个小故事显然用来肯定南村修士们对其保护者的头骨的所有权；起初只能在它所服务的修道院里才能流行开来。这符合圣徒传奇极常见的形态；参见忏悔者爱德华传所具有的类似特点，见 Osbert de Clare, *Analecta Bollandiana*, XLI (1923), p. 61, n. 1。

2 无论是圣旺德里尔校订本，还是巴黎的一个手稿或梵蒂冈的一个手稿所代表的校订本，都提到了圣马库尔，这些校订本似乎出于巴约、阿弗朗什和库唐斯诸教区，见 *AA. SS., november*, II, 1, p. [53]。

3 除了蒙特堡区芒什省的圣马库夫即从前的南村，还有芒什省皮埃尔维尔镇的圣马库夫，以及伊西尼区卡尔瓦多斯省的圣马库夫。在蒙特堡区的圣马库夫的对面，是圣马库夫诸岛，这些岛无疑就是这位圣徒传的加洛林诸版本提到的称作双利摩日（duo limones）的岛屿，见 A. Benois, *Mém. soc. archéol. Valognes*, III, 1882-1884, p. 94。

4 E. Pigeon, *Histoire de la Cathédrale de Coutances*, p. 184, 218, 221. 关于日祷书，见 *Catal. codic. hagiogr. lat. in Bibl. Nat. Par.*, III, p. 640；附带一提的是，最早的日祷书不早于14世纪。值得注意的是，（法国）国家图书馆所藏350份经《圣徒传》续编者检核的礼仪书手稿中，只有库唐斯的这三份日祷书内有圣马库尔的名字。

5 譬如说，兰斯图书馆所藏来自兰斯区各宗教机构的下列手稿（这些手稿更详细的情况，见编目；最早的手稿属于12世纪）：264, fol. 35; 312, fol. 160; 313, fol. 83 v°; 314, fol. 325; 346, fol. 51 v°; 347, fol. 3; 349, fol. 26; 1410, fol. 179; *Martyrologe de l'église cathédrale de Reims*（13世纪下半叶），见 U. Chevalier, *Bibliothèque liturgique*, VII, p. 39; Martyrology of Usuard 中的 *Codex*

半径范围。在诺曼底、科尔贝尼和兰斯之外，他在14世纪以前几乎完全不为人所知，所以，情况似乎是，甚至在那些地方——除了科尔贝尼——他的名望也无疑属于二流。无论在兰斯，还是科尔贝尼所属主教区的首府拉昂，大教堂的墙壁上都没有他的塑像，尽管那里辟有专门放置本地区圣徒塑像的地方。[1] 武功歌为了音律相谐或为了押韵，包含了许多圣徒的名字，但其中没有提到圣马库尔。[2] 博韦的樊尚《历史之鉴》(*Miroir Historia*, *Speculum Historiale*)，只有寥寥几句提到圣马库尔；[3] 13世纪或14世纪上半叶法国及法国以外地区编纂的其他大型圣徒传记作品，也没有提到他。[4] 他的名字不见于圣路易赞歌的日历中，当然这位国王也从未乞灵于他。[5]

但在中世纪末期，他时来运转了。他获得了新声望，最典型的表现是，曼特斯地方的圣母教会所展现的显然不审慎的意图：它想牺牲科尔贝尼的利益，声称拥有这位圣徒的圣物。在一个难以确知的日子——但肯定是在

Heriniensis, Migne, *P. L.*, vol. 124, col. II（11世纪末）。U. Chevalier, *Repertorium hymnologicum* 收集的唯一的有关圣马库尔的中世纪礼拜式文献，是14世纪散文形式的文献，这份文献来自兰斯圣雷米修道院的弥散书（n° 21164）。在拉昂，13世纪早期大教堂拥有的两本弥散规程书包含的对诸圣徒的特定祈祷书（U. Chevalier, *Bibliothèque liturgique*, VI），没有提到马库尔。

1 当然，甚至在科尔贝尼，一定从很早就有这位圣徒的图像；但我们对此所知甚少。1618年与1642年的财产清单（Ledouble, *Notice*, p. 121, liasse 190, n° 10）提到一个当作圣骨盒用的银制小雕像，但我们不知道它为何时之物。1642年冠于高高的圣坛上的雕像，也属同样情况。以"圣马库尔之石"著称的浅浮雕，直到1914—1918年战争前还保存于这个乡村教堂里，从Ledouble, p. 166及Barthélemy, *Notice*, p. 261所做绘图看，完成时间似乎最早不早于16世纪。有时人们认为兰斯档案馆里的一座16世纪的雕像（我见过这座雕像），所表现的就是圣马库尔，但没有证据证实这种看法。关于蓬蒂欧地方圣里奎尔修道院和图尔奈的这位圣徒的肖像，见下文 p. 272, 273, 285, 287。

2 参见 E. Langlois, *Table des noms propres de toute nature compris dans les chansons de geste imprimées*, 1904; C. J. Merk, *Anschauungen über die Lehre...der Kirche im altfranzösischen Heldenepos*, p. 316。

3 L. XXII, c. 11: "Marculfus abbas Baiocacensis sanctitate claruit in Gallia."

4 我曾在一些著作中寻找圣马库尔之名，但徒劳无获，这些著作是：Bernard Gui, *Notices et extraits des MSS.*, XXVII, 2, p. 274以下；13世纪中叶无名作者的圣徒传记的拉丁文辑录——由保罗·梅耶尔列成表格（Paul Meyer, *Histoire littér.*, 33, p. 449）；同作者研究过的法文辑录（同前书，p. 328以下）；Pierre de Natalibus, *Catalogus sanctorum* (éd. 1521); Pierre de Calo: *Analecta Bolandiana*, XXIX (1910), *Légende Dorée*。

5 Bibl. Nat. MS. Lat. 10525: 参见 Léopold Delisle, *Notice de douze livres royaux du XIIIe et du XIVe siécles*, 1902, p. 105。圣马库尔既没有出现在归于美男子腓力名下的拉丁文手稿1023中，也没有出现在查理五世的"佳善日课经"（"Très beau bréviaire", latin 1052）中；参见Delisle, 前引书, p. 57, 89; 更没有出现在查理七世的 *Hours* (latin 1370) 中。

第四章 一些混同的信仰：圣马库尔、法国国王和第七子

1381年以前，在距曼特斯不远、通往鲁昂的道路上，发现了一座坟墓，内有三架骨骸。由于骨骸埋葬颇为用心，人们认为其必为圣徒遗体，其骨骸被移往附近的圣母教会。起初，他们不知道如何为其命名。1383年由大教堂教士让·菲隆所列出的圣母教堂的财产清单显示，这些骸骨仍未有确切的认定；它们被全部置于一个大木匣里——此举并不意味着它们很受尊重。此后不到一个世纪，1451年12月19日，我们看到，沙特尔主教皮埃尔·贝舍宾主持了庄严仪式，将骨骸移入更适于这些显赫的上帝仆人的三个圣骨盒。事实上，正如记载这个仪式的书面材料所证实，在这段时间里，人们对这些骸骨已经做出了认定。权威人士认为他们在这些遗骨中辨识出了——或者说处心积虑地辨识出了——圣马库尔本人的骸骨，以及旧传记中所说的他的两位传奇性伙伴的骸骨，此二人分别叫作卡里乌尔夫与多马尔。有人认为，在诺曼人到来之前逃离的南村修道士们，面临被掳获的危险，将这宝贵的携带物匆匆忙忙地埋在距道路不远的草地里，使之得以保存。很久以后，一些牧羊人——也许是由其羊群——向他们指出了三副骨骸埋藏的地方。[1]

可以想见，这些杜撰在科尔贝尼掀起了抗议性的轩然大波；随之而来的是长期的论战，这场论战在17世纪变得尤为热烈。[2] 这座古修道院是傻子查理聚拢这位纽斯特里亚圣徒骸骨的地方，它的修士们拥有牢固基于历史的权利。他们可以援引货真价实的文献，尤其是建立修道院的凭据，而

---

[1] 见 S. Faroul, *De la dignité des roys de France...*（作者是曼特斯的地方教长和官员），M. A. Benoît, *Un Diplôme de Pierre Beschebien...* 伯努瓦（Benoît）大概是依据（17世纪末）谢夫勒蒙神甫的一份手稿（1343年10月19日），判断出这些所谓圣徒遗骨的发现日期；但似乎没有任何严肃文献的支持；法鲁尔（Faroul）未注意到此。1383年的财产清单为伯努瓦所引用，迁移文书（1451年）为法鲁尔和伯努瓦所引用。法鲁尔提及这些圣物的文字如下："Premierement, un grand repositoire de fust en maniere de chasse, auquel sont les ossements de trois corps saincts, que l'on dit pieça avoir esté treuvez au chemin de Rouen et apportez en ceste eglise de Mantes." 奇怪的是，André du Saussay, *Martyrologium gallicanum*, Paris, 1637, I, p. 252-254 竟不知道——或者说假装不知道——曼特斯圣马库尔圣物以外的圣马库尔圣物，并对科尔贝尼未有只言片语。

[2] 1638年问世的 Dom Oudard Bourgeois, *Apologie* 是对法鲁尔著作的回应。

271 且他们毫不迟疑地这样做了。但是他们也就想象力所及，求助于一些更引人注目的征象。1648年5月21日耶稣升天节，人们抬着圣马库尔的圣骨盒游行时，"天上突然出现了三顶王冠"，一份三十三年后写成的文字记录告诉我们，"王冠呈圆形，彼此搭连，笼罩在黄、绿、蓝诸色亮点中……这些王冠……一直悬在圣骨盒上方的天空中"。大弥撒期间，"它们赫然再现，弥撒结束，王冠渐次消失"。修士们和虔诚信徒"六千余人"认为空中出现的这些现象，是上帝亲自赐予的"公开的无可争议的证据"，为的是打消曼特斯人的奢望。[1] 但是这样做全然没有达到目的：尽管有至为确凿的文献证据，甚至有各种奇迹，圣马库尔的遗物在曼特斯仍然受到人们的崇拜。虽然这些遗物吸引的患者群体，从未能与涌向埃纳河岸边的患者群体相匹比，但据说还是不时地治愈了一些瘰疬病患者。[2]

另一方面，这位圣徒的声望悄无声息地四处传播。在旧制度末期，圣马库尔受到众多教会的崇拜，直到今天仍是如此。这些教会经常展示其拥有的某些圣物，以这些圣物造就了周围地区患者的一个朝圣中心。在这种虔诚信念不断取得胜利的过程中，许多事件难以确定其准确的日期。这类事实很少见诸记载，乃是很遗憾的事，因为在很长时期内它们是民众宗教生活的一个主要方面。在一些地区，我甚至难以大略确定人们是在何时第一次乞灵于马库尔的，这些地区包括：瓦讷教区的卡朗图瓦尔；[3] 南村教区内的雷斯地区的穆捷；[4] 索米尔地方的圣皮埃尔修道院，及附近的拉塞；[5] 杜诺瓦的沙雷；[6] 索姆河上的圣瓦莱瑞大修道院；[7] 蒙迪迪耶（在此地圣马库尔

---

[1] 1681年7月6日报告，见 Liasse 223（资料）n° 8, fol. 47。

[2] Faroul, 前引书，p. 223。

[3] Sébillot, *Petite Légende dorée de la Haute-Bretagne*, 1897, p. 201。

[4] L. Maître, *Les Saints Guérisseurs et les pèlerinages de l'Armorique*; *Rev. d'hist. de l'Église de France*, 1922, p. 309, n. 1。

[5] Louis Texier, *Extraict et abrégé de la vie de Saint Marcoul abbé*, 1648（圣马库尔崇拜起码早在17世纪上半叶即已得到证实）。

[6] Blat, *Histoire du pèlerinages de Saint Marcoul*, p. 13。

[7] J. Corblet, *Hagiographie du diocèse d'Amiens*, IV, 1874, p. 430。

第四章　一些混同的信仰：圣马库尔、法国国王和第七子

被当作布匹商人的保护圣徒）；[1] 阿布维尔的圣皮埃尔教堂；[2] 亚眠教区的吕与科唐希；[3] 瓦朗谢讷的圣伊丽莎白教堂；锡苏万大教堂；[4] 阿戈讷地区的圣托马教堂；[5] 阿登地区的巴尔哈姆教堂；[6] 迪南；[7] 那慕尔的多米尼克修士会；[8] 沃伦地区的各村庄和小城镇，如松泽、拉库尔、[9] 锡利、蒙索–因布莱奇、蒙迪松；[10] 布拉班特的埃尔普斯、泽利克[11]及韦森贝克；[12] 佛兰德尔的旺德尔杰姆；[13] 最后是科隆。[14] 毫无疑问还有其他许多地方，由于缺乏对地方圣徒的适当记载，我的研究也难以涵盖之。但是，每次我找到某个年代确定或大致确定的资料时，都发现这个资料属于较晚近时期。[15] 在蓬蒂欧的圣里奎尔修道院，这位圣徒从14世纪起为人所知，因为大约完成于此时的该修道院的圣徒录载有他的名字，并且至少从1500年前后受到人们的热烈崇拜，这一点已为肖像学所证明。[16] 图尔奈的圣布里斯教会，早在15世纪下半叶就

1　Corblet, 前引书，p. 433.

2　Corblet, *Mém. Soc. Antiquaires Picardie*, 2ᵉ series, X (1865), p. 301.

3　Corblet, *Hagiographie du diocèse*, IV, p. 433.

4　Dancoisne, *Mém. Acad. Arras*, 2ᵉ series, IX (1879), p. 120 n. 3.

5　Louis Lallement, *Folk-lore et vieux souvenirs d'Argonne*, 1921, p. 40：引用的最早的文献证据为 1733 年。

6　*Revue de Champagne*, XVI (1883), p. 221.

7　Rodolphe de Warsage, *Le Calendrier populaire wallon*, in-12 Antwerp, 1920, nᵒˢ 817-819; Jean Chalon, *Fétiches, idoles et amulettes*, I, Namur, 1920, p. 148.

8　Broc de Seganges, *Les Saints Patrons des corporations*, II, s. d., p. 505（据1748年的一本小册子）。

9　R. de Warsage, 前引书，nᵒ 1269。

10　J. Chalon, 前引书。

11　E. van Heurck, *Les Drapelets de pèlerinage en Belgique*, p. 124, 490；在泽利克，有一块"小布帘"可以为证。

12　J. Chalon, 前引书。

13　Van Heurck, 前引书，p. 473；证据可追溯至 1685 年。

14　证据为 1672 年；见下文 p. 274, n. 4. Gelenius, *De admiranda sacra et civili magnitudine Coloniae*, Cologne, 1645。在校改本书清样时，我意识到，在这份名单上还应增加贡比涅地方的圣雅克教堂，那里至今仍有圣马库尔礼拜堂；参见下文附录二，nᵒ 24。

15　参见前文有关索米尔、拉塞、阿戈讷地区的圣托马斯、泽利克、旺德尔杰姆的注释。

16　殉教者列传是 Usuard, *Martyrologe* 中的 *codex Centulensis*: Migne, *P. L.*, t. 124, t. 11。关于圣像，除了下文提及的壁画，还应该提到这位圣徒的 16 世纪初的一座雕像，见 G. Durand, *La Picardie historique et monumentale*, IV, p. 284, fig. 37；以及充作圣骨盒的银制小雕像，1789 年被毁，我不能确断其年代，见 Corblet, *Hagiographie*, IV, p. 433。

为他塑造了雕像，设立了圣坛。[1]在昂热、[2]勃艮第的吉塞，[3]16世纪时对他的崇拜已得到证实；大约与此同时，在阿拉斯地区，圣马库尔的头像开始与当地的各圣徒一起出现在信徒们的牌章上。[4]1533年与1566年，特鲁瓦主教区和克吕尼修道院的弥撒书，从兰斯的圣雷米修道院的礼拜书中借用了一段纪念马库尔的续唱文。[5]同样，在16世纪，他的一片头盖骨被人从科尔贝尼盗走，带到了图赖讷的比埃伊教堂，随后这片头盖骨在那里开始吸引信众。[6]1579年，圣马库尔的其他部分圣物被合法取走，引起了前往弗朗什-孔泰地区阿彻朗日的朝圣大潮。[7]从17世纪起，在列斯的圣母院的牌章上，他的名字有时与圣母连在一起。[8]1632年，由于昂热教士会的慷慨行动，库唐斯收回了诺曼入侵岁月中被攫取并带走的圣马库尔的几片骨骸；[9]1672年，

1　圣布里斯教会的账簿，1468—1469年："A Jacquemart Blathon, machon, pour son sallaire d'avoir rassis en plonc le candeler de fier servant devant l'image de saint Marcou et, en ce faisant, fait trois traux au mur"（*Annales Soc. histor. Tournai*, XIII, 1908, p. 185）。在1481—1482年账簿提及"圣马库尔的祭坛"（此据图尔奈市档案馆员M.奥凯信函盛情相告）。

2　Gauthier, *Saint Marcoul*, p. 56. 昂热大教堂及泰尔特（Tertre）的圣米歇尔教堂似乎联合崇拜圣马库尔。

3　Duplus, *Histoire et pèlerinage de Saint Marcoul*, p. 83. 关于（乌什河畔）吉塞，*Mémoires de la commission des antiquités de la Côte d'Or*, 1832-1833, p. 157 有一告示，但其中没有包含任何与这位圣徒有关的信息。

4　L. Dancoisne, *Les Médaille religieuses du Pas de Calais*, *Mém. Acad. Arras*, 2ᵉ serie, XI, 1879, p. 121-124. 当夸纳（Dancoisne）认为，阿拉斯地区的圣克鲁瓦教堂在早期即11世纪建立时，是置于圣马库尔保护之下的；但他没有说明这个论断的证据何在，似无任何文献支持。

5　Ul. Chevalier, *Repertorium hymnologicum*, n° 21164; 参见上文 p. 268, n. 3. 16世纪特鲁瓦的圣艾蒂安大教堂拥有一些圣马库尔圣物，N. des Guerrois, *La Saincteté chrétienne, contenant la vie, mort et miracles de plusieurs Saincts ... dont les reliques sont au Diocese et Ville de Troyes*, Troyes, 1637, p. 296 v 证实这一点。

6　这次盗窃事件发生的日期不可确知，大概是在16世纪末。对它的详细记述只是在1637年7月17日才有；见于 file 229, n° 9. 转载于 Oudard Bourgeois, *Apologie*, p. 120，但不准确（O. 布侨瓦写作 Bué，而不是真本的 Bueil）。整个头骨首先被转移到比埃伊；然后科尔贝尼收回了它，但比埃伊人似乎一直保存一片头盖骨；参见 Gauthier, *Saint Marcoul*, p. 30。

7　*Notice sur la vie de S. Marcoul et sur son pèlerinage à Archelange*, p. 22. 关于朝圣行动在今日勃艮第仍享有的盛誉，见 *Rev. des traditions populaires*, II, 1887, p. 235。

8　Ledouble, *Notice*, p. 220（p. 208 对面转载）。国家图书馆的牌章陈列馆拥有的唯一一枚圣马库尔牌章，也是这个类型。承陈列馆馆长让·巴伯隆（M. Jean Babelon）盛情，为我制造一枚模塑品，让我能够证实这个事实的真实性。

9　R. Toustain de Billy, *Hisroire ecclésiastique du diocèse de Coutances*（*Soc. de l'hist. de Normandie*）, III, Rouen, 1886, p. 239.

第四章 一些混同的信仰：圣马库尔、法国国王和第七子

科隆将其他几片骨骸送到安特卫普；[1] 大约在1666年，由于奥地利安娜的遗赠，其他几片骨骸到了巴黎的莫贝尔广场的卡迈尔修士会手中。[2] 尤其是16世纪末及随后的一个世纪，各帮会建立起来，寻求他的庇佑：1581年亚眠的圣菲尔曼修道院，[3] 1643年苏瓦松的圣母修道院[4]，1663年布拉班特公国的格雷杜瓦索修道院，[5] 1667年布鲁塞尔的萨布隆圣母会，[6] 1670年前后甚至在图尔奈也有帮会建立，[7] 在这个城市对他的崇拜由来已久。通过17世纪的一块雕刻，我们知道法莱兹地方圣方济各会也存在对他的崇拜。[8]

但是，在这些小规模的地方中心点之上，最为光彩夺目的，一直是科尔贝尼的圣马库尔中心。像从前的南村一样，科尔贝尼村几乎失去了它自己的名称。从15世纪起，文献经常称之为科尔贝尼-圣马库尔，或者直接叫作圣马库尔。除了它的教会，这个村落几乎没有他物为人所知。这里也有一个帮会创立，其原因部分属于宗教，部分属于经济；可能是由于名称

---

1 Gauthier, p. 29.

2 参见下文 p. 306。

3 Daire, *Histoire de la ville d'Amiens*, II, 1757, p. 192. 这个帮会的建立缘于瘟疫流行季节所做的誓言，它有自己的保护人圣罗克、圣阿德里安、圣塞巴斯蒂安、圣马库尔。一个帮会的建立，当然不能证明对这位圣徒的崇拜恰好起源于帮会建立之日；参见下文对图尔奈情况的说明，此外还有旺德尔杰姆的情况，在那里有证据证明这种崇拜自1685年即存在，但帮会到了1787年才建立；但这类事实无可争议地证明过去盛行这种崇拜。

4 Ch Gauthier, *Saint Marcoul*, p. 30.

5 Schépers, *Le Pèlerinage de Saint Marcoul à Grez-Doiceau*; Van Heurck, *Les Drapelets de pèlerinage*, p. 157 以下. 对那些求助于圣马库尔的患者所做的一系列训导，于1656年在鲁汶印制出来；如果这些训导确实是为那些前往格雷杜瓦索的朝圣者特别制定——这一点，范厄尔克（Van Heurck）的说法非常不精确（p. 158）——那么，这些朝圣行动至迟可追溯至1656年。

6 *AA. SS. maii*, I, p. 70 c.

7 这在1673—1674年的账簿中首次得到证实（M. 奥凯函告）。1653年5月27日，希尔德里克的坟墓在一片土地里被发现，这片土地属于圣布里斯修道院院长，坟墓里的一些发现物送到路易十四那里。根据当地的传说——但没有任何文献记载——这位法国国王，为这份礼物回赠礼物，送给这位修道院院长一份圣马库尔的圣骨；参见宗教宣传册 *Abrégé de la vie de S. Marcou ... honoré en l'église paroissiale de S. Brice à Tournai*, p. 3. 同样，在兰斯——在这里，对圣马库尔的崇拜久已存在——这种崇拜在17世纪获得了新的发展。1650年左右，一所修道院招待所在他的佑护下建立起来；此后不久，一座纪念他的帮会在他的佑护下成立，参见 Jadart, *L'Hôpital Saint-Marcoul de Reims*; *Travaux Acad. Reims*, CXI, 1901-1902, p. 178, 192 n. 2.

8 Bibl. Nat., Cabinet des Estampes, Collection des Saints; Landouzy, *Le Toucher des Ecrouelle*, p. 19 转载。

之间存在谐音，这位圣徒已经被选为这个地区的布品商的保护圣徒。16世纪初，我们开始看到这些商人分布于整个法国，形成为一些大协会，处于王权的仔细监督之下，在这个特别方面由内廷大总管代表。[1] 每一个这样的团体都由一位"布商之王"（roi des merciers）担任首领，虽然在官方被称作"大巡视员"（maître visiteur），因为王的称号用在一介属臣的身上，听起来有点令人诧异。这样的团体中，有一个团体涵盖了香槟和皮卡第的大部分地区，其中心在科尔贝尼隐修院。以"圣马库尔社团与帮会"（Tour et Confrérie de Monseigneur Saint Marcoul）闻名，其"王"称作"兄长"（premier confrère）。在它的印章上，君主制度的著名保护人圣路易的人像，与"社团"的著名保护人圣马库尔的人像并行而立。[2] 当时，"布商"主要是奔走于各城镇的小商贩；对于一位圣徒的崇拜而言，人们还能想象出比这更好的传播者吗？

但是，科尔贝尼创造奇迹的圣徒所享有的主要荣光，当然是人们对其坟墓的朝拜。从15世纪起，修士们曾经卖给朝圣者镀金或不镀金的银章，或者向更贫穷者出售普通的镀银、合金、铅及白镴盘子。这些盘子上雕有这位虔诚的修道院院长的头像，可能使得全法国从未朝拜过其坟墓的人们熟悉了他的面孔。[3] 修士们还出售小陶瓶，陶瓶盛水，瓶中的水在用一种圣

1　见 *Dictionaire topographique de l'Aisne*。参见 R. Durand, *Bulletin de la Soc. d'Hist. moderne*, p. 458 发表的 1671 年的文献，以及路易十三的专卖特许状，1610 年 11 月 8 日，file 199, n° 6。

2　关于布商行会和"王"，见 Pierre Vidal and Léon Duru, *Histoire de la corporation des marchands merciers...de la ville de Paris* [1911]。参见 E. Levasseur, *Histoire des classes ouvrieres...avant 1789*, 2ᵉ éd., 1900, I, p. 612 及以下；A Bourgeois, *Les Métiers de Blois* (*Soc. Sciences et lettres du Loir-et-Cher, Mém.*, XIII, 1892), p. 172, 177; H. Hauser, *Ouvriers du temps passé*, 4ᵉ éd., 1913, p. 168, 256。在法国和其他地方，众多贸易都有"王"；但此处不打算开列有关这种奇怪语言形式的书目。关于科尔贝尼的布商，我们掌握相当多的文献资料：1527 年 11 月 21 日，让·罗贝泰（Jean Robertet）代表内廷大总管签订的契约：liasse 221, n° 1; 1531 年 4 月 19 日，一位"王"与修道院院长达成的协议：同前书，n° 2 (de Barthélemy, *Notice*, p. 222, n. 1); 1542 年 8 月 26 日枢密院颁布的命令：Oudard Bourgeois, *Apologie*, p. 126; 以及其他一些 16 世纪末叶的文献：liasse 221, n°ˢ 3, 4; Bourgeois, p. 127 以下；de Barthélemy, p. 222。这个职位在布儒瓦时代（1638 年）肯定还存在。Bourgeois, p. 146 复制了印章；G. Soultrait, *Société de Sphragistique de Paris*, II, 1852-1853, p. 182 对印章标本有描述；参见前引书，p. 257。

3　见 liasse 195（资料）中 1495—1496 年账簿，fol. 12 v°, 28 v°; 1541-1542, p. 30, 41; 1542-1543, p. 31。这些证章似无一枚流传下来。塞纳河出现过很多铅制装饰物，但却没有一枚圣马库尔像（参见 A. Forgeais, *Collection de plombs historiés trouvés dans la Seine*, II, 1836; IV, 1865）。

物举行"浸礼"后已被圣化,可以用来洗涤感染的伤口。极端虔诚者有时甚至将瓶中的水喝下。[1] 后来,修士们也曾散发小册子。[2]

17世纪初叶已经存在关于朝圣行为的规定。我们由一份便览册知道这些规定,这份便览册大概于1627年左右由大主教的代表、一位名叫吉福尔的人得到,并由他加以注解。在当时民众的虔信行为中,宗教与魔术并没有泾渭分明的界限,对于民众的虔信行为给一位开明教士留下的这种印象,吉福尔的思考是极有价值的证据。患者一旦到达,要将名字登记于帮会的簿册,向修士们缴纳一小笔献金。然后他们得到一张"印制的说明书",告诉他们应履行的义务。他们要接受一些限制、食谱和其他规定。特别是,驻留期间禁止触摸任何金属物品;吉福尔说,这一点从前非常重要,所以他们要戴上手套,以防万一有人心不在焉或粗心大意发生触摸金属之事。当然,患者首要的义务是在隐修院教堂里完成祭礼。严格说来,他们应该做九日祈祷礼,但那些不能在科尔贝尼驻留九天的人,可以在当地居民中找一位代理人;[3] 这个人要遵守这位患者必须遵守的限定。在理性的吉福尔看来,这是一种"没有完全摆脱迷信"的习惯;因为他认为,只有在其目的是让患者避开"自然"有害的事物,即外于超自然氛围时,这样的安排

277

---

1 见前注释所引各账簿。第一个也是最清楚的账簿简单地提到:"boutillettes de grez en quoy ilz [les pèlerrins] emportent du lavement";但题为 *Avertissement à ceux qui viennent honorer...* 的小册子(下文 p. 277, n. 1)更具体地提到:"Les Malades...laveront leur mal avec l'eau qui se benit par l'immersion de la relique du Saint, et méme en pourront user pour boire"("患者用浸泡圣徒遗物圣化的水洗涤患处,甚至将水喝下")。受科尔贝尼朝拜者规定启发而出现的格雷杜瓦索的朝拜者规定,至今仍可见到这样的说法:"On pourra toujours se procurer dans la dite église de l'eau bénite en l'honneur de Saint Marcoul, pour en boire, ou s'en laver les tumeurs ou les plaies"(在这所教堂里,人们可以得到以圣马库尔之名圣化的水,可以将水喝下,也可以用来洗涤肿块或伤痛处):Schépers, 'Le Pèlerinage de Saint Marcoul à Grez-Doiceau', p. 179. 关于其他朝圣活动的类似规定,参见 H. Gaidoz, *La Rage et St Hubert* (*Bibliotheca Mythica*, I), 1887, p. 204 以下。

2 17世纪(具体日期不详)的这些小册子,有一件题作 *Avertissement à ceux qui viennent honorer le glorieux Saint Marcoul, dans l'église du Prieuré de Corbeny au Diocèse de Laon*,保存于国家图书馆,号码为 Lk7 2444;另一相当不同的小册子,题作 *La Vie de Saint Marcoul abbé et confesseur*, Reims, 1619, 现存兰斯档案馆,圣雷米修道院, liasse 223. 1673年一所修道院招待所在科尔贝尼建立: liasse 224, n° 10.

3 当然,按照一般的习惯,因为疾病、年迈或其他原因,不能前往科尔贝尼的,可以找一位亲属、朋友甚至雇一位朝圣者前往。我们将在下面讨论的治疗证书包括相当多此类实例。其他人向这位圣徒许愿后痊愈,只是去科尔贝尼朝圣表示感恩;但这种情况不太经常发生。

才是合理的；在外于超自然氛围的情况下，人们完全不清楚这样的安排如何应用于完全健康之人。[1]

患者离开科尔贝尼时，他们在原则上仍被视为帮会的成员，更认真的患者会继续从远方支付他们的捐助费。[2] 而修士们也并非不再关注他们的客人。他们请求患者，如果在"朝拜伟大的圣马库尔"一段时间之后，最终发现其疾病被治愈了，要尽可能地从教士或最近处的司法机关取得一个痊愈证明书，并送到修道院。证明圣马库尔声望的这些珍贵文献，保存在修道院的档案中；许多文献保存了下来，流传到我们手上，其中最早者是1621年8月17日，[3] 最近者是1738年9月17日。[4] 这些文献向我们相当清楚地展示了这个圣殿的盛名，说明朝圣者不仅来自皮卡第、香槟和巴鲁瓦地区，甚至还来自埃诺、列日地区、[5] 阿尔萨斯、[6] 洛林公爵领、[7] 法兰西岛、[8] 诺曼

---

[1] 读者将看到这些规定，题作 *Les ceremonies que l'on a acoustumé d'observe par ancienne tradition en la neufiesme que se doibt observe au pelerinage de Saint Marcoul à Corbeny*。有位名叫吉福的人用拉丁文作注，见 liasse 223（资料）；上无日期，但18世纪的一位档案员在页面上端写明1627年。我无法鉴定这位吉福为何人。第四款，修道院院长命朝圣者出席日课，不能离开科尔贝尼境界，在这一款的对面，有下列注解："Si respiciatur in eo perseverantia in bono opere, licet; alias non videtur carere superstitione"；第五款（禁止触摸任何金属物件）对面："Omnia ista sunt naturaliter agentia; ideo si sint noxia merito prohibentur"；第六款（禁止食用某些食物）对面："Idem ut supra, modo constat judicio medicorun tales cibos naturaliter esse noxios"；第七款（关于替代者，这些人要像朝圣者本人一样履行同样的规定）对面："Hoc non videtur carere superstitione, quia non est ratio cur naturaliter noxia prohibentur illi qui est sanus"。1633年格雷杜瓦索帮会注册簿的台头题写的规定（见下文 p. 279）中，并没有包含禁止触摸金属物件的条款。作为比较，人们可以读一下，九日祷告期间须遵守的相关行为的规定，这些规定今日仍应用于阿登地区朝拜圣于贝尔的行动中：见 H. Gaidoz, *La Rageet St Hubert* (*Bibliotheca Mythica*, I), 1887, p. 69。

[2] 参见阿拉斯地方的路易·杜则奈尔的信件（1657年2月21日），此人是行为谨小慎微之人，liasse 223（资料），nº 7。

[3] liasse 223（资料），nº 6. Oudard Bourgeois, *Apologie*, p. 47 及以下。分析了四份证书，最早的一份提到1610年的一件治疗行动。

[4] liasse 223（资料），nº 7: *Bus*。

[5] liasse 223（资料），nº 8中证明书数量众多，不胜引述。

[6] 萨勒、布吕什与布雷的神父颁发的证书，标明的日期是1705年12月31日，liasse 223（资料），nº 8。

[7] 勒米尔蒙，吕内维尔附近的圣克勒芒，圣迪耶谷：1655, liasse 223（资料），nº 8。

[8] 皮蒂维耶，1719年5月22日证书：liasse 223（资料），nº 7；日索尔，同前，12, 1665年7月12日；罗祖瓦-昂布里，格里塞，曼特农，德勒（1655年）；同前，nº 8；巴黎，1739年5月9日，liasse 223, nº 11。

底、¹ 曼恩和安茹、² 布列塔尼、³ 尼韦奈、欧塞尔地区和勃艮第、⁴ 贝里、⁵ 奥弗涅、⁶ 里昂地区、⁷ 多菲内。⁸ 人们祈求这位圣徒解除各种疾病，但在多数情况下，人们常常祈求他治疗瘰疬病。

前往科尔贝尼朝圣的人们返回家乡后，将传播对这位圣徒的崇拜。他们已经远途跋涉朝拜过这位圣徒的坟墓。在布拉班特的格雷杜瓦索于1663年开设的帮会登记簿上，人们至今仍可以看到科尔贝尼帮会的规定。⁹ 这个帮会的总会坐落在克拉奥讷高原的山坡上；在格雷杜瓦索或其他许多地方的帮会，无疑只是其分支。我们描述的圣马库尔崇拜的扩展，在很大程度上一定是从前的患者传播的结果，这些患者相信这位创造奇迹的圣徒减轻了他们的痛苦，对他怀有感激之情。

从16世纪起，由于一种奇怪的、也许是故意的名称混淆，南村通常以"南特韦尔"（Nanteuil）见称；这位先前的南村修道院院长所获成功的秘密何在？为什么会有如此巨大而持久的成功？很显然，主要因素在于人们习惯上认为他具有的特长。如果他是一个普通的治疗者，似乎就没有什么东西吸引崇信者。但是，自从人们能够祈求他治疗一种司空见惯的特定疾病，他就成了一位现成的保护人。他的运气还受到宗教生活大势的眷顾。在中世纪最后两个世纪中，他似乎时来运转，风光旖旎；15世纪时，他的运气如此之盛，以至于一个雄心勃勃的教会认为宣称拥有其骨骸是一件幸事。这一时期，欧洲遭受各种疾病和灾难的蹂躏，满目疮痍；这种景象，

280

1　朱尔克，巴约主教区：1665 年 6 月 30 日；liasse 223（资料），n° 7；位于莱桑代利与卢维耶之间的一个地方，1665 年（同前）。

2　拉瓦尔：1665 年 7 月 4 日；liasse 223（资料），n° 7；科尼，昂热主教区：1665，同前，n° 8。

3　欧赖地方两位医生出具的证书：liasse 223（资料），n° 7，1669 年 3 月 25 日。

4　讷韦尔与朗格勒主教区内的一些地方，欧塞尔附近的茹瓦尼，1655：liasse 223（资料），n° 8；桑塞尔，1669 年 6 月 11 日，同前，n° 11。

5　沃尔利，布尔日主教区：1669 年 3 月 30 日的证书；liasse 223（资料），n° 7；纳西尼，布尔日主教区，1655，同前，n° 8。

6　雅鲁，屈斯附近，克力门主教区，1655：liasse 223（资料），n° 8。

7　沙尔略（利翁诺瓦），达马尔坦（里昂主教区）：1655，liasse 223（资料），n° 8。

8　"布雷·勒纳穆尔，距格勒诺布尔六古里，在皮埃蒙特方向"：liasse 223（资料），n° 7。

9　Schépers, *Le Pèlerinage de Saint Marcoul à Grez-Doiceau*, p. 179.

大概还有一些难以言状的集体情感运动——在艺术表现上尤为明显——造成了虔诚情怀的新态势，这种虔诚情怀变得越来越令人担忧，越来越陷于哀求；可以说，它使人们的心灵越来越焦虑地关注于这个世界的各种悲惨事件，并请求具有特定专长的调解人为其解除痛苦。

人们成群结队地涌向这位治疗瘰疬病的圣徒，就像更多的人涌到圣克里斯托夫、圣罗克、圣塞巴斯蒂安或14位救人圣徒的脚下。圣马库尔声誉的日益增长，只是这一时期人们一致拥赞圣徒-医生的具体例证。[1] 同样，在随后几个世纪中，与圣马库尔声望的传播同时发生的，是许多活跃的天主教组织对宗教改革运动进行的顽强且成功的对抗。它们力图在民众中复兴对圣徒的崇拜，其手段是，在一些群体中建立帮会，寻获圣物，对那些上帝仆人显示出特别的钟爱——上帝的这些仆人由于能够治疗特定的疾病，似乎可以用一种更有力的方式吸引正在遭受磨难的人们。所以，有很多具有普遍性的原因可以说明圣马库尔获得的新声望。不过，无可怀疑的是，它在很大程度上也因为，在人们头脑中，这位圣徒与这个王朝之间的密切关系已经日渐建立起来。布品商的印章上呈现圣路易与圣马库尔的联合形象，这种情况绝非偶然：他们每个人都是法国王室的独特的圣徒。现在让我们看一看，这种出人意料的角色如何落到这位科尔贝尼保护人身上。

2 圣马库尔及法国诸王创造奇迹的能力

举行圣化礼之后即往拜圣马库尔之墓以表达虔诚，谁是如此行事的第一位国王？如果就这一问题质询17世纪的修士们，他们的回答将是"圣路易"。[2] 令其颇为得意的这个想法之所以产生，无疑是缘于帮会的图章上镌

---

[1] 在亚眠，1581年人们发现，圣马库尔与三位著名圣徒被视为治疗这种疾病的保护人，这三位圣徒是圣罗克、圣阿德里安与圣塞巴斯蒂安：上文 p. 274. n. 5。

[2] O. Bourgeois, *Applogie*, p. 60; Marlot, *Théâtre d'honneur*, p. 718. 这也是 *Gallia Christiana*, IX, col. 248 的主题。有的人甚至说是傻子查理（路易十五举行圣化礼之后搜集了关于圣马库尔的小

第四章 一些混同的信仰：圣马库尔、法国国王和第七子

刻着这位具有圣徒特点的国王的肖像。但他们似乎弄错了，因为圣路易于1226年11月26日接受圣化礼时还是个孩子，仪式进行得极为仓促，形势极为动荡，不便于他进行革新，因为这项革新将耽误这位年轻君主返回到忠诚于他的巴黎人那里。此外，在美男子腓力在位时期，进行这一庄严朝拜的传统肯定仍没有牢固建立起来。我们知道，1286年皇家扈从在这位君主的圣化礼之后所走的路线是：径取西南方向，没有绕行埃纳河谷。1315年路易十世离开兰斯时，可能访问过科尔贝尼，但即使情况果真如此，也必须认定，瓦洛亚的腓力[1]并没有以此为必须遵守的惯例，因为1328年他走的是与美男子腓力差不多相似的路线。而在好人约翰——他在举行登基礼后两天曾在科尔贝尼驻足——时代以后，直到路易十四时代，似乎没有一位国王忽略这一虔敬习俗，当然，亨利四世是例外，因为联盟控制着兰斯，所以他不得不在沙特尔接受涂油礼。一整套发展起来的礼仪，清楚地见于17世纪早期的一份文献记载。一支队伍前往迎接尊贵的客人，修道院院长携着这位圣徒的头骨，将它交到国王的"神圣之手"里，国王接过圣徒的头骨，将它带回教堂，或者将它交给施济官带回教堂。到达教堂后，国王跪在圣骨盒前祈祷。[2] 15世纪时，一座特别建造的称作"御亭"的亭子矗立于修道院各建筑中，从此这座亭子就被当作国王的住宿地。[3]

路易十四修改了这个旧习俗。他在1654年接受圣化礼时，科尔贝尼城已经被战火夷为废墟。而且周围地区也不太安全。马扎然[4]不想冒险行事，

部分资料：223 卷宗（资料））。布商帮会印章上的圣路易肖像甚至使人产生一种想法，认为这位君主是帮会的创立者：O. Bourgeois, p. 63; *Gallia*, 前引文; *AA. SS., maii*, I, p. 70. G. Ledouble, *Notice*, p. 116 行之更远，甚至这样写道："他将名字——普瓦西的路易——写在了注册簿的台头。"由于有趣的混淆，人们逐渐想象到法国诸王而不是各布商之"王"，曾是这个虔诚的联合会的第一位会员。（见巴耶［A. Baillet］1632 年 9 月 24 日的证书，下文 p. 306）

1 即腓力六世（1328—1350 年），瓦洛亚王朝的开创者。——译者

2 关于圣马库尔头骨失窃案的调查报告（1637 年 7 月 18 日），见 Bourgeois, *Apologie*, p. 123-124（见前文 p. 273, n. 6）。

3 Liasse 190 *bis*, nº 2; 15 世纪末的一份记载说明，修道院院长接受一笔钱用于"修缮钟楼及御亭"。关于国王朝圣之旅的文献证据，见附录五。

4 马扎然（Giulio Mazarini, 1602—1661 年），路易十四时代的主教、外交家和政治家。——译者

让这位年轻的君主到兰斯以外的地方去。于是将圣马库尔的圣骨盒从科尔贝尼带到了兰斯城的圣雷米修道院,这样,对于这位朝拜的国王,朝圣行动就没有任何不便之处了。这似乎是一个令人满意的安排,所以路易十五和路易十六以各种借口仿效这种做法。[1] 此后诸王不再做劳烦不便的旅途跋涉前往科尔贝尼;但不管怎样,他们仍坚持向圣马库尔表达忠诚。大约在瓦洛亚王朝前期,举行庄严的加冕礼之后,再在这位圣徒的圣物前祈祷,几乎成为了一种不可或缺的仪式,一直保留到君主制末期。查理七世时代,人们普遍认为从前一贯如此。《圣女纪年》(*Chronicle de la Pucelle*)说:"诚然,法国诸王总是习惯于在圣化礼之后前往一座……叫作科尔贝尼的修道院。"[2]

是什么东西首先触动了国王——譬如说路易十世——的灵机,使之离开了从兰斯而来的惯常道路,转向通往科尔贝尼的道路?从那时起,声名已然大振的圣马库尔就被当成了瘰疬病医治者。专于治疗同一疾病的法国君主,是由于这个原因而转道往拜这位圣徒吗?上帝似乎特别地向一位圣徒委以重任,去治疗瘰疬病的患者,这位法国君主礼敬这样一位圣徒,是希望这位圣徒的佑护能给予他力量、治病能力更胜以往吗?我们可以猜想他的感情就是如此。但没有人为我们留下精确的记载。另一方面,我们可以清楚地看到,一旦朝圣行动成为这个时代的风俗习惯的一部分,那么这种观念很快就传播到人们的思想中。

迄至当时,法国诸王创造奇迹的能力一直被认为是源自于其神圣性,这种神圣性由涂油礼所表现,并由涂油礼所确认。从此时起,人们已经习惯于这种观念,即认为这些能力源自圣马库尔的代祷,圣马库尔的代祷从上帝那里获得了这种非凡的恩典。这就是查理八世和路易十一时代人们普遍持有的信念。对于这一点,我们的证据见于《圣女纪年》的作者让·沙

---

[1] 附录五,p. 490。

[2] Ed. Vallet de Viriville, in-12, 1859, chap. 59, p. 323.

第四章 一些混同的信仰：圣马库尔、法国国王和第七子

尔捷、《法官报》的作者圣雷米的勒菲弗，以及马夏尔·德·奥弗涅与埃尼阿·皮科罗米尼的作品。[1] 在弗朗索瓦一世时期，各王所展现的创造奇迹的能力，几乎被普遍地归功于——如弗勒朗日所说——这位"具有超凡美德的圣徒"。[2] 列日地方的于贝尔·托马这位旅行家路过此地时，从这位君主的宫廷人员那里得到的报告也是如此。[3] 但他随后撰写回忆录时，却混淆了法国的圣徒谱，将获闻的有关圣马库尔的消息归于圣菲亚克名下。这种情况说明，这位担当新角色的科尔贝尼圣徒的名声，虽然已经在法国境内牢固确立起来，但还未传播到境外。

如果国王们仅限于参加宗教仪式，在圣马库尔的圣物前说几句祷告词，事情就简单了。但从很早的时候，除了举行虔诚仪式、为朝圣行动分赠通用的钱币外，还增加了一种更专有的做法，以强化这位圣徒的声誉，说明其为国王奇迹的始作者：新即位的君主完成其祈祷后，在修道院里为某个病人实施触摸。有关这种做法，最早的证据见于查理八世统治时期的1484年。毫无疑问，这在当时还不是一个非常古老的习俗，因为，在国王举行圣化礼之后前往科尔贝尼时，还没有形成瘰疬病患者涌往那里的习惯。查理八世时仅有六人要求觐见国王；但在十四年之后的路易十二统治时，已有80人要觐见国王；而在亨利二世时，觐见队伍中还有一些外国人。17、18世纪，那样的场合会有数百人乃至数千人涌往科尔贝尼，路易十四时代以后，则涌往兰斯的圣雷米。事情不止于此。至少从路易十二时代，也许更早些，将手放在圣骨盒上的行动在每个君主统治时期都要首先进行：在进行该行动的这一天之前，患者不能接近这位令人敬畏的神奇人物。人们

---

1 关于 *Chronicle de la Pucelle*，见前注；Jean Chartier, *Chroniclede Charles VII*, éd. Vallet de Viriville, in-16, 1858, I, chap. 48, p. 97; 其他文献，Quicherat, *Procès de Jeanne d'Arc* (Soc. de l'hist. de France), IV, p. 187, 433, 514; V. p. 67.

2 Ed. Goubaud et P. A. Lemoisne (Soc. de l'hist de France), I, p. 170. 参见 Grassaille, *Regalium Franciae iura*, p. 65 在判决中小心翼翼："Alij dicunt, quod hanc potestatem capiunt in visitatione corporis beati Marcolphi, quam post coronationem facere consueverunt Reges。"

3 Hubertus Thomas Leodius, *Annalium de vita illustrissimi principis Friderici II ...*, éd, 1624, in-4°, Francfurt, p. 97; 关于贝尔·托马记载的不准确性，见下文 p. 309, n. 1.

对这个规矩的解释是，在为人实施治疗前，各王需要等待，直到他们从这位圣徒那里接受到为人治病的力量。还有什么比这样的见解更具有诱惑力呢？无论如何，这是人们普遍持有的观点，很有可能国王们也抱有同样的看法。[1]

兰斯的教士们对这种新理论极为冷淡；他们将涂油礼视为瘰疬病治疗之神奇能力的真正源泉，在他们看来，这种理论削弱了涂油礼的威力，间接地贬低了他们大教堂所享有的荣誉，克洛维的后继者们过去一直在这座大教堂里接受圣油涂油礼。1484年5月查理八世登基，兰斯的教士们借庆典之际再次强烈地重申了这一古老原则。兰斯主教在城门口对这位年轻的国王发表演讲时，提醒国王注意，他所具有的"来自天堂的神圣能力可以治疗和减轻本教区贫穷患者的病痛"，人们熟悉的这种能力应该归功于涂油。但是仅用语言说说是不够的：图画更能有效地唤起民众与国王本人的想象力。这位君主及其随从进行宗教活动的路线穿过一些堡垒，沿着这条路线，他们按照当时的习惯建起了"脚手架"，"脚手架"上布满一系列"栩栩如生的图画"，展示着人们记忆中最著名的事件，即君主最辉煌的特权。在一个脚手架画面上有"一位年轻的男子，身着天蓝袍，袍上点缀着金色的百合花图案，头戴金王冠"，简言之，这个人物代表的是法国的一位国王，一位年轻的国王。在这位国王周围，一些仆从"倒水供国王洗手"，还有一些患者，国王对他们"实施触摸并覆以十字姿势"。实际上这表现的是国王触摸治疗，就像查理八世马上就要进行的治疗活动。下面是几行字组成的一段铭文，这段铭文无疑出自教士会人士的手笔，也许是诗人纪尧姆·科基亚尔所作：

---

[1] 关于查理八世的触摸，见 Godefroy, *Ceremonial*, I, p. 208；路易十二的触摸，见 Alms register, Arch. Nat., KK. 77, fol. 124 v°；关于亨利二世的触摸，见下文 p. 312, n. 3；关于路易十三的触摸，见 Godefroy, p. 457（860位患者）及 Héroard, *Journal*, 1868, II, p. 32（"900位左右"）；关于路易十五与路易十六的触摸，见下文，p. 397, 399。在科尔贝尼举行仪式之前，路易十二并没有触摸任何患者，检核他的施舍登记簿就能看到这个事实，前文已经提到；17世纪有关国王奇迹的整个文献基本上都一致证明，存在这样一个等待期。

第四章 一些混同的信仰：圣马库尔、法国国王和第七子

皇皇之法王，

兰斯受涂油。

上帝授异禀，

手治瘰疬病。

此处是明证。

这里的"图像"以及描述它的几行诗，显然意在突出"神圣涂油礼的威力"。但是，"马队从上述场景前"匆匆而过，骑在马上的人只能投去短促的一瞥，没有停下来阅读这挂图。他们只是注意到那场景表现的是治疗瘰疬病，想象"那是圣马库尔创造的奇迹"；他们对这位年幼的君主这么说，而君主无疑也相信他们的话。这位圣徒的名声就这样进入了大众意识，以至于每一件事情，甚至其对手们的含沙射影，都变得对君主有利起来。[1]

如果说兰斯的教士认为他们的荣誉与国王涂油礼的声望息息相关，那么从圣马库尔崇拜中获得声势与利益的各宗教团体更是如此。他们必定全力支持这种理论，即认为国王创造奇迹的能力乃基于这位圣徒的介入。当然，首要的支持者是科尔贝尼的修士们。不过其他团体也支持这种理论。我们知道，至少从14世纪以来，蓬蒂欧地方的圣里基耶大教堂对圣马库尔一直崇敬有加。1521年之后不久，大教堂的财务官菲利普·沃洛亚决定用壁画装饰他辖下的财务室大厅。这座优雅的大厅有精微的弧形穹顶，时至今日，我们仍能看到大厅各板块上的全部画面，其设计大概出自他本人的筹划；在这些场面中，他小心翼翼地将圣马库尔纳入其中。在一幅构思大胆的画面上，人们看到圣马库尔正在分授这种神奇的能力。南村修道院院长站立着，手中握着牧杖；他脚下跪着的是一位盛装的法国国王，头戴王冠，身披一件百合花装饰的斗篷，佩戴着圣米歇尔会的项圈。这位圣徒正在以神圣之手触摸着这位君主的脸颊，其展现的姿势正是彩饰画和版画上

---

[1] 前面的这段叙述遵循的是 Godefroy, *Ceremonial*, I, p. 184 及以下发表的现代说法。参见 *Mémoires de Sieur Fouquart, procureur syndic de la ville Reims, Revue des soc. savantes*, 2ᵉ series, VI (1861, 2ᵉ sem.), p. 100, 102；科基亚尔所发挥的作用，见 Rathery，前引书，p. 98, n. 2。

通常表现国王触摸瘰疬病人的姿势,因为这种病一般侵袭脖颈的淋巴腺。这位艺术家相信,这是向人们说明治病能力转移的最雄辩的方式。这幅图画下面的一段拉丁铭文,使图画的意思非常明白。铭文可翻译如下(参见图版一[附]):

> 啊,马库尔,瘰疬病患者从您这位名医处得到了完全的康复;由于您将这种能力施赠于法国国王,同为医生的法国国王也享有了同样的医治瘰疬病患者的力量。您以如此众多的奇迹而熠熠生辉,但愿我通过您而获得恩典,最终健康、安全地到达星光灿烂的天庭。[1]

毫无疑问,祷告词总是伴随着国王的触摸;但在亨利二世执政之前,我们对此一无所知,此后亦复如此。但是,关于这位君主,有人写成了一本了不起的《时刻簿》(livre d'heures),这是一部法国艺术宝库。在这部手稿的第108页上,一幅彩饰画表现的是,在古典建筑风格的盖顶走廊里,国王正从一个患者走向另一个患者,在彩饰画的对面,是下列文字:"法国国王将要触摸瘰疬病患者时习惯说的祷告词"。它包括什么内容呢?只是一些颂扬圣马库尔的唱和诗歌及应唱圣歌。这些作品确实平淡无奇:具体内容完全且简单地取自加洛林时代完成的这位圣徒传记的材料,并没有提到他是国王奇迹的始作者。[2] 然而,如果说法国国王认为在实施首次治疗之前,必须向他曾前往科尔贝尼礼拜的这位上帝仆人致敬——每次完成这个习惯性的奇迹时,都需要这样做——那么这就是一个清晰的证据,证明他认为需要承认对这位圣徒表达感激之情,因为他获得了正准备在众目睽睽之下展示的奇异能力。由各位国王或他的教堂教士举行的瘰疬病治疗仪式,

---

1 "O Marculphe tuis medicaris cum scrofulosis — Quod redigis peregre partibus incolumes — Morbigeras scrofulas Franchorum rex patienti — Posse pari fruitur (te tribuente) medicus — Miraculis igitur qui tantis sepe coruscas — Astriferum merear sanus adire palum." 参见附录二,n° 20。

2 Bibl. Nat., latin 1429, fol. 108-112. 关于这一著名手稿,读者只需读一下 Léopold Delisle, *Annuaire-Bulletin de la Soc. de l'hist. de France*, 1900. p. 120。

第四章 一些混同的信仰：圣马库尔、法国国王和第七子

表达的是对圣马库尔荣耀的承认。

就这样，大约在16世纪中叶，这种信仰差不多正式建立起来，以后各世纪延续了下来。1690年，圣里基耶修道院院长查理·德·阿利格试图复兴他治辖下被战火与薪俸代领制所毁掉的这座教堂的辉煌。他萌生一个念头：向当时最优秀的艺术家征求一系列圣坛图画，并将其中一幅献给光荣的圣马库尔。他将任务托付给世所公认的宗教画画家、杰出且多产的让·茹弗内。在路易十四时代，一幅描述国王奇迹的作品，必定将国王置于突出位置；茹弗内拥有常见的坚实写实风格，在茹弗内完成的油画上，人们第一眼看到的只是一位貌似路易十四的君主，正在触摸瘰疬病人。但是在他稍右一点，稍微居于背景之中，甚至有点被这位国王医生遮挡着的地方，人们可以看到一位低着头、似乎正在祈祷的修道院院长，头上绕着光环：这就是圣马库尔。由于他出现在仪式中，其代祷成为可能。阿布维尔地方的圣伍尔夫朗修道院距圣里基耶修道院很近，大约与此同时，圣伍尔夫朗修道院的一位不知名的画家，大概受到让·茹弗内做法的启发，也绘制了路易十四为人治病的图画，他也在这位著名国王的旁边绘上了圣马库尔。在图尔内地方的圣布里斯教堂，还有另一幅圣坛画，[1] 此画无疑创作于1667—1713年间——此时该城辖属于法国——人们认为其作者是天才艺术家米歇尔·布永，1639—1677年间此人在该城拥有一所学校。在这幅圣坛画的画面上，头戴主教冠的南村修道院院长与一位法国国王并肩而立，法王形象不太鲜明，身披饰有百合花的貂皮披肩。国王的左手握着权杖，而这位教士则手握牧杖；他们举着右手，以近乎相同的姿势，为聚拢在他们脚下的情绪激动的患众祈福。同样的主题也出现在名气稍逊的著作中。1638年，科尔贝尼修道院院长唐·乌达尔·布儒瓦发表《圣马库尔赞词》(*Apologie pour Saint Marcoul*)，卷首插图描绘的是一位国王把手伸向一位病人——这次恰如其分地绘上了路易十三特有的小尖胡子，第三个人物是修道院的这位圣徒。这里还有大概也属于17世纪的两部作品，诉诸这

---

[1] 此画于1940年毁于大火。——英译者

个时代民众的虔诚感：H. 埃贝尔完成的一幅雕刻，以及为阿拉斯地方圣克鲁瓦教堂打制的一枚徽章。二者都绘制了一位国王与圣马库尔面对面的形象，但二者存在一个重要相异点。在这幅雕刻上，就像在圣里基耶大教堂财务室壁画上（也许是模仿壁画），这位圣徒正在触摸国王的脸颊；但在徽章上，他将手放在国王身上。不过，两种姿势表达同样的信念，即力量的超自然性的传递。

最后，让我们看一看法国境外的情况。1683年4月27日，布拉班特地方的格雷杜瓦索已经建立了纪念这位圣徒的帮会。按照低地国家的习惯，人们发给朝圣者燕尾旗状的画像，称作drapelet；我们仍有一面画像，此画像显然制造于18世纪格雷杜瓦索。在圣马库尔脚下，一位法国国王，如同常见的情形，身披绣着百合花的长斗篷，亲吻着这位圣徒递给他的一个圆形物——毫无疑问是圣骨盒。在他身旁的软垫上是权杖和王冠。所以，即使在外国的领土上，人们也难以想象这位圣徒没有国王相伴随的情形。无论在哪里，圣像都在传布这一理念，即这位鲜为人知的古代圣徒、隐修者、一个修道院的建立者，墨洛温时代的抗魔者，在国王治病力量的起源及持续存在中发挥着作用。[1]

这位圣徒的真正作用是什么呢？在这一点上人们也许永远无法弄清楚。最早出现的观念，即认为国王的奇异能力乃其神圣力量之表现的观念，从

---

[1] 关于这些艺术著作，见附录二，n° 14、15、16、20、21、22、23；参见图版二。在格雷杜瓦索，同样的主题也出现在一个小雕像与一幅画像上，我不知道二者的日期。当然，也有一些图像表现圣马库尔作为普通修道院院长形象，在这些图像上没有国王出现：譬如，法莱兹兄弟会的图像及莫贝尔广场的卡迈尔派修士们的图像，都是如此。卡迈尔派修士们的图像，见上文 p. 275，n. 2 及下文 p. 306, n. 5；版画陈列馆（Cabinet des Estampes）圣徒藏品中存有一座17世纪雕像（Landouzy, *Le Toucher des Ecrouelles* 复制，未标号）。来自朝圣者手册的同一时期的两幅雕版画，转载于前引书，p. 21、31；[Bourgoing de Villefore], *Les Vies des SS. Pères des déserts d'Occident*, I, in-12, 1708, p. 170 对面的一幅雕版画，同样也见于版画陈列馆的圣徒藏品，及圣格勒诺布尔图书馆，coll. Guénebault, carton 24，n° 5108（在这里，圣马库尔与其他两名隐士为伴，被表现为一位隐士，而非修道院院长）；17世纪表现这位圣徒受到装成女人的魔鬼诱惑的虔诚形象，见 Coll. Guénebault, carton 24，n° 5102（承蒙 C. 莫泰盛情函告）。不过，确然无疑的是，只要人们离开最凡俗的圣徒刻画的图像，这位圣徒真正典型的标志，就成为由法国国王相伴随的形象。A. M. Pachinger, *Uber Krankheitspatrone und Heiligenbildern* 及 *Uber Krankheitspatrone auf Medaillen*; *Archiv. Für Gesch. der Medizin*, II (1908-1909), III (1909-1910) 两部作品没有提及圣马库尔。

第四章 一些混同的信仰：圣马库尔、法国国王和第七子

来没有完全消失。而且，在相当长时期内，几乎没有理由讨论这个问题。但是16世纪末、17世纪初，绝对君主专制的理论家，为了回击"君主制的反对者"，试图抬高王权的威望，他们赋予了瘰疬病的奇异治疗以相当重要的位置。其首要目标是突出王权的神圣性，所以他们认为国王触摸的神奇力量并非源于其他事物，而只能是其本身的神性，在他们来说，这种神性由于圣化礼而得到确认乃至强化。我们将在下文看到，在宗教严肃性和不妥协性方面，他们并不像《园林之梦》的作者从前所表现的那样。对于通常归于圣马库尔的作用，他们既想保持沉默，又想干脆否认它。譬如，法学家福卡泰尔、迪洛朗医生以及施济员纪尧姆·迪佩拉都持这种态度，福卡泰尔在这个问题上只是保持沉默，迪洛朗、纪尧姆·迪佩拉则参加了反对圣徒派的论战。[1] 此外，他们争辩说，圣托马斯·阿奎那——实际上他们将阿奎那混同为其续作者卢卡的托罗米奥——不是明白无误地将卡佩诸王实施的治疗归于神圣的涂油礼吗？甚至科尔贝尼圣徒的辩护者们，如乌达尔·布儒瓦，从这时起，也声称圣马库尔在国王触摸的起源上只是发挥次要作用。他恰如其分地写道："我不希望从某些人所坚持的观点中推出结论，说我们的国王对瘰疬病的治疗能力乃归功于圣马库尔的代祷……国王们的神圣性是这种能力的主要来源。"圣马库尔的作用限于"保证"这种恩典（易言之，即从上帝那里获得对这种恩典的肯定及连续性），以报答他从"法国国王"希尔德贝尔那里受到的恩惠（因为当时人们相信克洛维以来墨洛温王朝所有君王都实施过治疗行动）。但是，要想调和两种尖锐冲突的理论，这一努力是相当笨拙的。[2]

不过，这类矛盾在大众思想中几乎没有引起混乱。大多数患者——前

---

[1] Forcatel, *De Gallorum imperio*, p. 128 及以下; Du Laurens, *De mirabili*, p. 14-15; Du Peyrat, *Histoire ecclésiastique de la Cour*, p. 807。也参见 Mauclerc, *De monarchia divina*, 1622, col. 1567。将国王治病能力归于圣马库尔的代祷，罗贝尔·塞内欧（Robert Ceneau）大概是最处心积虑这样做的作家，见 Robert Ceneau, *Gallica historia*, fol. 1557, p. 110。16、17世纪作家将涂油礼视为国王奇迹之源的态度，见下文，p. 356。

[2] *Apologie*, p. 65; 参见 p. 9。同样的调和论也见于 Marlot, *Théâtre d'honneur*, p. 717 以下。见下文 p. 291。

往科尔贝尼的朝圣者或寻求国王触摸者——在朦胧中仍然坚持认为，南村的这位修道院院长在国王的神奇力量中发挥着某种作用，而不会费脑筋去考虑他发挥作用的确切方式。这种信念相当朴实地反映在科尔贝尼档案保存的几件治疗证书中。这些治疗证书说明，17世纪某些接受国王触摸的瘰疬病患者认为，只有前往圣马库尔墓且举行九日祷告，他们才能获得完全的康复。或者说，他们应该在那里表达感谢之情，因为即使在他们受到国王触摸，没有任何其他虔诚行动，发现病情已经解除的情况下，他们仍认为这位圣徒的代祷对这个奇迹产生了作用。[1] 科尔贝尼修道院的修士们鼓励这些观念。

科尔贝尼朝圣规章制定于1633年，保存于布拉班特地方格雷杜瓦索的帮会的注册簿中，其文如下："如果他（病人）受触摸于这位至为虔诚的基督教国王（世间所有君主中，只有他通过这位有福了的圣徒而拥有治疗瘰疬病的神性力量），那么〔他〕必须在接受触摸后，由本人或派代表在本帮会为自己登记，然后在那里亲自或让人代替自己进行九日祷告，再将治愈证书由家乡的教士或法官签字，送往前面提及的科尔贝尼。"[2] 而在另一方面，如同过去一样，兰斯教士会对这位科尔贝尼圣徒在国王涂油礼中的竞争，却冷眼相观。1657年9月17日，兰斯地方的一位妇女尼科勒·勒尼奥从前罹患瘰疬病，现在已经康复。她以同一张纸出具了一份双重性的痊愈证书，一是由兰斯地方圣雅克教堂的教士M. 奥布里签名，奥布里也

1　liasse 223（资料），n° 7; 1669年3月25日欧赖的两位医生为一位瘰疬病患者颁发了证书，这位患者已经痊愈，因为"接受至为虔诚的基督教国王陛下的触摸且朝拜圣马库尔"（au retour d'srtre touché de sa Majesté tres Chrestienne et du pèlerinage de St Marcoul）。liasse 223, n° 1: 1658年4月29日颁发自讷沙泰勒的教士会的证书；讷沙泰勒位于芒奈维尔附近（毫无疑问，埃纳河畔讷沙泰勒、埃纳、芒奈维尔，乃一个区）；路易十四举行圣化礼之次日，这位女患者接受了他的触摸，"en sorte que peu de temps après par l'intercession de St. Marcou, auquel elle avait faict prière, elle aurait receu du soulagement"；但是随后疾病复发，她返回科尔贝尼，完成九日祷告，完全康复。也参见 p. 291, n. 1.

2　Schépers, *Le Pèlerinage de Saint-Marcoul à Grez-Doiceau*, p. 181. 我尊重编者的拼写，这种拼写似乎有点过于现代化了。

第四章 一些混同的信仰：圣马库尔、法国国王和第七子

是大主教区教堂的教士。这个证书证实尼科勒"在国王举行圣化礼时接受了触摸而痊愈"，没有提及圣马库尔。第二份证书由科尔贝尼的财务官出具。这位教士证明，这位女患者"因受到有福了的圣马库尔的代祷而彻底痊愈"，然后她以表达感谢的方式完成了九日祷告；这份证书没有提到国王。[1] 对于更高级别的教会机构，涂油礼的威望已经成为教会与王权之间最牢固的纽带，它们同样重视对这位民间圣徒的崇拜。所以，他们并不急于以这种或那种方式决断此事。他们的骑墙态度完全表现在《对上帝仆从的美化及诸圣徒的封圣》(*De la béati-fication des serriteurs de Dieu et de la canonisation des saints*)的论著中，这是大主教普罗斯珀罗·兰贝提尼的作品，此人即后来的教皇本笃十四世，为人机警，伏尔泰奉之以马哈迈德的称号。这部名作据说至今仍是权威性的礼仪汇编，在该书的第四卷，我们读到这样的话："……凭借慷慨施赠的恩典，法国诸王获得了治疗瘰疬病的特权，这种恩典的获得是在克洛维皈依之时（这是涂油礼论），或圣马库尔为所有法王祈求上帝恩典之时。"[2] 正如马尔洛颇为圆通的说法："在两种不同名义下拥有同一件东西，并不是不可能的。"[3]

真正说来，在国王奇迹论中，圣马库尔是一个贸然闯入者，他从未取得完全的成功。但怎样解释这种闯入现象呢？在有关他的传说中，还没有任何东西，在整体上或特别点上，可以证明闯入现象的合理性；从古代的传记中，我们读到他从希尔德贝尔接受了一些礼物，但没有提到——虽有乌达尔·布儒瓦的说法——他做出报答，使"国王陛下身体的这一部分变

---

[1] Liasse 223（资料），n° 7。

[2] Benoît, XIV, *Opera omnia*, Venise, 1788: *De servorum Dei beatificatione et beatorum canonizatione*, l. IV, pars I, cap. iii, c. 21, p. 17: "Ad aliud quoddam genus referendum est illud, quod modo a Nobis subnectitur, ad privilegium videlicet Regum Galliae strumas sanandi: illud quippe non hereditario jure, aut innata virtute obtinetur, sed Gratia ipsa gratis data, aut cum Clodoveus Clotildis uxoris precibus permotus Christo nomen dedit, aut cum Sanctus Marculphus ipsam pro Regibus omnibus Galliarum a Deo impetravit."

[3] *Théâtre d'honneur*, p. 718; 这段文字再次出现于 Regnault, *Dissertation*, p. 15。

第二卷　国王奇迹的辉煌及其变迁

得卓越非凡"，[1] 即为国王获得某种非凡的能力，或使这么一种能力的"延绵不断"。这位圣徒代祷的观念兴起于中世纪末，源于早期国王往拜其坟墓的朝圣场景，这种国王朝拜景观被人们解释为答谢所受恩惠的行动；这种解释之所以加诸各王本身，是因为它显然有利于各帮会团体，这些团体感兴趣于广泛传播对这位圣徒的崇拜。偶然性条件就是如此，这些偶然性条件起码可以使我们能够解释，这种奇怪的概念，在英国全然没有类似的例证，[2] 而在中世纪末期的法国却获得发展。不过，如果不首先视之为民众意识对于信仰混同普遍趋势的表现，那么这一点就不能得到充分的理解；如果我们斗胆借用一个古典语言学的术语，我们也许可以称之为诸信仰的"感染"。11世纪以后，法国有治疗瘰疬病的国王；在这同一国家也有一位圣徒，一两个世纪以后被认为具有相似的治病能力；这种疾病既被称为"国王之魔"，也被称作"圣马库尔之疾"，[3] 难道这两种奇迹之间不存在某种联系吗？人们在思想上寻找它们之间的联系；因为寻找，所以这种联系就找到了。现在我们继续研究另一个同样性质的"感染"的历史，它同时

1　*Apologie*, p. 9.

2　诚然，按照 Carte, *General History of England*, 1747, I, IV, § 42（参见 Law Hussey, *On the cure of scrofulous disease*, p. 208, n. 9; Crawfurd, *King's Evil*, p. 17）首先提出的一种理论，英国诸王是在威斯敏斯特宫的一个房间里为患者触摸，这个房间称作圣马库尔厅（St-Marcoul Chamber）。事实上，*Rotuli Parliamentorum* 数次提到威斯敏斯特宫的一个称作"马库尔厅"（Marcolf or Marchol Chamber）的房间（参见索引，p. 986），第一次是在 1344 年（II, p. 147 a），最后一次是在 1483 年（VI, p. 238 a）。但没有证据证明诸王在这个厅里为人触摸。这个房间一般用作上诉审查委员会的会议室，其人员不超过十人，空间一定很小，似乎完全不可能用来接待等待国王治疗的庞大群体。此外，应注意的是，虽然它见于 *Rotuli* 凡 73 次，但总是以 Marcolf（或 Marchol）Chamber 之名出现，从未以 St Marcolf 之名出现，如果它确实缘于一位圣徒的名字，那么这一点是非常有悖于当时通行习俗的。毫无疑问，这个房间据以命名的这位 Marcolf 是一位纯然俗世之人，迥然殊异于南村地方的这位修道院院长。人们也许会想到——虽然这不过是个假说——善开玩笑的 Marculfus，此人与贤王所罗门的对话是中世纪民众的笑料（尤其参见 G. Paris, *La littérature française au moyen âge*, § 103）；这个房间的墙壁上难道就不可能有一些绘画，描述这些有趣对话？此外，圣马库尔在英国似乎从未享有过盛名，这一点不足为怪。据我们所知，即使在欧洲大陆，对圣马库尔的崇拜也只是在宗教改革运动以后才在较大范围内传播开来。无论是 Jean de Tynemouth, *Sanctilogium Angliae* (C. Horstmann, *Nova legenda Angliae*, I, Oxford, 1901, p. ix)，还是 Richard Whytford, *Martiloge in englyshe* (1526) 中，他都不居于突出地位。（让·迪·蒂恩莫 [Jean de Tynemouth] 卒于 1348 年）没有任何迹象表明，英国的任何一座教堂是因他而建；参见 Frances Arnold-Forster, *Studies in church dedications*, III, 1899。

3　这个词语尤其一再出现于兰斯档案馆保存的治疗证书中。

第四章　一些混同的信仰：圣马库尔、法国国王和第七子

涉及了创造奇迹的国王及这位科尔贝尼圣徒。我们将看到，这种联系服从于持续不断的集体心理需求。

3　第七子、法国诸王与圣马库尔

从遥远的古代，人们就认为某些数字具有神圣性或魔力，尤其是数字"7"。[1] 所以，发生这样的事并不令人惊异：在许多国家，第七个儿子，更确切说，即无女儿间隔的连续七个儿子中的最后一个，被认为具有一种特殊的超自然力量。但是，在罕见的情况下，在不曾间有儿子的众女儿中最后的第七个女儿，也被认为具有这种力量。对这种力量的接纳者而言，它有时具有一种令人不快、总体上说来相当烦恼的性质：在葡萄牙的一些地区，情况似乎是，人们认为每个星期日第七子都要变成驴子（不知自愿与否），且以驴子的样子遭狗追逐，直到天亮。[2] 但是，这种力量几乎总是被视为有益的力量；在一些地方第七子被认为是魔法师。[3] 尤其是，几乎在所有地方，第七子被视为天生的治病者——第七女也同样如此，在贝里，人们称之为 panseux de secret（持秘方的医师），[4] 在普瓦图称作 touchou（触摸者）。[5] 这类信

---

[1] 关于此问题，读者可参见 W. H. Roscher, *Die Sieben- und Neunzahl im Kultus und Mythus der Griechen*, Abh. der phil-histor. Klasse der kgl. Sächsischen Gesellsch. der Wissensch., XXIV, I (1904)。也参见 Petri Bungi Bergomatis, *Numerorum mysteria*, Paris, 1618, p. 282 以下；F. von Adrian, *Die Siebenzahl im Geistesleben der Völker*, Mitteil. der anthropol. Gesellschaft in Wien, XXXI (1901)。

[2] W. Henderson, *Notes on the Folk-lore of the Northern Counties of England*, 2ᵉ éd. (Publications of the Folk-lore Society, II), Londres, 1879, p. 306（这个事引自马雷克[Marecco]教授的一封信件）。按照 F. von Adrian, *Die Siebenzahl*, p. 252 的见解，第七子或第七女有时被认为是恶魔，同样，人们认为恶魔来自黑母鸡的第七个蛋，或七岁母鸡生出的蛋。

[3] *Revue des traditions populaires*, IX (1894), p. 112, n° 17 (à Mentone). 民众观念对第七子能力性质的解释，时祥时恶，这种观念最能体现于一位英国农妇所说的一句谚语："第七子总是与众不同"，见 Charlotte Sophia Burne, *Shropshire Folk-lore*, Londres, 1885, p. 187。

[4] Laisnel de la Slle, *Croyances et légendes du centre de la France*, 1875, II, p. 5.

[5] Tiffaud, *L'Exercice illégal de la médicine dans le Bas-Poitou*, (thèse médecine, Paris), 1899, p. 31.

仰过去在中欧与东欧一直非常流行,现在无疑仍是如此:尤其是在德国、[1]比斯开、[2]加泰罗尼亚、[3]法国全境、[4]低地国家、[5]英国、[6]苏格兰、[7]爱尔兰、[8]甚至

---

1 F. Liebrecht, *Zur Volkskunde*, Heilbronn, 1879, p. 346（附参考书目）。

2 Theophilo Braga, *O Povo Portuguez*, II, Lisbonne, 1885, p. 104.

3 Joseph Sirven, *Les Saludadors* (1830); *Soc. agricole, scientifique et littéraire des Pyrénées-Orientales*, XIV, 1864, p. 116-118（加泰罗尼亚与鲁西永）。

4 稍后读者将看到,正文或注释中引用的一些古代或现代的证据,涉及法国境内的这种迷信。在这里我仅提及后面没有机会提到的证据:Leonardus Vairus (L. Vairo), *De fascino libri tres*, Paris, pet, in-4°, 1583, lib. I, c. XI, p. 48（作者是意大利人,他断定这种迷信流行于"高卢与勃艮第";读者将看到,我援引的是一个法文本,这是我能够参考的唯一版本。这本书被译为法文,题作 *Trois Livres des charmes*, 1583,所以可能有助于在法国传播这种想法。);托马斯·普拉特（Thomas Platter）1604—1605年所写回忆录,译本见 L. Sieber, *Mémoire Soc. histoire Paris*, XXIII, 1898, p. 224; Petri Bungi, *Numerorum mysteria*, 1618, p. 302（第七子与第七女）; De l'Ancre, *L'incrédulité et mescreance du sortilege...*, 1622, p. 157; Laisnel de la Slle, *Croyances et légendes du centre de la France*, II, p. 5; Jaubert, *Glossaire du centre de la France*, 1864（Marcou 词条）; M. A. Benoît, *Procès-verbaux soc. archél. Eure-et-Loire*, V (1876), p. 55 (Beauce); Tiffaud, *L'Exercice illégal de la médicine dans le Bas-Poitou*, p. 19, 31, 34, n. 2; Amélie Bosquet, *La Normandie romanesque et merveilleuse*, Rouen, 1845, p. 306（第七女）; Paul Sébillot, *Coutumes populaires de la Haute-Bretagne*（*Les Littératures populaires de toute les nations*, XXII）, p. 13; Paul Martellière, *Glossaire du Vendôme*, Orléans et Vendôme, 1893（Marcou 词条）。

5 M. Delrio, *Disquisitionum magicarum*, I, cap. III, Qu IV, éd 1606, vol. I, p. 57 (Flandre); Eug. Monseur, *Le Folklore wallon*, Bruxelles, 1892, p. 30, § 617 (Wallonia).

6 在这里,我对参考书目的处理,所遵循的原则如同我对法国的论述（见 p. 294, n. 8）。相关的段落文字同样涉及苏格兰:*Diary of Walter Yonge Esqu.*, éd. G. Roberts (Camden Society, 41), Londres, 1848（1607年的期刊）, p. 13; Crooke, *Body of man*（1615年问世,我了解此书是通过 J. Murray, *A new English Dictionary*, King's Evil 词条）; John Bird, *Ostenta Carolina*, 1661, p. 77; Χειρεξοχη, 1665, p. 2; Thiselton-Dyer, *Old English social life as told by the parish registers*, in-12, Londres, 1898, p. 77; W. G. Black, *Folk-medicine*, Londres, 1883, p. 122, 137; W. Henderson, *Notes on the Folk-lore of the Northern Counties*, 2ᵉ éd., p. 304, 306; Henry Barnes, *Transactions of the Cumberland and Westmorland Antiquarian and Archaeological Society*, XIII (1895), p. 362; John Brand, *Popular Antiquities of Great Britain*, in-4°, Londres, 1887, p. 233; Charlotte Sophia Burne, *Shropshire Folk-Lore*, London, 1885, p. 186-188（第七子与第七女）; *Notes and Queries*, 5ᵗʰ series, 12, 1879, p. 466（第七女）; *The Folk-Lore*, 1895, p. 205; 1896, p. 295（第七女）;最后这个例子说明,在萨默塞特触摸治疗要在两个七夕系列实施,这两个七夕系列要间隔七天不能实施触摸;在这同一个郡,第七女的第七女甚至被认为拥有更大的能力;这个神圣的数字始终占据突出地位。

7 Robert Kirk, *Secret Commonwealth*, in-4°, Edinburgh, 1815, p. 39（该著作完成于1691年）; J. G. Dalyell, *The darker superstitions of Scotland*, Edinburgh, 1834, p. 70; *Notes and Queries*, 6ᵗʰ series, VI, 1882, p. 306; *The Folk-Lore*, 1903, p. 371, n. 1, 372-373; 1900, p. 448。

8 *Dublin University Magazine*, IV, 1879, p. 218; *Folklore*, 1908, p. 316. 在多尼戈尔郡,如同在萨默塞特郡,对数字7有精妙的规定:第七子的触摸,必须在连续七个早晨进行,见 *Folklore*, 1897, 页15; 在这个郡中,帮助生产第七子的助产婆将她喜欢的一个物件放在第七子手中,此后第七子要用同材质做成的物件摩擦病人,以便治愈患者的疾病;见 *Folklore*, 1912, p. 473。

欧洲以外的地区，如黎巴嫩，[1] 据说也很流行。

这是一种非常古老的信仰吗？据我所知，关于这个问题，我们所掌握的最早的证据可追溯到16世纪初叶。科尼利厄斯·阿格里帕在1553年首次出版的《神秘哲学》(De Occulta Philosophia) 一书中提到这种信仰，我还没有发现比这更早的证据。[2] 这种迷信显然为古代世界所不知。我们可否相信，这种迷信在见诸书籍记载以前，已经在中世纪存在很长一段时间而没有留下任何文字证据呢？事情也许是这样；也有可能，将来某一天人们发现中世纪文献提到了这一点，而我却没有注意到。[3] 但我倾向于认为，这种迷信只是在近代才真正流行开来，因为它的流行在很大程度上归功于小商贩货摊上出售的小册子。大约从16世纪，这些小册子让普通民众可以接触到古老的炼金术知识，尤其是关于数字的玄思，而在此前，他们全然不熟悉诸如此类的东西。[4] 1637年萨默塞特郡普雷斯利地方的一位叫威廉·吉尔伯特的人连续生养了七个男孩，他让最小的儿子理查为病人"触摸"。与此同时，查理一世政府采取极为严厉的措施惩禁这类治病者——其原因下文将加以说明。普雷斯利所在的韦尔斯教区的主教受命调查吉尔伯特的情况，于是得以了解到年幼的理查如何为人治疗。对韦尔斯教区主教的报告，我们必须怀有感激之情。邻居的一位自由民有一位侄女罹患瘰疬病，这位自由民读过一本书，叫作《缤纷大事一千件》(A thousand notable things of Sundry Sortes)，记得书中说过这种病可由一位排行第七的儿子治疗。所以他把这位小女孩送到了吉尔伯特那里，小女孩成了这位娃娃医生的第一

1　F. Sessions, *Syrian Folklore; notes gathered on Mount Lebanon*, Folklore, IX (1898), p. 19.

2　*De occulta philosophia*, II, c. III, 无出版日期及地点 1553, p. cviii. 科尼利厄斯·阿格里帕也提及第七女。

3　拉乌尔·德·普雷勒翻译《上帝之城》，第11卷，第31章的注解，讨论过数字7的功能，但没有提及第七子的神奇能力。不过，我们从这种沉默中不能得出任何结论，因为他很可能拒绝讨论一种民间迷信。拉乌尔的译文我们已多次引述。

4　在中世纪，对学者的思想，特别是神学而言，神圣数字的使用，尤其是数字7的使用，当然是熟悉的：七项圣礼最为著名，虽然不是唯一的例证（参见 Hauck-Herzog, *Realencyclopädie der prot. Theologie*, Siebenzahl 条）；但我这里只打算讨论民间迷信。

位患者。[1] 为这位自由人提供了许多珍贵讯息的这部著作,现在我们已有了解。该著作由一位名叫托马斯·卢普顿的人编成,首次出版于1579年,已有多个版本。[2] 我们大可相信,不止一位家有七子的父亲,从中受到启发,直接地,或者像威廉·吉尔伯特一样,通过中间人的安排,想利用一大串儿子中最小儿子的异禀。对于这件事,卢普顿本人不能被视为一种民间传统的直接解说者,因为他也取材于书本,且坦然承认这一点。奇怪的是,他的主要资料取自一本由法国医生、占星术士安托万·米扎乌尔完成的外国著作《大事九百件》(*Memorabilium, utilium ac iucundorum Centuriae novem*);他汲取的资讯正是来自这部著作,这些资讯决定了普雷斯利地方的年轻医疗者的职业选择。[3] 这本书在1567年首次问世后也多次印制,尤其是在德国,更是多次印刷。谁能知道各国有多少触摸者,直接或间接地受了这本书的影响,决定从事他们的事业呢?其他地方可能也有其他类似的书籍产生了同样的影响。印刷术在整个世界所产生的结果,并非只是促进了理性思想的进步。

古代法国人经常称之为"老七"(septennaires)。这些"老七"们能治疗什么疾病呢?起初,他们大概不加区别地治疗所有疾病。在德国,他们的这种能力似乎一直保持着这种综合性特点。但在其他地区,他们趋向于专门化,虽然没有完全丧失对全部疾病的影响。在不同的国家,他们被赋予不同的技能:在比斯开与加泰罗尼亚,是治疗疯狗咬伤;在法国、大不列颠和爱尔兰,治疗瘰疬病。[4] 我们法国最古老的文献,从科尼利厄斯·阿

---

1 *Calendar of State Papers, Domestic, Charles I*,1637年9月30日及11月18日所分析的这个案例,其摘要已由格林(Green)部分发表于 *On the cure by touch*, p. 81以下。应该补充说明的是,从理查出生之日起,其祖母就宣布说,理查将以治病为职业。但是,直到自由民亨利·波因廷格(Henry Poyntynge)读到卢普顿的书,将侄女送到他那里,理查并没有开始医疗活动。

2 [T. Lupton], *A thousand notable things of sundry sortes*, petit in-4°, Londres [1579], II, § 2, p. 25;参见该作者名下的 *Dictionary of National Biography*。

3 Antonii Mizaldi, *Memorabilum, utilium ac iucundorum centuriae novem*, pet, in-8°, 1567, cent. III, c. 66, p. 39 v°.

4 梯也尔(下文 p. 299, n. 5所引段落)认为他们也治疗"三四种热病"。在苏格兰,除了治疗瘰疬病还治疗各类疾病:*Folk-lore*, 1903, p. 372。鲁西永是法国影响与西班牙影响交汇的地方,在那里他们既治疗狂犬病(如在加泰罗尼亚),也如法国一样治疗瘰疬病:*Soc. agricole des Pyrénées-Orientales*, XIV, 1864, p. 118。据梯也尔(4^e éd, p. 443),第七子曾经治疗"脚后跟的冻疮"。

第四章 一些混同的信仰：圣马库尔、法国国王和第七子

格里帕、安托万·米扎乌尔到托马斯·卢普顿的作品，已经显示出"老七"们所承担的是瘰疬病医生的角色，在拉芒什海峡两岸的某些乡村地区，今天人们仍可看到他们的这种角色。这种特别能力的源头是什么？令人非常吃惊的是，恰恰是在国王施展这种能力的这两个国家，他们也被赋予了这种能力。[1] 这并不是说在起源上，对第七子治病的信仰，与对国王奇迹的信仰有何联系；这种信仰产生于非常不同的观念，几乎可以说产生于一种非常不同的魔法。但是，毫无疑问的是，在法国境内以及英王统治的各国，人们早已习惯于将瘰疬病视为一种本质上与异常治疗方法相联系的疾病。让·戈林称之为"一种奇异的疾病"，英国17世纪的一本小册子称之为"一种超自然的恶疾"。[2]

在16、17世纪的法国和不列颠各国，行医的第七子很多。在英格兰，他们中的几个人成为国王的有力竞争者，一些患者宁愿向他们求医而不向国王求医。[3] 在这方面，也如同在关乎国王特权的其他所有方面一样，查理一世及其谋僚满怀嫉妒地进行着防御，所以对这些对手进行严厉的迫害。在法国，总体上他们似乎可以自行其是，其事业获得极大成功。[4] 在社会各团体中，人们都在谈论他们的业绩，虽然有些见识锐敏之人，如塞维涅夫人即帕拉丁王妃，谈及他们时只是报以讥笑的口吻。[5] 这些行医者中，数人留名至今：蒙彼利埃的一位学生，此人于1555年左右施展过这种技艺；[6] 普罗旺斯地区耶尔的一位隐士，他的一位崇拜者——姓名至今不

---

[1] 对于独立时期的苏格兰，我们没有任何证据。

[2] 下文 p. 372, 486。

[3] 我们从一封信件中看到这样一件有趣实例，*Calendar of State Papers, Domestic, Charles I*, 1632年6月10日、10月20日及10月22日对这封信做过分析。

[4] 关于这两位君主对第七子们的态度，见下文 p. 370-371。

[5] 塞维涅夫人1689年5月18日致贡托伯爵的信（附带提及了一位第七女）——*Briefe der Prinzessin Elizabeth Charlotte von Orlean*, éd. W. Menzel（*Biblioth. Des literarischen Vereins in Stuttgart*, VI）, 1843, p. 407；参见下文 p. 368。

[6] 巴塞尔医生费力克斯·普拉特1552年至1557年间在蒙彼利埃学习，在那里遇见这位出生于普瓦图的人，见 F. Platter, *Praxeos...tomus tertius: de Vitiis*, I, c. iii, Bâle, 1656, in-4°；奇怪的是，此段文字似不见于该著作较早的版本。普拉特在其回忆录中没有提到这件事，见 G. Lanson, *Hommes et livres*, Paris, 1895。

明——于1643年写的一本《第七子勤奋治疗瘰疬病趣论》(*Traité curieux de la guérison des écrouelles par l'attouchement des septennaires*)，算得上是人类愚蠢本性的最独特纪念物之一；[1] 1632年克莱蒙－昂博韦（Clermont-en-Beauvaisis）地方一位裁缝师之子；巴黎地区莫贝尔广场卡迈尔女修院的一位发愿修道者。[2] 最后的这位修道者从事这门职业，获得院长的充分赞同，说明教会并没有正式地谴责这种迷信。此外，我们很快将看到，科尔贝尼的修道士们如何利用此事。当然，那些更严格且明慧的教会人士是断然不赞同的。我们现在可以读到博叙埃的一封简短的书信，此信写给法雷穆捷女修道院长，这位院长当时对这位青年人具有的这种本领兴趣盎然。信中写道："夫人，请允许我荣幸地告诉您，我介入第七子的事务，只是为了阻止他们以所谓特殊才能欺骗世人，这种所谓特殊才能纯为无稽之谈。"[3] 1679年让·巴蒂斯特·梯也尔在《论迷信》（*Traité des Superstitions*）及1704年雅克·德·圣伯夫在《信仰的几重解析》（*Résolution de plusieurs cas de conscience*）也得出了同样的结论。[4] 正如我们可以料到的情形，这些医生的见解并不能阻止这种信仰的复兴。我已经说过，这种信仰在一些地方至今犹存。19世纪中叶，来自勃斯地区的沃韦特小村庄的一位农民第七子，在许多年间一直进行着富有成果的治疗活动。[5]

所以，在旧制度时代的法国，存在这三种不同类型的瘰疬病治疗者，被人们认为同样神奇、同样地具有力量：圣徒马库尔、国王及第七子。每一范畴的治疗者，人们赋予他们的力量都有非常不同的心理渊源。对圣徒

1　Par L. G. D. G., pet. in-4°, Aix, 1643；作者认为第七子只有在法国才具有这种能力，条件是他们的祖上是法国人（至第四辈），"非姘居所生，虔诚的天主教徒，且未犯过杀人罪"。

2　见下文 p. 305。

3　*Correspondence*, éd. Ch. Urbain et E. Levesque, VIII, p. 47, n° 1197（1695年3月27日）。承蒙迪纳修道院院长迪纳（M. l'abbé Duine）盛情，向我提到这封有趣的信件。

4　Thier, 4ᵉ éd., p. 442; Saint-Beuve, III, CLXXᵉ cas, 170, p. 589 以下。对于盛行的有关朝拜圣于贝尔的迷信，梯也尔与雅克·德·圣伯夫持类似态度，试比较。见 Gaidoz, *La Rage et Saint Hubert*, p. 82 以下。

5　Dr. Menault, *Du Marcoul; de la guérison des humeurs froides*; *Gazette des hôpitaux*, 1854, p. 497; 10月23日的 *Moniteur Universel* 有其摘要。

第四章 一些混同的信仰：圣马库尔、法国国王和第七子

马库尔，那是一种对圣徒德行及代祷的普遍性信仰；对诸位国王——原则上如此，而对晚起的科尔贝尼传说则须有必要的保留——它起源于神圣王权概念；最后，对于第七子，则是地地道道的对数字魔力的异端玄想。但是，这些不同因素在民众思想中纠合在一起，混合了起来；对于第七子及国王，显然发生了"感染"作用。

普通民众中广泛流行的一种看法是，具有特殊魔力的个人出生时身体上带有一种明显的印记，昭示其才能及显赫的身世。譬如，"圣凯瑟琳家族"身上带有的"完整或残缺的"车轮印记，就是如此，16、17世纪的几位作家曾提到这些车轮（车轮原是她殉教的工具，由是变成为这位圣徒的徽章）。根据这些作家的记载，"圣保罗家族"显示的"印在肌体上"的蛇形"图案"也是如此，在意大利，人们认为这些亲属从这位圣徒那里继承了治疗毒蛇咬伤的能力，并传给族人。[1] 第七子的情况也不例外。在比斯开与加泰罗尼亚，人们认为在第七子的舌头上或口腔中可以看到十字。[2] 在法国，公众因轻信而认为第七子的征象呈现为另一种更特别的形式，即百合花图案，人们说这种百合花图案从出生时即印在皮肤上；据说有的人长在大腿上。这种迷信出现于17世纪。[3] 这个时期仍有很多人相信国王也是与生俱来地带有这种标识吗？耶稣会的多米尼克神甫在《法国历史、编年纪与族谱中的圣徒君主》(*Monarchie sainte, historique, chronologique et généalogique de France*) 中，以其怪异的才华试图在圣徒家族与王室家族间建立尽可能多的家族联系。当他谈到莱昂纳尔·德·诺布拉时，他列举了下列证据，说明这位虔诚的修道院院长与法国王室的联系性："人们看到

1　Leonardus Vairus, *De fascino libri tres*, II, c. XI. éd., de 1583, p. 141; Théophile Raynaud, S. J., *De Stigmatismo sacro et prophano*, Sectio II, c. IV, 见 *Opera*, fol., Lyons, 1665, XIII, p. 159-160; J. B. Thiers, *Traité des superstitions*, 4e éd. p. 438-439（引用的带引号的短语取自最后这部著作）。

2　T. Braga, *O Povo Portuguez*, II, p. 104 ("una cruz sobre a lingua"); J. Sirven, *Soc. agricole des Pyrénées-Orientales*, XIV, 1864, p. 116; "Le vulgaire...assure qu'ils on une marque distinctive au palais de la bouche comme une croix ou une fleur de lys"（"民众证实，他们在口腔上长有一块清晰的十字或百合花胎记"；在鲁西永总是存在两种势力的交汇，十字表明西班牙的影响，而百合则是法国的影响；参见前文 p. 297, n. 3。

3　最早的例证似为 Raulin, *Paneyre...des fleurs de lys*, 1625, p. 178。

他光秃秃的脑袋上天然地长着一个百合花图案，1624年我曾目睹并触摸过它。"[1]这似乎是一种旧信仰的曲折的余响。我不知道这同一个时期是否还有其他文字证据。毫无疑问，这种信仰大约在这个时期逐渐消亡；在归于第七子的神奇标识中，我们也许可以视之为最后的表现形式之一。确然无疑的是，这种百合花通常被认为是国王的百合花。耶稣会士勒内·德·塞里兹埃于1633年、兰斯教士勒尼奥于1722年，都认为这是一个证据，证明"第七子"的能力是"来自我们的国王在天堂所享有的荣光"。[2]但这已经是一个半理性化的解释；如果我们简单地说，由于民众不重视逻辑，在这些魔法师——天生的瘰疬病治疗者——与法国诸王之间建立了一种神秘的联系，那么我们将更接近于这个流行事实的真相。这种神秘联系的明显表现是，这些魔法师的身体上有一个先天性的标识，这个标识再现了卡佩家族盾牌特有的徽章，类似于国王们带有的胎记——过去人们曾长期相信、大概有时仍然相信国王拥有这种胎记。而且，这肯定不是这种联系的唯一表现。17世纪，第七子们在开始施展其技能前，很可能寻求国王为自身触摸，为的是通过这种接触，借到一点魔力。[3]即使在今天的某些乡村地区，如果他们的父母事先为其取名叫路易，那么人们会认为其能力将特别有效验。这种传统显然只是对往昔的一种记忆，当时法国诸王曾一代接一代地

---

[1] Fol. 1670, I, p. 181. E. Molinier, *Les Politique chrestiennes*, 1621, lirre III, chap. III, p. 310 论及受上帝选定而行使权威的皇家或贵族家族："Je dis que ceux qui descendent de telles maisons portent du ventre de leur mère, non comme ceus de nos vieux Romans la marque d'une ardente épée empreinte sur la cuisse, mais l'autorité d'un crédit héréditaire gravé dessus leur nom"（参见 Lacour-Gayet, *Education politique*, p. 353）。这显然不过是一部文学性的回忆录。J. 巴尔比耶（J. Barbier）在其1618年问世的论文 *Les miraculeux Effects de la sacrée main des Roys de France* 中，提到"斯巴达-底比斯人"世袭的胎记长矛（p. 38），以及塞琉古人的锚（见前文 p. 253）：他似乎并不怀疑法国存在王室标识。

[2] De Cerizier, *Les Heureux Commencemens*, p. 194; [Renault], *Dissertation historique*, p. 8.

[3] 至少这似乎就是上引博叙埃书信（p. 299, n. 4）句子的意思："Le Roi ne touche plus des sortes de gens [the seventh sons] que dans le cas qu'il touche les autres, c'est à dire dans le cas des écrouelles"（这种人［第七子］触摸他人，即触摸瘰疬病人的情况下，国王不再触摸之）。Ne touche plus（不再触摸）说明，除了触摸"瘰疬病患者"，法国诸王从前的确有触摸第七子的习惯；令人不解的是，据我所知，没有其他资料可以使我们对这些谜一样的词语有一个完全肯定的解释。

第四章 一些混同的信仰：圣马库尔、法国国王和第七子

承袭这个名字。[1] 从最后的这个实例中，我们可以看出，源自君主观念的这类迷信，有时甚至超越君主制本身而存留下来。百合花图案的情况也是如此。迟至19世纪中叶，由于其偶然的出身而事业顺遂的这位沃韦特地方的治疗者，曾经展示过这个徽章印记，他声称这个印记与生俱来地长在指头尖上。如果情况需要，就要耍些聪明以弥补天然不足了。16、17世纪，人们强烈地怀疑，"圣凯瑟琳家族"及"圣保罗家族"曾以人为手段制造他们引以为荣的车轮或蛇形图案。[2] 1854年，梅诺医生以颇为怀疑的语调，写过一篇有趣的文章，论及沃韦特地方的这个人。他告诉读者，这类江湖郎中如果不幸生而缺少胎记，他们就自造一个，手段是在皮肤上割几下，留下所需形状的疤痕。[3] 这就是法国国王"标识"的最终形态。

第七子们与圣马库尔的关系则更为密切。从很早时期——不早于17世纪初——第七子们就将自己置于这位卓绝的瘰疬病医生的保护之下。他们大多数人在每次触摸患者之前，都要向圣马库尔祷告。但他们行之更远。在其职业生涯开始时，甚至开始行医之前，第七子们几乎都要到科尔贝尼去举行九日祷告。他们按照这些风俗行事时，再次模仿了法国诸王的榜样，或者更确切些，支配他们的情感，与驱动君主们前往埃纳河边朝圣的情感，以及国王奇迹的礼仪所表达的情感，是相同的。为了实施效果彰显的治疗，他们还认为从开始就必须有瘰疬病患者的著名保护人的代祷，如上文所说

1　E. Monseur, *Le Folklore wallon*, p. 30, § 617: "Pour posséder le pouvoir de guérir ... porter le nom de Louis et être le septième fils de la famille sont aussi deux prédispositions très grandes"（"要有为人治病的能力，拥有路易这个名字，且在家族中第七子，也是两个非常重要的条件"）。我认为这两个"条件"通常是系于一人之身。

2　Vairus，前引书；Raynaud，前引书，及 *Naturalis Theologia*, Dist. IV, n° 317, 见 *Opera*, V, p. 199; Thiers，前引书。

3　见前文 p. 300, n. 1。沃韦特的这位巫师曾经向患者散发画像（大概是马库尔的画像），画像的上端镌刻着："Le Roi te touche, Dieu te guérisse!"（国王为你触摸，上帝为你治疗！）（同前书，p. 499）；这是晚些时候国王为病人触摸时使用的词句。在这里人们可以看到同一种信仰体系的另一存留物，只是形式有些扭曲。我们在 *Revue des traditions populaires*, IX (1894), p. 555, n° 4 读到，在诺曼小森林（Bocage Normand）地方，某家有七个儿子，第七子身上某处带有百合花图案，且为人触摸淋巴结，即为孩子们治疗体内炎症。"quand il y a sept filles dans une famille, la septième porte sur une partie quelconque du corps une *fleur de lis et touche du carreau*, c'est-à-dire qu'elle guérit les inflammations d'intestin ches les enfants."

的那样，按铭文上的原话向圣里基耶教堂的圣马库尔祷告。他们喜欢在这位圣徒的节日时施展其技能；有时甚至斗胆以圣马库尔的名义为人治疗。简言之，他们毕恭毕敬地与圣马库尔达成了可以称作虔诚同盟的关系。[1]

在这样的时代、这样的环境中，这样的联盟是再自然不过的了。对民间传统的一份研究，为我们提供了另一个非常相似的实例——法国以外的实例。在加泰罗尼亚，人们称第七子们为塞特（setes）或萨露达多（saludadors），但他们与瘰疬病患者无关，其专长是治疗狂犬病。他们治疗被狗咬伤的可疑患者，被认为掌握着预防人与牲畜恶疾的现成秘方，在上个世纪西班牙辖下的加泰罗尼亚仍在大展身手，有时甚至在鲁西永也施展手脚，取得令人称羡的成就。在整个伊比利亚半岛，有一位治疗狂犬病的出类拔萃的绝世代祷者圣基特里娅，这是一位女圣徒，鲜为历史家所知，但却拥有众多信徒。[2] 在法国，治疗同一疾病的共同能力在第七子与圣马库尔之间建立了某种共同联系；同样，在加泰罗尼亚，相同的职业选择促生了萨露达多与基特里娅之间的联系。这些萨露达多曾让患者亲吻据说属于基特里娅的十字架；他们常见的治疗措施，是吹拂患者疮肿并吸吮之；在实施这样的治疗之前，他们要向这位圣徒做简短的祈祷。他们拜访那些如贝兹卢教堂一样特别尊崇基特里娅的教堂：他们在那里抒献忠诚，献上说明其出生详情的证书之后，从修士们手里接过一个带大玻璃珠的念珠，端点是基特里娅的十字架，他们将让未来的患者亲吻这个十字架。在这些行动完成之前，他们不会展开其业务。[3]

最后的这一特点值得反思，因为它清楚地刻画出在追寻意义明确的政策中某些个人意志所发挥的积极作用。圣徒和魔法师之间存在合作关系的

---

[1] Du Laurens, *De mirabili*, p. 20; Favyn, *Histoire de Navarre*, p. 1059; De l'Ancre, *L'Incrédulité et mescreance du sortilege*, p. 161; Raulin, *Panegyre*, p. 178.

[2] *AA. SS. maii*, V, p. 171 以下。参见 Du Broc de Segange, *Les saints patrons des corporations*, I, p. 391。

[3] J. Sirven, *Soc. agricole des Pyrénées-Orientales*, XIV, 1864, p. 116-118。"萨露达多"这个名字在这些地区是巫师－医师的通称；J. B. 梯也尔用它指"圣凯瑟琳的亲属"，这些人不是第七子（p. 300 提及的段落）。

第四章　一些混同的信仰：圣马库尔、法国国王和第七子

观念，必定同时存在于民众与萨露达多本人的思想中；但主持圣徒崇拜礼仪的修士肯定也鼓励这种观念。同样，法国科尔贝尼的修士们也鼓励第七子们将自身与他们的圣徒保护人联系起来，以便服务于自己的利益。这些深孚众望的治病者可能变得非常不利于朝圣之旅，但在另一方面，他们与圣马库尔之间建立起来的联系，也使之成为圣马库尔的宣传媒介，尤其是他们按照修士们的邀请，要求其患者必须加入科尔贝尼帮会时，情况就更是如此。所以在第七子与傻子查理建立的这个古代团体之间，产生了一种真正的协议；碰巧我们还有两份均为1632年的文件，可以揭示这种关系具有的极有趣的效用。

此一时期，科尔贝尼修道院的院长正是乌达尔·布儒瓦先生，我们已经看到，他曾写文章捍卫受到曼特斯人竞争的其修道院的荣耀；此人极为忙碌且活跃，正是靠了他，教堂建立了一座新的具有时代风格的主祭坛，[1]而且他竭尽所能去创造他管辖下的这个修道院的繁荣。一位第七子带着所在教区注册簿的简要说明——毫无隐瞒地说明他确属排行第七，没有任何姐妹楔入其间——出现在科尔贝尼时，他首先要做祈祷表达虔诚，然后从乌达尔·布儒瓦先生那里接过正式承认他是瘰疬病治疗者的证书。副本将归于修道院的档案。有两份这样的文件保存了下来，一份涉及克莱蒙地方的一位裁缝的儿子埃利·卢韦，[2]另一份涉及莫贝尔广场的卡迈尔会修道者安托万·巴耶。其朴实无华的笔法不乏趣味。这里引录第二件作品中的核心段落；原文带有这个伟大世纪独有的异想天开的特点，我这里照录如下：

> 我们，乌达尔·布儒瓦，拉昂主教区弗蒙多瓦地方科尔贝尼修道院院长……已目睹、阅读并仔细审查安托万·巴耶神甫的出生记录与

---

[1] 与这座建筑物有关的文献、素描图在 liasse 223。参见 Barthélemy, *Notice historique sur le prieuré*, p. 235（有一版画）。关于乌达尔·布儒瓦，见圣雷米修道院亡故名册上的通告，兰斯市图书馆，ms. 348, fol. 14。

[2] liasse 223（资料），n° 7 (1632)。它在本质上与安托万·巴耶所持证书相似。其不同处见下文。

证明，他是卡迈尔山圣母修会的神甫，在巴黎莫贝尔广场著名的神甫修道院修行，他是第七位男性子嗣，无姐妹楔入其间……鉴于这位安托万·巴耶神甫乃第七子，而第七子可触摸那些为瘰疬病所染的贫穷患者并以其双手实施治疗，此为民众及我辈虔信不移，且为我辈每日所经历[1]……他已两度拜访科尔贝尼之皇家圣马库尔教堂——此处存放这位著名圣徒的神圣骨骸，人们因为身患瘰疬病而乞灵于这位圣徒；在第二次拜访圣马库尔教堂时，他与患者一起完成九日祈祷，事无巨细、尽其所能地完成了九日祷告的一切要求，还注册成为皇家帮会的成员，在为人实施触摸前，他向我们出示证据——除了前文提及的文件和证据——证明他服从上峰，证据按要求签字并盖章，标明日期为1632年9月15日，出示了博士、学士们以及其修道院德高望重的神甫们出具的资格证书及赞同意见书，大略说明他作为其团体之一员，是品德优秀的修行者，趣味高雅、声望卓著……因此，我们准许并授权他在一年中的某些日子，以其双手慈悲为怀地治疗瘰疬病患者，[2] 这些日子即：5月的第一天、圣马库尔节、7月7日（这是他本人的节日）及10月2日（他的瞻礼节）、耶稣受难日、四季大斋日（一切归于上帝！），[3] 他触摸上述患者之后，将派他们到科尔贝尼修道院，以便让他们为自己注册登记，成为皇家圣马库尔帮会的成员——此帮会在这个地方由我法国诸王所创建，我法国诸王为帮会之第一批会员[4]——并为上帝及这位光荣的圣徒的荣耀，进行九日祈祷或让他人代行祈祷。

我们已签署这些文件，并加盖帮会之皇家印章，此证。一千六百三十二年九月四日。

---

1 埃利·卢韦的证书明确说，第七子们为人治病"靠的是伟大的圣马库尔的祈祷及功勋，圣马库尔是法国王权的保护者"。

2 埃利·卢韦的证书更直截了当地说，"慈悲地、无报偿地"为人治病。沃韦特的第七子也不接受金钱报偿，但曾接受大量实物礼品；他的后一种做法，无疑是遵循传统。

3 埃利·卢韦的证书只是说明，"四季大斋日、耶稣受难日"获得授权为人触摸。

4 将这种资格赋予法国诸王，这无疑是将国王混同于布商之"王"，关于这一点，见前文 p. 281, n. 1。

第四章 一些混同的信仰：圣马库尔、法国国王和第七子

于是，安托万修士带着这个证明，返回其修道院。他的才能似乎受到人们的赞赏，因为瘰疬病患者经常造访莫贝尔广场修道院。1666年奥地利的安娜逝世后，卡迈尔会成员又贡献了另一件货真价实的圣马库尔的圣骨，这份圣物乃安娜王妃的遗产，先前为了她而从科尔贝尼的圣骨盒里取走。[1] 我们至今还可以看到卡迈尔会成员散发给公众的传单，这些传单无疑是在那个时候印制。[2] 传单容纳了最芜杂的内容；各医疗药方并列呈现，其中一些药方似与魔法观念相关联，[3] 与之相关联的，还有献给圣马库尔与圣克卢——修道院的另一位圣徒保护人——的赞美诗和祈祷文；传单毕恭毕敬地提到国王创造的奇迹后，直白地建议瘰疬病患者去寻求"确证无姐妹楔入的第七子"，求他们以双手实施治疗。安托万·巴耶的名字没有被提及，但是这个建议无疑将他特别包含在内。传单的顶端是这位圣徒的小版画。

科尔贝尼修道院的被保护者们将这个传统牢固地建立起来，这个传统持续到19世纪。沃韦特的这位第七子曾在圣马库尔的小雕像前实施治疗，治疗前他与患者首先在雕像前举行简短的祈祷。这个仪式，以及伴随的仪式，每天都重复进行，连续九日；伴随的仪式是简单地用手抚摸，并画上十字，其情形如同国王所做的姿势，也许除非我们相信此举纯粹出乎巧合。就是对国王姿势的效仿，治疗期结束，患者还不能离去，直到得到一份疗方——疗方上拟定了一些非常奇怪的推荐食谱，特别规定要严格庆祝圣马库尔节。患者还要带走一本书，书中内容包括这位圣徒的日课、供祈祷用的画像，以及刻在画像下方的向圣马库尔祷告的祈祷文。此外，到这个时期，第七子与南村及科尔贝尼的这位古代奇迹创造者之间的密切联系，已

---

[1] 为奥地利的安娜而移走这位圣徒的椎骨，此事发生在1643年4月17日；liasse 223, n° 10（两份文献）。赠给莫贝尔广场卡迈尔会的礼物，见收录治疗证书的一卷资料集的卷首通告，liasse 223（资料）。

[2] Bibl. Nat., Estampes Re 13, fol. 161; 参见 Cahier, *Caractéristiques des saints dans l'art populaire*, in-4° 1867, I, p. 264, n. 3; Jean Gaston, *Les Images des confréries parisiennes avant la Révoltion* (Soc. d'iconographie parisienne, II, 1909), n° 34。

[3] 如禁止食用"所有动物的脑袋……及鱼的脑袋"。瘰疬病被认为是一种脑疾。在这药方的渊源上，难道我们看不到与交感魔法习俗相关的观念吗？今日迪南招待所兜售给圣马库殿朝圣者的小册子里，仍有相同的禁令；见 J. Chalon, *Fétiches, idoles et amulettes*, I, p. 148。

经变得非常明显,以至于广大民众可以在当时的语言中找到强烈的表达方式。这些瘰疬病的治疗者在接受洗礼时,有时从他们的有远见的父母或教父母那里,得到一个适合未来职业的名字,这个名字无疑被认为会给他们带来好运气。我们已经看到,路易是非常流行的名字;马库尔则更为盛行。[1] 马库尔这个名字逐渐地不再是一个基督教名称,而成为一个普通的名字。到19世纪,可能更早的时候,在法国各地,如果一个人幸运地在清一色六个男孩之后来到世间,那么他通常就会被称作马库(marcou)。[2]

对圣马库尔崇拜及第七子能力信仰的研究,将我们带到了现代。现在我们必须返回来,追溯一下文艺复兴和宗教改革以后国王奇迹的轨迹。从那个时代起,圣马库尔肯定被认为是国王力量的一个源泉,但方式相当模糊不清。

---

[1] M. A. Benoît, *Procès verbaux soc. archéol Eure-et Loir*, V, 1876, p. 55,是唯一提及以马库尔这个基督教名称为第七子命名习惯的著作;但是以马库尔作为第七子们的通用名称,却为大量文献所证实(见 p. 308, n. 1)这个通用名称似乎源于洗礼时所取的教名。

[2] 特别参见 p. 294, n. 8 提到的莱内尔·迪·拉·萨尔(Laisnel de la Salle)、若贝尔(Jaubert)、蒂福(Tiffaud)及马泰利埃(Martellière)的著作,及 p. 300, n. 1 提到的梅诺(Menault)医生的文章。Liebrecht, *Zur Volkskunde*, p. 347 提到用来称呼治病者的 marcou 这个词,对它的语源我们不做研究。在某些方言即罗曼司土语中,尤其是窝龙语(比利时南部方言。——译者)中,marcou 具有另一种完全不同的意义:它的意思是猫,更确切说,是雄猫,并且这个意思似乎相当古老;参见勒迪沙(Leduchat)编辑的 H. Estienne, *Apologie pour Hérodote*, La Haye, 1735, III, p. 250, n. 1;同样的意思也见于 Ménage, *Dictionaire étymologique*, 1735 年版的 marcou 条(该词条引用了让·马罗 [Jean Marot] 的一首回旋诗 [rondeau]);L. Sainéan, *La création métaphorique en français ... le chat, Beihefte zur Zeitschr. für romanische Philologie*, I, 1905, *passim*(v. la table);J. Chalon, *Fétiches, idoles et amulettes*, II, p. 157。我们相信圣马库尔、第七子与雄猫之间存在某种关系吗?这是勒迪沙(Leduchat)所持的见解:"此外,marcou 也是猫的名字,有人说这种动物的皮毛引发瘰疬病。于是用一种 marcou 治疗另一种 marcou 引发的疾病"(这是上文所引与艾蒂安[H. Estienne]著作相关的注释)。所以我们必须假定,这个词早已变成了瘰疬病治疗者的通称,然后,由于一种观念的转移,次发性地用在了一种被认为能引发同种疾病的动物身上。但是,似乎可以肯定的是,这种过于独出心裁的解释应予以拒斥。我在其他任何地方还没有发现,人们认为猫具有这样一种特性,我不知道,勒迪沙是否会在没有任何证据的情况下,为了支持其解释,赋予它这样一种特性。正如赛奈安(Sainéan)所说,通过某种朦胧的源于模仿猫叫声的拟音构词法,marcou 这个名字当然可以用在猫身上。赛奈安(p. 79)显然赞同这种见解,即认为第七子可能从猫那里取得了自己的名字。鉴于上文已经进行论述,这种见解似乎没有必要讨论了。

第五章

宗教战争与绝对君主制时期的国王奇迹

1 危机发生前创造奇迹的国王

1500年前后及16世纪一些年间，在拉芒什海峡两岸，国王奇迹似乎得到了全面扩展。[1]

---

[1] 我们研究近代的治疗仪式，碰到的是另一类新材料：游记及旅游指南。一般说来，这些文献并非全然可靠。其中许多无疑是事后草就，基于不完整的记录或歪曲的回忆，含有极为惊人的错讹。一二个实例足以说明问题。亚伯拉罕·戈尔尼兹（Abraham Gölnitz, *Ulysses belgico-gallicus*, in-12 Amsterdam, 1655, p. 140 以下）描述过法国仪式，这个描述似乎有一部分是基于各书提供的信息，另有一部分则纯属杜撰。他肯定说每次有两把权杖被带到国王面前，一把覆以百合花，一把覆以正义之手。枢机主教希吉（Chigi）在叙述其出使行动时（1664 年），说法王在每次触摸前斋戒三日；国王亲吻患者（E. Rodocanachi, *Rev. d'histoire diplomatique*, 1894, p. 271 的翻译）。除此之外，是莫名其妙地不能进行准确观察，这种无能是一些才智人物的缺陷。列日地方的于贝尔·托马斯到访法国，目睹弗朗索瓦一世在科尼亚克为人触摸，到访英国，亨利八世亲手交给他治理痉挛的戒指（下文 p. 325, n. 1）；总体上，他似乎是一个值得信任的人，但他明确说英国诸王不为瘰疬病患者触摸。Hubertus Thomas Leodius, *Annalium de vita illustrissimi principis Frederici II*..., in-4°, Francfurt, 1624, p. 98. 不过，一些游记，一些头脑特别精明且公道之人的著作，是例外的情况，譬如，1577 年出使法国宫廷的威尼斯大使杰罗姆·利波马诺的秘书完成的游记，就是如此：*Relations de ambassadeurs vénitiens*, éd. Tommaseo (*Documents inédits*), II；我在任何时候以其他相当准确的文件检核这些材料，都发现他的记载完全可靠。

先看法国的形势。对于这个时期的情况，我们可以从一些幸免于毁灭的王室赈济簿中看到异常精确的数字。最古旧的账簿可追溯到查理八世统治末期，最近的属于查理九世统治时期，即宗教战争中期的1569年。[1] 这些账簿所包含的相关财务运作讯息非常完整。在我们现在要进行研究的这个时期，王室不再像美男子腓力统治时期那样，在接受触摸的各患者间进行选择性施与。现在，所有接受触摸的患者都分享王室的施与，不管是谁，一视同仁。[2] 此处是一些可以肯定的年度统计：从1507年10月1日到1508年9月30日，路易十二触摸的患者只有528人；[3] 但在1528年，弗朗索瓦一世触摸的患者至少有1326人；1529年988余人；1530年至少1731人。[4] 奇怪的是，触摸病人的最高纪录，是由查理九世保持的：1569年是内战之年，但国王几次获胜——雅那克与蒙孔图尔之捷就在此间——使这一年变得生机勃勃；这一年间，这位国王假手其赈济官、著名的雅克·阿米约，向2092位瘰疬病患者分发了常见的赠金，这些患者的患处受到这位年轻国王的触摸。[5] 这

---

[1] 更详尽情况见附录一，p. 434 以下。

[2] 原则上每位患者收到 2 个图尔苏（tournois sous），例外情况是：（1）1502 年 10 月 31 日收到 2 个卡罗勒（carolus，查理八世发行的银制辅币。——译者），按照 Dieudonné, *Monnaies royales françaises*, 1916, p. 305, 仅相当于 20 图尔银币（tournois denier，旧时法国辅币，等于 1/12 苏。——译者），但赈济簿册给出的金钱总数显然不准确，见 Bibl. Nat. franç. 26108, fol. 392；（2）1507 年 8 月 14 日，是 2 个苏 6 个银币：KK 88, fol. 209 v°）。查理八世时代的患者，在一个时期内，也许只是接受 1 个图尔苏；至少这是赈济簿册 KK 77, fol. 17（1497 年 10 月 24 日。按：英译本为 14 日。——译者）的一条记录给予人们的印象；但是这一条记载（A xx/iiij xij malades des escrouelles ... chacun xij d. t., pour eux ayder a vivre）字义模糊不清，人们无法断定它指的是国王触摸时分赠的赈济金，还是给予等待国王陛下为其治疗幸福时刻的瘰疬病患者的赈济金。1408 年 3 月 28 日，查理八世举行这种仪式的最后一日，患者每人接受 2 个苏，接下来的各朝代也是如此（KK 77, fol. 93）。

[3] 据 KK 88。1498 年 3 月 28 日，查理八世触摸 60 人：KK 77 fol. 93。路易十二完成圣化仪式返回科尔贝尼，触摸患者 80 人：同前引，fol. 124 v°; 1502 年 10 月，触摸 92 人（并非如 R. de Maule: *Les Origines*, p. 28 误断的 88 人）：Bibl. Nat. franç. 26108, fol. 391-392。

[4] 据 Bibl. Nat. fr. 6732 完成的 KK 101；这个登记包括相当多的空白，尤其是 1529 年的情况，所以人们只能得出一些最小数字；参见下文 p. 434。*Journal d'un bourgeois de Paris*, éd. V.-L. Bourrilly (*Collect. de textes pour servir à l'histoire*), p. 242（图尔，1526 年 8 月 15 日），作为前著附录由布里伊（Bourrilly）发表于 *Chronique*, p. 421；参见下文 p. 317, n. 1。

[5] 据 KK 137。Barthélemi de Faye d'Espeisse [B. Faius] 在其题为 *Energumenicus* 的反新教的论战性短著（1571, p. 154）中，提到阿米约在触摸仪式中所扮演的施济官角色；而且，这篇论文是题献给阿米约的。

些数字堪比我们自其他资料引用过的、涉及另一个时期和另一个国家的数字，即爱德华一世与爱德华三世时期的赈济簿册中的数字；16世纪法国的瓦洛亚王朝，就如同从前英国的金雀花王朝，见证了数以千计的民众前来求医的场景。

大队的患者来自何处？在这点上，16世纪的文献不如美男子腓力的记事簿清晰。16世纪的文献所列出的国王触摸的受众通常是不记名的，如果有时提到他们的名字，则几乎不提及其籍贯。不过，有一类特别的外国人，习惯上可获得特别施舍，"以助其返回祖国"，这一点常见诸记录，至少亨利二世统治时期是如此，尽管亨利二世的账簿过于零碎，难以收入上文所列出的年度统计，查理九世时期也是如此；这些外国人看来是西班牙人。[1] 其他文献证明他们渴望得到国王的触摸。在这个世纪中，法国与西班牙之间几乎绵延不断的政治对抗，并没有侵蚀掉饱受瘰疬病折磨的半岛上的民众对一位君主超自然特性的信仰，尽管这位君主是其主子的政敌。此外，政府间虽处于敌对状态，但两国间仍有频繁的交往；法国境内有西班牙人，而西班牙境内的法国人尤多。民众的这些迁徙活动必定将法国国王创造奇迹的声誉传播到比利牛斯山以远地区。一旦和平暂时得到恢复，那些瘰疬病患者，不管是贵族还是普通民众，都会翻山越岭、急急匆匆地奔向国王医生。这些人似乎组成名副其实的队伍，每队由"队长"率领。[2] 这些人到达后，会接受大量的赠物——有身份的人接受的赠物多达225或275里弗尔；[3] 这种慷慨施赠，证实法国朝廷重视将本朝创造奇迹的声望传播到

---

[1] 亨利二世：KK 111, fol. 14, 35v°, 36, 37v°, 38v, 39v°；查理九世：KK 137, fol. 56v°, 59v°, 63v°, 75, 88, 89, 94（关于赠给西班牙人的特别施济费主题，我们从这些材料引述了相关证据），97 v°, 100v°, 108。参见杰罗姆·利波马诺游记, p. 54；关于国王触摸，作者说："pare quasi cosa incredibile et miracolosa, ma pero tanto stimata per vera et secura in questo regno et in Spagna, dove piu che in ogni altro luogo del mondo questo male e peculiare"。同样参见 Faius, Energumenicus, p. 155。

[2] André du Chesne, Les Antiquitez et recherches de la grandeur et maiesté des Roys de France, 1609, p. 167, 提到 "… le grand nombre de tels malades, qui vient encore tous les ans d'Espagne, pour se faire toucher à nostre pieux et religieux Roy; dont le Capitaine qui les conduisoit en l'année 1602, rapporta attestation des Prelats d'Espagne, d'un grand nombre de gueris par l'attouchement de sa maiesté"（"每年来自西班牙的大量此类患者，为的是获得我们虔诚笃信的国王的触摸；1602年，他们在队长的带领下，带回了西班牙高级教士开出的证书，证明许多人经国王陛下触摸而康复"）。

[3] livre, 法国19世纪以前的货币名，相当于1磅银子，后为法郎取代。——译者

境外去。[1] 在亨利二世完成圣化礼仪式返回途中，成群结队的人簇拥到他驻足的科尔贝尼，在这些人中，除了提到西班牙人，记载还提到其他外国人，这些人的国籍没有说明。[2]

即使在法国境外，法国诸王有时也实施治疗。尤其是在意大利——这个时期，其野心常常促使他们光顾此地。查理八世在那不勒斯，路易十二在帕维亚、热那亚举行其创造奇迹的仪式时，都在其视为国家固有领土的诸城中实施触摸；但是，他们有时也不惮于在公认的外国领土（如教廷统治的各地）上施展其技艺。1515年10月，弗朗索瓦一世到达博洛尼亚，在利奥十世那里做客，他在那里公开声明，要为病人触摸，而且在教皇宫殿的小教堂里确实为人实施了触摸，接受触摸者包括一位波兰主教。1495年1月20日，查理八世甚至在罗马的圣彼得教堂触摸了约500人。如果颂词作者安德烈·德·拉维涅的记载可信，那么情况是，他让意大利人陷于了"异乎寻常的崇拜"。[3] 诚然，我们将注意到，这种奇迹展示不可避免地引起这些地方的自由思想家的怀疑；但对于普通民众，甚至一些医生而言，却是

1　关于法国人大量定居西班牙，参见 Bodin, *République*, livre. V, § I, éd. de 1579, fol, Lyon, p. 471，整个论述结尾的文字是："de faict l'Espagne n'est quasi peuplée que de François"（事实上，在人数上西班牙几乎比不上法国）；关于西班牙人定居法国，读者可参阅 J. Mathorez, *Notes sur la pénétration des Espagnols en France du XIIe au XVIIe siècle; Bulletin hispanique*, XXIV (1922), p. 41（实际上只涉及学生）。一位西班牙妇女前来接受国王触摸，接受275里弗尔，此事见 *Catal. des actes de François Ier*, III, n° 7644 (21 déc. 1534)；一位西班牙妇女带着女儿前来，让女儿接受国王触摸，接受275里弗尔，同前引，VIII, n° 31036 (Jan. 1539)。法王创造奇迹在西班牙的声望，在格林纳达的神学家路易斯的著作中有所反映，见下文 p. 355, n. 1。

2　KK 111, fol. 39 v°: "Aus malades d'escrouelles Espaignolz et autres estrangers la somme de quarante sept livres dix solz tournois a eulx ordonnée par ledit sr. grant aumosnier pour leur aider a vivre et aller a St Marcoul attendre pour estre touchez." 在科尔贝尼实施的国王触摸发生于1547年7月31日：参见 p. 492。

3　1495年1月20日查理八世在罗马，见 André de la Vigne, *Histoire du Voyage de Naples*, 载 Godefroy, *Histoire de Charles VIII*, fol., 1684, p. 125；4月19日在那不勒斯，同前引，p. 145。1502年8月19日路易十二在帕维亚，9月1日在热那亚，见 Godefroy, *Ceremonial françois*, I, p. 700, 702；1515年10月15日弗朗索瓦一世在博洛尼亚，见 *Journal de Jean Barillon*, éd. P. Vaissière (Soc. de l'hist. de France), I, p. 174; Le Gray, *Négociations diplomatique entre la France et l'Autriche* (Doc. inédits), II, p. 88; Caelio Cacagnini, *Opera*, fol., Bâle, 1544, *Epistolicarum quaestionum*, lib. I, p. 7。17世纪表现博洛尼亚仪式的壁画，见下文 p. 364。

不难信服的。[1] 尤甚者，弗朗索瓦一世在帕维亚被俘，于1525年6月末踏上西班牙领土时，先在巴塞罗那、后在巴伦西亚现身，巴黎高等法院院长德塞尔夫几天后写道："那么多瘰疬病患者……满怀求治的热望，涌向国王身边，患者群体之大，甚于法国境内涌到国王身边的任何群体。"[2] 即使在遭受败绩之时，这位威严的医生也在西班牙人中获得了巨大成功，就如同从前在气势恢宏的圣化仪式上这些人前来求医一样。诗人拉斯卡里当时写过两首颇为著名的诗，吟颂的就是这件事：

> 国王仅以手触摸就能治愈瘰疬病人，
> 身为囚徒仍不失上帝垂青怜悯；
> 啊，凭这样的征象，诸王中的至圣之王，
> 我看到迫害您的人正受到诸神的憎恨。[3]

在法国，国家的治安已经改善，宫廷变得更为豪华气派，与此相适应，瘰疬病治疗仪式已逐渐获得新的面貌，变得更有规则、更为庄严。我们将看到，路易十一仍然每个星期为人触摸，但在查理八世之后，治病仪式的举行相隔时间颇大，几乎不再进行。查理八世似乎因此受到科米纳的批评。[4] 毫无疑问，有时仍会发生这样的情况：一位国王外出时，他会像

---

1 关于抱怀疑态度者，见下文 p. 329；关于医生的态度，见 p. 118, n. 2。

2 A. Champollion-Figeac, *Capitivité du roi François Ier* (*Doc. inédits*) 1847, p. 253, n° CXVI（1525年7月18日）。参见 M. Gachard, *Études et notices historiques*, I, 1890, p. 38。

3 Iani Lascari Rhyndaceni, *Epigrammata*, in-4° Paris, 1544, p. 19 v°: "Ergo manu admota sanat rex choeradas, estque — Captivus, superis gratus, ut ante fuit. - Iudicio tali, regum sanctissime, qui te – Arcent, inuisos suspicor esse deis." 这些诗句在17世纪还经常被人引用，如 Du Laurens, *De mirabili*, p. 21-22; Du Peyrat, *Histoire ecclésiastique*, p. 817。

4 Commines, VI, c. vi, éd. Maindrot (*Collection de textes pour servir à l'étude et l'ens. de l'histoire*), II, 1903, p. 41: "Quant les roys de France veulent toucher les mallades des escrouelles, ilz se confessent, et nostre roy n'y faillit jamais une foiz la sepmaine. Si les aultres ne le font, ilz font tres mal, car tousjours y a largement malades." De Maulde, *Les origines*, p. 28 认为在这个句子里提到了路易十二，但 Commines, *Mémoires*, livre VI 是在查理八世时代编成。此外，查理八世的赈济册 KK 77 说明，从1497年10月1日到1498年4月8日国王驾崩，只有一次确定无疑的国王触摸，这就是1498年3月28日的触摸——另外，这一天并不与任何节日相合。应补充的是，提及1497年10月24日事情的一段幽晦不明的文字（fol. 17），参见前文 p. 310, n. 2；简言之，国王很少施展其治病能力。

弗朗索瓦一世在1530年1月路过香槟时一样，在各段旅程上同意接受几位患者；[1]或者他会接受碰巧在"乡间"遇到的一位老人的请求，让他触摸一下。[2]但通常的情况是，瘰疬病患者到达时，由王室施济官分组，给予"生活帮助"，直到他们受到接待的那一天；他们必须在附近等待，等候国王创造奇迹的特定时刻。为了避免人群的不断游动——对王室而言，无论看到或与其摩肩相遇，大概都是件很不愉快的事——较好的做法是，给他们一点钱引他们"退去"，待到约定的日子再露面。[3]当然，原则上，国王欣然实施其奇技的日子，是一年中的主要宗教节日，[4]即圣烛节、圣枝节、复活节或圣周[5]中的一天、圣灵降临节、升天节、基督圣体节、圣母升天节、圣母诞生节及圣诞节，虽数量各不相同；在例外情况下，还有仪典上没有规定的一些节日。1530年7月8日，在蒙德马桑附近的罗克福尔，弗朗索瓦一世举行与奥地利的埃莉的"订婚礼"，他以世代沿袭的创造奇迹的风光场面，出现在新法国王后面前。[6]

由于实施这种分组安排法，国王可以在王室医官进行初步的选排以后，找到真正的患者群体，这个群体经常多达数百人，在约定的时候聚会在一起。[7]这样，触摸仪式就获得了一种特别威严的特点。在进行治疗之前，国王每次都要按照其王朝的特权领受圣餐中的面包与酒，这一行动与治疗能

1　KK 101, fol. 273 v° 及以下。

2　KK 101, fol. 68，1529年4月："Au dessus dit aulmosnier pour bailler a ung mallades d'escruelles que le Roy avoit guary sur les champs la somme de cinq solz tournoys"。需要补充的是，一些地位显赫的人经常喜欢在远离人群的地方接受国王触摸，但是这样的私人触摸也可能在总仪式上进行。（亨利四世）这样的例子见下文 p. 342, n. 1。

3　1530年5月26日，在昂古莱姆，在朝廷向西南方巡游途中，大施济官向87名瘰疬病患者每人散发了两个图尔奈苏，"以便他们退去，待到圣灵降临节再露面"（"affin de leur retirer sans plus retourner jusques a la feste de Pentecouste"），KK 101, fol. 360 v°。类似意义的更多内容，同前引，fol. 389。

4　这些节日的前夜，有时是前夜和当天。

5　复活节前的一周。——译者

6　KK 101, fol. 380 v°。

7　KK 101, fol. 29 v°, 1528年8月："Au dessus dit aulmosnier pour bailler a maistre Claude Bourgeoys cirurgien du roy, qui avoit visité les mallades d'escrouelles, la somme de quavante ung solz tournoys"。参见杰罗姆·利波马诺对其旅程的记载（前文所引文，p. 309, n. 1），p. 545: "Prima che il re tocchi, alcuni medici e cerusichi vanno guardando minutamente le qualita del male; e se trovano alcuna persona che sia infetta d'altro male che dalle scrofole, la scacciano"，以及 Faius, *Energumenicus*, p. 155。

第五章　宗教战争与绝对君主制时期的国王奇迹

力一起，似乎肯定了法国君主制度的神圣性。16世纪早期的一幅小图画，可以使我们认识到，王权主义者所持的观念在这两种光荣特权之间建立起来的密切联系。画面左侧表现的是，在一个开门的小教堂里，国王从一位主教手里接过圣餐盘，手握圣杯；画面右侧，在小院子里等待的，乃至教堂台阶上跪着的，是患者。[1] 自中世纪以来，治病仪式的基本特点一直不曾改变：以手轻拂肿疮或肿瘤，然后做十字手势。16世纪以后，一个固定的套语是，国王对每位患者说："国王为你触摸，上帝为你治疗。"（Le roi te touche et Dieus te guérit）这个套语一直延续到君主制存在的末日，只是稍有变化。[2] 尤其是，这个庄严仪式之前，还有一个简短的礼拜仪式，我们已经看到，至少从亨利二世以来，这个礼拜仪式完全与圣马库尔联系起来——圣马库尔已成为国王奇迹的保护圣徒。[3] 在保存小图画的同一本弥撒书中，有一幅精美的彩饰画，向我们生动地表现了某一天国王进行触摸的场景。画面上，亨利二世身后跟着施济官及几位大臣，绕着跪在地上的人群，从一位患者走向另一位患者。我们知道，这场景其实是真实发生过的。[4] 不过，对这幅彩饰画不应就画论画。画面上国王所穿戴的服装——王

1　下文附录二，nº 3 及图版一。参见上文 p. 245 有关圣米歇尔山的彩色玻璃的讨论。

2　这个套语首见于杰罗姆·利波马诺的游记第 545 页。17 世纪这个套语在证据上存在某种歧异。一些文献在表达上使用如下形式，其中的虚拟语态似乎带有一点怀疑色彩："国王为你触摸，上帝将为你治疗"（"Le Roi te touche, Dieu te guérisse"，其他类似的表达方式也使用虚拟态）。但这种形式仅见于一些二流作者的作品：一位不知名的圣徒传作者 Louis Texier, *Extraict et abrégé de la vie de Saint Marcoul*, 1648, p. 6；一位荒唐作者的 *Traité curieux de la guérison des écrouelles... par l'attouchment des septennaires*, Aix, 1643, p. 34；Menin, *Traité historique et chronologique du sacre*, 1724, p. 328, 以及 Du Peyrat, *Histoire ecclésiastique de la Cour*, p. 819 所征引的具有同样特点的其他各作者；特别是一些游记，几乎都是价值极微，这已是众所周知，如 Goelnitz, *Ulysses belgo-gallicus*, p. 143; Nemeiz, *Séjour de Paris*, Francfort, 1717, p. 191; *Archiv für Kulturgeschichte*, 1916, p. 411 发表的吉尔当斯托普（Gyldenstope）伯爵于 1699 年所做的谈话。稍微可信的作者有：Du Laurens, *De mirabili*, p. 9; Favyn, *Histoire de Navarre*, p. 1057; De l'Ancre, p. 170; Barbier, p. 26; Du Peyrat, p. 819, 都一致地以陈述语态表达这个套语，17 世纪的仪式书 Franklin, *La vie privée. Les Médecins*, p. 304 也是如此；参见下文 p. 360, n. 3。迪佩拉尤其反对有些作者将其他套语归于国王。所以对于官方文件不应存有怀疑，但当时流行传说中的一个游离因素似乎已经出现。关于路易与其继承者们，见下文 p. 399。不过，连接两个成分的"与"似乎很快就隐退了。

3　无论在查理八世的《时刻簿》（Bibl. Nat. 1370），还是路易十二的《时刻簿》（lat. 1412），还是下个世纪路易十四的《时刻簿》（lat. 9476）中，我都没有发现与瘰疬病礼拜仪式有关的内容。

4　杰罗姆·利波马诺的游记第 545 页的句子："essendo gl'infermi accomodati per fila...il re li va toccando d'uno in uno..."

冠、百合花装饰及貂皮镶边的大斗篷——完全是传统服装；实际上，君主每次为患者触摸，并非穿上圣化礼服装。此外，这里的场景似乎是在一个教堂内，这确实是惯常情景，但并非一成不变。艺术家想象出来的文艺复兴风格的幻想性建筑，在我们的头脑中必须代之以更真实且更不同的事物来作背景，譬如，巴黎圣母院的哥特式柱子。1528年9月8日，在巴黎圣母院，曾有205位瘰疬病患者集聚，一些上流社会的市民目睹了这一场景，其中一人在日记中记载了对这一场景的回忆。[1] 但是，触摸行动并不总是在宗教建筑或封闭的场所进行，1527年的圣母升天节，在亚眠地方的主教宫隐修院内院里，枢机主教沃尔西曾目睹弗朗索瓦一世触摸了大约相同数量的患者；[2] 还有，在动荡不安的岁月，也可能在战争环境中进行，如1569年万圣节，在夏朗德河畔圣让·当热利附近的兵营里，查理九世暂时改变军事统帅的角色，充当了治病的君主。[3]

英国呈现出同样的图景，至少是大致相同的图景。就瘰疬病的触摸而言，我们难以精确地描述其主要特征，因为统计资料缺乏；国王"治疗"的患者散见于亨利七世或亨利八世的簿册，偶尔被提及大概只是例外情况。赈济处档案很可能包含着一个金钱清单——这笔钱分给接受国王触摸的全部患者，但这些档案已经永远消失了。[4] 毫无疑问，16世纪英国诸王充当治疗国王之魔的医生，深孚众望，因为许多作者颂扬国王们的治病能力；但我们无法以数字对这种声誉做出估量。

---

1 KK 101, fol. 34: "A deus cens cinq mallades d'escrouelles touchez par ledit seigneur en l'eglise Nostre Dame de Paris le VIIIe jour dudit moys la somme de vingt livres dix solz tournois." 布里伊（V. -L. Bourrilly）编成 *Journal d'un bourgeois de Paris* 之后，出版了 *Chronique*，第421页提到这个仪式（"还有200位患者"）。国王在教堂为人触摸的更多实例，见 KK 88, fol. 142 v°（格勒诺布尔），147（莫朗？）；K 101, fol. 273 v°, 274 及 v^o（茹安维尔、朗格勒、托尔沙斯泰尔）。参见杰罗姆·利波马诺游记，p. 545: "essendo gl'infermi accommodati per fila o nel cortile regale, o in qualche gran chiesa."

2 George Cavendish, *The Life of Cardinal Wolsey*, éd. S. W. Singer, Chiswick, 1825, I, p. 104.

3 KK 137, fol. 94; 当天只有14日接受触摸，情况非常偶然也非常特殊。

4 见下文 p. 443 及 p. 440. n. 1。

第五章　宗教战争与绝对君主制时期的国王奇迹

无论如何，对于玛丽·都铎时期以及亨利八世时期，[1] 乃至亨利七世时期[2]的神奇治疗仪式，我们有非常准确的知识。英国的仪式在许多点上不同于法国宫廷的习惯，这些差异值得记述。

首先，整个仪式都伴随着显然更为发达的礼拜仪式，其主要内容是国王诵读忏悔祈祷文，教堂教士宣布赦罪文以为回应，并由人宣读福音书中的两段文字——《马可福音》中涉及圣徒创造奇迹的一节，当然还有《约翰福音》中的第一段文字，这段文字经常用于各种形式的祈祷与驱魔仪式。[3] 可以想见，不会提到圣马库尔及其他任何具体的圣徒。

与法国的习惯做法形成对照的是，英国君主无疑是端坐一处，由教会官员将患者逐一引至面前。这样君主也许可以保持更多尊严；但由17世纪的某些版画判断，在举行治疗仪式的场所，一直不断有人出入。当时这些规则仍然有效，"奇迹之宫"中的队伍展现出相当令人不快的场景。[4] 其原

1　玛丽·都铎时代的礼拜祈祷文包含在这位君主的弥撒书中，现今仍保存于威斯敏斯特天主教大教堂图书馆中。祈祷文不断提到一位国王，但从未提到一位女王，所以它显然不是专为玛丽·都铎而作；可以想见，它在亨利八世时代已经使用，至少该朝的初期——大分裂发生以前，或大分裂的影响尚未显现之时——乃至早于亨利八世时代，已经使用。祈祷文数度印制。特别参见 Sparrow Simpson, *On the forms of prayer*, p. 295; Crawfurd, *King's Evil*, p. 60。

2　1686年印刷商亨利·希尔"受国王陛下之命"出版了一本十二页四开本的小书，内有 *The Ceremonies us'd in the Time of King Henry VII for the Healing of Them that be Diseas'd with the Kong's Evil*（转载于 *The literary museum*, Londres, 1702, p. 65）; W. Maskell, *Monumenta ritualia Ecclesiae Anglicanae*, 2ᵉ éd., III, p. 386; Crawfurd, *King's Evil*, p. 52: 文献当然是以拉丁文写成，同时出版的另一卷带有英文译文（转载于 Crawfurd, 同前引，p. 132）。这样，我们似乎有证据说，亨利七世执政时使用过瘰疬病仪式。但是，我们能否认为此文献真实可靠、确凿无疑呢？我不敢斗胆如此断言。它确实复制了玛丽·都铎和亨利八世时期的礼拜书（见前注），这无可怀疑。但是印制它的条件确实有点值得怀疑。如果说詹姆士二世命令印制它，我们将看到，那是因为他想恢复古代天主教形式的国王触摸仪式。在当时情形中，试图将它与宗教改革前的最后一位君主——该君主且为斯图亚特王朝直接先祖——联系起来。还有什么比这更自然的呢？也许人们大可询问，这位皇家印刷商是否并非简单地隐姓埋名地使用了一份手稿，这份手稿用于亨利八世与玛丽·都铎的礼拜仪式，却归于亨利七世朝代。只要我们找不到货真价实的手稿，证实交由亨利·希尔出版的文献，我们就必须避免认定这份传统文献为伪造，同时也避免视之为绝对肯定。

3　*Decretals*, l. III, vol. XLI, 2（根据1023年塞利根施塔特宗教会议 [Synod of Seligenstadt]）: "Quidam etiam laicorum et maxime matronae habent in consuetudine ut per singulos dies audiant evangelium, 'in principio erat verbum...' et ideo sanctum est in eodem concilio ut ulterius hoc non fiat, nisi suo tempore"。

4　附录二，nᵒ 12, 13；图版四。

则无疑是古旧的，因为13世纪的彩饰画已经显示，忏悔者爱德华坐着，一位妇女由人引导，前来接受触摸。[1]

更喧嚣的场面是，每个患者两次从国王面前走过。首先，所有患者要依次来到国王面前，国王徒手为患者触摸；这个行动完成后，患者要再次返回来，国王在患者的肿疮处画出传统的十字手势。但是，动作不像其法国对手，只是以手画十字，因为他做这个神圣姿势时，手指间夹着一枚金币。一旦十字手势完成，国王就将这枚钱币挂在每位患者的脖子上（金币可能事先已经穿孔，备有丝带）。这是仪式中的一个内容，该内容与法国习俗形成极鲜明的对照。在瓦洛亚王朝的宫廷，瘰疬病患者也曾接受一些钱，通常是每人两个苏的图尔奈钱币；但是这笔赈济费——较英国赈济费偶或更微薄得多——是由亦步亦趋跟在国王后面的教会官员分给患者，不经过任何仪式。相反，在英国，国王的这份赠礼占据了仪式的中心位置。此点应被视为奇异的信仰转移，这种信仰转移应在这里得到彻底的研究。

人们记得，在玫瑰战争期间，英国诸王养成了一种习惯：主动提供一份富有诱惑力的漂亮礼物，以此吸引患者，这种形式的赠礼很快演变为传统，即价值始终不变的一枚金币，一枚"天使币"。虽然这些金币仍继续——至少到詹姆士一世时代——充当流通钱币，但它越来越不被视为经济交换手段，而越来越被视为货真价实的牌章，专用于国王触摸。这种倾向日渐增强，所以它上面的铭文也不得不适应这种特殊仪式。在玛丽·都铎时期，过去长期流行的司空见惯的旧的绕边铭文——"啊，基督，救世主，以十字架拯救我们吧"——被代之以更适于国王奇迹的铭文："救世主在行动，奇迹出现在我们眼前。"[2] 我们很快将看到，詹姆士一世改变仪式之时，也修改了"天使币"的外貌及钱币上面镌刻的铭文。16世纪，人们已不再将这种与治病仪式联系如此密切的金币，视为原来意义上的简单的慈

---

1 附录二，n° 1。Farquhar, I. p. 5 提到这一点。

2 古代的套语是："Per Crucem tuam salva nos Christe Redemptor"：Farquhar, I, p. 70（亨利七世时代的变异套语，见前引书，p. 71）。较近代的一个套语（取自 *Psalm* CXVII, 23）："A Domino factum est istud, et est mirabile in oculis nostris"，同前引，p. 96。应该记得，法夸尔小姐的著作已经牢固确立了英国仪式使用钱币的历史。

善礼物：从那时起，通常将它视为一种具有天然治病能力的护身符。

1536年4月4日，威尼斯人费塔作为枢机主教波尔的随从人员抵达英国。他告诉我们，他目睹了玛丽·都铎为患者触摸，让每一位患者发誓，"除非万不得已，绝不将（她挂在他脖子上的）钱币摘去"。[1] 不管这位女王是否说过这话，但将这话归于女王，这个事实说明"天使币"不再被视为普通钱币。伊丽莎白统治时期，人们认为这个新的护身符具有治病效力，这种信仰为女王的教士、一位名叫图克的人所确证，此人写过最早一本论国王治病能力的英文著作。他拒绝这种信仰，认为这只是一种民间迷信。[2] 这种态度随后为所有捍卫王权奇迹的人所接受。但在17世纪，他们再坚持这种态度就困难重重了；更严肃的作者，如医生布朗与怀斯曼，已不再有所作为，只是在形式上对一种民间观念表示抗议，当时对超自然事物的热爱将这种民间观念与公共意识联系在了一起。[3]

英国当时流行一个小故事，在这个小故事中，角色变了，但主题没变：一位妇女接受了国王的触摸，国王郑重其事地给她佩挂上"天使币"。在恪守健康誓言时，她显得已经痊愈；但有一天她将钱币丢失了或摘去了，顿时复染旧病。[4] 社会各等级都持有这种看法：荷兰医生迪默布罗克死于1674年，他告诉我们，他曾为一位供职于议会的英国官员治病；这位贵族从前曾接受过奇迹治疗，项上佩挂一条丝带，丝带上悬着年轻时国王给予的一枚钱币；他拒绝摘去这枚金币，坚信其疾病的痊愈系于这枚钱币。[5] 各

---

[1] *Calendar of States Paper, Venice*, VI, 1, n° 473, p. 436-437；参见前文 p. 181, n. 2。

[2] Tooker, *Charisma*, p. 105.

[3] 在这个问题上，布朗做出解释时显得颇为犹豫，见 Browne, *Adenochoiradelogia*, p. 106-108, 139, 142, 148；Wiseman, *Several Chirurgical Treatises*, I, p. 396。关于 17 世纪对金币的迷信，也参见 *Relation en forme de journal du voyage et séjour que le sérénissime et très puissant prince Charles II roy de la Grande Bretagne a fait en Hollande*, in-4°, La Haye, 1660, p. 77。

[4] 参见 Browne, p. 106, 148; Douglas, *Criterion*, p. 199。

[5] Isbrandi de Diemerbroeck, *Opera omnia anatomica et medica*, Utrecht, 1683, *Observationes et curationes medica centum*, Obs. 85, p. 108。这位官员甚至对这一普遍性的信仰有些钻牛角尖；他认为如果他真的碰巧丢失了佩戴的金币，那么任何东西也无法阻挡疾病复发，即使是接受国王第二次触摸也不能奏效；人们普遍认为，第二次触摸及细心保管的第二枚金币足以重新治愈疾病。参见 Browne, *Adenochoiradelogia*, p. 106。1723 年，一位显然属于绅士（gentry）阶层的老人仍然佩戴着一枚得自查理二世的金币。Farquhar, IV, p. 160（据 Thomas Hearne, *Reliquiae Hearnianae*, 1857, II, p. 680 的一封信件）。

教堂区从事慈善活动的人会主动为贫穷的瘰疬病患者更换悬挂"天使币"的丝带。[1] 此外，政府有时也将自身与这种通行的偏见联系起来。1625年5月13日的公告提到，一些人"从前已经治愈，但非法解除了〔国王赠给的〕金币，结果旧病复发"。[2] 那些乖张之人如何处置了国王的礼物，不难想见：很显然，他们卖掉了金币。我们知道，大规模的护身符交易确实存在。[3] 有些患者因故不能亲自前往朝廷接受触摸，还有，可能害怕承担不起旅行费用，曾经购买金币，想以这种方式，以较低的代价，分享君主神圣之手所赐予的神奇恩泽。那些热诚的王权支持者对此感到愤慨，他们认为只有直接接触威严的国王之手，患者的病情才能消除。在英国，像在法国一样，第七子们都忠实地效仿其君主的举动，也采用了将钱币佩挂在患者脖子上的习俗，但钱币是银币，因为其财力不允许他们效仿国王的慷慨行为，与之竞争。这种风俗，至少在某些地区，延续到19世纪。[4] 下面我们将看到，在大不列颠，对国王创造奇迹能力的信仰，也是以钱币护身符的形式，延续到19世纪。

所以，在16世纪中叶，对国王奇迹的信仰仍然生机勃勃，结果促生了一种新的迷信。认为"天使币"是治病力量的媒介。这种念头是如何进入

1　明钦汉普顿地方一位教会执事的记述，*Archaeologia*, XXXV (1853), p. 448-452。

2　此引述见于 Nicolas, *Privy Purse of Henry VIII*, p. 352："在康韦报（MSS）上有一则公告，日期为1625年5月13日，规定，将来所有人等须携来教区牧师等人之证书，因为许多接受过治疗者，不按照规矩行事，解除了他们佩戴的金币，结果疾病再度复发。"这里提到要求提供证书，是要证明前来请求国王触摸的人们前次没有得到国王触摸。参见 p. 369, n. 2。

3　Browne, *Adenochoiradelogia*, p. 93："假若这种情况并非实情，且不是非常普遍地实行，那么国王陛下触摸的牌章就不会频繁见诸金匠店中。"参见同前引书 p. 139 讲述的一个故事：一位俄国商人罹患瘰疬病，一位英国妇女带给他一枚查理一世的"天使币"，治好了他的疾病。出借国王触摸金币的情况，见 Farquhar, IV, p. 159。

4　起码在路易斯岛是如此。William Henderson, *Notes on the Folklore of the Northern Counties of England and the Borders*, 2ᵉ éd. (Publications of the Folklore Society), II, Londres), 1879, p. 306; *Folk-lore*, XIV, 1903, p. 371, n. 1. 法国冒险家布瓦戈德雷，是查理一世时期最后的一位第七子，他曾经在囚禁他的债权人的囚室里为瘰疬病患者触摸，用区一片纸佩挂在患者脖子上，上书铭文："In nomine Jesu Christi, ipse sanetur"，见 *Calendar of State Papers, Domestic, Charles I*, 1632年6月7日。

英国人的头脑呢？国王触摸仪式使用的总是同样的金币，这些钱币应用于触摸仪式，最初无疑是源于各怀野心的王朝之间存在的对立关系，随后由传说确定下来。毫无疑问，这种用法逐渐使人们相信，对治病仪式如此重要的东西，其作用必定重于用作赈济费的一枚普通钱币；起码从亨利八世起，英国诸王已经采纳这种习惯：将金币夹在手指间做出画十字的动作，这个举动不管是否为有意之举，都会鼓励人们得出这样的结论。不过，公众的想法如此容易向这个方向发展，大概是因为，在中世纪末期，另一个礼仪最终与这个国王仪式联系起来，提供了一个由国王加以圣化的护身符的例证。我这里说的是治病戒指。从这个时候，人们认为治病戒指因接触到国王之手而获得一种功能，这种功能成为其属性的一部分。在大众的思想中，旧的国王触摸奇迹最终开始具有耶稣受难日新奇迹的某些特点。事情似乎是，人们最终相信，国王的触摸也因发生在耶稣受难日而获得一种特别的功效。[1] 事实上，1500年前后，在国王的两个超自然特权中，稍后出现的一个特权处于人望的高峰期，也可以说，其势如日中天。

国王对瘰疬病进行触摸治疗所获得的成功，可以由涌往治疗仪式的患者数量来估量；对于治病戒指所获得的成功，可以由民众对十字架礼拜仪式后被圣化的金银戒指的渴望程度来判断。据当时的通信或簿册判断，人们对戒指的渴望，在都铎时代似乎极为强烈。最典型的莫过于莱尔夫人的实例。1528年，奥诺尔·格伦维尔嫁给了爱德华四世的私生子莱尔子爵；1533年，她随丈夫来到加来，莱尔子爵是加来总督；身处加来的莱尔夫人与英国通信非常密切。一件政治诉讼案件造成的偶然的财产充公，将她收到的信件保存下来。浏览一下这些信件，痉挛戒指在信件中所占据的位置使人感到吃惊。莱尔夫人大概患有关节炎，所以她热心搜集痉挛戒指；她高度重视戒指的功效，甚至视之为妇女生产时止疼的特效药。她的子女、朋友和生意上的熟客都竭尽所能为她寻找戒指，因为这肯定让她高兴。她

---

[1] 这种迷信为布朗（Browne, p. 106-107）所证实（布朗偶尔也反对这种迷信）。

所怀有的强烈的激情无疑是异乎寻常的:我们也许大可相信,这位声名远扬的夫人有点怪癖,而且在其晚年,心智确已完全错乱。[1]但在较低程度上,她的信仰似乎具有普遍性。痉挛戒指常常出现在当时人们的遗嘱中,是留给亲近之人最珍贵的遗物。[2]

耶稣受难日仪式所享有的名声并没有止步于英国边境。治病戒指在苏格兰大受欢迎,英国公使曾将治病戒指送给意欲巴结他的苏格兰贵族。[3]1543年,著名的苏格兰贵族奥利方特曾被英国人俘虏,在答应为亨利八世效力后获释,满载痉挛戒指启程回国。[4]甚至在欧洲大陆,神奇戒指的声誉也广为流传。国王亲自出马,充当宣传员:亨利八世主动向来访的外国贵宾提供由他圣化的金属戒指。[5]他的使节也在衔命出使的国家里散发戒

---

[1] 关于莱尔勋爵及莱尔夫人,见 *Dictionary of National Biography* 上刊载的文章:Plantagenet (Arthur)。*Letter and Papers, foreign and Domesticm Henry VIII*, XIII, 1, n° 903, 930, 954, 1022, 1105; XIV, I, n° 32, 791, 838, 859, 923, 1082, 1145; XIV, 2, n° 302 分析 的 各 信件。参见 Hermentrude, *Cramp rings*; Crawfurd, *Cramp rings*, p. 175-176。用戒指减轻妇女生产的疼痛,似乎是赫特福德伯爵致莱尔夫人的信中一段话的意思,这封信由 Hermentrude,前引书与 Crawfurd, p. 176 发表:"Hussy told me you were very desirous to have some cramp-rings against the time that you should be *brought a bedd*..."(赫西告诉我,你很想得到几枚痉挛戒指,以备你被安排到产床的时候……)最后这些话通常的含义是人所熟知的。我还要补充的是,*Dicti. of Nat. Biogr.* 并没有提到莱尔夫人在加来所生的孩子。

[2] *Wills and Inventories from the registers of the Commissary of Bury St. Edmunds*, éd. S. Tymms (Camden Society), Londres, 1850, p. 41 (1463); p. 127 (1535); Maskell, *Momumenta ritualia*, 2ᵉ éd. III, p. 384 (1516)。确应补充的是,这些戒指被简单地称作痉挛疗戒,我们无法绝对地肯定,我们研究的戒指不是人们认为能有效治疗"痉挛"病的某种魔法戒指;不过情况似乎是,从这个时候起,这个术语在使用上偏向于由君主圣化的戒指。

[3] 1526年3月20日托马斯·马格努斯致沃尔西,见 *State Papers, Henry VIII*, IV, n° CLVII, p. 449; *Gentleman's Magazine Library* 上的 J. Stevenson, *On cramp-rings*, p. 41 的一个片段。参见克伦威尔派往苏格兰玛格丽特女王——亨利七世的女儿——的使节(1537年5月14日):同前引,IV, 2, n° CCCXVII 及 R. B. Merriman, *Life and Letters of Thomas Cromwell*, II, n° 185。

[4] *Letters and Papers, Foreign and Domesticm Henry VIII*, XIII, 1, n° 17(1543年1月7日):奥利方特只是在7月1日才最终获释(同前引,n° 805);但是,早在1月英国政府就与他以及其他贵族战俘谈判,以便在他们获释返回苏格兰后,得到他们的帮助(同前引,n° 37);他于1月7日接受了痉挛戒指——12枚金戒指,24枚银戒指,大概不是为了个人使用。

[5] Hubertus Thomas Leodius, *Annalium de vita illustrissimi principis Frederici II*...éd de 1624, in-4°, Francfurt, p. 182: "Discedenti autem mihi dono dedit...sexaginta anulos aureos contra spasmum." 根据 C. J. S. Thompson, *Royal cramp and other medycinable rings*, p. 7, 1533年亨利八世的一个账目中,有迹象证明这一慷慨之举。

第五章　宗教战争与绝对君主制时期的国王奇迹

指，如在法国、[1]查理五世的宫廷、[2]威尼斯，[3]以及大分裂发生前的罗马。[4]

确实，国王魔法师接待的这些客人，对这些神奇礼物，不管内心抱有何种难以言状的感情，表面上只能感恩戴德地接受。另一方面，由于英国政府坚持不断地宣扬这些由国王圣化的护身符，英国政府在欧洲各宫廷的代表大概也同样愿意奉迎其主子创造奇迹的自豪感，以见机行事的慷慨赠礼服务于主子的利益。这些痉挛戒指经由不同途径输入这些国家，结果也像英国一样，变成了买卖对象。大概正是因为看到戒指可以赚钱，1515年6月，效力于英国宫廷的间谍、热那亚人安东尼奥·斯皮诺拉，被他的债务人羁留在巴黎时，向沃尔西请求十来枚戒指，因为"一些富有的贵族"逼迫他交戒指。[5]不过，虽然到处有人兜售戒指，但并非总能售得高价。本维努托·塞利尼在回忆录中，在说明戒指价格不贵的情况时，援引的例子是"来自英国、价格为一个加尔林（carlin）、用来治疗痉挛的小戒指"，一个加尔林差不多相当于一个小金币。[6]然而，一个加尔林毕竟还是值点钱

326

1　*Letters and Papers, Foreign and Domestic, Henry VIII*, XV, n° 480; R. B. Merriman, *Life and Letters of Thomas Cromwell*, II, n° 185; 梅里曼（Merriman）发表的托马斯·克伦威尔的一封信件（1530年4月30日）是写给驻法国的大使加德纳主教的；1547年这位加德纳主教就痉挛戒指写信给尼古拉·里德利，说："由于它们发挥了那样的作用，我本人在法国时颇感荣幸；对于要求获得它们的各类人，尽量提供给他们，因为它们有双倍的价值"（下文 p. 332, n. 1 所引信件，前引书，p. 501）。

2　*Letters and Papers, Foreign and Domestic, Henry VIII*, II, 2. n° 4228, 4246; xx, I, n° 542. 查理五世皇帝逊位前驻足于布鲁塞尔时，玛丽在位时也做过同样的事情：*Calendar of State Papers, Mary*：1555年4月25日，4月26日，5月11日。而克劳福德（Crawfurd）似乎错误地认为，他从 W. Stirling, *The Cloister Life of Emperor Charles the Fifth*, Londres, 1853 中读到过查理五世皇帝在其宝藏中存有英国痉挛戒指。但在 p. 290，除了提到用作痔疮治疗手段的几枚魔戒，我并没有发现提到任何东西。

3　*Letters and Papers, Foreign and Domestic, Henry VIII*, XVIII, 1, n° 576.

4　*Trevelyan Papers (Camden Society)*, I, p. 150 所载王室簿册："to Alexander Grey, messenger, sente the vj-th day of April [1529] to Rome with letters of great importance, at which tyme the Kinges cramp rings were sent." 1529年4月4日安妮·波琳致加德纳的信件：Gilbert Burnet, *The history of the reformation*, éd. Pocock, v, 1865, p. 444。

5　*Letters and Papers, foreign and Domestic, Henry VIII*, II, 1, n° 584（1515年6月15日）。关于英国境内出售痉挛戒指的情况，见 Hubertus Thomas Leodius, 前引书, p. 98: "[Rex Angliae] anulos aureos et argenteos quibusdam ceremoniis consecrat, quos dono dat, et *vendunt aurifabri*."

6　*La vita di Benvenuto Cellini*, éd. A. J. Rusconi and A. Valeri, Rome, 1901, 1.II, c. 1, p. 321: "Al ditto resposi, che l'anello che Sua Eccellenzia [the Duke of Ferrare] m'aveva donato, era di valore

的。外交官们的证据也许缺乏诚意，值得怀疑；但我们有其他更可靠的证据，证明即使在英国以外的地方，人们对治病戒指的追求，程度之甚，也过于本维努托回忆录中的描述，虽然可能并非像亨利八世所想的那样。即使在人们认为很难接受这种迷信的社会各界，这种情况也是真实存在的。在德国，路德的朋友、施瓦茨堡的凯瑟琳要求与她通信的人，为她弄到几枚。[1] 英国的人文主义者利纳克是一位职业医生，与著名的纪尧姆·巴迪交好，他认为如果送上几枚戒指，再附上一篇用希腊文写成的优雅信函，纪尧姆·巴迪肯定高兴。在巴迪用博雅的语言所做的复函中，我们也许可以读出一些讥讽意味来，但这种讥讽非常轻巧且隐晦，所以读者得到的是模棱两可的印象。[2] 如果迪洛朗医生的话可信，那么即使在亨利四世时代的法国，许多人在个人宝藏中仍然保存了治病戒指样品，尽管英国国王早在大约五十年前就已停止制造任何戒指。[3] 在文艺复兴时代的欧洲，对国王奇迹各方面的信仰仍然非常活跃，就像在中世纪一样，人们并不注意各国间的敌对状态。

不过，16世纪下半叶，人们必定要感受到大变动造成的深刻影响，这个大变动撼动了西欧世界许多政治和宗教制度。

---

d'un dieci scudi in circa, e che l'opera che io aveva fatta a Sua Eccellenzia velava piu di ducento. Ma per mostrare a Sua Eccellenzia che io stimavo l'atto della sua gentilezza, che solo mi mandassi uno anello del granchio, di quelli che vengon d'Inghilterra che vagliono un carlino in circa: quello io lo terrei per memoria di Sua Eccellenzia in sin che io vivessi..."

[1] Henry Cust, *Gentlemen Errant*, Londres, 1909, p. 357, n. 1 引述了一封信件的译文片段。由于卡斯特（Cust）女士没有说明参考文献，所以我无法找到这封信件，不过我可以使用之，因为我可以找到其他证据，证明卡斯特女士证据的可靠性。而且，G. Hollen, *Preceptorium divinae legis*, Nurenberg, 1497, fol. 25 v°, col. 1 也证实了自15世纪末痉挛戒指仪式在德国人中享有的声望。

[2] *Epistolae Guillelmi Budei*, in-4° Paris, 1520, p. 18 (1517年利纳克致巴迪); fol. 16 v°（7月10日巴迪致利纳克）。巴迪就这个问题写道："ὧν δὴ τοὺς πλείους ἤδης ταῖς τῶν φίλων καὶ συγγενῶν διενειμάμην γυναιξί. παραδούς τε μεγαλοπρεπῶς καὶ ἐπομοσάμενος ἦ μὴν ἀλεξικάκους εἶναι καὶ νὴ Δία καὶ συκοφάντου γε δήγματος"（"我已经将它们中的大部分送给亲戚及朋友的妻子们；我把它们当作庄严的礼物，向她们保证，这些东西将保佑她们抵抗疾病，甚至防止诽谤中伤"）。这些礼物包括1枚金戒指与18枚银戒指。

[3] *De mirabili*, p. 29: "Reges Angliae...curavere comitialem morbum, datis annulis quos epileptici pro amuleto gestarent, quales hodie dicuntur extare nonnulis in thesauris plerisque Galliae."

2 文艺复兴与宗教改革

1535年，米海尔·塞维图斯在里昂出版了托勒密《地理志》的一个译本，并增加了附注；在补遗中有下面一段话：

> 两件要事与法国国王有关：其一，兰斯教堂有一个总是满装的圣油瓶，此圣油瓶自天上送来为诸王加冕、涂油之用；其二，国王只是以手触摸就可以治愈瘰疬病。我曾亲眼看见国王触摸过几位感染此病的患者。他们是否真的康复，我没有见到。

这里透出的是掩饰不住的怀疑态度，虽然表达颇为审慎……1541年，也是在里昂，此书再版，在这一版中，最后的一句话删除了，取而代之的是，"我听说许多患者恢复了健康"。[1] 这实际上是收回了成言。这个传记小掌故非常发人深思。首先它说明，在相当长的时期内，在何种精神氛围中，才有可能出现胆敢怀疑国王奇迹的作者。这些人几乎毫无例外地被视为顽固的异端分子，习惯于拒绝一向被视为信条的许多信仰。像塞维图斯，以及我们将在下面提到的稍后时代的瓦尼尼，这样的人，其结局很有可能是走向火刑柱，成为当时某个宗教正统派的牺牲品。但塞维图斯收回了成言：我们大可推测，这种反悔行为并非出乎天然，毋宁说受到了外部压力。在相当长时期内，在印行于法国或英国的一本书中，公开攻击与王权威望

---

[1] 第一版：*Claudii Ptolomaei Alexandrini geographicae enarrationis libri octo*, Lyon, Trechsel, atlas, 6ᵉ feuillet vº: "De Rege Galliae duo memoranda feruntur. Primum quod sit in Remensi ecclesia vas crismati perenni redundans, ad regis coronationem coelitus missum, quo Reges omnes liniuntur. Alterum, quod Rex ipse solo contactu strumas sive scrofulas curet. Vidi ipse Regem plurimos hoc langore correptos tangentem, an sanati fuissent non vidi." 第二版，Lyon, Delaporte, 1541, atlas, 6ᵉ feuillet vº; (tangentem 之后) 最后一句的形式是 "pluresque senatos [sic] passim audivi"。我注意到这一奇怪的分歧，要归功于 *Bibliothèque raisonnée des ouvrages des savans de l'Europe*, III, 2, 1729, p. 179 发表的 Extrait d'une lettre de M. Des Maizeaux à M. De La Motte. 托勒密著作的第二个版本经过了仔细删改。关于这两个版本，参见 Julien Baudrier, *Michel Servet: ses relations avec les libraires et imprimeurs lyonais*; *Mélanges Emiles Picot*, I, 1913, p. 42, 50。国家图书馆所藏第二版的副本中缺失地图；我查阅了不列颠博物馆的副本。

系于一体的迷信，几乎是不可能的；无论如何，都是一种无益的鲁莽行为，无人愿意为之。

外国作者自然不受这样的羁绊。16世纪及17世纪初叶，意大利生活着一群可以称作自然主义者的思想家，自然主义者这个名称是指这样一些人：他们从先辈那里接受了充满神奇事物的宇宙图景，但开始致力于从这幅宇宙图景中清除所有超自然的影响。他们的自然概念无疑与我们大相径庭；在我们今日看来，其自然概念中充满了与实验或理性相冲突的各种观念；这些人虽具有自由精神，却很乐于求助于占星术或魔法。在他们看来，魔法或占星术是事物秩序的有机组成部分，可以用来精确地解释当时科学不能解释的纷纭复杂的神秘现象，但他们不愿意按照此前及当时所承认的教条，将这些神秘现象解释为超人类意志任性而为的表现。

当时人们的思想充斥着各种奇迹，国王治病奇迹是人们熟悉且几乎每天都发生的事物。谁能对赫然朗朗的事物视若无睹呢？在意大利学派的主要代表人物中，我们可以举出以下名人，如彭波纳齐、卡尔丹、儒勒-凯撒·瓦尼尼，以及人文主义者卡尔卡尼尼，他们都想表达对这个实际问题的看法，至少是附带性地表达其观点。这些人中无人怀疑治病行为确实存在，但他们想以自然原因解释之，即以其自然观念加以解释。稍后，我们的研究行将结束，需要返回来考虑他们提出的问题，那时我们还有机会考察他们所做的解答。这里需要注意的是，他们拒绝接受传统的理论，在他们看来，国王们的神圣性再也不足以解释其治病能力。[1]

这一小撮"自由思想家"是外国人，他们的观念并不直接涉及与国王能力利益攸关的这两个国家，所以对普通民众的思想几乎没有影响。具有决定影响的，注定是宗教改革家的态度。宗教改革家们不是要否定超自然

---

[1] 意大利自然主义学派通常以"帕多瓦学派"见称，关于这个学派的图书信息，参见下文 p. 414 以下，彼处也详述了这个学派对国王奇迹的态度；威尼斯大使康塔里尼在亨利二世的宫廷上，表达了对国王触摸效力的某种怀疑。我不知道，这个行为是否部分地受到自然主义者的影响。参见 Armand Baschet, *La Diplomatie vénitienne. Les princes de l'Europe au XVIe siècle*, 1862, p. 436 所载康塔里尼纪行译文。

事物，他们也没有梦想攻击王权，至少在没有受到迫害的情况下是如此。不要说路德，就是加尔文，不是也曾在《基督教要义》中说，"国王神圣权利这个主题……是牢固基于'《圣经》之言'，恰如博叙埃著作的情形"吗？[1] 大多数宗教改革家在政治问题上——至少在原则上——都是坚定的保守派，并且坚决反对对宇宙所做的任何纯理性解释。他们为何要直截了当地反对信仰国王创造奇迹的能力呢？实际上，我们将看到，他们在很长时期内是很乐于接受这种信仰的。

法国的实例在这个方面有点令人迷惑。在法国宗教改革者阵营中，很多年间都没有出现任何抗议瘰疬病触摸治疗的征象；不过，我们已经看到，这种沉默状态更多地是出于基本的审慎，而非其他原因。这种沉默状态扩展到了与国王奇迹相关的所有事物；也许只是由于疏忽，1566年亨利·艾蒂安在《为希罗多德辩护》中略去了圣马库尔的名字，没有将它收入因文字游戏而被认为具有治病能力的圣徒们的名录。现在让我们看一看新教国家的情况。

我们已经知道，在德国，路德在许多方面为古代流行观念所左右，他坦率地承认，假君主之手实施的治疗尤为有效。施瓦茨堡地方的凯特琳是新教的女豪杰，她曾寻求英国的痉挛戒指。[2] 在英国，这两种治病仪式在宗教大分裂以后仍然继续举行；不仅亨利八世在举行——亨利八世几乎算不上新教抗议宗的国王——爱德华六世也在举行，尽管他热心于清除"天主教"迷信的所有痕迹。在这位国王执政期间，耶稣受难日的礼拜式要脱去其罗马形式；至少从1549年以后，英国禁止其民众"爬"向十字架。[3] 不过，在每年的基督受难日，这位年轻的神学家国王从不放弃圣化治病戒指的习惯；甚至在他驾崩之年，几乎躺在灵床上的时候，他仍然完成了祖传

---

[1] Lucien Romier, *La Royaume de Catherine de Médicis*, II, in-12, 1922, p. 222.

[2] 关于路德，见前文 p. 139；关于施瓦茨堡的凯特琳，见 p. 326。

[3] 1549年的《大赦令》（Grande ordonnance）列数了崇拜习俗及旧信仰的信条，禁斥爬向十字架的行为。参见 G. Burnet, *The History of the Reformation*, éd. N. Pocock, IV, Oxford, 1865, p. 244, art. 9; David Wilkins, *Concilia Magnae Britanniae*, in-4, 1737, IV, p. 32。1536年，英国教士会议荐举的仪式中仍包括这个行动，见 Burnet, 前引书，p. 284。

的仪式——据其簿册记载，他"按照古老的顺序和习惯"，带着一点歉意，完成了仪式。[1]

不过，从长远看，宗教改革将给予国王治疗以沉重打击。国王创造奇迹的力量乃源自其神圣性；这种力量由涂油礼所创造或肯定，涂油礼被视为古代宗教的一种盛大仪式。新教心存恐惧地注视着民众归于圣徒的那些奇迹；归于国王的奇迹不是与此极为类似吗？此外，英国的圣爱德华、法国的圣马库尔被认为是瘰疬病触摸治疗的保护人，在一些人看来，这是一种调和性联系。宗教改革者们远不是将所有超自然事物排除于他们的宇宙之外；但是他们中间的许多人不愿意让这些力量频繁地干扰日常生活，而从前各代人对此视为理所当然。根据教皇派遣的一位间谍的记载，1603年英国的詹姆士一世不愿实施国王触摸，其原因是："他说……他不明白没有奇迹发生他何以能治疗患者；但奇迹已停止，不再发生。"[2] 在西欧君权为奇迹所环绕的氛围中，几乎每一件事情都有可能震撼固守一种纯化信仰的信徒的心灵；对完全充满宗教情感的人，人们可以感觉到圣油瓶传说对他们可能产生的影响。宗教改革各派，在逐渐对自身的理念，特别是对加尔文教高级派系的理念获得更清晰的认识后，怎能最终不把国王奇迹视为习惯与信仰体系的一种成分，是外于原始基督教真理的东西，从而将它作为偶像崇拜时代亵渎神明的发明而拒斥之；一言以蔽之——正如一位英国非国教徒的简明的论断——他们认为它是一种"迷信"，必须从信仰中清除

---

[1] 说明爱德华六世圣化戒指的簿册，见下文 p. 445, n. 3。没有确切证据证明他做过触摸；但是难以想象，他会保持两个仪式之中的一个——此仪式是与旧的崇拜仪式关联最为密切的一个，也是将被伊丽莎白取消的一个——而拒斥另一个。关于他对痉挛戒指的态度，见下文 p. 333。我们不知道在他执政期间国王触摸使用何种礼拜式，但人们可以想象，他大概修改了以前的习惯，向清教方向发展。我们也不知道大分裂之后，亨利八世统治时是否已发生变化；情况看上去确实不太可能，但不能说绝对不可能。我们知道亨利八世的礼拜仪式，是因为它被转载于玛丽·都铎的弥撒书（见前文 p. 318, n. 1）。玛丽显然是按照与罗马决裂前的样子让人复制；如果随后还有再次的触摸，她肯定不会注意它。Hamon l'Estrange, *Alliance of Divine Offi ce*, 1659, p. 240 声称，爱德华六世保持了画十字的做法，就像后来伊丽莎白所做的那样；但是这样一个晚出的证据价值不大。钱币信息也支持爱德华六世的确实施触摸的观点。关于钱币信息，见 Farquhar, I, p. 92。

[2] 所引内容见下文 p. 337, n. 1。

出去。

但是，宗教改革以其严格的宗教行动，不仅仅威胁到旧有的对国王治病能力的尊敬，或者说主要不在这个方面。宗教改革的政治影响也是极为严重的。在动荡不安的局面中，它使得英、法两国国王享受的各种特权受到可怕的攻击，其中包括神奇的治病能力。此外，在这两个国家中，这种治病能力面临的危机也不是等量齐观，两国的历史在各个方面都于16、17世纪走上了歧异的道路。英国的危机更为剧烈也更具有决定性，所以我们先从英国开始考察。

显示英国君主超自然力量的最新行动，也是屈从于新精神的第一个行动。治病戒指的圣化礼于16世纪终结。

在爱德华六世执政时期，戒指的圣化礼就已受到威胁。大约是1547年的四旬节，高级传教士尼古拉·里德利在国王及其朝廷官员面前布道，反对某些习俗，认为是偶像崇拜，尤其反对圣像崇拜及驱魔仪式使用圣水。他是否胆大包天、一鼓作气，公开反对"治病"戒指呢？他似乎确实给听众留下了谴责，至少是含蓄地谴责治病戒指的印象。致力于更温和改革的人，即亨利八世思想的合法继承者们，此时正在极力争取这位年轻国王；他们很有理由将战斗引到一个似乎攸关君主威望的领域。在这些人当中，有一位著名人物加德纳主教，他向里德利写了一封抗议信，[1] 在这封信中，他维护了这位热忱的传教士明确或含蓄地抨击的一切事物，特别是痉挛戒指的圣化礼，认为这些是"来自上帝的礼赠"，是"这个国家诸王世袭的特权"。这场争论足以清楚地说明，在这个古代魔法习俗，尤其是瘰疬病触摸治疗中，是何种事物震惊了罗马天主教的敌人们。他们必定从中确切地看到一种驱魔仪式，因为在他们看来，洒向戒指的圣水，肯定是一种迷信象征。[2] 爱德华六世随后对加德纳展开迫害，却让里德利当上了伦敦主教。不过，就国王奇迹而言，我们已经看到，前者的愿望是，"国王不应忽视为

---

[1] 此信发表于 *The works of Nicolas Ridley* (*The Parker Society*), Cambridge, 1841, p. 495。

[2] 1548年里德利完成布道后不久，圣水——几经迟疑后——最终被禁止，见 W. P. M. Kennedy, *Studies in Tudor History*, in-12, Londres, 1916, p. 99。

人治病的能力"，他应将这种能力施展到底。在他那里，他的王权荣誉感胜过了福音信条。

当然，玛丽·都铎执政时期，耶稣受难日的仪式仍然正常进行，场面宏大，一如前述。但是伊丽莎白践祚（1558年）之后，朝廷再度接受清教，仪式停止举行。大约在该朝初年，仪式非常和缓地消失了。[1] 有段时间，前朝各君主圣化的痉挛戒指继续受到大众珍视与收藏；[2] 随后人们逐渐不再重视这些外观平平的金属圈，它们在外观上已经难以区别于更旧的戒指。没有一枚货真价实的痉挛戒指流传到我们手上；[3] 如果有戒指流传下来，那就是我们熟视无睹：不信仰痉挛戒指的几代人，对于它们的功效所包含的秘密已是漠不关心，所以这秘密也没有传给我们。伊丽莎白已经行之有效地废止了这项古代仪式。

伊丽莎白较之其兄爱德华，对宗教改革更不热心。她为何要义无反顾地与其兄长一直坚持的传统实现决裂，虽有里德利及其团体存在而无济于事呢？也许玛丽统治时期剧烈的天主教倒退活动，已经使得人们的思想更为敏感。可以想见，尽管面临各种反对意见，这位女王显然决心要保留国王对瘰疬病的触摸；也许她认为，更可取的做法，是向反对旧信仰的人做出让步，其办法是牺牲这两个治病仪式中的一个——这个仪式不需要君主面对患者群体，对维护国王威望发挥的作用更小些。

---

1 图克（Tooker）与克洛韦（Clowes）论国王触摸的著作（见下文 p. 335-336），从未提及痉挛戒指。

2 死于1654年的英国天主教史家理查德·史密斯（Richard Smith），保存了由玛丽·都铎圣化的一些痉挛戒指（p. 386, n. 2 所引材料）；同样，亨利四世统治下的法国，一些人的珠宝箱里仍然小心翼翼地保存着一些痉挛戒指（Du Laurens, 前文 p. 327, n. 2 所引证据）。17 世纪乃至 18 世纪的英国文献中，人们仍然可以见到有些地方提及痉挛戒指（参见 C. J. S. Thompson, *Royal and other medycinable rings*, p. 9-10）；但问题是，这些是国王使用的痉挛戒指呢，还是由其他魔法习惯造就的有效治疗痉挛的戒指呢？我们无从判定。另外，可以肯定，在詹姆士时代，对耶稣受难日仪式的记忆还没有完全消失，似乎很有迹象表明，国王近臣中有人企图复活它；见下文 p. 388。

3 这个事实经常为人注意到，如 Walterton, *On a remarkable incident*, p. 112-113; Thompson, *Royal and other medycinable rings*, p. 10。当然，从根本上，这种情况是因为国王圣化戒指缺乏鲜明征象；而专用于国王触摸的钱币——不用说查理二世以来专用于此目的的徽章——总是可由佩丝带的穿孔识辨出来。如果说对国王所造痉挛戒指效力的信仰一直流传到距我们很近的时代，那么一些货真价实的这类戒指流传下来，至少是可能的。

第五章 宗教战争与绝对君主制时期的国王奇迹

伊丽莎白确实从未终止对瘰疬病的"治疗"。[1] 她忠实地保留了这个传统仪式，只是从礼拜仪式中剔除了提及圣母和诸圣徒的祈祷；大概将从前使用的拉丁礼仪书译成了英语。[2] 我们没有任何文献说明她在位时期寻求她救助的患者的确切数字，但所有的迹象似乎说明，她实施过神奇治疗，并大获成功。[3] 不过，并非没遭遇强烈反对。某些自由思想家（如雷金纳德·斯科特）审慎的怀疑态度不是非常危险；斯科特受意大利哲学家的直接影响，是最早反对巫术信仰的英国人之一。[4] 但是有两个颇有势力的团体拒绝承认其君主拥有神奇治病力量：一是天主教势力，因为伊丽莎白是一位被革除教籍的异端；一是高级新教徒（人们开始称之为清教徒），这些人已经对教义理性采取了鲜明的立场。我们已经指出，教义理性与他们断然称为迷信的一种习俗是对立的。捍卫英格兰王朝的古代特权，反对不信仰者，成为必须做的事。官方传教士在他们高高的布道坛上开始工作，[5] 而

---

[1] 后来，人们认为伊丽莎白虽为患者触摸，但不无犹豫。Crawfurd, *King's Evil*, p. 75-76 已经充分证实，这种说法无疑是基于对 Tooker, *Charisma* 一段文字的误解。

[2] 我们是经由 Tooker, *Charisma*（转载于 Sparrow Simpson, *On the forms of prayer*, p. 298; Crawfurd, *King's Evil*, p. 72 的译文），了解伊丽莎白时代礼拜式的。图克是以拉丁文写出该作品的，但礼拜式真的使用拉丁语吗？英语当时已经成为教会的正式语言；为何国王的触摸式不遵守这个总规矩呢？此外，我们确切地知道，自詹姆士一世以来，礼拜式确实是以英语进行（见下文 p. 338, n. 2）。正如 Crawfurd, 前引书, p. 71 及 Farquhar, *Royal Charities*, I, p. 97 所做的推测。图克仅以拉丁文发表礼拜式的内容，只是想在书中保持语言的统一，因为全书是以拉丁文写成，大段引用英文引文将使全文减色。

[3] 不过，我们必须承认，我们所掌握的接受伊丽莎白触摸的患者的这几个数字，显然是很低微的：1597 年或 1598 年图克出版其作品（Tooker, 前引书；Crawfurd, *King's Evil*, p. 74 引用）前，基督受难日触摸 38 人，1575 年 7 月 18 日在凯尼尔沃思地方触摸 9 人（Farquhar, I, p. 70, n. 1 及 *Shakespears's England*, I, Oxford, 1917, p. 102 引述的同时代的兰厄姆［Laneham］的记载）。但从这样贫乏的资料中不能得出确切的结论。

[4] *The discoverie of witchcraft*, éd. Brinsley Nicholson, Londres, 1886, L.13, chap. IX, p. 247. 关于法国国王所声称的治病能力，他写道："如果法国诸王的治病能力不逊色于我们的女王，上帝不会为此生气；因为女王陛下只是像神一样地使用神圣的祈祷，分发一些赈济，而由上帝和医生实施治疗。"值得注意的是，斯科特竟然引述了彭波纳齐的话。彭波纳齐也许是意大利最重要的自然主义思想家，前面已经提到过他。该书第一版于 1584 年问世。

[5] John Howson, *A sermon preached at St. Maries in Oxford the 17 Day of November, 1602, in defence of the festivities of the Church of England and namely that of her Majesties Coronation*, 2ᵉ éd., in-4°, Oxford, 1603. 豪森（Howson）历数上帝赋予诸王的恩典之后，说："第三，他们具有治疗不治之症的天赋，这种天赋是神奇且超自然的，所以人们目睹苇斯巴芗为人治疗这样的疾病时，断言他应是皇帝。塔西佗就是如此记载的。"这里提到的罗马历史，见前文 p. 62, n. 2。

著述家们也从此时加入进来。第一部专论国王触摸的著作《论治疗中的神赐能力》(Charisma sive donum Sanationis)问世于这个时代，由"至为神圣的女王陛下的谦卑教士"威廉·图克出版于1597年。书是献给女王本人的，自然为国王的奇迹大唱赞歌。顺便说一句，该书是一本相当低劣的作品，很难相信它会使任何人改变信仰。[1] 五年以后，女王的外科医生威廉·克洛斯，因嫉妒先拔头筹的图克教士，用英文——当时教会仍坚持用拉丁文写作——写了一本"富有成效且根基牢固"的作品，论述英国诸王和女王对瘰疬病的治疗。[2] 这些抗辩作品的出现，是这个时代的一个征象。在英国，对国王创造奇迹的古代信仰还远没有消亡；但是不再一致地为所有人坚持，所以需要辩护士出面了。

詹姆士一世于1603年践祚，差不多给了它致命一击。在与他有关的政治作品中，这位君主的形象是一位绝不妥协的国王神圣权利、君主专制理论的支持者；[3] 但奇怪的是，对于是否举行一项完美展现君主超人能力的仪式，他却犹豫不决。不过，这种明显的矛盾状态是很容易得到解释的。詹姆士成长于苏格兰严格的加尔文教环境。1603年，他还完全浸染在最初期的导师们给予的教诲中。他确实从即位伊始便捍卫主教制度，因为他认为教会的教阶制是对王权最可靠的支持；但宗教情感仍然是以前所受教育所确立的情感：这可以解释他为何不愿意实施所谓的奇迹治疗，以往的训导使他认为奇迹治疗不过是迷信或欺骗行为。他最初明确要求免去奇迹治疗仪式。[4] 在其英国谋僚规劝之下，他随后接受了这个仪式，但内心不无厌恶

---

1 该书的确切标题，见参考书目。反天主教的论战，p. 90以下（特别是p. 91-92，一位天主教徒的训导故事是，他为国王的触摸所治愈后，意识到被开出教籍是"暂时……失效"）；反清教的论战，p. 109。这封题献信的签名是："Sacratissimae Maiestratis vestrae — humillimus capellanus—Guilielmus Tooker"（致最神圣的女王陛下——最谦卑的教士威廉·图克）。

2 该书的确切标题，见参考书目。同样，表现国王触摸的最古老的英文雕刻，大概也是在伊丽莎白女王时代，见附录二，n° 7。

3 参见下文 p. 351。

4 一位匿名作者致教皇驻法大使卡梅里诺主教的信件（1604年1月）。Arch Vatican, Francia Nunz ª, t. XLIX, fol. 22：副本存于Public Record Office, Roman Transcripts, Gener. Series, t. 88, fol. 8以下；摘录见 Crawfurd, King's Evil, p. 82: "E pero anco vero, che il Ré dal principio della sua entrata

之感。罗马教廷的一位谍报人员留下的一份有趣的记载，记述国王第一次的触摸仪式——这次仪式无疑发生在1603年10月。仪式进行之前，有一位加尔文教牧师布道。然后是国王本人出场，接着讲话，国王既不轻视神学，也不轻视演讲术。他说明了其面临的极为尴尬的处境：要么从事可能是迷信行为的活动，要么打破从前为全国臣民福祉而进行的一项古代习俗。所以他决定进行试验，但他希望只是把即将举行的仪式视为一种祈祷，为医治患者乞灵于天的祈祷。他要求所有在场的人都加入进来，一起祈祷。这时，国王开始触摸瘰疬病患者；这位情报人员狡黠地补充说："在这个演讲期间，人们可以注意到，国王几度把目光转向身边的诸位苏格兰牧师，似乎期待着某种赞许的表示，因为他事先与这些人讨论过这个问题。"[1]

---

nel Regno d'Inghilterra desidero, e dimando queste tre cose…2ª di non toccare le scrofole, non volendosi vanamente arrogare tal virtu et divinita di potere col suo tatto guarire le malatie…intorno alle quali dimande fu'risposto dalli consiglieri, che non potea sua Maesta senza suo gran pericolo e del Regno fuggir quelle cose." 也请参见梵蒂冈使节的信件：Scaramelli, *Calendar of State Papers, Ventian*, X, nº 69 (1603年6月4日)；历史家 Arthur Wolson, *The History of Great Britain, being the Life and Reign of James I*, 1653, p. 289 (Farquhar, IV, p. 141引述) 的一段文字；萨克森－威马尔的约翰·恩斯特公爵1613年所做的英国宫廷行纪，该行纪由 von Kundhardt, *Am Hofe König Jacobs I von England, Nord und Süd*, p. 109 (1904), p. 132发表。对詹姆士一世的宗教心态，G. M. Trevelyan, *England under the Stuarts* (*A History of England*, éd. by C. Oman, VII), p. 79 有非常锐敏的评述；要记住，拒绝以圣托马斯的神奇之油接受圣化礼，詹姆士一世似乎是第一位这样做的君主，见前文 p. 242。虽然任何文献都没有提到这种解释，但也许我们应该设想这一点：因接受的加尔文教信条，詹姆士一世对国王触摸仪式怀有反感，在那样的精神状态中，这种反感情绪，必定因这样一份不招人喜欢的差事所激发的厌恶感而加剧。

1 摘录自1603年10月8日一位匿名作者发自伦敦的信件：Arch. Vatican, Inghilterra；副本存于 Public Record Office, Roman Transcripts, General Series, t. 87; Crawfurd, *King's Evil*, p. 82 有其片段：
"Il Re s'abbia questi giorni intricato in quello ch'havera di fare intorno di certa usanza anticha delli Rè d'Inghilterra di sanare gl'infermi del morbo regio, et cosi essendogli presentati detti infermi nella sua antecamera, fece prima fare una predicha per un ministro calvinista sopra quel fatto, et poi lui stesso disse che se trovava perplesso in quello ch'haveva di fare rispetto, che dell'una parte non vedeva come potessero guarire l'infermi senza miracolo, et già li miracoli erano cessati et non se facevano più: et cosi haveva paura di commettere qualche superstition; dell'altra parte essendo quella usanza anticha et in beneficio delli suoi sudditi, se risolvena di provarlo, ma solamente per via d'oratione la quale pregava a tutti volessero fare insiemi con lui; et con questo toccava alli infermi. Vederemo presto l'effeto che seguitarà. Si notava che quand'il Ré faceva il suo discorso spesse volte girava l'occhi alli ministri Scozzesi che stavano appresso, com'aspettando la loro approbatione a quel che diceva, havendolo prima conferito con loro."

我们不知道这位不情愿的奇迹创造者当时是否进行过传统仪式中的洁净礼。无论如何，此后不久他确实举行过。伊丽莎白像其天主教前辈们一样，也像亨利八世本人一样，曾在病人的患处画十字手势，这令某些新教臣民极为愤慨。[1] 在这件事上，詹姆士拒绝仿效伊丽莎白。病人接受触摸，然后再次从他面前走过时，他愿意（或让其他人）做的只是将金币挂在患者的脖子上，而不做画十字的象征性手势，这个手势会使人想起旧信仰而感到不愉快。同时，此前一直存在于"天使币"上的十字架也消失了。铭文被压缩，为的是镌刻"奇迹"（*mirabile*）一词。[2] 由于进行了这些修正，也由于依时推移而适应了这个仪式，并疏离了青年时代所接受的教义，詹姆士一世最终接受定期举行治病仪式，可能每次仪式不再重复初次试验时所说的委婉说辞。此外，他似乎并不总是很严肃地对待此事。1618年，一位土耳其大使以相当有趣的宗教上的变通方式，请求国王为其罹患瘰疬病的儿子触摸，记载说，国王开怀大笑，没有拒绝其要求。[3]

---

1 Tooker, *Charisma*, p. 109.

2 我们了解詹姆士一世时期的礼拜式，是从伦敦古物收藏者协会图书馆收藏的一份传单（仅单面印刷的纸张），这个传单发表于 Crawfurd, p. 85。它与查理一世的礼拜式是一致的，查理一世的礼拜式为人所熟悉，是因为它于 1603 年被收入 *Book of Common Prayer*，且多次被转载：Beckett, *A free and impartial inquiry*; Sparrow Simpson, *On the forms of prayer*, p. 299; Crawfurd, p. 85。它与伊丽莎白的礼拜式也很相似，但在这位君主所做的手势上，表示十字的手势不复存在。克劳福德（Crawfurd, p. 88）所搜集的各种证据，肯定了这个古代仪式变化问题上的结论，这个结论是在检核礼拜式本身做出的。有一个不相合的证据（下个注释将引用），但是鉴于其他证据的一致性，只能认为这个证据是错误的。有天主教徒称詹姆士曾经秘密画十字（见下文 p. 386, n. 3），此纯属道听途说，其目的是要对这位异端国王的所谓治疗做出正统解释。天使钱币上十字架的消失（在钱币的背面，一艘船的帆上面），以及 "Adomino factum est istud et est mirabile in oculis nostris" 这个套语的删除，见 Farquhar, I, p. 106-107；作者似乎没有重视最后的这个修正，我认为这是错误的。

3 Crawfurd, *King's Evil*, p. 84 引述的一封信 "from Mr. Povy to sir Dudley Carleton"（附以不准确的参考书目）。约翰·菲内特爵士是查理一世时期主持仪式的典礼官，按照他的说法，詹姆士曾对这位土耳其孩子画十字，但约翰爵士无疑是记忆有误：*Finetti Philoxenis: some choice Observations of Sir John Finett, Knight, and Master of the Ceromonies to the two last Kings touching the Reception ... of Forren Ambassadors*, pet. in-8°, Londres, 1656, p. 58. De l'Ancre, *La Mescreance du sortilège*, 1622, p. 165 报告说，詹姆士一世曾经触摸过法国大使特勒内尔侯爵，但我不知其说所本。在林肯地方，他在 1617 年 3 月 30 日及 4 月 1 日，分别触摸了 50 位或 53 位患者（John Nichols, *Pregresses of James I*, III, p. 263-264, Farquhar, I, p. 109 转引）。1611 年萨克森的奥托王子目睹过他举行这种仪式：Feyerabenk 在 *Die Grenzboten*, 1904, 1, p. 705 的文章。

就在这位君主统治期的最初几年间,莎士比亚将《麦克白》搬上了舞台。该剧创作意图是取悦新践祚的国王;因为斯图亚特王朝被认为是班戈的后裔。在第四幕的预言性幻景中,注定从受难者繁衍出的该家族苗裔的幻影,从惊恐万状的麦克白面前飘过,和着双簧管掠过的八位国王中,最后一位就是詹姆士本人,他手持三个国家的三重权杖。令人惊讶的是,作者竟认为这样做是合适的,即在这个悲剧中加入了一段颂词,赞扬国王创造奇迹的能力:

这位善良的国王有一种极为奇异的本领。[1]

这是暗示呢,还是审慎的规劝?还是没有注意到班戈家族这位最后的苗裔在施展"神奇本领"的初期表现出的犹豫不决呢?我们不能断言。无论如何,在这个方面,也像在其他方面一样,莎士比亚忠实地诠释了民众的思想。这个国家的群众还不能想象,一个国王没有"治病天能"的恩典而可以真正成为国王。君主制度的坚定支持者所持有的观念极为强大,足以克服君主本人的重重顾虑。

查理一世像其父一样举行触摸治疗,但他成长于英国国教环境中,没有良心不安。所以,在斯图亚特王朝前期,各种态度是颇为固定的。信仰国王奇迹的,是半宗教与半政治团体的一些人:这个团体支持国王"特权"与英国国教会,占这个国家的多数。一些小团体拒绝接受这种信仰,它们为燃烧的宗教热情所激荡,视之为古代迷信的可悲的遗产,是它们厌恶的王权专制主义的表现之一。

在法国,我们已经看到,对国王治病能力这个问题,加尔文信徒出于尊敬,也可能出于审慎,长期保持了缄默。诚然,他们的沉默本身有时是颇能说明问题的。譬如,还有什么比安布鲁瓦兹·帕雷的态度更意味深长的呢?在论外科学的《瘰疬病》(*Des Scrophules ou Escrouelles*)一章中,

---

[1] 见前文 p. 43, n. 2 所引短诗。

他全然避免提及对"国王之魔"的神奇治疗,这与当时的医学文献通常的习惯相悖。[1] 此外,至少从动荡发生以后,革新派似乎不再限于沉默抗议,有时行之更甚。耶稣会的路易·里什奥梅神甫在1597年问世的《天主教三论》(*Trois discours pour la religion catholique*)中,讨论"至为虔诚的法国基督教国王所具有的瘰疬病治疗才能",猛烈攻击"某些心狠手黑的法国外科医生的邪恶与厚颜无耻,某些人对普林尼吹毛求疵、陶醉于路德的麻醉剂,企图以诽谤手段削弱与贬低这种奇迹"。[2] 这些话显然指向具体人物,但我不能弄清其中意涵;但至少清楚的是,这些话指向清教作者。不过,整个说来,改革者们的论战似乎从未很积极地指向这个方面。这个阵营的作者们不太热心于攻击王权最流行的一个特权。他们虽在许多地方感到失望,但他们并不绝望,还希望争取王权站在自己一边,至少获得其容忍。对于创造奇迹能力的最强劲的攻击,是从不同方向展开的,但不是从整体上攻击诸王,而是攻击一个特定的国王。

亨利三世最终与联盟闹翻之后,联盟得出的结论是,他缺乏神性,不配享有施予其家族的超自然能力。据说他家族中一位罹患瘰疬病的成员曾多次接受这位国王触摸,但均无济于事。亨利三世驾崩之后,天主教司铎

---

[1] *Oeuvres*, éd. Malgaigne, I, 1840, p. 352. 当时的医学文献继承了中世纪文献的遗产,经常提到国王奇迹,在这种情况下,这种沉默显得尤为醒目。法国医学文献:Jean Tagault, *De chirurgica institutione libri quinque*, in-4°, 1543, l. I, chap. XIII, p. 93; Antoine Saporta(卒于1573年)的论文 *De tumoribus praeter naturam* (Gurlt, *Gesch. der Chirurgie*, II, p. 677 引述);英国医学文献:1547年问世的 Andrew Boorde, *Breviary of Health*(参见 Crawfurd, p. 59);1563年 Thomas Gale, *Institution of a Chirurgian* (Gurlt, *Gesch. der Chirurgie*, III, p. 349 引述);John Banister 的论文 *Of tumers above nature*(前引书,III, p. 369)。意大利人的情况,见前文 p. 118, n. 2; 也参见 p. 336 关于克洛斯的论述,以及 p. 341 将对迪洛朗所做的论述;对于类似帕雷的情况,见下注。

[2] *Premier Discours. Des miracles*, chap. XXXVI, § 4; éd. de 1602, Rouen, in-12, p. 183. 关于作者,参见 H. Brémond, *Histoire littéraire du sentiment religieux en France*, I, 1916, p. 18 以下;Henri Busson, *Les sources et le développement du Rationalisme dans le littérature française de la Renaissance* (thèse letters, Paris), 1922, p. 452. 我不知道里什奥梅(Richeome)提到的这位医生,是否就是"Petrus de Crescentiis, Medicu Gallus"。Le Brun (*Histoire critique des pratiques superstitieuses*, II, p. 120, à la note) 本人参考过 Crusius (?), *De preeminentia*. 按照勒·布伦(Le Brun)的见解,此人应否认国王的治疗。我们也许会想到雅克·达莱尚(Jacques Daleschamps, 1513-1588),他为我们留下了普林尼著作的一个著名版本(我查阅过里昂印刷版,fol. 1587,在这个版本中,没有发现我们感兴趣的内容);事实上,Daleschamps, *Chirurgie française*, Lyon, 1573, chap. XXXV 讨论"瘰疬病"时,像帕雷一样,对国王的奇迹只字未提;但我没有找到证据说明他是新教徒。

默里耶写了一部叫《论涂油礼》(De Sacris Unctionibus) 的论著,反对亨利四世。在这部作品中,他认为国王医疗活动的失败乃是给予法国民众的神圣警示。如果他们接纳一位没有正常接受圣化礼的国王(当时亨利四世仍是清教徒,兰斯处于其敌人控制之下),瘰疬病患者将再也不能获得神奇治疗的恩典。[1]

这位来自贝阿恩地区的人成为了天主教徒,接受了圣化礼,当然不是在兰斯,也不是用圣油瓶里的圣油,而是在沙特尔,使用的圣油据说是从前一位天使带给圣马丁的。然后他继续实施国王的触摸,不管默里耶的支持者做何想法,成群结队的人涌聚到他身边。第一次触摸仪式不是在圣化礼之后马上进行,而是在1594年4月10日复活节的巴黎,此时已是国王军队开进18天之后。自1588年亨利三世逃走以后,巴黎未曾有过这类活动;患者大量涌来,据法韦恩记载,人数在600—700之间,据德·图记载,有960人。[2] 随后,亨利四世继续实施恩典,对瘰疬病患者进行治疗,在复活节、圣灵降临节、万圣节、圣诞节四大节日——如果情况需要,乃至更多场合——前来求医者总是数以百计,乃至数以千计。[3] 他像所有法国国王一

---

1 *De Sacris Unctionibus*, p. 262.(这部书于1593年问世,但必定已于1591年写成,因为内有鲁昂赦罪院主教让·达德尔[Jean Dadré]与巴黎代理大法官让·布歇[Jean Boucher]于这一年10月17日的许可证)。J. J. Boissardus(卒于1602年),*De divinatione et magiici praestigiis*, in-4°, Oppenheim, 无年月, p. 86认为,治疗上的"神奇品性"终结于亨利二世的诸位儿子之时。David Blondel, *Genealogiae franciae plenior assertio*, in-4°, Amsterdam, 1654, I, fol. LXX* 记载了有关亨利三世触摸不成功的另一个传说,该作者为亨利三世辩护,举出了圣保罗没能治愈蒂莫西的例证。实际上,如所预料,亨利三世像他的前辈们一样,实施了触摸,而且我们可以相信,他获得了同样的成功;特别是,他在沙特尔于1581年、1582年、1586年实施过治疗行动(J. B. Souchet, *Histoire de la ville et du diocèse de Chartres* [Public. Soc. Histor. Eure-et-Loir], VI, Chartres, 1873, p. 110, 111, 128);1577年8月15日他在普瓦提埃实施过治疗(Cerf, *Du Toucher des ecrouelles*, p. 265)。

2 L'Estoile, *Mémoires, Journaux*, éd. Brunet, IV, p. 204 (1594年4月6日); J. A. Thuanus, *Historia sui temporis*, Lib CIX, t. V, folio, 1620, p. 433: "DLX egenis strumosis in area, ac circiter XX honestioris condicionis seorsim ab aliis in conclavi"; Favyn, *Histoire de Navarre*, p. 1555.

3 Du Laurens, *De mirabili*, p. 5. 迪洛朗称,他曾一度目睹1500人求见国王(p. 6);圣灵降临节人数尤为众多。按照他本人的证据,1608年的复活节,这位国王触摸了1250名患者:见4月8日致德·韦尔讷伊侯爵的信: *Recueil des lettres missives de Henri IV*, éd. Berger de Xivrey (*Doc. inéd.*), VII, p. 510. 巴塞尔医生托马斯·普拉特于1599年10月23日目睹亨利四世在卢浮宫触摸患者,见 *Souvenirs*, trad. L Sieber, *Mém. Soc. Hist. Paris*, XXIII (1898), p. 222. 还可参见 l'Estoile, 1609年6月6日。

样，站着实施触摸，他发现触摸是件累人的差事；[1] 但他小心努力，并不逃避。他渴望重振君主制度，怎能忽略国王的这种职责呢？要巩固被多年的内部冲突所动摇的一种权威，纯粹依靠行政手段是不够的；需要强化这个王朝在臣民心中的威望，及臣民对在位君主合法性的信仰；世袭的奇迹难道不是强化王朝威望最好的工具之一、当政君主合法性最有效的证据吗？亨利四世何以不满足于有效地实施神奇仪式，原因就在于此；他与其近臣策划了一整套有利于创造奇迹能力的宣传活动。

首选手段是通过书籍。1609年，国王的私人医生安德烈·迪洛朗出版了一部论著，题献给其主人，主题是"治疗瘰疬病的神奇能力：神圣且唯一地付托于法国至真基督教诸王的能力"。这是一份冗长的辩护词，各章标题足以表明其主题："法国诸王治疗瘰疬病的神奇能力是超自然的，而不是来自魔鬼……；它是上帝无偿赐予的恩典。"[2] 该书似乎获得很大成功，几度印行并被翻译。[3] 1628年居伊·帕坦写了一篇拉丁文诗歌作为前言，置于一个新版本的前面，说："很难说，该书彰显的是国王的光彩呢，还是作者的博学。"但是，除了阅读重要书籍的公众，还需要吸引更多观看图像的公众。雕刻家P.菲朗是佛兰德尔人，他在圣雅克街拥有家业，以塔耶·杜丝印刷厂为号；大约在此时他出售一种版画，这种版画真实地表现了国王的触摸仪式。[4] 版画上这位国王从跪着的一排排患者旁边走过，后面跟着赈济官，国王手触患者的疮痛处时，他的首辅医生扶持着每个患者的头部。

---

1 见上注致德·韦尔讷伊侯爵的信。

2 Cap. IX: "Mirabilem strumas sanandi vim Regibus Galliae concessam supra naturam esse, eamque non a Daemone. Vbi Daemones morbos inferre variis modis eosdemque sanare demonstratur." Cap. X: "Vim mirabilem strumas sanandi Galliae Regibus concessam, gratiam esse a Deo gratis datam concluditur." 关于这部著作的确切标题，见参考书目。

3 诚然，它从未主动说过这一点，但在1628年的 *Oeuvres complètes* 的拉丁新版本中，在1613年至1646年间，甚至到1661年间的这同一些著作的四五个新版本中，却说过这一点。参见参考书目中提及的 E. 特纳（E. Turner）的文章；该书 p. 416 引用居伊·帕坦所写的诗："Miranda sed dum Regis haec Laurentius – sermone docto prodit, et ortam polis – Aperire cunctis nititur potentiam – Dubium relinquit, sitne Rex illustrior –Isto libello, sit vel ipse doctior."

4 附录二，n° 8 及图版三。

场景是开阔的空间,周围是有些凝重的建筑,军容颇为雄壮。版画底部是一幅长长的铭文概括颂扬诸王,"栩栩如生的神性画像",尤其赞颂这位至真基督教国王与他创造的奇迹。铭文的结尾写道:"亲爱的读者,请原谅我的莽撞,我的辩护是支持一位伟大的国王,我要捍卫的是赤诚的愿望,即向所有人展示上帝的神奇。"[1] "支持一位伟大的国王"——我认为,从字面理解这几个字是很对的。此外,我们从其他资料知道,菲朗经常以其雕刻刀为君权论者的宣传活动服务。[2] 首辅医生和这位雕刻家,每个人都在以自己的方式,服务于同一种政策,而这个政策的主题是由上层所确定的。

所以,在法国,也像在英国一样,16世纪的斗争之后,对王权超自然能力的信仰再度获得了胜利,至少在外表上再度获得了胜利。它构成了君主制信仰的内容之一,这种信仰在路易十四绝对专制主义时期的法国仍在继续扩展。而在英国,在新的政治和宗教事件的影响下,这种信仰却逐渐消失了——虽然不无曲折起伏。我们必须从整体上说一说这种信仰;除非这样做,对于国王创造奇迹的能力所具有的活力,恐怕就难以做出解释。

3 专制主义与神圣王权;法国君主系列最后的传说[3]

对当今我们这个时代的人而言,路易十四时代的法国多数人,在政治思想与行动的习惯上,存在一些令人惊讶乃至震撼的东西,斯图亚特王朝

1　同样要注意这同一传说中的下列句子,其中宣传的意向十分明显,因为特别提及了内部和平的重建。"C'est pourquoy i'ay pensé que ce seroit fort à propos de mon deuoir, de tailler en cuivre ladite figure pour (en admirant la vertu diuine operer en nostre Roy) estre d'auantage incitez a l'honorer, et luy rendre obeyssance pour l'vnion de la paix et concorde qu'il entretient en ce Royaume de France, et pour les commoditez qui nous en proviennent."

2　他创作的一幅亨利四世雕像,及早在1610年完成的另一幅路易十三雕像,仍然存留于世。参见 E. Bénézet, *Dictionnaire des peintres, sculpteurs et dessinateurs de tous les temps et de tous le s pays*, II。

3　遗憾的是,关于专制主义的原则,我们没有任何真正令人满意的通论性著作,这种通论性著作不是将专制主义原则视为一种特有的社会哲学理论,像这位或那位作者所坚持的那样,而是视之为整个一个时代共有的思想或情感运动的表现。毋庸说,下文的概略性论述也不敢妄称填补了这一空白。

345 时代英国人的部分观点也表现出相似的情形。我们发现，很难理解当时以王权和国王为目标的偶像崇拜，几乎不由自主地对它做出不合时宜的诠释，视之为某种卑劣的奴役状态的产物。对于我们在文献上已经很熟悉的一个时代，在一个如此重要的问题上，我们仍感到难以对其心态体察入微；这种困难局面的形成，也许是因为，我们研究这个时代的统治观念，通常只是经由阐述这些观念的重要理论家的著作。专制主义是一种宗教；仅由神学家的著作研究一种宗教，不是宣告自己无视其活生生的源泉吗？在这个具体问题上，这种方法尤其危险，因为这些著名的教条论说家通常所给予人们的，只是其所处时代的思想或情感的假象。他们所接受的古典教育，已经在他们身上养成了追求逻辑论证的爱好，还有对政治神秘主义的难以抑制的厌恶。所以，他们往往略去或掩盖其身边不可理喻的观念。博叙埃就是如此，他直接或经由托马斯·阿奎那而受到亚里士多德主义熏染，其程度之深，几与霍布斯相埒。《〈圣经〉话语中的政治学》（*Politique tirée des propres paroles de l'Ecriture Sainte*）基本上是理性著作，而它的作者，如身边的人一样，深染君主崇拜习俗，这二者之间的反差是明显的。这部高度理性化的论著向我们描述的这位抽象君主，与在兰斯接受天堂圣油涂油的这位神奇君主之间，存在着巨大的鸿沟。作为教士与忠实臣民，博叙埃虔诚地信仰这位神奇君主。[1]

在 Figgis, *The divine right of kings*, Hitier, *La Doctrine de l'absolutisme* 中，我们看到的不过是简短且非常理论化的见解。也请参见具有同样严格法律精神的著作：André Lemaire, *Les Lois fondamentable de la monarchie française d'après les théoriciens de l'ancien régime* (th. droit, Paris), 1907。Lacour-Gayet, *L'Éducation politique de Louis XIV* 一书提供了不见于他处的大量资料；但没有触及真正的问题。Henri Sée, *Les Idée politiques en France au XVIIᵉ siècle*, 1923 也颇值得参考。关于王权主义宣传家的文献，Struve, *Bibliotheca historica*, rééd. J. G. Meusel, X, I, Leipzig, 1800, p. 179: *Scriptores de titulis, praerogativis, majestate et auctoritate Regum* [Franciae] 有一书目现在仍然使用。

[1] 顺便说一句，最容易遭人误解的那些时代，也许恰恰就是这样一些时代：透过仍有活力的文献传说人们可以看到它们。一部艺术著作，正因为每代人在它流传过程中加入自己的东西，才能保持其生命力；如此一来，它的本义就逐渐变了，有时其本义被歪曲，完全走向反面，不再提供其创作环境的任何信息。17 世纪的人是在古代文献滋润下成长起来的，但他们对古代的理解却非常不完备。我们当今时代的人对他们的了解，如同他们对希腊罗马人的了解，其情势颇为相似。

所以，我们不要误入歧途。即使要获得对最著名的君主医生的真正了解，也需要认识从以往时代流传下来、当时仍生机勃勃的群体表象；因为——以我刚才所做的比较为例——那些人就像所有的神学家一样，其主要事业就是赋予这种非常强大的情感一种精神形式，这种情感在他们身边广为流传，他们自身也在有意无意间受到濡染。霍布斯认为臣民的信仰服从君主的决定。他以这样的字眼——这些字眼可以媲美于11世纪拥护帝国权威的论战作家们使用的字眼——写道："虽然国王们没有承担教士的职责，但他们不是那么纯粹的俗人，以致没有祭司裁判权。"[1] 要充分理解这些根深蒂固的观念的起源，仅仅从霍布斯所宣称的社会悲观情绪与政治冷淡态度来解释，是不够的；记住这一点，即这位大哲学家来自这样一个国家，这个国家的君主自称是"国家在精神与物质事务上的最高统治者"，也是不够的。实际上，这些观念背后存在的是完整的旧的神圣王权概念。巴尔扎克宣称"不管何人为君主，我们都应该视君主本人为神圣不可侵犯"，或提及国王身上留下的"神的指印"时，[2] 以更精练的形式表达出来的这种情感，与促使许多代可怜的瘰疬病患者寻求法国国王治疗的情感，难道在根本上不是一回事吗？

历史学家不断地诉诸一流的思想家，也许是个错误，更好的做法也许是研究二流作者的著作，翻阅有关君主制的普通法概要、赞颂君主制的作品，即关于国王威严的论著、关于王权起源与权威的学位论文、对百合花的赞词。这些作品在16、17世纪的法国大量问世。阅读这些作品，读者不要指望得到巨大的精神享受，它们的思想水平通常都相当低下。让·费罗尔、克洛德·达尔邦、皮埃尔·普瓦松·德·拉博迪尼耶、H. 迪布瓦、路易斯·罗兰、伊波利特·洛兰神甫即巴尔塔扎·里耶兹，还有其他人的名字，可以轻而易举地列出来，这些人当中，无人有资格要求在社会哲学史上占有一席之地。即使夏尔·格拉塞耶、安德烈·迪歇纳，以及热罗

---

1 *De Corpore Politico*, II, VIII, 11 (éd. Molesworth, IV, p. 199).

2 *Aristippe, Discours septieme*, 2ᵉ éd., in-12, 1658, p. 221. 关于巴尔扎克的政治观念，读者可参阅 J. Declareuil, *Les Idée politiques de Guez de Balzac*; *Revue du droit public*, 1907, p. 633。

姆·比尼翁，名声可能更隆显些，但归于湮没无闻，也是理所宜然。[1]但是，这类作品，因其本身的平庸乃至粗糙，具有极贴近大众观念的优势。如果人们有时怀疑这些作品乃出自受雇佣的操刀手，这些操刀手感兴趣的是挣钱，而不是追寻于己无关的思想，那么，这种情况则更佳，因为，对我们而言，主要目标是掌握实际的公众观念。很显然，职业宣传家刻意而为的观点，正是他们期望最能打动读者的那些观点。

16、17世纪王权政论家提出的时兴观念，对于浏览过此前时代文献的任何人，通常都是平淡无奇的。不过，如果有人不能在这些观念中感受到长期存在的来自中世纪的遗产，那么他们一定会感到吃惊。在政治理论史以及其他任何方面的历史中，已经不宜过分强调通常所说的人文主义者影响下欧洲历史在1500年前后出现的传统断裂。中世纪作家经常加以肯定的国王神圣性，在近代仍然是一个鲜明的真理，并且不断为人提及。[2]国王们的准教士特性也是同样的情况，虽然各作者在这一点上更不一致。

在这个问题上，即使是狂热的王权支持者，也总是有些犹豫踌躇；且情况似乎日甚一日。格拉塞耶满脑袋充斥着法国君主制的辉煌，总是乐于接受带有神奇光环的传说，不过他还是常常感到有义务说明，国王虽然享有全部的宗教特权，但在根本上是俗世之人。[3]稍后，至少在信仰天主教的

---

1 费罗尔、洛兰、格拉塞耶的著作，见参考书目。达尔邦的著作，见 p. 19, n. 1。Pierre Poisson de la Bodinière, *Traité de la Majesté Royale en France*, 1597; H. du Boys, *De l'origine et l'autorité des roys*, in-12, 1604; Louis Roland, *De la dignité du Roy ou est montré et prouvé que sa Majesté est seule et unique en terre vrayment Sacrée de Dieu et du Ciel*, Petit in-4°, 1623; 圣方济各会传教士 Fr. Balthasar de Riez, *L'Incomparable Piété des très chrétiens rois de France et les admirables prerogatives qu'elle a méritées à Leurs Majesté, tant pour leur royaume en général que pour leurs personnes sacrées en particulier*, 2 vol. in-4°, 1672-1674; André du Chesne, *Les Antiquitez et recherches de la grandeur et maiesté des Roys de France*, 1609; Jérôme Bignon, *De L'excelence des rois et du royaumede France*, 1610; 归于 Théophile Dujay 假名下的同名著作：*La Grandeur de nos roys et leur souveraine puissance*, 1615。

2 可引述的文献难以计数。我们只要提及这一点就够了：Bossuet, *Politique tirée des propres paroles de l'Ecriture Sainte* 卷三中，第二篇文章的题目是 *L'autorité royale est sacrée*, 这篇文章的第二个主题是 *La personne des rois est sacrée*。

3 见其著作 *Regalium Franciae iura omnia*, 1538, 第二卷，第二章。阿努尔·吕泽在其论述国王权利的著名论著（Arnold Ruzè, *Tractatus juris regaliorun, Praefatio, Pars* III, dans *Opera*, pet.

第五章　宗教战争与绝对君主制时期的国王奇迹

法国，特兰托教会议之后，反宗教改革运动强化了教会纪律，较之以往更清楚地划定了正规教士职位与俗人身份的界限，其结果是，众多民众比以往更不愿意接受国王模糊不清的地位——似是而非的教士地位。尽管如此，包含在很多习俗和礼仪中的古代观念，仍有其众多的追随者，甚至在教士阶层中，也有其追随者。1597年埃夫勒主教罗贝尔·塞内欧写道：

> 法国诸王之尊不能完全称作世俗的。此点有各种证据：首先是源自上天的神圣膏油；其次是由圣马库尔代祷而来的对瘰疬病治疗触摸的天授特权……最后是保护权，特别是教会保护权，包括——我们通常见到的——作为特殊权利授予教会恩地的权力。[1]

安德烈·迪歇纳于1609年写道："吾国之伟大国王，从未被视为纯然俗世之人，而被认为身兼教士品行与国王威德。"[2] 1611年，一位名叫克洛德·维莱特的教士，以《论天主教会的祭礼与仪式》(*Les Raisons de l'office et ceremonies qui se font en l'Eglise catholique*) 为题，出版了论礼拜式的论著，这部论著在后来的岁月中多次出版，证明它颇获成功。在论圣化礼仪式的一段很长的释文中，他从其中的几个礼仪——双手的涂油，国王的献祭品，尤其是享用圣餐两圣体——得出的结论是，国王是"混合

---

in-4°, 1534, p. 16-17）中，怯生生地赋予国王以"混合"身份，由于这种身份国王应"被视为教士"："ratione illius mixturae censentur ut clerici"。相反，1500年11月16日，勒迈特（Lemaistre）在巴黎高等法院前演讲"论国王的总代理人角色"，肯定古代原则："Nam licet nonnulli reges coronentur tantum, alii coronentur et ungantur, ipse tamen rex Francie his consecracionem addit, adeo quod videatur non solum laicus, sed spiritualis"，且为了支持上述论点，即刻涉及宗教保护权：Arch. Nat. X I^a 4842, fol. 47 v° （参见 Delachenal, *Histoire des avocats*, p. 204, n. 4）。

1 *Gallica historia in duos dissecta tomos*, 1557, p. 110: "Regia enim Francorum maiestas non prorsus laica dici debet. Primum quidem ex recepta coelitus unctione sacra: deinde ex coelesti privilegio curandi a scrophulis, a beato intercessore Marculpho impetrato: quo regni Francici successores in hunc usque diem fruuntur. Tertio iure regaliae magna ex parte spituali in conferendis (ut passim cernere est) ecclesiasticis peculiari iure beneficiis." 关于作者的情况，参见 A. Bernard, *De vita et operibus Roberti Cenalis* (thèse Lettres, Paris), 1901.

2 *Les Antiquitez et recherchees*, p. 164; 参见 Sée, 前引书, p. 38, n. 3.

品性之人、在教之人"。[1] 1645年，施济官纪尧姆·迪佩拉甚至以下列词句辩护，更清楚地呈现了法国君主享有的圣餐特权："在我看来，法国诸王虽然不是异教国王那样的教士，但他们分享了教士特性，并非纯然俗世之人。"[2] 1672年巴尔塔扎·德·里耶兹神甫写作了冗长而乏味的王朝颂词，表达的观点是，圣化礼使掌握王权者成为"神圣之人，一定程度上具有教士特性的人"。[3]

同样的态度也见于英国的王权拥护者中间。可为见证的是，《皇帝肖像》(*Eikon Basilikè*) 作者借囚徒查理一世之口说出的一番话，查理一世拒绝向一位小教堂神甫忏悔，说："也许，那些否认我的人会认识到，我自身有足够的能力以教士的身份履行我对上帝的责任，尽管没有以君主身份履行对人的职责。说实话，我认为国王与教士两种职责能够集于一人之身，如同古时候二者处于一人名下，且为长子之统一权利。"[4]

---

1 in-4°, Paris, 1611, p. 220-222. 维莱特知道让·戈林关于圣化礼的论著（下文 p. 479）；他对戈林使用的圣餐两圣品的套语做了更为审慎的修正，写道："[le roi]communie sous les deux espèces, comme fait le Prestre, Et, dit le vieil Autheur, *Afin que le Roy de France sache sa dignité estre Presbiterale et Royale*"（"〔国王〕像教士一样领受两种圣体，这位年老的作者说，为的是法国国王知道他的职责乃为教士与国王。"）

2 *Histoire ecclésiastique de la Cour*, p. 728. 参见有关路易十三圣化礼的记述，Godefroy, *Ceremonial*, p. 452: "Il communia au précieux Corps et Sang de Nostre Seigneur sous les deux espèces du pain et du vin, après quoi on lui donna l'ablution comme aux Prestres pour monter que sa dignité est Royale et Presbyterale"（"他以面包与酒的形式领受我主基督珍贵的肉与血，此后人们像对待教士一样给他净水，以说明其职责乃为国王与教士"）。

3 *L'Incomparable Piété des très chrétiens rois de France*, I, p. 12: "... icy nous pouvons et devons dire par occasion, que le sacre de nos rois n'est pas nécessaire pour leur asseurer leur droit sur la Couronne de France, lequel ils tirent de la naissance et de la succession. Mais que c'est une sainte cérémonie, qui attire sur eux des graces particulieres du Ciel, qui rend leurs personnes sacrées, et en quelque façon Sacerdotales. Aussi sont-ils vestus en cette action d'un habillement semblable à une tunique de nos Diacres et d'un manteau royal approchant de la ressemblance d'une Chappe, ou ancienne Chasuble d'un Prestre."

4 Figgis, *Divine Right*, p. 256, n. 1 引述。《皇帝肖像》的作者口气严肃地谈到这一点。有趣的是，同样的观念竟然有朝一日由被囚于圣赫勒拿岛的拿破仑一世开玩笑似的说出来："你应该忏悔，"他对古尔戈伯爵说，"嗯，是的！我接受过涂油，你可以向我忏悔！"（Général Gourgaud, *Saint-Hélèna*, 无出版日期, II, p. 143。）

按：在法文版中，此处引文稍略，因引文来自英文，故以英文版为准。——译者

第五章　宗教战争与绝对君主制时期的国王奇迹

此外，基督教古代风俗知识此时已经加入进来，支持这两种职责间非常古老的混淆，为此前时代的论战者提供闻所未闻的论据。在君士坦丁皈依基督教，甚至格拉提安[1]以后，晚期罗马帝国于382年已经弃绝了大祭司长（*pontifex maximus*）这个传统称号，但并没有立刻放弃归于皇帝之身的大祭司长职权的观念。一些传达此种观念的旧文献——这些旧文献在中世纪不为人知——于17世纪重见天日。"教士、皇帝万岁！"出席卡尔西顿会议的神甫们这样向马尔西安致敬。这一致敬语无疑已被采纳，成为拜占庭宫廷仪式的固定用语。1699年达盖索[2]在巴黎高等法院发表演讲《就登载教皇圣谕驳斥"圣徒箴言集"所作的公诉词》（*Réquisitoire pour l'enregistrement de la Bulle contre les Maximes des Saints*），将这个固定用语用来称颂路易十四："既是国王又是教士，这就是卡尔西顿会议的用语。"[3]尤其是，尤西比乌斯所写的君士坦丁传时常印行。在书中的著名段落里，君士坦丁皇帝自称τῶν ἐκτὸς ὑπὸ θεοῦ καθεσταμένος ἐπίσκοπος，这个称号不管翻译是否得当，通常被译为"教外的主教"（évêque extérieur, outwardly bishop）。[4]自17世纪以后，这些字眼用于法国国王，已属屡见不鲜。[5]所以重获新生的学问，使得古代异教遗产在基督教面具掩饰下存留了下来。

17世纪，王权制度乃至国王本人的准神性，被直截了当乃至直白露骨地加以强调，其程度之甚，从未有一个时代堪与其匹。"所以，我的孩子，"英国的詹姆士一世对他的继承人、年轻的王子说，"最重要的是，要了解

1　格拉提安（Gratian），罗马帝国皇帝，375—383年在位。——译者

2　亨利·弗朗索瓦·达盖索（Herri-Francois d'Aguesseau, 1668—1751年），路易十四时代法国政治家、学者和法官。——译者

3　*œuvres*, éd. Pardessus, 1819, I, p. 261. 关于这次会议的文献以及其他类似文献，见前文，p. 187, n. 3。

4　Eusèbe, IV, 24. E.-Ch. Babut, *Revue critique*, nouv série, LXVIII (1909), p. 261 认为，君士坦丁想表达的意思是"异教的主教"。

5　譬如：B. de la Rooche-Flavin, *Treize Livres des Parlemens de France*, livre XIII, chap. XLIV, § XIV, folio, Bordeaux, 1617, p. 758: "Evesque commun de France: qui est l'Eloge que le fragment des Conciles donne à l'Empereur Constantin"（法国的大众主教：这是会议文献给予君士坦丁皇帝的赞词）。d'Aguesseau, 前引书, p. 261 ("évêque extérieur")。甚至1766年5月24日会议的谕令，也有 évêque du dehors（"外来主教"），见 Isambert, *Recueil général*, XXII, p. 452。

并热爱上帝，你对上帝负有双重义务：首先是因为他使你成为人，其次是因为他使你成为一个神人（little God, petit dieu），坐在他的宝座上统治其他人。"¹法国人让·萨瓦龙是奥弗涅地区司法总辖区法院的院长、陆军中将，对他而言，各君主就是以肉体凡胎形式出现的神；²对安德烈·迪歇纳来说，各君主是降临凡尘的神灵。³1625年11月13日，沙特尔主教以教士会议的名义讲话，表达了如下观点：

> 所以，人们应该知道，除了各族各国普遍赞同外，先知们宣布，圣徒们坚信，殉道者们承认，诸王乃由上帝所任命；不仅如此，诸王本身就是神灵，此事并非由奴颜婢膝地谄媚、巴结的异教徒所杜撰；这个真理也为《圣经》所清楚地昭示，若非不敬神明，就没有人否定它，若非亵渎神明，就不会有人怀疑它……⁴

我们可以征引其他许多例证，包括投石党运动⁵时代王权拥护者⁶出版的一本小册子，这本小册子题作《君主的形象即可以死亡的神灵的著名画像》（*L'Image du Sowerain ou l'Illustre Portrait des Divinités Mortelles*）。1662年复活节前的星期日，博叙埃在卢浮宫论及诸王的职责时说："你们是神

1　*Basilikon Doron*, li. I, éd. Mac Ilwain (*Harvard Political Classics*, I), 1918, p. 12.

2　第三部论著 *De la Souvraineté du Roy*, 1620, p. 3: "Le tout puissant ... vous ayant estably son Vicaire au temporel de vostre Royaume, constitué comme un Dieu corporel pour estre respecté, servy, obéy de tous vos subjects ..."

3　*Les Antiquitez et recherches*, p. 124; 参见 p. 171。

4　教士会议的宣言谴责两本小册子，这两本小册子题为 *Misteria Politica* 及 *Admonition de G. G. R. Theologien au Tres Chretien Roy de France et de Navarre Louis XIII*，都批评法国与清教国家的联盟：*Mercure françois*, II, 1626, p. 1072。沙特尔主教随后更精确地表达了自己的思想，但以委婉的形式表达如下可能引起过大震动的内容："Pourtant il s'ensuit que ceux qui sont appellez Dieux, le soient, non par essence, mais par participation, non par nature, mais par grace, non pour tousiours, mais pour un certain temps, comme estant les vrays Lieutenans du Dieu Tout-puissant, et qui par l'imitation de sa divine Majesté, representent icy bas son image."

5　投石党运动（Fronde，音译"福隆德"），指1648—1653年法国反专制制度的政治运动。——译者

6　C. Moreau, *Bibliographie des mazarinades* (*Soc. de l'hist. de France*), II, n° 1684。其他典型引文，见 Lacour-Gayet, *L'Education politique de Louis XIV*, p. 357-358。另外，前引三段文献出自该著作。也参见 Du Boys, *De l'Origine et autoritédes roys*, 1604, p. 80（可与 p. 37 比较）。

第五章 宗教战争与绝对君主制时期的国王奇迹

灵,尽管会驾崩,但权威永不消亡。"[1] 听到出自这位布道者口中的这些话,当时的任何听众都不会感到惊讶。虽然我们现在听来特别鲁莽,近乎亵渎神明,但在当时却是全然司空见惯的。

要找到各位作者与演说家立论所本,并不困难。首先是取自《圣经》。一般认为,圣诗第82章的前两节论及国王:"我说过,你们是神,你们都是上帝的孩子,不过,要像人类一样地死去。"加尔文在《诗篇评注》(Commentaire sur les Psaumes)中,[2] 像博叙埃在上文提到的布道词中一样,也用这两段文字来论述王权。此非仅见之例。当时的文献既受《圣经》滋润,也深受古代文献浸染。不管沙特尔主教怎样痛骂"奴颜婢膝地谄媚、巴结的异教徒",他不得不承认,他们将诸王与诸神等同起来,是对的。甚至在此之前,克洛德·达尔邦主张"这位君主超胜凡人……他是神灵",至少是"半神",他援引"古代哲学家"的实例以为佐证。[3] 在这里,对古代的丰富知识也迫使这些热忱的基督教徒使用带有严重异教思想的语言。索尔兹伯里的约翰是12世纪著名的人文主义者,同时也是捍卫教权至上论的极勇猛的先驱。我们也许应顺便重复一下他论及罗马人时所说的话:"我们用这个民族发明的语言,来向主人们说谎。"[4] 甚至在中世纪,这些影响有时已经显现出来。12世纪末,维泰博地方的戈弗雷对亨利六世讲话时宣称:"您是生于神族的神。"戈弗雷是个书呆子,堪称其同胞及同代人埃博利地

---

[1] *Sermon sur les Devoirs des Rois* (1662年4月2日), *Oeuvres oratoires*, éd. Lebarq, revue par Ch. Urbain et E. Levesque, IV, p. 362。

[2] *Opera (Corpus Reformatorum)*, XXXII, *Psalm* CX, col. 160; *In Habacuc*, I, 11, col. 506 有一段文字不太有利于诸王的神圣形象。上引《诗篇》第八十二章第六、七节使现代注释家感到迷惑不解,他们有时视之为一种针对自称神灵的非犹太族国王的讥讽。参见 F. Baethgen, *Die Psalmen (Handkomentar zum Alten Testament*, Göttingen), 1897, p. 252。

[3] *De la Maiesté royale*, p. 6: "le Prince par sa vertu, generosité, magnanimité, douceur et liberalité envers son peuple, surpasse tous les autres hommes de tant, qu'à bon droict, et iuste raison plusieurs anciens Philosophes l'ont estimé plus qu'homme, voyre estre Dieu. Et ceux qui de moins se sont fallis les ont (à raison de leurs perfections) dict et prononcé demi dieux."

[4] *Policraticus*, III, 10, éd. C. C. J. Webb, I, p. 203: "Voces quibus mentimur dominis, dum singularitatem honore multitudinis decoramur, natio haec invenit";我们将看到,这指的是多重威严;稍前文字中,索尔兹伯里的约翰讨论了皇帝崇拜问题,补充说(p. 202-203): "Tractum est hinc nomen quo principes uirtutum titulis et uerae fidei luce praesignes se diuos audeant nedum gaudeant appelari, ueteri quidam consuetudine etiam in vitio et aduersus fidem catholicam obtinente."

方的彼特的竞争对手,彼特习惯于称这位君主为"雷神朱庇特",其妻为"朱诺"。[1] 大约一个世纪之后,埃吉迪奥·科隆纳称诸王为"半神"[2];埃吉迪奥对古代作家也颇为熟悉,所以他禁不住使用一个与其整个政治体系不相符的术语,而他的政治体系通常是非常不利于世俗权力的。不过,总的说来,这样逸出常规的实例在中世纪是少见的。必须承认,17 世纪以前,对神的名称的滥用还不普遍。我们当然不能夸大这种词汇过度使用的重要性:这些名称的使用只是纯粹的文字记忆,这个因素足以提醒我们,对此不要过于当真。不过,其意义也不应缩小,词语与其所表达的事物从来不是全然分离的。在信仰时代,发现这些词语被不断使用,这一点是令人吃惊的,它们在此前时代几乎一律被视为表达偶像崇拜的术语而遭到拒斥。对于这位沙特尔主教所使用的语言,格利高里七世将做何感想呢?[3]

16 世纪末与 17 世纪初,宗教斗争一时间似乎又唤醒了关于王权与教权

---

1 Godfrey de Viterbo, *Speculum regum; Monum. Germ., SS*, XXII, p. 39, V. 196: "Nam Troianorum tu regna tenebis avorum – Filius illorum deus es de prole deorum";参见从凡人神话论观点所做的解释,p. 138, v. 178 以下。也参见稍晚时候即 1269 年普雷扎的彼得编写的 *Adhortatio* 中的类似词句,彼得是霍亨斯陶芬王朝在意大利的党羽,此人我们前面已经提到(上文 p. 217);Grauert, *Histor. Jahrbuch*, XIII, 1892, p. 121 引述。*Des magisters Petrus de Ebulo liber ad honorem Augusti*, éd. Winckelmann, Leipzig, 1874, 引述文字集中于 p. 82, n. 9(另一版本见 G. B. Siragusa, *Fonti per la storia d'Italia*, 1906)。神的名称这样应用于皇帝,是否有时也用于皇帝的对手教皇呢?在 *Revue des sciences religieuses*, II (1922), p. 447, 修道院院长让·里维埃(Jean Rivière)提出这个问题:"对英诺森三世而言,教皇是不是'神'?"回答自然是否定的。但是,似乎不为人知的是,人们误认为是英诺森三世犯下的教理错误,出现在"帕绍地方的匿名作者"于 1260 年谴责的其同时代人信奉的迷信之中:*Abhandl. der histor. Klasse der bayer, Akademie*, XIII, 1, (1875), p. 245: "Peregrinacioni derogant ... qui dicunt quod Papa sit deus terrenus, maior homine, par angelis et quod non possit peccare, et quod sedes romana aut invenit sanctum aut reddit; quod sedes romana non possit errare ..."

2 *De regimine principum*, Venise, 1498, 1. I, pars I, cap. IX: "quare cum regem deceat esse totum diuinum et semideum". 参见 cap. VI: "dictum est enim quod decet principem esse super hominem et totaliter diuinum".

3 1615 年,巴黎神学家让·菲莱萨克炮制了一部论文 *De idolatria politica et legitimo principis cultu commentarius*, 论文的标题似乎有可能引起一场有趣的讨论。可惜的是,这部小论著展现出极不固定的思想。作者似乎一点也不支持涂油礼赋予国王教士特性的观念(p. 74),但又不公开驳斥之;国王的臣民"崇拜"国王就如同儿子崇拜父亲。菲莱萨克摇摆多变的名声,在同时代人中是众所周知的,人们给予他的称号是"骑墙先生"(P. Féret, *La Faculté de théologie de Paris, Époque moderne*, IV, 1906, p. 375)。用神的名字称呼世俗世君主,在中世纪就受到人们的批评,如查理曼与索尔兹伯里的约翰都批评过这种做法(前文 p. 64, n. 3; p. 353, n. 1)。

第五章 宗教战争与绝对君主制时期的国王奇迹

的旧论战。枢机主教贝拉明与英国詹姆士一世之间的论争,似乎是格利高里时代最后的回响;[1] 神学家关于诛暴君问题的长期讨论也是如此。但在整体上,教会的观点,尤其是在法国,已经变得越来越有利于神圣王权概念。教会此时倾向于将国王宣称的神圣性视为对宗教的效忠,而非对教士特权的侵蚀。特别是,天主教徒不再打算以神学原因排斥国王的奇迹。西班牙教士路易,是格林纳达地方的受真福品者,也是正统教义的忠诚捍卫者,他的《信仰象征引论》(Introduction al simbolo de la Fe)是一部数度再版且被翻译的著作。1572年,他在这部著作中,就像布拉瓦丁[2]过去所做的那样,很自然地提到"法国诸王拥有治疗传染性且难以治愈的瘰疬病的能力",以此作为当时奇迹出现的例证,并以大量的篇幅讨论这个问题。[3] 此外,早在1547年,教皇保罗三世与查理五世发生纷争,想交好瓦洛亚王朝时,明确承认这种"能力"的真实性。在这一年的1月5日颁发的创建兰斯大学的诏书中,他为兰斯这座城市大唱赞歌,称"在兰斯城,法国诸王从大主教手中接过了来自天上的赐礼,即神圣的膏油及为人治疗的能力"[4]。

不过,这种神奇能力并非在所有时代总是受到作家们同样对待。16世纪,所有为王权辩护者,或者说几乎所有为王权辩护者,从路易十二时期的樊尚·西戈尔,或弗朗索瓦一世时期的格拉塞耶,到亨利三世时期的福卡泰尔,都在其著作中浓墨重彩地论及之。[5] 但在17世纪,它充当了清楚地

---

1 参见 J. de la Servière, S. J., *De Jacobo I Angliae rege, cum Card. Roberto Bellarmino, super potestate cum regia tum pontificia disputante*, 1900; —*Unécontroverse au début du XVIIe siècle: Jacques Ier d'Angleterre et le cardinal Bellarmin*; *Étude*, t. 94, 95, 96 (1903)。

2 布拉瓦丁(Thomas Bradwardine, 约1290—1349年),英国著名的数学家、神学家。——译者

3 Fra Luys de Granada, *Segunda Parte de la introduction del symbolo de la fe*, Saragossa, 1583 (我无法看到安特卫普1572年第一版), p. 171, § VIII: "la virtud que los reyes de Francia tienen para sanar un mal contagioso, y incurabile, que es delos lamparones."

4 Marlot, *Théâtre d'honneur*, p. 760, 5, Jan. 1547: "Civitas Remensis, in qua Christianissimi Francorum Regis sibi coelitus missum Sanctae Unctionis, et curandorum languidorum munus, a pro tempore existente Archiepiscopo Remensi suscipiunt, et Diademate coronantur."

5 有趣的是,Bernard de Girard du Hailland 在其论著 *De l'estat et succez des affaires de France*(初版1570年,我参考的是1611年版)没有提到国王触摸,该著作的第四卷开头列举了国王的"特权、权利、职权与特许权"(prerogative, droicts, dignitez et privileges);在 *Histoire générale des rois de France*, 1576 中,他也没有提到。诚然,他喜欢的君主制是温和而富有理性的,他对君主制的论述没有丝毫神秘倾向。

区分当时两类专制主义政治文献的试金石：一类可称作哲学文献，一类称作通俗文献。通俗文献的作者们，如阿罗伊、伊波利特·洛兰、曼堡，以它作为著名的论据广泛使用之，以便加深读者的印象。然而，哲学文献的作者们却力避提及之，譬如，巴尔扎克[1]的《君主赞》（*Prince*）或《阿瑞斯提波》（*Aristippe*），博叙埃的任何一部主要著作，都没有稍稍提及国王的治疗。这种缄默是否要归于他们的怀疑论呢？当然不能。许多征象表明，这些思想家厌恶非建构于严格理性的事物，人们应该将这种缄默视为其征象之一。但这对国王为人触摸的前景，却是一个相当不利的征兆。所有阶层的人们无疑仍然相信这个著名的奇迹。博叙埃在一封非正式的信件中，将它视为理所当然的事物而提及之；[2] 但学术界讲到这件事时有种羞愧感，认为它是一种过于凡俗的信仰；更晚些时候，人们就完全耻于相信它了。

前文我们已经说过，保罗三世认为治病能力的源头是涂油礼，特别是来自圣油瓶的神奇膏油；他在这一点上与古代传说是一致的。这样，向来总是有点让人心存疑虑的能力，在原则上就与一种全然基督教的礼仪联系起来了。现在，除了圣马库尔极为狂热的支持者，几乎没有人反对这种观念了，即使是这些狂热支持者，也很快退却了。在最热忱的王权支持者中，也没有人在这种环境中，再想否认归于涂油礼的作用。毫无疑问，即使支持这种观点的理论家也完全明白，圣化礼，如同迪艾兰所说，不过是"一种纯然表达敬意的仪式"，而非"关乎主权的本质"。没有它，国王也并非不能"成为国王"；而亨利四世执政开始的标志性事件，使政治作家有机会再次重申此时已经成为官方信条的这种原则。[3] 这些理论家不会承认王权的

---

1 让-路易·盖·德·巴尔扎克（Jean-Louis Guez de Balzac，1597—1654年），法国作家，所写书信体随笔文字为时所称，流传甚广；是法兰西学院（Académie française）的奠基人之一。——译者

2 前文 p. 302, n. 1。

3 B. de Girard du Hailland, *De l'estat et succez des affaires de France*, 1611 (1ᵉ éd., 1570), p. 624: "le Roy ne laisse pas d'estre Roy, san le couronnement et Sacre, qui sont ceremonies pleines de reverence, concernans seulement l'approbation publique, non l'essence de la souveraineté." 同样的理论也见于贝勒福雷（Belleforest）和德·贝卢瓦（De Belloy）的著作：G. Weill, *Les théories sur le pouvoir royal en France pendant les guerres de religion*, 1892 (thèse lettres, Paris), p. 186, 212。

威望依靠教会的隆重仪式。不过，在治病能力问题上，他们似乎已经变得较为灵活。亨利四世登上王位之后很久才接受圣化礼，但在接受圣化礼之前，他并没有实施触摸。他从未拜访科尔贝尼，因为在他登基时前往该地的道路遭到封锁；所以至少就亨利四世的情况而论，人们所等待并视为治病活动必要前奏的，是以圣油进行的涂油礼，而非圣马库尔的代祷。[1] 至于国王奇迹的起源问题，也如同其他许多问题，17世纪人们看到的是，教会权利的捍卫者与赤胆忠心的王权信徒之间达成了某种和解。

在法国，关于圣油瓶、百合花即皇室军旗的传说仍在继续流传。16世纪末，一个新故事出现，加入了传说系统。这就是克洛维首开瘰疬病治疗先例的传说。对我们而言，这个传说尤有趣味。

按照最普遍接受的观点，圣化礼赋予国王为人治病的权利。克洛维据说是第一位接受涂油礼的法国君主，而膏油来自天堂；人们很自然地认为，这位受上天眷顾的君主，就是解除瘰疬病人痛苦的第一位君主。实在说来，唯一令人吃惊的是，这个神话竟然出现得如此之晚。[2] 这个神话的创立，需要借助南方一位政论家的伶牙俐齿，此人就是贝济耶地方的艾蒂安·福卡泰尔。在法学史方面，图卢兹的教授们选择了他，而没有选择声名卓著的居雅斯，让他获得了某种可疑的名声——当时居雅斯正在谋求法律系的一

这个问题在亨利四世统治初期所处的位置，特请参见 Pierre Pithou, *Traitez des droitz et libertez de l'église gallicane*, p. 224 记载的 1591 年沙特尔教士会议的各项决定，以及写于 1593 年 1 月的有趣的小书：Claude Fauchet, *Pour le Couronnement du Roy Henri IIII roy de France et de Navarre. Et que pour n'estre sacré, il ne laisse estre Roy et légitime Seigneur*（转载于 *Oeuvres*, in-4°, 1610 年）。关于英国的情况，见 Figgis, *Divine Right*, p. 10, n.1。关于 18 世纪教皇所强调的涂油礼的重要意义，参见与哈布斯堡王朝相关的一个有趣的事实，Batiffol, *Leçons sur la messe*, in-12, 1920, p. 243。

1 乌达尔·布儒瓦断称，他曾在圣克卢堡向圣马库尔做九日祈祷，但其证据是令人怀疑的，见下文 p. 492。在治病能力问题上，普通人与半官方的看法，在 17 世纪的一个仪式中清楚地表达出来，见 Franklin, *La Vie privée, Les Médecins*, p. 303（下文 p. 360, n. 3）。"La charité de nos Roys est grande en cette cérémonie en laquelle le Ciel les a obligez, en leur en baillant les privileges par dessus les aultres Roys, *le jour de leur sacre*."（斜体是我所加）

2 查理七世派往庇护二世的各位使节，在上文提及的讲话（p. 141, n. 1）中，好像认为克洛维已经治愈过瘰疬病患者；但情况似乎是，他们因口才雄辩而忘乎所以，并非涉及一个准确的传说中的行为。

个大学讲席,但他的新奇方法使该大学墨守成规的各院系感到惊惧。居雅斯的传记作者帕皮尔·马松说,(福卡泰尔)"此人无能,非常不胜任教学工作"(homine insulso et ad cocendum minus idoneo)。[1] 这是一个完全缺乏创见的思想家,一个惊人地缺乏秩序感和明晰感的作家,1579年首次问世的《论法兰西帝国及其哲学》(*Traité de l'empire et la philosophie des Français*)可以为证。该书质量平庸,却多次再版。[2] 事情不止于此。克洛维的故事注定要广为人知,但在这个世界上开始传播神奇医疗者克洛维的故事,这个殊荣似乎要归于此书。我无法找到哪位作家更早提到这个故事,17世纪引述这个故事的作者们也找不到;我们必须承认,它羽翼丰满地出自福卡泰尔善于杜撰的头脑。故事大略如下:[3] 克洛维有一位钟爱的侍从,名叫拉尼塞(Lanicet,由这个名字可以看出这位作者非常不熟悉墨洛温时期的专用名称),此人罹患瘰疬病。他尝试了各种方法,但毫无效验;尤其是他两次尝试了塞尔苏斯的药方,即吃掉一条蛇,也不见效验。当时克洛维做了一个梦,梦中他看见自己正在为拉尼塞治病,靠的只是以手触摸;同时他的屋子里似乎满是火焰发出的光芒。他甫一醒来,就感谢上帝,并触摸了他的侍从,侍从的病自然是霍然而愈。[4] 这就是神奇能力的起源,这种能力由克洛维传给其子以及所有的后继者。这个平庸的故事所获得的巨大成功,说明它符合人们想象力中的某种逻辑需要。1597年卡农·默里耶引述了这个故事。[5] 对于王权辩护者而言,这个故事很快就变成了平凡之

---

1 见 Berriat de Saint-Prix, *Histoire du droit romain*, Paris, 1821, p. 482 以下的附录 *Vie de Cujas* 中,载有此处所引的帕皮尔·马松的话。关于克洛维治愈瘰疬病患者的传说,Du Peyrat, *Histoire ecclésiastique de la Cour*, p. 802 早已提及。G. Weill, *Les théories sur le pouvoir royal en France pendant les guerres de religion*, p. 194 有关于该作者的少量资料。Kurt Glaser, *Beiträge zur Geschichte der politschen Literatur Frankreichs in der zweiten Hälfte des 16 Jahrhunderts*; *Zeitschrift für französische Sprache und Literatur*, XLV, 1919, p. 31 只是在一个地方轻蔑地提到他。

2 1580年与1595年两次印行,均非全部作品的印行,见法国国家图书馆中的目录。

3 *De Gallorum imperio*, p. 128.

4 据 Mézeray, *Histoire de France depuis Faramond jusqu'au règne de Louis le Juste*, folio, 1685, VI, p. 9, 蒙莫朗西家族声称是拉尼塞苗裔。André Duchensne, *Histoire Généalogique de la maison de Montmorency*, folio, 1624 及 Desormeax, *Histoire de la maison de Montmorenci*, 2ᵉ éd., 5 vol., 1768 似未注意到这个传说,或不屑于提及;但仍转载于 Menin, *Traité historique et chronologique du sacre*, 1724, p. 325。

5 *De sacris unctionibus*, p. 260.

事，或者更确切说，成为了信仰的一个内容；¹ 虽然一些优秀的历史家，如迪佩拉或西皮翁·迪普莱，无疑要拒斥之。但谁会倾听他们的意见呢？² 虽然迪佩拉表示过抗议，但迪洛朗还是将这个故事写入了论瘰疬病治疗的有名的论著，该著作很快成为了权威作品。³ 这个故事跨越国界，于1628年出现于一位西班牙历史家的著作中。⁴ 很快成为法国传说和情感遗产的一个组成部分。路易十四未成年时期，出现了一本题为《法兰西及纳瓦拉国王路易十三给他心爱长子的遗嘱》（*Codicilles de Louis XIII roi de France et de Navarre à son très cher fils aîné*）的小作品，该作品的作者设计出了一个爱国节日的计划，在这份计划中，他建议"在复活节的第二个星期日"设立一个节日，以便"感谢上帝以圣油瓶及瘰疬病的医治能力，礼赠所说的圣克洛维（原文如此）及法国所有的国王"。⁵ 稍后，德马雷·德·圣索兰创作其著名的民族和宗教史诗《克洛维及基督教法兰西》（*Clovis ou la France chrestienne*）时，苦心孤诣地加以经营，以免略去这样一个光辉的故事；如果说他为了增加故事的戏剧因素而进行了少量调整的话，那么艾

1　譬如，[Daniel de Priezac], *Vindiciae gallicae adversus Alexandrum Patricium Armacanum, theologum*, 1638, p. 61; Balthasar de Riez, *L'Incomparable Piété*, I, p. 32-33, II, p. 151; Oudard Bourgeois, *Apologie*, p. 9. 也参见 De l'Ancre, *L'Incrédulité et mescreance du sortilège*, 1622, p. 159。在历史家中，P. Mathieu, *Histoire de Louys XI*, 1610, p. 472; Charron, *Histoire universelle*, fol, Paris, 1621, chap. XCV, p. 678-679 态度有点犹豫。关于拉尼塞的历史，沙朗（Charron）写道："un de mes amis m'a aussi assuré l'avoir leu a Rheims, dans un très ancien Manuscrit"（"我的一个朋友也向我肯定说，他在兰斯的一份非常古老的抄本里见到过"）。Dom Marlot, *Le Théâtre d'honneur*, p. 175 也提到这个手稿，但在我看来，这个手稿的存在是很成问题的。

2　Du Peyrat, *Histoire ecclésiastique de la Cour*, p. 802 以下，他试图劝服迪洛朗相信这个传说乃是伪造。关于这一点，见 p. 805，参见上文 p. 32; S. Dupleix, *Histoire générale de France*, II, p. 321-322。Mézeray 的态度（见 p. 358, n. 4 所引段落）是优雅地表示怀疑。

3　*De mirabili*, p. 10 以下；也参见 Mauclerc, *De Monarchia divina*, 1622, col. 1566。

4　Batista y Roca, *Touching for the King's Evil* 注意到这一点，见 Esteban Garibay, *Compendio historical de las Chronicas y universal historia de todos los Reynos de Espana*, III, Barcelona, 1628, IXXV, chap. XIX, p. 202。

5　p. 46, 4. 这部著作标有 1643 年这个日期，当然是完全虚构的，见 Lacour-Gayet, *Éducation politique*, p. 88 以下。关于给予克洛维的圣徒称号，见 Jean Savaron, *De la Saincteté du roy Louys dit Clovis avec les preuves et auctioritez, et un abrégé de sa vie remplie de miracles*, 3ᵉ éd., in-4°, Lyons, 1622, —— 顺便说一句，这里没有提到国王触摸。

蒂安·福卡泰尔最初所讲的故事则仍然保留不变。[1]图卢兹的这位法学家，显然没有受制于任何学术纪律或淳朴的诚实态度，厚颜无耻地为公众制造了这个必要的传说，以便使这个神奇王权系列归于圆满。这同一个神奇王权系列已经包含了这么多俯拾即是的实例，一个个人杜撰的故事为集体盲信的潮流所裹挟时，其自身就可以得到传播。如果不是这样，那么人们一定会对这种虚假作品所获得的成功感到惊讶。[2]

较之政论家的论述以及所有传说，更能证明神奇王权力量的，是17世纪国王奇迹在法国的深孚众望，以及在同时代英国内部冲突中所发挥的作用。

4 法国绝对专制时期和英国内战初期的瘰疬病触摸治疗

在17世纪法国绝对专制君主制度下，对瘰疬病的触摸治疗确实成为了场面隆重的仪式，这些仪式使君主熠熠生辉。[3]在重大节日，如复活节、神灵降临节、圣诞节或元旦，有时在圣烛节、三一节、圣母升天节，以及万

---

[1] 在第 XXV 卷中，克洛维治愈的孩子不再是拉尼塞，而是勃艮第人热努巴尔的儿子。在1673年的版本里，各卷顺序做了改变，这个故事见于第 XIX 卷。

[2] 除了克洛维，其他君主确实也有幸偶或被人视为治疗瘰疬病患者的第一人；Charron, *Histoire universelle*, folio, 1621, p. 679 证实有一传说，认为查理·马特是这种角色；西班牙历史家安东·伯特（Anton Beuter, *Segunda Parte de la Coronica generale de Espana*...in-4°, Valence, 1551, chap. L, fol. CXLIII）认为，圣路易在十字军出征埃及被俘时，由同一位天使授予了这种治病能力，按照更古老的传说，这位天使还让他找到了丢失的日祷书。这似乎也是格林纳达的路易（Louis of Granada）在前引段落（p. 355, n. 1）中表达的观点。

[3] Du Peyrat, *Histoire ecclésiastique de la Cour*, p. 819 对国王触摸有非常精细的描述，这种描述与亨利四世时代末期 Du Laurens, *De mirabili*, p. 6 的描述完全一致。国家图书馆在编号 MS. Fr. 4321 下，藏有一本 *Recueil general des ceremonies qui ont esté observée en France comme elles se doibvent observer*，标明为17世纪（无疑是路易十三时代）；在该书第1和2页上，人们可以读到"触摸瘰疬病患者的仪式"。Franklin, *La Vie privée, Les Médecins*, p. 303 以下发表了马扎然著作手稿 2743 中相同的内容。Johann Christian Lünig, *Theatrum ceremoniale historico-politicum*, ii, p. 1015 描述了国王触摸，但没有任何新的讯息。关于路易十三，他的医生保管的日记中有众多细节和数字，Héroard, *Journal de Jean Héroard sur l'enfance et la jeunesse de Louis XIII*, éd. Soulié and de Barthélemy, II, 1868；但可惜的是，出版的这部作品非常不完整（见下注）。关于路易十四，各种

第五章　宗教战争与绝对君主制时期的国王奇迹

> **DE PAR LE ROY,**
> ET MONSIEVR LE MARQVIS DE SOVCHES,
> Preuoſt de l'Hoſtel de ſa Maieſté, & Grande Preuoſté de France.
>
> ON faict à ſçauoir à tous qu'il appartiendra, que Dimanche prochain iour de Paſques, Sa Maieſté touchera les Malades des Eſcroüelles, dans les Galleries du Louure, à dix heures du matin, à ce que nul n'en pretende cauſe d'ignorance, & que ceux qui ſont attaquez dudit mal ayent à s'y trouuer, ſi bon leur ſemble. Faict à Paris, le Roy y eſtant, le vingt-ſixieſme Mars mil ſix cens cinquante-ſept.　Signé, DE SOVCHES.
>
> Leu & publié à ſon de Trompe & cry public par tous les Carrefours de cette Ville & Faux-bourgs de Paris, par moy Charles Canto Crieur Iuré de ſa Maieſté, accompagné de Jean du Bos, Jacques le Frain, & Eſtienne Chappé Jurez Trompettes dudit Seigneur, & affiché, le vingt-ſixieſme Mars, mil ſix cens cinquante-ſept.　Signé, CANTO.

圣节，路易十三与路易十四一定要实施触摸治疗。[1] 触摸仪式在巴黎举行时，宪兵司令要以吹喇叭或张贴告示的方式，预先几天宣布。我们至今还可以看到路易十四时代张贴的一些布告；[2] 上图可以看到一则布告，当时这种形式的告示张布在各城的露天墙壁上，路过的人必定可以经常读到。触

回忆录，特别是 Dangeau, *Journal* 以及王室总管、法国宪兵司令苏谢侯爵（1681—1712 年）的回忆录（éd. Cosnac and Bertrand, 13 vol., 1882 以下），包含有用的资料，虽然数字常常不准确；这些人的职责使之对国王触摸格外关注。这一时期的日志也包含一些有趣的细节，如，我们从报人罗比纳（Robinet）那里知道，1666 年复活节前夕，路易十四触摸了 800 名患者：*Les Continuateurs de Loret*, éd. J. de Rothschild, 1881, I, p. 838。关于画像资料，见附录二。

1　Saint-Simon, *Mémoires*, éd. Boislisle, XXVIII, p. 368-369: Louis XIV "communioit toujours en collier de l'Orde, rabat et manteau, cinq fois l'anée, le samedi saint à la Paroisse, les autres jours à la chapelle, qui étoient la veille de la Pentecôte, le jour de l'Assomption, et la grand messe après, la veille de la Toussaint et la veille de Noël, ... et à chaque fois il touchoit le malades"。实际上，情况似乎没有那么绝对地固定不变。

2　这些告示见于国家图书馆收藏的一系列 *Registres d'affiches et publications des jurés crieurs de la Ville de Paris*。虽然这个系列——F. 48-61——包含了 14 卷，跨越 1651 年到 1745 年，但只有头两卷包含国王触摸的通知：F. 48, fol. 419 有宣布 1655 年复活节仪式的通知；F. 49, fol. 15, 35, 68, 101, 123, 147, 192 有宣布 1655 年万圣节仪式的通知，1656 年 1 月 1 日、复活节、万圣节的通知，1657 年 1 月 1 日与复活节、1658 年 1 月 1 日的通知。这些通知均以同样的格式起草。参见 Lecoq, *Empiriques, somnambules et rebouteurs*, p. 15。由宪兵司令"经由巴黎或国王陛下驻足的其他城市"，提前宣布即将举行的仪式，这种习俗在 Du Peyrat, p. 819 受到注意。

摸仪式根据具体的需求在不同地方举行。在巴黎，通常是在卢浮宫的大美术馆举行，在少数情况下，是在该宫殿的地面大厅举行；在其他地方，则往往在城堡的一间屋子或院落里举行，或者在公园、修道院、教堂里举行。由于参见者人数众多，仪式是很累人的，尤其是在天气炎热之时，对于一位年幼的国王（如初登大位的路易十三）而言，就更是如此。[1] 但是，除非君主身体严重不适，他不能逃避这项义务，这是他的职责的重要部分；他必须为其臣民的健康做出牺牲。只有在发生瘟疫时，才会拒绝病人，原因是担心疫病传播而染及国王。[2] 但患者仍会前来："他们就这么厉害地折磨我；他们说国王们永远不会死于瘟疫……他们认为我只是纸牌上的一位王"，年轻的路易十三说，他曾经被这种"折磨"所激怒。[3] 事实上，这种创造奇迹的能力并没有损失它在古代享有的声誉。我们仍拥有路易十三时代，以及路易十四时代——精确度通常稍微逊色——的一些数字。这些数字与前代的数字相差无几：每场数百人，有时一千余人。1611年全年至少是2 210人，1620年为3 125人；1613年复活节一场为1 070人；[4] 1701年5月22日三一节，为2 400人。[5] 固定期的程序由于某种原因而中断时，治疗仪式恢复之初，蜂拥而来的人群确实相当惊人。1698年复活节，路易十四因受痛风侵袭，不能实施触摸；圣灵降临节到来之时，他眼前看到的是近3 000位瘰疬病患者。[6] 1715年7月8日，星期日，圣灵降临节前夕，"在极为炎热的天气中"，这位已经濒临驾崩的国王，最后一次实施治疗，触摸了大约1 700人。[7]

如同从前一样，在既定的日子里，从不同国家涌来的人群，聚拥在王

---

[1] Héroard, *Journal*, II, p. 32: "他因劳累脸色有点苍白，似乎再也不能做了"; p. 32: "他看上去有点虚弱。"

[2] 1603年10月20日亨利四世颁布命令宣布，由于一些城市或区域流行"传染病"，随后的万圣节不进行国王触摸活动，这个命令由J. J. Champollion-Figeac发表于 *Le palais de Fontainebleau*, 1866, p. 299。

[3] Héroard, *Journal*, II, p. 237.

[4] Héroard, *Journal*, II, p. 59, 64, 76（以及 Bibl. Nat., MS. Fr. 4024）; Héroard, MS, Fr. 4026, fol. 294, 314v°, 371v°; Héroard, *Journal*, II, p. 120.

[5] *Gazette de France*, 1701, p. 251.

[6] Dangeau, *Journal*, II, éd. Soulié, V, p. 348.

[7] 上引书, XV, p. 432.

宫周围。法国人创造奇迹的显赫声誉,已经不再像从前一样限于王国境内了。确如曼堡神甫所说,神奇国王的"帝国"既不限于其固有边界,"也不限于比利牛斯山脉或阿尔卑斯山脉,也不限于莱茵河或大洋",因为"大自然本身是臣服于他的"。[1] 一位名叫若苏埃·巴尔比耶的目击者1618年6月恰好正在圣日耳曼昂莱的宫廷,他为我们留下了诗情画意的记载,记述了斑驳混杂的人群,"西班牙人、葡萄牙人、意大利人、德意志人、瑞士人及佛兰德尔人,人数之众不在法国佬之下",他曾目睹法国人在圣灵降临节之日,沿着主街道或在公园的树荫下列队等待这位青春年少的国王。[2] 教会人员也如其他人一样赶来:我们知道至少有三位葡萄牙耶稣会士此时远途跋涉来到法国,以便接受国王的触摸。[3] 艺术作品有时也被用来服务于这种遐迩与闻的声誉。博洛尼亚的市民来到市政大楼时,只要一抬眼就能望见一件东西,这件东西直接向人们提示法国国王所拥有的"超乎大自然"的惊人力量。在1658—1662年间,枢机主教热罗姆·法尔内塞以教皇使节的身份统治该城,他命人以博洛尼亚学派气势恢宏且富有戏剧性的风格创作壁画,装饰这座古老建筑的一间画廊。画廊中有八幅巨大的作品,每一幅作品都表现这座古城生活中一个真实或传说中的历史场景。该城过去属于一个王族,这个王族当时与法国的政治关系相当密切。这位枢机主教恰好记得,弗朗索瓦一世于1515年曾向博洛尼亚民众展示神奇治疗者的角色。在右手墙壁上,人们至今仍然可以看到这位国王,像卡洛·西尼亚尼及埃米利奥·塔鲁菲所刻画的那样,正在拂过一位跪着的女人的脖颈,而此时拱卫着他的是侍从、武装人员,以及分组站着或蹲着的患者,整个画面按

---

[1] *De Galliae regum excellentia*, 1641, p. 27: "Imperium non Pyrenaeorum jugis aut Alpium, non Rheni metis et Oceani circumscriptum, sed ultra naturae fines ac terminos, in aegritudinem ipsam et morbos, a quibus nulla Reges possunt imperia vindicare, propagatum acceperunt ... Ita Galliae Regum arbitrio subiectam esse naturam".

[2] *Des miraculeux effects*, p. 25.

[3] Héroard, MS, Fr. 4026, fol. 341 v°. (1620年8月15日):"触摸了两位葡萄牙耶稣会患者"; A. Franco, *Synopsis annalium Societatis Jesu*, 下文 p. 427, n. 1 引述的内容(各日期表明非常不可能是弗兰克[Franco]提到的那位耶稣会士,此人死于1657年,无疑是在接受触摸后不久死亡,而是埃罗阿尔[Héroard]于1620年提到的两个人中的一位)。

照古典艺术原则布局，巧妙而匀称。[1]

在渴求法国国王触摸治疗的外国人中，数量最多的总是西班牙人。似乎是为了酬报他们的热诚，仪式开始前安排患者的秩序时，这些人总是被安排在前排。[2] 此外，总的说来，作为一个民族，法国人对他们的看法不太友好，喜欢取笑他们迫不及待前来求医的行为。据路易十三时代的政治家和新教徒说，人们熟知神圣同盟时期，贝拉明、科莫莱以及耶稣会的其他头面人物，何以热衷于将法兰西王国交给西班牙王室：那是出于慈善，目的是让患瘰疬病的人们可以更容易见到他们信赖的医生。[3] 他们也喜欢讲述一个有趣的故事，曼堡神甫在颁奖之日就用这个故事愉悦鲁昂学院的学生：一位西班牙显赫人物罹患瘰疬病，他知道只有接受法王的触摸才能重获健康，但自尊心使他不愿意承认罹患此疾，尤其不愿承认他相信一位敌对君主具有这种能力。所以他像进行访问似的来到了亨利四世当时驻足的枫丹

---

1 见下文附录二，nº 11。关于法尔内塞所发挥的作用，以及 1658 年以后法国对他们反教皇斗争所给予的支持，见 C. Gérin, *Louis XIV et le Saint Siège*, 2 vol., 1894；1667 年，枢机主教法尔内塞位列法国国王可接受的教皇候选人名单（同前书，II, p. 185）。

2 此点证据很多，如 Héroard, II, p. 215, 233；Du Laurens, p. 8；De l'Ancre, p. 166；Du Peyrat, p. 819；René Moreau, *De manu regia*, 1623, p. 19；Franklin, p. 305 发表的一件礼仪书。路易十三时代，外国人接受的赈济多于法国人，为四分之一埃居（écu），而不是两个苏：Du Peyrat, p. 819；Héroard, II, p. 33。按照 Oroux, *Hisroire ecclesiastique de la Cour*, I, p. 184, n. q 的记述，路易十四时代，赈济费的价值普遍增加（至少就账簿上的金钱而论），但是外国人与"法国佬"之间的差别仍然存在，外国人接受 30 苏，法国人接受 15 苏。按照 Bonaventure de Sorria, *Abrégé de la vie de la tres auguste et tres vertueuse princesse Marie-Thérèse d'Austriche reyne de France et de Navarre*, 1683, p. 88, 据说这位王后在普瓦西建立了一处招待所，"用来招待来自遥远国家的患者"，以便他们接受国王触摸。但是从 Octave Noël, *Histoire de la vie de Poissy*, Paris, 1869, p. 254, 306 以下引述的文献，似乎可以肯定的是，普瓦西招待所的建立，是为了阿舍勒兵营的士兵，"以及过路的士兵"。如同过去一样——至少如路易十三时代——在国王触摸的约定时间之前到达的患者，需要等待，要给予一些赈济费应付生活：Du Peyrat, p. 819。路易十四触摸西班牙人后因健康状况不能触摸其他患者，见 Sourches, *Mémoires*, IX, p. 259, XI, p. 153；关于西班牙人与意大利人在同样的条件下接受触摸，同前引书，VII, p. 175。

3 这个笑话见于一本小册子：André Rivet, *Andreae Riveti Pictavi....Jesuita Vapulans, sive Castigatio Notarum Sylvestri Petrasanctae Romani, Loyolae Sectarii, in epistolam Petri Molinaei ad Balzacum...*, Leyden, 1635, chap. XIX, p. 388。关于这本小书如何产生所进行的论战，参见 C. Sommervogel, *Bibliothèque de la Compagnie de la Jésus*, article *Pietra-Santa*, VI, col. 740, nº 14。有趣的是，Morhof, *Princeps medicus (Diss. Academicae)*, p. 157 似乎对这个笑话颇信以为真。

白露，同时以其国家的服装款式，用胸甲和宽大皱领掩饰被疾病毁形的脖子；国王拥抱了他，对他表示欢迎；他的病痊愈了。[1]但这些狡黠的政客不只是在开玩笑：他们是在利用西班牙患者所熟悉的情感作为有效手段进行宣传。在黎世留时代，加泰罗尼亚地区一位法国派的政论家，曾援引国王的奇迹以为论据，以便说服其同胞支持波旁家族的事业。[2]

这种声望在欧洲广为传播，引起各敌对王朝的忧虑。还有什么比奥地利王室在忧虑之下雇佣作者对它发动的尖锐攻击，更能说明人们对它的忠心呢？这个世纪的前半叶，小册子的作者为数特别多，他们都极其关注法国国王断称的神奇特权；他们也经常宣称其——在维也纳或马德里的哈布斯堡家族的——主子拥有相似的特权；我们已经看到，其根据无他，乃是记忆中久已信誉扫地的古老治病企图，或直接基于来自他们个人异想天开的灵感。无论如何，他们都是在极力贬低这种深孚众望的能力。这里可以列举一个相当有趣的实例，说明这种思想状态。1635年一本题作《高卢战神》(*Mars Gallicus*) 作品问世，这是西班牙人写的小册子，享有一定知名度。作者的笔名取作亚历山大·帕特里修·阿马卡努斯，他并不否定法国人的奇迹，因为否定奇迹是需要极大勇气的！但是他却致力于说明，这种神奇能力是上帝随意赠与的东西，它既不能证明上帝所授之人具有神圣性，也不能证明他拥有任何优越性。巴兰（Balaam）的驴子能做出预言，这能证明它拥有特长和至上能力，优越于所有的驴子吗？[3]这基本上是一种正统

---

1 *De excellentia*, p. 31 以下。

2 Francisco Marti y Viladamor, *Cataluna en Francia*, 1641（见前文 p. 7）。书的扉页上有两份献词：献给路易十三及黎世留；排在论瘰疬病一章后面的，是论百合花及王室军旗的一章。

3 *Mars Gallicus*, éd. de 1636, p. 63 以下。在瘰疬病治疗的奇迹中寻求证据，证明法国国王较其他国王拥有更"卓越的"力量，就是"要消除……虔诚基督徒的信仰"（fidei Christianae fides ... evellere）；比胡司信徒更疯狂，对胡司信徒而言，权威的合法性取决于掌权者的德性，但他们至少没有要求国王们行使任何异乎寻常的恩典。上帝让驴子说话："An forte et asinis enter asinos tribues praerogativas alicujus potestatis?" 关于 *Mars Gallicus*，读者可参阅 G. Hubault, *De politicis in Richelium lingua latina libellis* (thèse Lettres, Paris), St-Cloud, 1856, p. 72 以下；*Mars Gallicus* 是对 Arroy, *Questions décidées* ... 1638 一书的回应。布鲁塞尔人万·赫尔芒医生因赞同而加以引用，并接受这位西班牙人的观点：Van Helmont, *De virtute magna verborum ac rerum; Opera omnia*, in-4°, Francfort, 1707, p. 762, col. 2。

理论，但它很少被人如此极端地发挥过。其实，使用阿马卡努斯这个笔名的这位作者，是一位重要神学家，此人即伊普尔地方的主教让瑟纽斯。这种情况说明，在有关神学恩典和自由意志的某些理论中，政治激情得到了支持，而这些理论注定在这个世界上引起一些骚动。尽管这些作者做出种种主张，西班牙人还是继续涌向法国国王，势头未尝稍减。

至于那些在巴黎漫游的著名游客甚或路德教徒，他们总是喜欢见证国王的触摸。国王触摸成了这座城市的胜景之一，在音乐伴奏的弥撒与碑铭研究院隆重的会议间歇中，人们可以看到这一风景。[1]

所以，在17世纪的法国，国王创造奇迹的历史是完全平和的。毫无疑问，不相信奇迹的人是存在的：大多数新教徒显然必定位列其中。从前的一位牧师若苏埃·巴尔比耶，曾是这个群体的作家，他在路易十三时代初期改宗天主教后，似乎很想好好利用自己这种宗教上的变化，为自己取得最大的利益；他写了一篇颂扬国王奇迹的赞歌式的著作，题作《至为虔诚的法国国王神圣之手的神妙功能：治疗疾病与感化异端》（*Les miraculeux effects de la sacrée main des Roys de France tres chrestiens: pour la guarison des Malades et conversion des Heretiques*），认为这是对朝廷的最好报答。在这部作品里，他直截了当地谴责他从前的同宗教友不信仰这些"神奇功效"，或者将所谓的治疗说成是"魔鬼幻觉"，或者干脆否定其真实性。[2] 当然，不是说，在南特敕令废止令[3]发布以前或以后，归正会[4]的公众舆论普遍性地敌视君主制。有一份绝对君主制的文献是来自

1　参见重要的短著 Joachim Christoph Nemeiz, *Séjour de Paris*（仅标题用法文，正文用德文），Francfurt, 1717, p. 191. 内梅茨于1714年来过巴黎，与之相伴的是他的学生、瑞典将军斯滕博克伯爵的两个儿子。

2　P. 69-73（这部著作于1618年问世）。关于作者，见 *France protestante*, 2ᵉ éd., I, col. 797; Jacques Pannier, *L'Eglise réformée de Paris sous Louis XIII* (thèse thèolog. prot., Strasbourg), 1922, p. 501。

3　南特敕令废止令（Révocation），又名枫丹白露敕令，1685年2月22日颁布，据此路易十四取消了新教徒拥有的特权。——译者

4　归正会（réformée, the Reformed Church），即新教加尔文宗教会，意为经过改革而复归正宗。——译者

新教的。1650年穆瓦斯·阿米罗牧师出版《论国王的主权》(*Discours sur la Souveraineté des Roys*),直接攻击英国的革命,这部著作与1685年埃利·梅拉牧师出版的《论君主的绝对权力》(*Traité du pouvoir absolu des Souverains*),似乎都是忠心耿耿的臣民的诚心之作。但国王的这些忠实仆人向读者刻画的君主制,是没有传说与奇迹的君主制,并非基于任何其他的情感支持,而只是基于对《圣经》的尊敬,从有利于国王神圣权利的角度对《圣经》加以诠释。人们也许大可怀疑,如果不是基于神秘事物和神奇事物——加尔文教此时正从民众那里剥夺这些神秘事物和神奇事物——那么,民众的忠诚能否在盲目的热情中保持长久。穆瓦斯·阿米罗作为布道主题的《圣经》经文是:"不要触摸我涂过油的人";有的人目睹了其君主在圣化礼举行之日接受了涂油——用的是鸽子从天上带来的膏油——对这些人而言,这句话充满了丰富的意蕴;但有些人不承认兰斯膏油具有任何超自然性,在信仰中拒绝承认涂油礼具有任何内在效力,对这些人而言,这句话听来必定是空洞无物的,他们只能像阿米罗一样,赋予它一种纯然的、严格的象征意义。[1] 在这个意义上,若苏埃·巴尔比耶认为改革后的宗教与君主制情感之间存在某种不可调和性,也许并非全然错误,至少就17世纪法国热情的君主制拥护者通常所理解的君主制情感而论,并非全然错误。

即使在宫廷里,也并非所有人都很严肃地对待奇迹。路易十四的弟媳、奥尔良公爵夫人,成长于新教环境,她在这位伟大国王驾崩后,在一封信中斗胆表达了个人观点。"这里的人也相信一位第七子能够以手触摸治愈瘰疬病。就我而论,我认为他的触摸与法国国王的触摸一样,具有同样的力量",显然我们由此应将法王的力量理解为"微小力量"。[2] 稍后,我们将讨论圣西蒙的观点,虽然这种观点出现于另一位国王统治时期,而且可能

---

[1] Amyraut, p. 77-78.

[2] *Briefe der Prinzessin Elisabeth Charlotte von Orlean an die Raugräfin Louis*, éd. W. Menzel (*Bibliothek des literarischen Vereins in Stuttgart*, VI), 1843, p. 407; 1719年6月24日:"Man meint hier auch dass der 7bente sohn die Ecruellen durch anrühren könte. Ich glaube aber dass Es Eben so Viel Krafft hatt alss der König In frankreich ahnrühren"。

受到一种新的思想运动无意识的影响。[1] 在国王的侍从中，特别是自由思想家中，也许有一些信仰薄弱、缄口不言的人。但是，毫无疑问的是，民众是全心全意相信的。患者急切地前来求医，这本身就足以证明了民众怀有的热情。但同时代的英国王权奇迹史却经历了更多的波澜起伏。

乍看起来，查理一世统治时期发生的事件似乎无异于法国的形势。从总体上，较之波旁王朝宫廷，英国国王的触摸更为频繁。触摸活动的中断，往往是因为发生瘟疫或气候极为炎热。国王触摸的日期，在全国各地以王室公告预先宣布。[2] 庄严的触摸仪式所遵循的礼拜形式，乃伊丽莎白和詹姆士一世按照安利甘教会的习惯所采用。参与者热情很高，虽然我们对这个朝代没有确切数字，但所有证据表明，患者的信心与热诚绝对没有减弱。甚至必须采取措施防止人数过多，造成国王过度劳累，也给他的财库造成徒劳无益的沉重负担。有的人接受触摸之后，曾试图再次溜进来。他们或是发现初次触摸未见明显好转，希望借第二次触摸增进效果，或者只是受到可观的赈济物的诱惑，特别是因为传统的"天使币"作为护身符可以轻易转让出去。为了防止这种弊端，英国规定任何人接受触摸不得超过一次。为了保障规定得到实施，每一位希望参加仪式的瘰疬病患者，必须事先从牧师及各教堂机关得到证明，证实他此前从未接受过国王触摸。[3] 在这个统

---

1 见下文 p. 398。

2 一些布告属于查理一世时代（一个属于查理二世时代），这些布告确定国王触摸的日期，瘟疫流行时期禁止患者走近宫廷，或者规定仪式的条件。它们已发表于 Crawfurd, *King's Evils*, p. 163 以下。参见 *Calendar of State Papers, Domestic, Charles I*, 1625 年 5 月 13 日，6 月 18 日；1628 年 6 月 17 日；1630 年 4 月 6 日，8 月 12 日（最后这件布告见该卷 p. 554，这一卷叙述 1629—1631 年的事件）；1631 年 3 月 25 日，10 月 13 日，11 月 8 日；1632 年 6 月 20 日；1633 年 4 月 11 日；1634 年 4 月 20 日，9 月 23 日，12 月 14 日；1635 年 7 月 28 日；1637 年 9 月 3 日。

3 情况似乎是，1625 年 5 月 13 日的布告首次规定要求证书，见前引 p. 321, n. 5（1626 年 6 月 18 日的布告重申规定：Crawfurd, *King's Evil*, p. 164），这些证书在随后几代仍然有效。查理二世时期规定，每个教堂区必须有一名登记员：*Notes and Queries*, 3th Series, I (1862), p. 497。所以，从这个时期，这些证书很好地保存了下来。许多证书，特别是查理二世时代的证书，被加以说明或出版，如 J. Charles Cox, *The Parish Registers of England* (*The Antiquity's Books*), Londres 1910, p. 180; Pettigrew, *On superstitions connected with the history ... of medicine*, p. 138; Thiselton-Dyer, *Social*

治时期，神奇仪式变成了这个国家正常宗教生活的一个组成部分；1633年，英国又进行了一个重要改革，将"治疗"仪式写进了《共同祈祷书》(*The boke of Common prayer*)，英国教会使之人手一本。[1] 简言之，我们所看到的是一种从者如云的奇迹，这种奇迹已经成为一个井然有序的君主制国家的一种惯制。[2]

而且，这是一个不折不扣的绝对君主制国家。在路易十三和路易十四统治下的法国，君主制对国王"医生"的强大竞争者"第七子"展示了本身的容忍。诚然，路易十三在位时，波尔多大主教亨利·德·苏尔第曾禁止某些人在大主教管辖的城市继续操行其业——这些人可能就是声称治疗瘰疬病的"第七子"。他颁布禁止令所依据的原则是，"触摸患者的特权归于我们至为虔诚的神圣国王"。[3] 但此令似乎是绝无仅有的孤例。而在英国，

Life as told by Parish Registers, 1898, p. 79; *Transactions of the Cumberland ... Antiquarian Society*, XIII, p. 352, Barnes 的文章; Andrews, *The Doctors*, p. 15; *Notes and Queries*, 8 th series, VIII (1895), p. 174; 10th series, VI (1906), p. 345; Farqular, III, p. 97 以下。这种资料的大量存在，是国王触摸声誉远播的又一证据。当然，在英国和法国，病人事先要接受医学检查；查理一世时期，当值医生曾向接待的患者分发金属号牌，作为入门票券：Farquhar, I, p. 123 以下。毫无疑问，查理二世时期也遵循同样的程序：Farquhar, II, p. 124 以下。

1 *The Boke of Common Prayer*,1633, British Museum, 3406, fol. 5. 自复辟以后，这种仪式就重现于 *Book of Common Prayer*: éd. de 1662 (Brit. Mus. C 83, e, 13); 已经出现于 Simpson, *A collection of articles ... of the Church of England*, Londres, 1661, p. 223; 在随后各版本中它仍有其地位，即使英国国王不再实施奇迹治疗，见下文 p. 392. n. 1。J. G. Lünig, *Theatrum ceremoniale historico-politicum*, II, p. 1043-1047 对英国仪式做过描述，但无甚情趣。

2 如同法国一样，与这些重大仪式并存的，还有一些特别的私人触摸仪式，服务于那些因地位显赫不能混同于普通民众的人，很显然，波利特勋爵的女儿接受治疗就属于这种情况。此例后文论及。

3 G. Brunet, *Notice sur les sculptures des monuments religeux du département de la Gironde*; *Rev. Archéol.*, Ire série, XII, 1 (1855), p. 170 引述一项命令: "en 1679, on y touchait [dans le chapelle St-Louis, en l'église St-Michel de Bordeaux] encore les malades atteints des écrouelles; une ordonnance de l'archevêque Henri de Sourdis, du 23 août de cette anné, interdit cette pratique parce que 'ce privilège de toucher tels malades est reserve à la personne sacrée de nostre roy très chrétien, et quand bien même il se trouveroit quelque personne qui eût ce don, elle ne le pourroit sans notre permission expresse par écrit'" ("1679年，仍有人〔在波尔多的圣路易小教堂、圣米海尔教堂〕触摸瘰疬病患者；这一年的 8 月 23 日大主教亨利·德苏尔第颁布命令，禁止这一习俗，因为'触摸患者的特权归于我们至为虔诚的圣神国王，即使有人具有这种才能，如果没有我们的书面准许证，也不能行动'")。

查理一世及其大臣则宣布严厉查办王室特权的竞争者。国王之外的任何人为瘰疬病患者触摸，以叛逆罪论处，如果有必要，可被带往著名的星室法庭[1]进行审判，[2]这种情况显示出某种敏感的多疑，大概说明这是一个基础不似波旁王朝牢固的专制政权。

斯图亚特王朝何以刻意保持对这种奇迹的垄断，这确实不难明白。病情痊愈且认为痊愈之功归于国王之手的患者，很可能就是坚定不移的君主制拥护者。一个罕见的案例留下了一份文献，这份文献生动地描述了一次幸运的国王触摸所促生的精神状态。波利特勋爵是一位贵族，他有一个女儿，这个可怜的孩子被瘰疬病摧残得面目全非。波利特勋爵于1631年将她送到宫廷，接受国王的触摸，病情立刻好转。国务大臣杜切斯特勋爵负责引领女孩觐见国王，事后女孩的父亲写信致谢杜切斯特勋爵。我们今天仍可以读到这封情真意切的书信："您送还病情大为好转的小女，令我这患病的父亲精神大为振奋……我内心无限欢愉，国王陛下俯允为我可怜的孩子触摸，通过陛下神圣之手，上帝施以恩典，国王陛下把孩子还给了我。我曾对孩子失去信心，以致我要人收拾她的骸骨，认为她将一去不返，但她安全返回了家中且日渐康复；她的神色每每使我想起国王陛下对我和小女

最后一句话说明，这一禁举令可能不是绝对的。至于1679年这个日期，无疑是讹误，因为亨利·德苏尔第是在1629年至他亡故的1645年6月18日这段时间担任波尔多大主教。吉伦特省档案员布吕塔伊先生盛情相告，在他管理的省档案中似乎没有这个文献的任何痕迹。发现波尔多的"触摸者"在一座教堂里施展其技艺，我们无须感到惊讶；稍后我们将看到，在这同一个时期，圣于贝尔修道院的骑士，一位如出一辙的江湖郎中，从教区机关获得准许，在巴黎教堂为狂犬病患者触摸。

[1] 星室法庭（Chambre Etoilée, Court of the Star Chamber），英国代表国王行使司法权的机构，因为威斯敏斯特开庭的大厅的天花板装饰着星星而得名。——译者

[2] 雅克·菲利普·戈德雷即布瓦戈德雷，1632年的布瓦戈德雷事件：*Calendar of State Papers, Domestic, Charles I*，1632年1月13日及6月7日。1637年（在星室法庭审判的）理查德·莱弗里特诉讼案：Charles Goodall, *The Royal College of Physicians of London*, 1684, p. 447 以下；*Calendar of State Papers, Domestic, Charles I*, 1637年9月19日；参见 Crawfurd, *King's Evils*, p. 95. 同样，1637年萨默塞特地方普雷斯利的吉尔伯特案件：上文 p. 296。

第五章　宗教战争与绝对君主制时期的国王奇迹

的慷慨恩德，让我感恩涕零，无以言表。"[1] 毫无疑问，这位贵族当时表达的这种情感，想必一定也是一位地位更卑微的父亲或母亲所共有的，但他们的声音都没有流传下来。这样的欢乐无疑源于一种幻觉，但对于我们生活于今天的人们，这有什么要紧呢？如果我们怀有偏见，拒绝承认充满感激之情的人们心中流露出来的情感，认为它不是历史事实，那么我们将无法健全地理解人们对君主制的忠诚所具有的力量。波利特勋爵虽然出身于清教家庭，但他后来加入了反对议会的国王阵营。可以肯定，对从前国王奇迹的记忆，不可能是决定其立场的唯一原因，甚至不是主要原因；但人们怎能相信，他做出决断之日，没有想到那个绝望之际被治愈的患病的小女孩呢？

然后是英国内战。对创造奇迹力量的信仰，此时变成了王党分子所信仰而长期议会的支持者所拒斥的信条之一，但这种信仰仍活在普通民众心中。1642年，查理一世离开了伦敦，很快在牛津建立起其大本营；在伦敦，中产阶级和工匠与议会党正在通力合作。次年伦敦出现了一种印制的请愿书并流传开来，这种"致国王陛下的谦卑的请愿书，是几百名贫穷的臣民呈上的，这些人患上了一种令人痛苦不堪的称作'国王之魔'的疾病"。这些患者总的意思是说，他们患上了一种"超自然的"疾病，只有依靠"神圣陛下的手所固有的超自然的治疗方法"才能治愈。这些人说他们在牛津见不到国王，国王"周围布满成群结队的士兵"；所以乞请国王陛下驾返白厅。[2] 这些所谓的请愿者断称他们无意参与政治，"满心牵挂着自

---

[1] Green, *On the Cure by Touch*, p. 80 发表的一封信（1631年4月30日）；参见 *Calendar of State Papers, Domestic, Charles I*, 同一天的记载："Ye returne of my sicke childe with so much amendment hath much revived a sick Father…I am much joyed that his Majesty was pleased to touch my poor child with his blessed hands, whereby, God's blessing accompanying that means, he hath given me a child which I had little hope to keep, that I gave direction for her bones, doubting she would never be able to return, but she is come safely home and mends every day in her health; and ye sight of her gives me as often occasion to remember his Majestees gratious goodness towards her and me, and in all humilitye and thankfulness to aknowledge it." 关于约翰·波利特，及波利特家族的第一位男爵（1586—1649年），见 *Dictionary of National Biography*。

[2] 白厅（Whitehall），伦敦中央政府机关集中的街道。——译者

己的惨苦"。我们不要对这个主张信以为真。这显然不过是王党的宣传品。作者们宣称，希望国王的驾返不仅带来患者的痊愈，而且也带来国家的痊愈，"从陛下离开白厅的宫殿后，这个国家已经在讨厌的疾病中衰弱下去，除非您命驾惠返，这个国家的疾病再难治愈"，他们这样宣布时，已经露出了真面目。[1] 此外，不是查理一世不愿意回伦敦，而是伦敦居民拒绝他回去，至少拒绝他作为专制君主回去；国王需要恳求伦敦人的同意。一位独出心裁的政论家冒出一个念头，想以可怜的瘰疬病患者的所谓请求鼓动首都的舆论。毫无疑问，他有理由这样做。国王被囚禁期间人们看到的景象无疑也显示出，瘰疬病患者确实对他们的常备医生的离去感到懊恼。1647年2月，查理被苏格兰人交出后不久，由议会代表解往南方；在整个路途中，患者蜂拥而来，身上带着金币——如果没有，就带着银币——因为这位君主已经不再富有，不能从他自己的财库里取钱币赠人，但人们普遍认为，要想触摸仪式产生充分功效，就应该由国王将钱币挂在患者的脖项上。议会代表竭尽全力将人群隔开，打出的虚伪理由是存在传染的危险，因为"他们中的许多人实际上〔不仅感染了瘰疬病，而且〕感染了其他危险的疾病，所以完全不适于觐见国王陛下"。[2] 当国王以囚徒身份被安置于霍姆贝

---

[1] 标题见参考书目。关于第四页称作"神奇的超自然恶魔"的疾病，第六页上的文字说："所有病患可能都有药物医治，但我们的病患除外，这种疾病出自未知的神秘原因，唯有神圣的陛下所固有的超自然的治疗手段方能奏效。"同一页上，请愿者宣布，他们无意参与当前的不幸事件与动乱，"满心牵挂着自己的惨苦"。在第八页上，他们抱怨说见不到国王，"因为陛下驻足牛津，周围布满成群结队的士兵，这些士兵会主动阻止我们接近您的朝廷和陛下本人，而这一点，从前患我们这种疾病的人在伦敦是很容易做到的"。同一页又说："陛下的宫殿在白厅，我们都希望，陛下在那里，不仅带来患者的痊愈，而且也带来国家的痊愈，这个国家从陛下离去后已经在讨厌的疾病中衰弱下去，除非您命驾惠返，这个国家的疾病再难治愈。"

[2] *Journal of the House of Lords*, IX, p. 6: 1647 年 2 月 9 日负责看守国王的议会代表的新式信件。他们宣布，在国王行程中，无论是在里彭还是利兹，"许多患者前来，带着丝带与金币，只是接受触摸，没有其他仪式"。2 月 9 日，他们将一份已公布的宣言副本送往利兹："各色人等借口患病，每日汇集到国王所在处；而其中许多人实际上染上了其他危险疾病，全然不适于前来觐见陛下。"关于途中患者渴望觐见国王之殷情，也可参见 Farquhar, I, p. 119 所引述的证据。甚至在成为囚房之前，内战期间，查理已经缺乏金币，不得不代之以银币充作国王触摸时分赠人们的赈济费；Χειρεξοχη, p. 8; Wiseman, *A treatise of the King's Evil*, p. 247。下一个注释所引布朗的段落清楚地表明，人们前来求见囚禁状态的查理，接受国王触摸时，曾经带来金币或银币；国王分赠钱币时，使用的是银币。

第五章　宗教战争与绝对君主制时期的国王奇迹

时，同样的情景在那里再次出现。下院于是决定解决此事，任命了一个委员会，起草"就接受触摸治疗国王之魔迷信致人民宣言书"。[1] 这份宣言的正文似乎已经佚失。这是一大损失；因为我们想知道其中列出的理由，这些理由无疑会对一部分人对王权神圣性的情感做出有趣的说明。此外，我们有理由怀疑它是否对民众产生了很大作用。1643年的所谓请愿者断称，触摸病人是王者永远不可剥夺的唯一特权，这一点也许并非全然错误。[2] 查理被斩首时，人们认为他的遗物，尤其是浸有其血迹的手帕，具有特殊的治病力量——这种力量被认为是与他活着时的神圣之手是一样的。[3] 一位王室的殉道者，即使在新教国家，也总是倾向于变为圣徒般的人物。

后来，王党声称克伦威尔曾试图施展神奇能力，僭取国王超自然的特权谋取私利。[4] 这种说法当然不过是一种荒唐的诽谤。在共和党人和克伦威尔摄政时期，大不列颠不再有人实施触摸。不过这种旧信仰并未消亡。查理二世在流放生活中实施过祖传的奇迹治疗；鉴于国库亏空，他只能散发银币而不是金币，但民众仍然前来求见。一位聪明的商人为英国和苏格兰的瘰疬病患者组织了一场巡游，从海上前往低地国家各城市，这位君主的

1　1647年4月22日 *Journal of the House of Commons*, V。下院收到一封信，"信由议会代表于1647年4月22日从霍尔登贝发来，谈到大量人群聚居到那里，请求触摸治疗"。一个委员会成立，准备"就触摸治疗国王之魔的迷信，提出一份致人民宣言书"。代表们应"小心从事，阻止人们聚居到那里，接受触摸治疗"，要将宣言书遍发于该地区各处。参见 B. Whitelock, *Memorials of the English Affairs*, Londres, 1732, p. 244。我无法找到这份宣言书：它不见于克劳福德（Crawford）勋爵收集、罗贝尔·斯特尔（Robert Steele）进行编目分类、资料丰富的 *A bibliography of royal proclamations, 1485-1714 (Bibliotheca Lindesiana* V-VI)。在霍尔登贝接受触摸的一个孩子的情况，见 Browne, *Adenochoiradelogia*, p. 148；囚禁状态的国王触摸的其他人，见稍后一段：同前引书，p. 141-146。也参见前引书 p. 163 及下文 p. 385。

2　p. 4.

3　Browne, *Adenochoiradelogia*, p. 109, 150 以下；这个意思似乎由 p. 150 报告的一个插曲表现出来：甚至议会军队的军官们也保留着这类遗物，认为它们具有效力。这种情况并非完全不可能。参见 *Gentlemen's Magazine*, 81, 1811, p. 125 (*Gentlemen's Magazine Library*, éd. G. L. Gomme, III, 1884, p. 171 转载) 引述的1649、1659年的保皇党小册子；Wiseman, *Severall Chirurgical Treatises*, I, p. 195; Crawfurd, *King's Evil*, p. 101; Farquhar, *Royal Charities*, II, 107; W. G. Black, *Folk-Medicine*, p. 100。

4　Browne, p. 181.

简陋朝廷就在那里。[1] 此外,这位活着的僭主的纪念物与那些已故君主的遗物一样,也被赋予同样的力量。伍斯特战役之后逃亡苏格兰途中,他用来止鼻血的手绢据说能够治疗瘰疬病。[2] 我们解释1660年的复辟行动时,应该牢牢记住这些事实。这当然不是说,人们可以想象国王被迎回复辟,就是为了治疗瘰疬病患者这个特殊目的,而是说对创造奇迹能力的持久记忆,是人们精神状态的征象之一,研究这些事件的历史学家不应忽略之。

此外,那些推动复辟、渴望在人们心中复兴君主信仰的人,也没有忘记国王触摸所享有的声望。1660年5月30日,查理二世仍身处异国的布雷达,甫一得到议会承认,他便举行了一场特别庄严的治病仪式。[3] 而刚一返回英国,他马上在白厅宫的宴会厅进行了几次触摸治疗,患者成群结队前来求治。[4] 王权卫士们口笔并用,来激发民众的热情。1660年12月2日桑克罗夫特在威斯敏斯特布道时,劝勉信众要有信心,相信经由"上帝施赠了神奇治疗能力的手",教会和民众遭受的痛苦将会解除。[5] 这是一个非常重要的比喻,它于1661年成为约翰·伯德所作的饶舌且疯狂的小册子的主题,

---

1 Browne, *Adenochoiradelogia*, p. 156 以下;*Relation en forme de journal du voyage et séjour que le sérénissime et très puissant prince Charles II royale de Grande-Bretagne a fait en Hollande*, in-4°, La Haye, 1660, p. 77。

2 关于当时保皇党分子布朗特(Blount)与佩皮斯(Pepys)的证据,见 Farquhar, II, p. 103-104;参见 Crawfurd, *King's Evil*, p. 102(无出处)。

3 *Relation*(前文 p. 375, n. 4 引述),p. 75, 77。

4 Farquhar, Royal Charities, II, 109 所引 Pepys, *Diary* 及 *Mercurius Politicus*,均为 1660 年 6 月 23 日;*Diary and Correspondence of John Evelyn*, éd. W. Bary, Londres, 1859, I, p. 357 (1660 年 7 月 6 日)。查理二世的仪式与其父相同,可见《共同祈祷书》(*Book of Common Prayer*),参见前文 p. 370; Crawfurd, p. 114 转载。Evelyn, *Diary*, 前引书,有非常详细的描述。

5 W. S[ancroft], *A sermon preached at St. Peter's Westminster on the first Sunday in Advent...*, Londres, 1660, p. 33: "therefore let us hope well of the *healing* of the *Wounds of the Daughter of our People*, since they are under the Cure of *those* very *Hands*, upon which God hath entailed a *Miraculous Gift of Healing*, as it were on purpose to raise up our Hopes in Confidence, that we shall ow one day to those *sacred Hands*, next under God, the healing of the *Church's* and the *People's* Evils, as well, as of the *King's*"("所以,对于医治我们民族女儿的创伤,我们要满怀希望,因为她们正在接受那些非凡之手的治疗,上帝在这些手上留下了神奇的治疗能力,其目的是激起我们的希望,产生某种信心,以至于将来某一天我们将把教会之魔、民众之魔以及国王之魔的治疗,一并归功于上帝之下的这些神圣之手")。

第五章 宗教战争与绝对君主制时期的国王奇迹

这本小册子题为《查理的奇迹》(*Ostenta Carolina*)。[1] 1665年,出现了匿名作者的一部小书,题作《国王之手的勋绩》(Χειρεξοχη 即 *The Excellency of Handy-work of the Royal Hand*),直接讨论国王的触摸,没有使用任何隐喻。[2] 最后,1684年轮到国王麾下的一位医生约翰·布朗出场了,他的《论腺炎与瘰疬病的解剖与手术》(*Adenochoiradelogia*)乃是出现于英国的迪洛朗论著的变体,虽然二者间隔七十余年的时间;这是一部冗长的论著,靠着论证和奇闻轶事,大大强化了君主治病力量的说服力。[3]

探求人心中的秘密不是历史学家的职分。对于臣民慷慨认定的独特才能,查理二世内心深处的真实想法,我们将永远不会知道。不过,我们不要匆忙断言这是完全值得怀疑的骗局;因为那将意味着认识不到王朝引以自豪的力量所具有的合理价值。此外,某种程度上的道德松弛并不一定驱除人们的信赖感。无论如何,不管国王内心的情感如何,这种神奇治疗的实施,也许是国王以其至大的良心履行的职责之一。他比近邻法国的国王更为频繁地为人触摸,除非是天气极为炎热,通常都是在星期五进行。触摸仪式一如其父、祖时代,只有一点是例外:1665年之后,从前分赠患者的钱币为一种特制的纪念章所取代,不再作为钱币流通。[4] 即使在今天,英国人收藏的钱币中还经常见到这些精致的金质纪念章,像从前的"天使币"一样,上面带有圣米歇尔屠龙的图案,以及 Soli Deo Gloria("光荣归于唯一的上帝")的铭文;背面上是一艘乘风破浪的三帆船。那些接受过治疗的

377

---

1 伯德(Bird)似乎认为查理二世的成就如此之大,乃至于他将目睹这一局面:瘰疬病与佝偻病(reckets)从这个国家一劳永逸地完全消失。

按:全书标题为 John Bird, *Ostenta Carolina: or the late Calamities of England with the Authors of them. The great happiness and happy government of K. Charles II ensuing, miraculously foreshewn by the Finger of God in two wonderful diseases, the Rekets and Kings-evil. Wherein is also proved,* I *that the rekets after a while shall seize in no more children but vanish by means of K. Charles II.* II *that K. Charles II is the last of Kings which shall so heal the Kings-evil.* (Londres, 1661). ——译者

2 题献给约克公爵(未来的詹姆士二世)。Χειρεξοχη 应译作 Excellence de la Main(手之卓勋)。

3 像迪洛朗的论著一样,《论腺炎与瘰疬病的解剖与手术》中有对瘰疬病的纯医学研究。只有题作"国王神魅"(Charisma Basilikon)的第三部分集中讨论国王触摸。

4 Farquhar, II, p. 134 以下。

患者像对待护身符一样，精心保存着这些纪念章；很多纪念章流传了下来，因为原来分赠给患者的纪念章数量更为庞大。

这些数字可以让我们了解查理二世作为医师的声望。这里有一些数字：从触摸仪式开始的1660年5月到1664年的9月，四年多时间里触摸了23 000人左右；从1669年4月7日到1671年5月14日，刚刚两年有余，至少触摸6 666人，可能更多；从1684年2月12日到1685年2月1日，大约一年时间，及在位的最后日子（他死于2月6日），触摸了6 610人。1684年布朗断言，"自光荣复辟以来，全国近一半人口接受神圣的国王陛下的触摸并获痊愈",[1] 这当然是夸大之词。但我们可以很有信心地推断，在其秉政的二十五年间，从查理二世眼前走过的患者，肯定有十万左右：[2] 这是一个混合群体，以布朗的说法，其中不乏外国人，如德国人，荷兰人，甚至法国人，还有一些来自美洲的殖民者，他们从弗吉尼亚与新罕布什尔，穿越

---

[1] p. 105: "I do believe near half the Nation hath been Toucht and Healed by His Sacred Majesty since His Happy Restauration."

[2] 我们了解查理二世所触摸患者的数字，来自两个资料：（一）Browne, *Adenochoiradelogia*, p. 197-199 的附录包括：（1）按照王室礼拜堂的"律师"托马斯·海恩斯（Thomas Haynes）保存的一份登记簿，这份登记簿有从1660年5月到1664年9月按月登记的数字；（2）按照"国王陛下内室管理员"托马斯·唐利（Thomas Donkly）保存的一份登记簿（保存在王室礼拜堂内的一个登记簿），这份登记簿有从1667年5月到1682年4月按月登记的数字；（二）与纪念牌有关的证书，这些证书将在下文 p. 444 附录一讨论。第二种资料显然更为可靠，因为就许多月份而言，人们可以将它给出的数字与布朗（Browne）保存的数字比较；一些地方存在这样那样的分歧，但这些分歧大多数也许可以解释为布朗或其资料提供者抄写造成的讹误，或印刷上的讹误；但其中没有什么东西，要求对总数或整体统计资料做出重要修正。正文中我所指出的数字是指（1）从1660年5月至1664年9月这一时期，取自布朗（准确数字23 801）；（2）从1669年4月7日到1671年5月14日，取自国家档案局保存的证书；限定为至少6 666人是必要的，因为我们看到的证书出现了一些空白处（1670年从6月15日到7月4日，1671年从2月26日到3月19日），不太可能知道这些空白是出于偶然还是表示没有触摸；（3）从1684年2月12日到1685年2月1日这个时期，同样是按照证书（只有1684年从1月1日到14日存在一个空白）。布朗所给出他研究的这两个阶段（即整个这个朝代，除去两个阶段，每个阶段大约为两年半：1664年10月1日至1667年5月1日，1682年5月1日至1685年2月6日）的数字总和是 90 761（Farquhar, II, p. 132）；从这里我得出整个王朝大约十万（100 000）。同样，我们需要牢记，我们没有一种因素可以完成这个图画：很有可能，某些患者多次接受触摸，尽管不断申明秩序。这些违规者所占比例是多少？我们将永远不可能知道。人们对国王触摸日的渴望，参见 Crawfurd, *King's Evil*, p. 107, n. 2 引述的 J. Evelyn, *Diary*, II, p. 205（1684年3月28日）。

大洋而来，到白厅寻求治疗。此点我们可以肯定，因为有文献证据可以证明。[1] 不过，毫无疑问的是，英国人和苏格兰人占居多数。简言之，从未有一位创造奇迹的国王获得比这更大的成功。长期议会与克伦威尔执政时期，触摸治疗长期中断，这种情况使得民众对奇迹的信仰更加兴旺。从国王带着怒气返回的那一刻，被长期剥夺了超自然治疗手段的患者，就聚拢到他们庄严的医生身边。但是这种渴望情绪不是转瞬即逝的激情，我们已经看到，这种渴望情绪贯穿于查理二世执政时期。神奇王权观念虽在1647年被下院轻蔑地视为迷信风习，但远不是已经寿终正寝。

不过，反对这种观念者大有人在，他们并没有缴械投降。布朗在《论腺炎与瘰疬病的解剖与手术》中展开过反对非国教徒的论战，他喜欢一些小训谕故事，这些故事讲述的，是非国教徒受到神奇治疗的影响，改变信仰转而尊敬王权，所有这一切都有力地说明，并非所有人都相信这种民众信仰。1684年，一位长老会牧师因非议国王触摸受到迫害。[2] 然而，即使是这个派别，也不能忽视利用奇迹这个武器。蒙茅斯是查理二世的私生子，辉格党人[3] 视之为指定继承人，而不是他的叔父约克公爵——此人继承王位受阻于他的天主教信仰；1680年，蒙茅斯在西部各郡举行了一次胜利游行。虽然他不过是未来的国王，即使在其支持者看来，也仅仅是未来的国王，但在这次游行中他似乎至少为瘰疬病患者触摸过一次。[4] 1685年，他在清教的名义下，武装挑战其叔父——此时已成为詹姆士二世——的王位继承权，他履行了所有的国王礼仪，包括治病仪式。在他死后，詹姆士二世的法官起草的对他的起诉书中，举行治病仪式是对他的主要指控之一。[5] 情

---

1 Crawfurd, p. 111-112.

2 Cobbett, *Complete Collection of State Trials*, X, p. 147 以下。被告名叫罗斯维尔，曾在证据不足的情况被陪审团宣布有罪，但被国王赦免。查理二世时期的政府，已经不太像查理一世时期的政府那样，珍惜国王的神奇治疗特权。值得注意的是，格雷特雷克（见下文 p. 384）从来没有受到他们的骚扰。参见 Crawfurd, *King's Evil*, p. 120。

3 辉格党（The Whigs），17世纪英国出现的议会政党，19世纪成为自由党。——译者

4 Green, *On the cure by Touch*, p. 89 以下，参见 *Gentlemen's Magazine*, t. 81, 1811, p. 125 (*Gentlemen's Magazine Library*, éd. G. L. Gomme, III, Londres, 1884, p. 171 转载)。

5 T. B. Howell, *State Trials*, XI, col, 1059.

况似乎仍然是，无奇迹则无真命国王。

不过，在英国，这种古老的仪式，虽然焕发出最后一抹光辉，但已是回光返照；即使在法国，也开始走上穷途末路。

第六章
国王触摸的衰亡

1 对国王奇迹的信仰如何消失

"国王触摸"最终消失的直接原因,是先后发生在英国与法国的政治革命。但是,这些偶然事件之所以有效地发挥作用,只是因为对王权超自然性的信仰,起码在两国部分民众的心灵中,已在悄无声息中深深地动摇了。在此,我们不能自诩可以真实地描述这个幽晦不明的精神变化过程,我们所能做到的,不过是说明有助于摧毁这种旧信仰的一些原因。

在很长时期内,许多奇异治疗法几乎都不曾遭遇任何怀疑,国王医疗法只是其中之一。有几个事件可以说明人们的这种心态。在法国,至少从亨利二世以至亨利四世时期,巴约尔一族是真正以正骨术为业的家族,长期享有盛誉,这个家族父子相继地传承着"一种秘密能力,可以使遭受剧烈撞击而脱臼或受到打击而折裂的骨头重新复位,可以治疗神经和四肢受到的挫伤,如果这些部位发生错位,可以使之完好如初,恢复从前的活力"。巴约尔家族的人默默无闻地在家乡库克镇发挥着祖传的才能,后来，他们进入了亨利二世的宫廷；在那里，他们身居高位，让·巴约尔充任茹因瓦尔修道院的院长和皇家赈济官，第一位尼古拉担任皇家司马总管和贴身侍从，可能还有第二位尼古拉，此人后来在路易十三执政时担任大理院院长和财室总监；这些人似乎继续为人治疗各种扭伤和骨折。毫无疑问，他们似乎只是将其成就归功于一种世代相传的娴熟技术，而非任何超自然性；但他们周围的人显然并非作如是观。诗人塞沃拉·德·圣玛尔特在《高卢名人传》(*Illustnes des Gaules*)中为他们撰写了拉丁颂诗，把上帝赐予这个家族的"恩宠"与"非凡而完全的天幸"——这种天幸使至诚的基督教国王们"只是以手触摸患者，就能治愈令人痛苦不堪而又难以治愈的瘰疬病魔"——相提并论；他这样做不无缘由。[1] 对于当时大多数人而言，这两种治病能力具有同样的超凡脱俗的渊源，他们对这两种能力的信仰出乎完全相同的心态。

此外，各种疾病都有特定的世袭医生来治疗。我们已经多次提到意大利的圣保罗的"亲属"、西班牙的圣凯瑟琳的"亲属"，以及法国圣罗克、圣马丁和圣于贝尔的"亲属"。尤其是最后提到的这些治病者，在17世纪更是事业辉煌。我们知道，他们当中有几个人是贵族或称作贵族，还有什么比这样显赫的家世更使人有资格称为贵族呢？另外，还有几位是修女，这些人为各自的修道院增添了光彩。最著名的一位叫作乔治·于贝尔，1649年12月31日王室专利特许证明确地承认，他"出身于阿登地方光荣的

---

[1] Scaevola Sammarthanus, *Gallorum doctrina illustrium qui nostra patrumque memoria floruerunt elogia*, Iʳᵉ éd., 1598. 我读到的是 1633 年版：*Scaevolae et Abelii Sammarthanorum...opera latina et gallica*, I, p. 155-157（其出版说明在亨利四世死后肯定改动过）。我引用的是科勒泰（Colletet）的译本：Scevole de Sainte-Marthe, *Eloge des homes illustres*, in-4°, Paris, 1644, p. 555 以下。对于这部著作的研究，见 Aug. Hamon, *De Scaevolae Sammarthani vita et latine scriptis operibus* (thèse Lettres, Paris), 1901。巴约尔家族的族谱，见 François Blanchard, *Les Président à mortier du Parlement de Paris*, 1647, p. 399 及神甫 Anselme, *Histoire généalogique de la maison royale de France*, II, 1712, p. 1534。这两本著作都没有提到任何神奇治病能力；皮埃尔·勒穆瓦纳神甫（P. Pierre Le Moine）在完成 *Le Ministre sans reproche*, 1645 之后，又完成 *Epistre panegyrique à Mgr. le Présidentde Bailleul*，其中也没有提到这一点。圣玛尔特明确提到，第二位尼古拉曾施展其父辈的才能；他后来不再展此技艺，在我看来这也不是不可能的。

第六章　国王触摸的衰亡

圣于贝尔家族，属于圣于贝尔的同代人"，由于这种关系，他能"仅凭触摸患者的头部，治好所有人被狼、疯狗或其他狂犬病动物咬伤引起的疾病，而不需要使用其他手段或药物"。这位"圣于贝尔骑士"——他以此名见称——行此医术多年，名利双收。1701年，仍有人在引用一份印制的简介，"在这份简介上，他写明了自己的地址，以方便那些可能前来接受触摸治疗的患者"。他列举的顾客，尤其是为数众多的认为其触摸具有预防疾病功效者中，有两位法国国王（即路易十二和路易十四）、奥尔良的加斯东、德孔第王子，以及孔德地方的一位王子，这位王子无疑就是卢克洛战役的获胜者。所有这些大领主都是热衷于打猎的人，对于他们来说，被咬伤是切实存在的危险。由于贡迪地方的让·弗朗索瓦大主教发布了特许令，大主教后继者们对特许权继续给以肯定，他曾在巴黎的圣厄斯塔什堂区的一座礼拜堂里为人触摸。三十多位主教或大主教准许他在各自的主教区中为人实施触摸。1665年7月8日，布列塔尼省三级会议授予他400里弗尔的奖金。在这种天生的魔法师所具有的神奇才能与官方赋予国王的奇异能力之间，舆论不会不建立起联系。我们从修道院院长勒布兰那里知道，对于这位"骑士"或他的同僚所做的治疗，任何可恶的怀疑者如果胆敢提出质疑，信仰者便援引这位王子的事例以为回应。勒布兰本人并不相信这种治疗。人们说，既然所有人都承认国王触摸的功效，为什么认为"某个家族的人能够治疗某些疾病"就是异乎寻常的呢？[1]

况且，即使在其王国之内，以出身造就的权利为人治疗瘰疬病者，波旁家族并非绝无仅有。第七子就不用说了，前文已有充分讨论。17世纪的法国，至少有一个家族拥有一种以血统传承的能力，这种才能极类似于那种为王室增光添彩的才能。奥蒙家族是勃艮第贵族，在贝里也有财产，据

---

[1] 关于诸圣徒亲属的大体情况，参见前文 p. 176 n. 1, p. 300。关于圣于贝尔的亲属，特别是有关乔治·于贝尔的情况，读者只需参考 Henri Gaidoz, *La rage et St Hubert*, p. 112-119 就可以了，那里有一个参考书目。我从 Le Brun, *Histoire critique des pratiques superstitieuses*, II, p. 105, 112 得到 1701 年简介的详细内容，以及国王触摸的记载。Tiffaud, *L'exercice illégal de la medicine dans le Bas-Poitou*, 1899, p. 18 也说到圣马库尔的后代。

说这个家族的长子们拥有一种能力，将神圣的面包给予瘰疬病患者，就能治好他们的病。安德烈·法韦恩在《纳瓦拉史》(Histoire de Navarre)中称之为"杜撰"的传说；对君主制的一般辩护士而言，这传说是很讨厌的：难道不应将医治"国王之魔"的特权留给王族，令人可欲而不可得吗？但是，众多严肃的作家都提到这个传说，我们不能不得出这样的结论：这个传说享有一定知名度，起码在区域性内享有一定知名度。¹

在英国，查理二世统治时期，一位名叫瓦伦丁·格雷特雷克的爱尔兰贵族，在一个风和日丽的日子里获得神启，发现自己拥有治疗瘰疬病的才能。各地的患者成群结队前来求治。大约在布列塔尼三级会议授予"圣于贝尔骑士"奖励时，伍斯特市政当局为这位爱尔兰触摸者（或"按摩者"）举办了盛大的宴会。格雷特雷克大获成功，甚至掀起了一场笔战，其支持者和反对者彼此攻讦，写出了洋洋大观的论文。支持者中并非只有等闲之辈；罗伯特·波义耳是皇家学会会员、近代化学的奠基者，他声称，他相信这位为人治病者，同样也相信国王的奇迹。²

此外，相信触摸能力的人们的这种心态，也清楚地反映在研究国王创造奇迹能力的著作中。譬如，布朗虽是一位医生，牛顿同时代的人，但他似乎仍然沉浸在原始巫术观念中。他讲述的异乎寻常的故事可为明证：温彻斯特地方的一位客栈老板罹患瘰疬病，从药房里买来了一陶罐药水。用药伊始，没有产生任何效果，但是，接受了查理一世的祝祷——查理一世

---

1 Du Laurens, *De mirabilis*, p. 21; Favyn, p. 1058; Du Peyrat, *Histoire ecclésiastique de la Cour*, p. 794; *Traité curieux de la guérison des écrouelles par l'attouchement, des septennaires*, p. 13, 21; Thiers, *Traité de superstitions*, p. 443. 这些作者经常互纠其错（见 Du Peyrat, 前引书），这证明他们并非简单地互相抄袭。有人说这个家族的奇异力量与朝拜初生耶稣三博士的遗物有关系，这些遗物在红胡子腓特烈时曾经从米兰运往科隆，据说曾在奥蒙家族停留过一段时间；而且也与这个地方受人崇拜的一眼圣泉有关。我们也许大可怀疑，这里有信仰上的某些混合，就像圣马库尔被当成国王奇迹的庇护圣徒一样。K. Maurer, *Die bestimmten Familien zugeschriebene besondere Heilkraft; Zeitschrift des Vereins für Volkskunde*, 1896, p. 443 研究过被赋予世袭治病能力的一些家族的实例，但他认为这些事例来自西西里（同前引书，p. 337）和斯堪的纳维亚传说。Thiers, 前引书, p. 449 指出，"旺多姆人中的库唐斯家族"的成员，据说能够"依靠触摸治愈儿童罹患的淋巴结核病"。

2 *Dictionary of National Biography* 包含必要的资料和一个参考书目；也可参阅 Crawfurd, *King's Evil*, p. 143 和 Farquhar, III, p. 102。

只是在远处遥为之祝祷,因为议会军队阻止他走近——以后,他再继续用药,疾病就痊愈了。他的肿疮不再流脓,肿瘤消失以后,陶罐侧壁上开始出现神秘的疤点,损坏了侧壁的光泽。某一天有人不幸萌生了一个念头,要清除这些疤点,于是他的病又复发了。清除疤点的行为停止,疾病又痊愈了。换言之——虽然布朗并没有明确地这样说——瘰疬病从人体转移到了陶罐上了……[1] 事实上,国王奇迹的观念似乎是与整体的万物巫术观相联系的。

毫无疑问,自文艺复兴运动以后,尤其是在18世纪,这种观念逐渐失去了空间。何以如此?在这里,我们不去研究其中的原因。记住这个明显的事实就足够了:国王奇迹的衰落是与这个时代的精神活动、至少是精英阶层的精神活动密切关联的;这种精神活动试图将超自然的任性而为的事物从世界秩序中清除出去,同时又试图创造出一种纯理性的政治制度观念。

这些努力还反映了同一种思想变化的第二个方面,这个方面的变化,对于我们正在研究的这个旧信仰的命运,与第一个方面一样,具有同样致命的影响。"哲学家们"(philosophes)正在使舆论习惯于将君主仅仅视为世袭的国家代表;同时,他们也在打消人们的念头,使之不再相信可以从国王那里发现神奇的事物。人们大可指望一位神权首领创造奇迹,因为他的权力根植于一种崇高的神秘状态;但显然不能指望一位官员创造奇迹,不管他的地位如何隆显,在公共事务中扮演的角色何等重要。

英法两国民众长期持有的对国王触摸效力的信仰,由于一些更特别的原因而加速了毁灭。它受到内战和宗教战争的影响。我们已经看到,在英国,极端的新教徒因为教义上的分歧,也因为痛恨绝对君主制的迫害,从一开始就敌视这种信仰。尤其是,在两个国家,一个天主教王朝和一个新教王朝同时提出拥有创造奇迹的能力,必定在两派信徒中引起纷争。直到宗教改革时期,法王的臣民一直心平气和地接受英王的勃勃雄心,同样,

---

[1] *Adenochoiradelogia*, p. 133 以下。(其中有一封信是温彻斯特学院的院长寄给布朗的,这封信证明这个故事的真实性。)

英王的臣民对法王也持有相同的态度。但宗教分裂发生以后,这种相安无事的局面就不可能存在了。实际上,对于法王实施的治疗,英国的作家们通常不难予以承认,但他们满足于——罔顾历史事实——为他们的国家争得首先拥有医师-国王的优先权。[1] 天主教徒通常更不妥协。只要英国君主们坚持画十字的手势,他们的坚持"教皇权威至上"的臣民,就不愿意争论英国许多代人信仰的国王创造奇迹的特权问题,即使只是出于民族自豪感,也是如此;他们退让到最后一点,即认为灵验的治病能力乃源自画十字这个姿势,即使这十字是由异端信徒之手画出。[2] 詹姆士一世从他们那里剥夺了这最后的安身之地。

在法国,以及整个欧洲大陆,天主教作家没有受到任何出自爱国念头的羁绊,几乎所有人都走向了一个极端:否定英国存在奇迹。[3] 我们看到,早在1593年,西班牙耶稣会士马丁·德尔里奥在他的著作《魔法研究》(Disquisitionun Magicarum)中就持这种观点;此书曾多次印行,长期被视为权威著作。[4] 数年以后,法国人迪洛朗和迪佩拉采取了同样的观点,[5] 他们认为英王的触摸是没有效力的,英国诸王所宣称的特长只是一种幻觉或骗局。这种观点包含一层意义,认为可能存在一种巨大的集体错误:这是一种大胆且危险的观点,因为,认为波旁王朝具有创造奇迹才能的实在性所赖以立论的证据,与海峡对岸政论家为都铎王朝或斯图亚特王朝进行辩护所援引的证据,毕竟并无二致。如果说英国人对英王之手的功效在认识

---

[1] Tooker, *Chrisma*, p. 83; Browne, *Adenochoiradelogia*. p. 63; 参见前文, p. 42。

[2] 关于伊丽莎白所实施的治疗,Smitheus (Richard Smith), *Florum historiae ecclesiasticae gentis Anglorum libri septem*, Paris, 1654, l. III, cap. 19, sectio, IV, p. 230 所表达的观点也加入了圣徒忏悔者爱德华的影响;女王为人治病"并非依靠个人德能,而是仰仗十字符的力量以及必被上帝见证的圣爱德华的虔诚,女王在英格兰的王位承继了圣爱德华"("non virtute propria...sed virtute signi Crucis et ad testandam piettatem S. Edwardi, cui succedebat in Throno Angliae")。史密斯自1625年至1629年是英国的荣誉主教,他似乎并不承认伊丽莎白后继者所做的任何治疗。

[3] De l'Ancre, *L'incrédulité et mescreance du sortilege*, 1622, p. 165 是个例外;他承认詹姆士一世所完成的治疗,但认为这位国王——无疑是秘密地——"手画十字"。

[4] *Disquisitionum*, éd de 1606, p. 60 以下。

[5] Du Laurens, *De mirabilis*. p. 19; Du Peyrat, *Histoire ecclésiastique de la Cour*, p. 796-801.

上犯了错误,那么法国人就不犯同样的错误吗?在这场争论中,马丁·德尔里奥尤其显示出令人生畏的严苛气魄。由于他不是法国人,他大概觉得可以更自由地说话。这并不是说,他否认当时统治法国的天主教王朝所创造的奇迹这一现实;在这一点上,他的宗教热忱占据了主导地位,压倒了民族自豪感,所以他明确地愿意承认这些奇迹都是真实的。但是,他显然不像一个法国臣民一样,小心翼翼地不做任何议论——这些议论甚至在很远的地方就有可能损坏我们的医师-国王的威望。他在试图解释伊丽莎白女王创造的遐迩闻名的奇迹时,没有求助于奇异事物,而是犹豫地提出三种解释:使用了某种神秘膏药,换言之,使用了粗劣的欺骗手段;凶暴的权势;最后是"虚象",即女王医治的只是那些实际上根本无病之人。正如德尔里奥所观察到的、无可争辩的事实是,女王并没有治愈所有前来求医的病人。[1]特别是最后这种说法,以及作为其基础的假设,充满了威胁意味。在《魔法研究》一书的众多读者之中,难道没有人想到将它所运用的推理用于法国诸王身上? 1755年,路易·谢瓦利叶·戴若古撰写了《百科全书》(*Encyclopédie*)中的"瘰疬病"词条;即便就其祖国的情况而言,他显然也不相信国王创造奇迹的力量。这个时代的"哲学家们"已经从根本上动摇了这个陈旧信仰,但是戴若古还不敢正面攻击法国王朝所宣称的这一特权,而是满足于将这个问题轻描淡写地一笔带过,然后将所有苛峻的讥讽留给了自命不凡的英国君主。很显然,这只是一种策略,为的是避免与当局发生冲突,摆脱尴尬难堪的局面;读者会意识到其攻击的对象实际上是这两个国家的君主制。但是,辞典编纂家的这种两面手法,所代表的必定是很多人的真实心态。人们开始怀疑宗教正统禁止相信的外国人创造的奇迹;他们的怀疑逐渐扩散到了本国人创造的奇迹。

---

1 上引书, p. 64: "sed ea cogimur dicere, vel fictitia, si non vere aegri: vel fieri physica aliqua vi emplastrorum, aut aliorum adhibitorum: vel ex pacto tacito vel expresso cum daemone." 对于接受国王触摸而未被治愈者的评论,见 p. 61;下文, p. 421-422。《魔法研究》(*Disquisitionum*)初版问世(1593年)时,正值亨利四世改宗信仰;此时的法国还不能被视为受天主教国王统治的国家。德尔里奥讨论瘰疬病时,是否指的是这个难题? 对此我无法断言,因为我无法见到1606年以前的版本,在那里(p. 65)有一个谨慎的套语:"De Franciae regibus; quorum adhuc nullus apertè haeresim professus fuit",后来的版本重复了这个套语。

2 治病仪式在英国的终结

正是在英国,政治事件首先结束了古老的国王触摸习俗。

詹姆士二世自然不允许将至为奇妙的君主特权弃置不用,他不是这样的人。他更想在此基础上,为他所继承的前辈遗产增加点内容。毫无疑问,在他的近臣中,有些人还有意于复兴旧的医疗戒指仪式,但这不过是一种意愿而已,并没有付诸行动。[1] 而在另一方面,詹姆士二世频繁地为人触摸,且像他的兄长一样,接待大量的患者。从1685年3月——这个月似乎是他开始实施触摸的第一个月——到同年10月,至少有4 422名患者接受触摸。[2] 1687年8月28日与30日,即他下台前的一年多,在切斯特大教堂唱诗班的伴奏下,他分别触摸了350、450人。[3] 秉政之初他在仪式中曾接受安立甘教牧师的帮助,但从1686年之后,他越来越不愿意要他们帮忙,而情愿接受天主教教士的服务。同时,情况似乎是,他换掉了詹姆士一世执政以来使用的仪式,改用被认为始自亨利二世的古老礼拜式,恢复了拉丁祈

---

1 华盛顿的美国陆军"军医总监"图书馆拥有一套与瘰疬病触摸有关的文献,其中藏有一本八页八开纸的小册子,题作 *The Ceremonies of Cramp-Rings on Good Friday, used by the Catholick Kings of England*。我手头拥有这部文献的一个副本,归功于加里森(F. H. Garrison)中校的盛情帮助,他在题为 *A relic of the King's Evil* 的一篇文章中,提到过这部文献;同样的内容被(1) *Literary Magazine* 根据一份手稿转载;(2)由 W. Maskell, *Monumenta ritualia*, 2ᵉ éd., III, p. 391 转载。马斯科尔(Maskell)曾使用过一份1694年手稿,与1686年受国王之命印制的 *Ceremonies for the healing of them that be diseased with the King's Evil, used in the Time of King Henry VII* 的副本捆在一起(参见 Sparrow-Simpson, *On the forms of prayer*, p. 289);(3)无疑是根据 Crawfurd, *Cramp-rings*, p. 184 引用的马斯科尔发表的文字。这是古代仪式书的忠实翻译,就像玛丽·都铎弥撒书所做的描述。保存在华盛顿的这本小册子标明是1694年;所以它一定是在詹姆士二世下台(1688年)以后印制。但 *Notes and Queries*, 6ᵗʰ series, VIII, 1883, p. 327 上刊出的一则说明这本小书存在状况的评论,表明它无疑应被视为重印本:初刊似在1686年。也是在这同一年,皇家印刷厂接受国王命令印制旧的瘰疬病礼仪书(见下注3);此外,也是在这一年,詹姆士二世越来越不想借助安利甘教士而举行国王触摸仪式。另外,情况似乎是,詹姆士二世党人中有传言说,斯图亚特王朝的末代国王也圣化过戒指:见这位君主的国务大臣论詹姆士二世的信件,这封信件的确否认这一事实;Farquhar, IV, p. 169 引用过这封信件。

按:詹姆士二世党人(Jacobites),17世纪末和18世纪斯图亚特王室的支持者,他们坚持认为斯图亚特王室拥有世袭的政治与宗教继承权。——译者

2 据国家档案局保存的与纪念牌颁发相关的证书,见附录一,p. 444。

3 *The Diary of Dr Thomas Cartwright, bishop of Chester* (Camden Society), XXII, 1843), p. 74, 75.

第六章 国王触摸的衰亡

祷文、对圣母和圣徒的祈求，以及画十字的手势。[1] 倒退行为所引起的只能是一部分清教徒对国王奇迹的不信任，因为它似乎与一个令人厌恶的祭礼的排场混为一体了。[2]

奥兰治的威廉是被1688年革命推上宝座的，他像詹姆士一世一样，是在加尔文教环境中长大的；也像他一样，认为治病仪式除了迷信别无他物。他比前任国王采取更决绝的立场，拒绝为人触摸，并一以贯之地拒绝为人触摸。[3] 这只是个人性情不同吗？是一位意志脆弱之人与一位精神刚毅之人的差别吗？这其中无疑有一点；但也是两种群体精神状态的不同：鉴于詹姆士一世时公众舆论不愿意放弃这种风习，所以在此后一个世纪内，这种风习一仍其旧，没有引起太多反感。在一些具有正统观念的人群中，他们说，尽管国王本人声明不相信触摸，但受国王顺便触摸的一位患者完全康复了。他们以此为满足。[4] 不过，托利党人并不感到满意。1702年，安妮女王执政，此后不到一年，他们便说服女王恢复了这个神奇传统。她像其先辈们一样，开始触摸患者，但仪式简化了，前来求助的瘰疬病患者看起来

---

[1] 与詹姆士二世的态度相关的所有证据，都由法夸尔竭尽心力地加以搜集，条理分明地讨论过，见 Farquhar, *Royal Charities*, III, p. 103 以下文字。实际上我们并不了解詹姆士二世使用的仪式。我们所知道的全部事实是，1686 年皇家印刷商受命出版了旧的天主教礼拜书，这个礼拜书被认为是亨利八世所用，分为两卷，一卷有拉丁文正文（前文 p. 318），另一卷是英文译文；Crawfurd, *King's Evil*, p. 132。此外，1686 年 1 月 3 日卡莱尔地方的主教的一封密信（éd. Magrath, *The Flemings in Oxford*, II, Oxford Historical Society's Publication, LXII, 1913, p. 159, Farquhar, III, p. 104 引用）有如下文字："上个星期，国王陛下在温莎遣散了他的清教教士，不让他们参加治疗仪式，由天主教教士担任：仪式像亨利七世时代一样使用拉丁语"——这些话似乎彻底解决了问题。关于仪式采用"天主教"方式引起的丑闻，参见 Green, *On the cure by Touch*, p. 90-91 所搜集的 1687 年在巴斯举行国王触摸仪式的证据。

[2] 1726 年，理查德·布莱克莫尔勋爵（Sir Richard Blackmore, *Discourses on the Gout*, Preface, p. lxviij）干脆将国王触摸的"迷信"视为教皇派教士的欺骗行为。

[3] *Gazette de France*, 1689 年 4 月 23 日, p. 188："1689 年 4 月 28 日伦敦消息。本月 7 日，奥兰治的威廉王子在我主纽波特家中用餐。今天他将按照普遍的习俗，举行触摸瘰疬病人的仪式，为许多穷人洗脚，就像诸位合法国王所做的那样。但他宣布，他认为这些仪式不过是迷信；他只能发布命令按照风俗向穷人分赠赈济。"也请参阅 Sir Richard Blackmore, *Discourses on the Gout*, Preface, p. lx; Rapin Thoyras, *Histoire d'Angleterre*, l. V 涉及忏悔者爱德华的一章, La Haye, 1724 éd., in-4°, t. I, p. 446; Macaulay, *The History of England*, chap. XIV, éd. Tauchnitz I, p. 145-146; Farquhar, *Royal Charities*, III, p. 118 以下。

[4] Macaulay, 前引书。

为数不少。[1] 在安妮执政时期，我们可以看到，一位名叫杰里米·科利尔的作者，在名著《大不列颠教会史》(*Ecclesiastical history of Great Britain*)中这样写道："讨论这件事的真实性，将走向怀疑论的极端，否定我们的感觉，走向不信宗教乃至荒谬可笑。"[2] 一位忠实的托利党人觉得应该坦白承认国王之手的效能，斯威夫特就是这样。[3] 这个时期印制的一种爱国游戏纸牌，在红桃九上面印制的画片，是"女王陛下触摸瘰疬病患者"。[4] "女王陛下"最后一次实施触摸行动，似乎是在1714年4月27日，驾崩前的三个多月。[5] 这是一个值得记忆的日子，因为它标志一种古老仪式的终结。从这一天起，在英国领土上，再没有一位国王或女王将钱币挂在那些患者脖子上。

诚然，1714年受命入主大不列颠的汉诺威家族的君主们从未打算复兴神奇的瘰疬病治疗。此后好多年，直到乔治二世统治时期，官方的祈祷书继续包含着国王为患者"治病"的礼拜式；[6] 但从1714年以后，这项仪式变成了一件徒具虚名的遗存物：古老的祈祷书不再使用了。新王朝略去这项仪式的原因何在？辉格党人是这个王朝的主要支持者和出谋划策者。是否

---

[1] Oldmixon, *The History of England during the reigns of King William and Queen Mary, Queen Anne, King George I*, Londres, 1735（受辉格党人启发），p. 301。国王触摸最晚在1703年3月或4月又重新开始：Farquhar, *Royal Charities*, IV, p. 143。人们经常想起约翰逊医生在童年时代接受安妮女王触摸之事：Boswell, *Life of Johnson*, éd. Ingpen, Londres, 1907, in-4°, I, p. 12；参见Farquhar, IV, p. 145, n. 1。该朝引入了一个新仪式，礼拜式更短，礼节大为简化。患者被人领到君主面前只一次，接受触摸后马上接受金币：Crawfurd, *King's Evil*, p. 146（此处发表仪书的正文）；Farquhar, *Royal Charities*, IV, p. 152。伦敦韦尔科姆历史医学博物馆收藏一块磁铁，磁铁来自约翰·罗珀家族，约翰·罗珀是安妮女王的国库副管家；据说安妮女王在国王触摸中使用过这块磁铁。为了避免直接接触患者，据说女王在做出治疗姿势时，手里拿着这块磁铁，将磁铁置于各手指与患者感染处之间。参见Farquhar, IV, p. 149以下（附有照片）；承蒙该博物馆馆长汤姆森（C. J. S. Thompson）盛情，为我提供了不少有用的资讯。附带指出，要说明这个传说的价值何在，颇为不易。亨利八世做国王触摸为避免传染，似乎手上戴着镶有红宝石的戒指，参见Farquhar, p. 148。

[2] *An ecclesiastical history of Great Britain*, éd. Barnham, I, Londres, 1840, p. 532（1re éd., 1708）："忏悔者爱德华国王第一个治疗这种疾病，从他那里，对这种病的治疗作为一种世袭性的奇迹传给了他所有的继承者。讨论这件事的真实性，将走向过度的怀疑论，否定我们的感觉，变得不可思议乃至荒谬可笑。"

[3] *Journal to Stella*, letter XXII (1711年4月28日), éd. F. Ryland, p. 172。

[4] 见附录二，n° 17。

[5] Green, *On the cure by touch*, p. 95.

[6] 1732年以前的各英文版本；1759年以前的各拉丁文版本；见Farquhar, *Royal Charities*, IV, p. 153以下，这里的研究使从前的研究失去了效力。

第六章 国王触摸的衰亡

只是因为辉格党人感受到了恐怖呢?因为仪式中的一切都让人想起旧君主制及其神圣权利;它是否想避免冲击清教徒的某种情感呢?两种成分无疑都有;但情况似乎是,尽管这些考虑肯定在汉诺威王朝各君主的决定中发挥作用,但还是不能圆满解释这个问题。

几年前,受到生机勃勃的清教运动支持的蒙茅斯曾经为患者触摸;他的朋友似乎并不为这件事感到吃惊。乔治一世差不多也是受这派人召迎登基。他为何不尝试为人治病呢?如果从严格的君主权利角度,蒙茅斯与他之间不存在显著区别,他大概也会尝试之。蒙茅斯虽是查理二世与露茜·沃尔特的儿子,但极力装作出自正当婚姻,且因此以王胄自任。汉诺威的这位选帝侯是詹姆士一世的曾外孙,他以清教继承法的要求成为英国国王,所以,他不能一本正经地提出类似的要求。詹姆士二世党人中间流传着一个故事:一位贵族来见乔治,请求他为儿子触摸,乔治态度生硬地告诉他,去找流亡海外的斯图亚特家族的僭主。故事说,这位贵族接受了建议,他儿子的疾病获得康复,这位贵族成为了这个旧王朝的追随者。[1] 这个故事很有可能完全是由这个党派的灵魂人物杜撰出来的;但在心理上具有一定程度的可能性,这种可能性保证了故事的成功。毫无疑问,它相当准确地表达了移居到英国的德国人的精神状态。他们不是这个神圣家族的法定继承人,所以并不自认为是这种遗传性奇迹的继承者。

在流放期间,无论是詹姆士二世,还是他身后的儿子,都没有停止触摸治疗。他们继续在法国、阿维尼翁及意大利为人触摸。[2] 同时,人们仍然从英国前来求医,就像其驻地附近的那些国家的人一样。詹姆士二世党

---

[1] Robert Chambers, *History of the rebellion in Scotland in 1745-1746*, éd. de 1828, in-16., Edimbourg, I, p. 183. 同样有人说,一位妇女请求乔治一世实施国王触摸,乔治一世不同意,但允许这位妇女触摸他;不过,没有材料说明她是否痊愈:Crawfurd, p. 150.

[2] 詹姆士二世在巴黎及圣日耳曼: Voltaire, *Siècle de Louis XIV*, chap. XV, éd. Garnier, XIV, p. 300; *Questions sur l'Encyclopédie*, art. *Ecrouelles*, 同前引, XVIII, p. 469 (见 *Dictionnaire Philosophique*). 詹姆士三世在巴黎: Farquhar, *Royal Charities*, IV, p. 161 (?); 在阿维尼翁: 见下文 p. 394, n. 1; 在卢卡浴场: Farquhar, p. 170; 在罗马,下注。关于钱币文献,Farquhar, p. 161 以下。据说詹姆士二世作为圣者曾在死后显现奇迹,但在奇迹单上并没有治疗瘰疬病的奇迹 (见 G. Du Bosq de Beaumont and M. Bernos, *La Cour des Stuarts à Saint-Germain en Laye*, 2ᵉ éd., in-12, 1912, p. 239 以下); 也参见 Farquhar, *Royal Charities*, III, p. 115, n. 1。

人细心地抚育着这个旧信仰。1721年，这个群体中的一位喜欢论战的作家抛出了一封所谓来自"罗马的一位绅士"的信件，"讲述了在这座城市附近最近实施的一些有趣的治疗"。这仍然是在表达同一个主题，只是形式更为隐晦。我们已经看到，这个主题在近一个世纪前出现的瘰疬病患者请求查理一世返回伦敦的伪请愿书中，就得到过发挥。"可耻啊，不列颠人，醒来吧，不要患上普遍的嗜睡症；想一想吧，如果这种超凡的力量遭到蔑视或忽视，你们就会被认为不配享有由它获得的知识及恩惠。"[1]这个小作品肯定获得了相当程度的成功，因为反对派阵营认为必须做出回应。一位名叫威廉·贝克特的人担负了这个任务。他的《对国王之魔触摸治疗法的古老性和功效进行的自由而公正的研究》（Free and Impartial Enquiry into the Antiquity and Effect of touching for the Cure of the King's Evil），是一部充满理性精神的作品，论证合理、语气温和，简言之，是讨论这个古老君主"迷信"的所有作品中最为通达的一部作品。其威严的格调并非人人可以做到，因为反对詹姆士二世党人的论战，总难免带有刻峻的讽刺挖苦与拉伯雷式的含沙射影——因为此时还不是维多利亚时代。见证这一点的，是1737年辉格党人的一份杂志《常识》（Common Sense）发表的一篇措辞激烈的匿名文章。[2]这个争论于1747年再起波澜，势头强劲。就在这一年，历史学家卡特在其著作《英格兰通史》（General History of England）一个脚注中，悄然加入了一则轶事，这则轶事说的是住在萨默塞特郡韦尔斯的一位居民。此人身受瘰疬病折磨，于1716年在阿维尼翁接受治疗，治疗者是"王族直系后裔中最年长者，他长期以来一直以国王触摸治疗这种疾病"。[3]这则注释没有躲过人们的注意：伦敦市取消了对卡特著作表示礼敬

---

1 其标题见参考书目，p. 6。P. 6: "For shame, *Britons*, awake, and let not an universal Lethargy seize you; but consider that you ought to be accounted unworthy the knowledge and Benefits you may receive by this extraordinary Power, if it be despised or neglected."

2 *Gentleman's Magazine*, t. 7 (1737), p. 495 转载。

3 *A general History of England*, I, IV, § III, p. 291, n. 4: "the eldest lineal descendant of a race of kings, who had indeed, for a long succession of ages cured that distemper by the royal touch." 关于国王触摸实施的地点，见 Farquhar, IV, p. 167。

第六章 国王触摸的衰亡

的购书订单；辉格党的报纸数月之间充斥着抗议者的来信。[1]

实在说来，在这个特殊时刻，斯图亚特王朝的这些对手表现出敏感性，是有理由的。此前两年间，查理·爱德华已经得意洋洋地进入爱丁堡，占领了古老的霍利鲁德王室城堡。他并没有全力以赴去做国王，只是要做真正国王的代表与继承人——真正的国王，在詹姆士二世党人看来，就是查理·爱德华的父亲"詹姆士三世"。然而，有趣的是，他在霍利鲁德的行宫内至少举行过一次治病仪式。[2] 我们已经看到，蒙茅斯虽然只是觊觎继承权，而非实际的王冠，但他于1680年已经敢于实施国王治病仪式了。[3] 在从前人们对君主宗教信条更为了解的时代，这些不合规矩的程序无疑是不能容忍的，而它们的存在，本身就证明这古老的信仰已经何等衰颓。

查理·爱德华返回意大利，因其父亲驾崩而成为合法国王后，继续进行神奇治疗行动。[4] 他在外国领土上制造纪念章，挂在接受触摸者的脖子上；这个时期的纪念章，就像詹姆士二世与"詹姆士三世"时期的纪念章一样，流传了下来。流亡的斯图亚特家族制造的这些触摸纪念章，通常都是银质，只有少数是金质，因为时代的艰难不允许使用传统上珍贵的纪念章。查理·爱德华死后，他的兄弟、约克大主教亨利成为僭主，他也举行治病仪式。他的常侍铸币人乔阿奇莫·哈梅拉尼，也为他制造了惯用的纪念章；上面有人们常见的圣米切尔屠龙的形象，背面是拉丁文的铭文："大不列颠、法国与爱尔兰国王，图斯库鲁红衣主教、主教亨利九世"。[5] 亨利九世死于1807年，斯图亚特家族终止。随着亨利九世死去，对瘰疬病的触摸

---

[1] *Gentleman's Magazine*, t. 18 (1748), p. 13 以下。(The *Gentleman's Magazine Library*, III, p. 165 以下); Farquhar, *Royal Charities*, IV, p. 167, n. 1。

[2] Robert Chambers, *History of the rebellion in Scotland in 1745-1746*, éd. de 1828, I, p. 184. 詹姆士三世于1716年在苏格兰已经实施过触摸；Farquhar, *Royal Charities*, IV, p. 166。

[3] 他的妹妹玛丽（她从未得到查理二世的承认）似乎也实施过触摸：Crawfurd, p. 138。

[4] 1770年、1786年查理·爱德华在佛罗伦萨、比萨和阿尔巴诺实施过触摸：Farquhar, *Royal Charities*, IV, p. 174；法夸尔以其惯有的细心研究了流亡中斯图亚特家族触摸活动中的钱币，见 Farquhar, *Royal Charities*, IV, p. 161 以下。

[5] Farquhar, IV, p. 177（转载）。情况似乎是，在革命期间，"亨利九世"也许不得不借助于镀银的铜或锡钱币：Farquhar, 前引书, p. 180。

也告终结。国王奇迹与王族同时寿终正寝。

1755年，休谟在《英国史》(*History of England*)中写道："〔国王的触摸〕这个习惯首次被本朝〔汉诺威家族〕王族所摒弃，他们觉察到，这种习惯再也不能给人们带来惊奇，受到所有理智健全的人们的嘲笑。"[1] 在第二点看法上，我们赞成休谟的观点，但在第一点看法上，他肯定是错了。乐观情绪是休谟时代所有理性主义者所共有的特征，休谟为这种乐观情绪所陶醉，像许多同时代人一样，乐于相信"知识进步"的胜利。不过，民众的思想在很长时期内还不一定抛弃这旧信仰：汉诺威家族拒绝支持这一信仰，但没有剥夺其全部生存条件。当然，现在只有很少的患者可以直接接触到国王的手。在休谟时代，流亡的斯图亚特家族仍然是创造奇迹的人物；但前往其驻地寻求触摸治疗的英国人，似乎从来不是很多。奇迹的忠实支持者大部分不得不满足于替补物。从前铸造的用于国王触摸日分赠患者的纪念章，是耐久材料制成的，普通民众将它们作为护身符保留下来。1736年格洛斯特郡的明钦汉普顿教区的教会执事，仍然主动建议为那些瘰疬病患者更换新的丝带，这些患者从前曾接受国王触摸，脖子上戴着金币。[2] 同样，在更长的时期内，人们还认为某些钱币具有类似的功能，这些钱币原来制造出来是专作货币使用的，却因为带有国王兼殉道者查理一世的肖像，而被赋予一种特别的威严：这种钱币因为上面的这位君主的王冠或半王冠图案，被认为是治疗瘰疬病的灵丹妙药，在设得兰群岛一代代地传下来，一直传至1838年，甚至更晚些时候。[3] 某些人物的遗物也被认为具有同样

1　Chap. III, éd. de 1792, p. 179: "... the practice was first dropped by the present royal family, who observed, that it could no longer give amazement to the populace, and was attented with ridicule in the eyes of all man of understanding." Voltaire, *Questios sur l'Encyclopédie* 所写 "Ecrouelles" 词条（éd. Garnier, t. XVIII, p. 470）："英国国王詹姆士二世，从罗切斯特被解往白厅时，〔在他1688年12月12日第一次企图逃跑时〕有人建议让他做一些诸如触摸瘰疬病的行动；他没有现身。"这个插曲是极不可能的，无疑应视为纯粹的诽谤而拒斥之。

2　*Archaeologia*, XXXV, p. 452, n. a. 关于乔治一世时代人们佩戴钱币的情况，见 Farquhar, IV, p. 159。

3　Pettigrew, *On superstitions*, p. 153-154. 圣路易的钱币，中间穿孔可以悬挂在脖子或手臂上，在法国有时被当作祛病的护身符，参见 Le Blanc, *Traité historique des monnoyes*, in-4°, Amsterdam, 1962, p. 179。

的力量，如沾有约克大主教血迹的一个手绢，在1901年的爱尔兰还被认为能够治疗"国王之魔"。[1] 此外，就遗物而言，在苏格兰的罗斯郡，甚至在维多利亚女王时代，普通的金币被认为是万应药，只是因为这些金币上面带有"女王的肖像"。[2] 人们当然很明白，所有这些护身符，不管如何受到人们的重视，毕竟只是与国王本人联系的间接手段；具有更直接联系的事物仍然是更为珍贵的。1903年，在涉及罗斯郡前代的遗物时，希拉·麦克唐纳小姐在一个注释中告诉我们下面的事情：

> 有一位年迈的牧羊人罹患瘰疬病即国王之魔，时常悲叹不能接近新近驾崩的仁慈的〔维多利亚女王〕陛下接受触摸。他深信如能接受触摸，其疾病将立刻霍然痊愈。"唉，办不到了，"他悲伤地说，"作为补救，我所能做的就是有朝一日想办法去洛哈伯，让那里的医疗者为我治疗。"——[3]〔那里的医疗者是一位第七子。〕

诚然，如果不是事态强迫英国人接受一个王朝——这个王朝不能声称其合法性乃基于神圣血统，而只能基于全民的选择——那么，我们也许真不知道，要求国王实施古老奇迹治疗的大众观念会持续到何时。一位外国君主于1714年登基，既不能依恃神圣权利，也不能依靠个人声望，不列颠议会体制由此获益，得到巩固；毫无疑问，也正是同样的事态，导致了旧时代完美表现王权神圣性的这项古老仪式的消歇，比法国更早地从政治学中清除了这个超自然因素。

---

1 Farquhar, IV, p. 180（以及来自法夸尔小姐的个人信件）。
2 Sheila Macdonald, *Old-world survivals in Ross-shire*; *Folklore*, XIV (1903), p. 372.
3 上引书，p. 372: "An old shepherd of ours who suffered from scrofula or king's evil, often bewailed his inability to get within touching distance of Her late Gracious Majesty. He was cinvinced that by so doing his infirmity would at once be cured. 'Ach! no,' he would say mournfully; I must just be content to try and get to Lochaber instead some day and get the *leighiche* (healer) there to cure me."

3 治病仪式在法国的终结

在18世纪的法国，国王们仍在继续庄严地进行着治病仪式。对于路易十五触摸的病人，我们只有唯一约略的数字：1722年10月29日，路易十五举行圣化礼之后的次日，两千多名瘰疬病患者来到兰斯的圣雷米公园，出现在国王面前。[1] 很显然，这项古老仪式的声望并没有衰落。

然而，由于君主制威望的堕落在各个方面是如此明显，这个朝代给古老的国王触摸仪式造成了沉重打击。由于国王所犯的错误，这个仪式起码有三次没有举行。按照古来的习惯，国王在初次领受圣餐之前，不能实施触摸。1739年，路易十五与德迈利夫人私通，告罪神父拒绝他靠近圣餐台，所以没有举行复活节圣餐礼。同样，在1740年的复活节与1744年的圣诞节，他不得不放弃领受圣餐；在这三个场合，他都没有实施触摸。此事在巴黎成为大丑闻，至少在1739年是如此。[2] 国王的放荡行为导致的奇迹治疗几次中断，似乎有可能毁掉人们涌向他求医的习惯。至于受过教育的群体，则越来越不太想掩盖怀疑倾向。1721年，《波斯人信札》(*Lettres Persanes*) 就已经用某种轻佻的方式讨论过 "国王魔法师"。[3] 圣西蒙于1739—1751年间撰写回忆录时，就拿可怜的德·苏比斯夫人取笑；这位德·苏比斯夫人是路易十四的情妇，据说死于瘰疬病。这是一件极吊人胃口的风流韵事，但可能是不准确的，因为德·苏比斯夫人很可能从来不是

1　*Gazette de France*, Anch. Nat. K. 1714, n° 20 发表的一份印刷账簿。
2　1739年复活节的情况：见 Luynes, *Mémoire*, éd. L. Dussieux and Soulié, II, 1860, p. 391; Barbier, *Journal*, éd. Soc. de l'Hist. de France, II, p. 224（"这在凡尔赛引起了很大的公愤，在巴黎引得人们议论纷纷"；此外，巴比尔［Barbier］认为，"我们相当赞同教皇的看法，即教会的长子，在没有犯下渎圣罪、信仰坚定的状态下，有权在复活节领圣餐"）；Marquis d'Argenson, *Journal et Mémoire*, éd. E. J. B. Rathery (*Soc. De l'Hist. de France*) II, p. 126。1740年复活节的情况，见 Luynes, III, p. 176。1744年圣诞节的情况，见 Luynes, VI, p. 193。P. de Nolhac, *Louis XIV et Marie Leczinska*, 1902, p. 196（关于1738年的情况）提供的消息肯定是错误的：参见 Luynes, II, p. 99。1678年复活节，德·尚神父就拒绝对路易十四赦罪；此时德·尚正代替生病的德·拉谢兹神甫，担任告罪忏悔的神甫（Marquis de Sourches, *Mémoire*, I, p. 209, n. 2）；国王在这个节日上可能没有做任何触摸。
3　前文 p. 52。

第六章 国王触摸的衰亡

国王的情妇,而且她似乎也没有患过瘰疬病。圣西蒙可能是从年轻时听到的宫廷传言中拣出了这则诽谤性故事;但他所做的曲解似乎证明,他受到了新精神的影响。他甚至提到"人们声称的与吾王触摸有关的奇迹"。[1] 伏尔泰不仅在《哲学通信》(*Correspondance*),甚至更公开地在《关于百科全书的问题》(*Questions sur l'Encyclopédie*)中,难以自抑地取笑这个朝廷的神奇能力,乐此不疲地抖出某些轰动一时的失败实例:在他看来,路易十一无力治好圣弗朗索瓦·德·波勒的病,路易十四无力治愈其情妇之一德·苏比斯夫人,而她无疑"被周到而真切地触摸过"。在《风俗论》(*Essai sur les Moeurs*)中,他为法国诸王举出了奥兰治·威廉的榜样,这位国王弃绝了这种"特权",敢于说:"理性开始在法国初露锋芒,它将消除这项风俗,这个时代即将来临。"[2] 对我们而言,这个古老仪式的不良声誉带来一个非常严重的不利后果:它使得书写触摸仪式的历史特别困难。因为18世纪晚期的杂志,甚至那些充斥宫廷消息的杂志,似乎都认为报道这样庸俗的仪式有失身份。

不过,路易十六在举行圣化礼后的第二天,仍然遵守古代习俗,出现在2 400名瘰疬病患者面前。[3] 难道他也像其前辈们一样,在重大节日继续为人触摸吗?看起来情况很可能是这样,但我找不到任何文献证据。无论如何,奇迹治疗肯定不能在过去那种平和氛围中进行了。情况似乎是,在

---

[1] Ed. Boislisle, XVIII, p. 74-75. 圣西蒙还相信——无疑是错误地相信——德·苏比斯夫人的几个孩子也死于瘰疬病。在上引所谓奇迹的几句话之后,他写道:"la vérité est que quand ils [les rois] touchent les malades. C'est au sortir de la communion"("事实是,他们〔诸王〕触摸患者,恰在领受圣餐之后");这句话我难以判断其准确的含义。

[2] *Questions sur l'Encyclopédie*, "Ecrouelles" 词条(éd. Garnier, *Dictionaire philosophique*, XVIII, p. 469), p. 470 记载弗朗索瓦·德·波勒的故事:"圣徒不医治国王,国王不医治圣徒。"*Essai sur les Moeurs*, 前言, xxiii, (t. XI, p. 96-97),人们可以读到有关威廉三世拒绝行动的文字:"如果英国经历某种大革命,将英国重新投入愚昧,那时她将每天都有奇迹"; chap. XLII, 同前引书, p. 365 有上文引述的这句话;这句话不见于这一章的最初版本,这一章见于1746年5月的 *Mercure*, p. 29 以下。我无法查阅地道的初版,即1756年的版本。1761年的版本第 322 页包含一个有问题的句子——1775年7月7日致腓特烈二世的信件(关于路易十四情妇的故事)。也参见以 *Sottisier* 之名为人所知的手稿注释(t. XXXII, p. 492)。

[3] *Gazette de France*, Anch. Nat. K. 1714, n° 21 (38) 发表的一份印刷账簿;1775年7月7日伏尔泰致腓特烈二世的信。表现路易十六在圣马库尔遗骨前祈祷的图画,见附录二,n° 23。

路易十五时代，从圣化礼开始，国王——无疑以最大的善意，真诚地相信自己是在遵从古来的习俗——稍微改变了伴随每次国王触摸行为的传统套语；第二个句子"上帝为你治疗"（Dieu te guérit）已经变为"愿上帝为你治疗"（Dieu te guérisse）。[1] 诚然，自17世纪以来，一些作家在描述这项仪式时使用过这个短语；但作为证据却没有价值，因为这些作家是些游客，根据事后的记忆或日记写作，不具有权威性即官方立场。所有可靠的作家，以及这个世纪里编写的礼仪书，都使用陈述式。迪佩拉明确反对使用虚拟式，以其为失当。只有对于最后创造奇迹的那些君主，才会下意识地倾向于怀疑情绪——这是一个几乎难以察觉的细微变化，但我们仍可以视之为象征性的变化。

更有意义的是治疗证书的故事，这个故事生动地表现了18世纪初叶与末叶的差别。路易十五即位不久，阿尔让松侯爵，当时埃诺地方的总督，在其辖区内发现一位患者，这位患者曾在国王前往兰斯途中接受国王触摸，三个月后病体痊愈了。这位侯爵立即根据许多调查和真实证言起草了一份病历，火速送往巴黎，认为这可以满足国王的自尊心，是报答朝廷的一种方式。但答复令他失望。国务大臣拉弗里埃"冷淡地回复说，事情本应如此，任何人都不怀疑诸王拥有创造这些奇迹的才能"。[2] 对于真正的信仰者而言，试图证明一种信条，不是好像在怀疑这个信条的真实性吗？但是五十二年后，事情却大不一样了。马图格教区的一位名叫雷米·里维埃的人，在兰斯接受过路易十六的触摸，病体痊愈了。沙隆总督鲁耶·奥尔弗

---

[1] 关于路易十五，前文 p. 397, n. 2 所引账簿（p. 598）。参见 Regnault, *Dissertation*, p. 5。关于路易十六，前文所引账簿（p. 30）；*Le Sacre et couronnement de Louis XVI, roi de France et de Navarre*, 1775, p. 79; [Alletz], *Ceremonial du Sacre des rois de France*, 1775, p. 175。人们将注意到，按照路易十五圣化礼的记载，与路易十六圣化礼的各种记载，这两个句子的次序也是前后倒置的："Dieu te guérisse, le roi te touche"（愿上帝为你治疗，国王为你触摸）。Clausel de Coussergues, *Du Sacre des rois de France*, 1825 对路易十四圣化礼的记载中，这个套语使用虚拟态（p. 697，参见前文 p.150），但他没有说明材料来源。关于17世纪官方诸版本，前文注5。查理十世也使用虚拟态，且成为传统用法；Landouzy, *Le toucher des écrouelles*, p. 11, 30 认为路易十世乃这一用法的始作俑者，这显然是错误的。

[2] *Journal et Mémoires du marquis d'Argenson*, I, p. 47.

第六章　国王触摸的衰亡

耶获悉此事，急忙于1775年11月17日派人前往凡尔赛，送去一份证明书，"签名的有当地的外科医生、神父及有名望的居民"。国务大臣贝尔坦负责与香槟地区的通讯，他于12月7日复信，这样说：

> 先生，大扎报告雷米·里韦尔痊愈情况，我已收悉，并呈国王陛下御览；此后如获闻此类康复实例，务请费心告知。[1]

我们还有其他四件证书，证书来自这同一辖区及苏瓦松辖区，时间为1775年11月和12月，证明四个孩子在路易十六圣化礼后接受触摸，据说已经恢复健康。我们无法根据可靠资料知道，这些病例是告知这位大臣还是国王；但很有可能的情形是，贝尔坦的信件——如果被其他总督所获悉——使得他们做出决定，不将这些证书扔进卷宗里打发掉。[2] 人们不再轻视这些见证奇迹治疗的实验性证据。

可以肯定，这样的时刻大约于1789年已经来临：路易十六不得不放弃施展其神奇能力，以及其他与神圣权利相关的事物。这位国王统治时期，最后的触摸行动发生在何时呢？很可惜，我们无法知道。我所能做的，就是向研究者提出这个有趣的小问题。如果我们能够解决这个问题，那么，对于古老的神圣王权何时不再见容于公众意识，我们将获得相当准确的认识。[3] 在这位"国王－殉道者"的遗物中，显然没有任何东西，像英国的查

---

[1] 鲁耶·奥尔弗耶的信件及贝尔坦的复信，见 Arch. de la Marne, c. 229；前者发表在 Leouble, *Notice sur Corbeny*, p. 211；承蒙这位档案员的盛意，为我复印了第二封信件。

[2] Cerf, *Du Toucher des écrouelles*, p. 253 以下发表的证书；Ledouble, *Notice sur Corbeny*, p. 212（附两处修正）；极端的日子：1775年11月26日至12月3日。这两位编者都没有详细注明其材料来源；两人似乎都取自圣马库尔接待所的档案。同样，兰斯档案收藏处存放的圣马库尔存物清单——Arch. Nat. F² I 1555 有一副本——也没有类似的说明。痊愈患者的家居地是苏瓦松区的布奇利（两人），沙隆区的孔迪·勒赫尔派及波尔西安堡。

[3] 乍看起来，这个谜团的答案自然是到当时的报章中寻找。但我能看到的报章（整个这一朝的 *Gazette de France*, *Mercure* 及 *Journal de Paris* 的众多样本），没有一件提到国王的触摸，甚至在该朝之中仍很可能发生的时期，也没有提到。前文我已经指出那时人们谈及这种仪式时所具有的羞耻感，这种羞耻感足可震撼"受过启蒙教育者"。也可参阅路易十六的日志；该日志涵盖1766—1778年，于1902年由德博尚伯爵出版（非卖品，我设法阅读了国家图书馆的副本）；但其中没有提到国王触摸。

理一世的遗物一样，被人们认为具有治疗国王之魔的能力。国王奇迹似乎已与君主制信仰一起归于消亡了。

不过，还有一次复活它的企图。1825年，查理十世接受圣化礼。在最后一次绽放的光芒中，神圣且具有准教士性质的王权，展示出了某种过时的豪华气派。"他既是教士又是国王！"维克多·雨果在《圣化礼颂歌》（*Ode du Sacre*）这样惊叹道。他的《圣化礼颂歌》描述了这位新的神命之主的圣化礼。[1] 国王触摸传统也要恢复吗？国王身边的臣僚产生歧见。德达马男爵时任外交部长，内心充满了对国王之手的热诚信仰，他在《回忆录》（*Mémoires*）中为我们记述了这些分歧。他说：

> 一些学者负责研究这个问题，严肃地肯定说，对瘰疬病的触摸不过是一种旧的民间迷信，复活这种迷信极不可取。我们是基督教徒，但接受了这种观念，且做出决定——虽有教士阶级的影响——国王不应恢复这种习俗。但普通民众似不作如是观……[2]

这些"学者"无疑承认他们从过去遗产中拣选事物的权利；他们热爱中世纪，但要适应时代趣味，即是说，要进行一定的淡化处理；他们愿意复兴一些富有诗意的习俗，但拒绝一切在他们看来带有强烈"哥特"野蛮倾向的事物。一位天主教历史家认为这些人不可能成为半新半旧的传统主义者，他嘲笑这种精雕细刻的做法："骑士制度是美妙的；圣油瓶是过于鲁莽的；至于瘰疬病，则是不值一提的。"[3] 然后呢，如《宗教之友》（*Ami de la Religion*）以怀旧笔触所写的那样，是担心"为无信仰的嘲笑提供

---

[1] *Odes et Ballades*, 4e Ode, VII. (*Oeuvres Complètes*, éd. Hetzel et Quentin, p. 322) 注释说："Tu es sacerdos in aeternum secundum ordinem Melchisédech. — L'église appelle le roi l'*évêque du dehors*; à la messe du sacre, il communie sous les deux espèces."

[2] *Mémoires*, II, 1923, p. 65. 在 t. II, p. 305-306 的附录中，有一个注释是关于国王触摸的，该注是德达马当时访问兰斯大主教古塞之后于 1853 年写就的。稍后我们还要用到它。

[3] Léon Aubineau, *Notice sur M. Desgenettes*, 1860, p. 14. 我们知道莱昂·奥比诺已经对奥古斯丁·蒂埃里（Augustin Thierry）的理论提出了批评，这个批评无论如何都不是无意义的。

口实"。¹ 同样，还有一部分非常活跃的人，其领导者是一位坚持极端观点的教士拉蒂伊阁下，此人是德热内特修道院院长，写作了《外国使团》（*Missions Etrangères*）的神父，还是兰斯的大主教；在这一点上，这位拉蒂伊先生像其他人一样，决心恢复与过去的联系。这些意志坚定的人似乎下定决心，迫使犹豫不决的君主行动起来。他们不顾科尔贝尼居民要求查理十世恢复前往该地古老朝圣之旅的愿望，齐聚于17世纪建造的兰斯圣马库尔修士接待所——所有能到场的瘰疬病患者都来了。² 此外，很有可能像德达马男爵所说的那样，还有一部分民众——如果不是全部——很容易地被劝服来支持他们的行动，因为对旧奇迹的记忆以及它们从前激发的热情，在卑微的民众心目中无疑没有完全消失。直到最后时刻，查理十世仍似乎举棋不定，不知如何应对这种压力。有一天，他命令解散这些聚集起来期待着治疗仪式的可怜人群，但他又改变了主意，于1825年5月31日前往接待所。让人群散去的命令已经使患者队伍变得稀疏，只有120—130人留下来。国王，这位"全国头号医师"——当时的一位政论家明确地给予他的称号——不事夸饰地触摸患者，口中念叨着现在已经成为传统套语的话："国王为你触摸，愿上帝为你治疗"，并对他们安慰几句。³ 后来，就像路

1　1825年11月9日，p. 402。

2　关于德热内特（Desgenettes）神父所发挥的作用，见 Léon Aubineau, *Notice sur M. Desgenettes*, 1860, p. 13-15（转载于 *Notice Biographique*, G. Desfossés 将 *Notice Biographique* 置于 *Oeuvres inédites de M. Charles-Eléonore Dufriche Desgenettes*, 1860, p. LXVI-LXVII 前面）。也参见 Cahier, *Caractéristique des saints*, 1867, I, p. 264。科尔贝尼居民的请愿书发表于：S. A. *L'hermite de Corbeny ou le sacre et couronnement de Sa Majesté Charles X roi de France et de Navarre*, Laon, 1825, p. 167; Ledouble, *Notice sur Corbeny*, p. 245。

3　当时对圣马库尔接待所仪式最完整的记载见于1825年6月4日，尤其是11月9日的 *Ami de la Religion*，及 F. M. Miel, *Histoire du sacre de Charles X*, 1825, p. 308 以下。（我们在 p. 321 读到"一位患者访问国王后说，国王陛下是全国头号医师"）。也参见6月2日的 *Constitutionnel*、*Drapeau Blanc* 以及 *Quotidienne*，还有以下两部小书：*Précis de la cérémonie du sacre et du couronnement de S. M. Charles X*, Avignon, 1825, p. 78; *Promenade à Reims ou journal des fêtes et cérémonie du sacre ... par un témoin oculaire*, 1825, p. 165; 参见 Cerf, *Du toucher*, p. 281。关于圣马库尔接待所（它的美丽建筑是17世纪完成的，有一半毁于轰炸，现今是美国野战卫生队的驻地），H. Jadard, *L'hôpital Saint-Marcoul de Reims*, Travaux Acad. Reims, CXI (1901-1902)。在兰斯，有人试图利用这些事件复兴圣马库尔崇拜；这位圣徒所写的 *Petit Office* 重印本于1773年问世（Biblioth. de la

404 易十六时期的情况一样,圣马库尔的修女们编成了一些康复证书,这一点我们下文还要涉及。[1] 概言之,一种古旧仪式,在上个世纪受到哲学嘲笑后,它的复兴,除了一些狂热的极端分子外,在各色人等看来,都已是相当地不合时宜。在举行圣化礼的前夜,即查理十世宣布举行圣化礼决定之前,夏多布里昂[2]——如果我们相信他的《墓畔回忆录》(*Mémoires d'Outre-Tombe*)——在日记中写下如下的话:"再也没有任何功德丰足的手可以为瘰疬病患者治疗了。"[3] 仪式结束以后,无论是《日报》(*Quotidienne*)还是《白旗》(*Drapeau Blanc*),其所表现的热情都不及《公民组织法》党人。

〔《日报》说〕如果国王履行古代习俗要求的职责,走近那些不幸的人以便救治他们时,他的健全理智一定使他认识到,即使他不能治愈患者躯体上的疮痛,至少可以减轻精神上的悲伤。[4]

左翼阵营的人们则喜欢取笑这位奇迹创造者:

小鸟们啊!创造奇迹的国王,
要治好所有的瘰疬病患者。

这就是贝朗热在《傻子查理的圣化礼》中所作的了无生气的吟诵。[5]

---

ville de Reims, R. 170, *bis*)。关于国王念叨的套语,*Constitutionnel* 写道,国王实施触摸"一度不使用古式用语:国王为你触摸,愿上帝为你治疗"。但鉴于其他在场之人所做的一致见证,这种说法似乎是错误的。1825 年 6 月 4 日 *Ami de la Religion*, p. 104, n. 1 已经指出这一点。关于患者的数字,各种记载稍有不同:据德达马斯男爵记载为 120 人,据米耶尔(F. M. Miel)为 121 人,据 11 月 9 日 *Ami de la Religion*(p. 403)为 130 人,据塞尔夫(Cerf, p. 283)为 130 人。

1　下文 p. 424, n. 2。

2　夏多布里昂(F. R. Chateaubriand, 1768—1848 年),法国作家、传记作者、政治家。——译者

3　Ed. de 1860, IV, p. 306。

4　*Correspondance particulière de Reims*, 6 月 2 日。在同号的 *Extrait d'une autre lettre de Reims* 中也如出一辙。参见 Miel, 前引书, p. 312 记载查理十世所说的话:"国王离开患者时说,'亲爱的朋友,我送给你们慰藉之言,——我诚心诚意地祝你们病情痊愈。'"

5　*Oeuvres*, éd. de 1847, II, p. 143。

第六章 国王触摸的衰亡

在这个问题上，查理十世不遵循其先祖的榜样，从未在重大节日为人触摸，这是很自然的。从1825年5月31日之后，欧洲的任何国王再没有触及瘰疬病患者的疮疤。

这种古老的君主宗教最终的衰落，最让我们感受深刻的，莫过于最后出现的为恢复王权从前神奇治疗的光辉所做的试探性的努力，其方式是羞羞答答地接近它，貌似冷淡地接受它。瘰疬病触摸治疗的终结，法国晚于英国；海峡两岸的两国间存在的差异是，在法国，当触摸治疗不再实施时，长期支持这种仪式的信仰也差不多消失了，而且是近乎彻底地消失了。毫无疑问，少数落伍的信仰者有时仍然发出声音。1865年，兰斯的一位教士，塞尔夫修道院院长，写了一部有价值的国王触摸史实录，其中写道："开始着手这部著作时，我对法国诸王治疗瘰疬病的特权只是半信半疑。待我完成研究时，我已经成为一个坚定的信仰者，认为这一特权乃是无可争辩的真实存在。"[1] 要证明一种信念已经变成了纯精神上的东西，这是最后的证据之一，因为当时不再可能受到事实的验证。在联合王国，民间保存的这种古代信仰的遗存物，甚至在19世纪还可以找到；在法国，除了王室标识百合花徽章，我没有发现可以相提并论的事物；我们已经看到，第七子将百合花徽章从国王那里继承了下来。不过，在沃韦特的"圣马库尔"或其他众多"圣马库尔"的顾客中，谁会想到民众意识在"第七子"的能力与国王之手之间从前隐隐约约地建立起来的联系呢？在我们当代人中，很多人不再相信任何形式的神奇现象；对他们而言，这个问题很久以前已经解决。还有一些人，他们并不全然拒斥奇迹，但他们不再相信政治力量、甚至王室胤胄能够施予超自然的恩典。在这个意义上，格利高里七世确实赢得了胜利。

405

---

[1] *Du Toucher*, p. 280. Père Marquigny, *L'Attouchement du roi de France guérissait-il des écrouelles? Études*, 1868; Abbé Lebouble, *Notice sur Corbeny*, 1883, p. 215 也表达同样的意思。1853 年兰斯大主教古塞对德法马男爵明确表示相信国王触摸，但他不认为触摸的功效全是神奇的：Damas, *Mémoires*, p. 305 及下文 p. 425, n. 2.

第三卷

对国王奇迹的批判性解释

1 进行理性解释的初步尝试

我们已经就文献证据所及,考察了国王奇迹所经历的长期演变。在研究中,我们已经竭力阐明,集体表象和个人雄心融合成一种心理综合体,使法国和英国的国王们宣称拥有创造奇迹的力量,并使其臣民承认之。这样,就其起源和长期的成功而言,我们在一定程度上已经解释了这种奇迹。不过,这种解释仍是不完全的,在这种神奇能力的发展史上,还有一点仍然幽暗不明。毕竟,民众从前相信国王触摸或医疗戒指真能治病,将这些治疗视为一种经验的事实,像布朗所说,"其真实性昭然如日"。[1] 如果说无数相信此事者对它的信仰只是幻觉,面对实际体验,这种幻觉如何存在

---

[1] *Charism*, p. 2:"我将假定并希望提出,任何基督教徒都不会如此缺乏信仰和忠诚,以至于否定治病能力:其真实性昭然如日,基督教国王及总督绵延不绝的子嗣由同样的基督教乳汁哺育,延续和保持着这种能力。"

下来？换言之，国王们是否真的为人治疗？如果确然，治疗步骤何如？另一方面，如果应予否定性回答，那么人们何以在这么多年间说服自己，相信国王真能为人治病？当然，如果我们认为可以诉诸超自然的原因，这个问题甚至不会产生；但是，我们已经说过，对于我们正在讨论的这个问题，今天谁还梦想着去乞灵于超自然的原因呢？很显然，不能因为以往解释的不合理性就毫不客气地加以拒斥；我们必须进行尝试，找到理性可以接受的新解释以取代之。这是一件棘手的工作，但规避之则是精神上的怯懦行为。此外，这个问题的重要性远远超出了君主观念史的范围。在这里，我们所要研究的，是一项涉及整个奇迹心理学的重要实验。

国王的治疗确实是所谓的超自然现象之一，它广为人知，极便于研究，人们几乎可以说，它是整个历史上最为肯定的现象之一。勒南喜欢说，科学院面前从未发生过任何奇迹；这一奇迹至少为众多医生所见证，他们对于科学方法至少有一些起码的知识。至于广大民众，他们是以全身心的热忱相信奇迹的。所以，对于国王的治疗，我们掌握众多证据，这些证据的来源迥不相同。毕竟，还有哪一种类似现象，在差不多长达八个世纪的历史中有规则、不间断地持续存在过呢？历史编撰家皮埃尔·马蒂厄是一位诚实的天主教徒，热忱的君权论斗士，还在1610年他就认为，国王治疗是"基督教和法国王室中持续发生的唯一奇迹"。[1] 机缘巧合的是，虽然这种奇迹声名极为昭彰，存在时间相当悠长，但在今日却是任何人不再信仰的一种奇迹。这样，以批判性的方法对它进行历史研究，就不会有冲击虔诚心灵的风险。这是可以充分利用的不多见的有利条件。其他人也许可以将我们研究这一特殊现象得出的结论坦然地加以运用，来研究其他类似性质的事实。

有些人的整体哲学观使其倾向于否认超自然现象，因而被迫寻找理性

---

1 [Mathieu], *Histoire de Louys XI roy de France*, folio, 1610, p. 472. Du Peyrat, *Histoire ecclésiastique de la Cour*, p. 818 使用 "永久的奇迹" 这个表述；Balthasar de Riez, *L'Incomparable piété des très-chrétiens rois de France*, II, 1672, p. 151 也使用这个表述。

的解释，以说明民众思想中长期归功于国王之手的治疗。这种做法并非仅见于今日。如果说现代史学家今日感到需要这样做，那么过去的思想家如何不是更加强烈地感受到需要这样做呢？对他们而言，国王的奇迹可谓一种日常经历。

诚然，痉挛戒指从未被很多人讨论。在很大程度上，这似乎是因为，对于近代的自由思想而言，很久以前它们就不再是一个需要耗费时间来进行研究的课题了。不过，法国人德·勒安克尔于1622年写过一篇反对"巫术"的小文章，顺便提到了痉挛戒指；毫无疑问，他周围的人还没有完全放弃这种视戒指为护符的习惯，此前十三年迪洛朗也见证了这一点。他没有否定戒指的功效，但拒绝承认戒指中含有神奇的东西。并不是因为他的哲学态度就是全面怀疑，而是民族自豪感使他不能承认英国奇迹的真实性。对他而言，这些"治病戒指"的效力源于某种秘密的且多少有些魔法性质的药品："驼鹿脚"或"牡丹根"——这些药品是由英国诸王秘密地输入金属内的。[1] 简言之，所谓的圣化礼只是一个骗局。研究瘰疬病奇迹时，我们将会遇到不止一种诸如此类的解释。对国王触摸的解释，不同于对医疗戒指的解释，经常成为人们讨论的一个课题。

我们看到，这个问题首先是由早期的意大利"自由思想家"展开讨论的。然后由德国的一些新教神学家，如16世纪末的佩策尔、17世纪的莫尔霍夫和曾格拉夫提起讨论，其精神状态大致相似。他们虽然像其前辈一样，没有否认整个超自然世界，但较其前辈更不愿意将神奇的恩典归功于法国的天主教国王，甚至英国的安利甘教王朝。17世纪，国王治病之谜似乎已经成为公共的大学论文的流行题材，这些论文不时地出现，活跃了有点枯燥乏味的德国大学生活。无论如何，莫尔霍夫和曾格拉夫的研究，当然还有特林胡修的研究（遗憾的是，我只知道其作品的名称），都是缘于学术

---

[1] *L'incrédulité et mescreance du sirtilè*, p. 164: "que s'il y avoit dans sa bague de guérison du pied d'élan, ou de la racine de Péonie, pourquoy attribuera-t-on à ce miracle, ce qui peut advenir par un agent naturel."

论文——提交给罗斯托克、威登堡和耶拿召开的学术会议的论文。[1]

我们将看到，到此为止，讨论发生在两个与国王奇迹有直接关系的国家之外。在法国和英国，怀疑论者都不得不采取缄默政策。在18世纪的英国，情况已非如此，国王已经不再声称能为人治病。我已经提到使辉格党人与詹姆士二世党人在这个特别问题上陷于冲突的论战。论战已经不再仅仅关乎政治利益。1749年休谟出版著名的《论奇迹》(*Essay on Miracles*)，赋予它某种哲学和神学的尊严。这并不是说，人们在那些遒劲而饱满的段落中可以看到涉及国王之手所谓特长的论述，因为休谟是以纯理论家的身份说话，不会停下来对这些事实进行辨析考察。他在这个特别问题的观点，要到《英国史》中去寻找。我们应该料到，且已经看到，他的观点是坚定的怀疑论，且透出些许轻蔑——这种轻蔑，是"迷信"一词在18世纪人们心目中很容易激发的。但是，由于他将注意力指向诸问题上的整体次序，所以《论奇迹》在总体上给予各奇迹一种思想上的实在性(actualité intellectuelle)，这种古老的君主仪式是这种思想的实在性的一部分。

1754年一位安利甘教牧师约翰·道格拉斯以《标准》(*Criterion*)为题驳斥了休谟的《论奇迹》，在这里他决绝地坚持了历史立场。不管人们如何认识其结论，这篇充满敏锐、明智观点的小文章，在批判方法的发展史上都应占有重要的一席之地。它没有为当时人们视为超自然事物的所有现象进行一视同仁的辩护。道格拉斯在副标题中清楚地表明，他要反驳的是一些人的"虚妄"，这些人"将《新约圣经》所说的神奇能力与那些据说延续到现时代的能力相提并论；并从证据的角度说明这两类奇迹之间重大而根本的不同，从这种不同中，人们将看到，前者是真实的，后者是虚假的"。简言之，他所要做的，是否定福音书所说的奇迹与其他的较近期的启示之间存在任何联系，由此而拯救福音书所说的奇迹；较近期的启示是受过启蒙的当代思想所坚决拒绝相信的。在列举的当时发生的虚假奇迹中，

---

[1] 关于莫尔霍夫和曾格拉夫、特林胡修的著作，见本书参考书目；佩策尔的著作，见下文 p. 417, n. 2。

他列入了"国王对瘰疬病的触摸治疗",还有发生在弗朗索瓦·德·帕里斯副主祭墓边的治病行为。对一位18世纪的人而言,这是被民众视为奇迹的两个至为熟悉的实例。[1]

所有这些作者,从意大利最早的自然主义思想家卡尔卡尼尼或彭波那齐,到曾格拉夫和道格拉斯,都对国王创造奇迹的能力采取了同样的态度。出于不同的原因,他们都拒绝承认它源于超自然力量;但他们并不否认它的存在:对于国王们为人实施过有效治疗这一事实,他们没有一点争议。对他们而言,这是一个相当尴尬的立场,因为这种立场迫使他们寻求自然的或所谓自然的解释,去说明他们认为真实不虚的治疗行为,即佩策尔所说的那些"极端可笑的事件";[2] 而这些解释并不是可以轻易找到的。

他们为何采取这种立场?如果简单地得出结论,称这种治病能力根本不存在,岂非更为便利?毫无疑问,他们的批判能力还不够锋利,不能使他们采取那样大胆的立场。公众舆论一致肯定,大量的瘰疬病患者曾经被国王们治愈。一个事实被大量证人——或所谓的证人——所坚持时,将它作为非真实的东西加以拒斥,需要有胆量,这样的胆量只有通过对人类证据的研究,获得对各结果的严肃知识时,人们才能具备且具有正当性。然而,即使在今天,证据心理学(psychologie du témoignage)仍然是一门不成熟的学问。在彭波那齐甚至道格拉斯时代,证据心理学还没有诞生。尽管已有一些表象,但当时最简易、也许最合实际的思想方法,是接受共同经验所证实的这个事实,哪怕对它的解释所需要的理由不同于民众的想象。现在我们已经无法想见,面对众口一词的肯定,从前的人们——即使这些人相对地不为时俗所拘——所遇到的困难。他们一定发现,不可能将这些肯定之词视为处心积虑的伪造而加以否定。无论如何,面对所谓圣徒完成

---

1 关于道格拉斯著作的全称,见本书参考书目。此处引文来自这本书。该书献给一位匿名的怀疑论者,此人就是亚当·斯密。像休谟一样,他拒绝对国王奇迹做超自然的解释,以当时的话说:"这种解释也许流行于波利道尔·维吉尔(Polydor Virgil)时代,图克(M. Tooker)时代或怀斯曼(Mr. Wiseman)时代,但在我们的时代,如有人做此解释,则应该并且理所当然地受到普遍的嘲笑。"(p. 200)至于帕里斯副主祭的奇迹,休谟在《论奇迹》中也提到;这几乎是他提到的唯一具体实例。

2 "Mirifica eventuum ludibria";见下文 p. 417, n. 2。

的奇迹时，威克利夫还是反唇相讥，认为这些奇迹乃是以模仿神恩而著称的魔鬼所为；在他眼中，这些所谓的圣徒因参与教会聚敛财富的活动而有失体面。[1] 同样，耶稣会士德尔里奥则暗示，如果伊丽莎白女王实施的治疗确有真实性的话，那么魔鬼很可能插了一手。[2] 正如若苏埃·巴尔比耶所说，法国的新教徒有时宁愿相信其国王与魔鬼沆瀣一气，也不愿承认他拥有创造奇迹的能力。[3] 但这种观点是宗教改革运动时期的神学家们不愿滥用的；也为自然主义哲学家所全然拒斥。[4]

意大利文艺复兴时期的思想家最初对国王的触摸所做的解释，在我们看来，坦率地讲，如果不是相当荒唐，也是极为古怪。首先，我们有些难以相信他们对于奇迹的解释确实代表了一种进步。事实是，在这些思想家和我们之间，横亘着差不多整个的物理学和自然科学世界。但是，我们必须公道地对待这些先驱。[5] 我们已经说过，将此前一直视为外于正常的自然秩序的一种现象置于自然法则——即使是认识不准确的自然法则——的规范之内，这是一个进步。这种尝试性的探索所表现出的笨拙不灵，就像孩童最初的步履蹒跚。另外，人们提出形形色色的解释，表明诸作者思想存在各种疑虑。

佛罗伦萨天文学家朱恩蒂尼是安茹公爵的赈济官，凯瑟琳·美第奇的第四子，据说他曾从星体的某种神秘影响中寻求国王治病的原因。[6] 这种念头，在我们看来，也许是荒诞离奇的，但符合那个时代的趣味；探索似乎

---

1 *De papa*, c. 6: *English works of Wyclif*, éd. F. D. Mathew, *Early English Texts*, 1880, p. 469; 参见 Bernard Lord Manning, *The people's faith in the time of Wyclif*, p. 82, n. 5, n°. III.

2 *Disquisitionum*, p. 64; 参见前文，p. 387, n. 3。

3 见前文 p. 367。

4 佩策尔似乎是断然拒绝关于魔鬼的假说；见 p. 417, n. 2 所引内容。

5 关于意大利自然主义学派，J. R. Charbonnel, *La Pensée italienne au XVI⁰ siècle et le courant libertin*, 1919 中有一些有用的材料；也参见 Henri Busson, *Les Sources et le développement du Rationalisme dans la littérature française de la Renaissance (1553-1601)*, 1922, p. 29 以下，231 以下。

6 朱恩蒂尼的观点，Morhof, *Princeps Medicus* (*Dissertationes Academicae*), p. 147 引用。由这位作者——法兰西斯科·朱恩蒂尼·佛罗伦提奴——我所知道的唯一事物是一本 *Speculum Astrologiae*, 2 vol, in-4° Lyon, 1581, 在这书里没有找到任何有关国王奇迹问题的内容。

没有取得什么成功。卡尔丹认为它属于某种欺骗术：他认为法国诸王服用过某种包含药性的香草，这种药性传给了他的病人。¹ 卡尔卡尼尼则想到了另一种不同的欺骗术：他提到有人曾在博洛尼亚发现弗朗索瓦一世用唾液濡湿拇指，说明卡佩家族的治病能力存在于其唾液中，这种唾液无疑属于其家族的一种生理品质。² 在这里，我们看到了那个时代人们几乎都想到的一种观念，即治病能力由血统传递；在彼时的欧洲，许多江湖郎中声称其家族天职使其能够治疗某种特定疾病！前面我们已经谈到，死于1503年的意大利教会法学者费力诺·桑德，拒绝承认法国诸王创造奇迹的能力为神奇现象，认为它源于"血族能力"，³ 瓦洛亚王朝最早的辩护士之一雅克·波诺·德桑塞大为震惊。皮埃特洛·彭波那齐是帕多瓦哲学派最著名的代表人物，他坚持同样的假说，明确地排除它与任何神奇事物的联系。"就像某种草药、石头或动物具有治疗特定疾病的能力，同样，一个人也可

416

---

1 *Contradicentium medicorum libri duo* 中的一段文字被人多次引用，特别是被 Delrio, *Disquisitionum*, éd de 1624, p. 27（1606年的版本没有说明）；Du Peyrat, *Histoire ecclésiastique de la Cour*, p. 797; Gaspard A. Reies, *Elysius jucundarum*, p. 275引用，但由于缺乏一个合适的目录，我没能找到这段文字。按照德尔里奥（del Rio）上引书，卡尔丹曾经是 "dinum scutica Ioann. Brodaei, lib. 8 miscellan. c. 10。" 国家图书馆藏有让·布罗多（Jean Brodeau: *Miscellaneorum*, Bâle, 1555）唯一版本，但只有六卷内容。

2 卡利奥·卡尔卡尼尼（Caelio Calcanini, *Opera*, Bâle, fol, 1544, *Epistolicarum quaestionum*, liber 1, p. 7）给他的侄子托马斯·卡尔卡尼尼的一封信："Quod Bononiae videris Franciscum Galliarum regem saliua tantum pollice in decussem allita strumis mederi, id quod gentilitium et peculiare Gallorum regibus praedicant: non est quod mireris, aut ulla te rapiat superstitio. Nam et saliuae humanae, ieiunae praesertim, ad multas maximasque aegritudines remedium inest." 卡尔卡尼尼（1479—1541年）并不像彭波那齐或卡尔丹一样属于同一群人，也不属于同一代人；但他肯定是位自由思想家。他服膺哥白尼体系，伊拉斯姆对他赞赏有加。关于其生平，见 Tiraboschi, *Storia della letteratura italiana*, VII, 3, Modène, 1792, p. 870 以下。认为唾液具有治病能力的观念，是一个非常古老的民间观念，参见 C. de Mensignac, *Recherches ethnographiques sur la salive et le crachat* (*Extrait des bulletins de la Soc. Anthropologique de Bordeau et du Sud-Ouest*, 1890, t. VI), Bordeaux, 1892; Marignan, *Étude sur la civilisation française*, II, *Le Culte des saints sous les Mérovingiens*, p. 190. 在英国，第七子们有时在实施触摸治疗前，用唾液湿润指头，见 *Folk-lore*, 1895, p. 205. 关于国王作弊的观念，参见德尔里奥关于英国国王使用秘密"膏药"的假说，见前文 p. 387。

3 桑德的文字，前文 p. 144, n. 2。雅克·波诺·德桑塞的著作及段落，参见参考书目 p. 3。法国诸王的奇迹同样也被意大利人列奥纳多·瓦伊罗（Leonardo Vairo）视为"遗传能力"的作用，此人不是理性主义者。见 L. Vairus, *De fascino libri tres*, 1583, lib. I, c. XI, p. 48。

以因个人特性具备类似的能力。"就法国诸王而言,他认为这种特性不是孤立的个人特长,而是整个家族的特长。然后,他又不太恭敬地将这些君王比作"圣保罗的亲戚",即意大利的巫师——我们知道,这些巫师自称能治疗毒蛇咬伤。他没有质疑任何一方的才能,在他的思想体系中,那样的遗传素质完全是天然的,完全类似于特定种类的矿物或蔬菜的药性。[1] 儒勒-凯撒·瓦尼尼的思路大致相似。[2] 他也秉持遗传理论——他与彭波那齐都坚持这一理论——但从他那里,我们开始看到,一种不同性质的解释出现了,这种解释将在贝克特和道格拉斯那里再次见到。[3] 依这些作者的看法,这些治疗是"想象"产生的效果,但他们的意思并不是说,治疗行为是想象出来的,是不真实的;他们认为,面临肃穆庄严的场面和气派非凡的国王仪式,尤其是对康复的渴望,病人在精神上受到激发,经历了一种神经刺激,这种神经刺激本身能够产生一种治疗作用。简言之,国王触摸是一种心理治疗,国王们无意间成了查尔科式的人物。[4]

---

[1] Petri Pomponatti, *Mantuani, ... de naturalium effectuum causii*, éd. de Bâle., 1567, chap. IV, p. 43: "Secundo modo hoc contingere posset, quoniam quemadmodum dictum est in suppositionibus, sicuti contingit aliquam esse herbam, vel lapidem, vel animal, aut aliud, quod proprietatem sanandi aliquam aegritudinem habeat ... ita contingit aliquem hominem ex proprietate individuali habere talem virtutem." p. 48 列举的实例: "Reges Gallorum nonne dicuntur strumas curasse." 关于彭波那齐及他对超自然事物的态度, L. Blanchet, *Campanella*, 1922, p. 208-209 有一段透辟的文字。有趣的是,康帕内拉似乎为捍卫各奇迹,反对彭波那齐——虽然他内心最深处似乎并不相信这些奇迹——时,除了选择其他实例,他也选择了国王奇迹的实例。见 *De sensu rerum*, IV, c. 4, in-4°, Francfurt, 1620, p. 270-271; 参见 Blanchet, p. 218。

[2] Julii Caesaris Vanini, *De admirandis Naturae Reginae Deaeque Mortalium Arcanis*, Paris, 1616, p. 433, 441; 这段文字确实相当幽晦,无疑是出于慎重的原因,并且点缀着对法国诸王的赞词。

[3] 道格拉斯也发现了巧合因素的地位: "在这些恩典被接受的实例中,疗效与触摸的同时发生,可能是非常偶然的,这个时候真正的原因发挥了作用,并产生了效果。"(p. 202)在当代作者中,埃波斯坦(Ebstein, *Heilkraft der Könige*, p. 1106)认为触摸实际上是一种按摩,而且起到了按摩的效果;但我认为没有必要讨论这种理论。

[4] 佩策尔倾向于认为,信仰国王拥有创造奇迹的天赋乃是一种迷信,但他没有选择他那个时代出现的各种假说来解释治疗行为: *Commentarius de praecipuis divinationum generibus*, éd. de 1591, pet, in-8°, Zerbst, p. 192, *De incantationibus*: "Regibus Francicis aiunt familiare esse, strumis mederi aut sputi illitione, aut, absque hac, solo contactu, cum pronunciatione paucorum et solennium verborum: quam medicationem ut fieri, sine Diabolicis incantationibus manifestis, facile assentior: sic, vel ingenita vi aliqua, constare, quae a maioribus propagetur cum seminum natura, ut morbi

时至今日，再没有人相信星象产生的生理影响、唾液的医疗力量、加入香草的食物所传达的力量，以及家族传承下来的内在治病能力。但是，对国王奇迹所做的心理学解释，似乎仍有一些支持者；诚然，这种支持不是采取过去那种简单化的形式：没有人会像贝克特一样说，想象可以使血液运动，打通淤结的腺脉络；它采取更精致、貌似更合理的神经病学说形式。所以值得就这个问题多说几句。

毫无疑问，在这里，我们应该单独审视一下治病戒指。治病戒指适于表现创造奇迹的能力，就此而论，瓦尼尼和道格拉斯所持的假说并非全然没有可能性。我们也许仍可视之为一种可能的解释，如果说不适于所有情况，起码也适于一些情况。我们要记住，人们指望那些在基督受难日接受圣化的金银戒指所治疗的是何种疾病：癫痫病和"痉挛病"，就是说，各种抽搐症，即肌肉疼痛。可以肯定的是，无论是癫痫病，还是相当难以确定范畴的肌肉"疼痛病"，如风湿病或痛风病，实施精神治疗都不灵验。但是，怎能无视更早时期的医学状态，甚至医学研究状态呢？又怎能忘记大众医学一贯的特点呢？在这两种疾病上，不要指望得到很精确的临床特征说明；也不要寻求很可靠的诊断方案。在英国诸王为痉挛戒指祈福的时代，肯定很容易发生的事情是，在癫痫病名下，或在它的众多同义名称中的一种名称——如"圣让病"或"民众病"（morbus comitialis）——之下，除了划入真正的癫痫类疾病，还一股脑儿地划入诸如惊厥、颤抖、挛缩等其他许多神经紊乱病，这些病在起源上完全属于情绪病，现代神经病学认

---

propagantur, et similitudines corporum ac morum, vel singulari munere divino, quod consecratione regno ceu dedicatis [sic] contingat in certo communicatum loco, et abesse superstitionis omnis inanem persuasionem, quaeque chan sanciunt mirifica eventuum ludibria, non facile crediderim: etsi, de re non satis explorata, nihil temere affirmo." 就莫尔霍夫和曾格拉夫的论文而言，它们仅具有材料汇编的价值，虽然弥足珍贵，但没有创造性思想。莫尔霍夫的态度很难получ知；他似乎将国王的治病能力视为上帝赐予的超自然的恩典（p. 157），但结论却有点怀疑论性质（p. 157）。曾格拉夫的唯一目标是说明，自然解释是可能的，但他认为自己没有必要从此前已经提出的各解释中选择其中一种。他似乎倾向于国王作假的见解（国王们用某种特别的香脂涂手），但他没有坚持这一观点。他审慎地得出结论："Ita constat Pharaonis Magorum serpentes, quos Moses miraculose produxit, per causas naturales productos esse, etsi de modo productionis nondum sit res plane expedita."（p. B², v°）

英译本注：让-马丁·查尔科（1825—1893年），著名神经病学家，他在巴黎萨尔裴德谢对催眠术和癔病进行的研究在世界范围内引起人们的注意。

为，属于"癔病"（pithiatiques）名下的暗示或自我暗示产生的现象。所有这些偶发状况，可以通过心理休克疗法或护符的暗示作用完全得到解除。[1] 同样，在"疼痛症"中，也许有一些属于神经类疼痛，对于这类疾病，从前作家所说的"想象"大可产生某种作用。有些戴戒指的人罹患的不适症的消除，或一定程度的缓解，直接源于他们对国王护符的坚定信仰。但是，还是让我们回到最古老、最令人惊奇、最著名形式的奇迹——瘰疬病的触摸治疗上来吧！

17世纪，王权超自然特性的支持者经常抗议这种想法：他们归于国王神圣之手的治疗，可能是想象发生作用的结果。他们通常提出的见解是，很年幼的孩童所患疾病也经常被治愈，但他们显然并不接受暗示，因为他们没有理解能力。这个意见很有价值。人们何以否定年幼的孩子们可以康复，而承认成人可以痊愈，虽然两种情况都有同样的证据？[2] 但是，妨碍我们接受国王奇迹的心理解释的主要理由，属于一个不同的类别。大约五十年前，在神经病学家和心理治疗学家中，此事大概还鲜有反对者。查尔科及其学派的研究完成之后，就有一种倾向，承认某些称作"歇斯底里症"的神经病能够产生疮肿或浮肿。所以，人们很自然地认为，这样产生的病变，同样可以通过再一次同样的休克治疗来治好。一旦这种理论被接受，人们就会认定，一些被认为是瘰疬病而接受国王触摸治疗的肿块或疮肿，实际上是"歇斯底里症"性质的疾病，岂非极为简单之事？但这些观念现在几乎都被抛弃了。更准确的研究表明，从前归于歇斯底里行为的器质性现象，在所有可以进行精确观察的病例中，要么属于诈病，要么属于完全

---

[1] 关于情绪或暗示导致的身心失调，特别参见 J. Babinski, *Démembrement de l'Hystérie traditionnelle, Pithiatisme, Semaine médicale*, xxix, 1909, p. 3 以下。按照盖多（M. Gaidoz）的见解，同类性质的临床混同，起码可以解释圣于贝尔的参拜者中，何以部分狂犬病患者明显痊愈。M. Gaidoz, "Les convulsions et les fureurs de la rage ressemblent à celle de diverses maladies nerveuses et mentales", *La Rage et Saint Hubert*, p. 103。

[2] 如 Wiseman, *Severall Chirurgical Treatises*, I, p. 306；前文 p. 425, n. 2 所引埃林（Heylin）给富勒（Fuller）的复信；le Brun, *Histoire critique des pratique superstitieuses*, II, p. 121。有趣的是，1853 年，古塞这位兰斯大主教、姗姗来迟的国王奇迹的信者，认为"在当前时代，孩童的疾病更容易治愈"，因为一个人没有信仰是不能治愈的（Baron de Damas, *Mémoires*, II, p. 306 报道的谈话）。

非神经性疾病。[1] 最后，我们必须问的是，暗示是否可治愈真正的瘰疬病，即结核性淋巴腺炎，或统称的淋巴腺炎。在这一点上，我无能为力，对自己完全没有信心，所以就这个问题请教几位医生或生理学家。他们的回答，依其个人气质不同而形式各异；但在根本上是所见略同，用其中一人的话，可以非常准确地总结出来，即支持这样的一种论点，就是在支持"生理学上的异端"。

2 人们何以相信国王的奇迹

简言之，文艺复兴时期的思想家及其直接的继承者，从未成功地找到令人满意的解释以说明国王的奇迹。他们的错误在于提出问题的方式。他们人类社会史知识还太少，无法估量集体幻觉的力量，而现在我们都承认这是一种惊人的力量。这与冯特内尔讲述的引人入胜的陈旧故事如出一辙。在西里西亚，据说一个年幼男孩的口中长出一颗结实的金牙。学者们找到不胜枚举的原因来解释这种奇象。最终，有人想到要实际看一眼这个奇异的嘴巴；他所看到的，是一个金片被别有用心地贴在了一颗非常普通的牙齿上。这些学者受人误导，我们要当心，不要重蹈这些学者的覆辙：在追问国王如何治病之前，不要忘记问一下，他们是否真的治愈过病人。在这一点上，我们只要看一下神奇王族的诊断档案，就能澄清问题。这些"行医的君主"不是骗子，但他们从来没有使人恢复健康，其情形如同西里西亚男孩从未长出过金牙。所以，真正的问题是弄明白，既然他们没有真正治愈过病人，人们何以相信他们创造奇迹的能力？在这里，诊断档案也可以提供帮助。[2]

---

1 特别参见 Déjerine, *Seméiologie du système nerveus*, 1904, p. 1110 及以下；J. Babinski, *Démembrement de l'Hystérie traditionnelle*, *Semaine médicale*, 1909; J. Babinski and J. Froment, *Hystérie, Pithiatisme et trouble nerveux d'ordre réflexe en Neurologie de guerre*, 2e éd., 1918, p. 73 以下。

2 将奇迹视为真实存在的倾向，即使与经验不断发生矛盾，也经常见于"原始"民族，甚至是"原始"心态的根本特征之一。除了其他例证，一个有趣例证见于 L. Lévy-Bruhl, *La Mentalité primitive*, 1922, p. 343（斐济诸岛）。

首先，十分清楚的是，国王之手治病的有效性很容易变得暗淡无光。我们知道，许多病人多次前来要求国王触摸，这样的实例相当多。这是一个明白无误的证据，说明初次的治疗没有取得充分的成功。斯图亚特王朝晚期，有一位教会人士两次来见查理二世、三次觐见詹姆士二世。[1] 布朗毫不迟疑地承认：一些人"在接受陛下第二次触摸时才被治愈，第一次触摸没有收到同样的效果"。[2] 在英国形成一种迷信说法，认为国王的触摸只有重复进行才能真正奏效；这种说法只有在初次触摸经常无效的情况下才可能出现。[3] 同样，在19世纪的勃斯地区，沃韦特地方的"圣马库尔"医治的患者，如果初次接受治疗不能解除病痛，就会反复往见这位乡下医生。[4] 所以，无论是国王们还是第七子们，都不是每次获得成功。

事情不止于此。君主信仰如日中天之时，英、法两国的信仰者当然绝不会承认他们的国王根本从未治愈过病人；但是大多数人愿意承认，即使在重复治疗的情况下，国王们也并非治愈了每一位患者。道格拉斯正确地指出："人们从未断言，国王实施触摸在所有情况下都有效验。"[5] 早在1593年，耶稣会士德尔里奥就利用图克在这个问题上的证词攻击英王的奇迹，[6] 其目的是摧毁一位异端女王的自命不凡。只有因宗教激情而睁开眼睛的人，才会以轻松的心情得出这样严肃的结论。从图克本人和随后布朗的情况看，通常人们的语气更为温和。让我们听一听若苏埃·巴尔比耶如何回答他从前的新教同仁提出的疑问吧：

---

1 Crawfurd, p. 109.

2 *Adenochoiradelogia*, p. 106: "Others again having been healed upon His second Touch, which could not receive the same benefit the first time." 我们知道，在英国，自查理一世以后，所有患者都需要出具一个证书，以证明此前并未接受触摸治疗。

3 见 Browne, p. 91, 布朗本人当然反对这种信仰。

4 *Gazette des hôpitaux*, 1854, p. 498.

5 *Criterion*, p. 201-202: "it never was pretended that the Royal Touch was beneficial in every Instance when tried." 参见 Baron de Damas, *Mémoires*, vol. II, p. 305 关于国王触摸的注释："并非所有患者都能治愈"("Tous ne sont pas guéris")。

6 *Disquisitionum*, p. 61（参见前文 p. 387）; Tooker, *Charisma*, p. 106; 参见 Browne, *Adenochoiradelogia*, p. 111。

2 人们何以相信国王的奇迹

为了进一步抹黑这种神奇能力，你说接受国王触摸的瘰疬病患者，痊愈者为数很少……但是，即使承认治愈者数量小于仍然患病者的数量，那也不意味着康复者的痊愈不是奇迹，不值得称道，情形就像是：一位天使为了治病救人一年一度降临大地，搅动贝塞斯达水池的水后，第一个投入贝塞斯达池中的病人恢复了健康。[1] 虽然使徒们没有治好所有患者，但对于那些痊愈者，他们一直在创造奇迹。

然后是取自《圣经》的其他例证：叙利亚人纳南是唯一一位"由以利萨治愈"的人，虽然如耶稣所说，"以色列有许多麻风病人"；拉撒路是唯一由耶稣起死复生的人；那位流血的妇女是唯一的一位触摸了耶稣所穿长袍的边角而被治愈的患者，"其他许多触摸长袍者，却没有收到成效！"[2]

乔治·布尔是英国博学的神学家，对国王赤胆忠心，他同样写道："人们说一些患者接受主上治疗回来后，病情仍旧，没有任何效验……上帝没有将这种治病能力绝对地给予我们的王族，他仍然掌握着治病能力的僵索，或收或放，随心所欲。"毕竟，使徒们从基督那里接受这种治病能力，"不是绝对归己支配，而是随基督的愿望，由他们分配出去"。[3] 现在我们往往认为奇迹是随意的。似乎一个人一旦享有超自然的力量，他就必定可以一

---

[1] 典出《圣经》。贝塞斯达水池（lavoir de Bethsaïda），位于耶路撒冷圣殿山北部，传说是圣母玛利亚出生之地。据说天使每年降临此处，搅动池水，第一位入池的患者将完全康复；基督在此治愈了疾病缠身达38年的病人。——译者

[2] *Les miraculeux effects*, p. 70-73.《圣经》故事：叙利亚人纳南故事，*Luc*, IV, 27；贝塞斯达水池故事，*Jean* V, 4。

[3] *Some important points of primitive christianity maintained and defended in several sermons...* Oxford, 1816, p. 136: "And yet they say some of those diseased persons return from that sovereign remedy *re infecta*, with any cure done upon them...God hath not given this gift of healing so absolutely to our royal line, but he still keeps the reins of it in his own hand, to let them loose, or restrain them, as he pleaseth." p. 134, 圣保罗和诸使徒曾经从基督那里接受这种治病能力，"不是绝对归己支配，而是随基督的愿望，由他们分配出去"（"as not to be at their own absolute disposal, but to be dispensed by them, as the Giver should think fit"）。也见 Regnaut, *Dissertation historique*, 1722, p. 3: "Je scay bien que tous les Malades ne sont pas guéris: aussi avoüons nous, que nos Rois n'ont pas plus de pouvoir que les Prophètes et les Apôtres, qui ne guérissoient pas tous les Malades qui imploriaent leur secours."

直发挥这种力量。但是，对信仰时代的人们，这类表象是他们熟悉的生存环境的一部分，对它们的想法更为简单。他们并不要求奇迹的创造者——无论是圣徒还是国王，生者还是死者——总是显示其一以贯之的效力。

此外，如果患者身上没有出现治疗奇迹，因教养不高而产生抱怨，那么王权辩护士们就会轻而易举地做出回答。譬如，他们会像英国的布朗[1]或法国的议事司铎勒尼奥一样，说他缺乏信仰，而信仰，如勒尼奥所说，"永远是神奇治疗的必要条件"。[2] 他们或者做出结论，说病情诊断有误。查理八世在位时期，一位名叫让·勒斯卡尔的可怜虫在图卢兹接受国王触摸，但未见疗效。后来，圣弗朗索瓦·德·波勒劝他做虔信修炼，服用草药汤，摆脱了疾病而痊愈。在这位圣徒的封圣仪式中，让·勒斯卡尔提供了一个证言，在这证言中，他似乎主动地承认，如果说他先前求助于其君主治疗而未获效验，是因为所患疾病不是这种病。[3] 毕竟，只有"国王之魔"才是国王能够治愈的疾病。

所以，"君王医师"的"神圣之手"并非总能成功。遗憾的是，我们照例无法确知失败与成功之间的比例。路易十六圣化礼之后颁发的证书完全是随意性的，没有总体规划。查理十世的圣化礼之后，人们曾做出努力，想使事情稍微条理些。圣马库尔接待所的修女们曾想追踪其病人，就其后续结果搜集一些资料；这个想法用心良苦，但可能有点计划不周。大约有120—130人接受触摸。她们总共搜集到八位治愈的病例，其中三位的讯息，其证据有些不可靠。数字如此之低，令人无法相信它能代表通常的比率。这些修女的失误无疑是操之过急。前五位患者——仅有的确定病例——在

1　*Adenochoiradelogia*, p. 111: "Thus every unbelieving Man may rest satisfied, that without he brings Faith enough with him, and in him, that His Majesty hath Virtue enough in His Touch to Heal him, his expectation will not be answered."

2　*Dissertation*, p. 4. 参见 Baron de Damas, *Mémoires*, vol. II, p. 306 所报道的兰斯大主教古塞的话："这些治疗应视为特殊的恩典……它既依靠实施触摸的国王的信仰，也依靠受触摸的患者的信仰。"这种解释与圣于贝尔·德·阿登的忠实信徒所做的解释如出一辙，毫无疑问，对于一些病人尽管进行了朝圣之旅，参拜了这位圣人的坟墓，但还是死于狂犬病，他们今天仍做同样的解释。见 Gaidoz, *La Rage et Saint Hubert*, p. 88。

3　*AA. SS. aprilis*, I, p. 155, n° 36.

仪式之后的最初三个半月中受到关注，这段时间过后，调查似乎没有再进行下去。这项调查实在应该坚持下去。如果对1825年5月31日接受触摸的患者进行进一步观察，那么也许有新的痊愈病例记录在案。[1] 在这个虔诚笃信的时代，在这个问题上保持耐心，是一个非常明智的准则。

实际上，我们不能设想，人们会要求国王的触摸即刻奏效。没有人指望一经国王之手触摸，疮肿会立即干涸，肿块会马上消减。虽然《圣徒传》确实说过忏悔者爱德华的治疗能手到病除。更近些时候，有人认为查理一世的治疗也产生同样的功效。一位年轻姑娘因患瘰疬病造成左眼失明，她接受国王触摸时，眼睛当场复明，虽然视力还很微弱。[2] 但日常生活中，人们并不指望这种立竿见影的疗效。如果在实施触摸治疗后一段时间或相当长的一段时间，病情有所缓解，他们就心满意足了。对于创造奇迹的王权，英国历史家富勒是位态度温和的支持者，他视君主的治病能力只能创造"部分的奇迹"，"因为完全的奇迹是即时完成且完全康复，而国王的治疗通常是逐步地、日渐地完成的"。[3] 不过，富勒起码算得上是半个怀疑

---

[1] 五份治疗案例记载于1825年10月8日的一个报告，这个报告以两种形式草就：首先它是来自圣马库尔接待所修女的证据；其次是一位医生的证据，Dr. Noël: *Ami de la Religion*, 1925年11月9日；转载于 Cerf, *Du Toucher des écrouelles*, p. 246。一位修女因偶然的机遇于1826年进入接待所，她在1867年证明了所知道的其他三病例。见 Marquigny, *L'attouchement du roi de France guérissait-il des écrouelles?* p. 389, n. 1。1825年注意到的五例都是儿童治疗病例。此时成人也已接受触摸，难道修女们不能追踪之？认为统计资料不合乎通常比例，这又是一个理由。1853年，德达马男爵（Baron de Damas）由于不了解这五个病例，写道："接待所的修女院院长认为更多患者得到治疗，但没有记载下来。" L. Aubineau, *Notice sur M. Desgenettes*, p. 15 说"最先接受国王触摸的11位患者痊愈了"，我不知道其根据何在。

[2] 关于忏悔者爱德华，见前文，p. 144, n. 2。关于查理一世，见 Edward Walford, *Old and New London*, III, Londres, 无日期, p. 352 所引用的乌德尔（Oudert）日志的一个片段。

[3] 在1655年问世的 *Church History of Britain* 中，富勒就国王奇迹问题表达过自己的观点，态度相当冷淡——此时正是克伦威尔统治时期："其他人将此归功于幻想力和崇高的想象力。"（fol. 145）在这一点上，也像在其他许多点上，他受到彼特·黑林（Peter Heylin, *Examen historicum or a discovery and examination of the mistakes... in some modern histories*, pet. In-8° Londres 1659）的强烈攻击。富勒以 *The appeal of injured Innocence*, in-4°, Londres 1659 作答，写道："虽然我认为幻想可能对成年人很有益处，不过，我认为它是'部分的奇迹'……我说'部分'，是因为完全的奇迹是即时完成且完全康复，而国王的治疗通常是逐步地、日渐地完成。"莫尔顿（T. Morton）是一位安利甘派信徒，忠诚的保皇派，但他在今日应称作低教会派信徒（Low Churchman），早在1610年，他就在其著作 *A catholike appeale for protestants*, in-4°, Londres, p. 428 中拒绝承认国王的治疗

论者了。真正的信仰者却不那么计较。前往科尔贝尼朝圣的人，如果只是在"朝圣之旅"之后的一段时间康复，他们也不会失掉对圣马库尔的感激之情。接受国王触摸的瘰疬病患者认为，如果治疗产生效验，不管在何时，他们的康复都是神奇的。路易十五时期，德·阿尔让松认为，他告诉相关部门三个月之后才得到的结果，是在向国王表达敬意。威廉·克洛斯是伊丽莎白的医生，他满怀敬佩之情地讲述了一个故事：一个患者由女王触摸治疗五个月后摆脱了病魔。[1] 我们已经提到，英国贵族波利特以父亲特有的由衷喜悦之情写下一封感人肺腑的信函，他的女儿受到查理一世的触摸治疗，且获得痊愈；他说女儿的健康状况"日渐转好"，这说明他的宝贝女儿的健康还没有完全恢复。我们也许可以假定，这个孩子最终完全恢复了健康。但是，在这个病例上，就像其他许多病例上一样，即使我们相信最好的前景，那么，君主之手触摸的影响，如富勒所说，也只是"逐步地、日渐地"显现出来的。这个超自然作用在它发生之时，通常也只是一个缓慢的作用。

毫无疑问，它产生的影响有时仍然是局部的。当时的人们似乎安然地接受了这些半成功的治疗，虽然真正说来这些治疗不过是表面的成功。1669年3月25日，布列塔尼的欧赖地方的两位医生毫不迟疑地为一位患者签发了一张病愈证书。这位患者此前罹患几处瘰疬溃疡，曾接受国王触摸；此后，作为额外措施，他又去科尔贝尼参拜圣马库尔圣迹。其结果是，除一处溃疡外，所有溃疡均告消失。[2] 现代科学会说，在这类病况下，疾病

为确切意义上的奇迹：(1) 因为它不是即时康复；(2) 因为国王的触摸随后通常要有医疗。根据德达马男爵的看法 (Baron de Damas, *Mémoires*, II, p. 306)，兰斯大主教古塞也认为国王的这些治疗不是严格意义上的奇迹，但原因有所不同，即瘰疬病被治愈，这一事实没有什么东西"违背统御世界的一般法则"。此外，德达马男爵从这位大主教那里知道，"这种病的治愈不是即时完成的"（同前引）。

按：低教会派，是基督教新教派别之一，19世纪产生于英国。与"高教会派"对立。反对过高强调教会的权威地位。观点较倾向于清教徒而反对倾向天主教；不赞成高教会派恢复旧制的倡导。主张简化仪式。后世各国圣公会中追随该派主张者，也都自称低教会派。——译者

1 Crawfurd, *King's Evil*, p. 77 所引内容。
2 兰斯档案，圣雷米收藏品，liasse 223（资料），n° 7。

表征已消退，但疾病本身并未消失；它仍然存在，有可能在其他地方迸发。随后的情况是，病情时有复发，但似乎没有引起大的惊慌或反感。1654年，一位名叫让娜·比加因的妇女，在路易十四举行圣化礼后的次日接受了触摸。她"感到病情有些缓解"，但此后病情复发，只是在前往科尔贝尼朝圣后病情才最终消除。这些事实由乡村牧师起草的一份证明书所证实。¹ 这位负责此事的乡村教士当然不会想到，有人会从这里得出对君主不恭敬的结论。一种牢固的信仰是不会轻易动摇的。

我们在上文中已经提到萨默塞特郡的韦尔斯人克里斯托夫·洛弗尔，1716年，此人前往阿维尼翁，去觐见斯图亚特王朝的王位觊觎者，据说由这位王位觊觎者治愈了疾病。这一辉煌的胜利在詹姆士二世党人中激起了巨大的热情，也成为历史家卡特不幸遭遇的主要原因。但是，事实似乎是，可怜的洛弗尔再次患病，他满怀信心地第二次登程觐见君主，结果死于途中。²

427

最后，我们要注意一种不同类型疾病的复发。对于这种类型的疾病，当时的医学还难以诊断。现在我们知道，我们先人的所谓瘰疬病，通常不止结核性腺炎一种形式，也就是说，结核性腺炎是杆菌疾病可能出现的一种地方性病症，杆菌疾病能够侵害人体的多处器官。有时出现的情况是，淋巴结炎消退了，但结核病仍旧，通常呈现为另一种更严重的形式。1726年安东尼奥·法兰克神父出版了《葡萄牙耶稣会年度活动述略》（*Abrégé des Annales de la Compagnie de Jésus en Portugal*），我们从中读到，1657年1月17日"督学教士米歇尔·马蒂姆"死于科英布拉，"他曾被送往法国，请求法王为其触摸治疗瘰疬病，痊愈后返回葡萄牙；但死于另一种疾病，

---

1 兰斯档案，圣雷米收藏品，liasse 223, n° 11（1658年4月29日）。
2 Crawfurd, p. 157. 关于洛弗尔的最终结局，我们的资料完全来自一封信件，信件写给1747年1月13日的《晚邮总报》（*General Evening Post*），通信人来自布里斯托尔，署名阿米库斯·弗里塔蒂斯（Amicus Veritatis）（éd. *Gentleman's Magazine Library*, III, p. 167）；这个证据本身并不特别可靠，但这个事实可以证实其真实性：托利党人似乎并不否认它。关于卡特之事，见前文，p. 393-394。

成为慢性结核病的牺牲品"。[1]

我们可以总结一下：患者中只有一些人恢复了健康，有时是不完全的恢复，有时只是暂时性恢复；大多数疾病只是在治病仪式举行后相当久时间才痊愈。我们应该记得，人们认为英、法诸王对何种疾病具有神奇治疗能力。在国王们发挥神奇能力的时代，医生们既没有掌握精确的命名法，也没有掌握非常确定的诊断方法。认真研读从前的论文，如理查德·怀斯曼所写的论文，就会清楚地发现，瘰疬病之名通常被用来涵盖大量不同种类的损伤，其中有些属于良性；这一类损伤有时自动消失，有时经一短暂时期后自动消失。[2] 但我们不要理会这些以假乱真的瘰疬病例证，而应集中精力于真正的瘰疬病例证，即源于结核性疾病的瘰疬病；在国王触摸治疗的病例中，这类疾病总是占据大多数。瘰疬病不是很容易治愈的疾病，它通常会在一个很长时期内复发，有时几乎是无限期地复发；但它的显著特征是，很容易给人造成治愈的幻觉，因为诸如肿瘤、瘘管、化脓等症状，通常会自然消失，只是稍后在同一地点或其他地方复发。国王触摸后一些时间，假若出现了这类暂时性的病情消退，或者真的痊愈（这种情况当然不是不可能发生，但不常见），那么对国王创造奇迹能力的信仰就有了正当理由。我们已经看到，这正是法、英诸王所有忠诚的臣民所寻求的。毫无疑问，除非人们早就期待从国王手上寻求奇迹，那么就不会如此轻易地

---

[1] Antonius Franco, *Synopsis Annalium Societatis Jesu in Lusitania*, Augsbourg, in-4°, 1726, p. 319: "Michael Martinus, scholasticus, a longo morbo probatus est. Ad sanandas strumas in Galliam missus, ut a Rege Christianissimo manu contingeretur, salvus in Lusitaniam rediit, sed alio malo lentae tabis consumptus."

[2] Crawfurd, p. 122-123；关于这些混同案例，参见 Ebstein, *Die Heilfraft*, p. 1104, n. 2。一个牙肿病例被误诊为"国王病"，并以此名义交给一位"第七女的第七女"医治——这位第七女自然是没有治好，见 A. G. Fucher, *Folk-lore*, VII (1896), p. 295-296。我们也许应指出，国王病被认为是相当难以判定的——起码在普通民众中是如此；这可由这个奇怪的诊断程序得到证明，这个诊断程序见于 *Folk-lore*, XXIII (1912), p. 494 发表的一篇篇幅不大的 17 世纪医疗处方汇编。附带补充的是，在一些场合，国王触摸之外有时还增加实施另一种治疗。至少由查理十世"治疗"的五位小患者就是如此。1825 年 10 月 8 日诺埃尔医生颁发的证书说："此证明……该病情只需实施惯常处理。" (Cerf, *Du Toucher des écrouelles*, p. 246)。在这样的情况下，该由谁实施治疗呢？是由国王，还是做"惯常处理"？参见前文，p. 425, n. 2 莫尔顿的评论。

宣称奇迹的存在。无需说，一切都有利于这种期待。

　　神圣王权（royauté sainte）观念差不多是初民社会留下的遗产；这种观念借助涂油礼仪式和整个君主传说的扩展而得到强化，而且也为某些狡黠的政客所巧妙地利用，尤其是对君主传说的利用更显精妙，因为他们通常都相信这种观念。所以，民众被引向偏见而支持这种观念，这种观念萦绕于民众心头，也就不足为奇了。于是，圣徒无不具有神功奇勋，神圣事物与人物无不具有超自然能力。此外，在我们的先祖居住的神奇世界里，他们对于何种现象不准备从宇宙秩序以外的原因加以解释啊？某一天，法国卡佩王朝和诺曼时期的英国诸王——或为他们谋划的某些大臣——为了强化他们脆弱的威望，萌生念头，想到用手去创造奇迹。由于诸王自己相信其职能及王室血统赋予的神圣性，他们也许认为宣称拥有这种能力乃是简易可为之事。人们发现，一种可怕的疾病，经过国王的神圣之手触摸后，有时痊愈了或好似痊愈了。他们怎能不将其归于因果关系，断言期待的奇迹确实发生过呢？正是一定有奇迹产生的信念，促成了人们对奇迹的信仰。这个信念使得对奇迹的信仰充满活力，使得这个时期各代见证人日益增多，使得所有人不可能怀疑那些证言似乎基于经验的见证人。至于可能相当多经国王触摸而病情依旧的病例，人们很快就忘却了。虔诚心灵怀有的愉快乐观情绪就是如此。

　　所以，在国王奇迹的信仰中，我们难以看到其他东西，只有集体错误造成的后果：较之充满人类史册的其他大部分错误，这种错误是比较无害的。甚至在奥兰治·威廉时代，英国医生卡尔就评论说，不管人们对国王触摸的效力持何种意见，它至少有一个好处：它是无害的，[1] 相对于往昔药典保存的众多瘰疬病治疗法，这是它巨大的优越性所在。人们诉诸这种被普遍认为行之有效的方法，这种可能性在有些时候必定阻止了患者使用更危险的治疗方法。从这个纯粹否定性的观点上，我们做这样的设想无疑是正确的：不止一位可怜患者病情的缓解受益于君主的触摸。

---

[1] R. Carr, *Epistolae medicinales*, p. 154: "Verbo itaque expediam quod sentio: Contactus regius potest esse (si olim fuit), proficuus; solet subinde esse irritus, nequit unquam esse nocivus." 参见 Crawfurd, *King's Evil*, p. 78; 尤其是 Ebstein, *Die Heilfraft*, p. 1106。

附 录

一　法国和英国王室账簿中的国王奇迹

治病仪式要求国王付出一些费用。研究这个问题，何以需要查询英、法两国账簿，原因在此。但是，对这类文献做出解释极为困难。进行简单的随意抽样不行；要使探索富有成果，需要对它们进行条理清晰的研究。尤其是，当人们仔细考察这些账簿时，可以清楚地发现，它们虽然对于某些阶段提供了非常丰富的讯息，但对另一些阶段，则没有或几乎没有提供任何讯息。这种明显的飘忽不定状态，需要人们做出解释。我将在下面的考辨中尽力做到这一点。

我们从法国开始。

1　法国账簿中的瘰疬病触摸

首先，我们应记住历史家时常引以为憾的一个普遍性的事实，即法国君主制度财政档案的遗留何其之少。造成这种稀少状态的原因是多方面的，其中有些原因有争议，但主要原因则是众所周知。1737年10月26—27日夜间，

附　录

西岱岛的宫殿建筑内发生了一场火灾，那里收藏着审计法庭[1]（Chambre des Comptes）的大多数文献；旧的行政账簿保留的一切，几乎全部毁于这场灾难。[2] 我们所能利用的资料，只是侥幸免于毁灭的少数残留。

包含瘰疬病仪式讯息的最早账簿来自美男子腓力执政时期。当时并非所有接受触摸的患者都接受赈济费；只有外国人或远道前来国王居留处的法国人才能接受。[3] 这笔钱由赈济官、某位仆从或守门人交到他们手里；此款来自王室金库。现在我们碰巧还有圣路易、腓力三世、腓力四世时代的一些蜡板，负责管理钱款的官员们在这些蜡板上详细记载了他们的行动。[4] 这些最古老的蜡板并没有提到给予瘰疬病患者的任何礼物。这大概不是因为瘰疬病患者在原则上被排斥于王室赠礼之外。这些蜡板只是说明，在一些情况下，一些钱是作为赈济费发放的，有时候仅记下这个人的名字，而不记载其他更多讯息；有些钱很可能付给了前来请求国王触摸的患者。没有任何说明，只是表明管钱的人并不在意这笔费用的确切去处：钱到了瘰疬病患者手里，还是给了其他穷人，都无关紧要：这是一笔赈济费——这就是他要知道的全部内容。

对历史学家而言，幸运的是，终于出现了一位更富有好奇心的管账人接手，来管理这笔资金了。1304年1月31日至1307年1月18日，王室金库从

---

1 审计法庭：法国旧制度时期审理与国王财政问题有关案件的终审法庭。起初是国王法庭的组成部分，1320年变成一个独立的法庭。其结构仿效高等法院，官员由任命而任职，16世纪成为世袭且可购买。其主要职能不仅涉及财政，而且负有管理国王账目及王室领地的行政与司法的职责。1807年被审计法院（Cour des Comptes）所取代。——译者

2 更多详情，见 Ch. -V. Langlois, *Registres perdus des archives de la Chambre des Comptes de Paris*; *Notices et extraits*, XL, p. 1. Lenain de Tillemont (*Vie de Saint Louis*, éd. de la *Soc. de l'Histoire de France*, V, p. 301), 路易九世结婚费用的账单，其中"il y a vingt livres pour les malades qui l'estoient venus trouver à Sens"；但这些人是前来寻求国王触摸的瘰疬病患者吗？

3 这一点可由雷诺·德·鲁瓦耶蜡板所记载的出生地讯息清楚地显示出来。这些蜡板都提到外国或法国境内遥远的地方，参见上文 p. 105 以下。如果我们得出结论说，国王触摸过的患者都接受赈济费，那么结论就应是，国王的奇迹只是在国外享有名望，或者说，只是在国王权威为人最直接感受到的区域之外享有名望——可以说，这个结论是极不可能的。

4 文献发表于 *Recueil des Historiens de France*, t. XXI, XXII, 以及 Borreli de Serres, *Recherches sur divers services publics*, I, 1895, p. 140-160 和 II, 1904, p. 69-76 的研究。

让·德·圣朱斯特手上转交雷诺·德·鲁瓦耶掌管。我们读到的德·鲁瓦耶时期的一些蜡板分为两组,分别涵盖1307年1月18日到6月28日,1308年7月1日到12月30日。[1] 从这些蜡板我们看到,相当多的钱款付给了"患有国王之魔"的人;这些钱款入账极为仔细,因为每发放一笔钱,每位接受者的名字和出生地都被眉目清晰地记载下来。[2] 我们能够获得有关国王奇迹的一些极为精确的资料,归功于这位出色而精细的官员。

现在让我们跳过差不多两个世纪。从美男子腓力到查理八世,没有任何账簿提到治病能力。也许在相当早的时期,用于瘰疬病患者赠礼的资金的管理权,以及更具普遍性的赈济款的管理权,就不再属于王室账务了。王室账务,甚至在查理六世时代,已经不再涉及这类款项。[3] 从那时起,赈济官拥有自己专门的账务,由他亲自管理或手下的专人管理。毫无疑问,他也有自己的账册,但大多数已经消失了。似乎只有一种登记册保存到查理八世之前,以编号KK9及KK66编入国家档案馆,这些登记册始自约翰二世、查理五世、查理六世时代,部分始自路易十一时代,涉及为宗教机构所做的赠款或举行宗教仪式的赠款——前者是对整个宗教机构,后者涉及大部分的宗教仪式。此处我们不去关注这些登记册。[4] 直到1485年我们才遇到确切意义上的施济账簿。这里列出的是一个账簿单,但是我必须提醒读者注意,我整理出来的账簿单,仅以国家档案馆和国家图书馆所藏为限,所以不敢宣称穷尽了所有可能得到的资料。如果没有进一步说明,均指国家档案馆。

---

1 *Hisor. de France*, XXII, p. 545-555, 555-556. 关于1307年的蜡板,我使用的是国家图书馆所藏的 ms. latin 9026 中的旧副本,这个副本在一些点上比发表的版本更完整;参见上文 p. 109, n. 1。关于雷诺·德·鲁瓦耶,Borrelli, 前引书, II, p. 75; 关于我们读到的蜡板,同前引书, p. 72-73。

2 但有一例外:*Hisor. de France*, 前引书, 554 B: "Thomas Joli, patiens morbum regium"("托马·若利,国王病患者");出生地省略。

3 见 L. Douët d'Arcq, *Comptes de l'hôtel des rois de France aux XIVe et XVe siècles*, (Soc. de l' hist. de France), 2 v., 1865 发表或分析的账簿。

4 国家图书馆所藏的法文 ms. 11709 — fol. 147-159——内含14世纪的赈济费使用规则残片。该残片没有提到触摸。

附　录

（1）登记单片段：费用——1485年9月一部分；K 111, fol. 49-53。[1]

（2）登记单片段：费用——1487年3、4月一部分；KK 111, fol. 41-48。

（3）登记单：1497年10月1日到1498年9月30日；KK 77。

（4）费用账簿，显然没有记录在登记单内：1502年10月；Bibl. Nat. français. 26108, fol. 391-392。

（5）登记单：1506年10月1日到1507年9月30日；K88。

（6）登记单：1528年5月19日到1530年10月31日；这个登记单的大部分保存在Arch. Nat. KK 101；但这卷有多处空白，均与费用有关。Fol. 15-22（1528年5月、6月及7月一部分）现为Bibl. Nat. français 6762手稿的第62—69张；fol. 47-62（1528年10月一部分，1529年1月、2月及3月一部分）为同一手稿的70—85张。Fol. 71-94（1529年4月一部分，5月及6月一部分），171-186（1529年8月一部分及9月），227-258（1529年11月及12月一部分），275-296（1530年1月一部分及2月），331-354（1530年4月一部分、5月），403-434（1530年8月、9月及10月一部分），所有这一些似均已佚失。

（7）登记单片段：费用，1547年7月一部分（未注明年份，但可以从关乎圣化礼旅程的一些项目中推断出来）：KK 111，fol. 33-40。

（8）登记单片段：费用，1548年4月一部分、5月、6月、7月及8月一部分：KK 111, fol. 17-32。

（9）1549年1月1日至12月31日一财政年登记单片段：全部收据，1月及2月一部分费用：KK 111, fol. 1-16。

（10）登记单：1569年1月1日至12月31日：KK 137（已破旧）。

---

[1] KK 111 是一个加工而成的登记单，由不同的片段缀合而成，有一个封皮。封面的附记说明，这个登记单来自蒙泰伊（d'Monteil）的收藏，但不见于1871年 Tableau Méthodique des fonds, col. 686 所包含的 A. 蒙泰伊藏品的清单。它所包括的所有片段都在上文列出（它们都是取自赈济册），只有最后一件（fol. 54）是例外，这一件似乎是一个册簿的最后一张，大概也是来自国王赈济处。此件于1489年12月被送往审计法庭（其中提到1489年12月14日付给接待员的一笔20镑的钱款，接待员是"审计法庭负责小件必需品的接受与付款的职员"）。用于经费的赈济费登记单不是按严格的编年顺序按月编就；首先是祭献品，然后是真正的赈济费。不过，这两个部分都按日期顺序记载。

一　法国和英国王室账簿中的国王奇迹

在所有这些登记单、登记单片段或账簿中，人们都注意到，除了第2项，都提及触摸，但大多数情况下是简单的数字。患者的名字只是偶尔提及。

从1539年12月31日以后至法国君主制结束，我没有找到其他任何赈济费登记记录。[1]

2　英国的账簿

英国旧王室给我们留下了很整齐的财政档案，与之相比，巴黎残留的档案就显得极为寒酸了。英国的财政档案没有遭受法国王宫大火那样的劫难。一个法国人面对这样的财富，内心一定充满羡慕之情，同时又有点恐惧：如何在如此多的宝藏中找到一条路径？英国的行政史还鲜为人知，这不是因为不可能写出来，而是因为在一个相当长的时期里，它没有引起人们的注意；议会生活中光芒四射的故事吸引着大家的注意力，学者们不愿意放低眼光，去注意公职人员不显眼的劳动。不过，近来新一代研究者已经勇敢地开始了这一工作。[2] 有朝一日我们将由于他们的探索，揭开宪政和社会变迁的许多秘密，而目前只能进行猜测；但是他们的工作远未完成。特别是，整个财政文献的研究，即分类、比较与讨论这些看似吃力不讨好、结果却十分重要的工作，仍然处于初始阶段。然而，我认为这里必须使用这些棘手的文献，因为它们包含的大量资料，是了解任何治病仪式知识所必需的；尤其是，我必须集中探讨这些资料中特别的一类资料，即王室账簿。我使用这些资料时，不得不进行一番辨析，因为先我而成的著作，未

1　国家档案馆 O¹ 750 档案夹存有与大赈济处（Grande Aumônerie）相关的文献（路易十四时代）；其中并无账簿，也没有与国王触摸历史有关的东西。路易十六统治时期，奥鲁克斯（Oroux）似乎仍可看到路易十四时代的赈济费登记单，这些登记单上存有关于触摸的记载：*Histoire ecclésiastique de la cour*, I, p. 184, n. q.

2　此处我特别想到图特（T. F. Tout）教授所做的出色研究，见下注。

能提供足够的讯息。¹ 我已经尽力而为；但我充分认识到，在我从事研究的条件下，从事这类研究可能产生的错误。为了以相当的把握重建管理者建立账簿时所遵循的方法，需要将所有可支配的材料置于两个精心选择的时间段，换言之，应该将自己限于相对较短的时期，对材料进行透彻的研究。相反，我却不得不在一个极为漫长的阶段中进行考察，只能在各处进行探测，虽确有一定数量，但必定是不充分的。在下文中，读者将看到一些肯定的事实，这些事实在任何情况下也将证实是有用的，但对它们的解释必定是推测性的。我已经在注释中列出我所考察的这些文献的确切名录。这将使人们了解我的假定所赖以建立的基础。²

直到爱德华一世统治初期，只有少数账簿流传下来；对我们目前研究的课题，没有带来何种知识。³ 然而，从爱德华一世之后，管理得到改善，

---

1 当然，我颇得益于 T. F. Tout, *Chapters in the administrative history of medieval England: the Wardrobe, the Chamber and the Small Seals* (*Public. of the Univ. of Manchester: Historical Series*, XXXIV), 2 vol., 1920。遗憾的是，这部予人深刻印象的著作仅涉及我要考察的这个时期的很小一段，所研究的问题与我面对的问题不尽一致。也参见 A. P. Newton, *The King's Chamber under the early Tudors*, *Engl. Historical Review*, 1917。Ch. Gross, *The sources and literature of English History*, 2ᵉ éd., Londres, 1915 列出了英国财政史的书目，至少是中世纪财政史的书目。克劳福德与法夸尔女士在治病仪式的研究中使用了大量账簿，但没有对它们进行系统研究。蒙伊拉里·詹金森（Hilary Jenkinson）盛情，为这个附录提供了几则讯息，特别是数则订正，令我受益匪浅；但是我必须强调，千万不能认为，他对我可能犯下的错误负有任何责任。如果我想避免所有可能出现的错误，那么就应放弃目前这个作品的写作。在远离伦敦的地方写这个作品，我确实遇到了相当大的困难；需要承认实际上我曾多次产生放弃的念头吗？最终，我选择面对批评——批评无疑是很有理由的——而不是不做辨析地使用这些文献。尽管如此，我认为，对于一个非常幽晦不明的问题，我已经做出了一点澄清，我希望人们能够原谅我鲁莽地使用了我能提供的少数有用的讯息。

2 下文的书目征引是与前言中设定的规则一致的。方括号内的数字表示在位年代；为了使在位年代符合我们的历法，J. E. W. Wallis, *English regnal years and titles* (*Society for promoting christian knowledge, Helps for Students of History*, nᵒ 40, Londres, 1921) 这本小册子是非常合用的。我在一些文献上加了星号，这些文献对于瘰疬病的触摸没有提供任何讯息。由于时间所限，我的整理只限于我能找到的国家档案馆藏品、不列颠博物馆的手稿及印制的汇编资料。这就说明，我所做的工作从一开始就是不完全的。伦敦的这两大处的藏品包括了英国旧君主制度的大部分财政档案；但必须在其他公共和私人藏品中做进一步的搜集。一份完整的王室账簿清单还没有编制出来。图特（Tout, *Chapters*, I, p. 48）说："现存的锦衣库账簿分布广泛，难以对它们进行系统的考察。"这话说得很对。

3 我寻找亨利三世时期的两份费用账目，E. A.* 349, 23; *349, 29。均无功而返。

记载更加准确且更为充分,卷宗得到仔细保管。这个时候,伦敦的国家档案馆中令人称羡的财政账簿(*Exchequer Accounts*)系列真正全面开始运作;加上不列颠博物馆的收藏品,它大约增加一倍,不列颠博物馆收藏着不同时期从官方保存处迁来的众多零散文献。旧时英国诸王财政档案,一方面为我们提供了瘰疬病触摸治疗的讯息,另一方面也提供治病戒指的讯息,我们必须单独地研究这些讯息。

(1)英国账簿中的瘰疬病触摸

受国王"画十字"即"祝福"的患者,每人都曾接受一小笔钱。在爱德华一世时期,这笔礼款的分发由赈济官执行。三类不同文献可以使我们追溯这些场合分发的礼款。这三种文献是:

①赈济官的"细目册":这些"细目册"是一些简单的记事本,记录一定阶段(通常是一年)由这个人散发的钱款。这些花费按天、星期记载,特殊情况下按两个星期记载。[1]

②由锦衣库管家(custos garderobe)所做的每个财政年度的概要性账目,即君主在位期间每年的账目。[2] 锦衣库管家是给予负责王室财政的官员的称号。"锦衣库"这个词有点引人误解,因为它有时显然只是指王室职位中的一种,其职责是照管衣装、宝石饰物及类似的物件,但在另外的情况下——通常冠以"大"即"锦衣库大管家"(Magna Gardaroba)——则负责管理整个王室事务(也称作Hospicium)。严格意义上的锦衣库管家与锦衣库大管家之间的关系的确是模糊不清;在这里我不敢斗胆决断,甚至不敢表以精确的名词,因为这是一个纠缠不清的问题。但我认为应该说明,

---

[1] 我见过 E. A. 350, 23 [5]; 351, 15 [12]; 352, 18 [17]; *353, 16 [21]; *361, 21 [30]。

[2] 我见过 R. O., Chancery Miscellanea, IV, 1 [6, 仅从1月31日起]; *IV, 3 [14]; IV, 4 [18]; Exch. Treasury of Receipt, Misc. Books *202 [22-23]; Brit. Mus., Add.mss. 7965 [25]; 35291 [28]; 8835 [32]。—— Add. mss. *35292 是一个现金日志(*Journal Garderobe de receptis et exitibus eiusdem*)——31-33年——没有提供任何讯息,ms. Add. *37655 [34] 也属同样性质。

附 录

这些术语的幽晦不明，使得对王室账簿的研究相当不便当。[1]

③锦衣库审计官（contrarotulator Garderobe）的年度账簿。[2] 这个文献称作审计备忘簿（*contrarotulamentum*），显然是为了检核管理。人们可以推想，统一模式下的"细目册"和"细目检核册"，至少在原则上是互相独立的，它们可以由账簿监督员加以比较。我曾经对爱德华一世执政二十八年的账簿进行比较，一方面比较账簿管家对国王触摸账目的记载，另一方面比较锦衣库审计官的账目记载，发现它们是吻合的。但这种情况仅此一处，因为通常情况下，两种文献中的一种或另一种已经佚失。不过，这不太要紧，因为它们无疑差不多总是一致的。这种双重记账程序，可能由某位多疑的官员所发明。由于这种方法，我们今天可以在锦衣库管家账目佚失的地方，以审计官的账簿代之，或者相反。

但是，在研究国王奇迹的历史学家看来，所有这些账目都有一个严重的缺陷，这就是，它们只计数字，从未记录名字。这些记载告诉我们，在某日或某星期爱德华一世触摸了多少人；这些讯息弥足珍贵，但我们还想知道更多内容。那些前来求国王治病的穷人，他们来自何方？美男子腓力时期的王室账簿提供了这种讯息，但爱德华一世时期的王室账簿对此则始终只字未提。尽管如此，它们仍然是极为珍贵的。对于随后各统治时期，我们所掌握的讯息更少得多；这一缺陷在于行政习惯的一系列变化。现在我们将讨论这些变化。

在爱德华二世时期，赈济官一职突然一劳永逸地消失了。[3] 原因何在？我们只能就此冒险臆测。赈济官不再记载他们的费用，这种情况不太可能，但毫无疑问，他们逐渐养成了自己保存账目的习惯。实际上，我们知道，

---

[1] 正是这种暧昧不清使我去查询狭义上的锦衣库的一些账簿，自然是无果而终。关于爱德华三世，见 E. A. *384, 1 [2, 3]; *388, 9 [11, 12]，这两份材料都是从锦衣库审计官那里流散出来的。关于理查二世，*Archaeologia*, LXII, 2 (1911), p. 503 [16, 17]。关于爱德华四世，见 Brit. Mus., Harleian. *4780。关于理查三世，见 *Archaeologia*, I (1770), p. 361。

[2] 我参见过由 Liber quotidianus contrarotulatoris garderobe…, Society of Antiquaries of London, in-4º, Londres, 1787, 28; 请比较 Brit. Mus., Add.mss. 35291; Brit. Mus., Add. mss. *7966 A [29]。

[3] 同样，在财政账簿中仍有一份爱德华三世时期的赈济费账簿：E. A. *394, 1 （我没有从中找到任何讯息）。

一个完全清晰的赈济基金曾长期存在。但是随着时间的推移，这部分古老基金完全消失了，部分原因在于发生的一场火灾，部分原因在于混乱或挥霍。[1] 也许可以值得一提的是，我们也许满怀希望获得有用讯息的另一套记录，即王室教堂的记录，也发生过同样的事情。[2]

还有一些提要性的数字记载每次的国王触摸，[3] 这些数字或者由锦衣库管家所记，或者由锦衣库审计官完成。遗憾的是，大约从爱德华二世执政中期，就我们研究的材料而论，这些数字就不再像此前那样细致、准确了。[4] 这时已形成的习惯是，不再按照编年次序详细记录散发给接受国王触摸的瘰疬病患者的钱款。从那时起，人们满足于总体性的记载，说明在这一特别活动中，或者，在例外情况下，在这一特别活动的某个限定阶段，多少钱由赈济官付给了多少接受"祝福"的患者；并计算出每个患者得钱多少。其他细节则付之阙如。[5] 这种做法似乎于爱德华二世在位时期的下半期及整个爱德华三世在位期，被奉为常规。[6] 从理查二世执政期，每次活动完成后的提要性清单已完全停止，不再向我们提供国王触摸瘰疬病的任

1　参见 *Second Report of the royal commission on public records*, II, folio, Londres, 1914, 2ᵉ partie, p. 172。王室赈济费资料汇编目前还没有收录1723年以前的任何文献。

2　前注所引著作 p. 69。

3　至迟从爱德华三世时代以后，与国王在位年代完全对应的习惯已经终结：其持续期时常变动，这确定无疑地说明，财政管理陷于混乱。

4　我由 Th. Stapleton, *Archaeologia*, XXVI (1836), p. 319 以下所做的描述，知道爱德华二世在位第十年（1316年7月8日—1317年7月7日）的账簿，这个账簿似乎还保持着旧风格。

5　例如，Brit. Mus. Add. mss. 9951。爱德华二世在位第十四年（1320年7月8日—1321年7月7日）细目检核册（？），fol. 3 vº: "Eidem [elemosinario] pro denariis per ipsum solutis lxxix infirmis benedictis ab ipso rege per diversas vices infra annum presentem predictum; videlicet cuilibet pauperi j d: vj s. vij d."

6　关于爱德华二世，除了 T. Stapleton, *Archaeologia*, XXVI, 1836 所列文章，我参阅的材料：E. A. *376, 7〔9; 有一份细目检核册，无论就其所涵盖的这个时期（1月31日至6月31日）的简短性特点，还是就其所含不同讯息的概述性特点而言，都是很显著的〕；Brit. Mus. Add. mss. 17362〔13; 锦衣库账簿〕; 9951〔14: 细目检核册?〕; 另外还错误地参阅了锦衣库审计官的个人费用账簿，E. A. *376,13〔8, 9〕。关于爱德华三世：Brit. Mus. Cotton Nero C VIII.〔8-11年，细目检核册〕; E. A. 388, 5〔11-12; 细目检核册〕; P. R. O. Treasury of Receipt, Misc. Books, 203〔12-14: 锦衣库账簿〕; E. A. 396, 11〔43: 细目检核册〕; 另外，关于爱德华二世，Brit. Mus. Add. mss. *36763, 1323年7月8日至10月9日的费用细目册。简言之，是一个王室现金簿，每日记载，但每天只是简单地说明各部门（包括赈济处）散发的钱款，不确切说明其对象。

何讯息。¹ 这是否说明英国君主当时突然放弃发挥创造奇迹的能力呢？当然不是，我们知道他们一如既往，仍在继续充当神奇医生。这种突然的沉寂，大概可由一次温和的官僚机构改革来解释。在锦衣库的账簿或"细目检核册"中，与花费相关的部分在当时是分为两部分的，一是按编年顺序记载的流动支出，另一部分则包括一系列的项目，这些项目按部门提供不属于前述范围的费用的详细情况。这种相当清晰的安排，并非新奇事物，但从此时起，却成为了固定做法。在以前各代这种类型的最陈旧的账目中，分给国王"祝福"过的患者的礼物，总是整个地计入第二部分，计入王室赈济费（titulus）名目下。所以，它们显然被视为额外的费用。但在理查二世统治时期，表示国王触摸的项目从赈济费名目永远地消失了。这种变化似应解释为，这笔钱款从此被归于正常支出的费用，所以转移到第一部分，以每日账目的形式确立起来。遗憾的是，这种日账的记载相当不精细。人们满足于说明每个机关每天或每个星期支付的钱款，而不详细说明每一笔钱款支付的确切对象：多少付给了地窖，多少付给了厨房……多少做了王室赈济费。² 赈济官支付一定钱款，但付给谁？做何用途？人们并不关心这些。所以，在这种制度下，用于国王触摸的费用，被隐藏于大量其他的国王赠礼中。近一个世纪中，人们在这些账目中寻找国王奇迹的痕迹，却徒劳无获。

亨利七世与亨利八世时期，这种费用再度出现。这并不是说，这个时

1　这里列出我所参见的爱德华三世之后诸时期的账簿单：理查二世，Brit. Mus. Add. mss. *35115〔16；细目检核册〕；E. A. *403, 10〔19；细目检核册〕。亨利四世：E. A. *404, 10〔2：卷册；锦衣库管家〕；Brit. Mus. Harleian *319〔8：细目检核册〕；参见 *Archaeological Journal*, IV (1847), p. 78〕。亨利五世：E. A. *406, 21〔1：王室财物司库〕。亨利六世：E. A. *409, 9〔20-21：细目检核册〕。爱德华四世：E. A. *412, 2〔6-7：锦衣库大管家〕。财政署登记账簿没有提供任何讯息，王室费用只是扼要说明。我查询了 *Exch. Enrolled Accounts, Wardrole and Household*, *5。

2　这种安排由一实例即可得到极好说明。此处随便抽取爱德华四世在位第六年锦衣库账簿中一天的记载，时间是 1466 年 10 月 7 日；国王驻跸格林威治："Dispensa: xxvij s. vj d. Buttilaria: cxv s. j. d. ob. Garderoba: xxxj s. xj. ob. Coquina: vj l. xij s. iij d. Pullieria: lxj s. viij d. Scuttillaria: vj s. vj d. ob. Salsaria: ij s. iiij d. Aula et Camera: xviij s. ix d. Stabulum: xxix s. ix d. ob. Vadia: lxxvj s. x d. ob. *Elemosina*: iiij s. Summa: xxvl. vj s. ix d. ob"。E. A. 412, 2, fol. 5v°。

期锦衣库官家或锦衣库审计员的年度登记簿比过去提供了更多讯息。[1]但是对于这两个统治时期，我们有一些来自朝廷的日账簿，这些日账簿说明在一些场合下，有些钱散给了国王"治疗过的患者"。[2]这些钱似乎不是由赈济官支付；我们知道，在亨利八世时代，有一位赈济官预先支付了钱款，随后又得到偿还，此人就是内库（Privy Chamber）的第一位管家。[3]此外，在这些登记簿中，提及国王触摸的地方也相当少。人们不知道它们是否真正包括所有涉及此类费用的事件。我倾向于认为，有些——也许是多数——付给患者的钱款仍然经过赈济官之手，他无疑将这些钱款归入了其总付款，而对于总付款，我们已经不得其详了。

我们发现，17世纪的王室账簿不再能为我们的研究发挥作用了；[4]我们将从另一类财政文献中获取讯息。大约在15世纪，英国诸王已经形成习惯，即不给触摸的患者数量不等的货币，甚至也不给数额固定的钱币，而

---

1 关于亨利七世，我见到其在位第八年的细目检核册：E. A. *413, 9。关于亨利八世，在位第十三、十四年的细目检核册：E. A. *419, 6；大锦衣库管家的账簿，Brit. Mus. Add. mss. *35182 [23-24]。关于爱德华六世，细目检核册 E.A. *426, 6 [2, 3]。关于爱德华六世[6]与玛丽[1]，王室账簿，Brit. Mus. Add. mss. *35184。关于伊丽莎白，账簿 E. A. *421, 11 [2] 与细目检核册 E. A. *421, 8 [1-3]。关于亨利八世，Farquhar, *Royal Charities*, I, p. 73, n. 3。

2 关于亨利七世，E. A. *415, 3 [15-17]；Brit. Mus. Add. mss. 21480 [20-21]；Samuel Bentley, *Excerpta historica*, Londres, 1831〔奥德（C. Ord）所做原始材料集粹中的付费册残片；奥德的记录簿见于 Brit.mus. Add. mss. 7099〕。关于亨利八世，N. H. Nicholas, *The privy purse expenses of King Henry the Eighth from november MDXXIX to december MDXXXII*, Londres, 1827〔司库布赖恩·图克（Bryan Tuke）的账簿，今日见于 Brit. Mus. Add. mss. 20030〕。关于 *Trevelyan Papers*, I, II (*Camden Society*), Londres, 1857, 1863 中论述的亨利八世、爱德华六世及玛丽，参见取自这类书中的各集粹；参见 Farquhar, I, p. 82, n. 1。亨利七世[21-24]与亨利八世的《账簿》(*Boke of Payments*)，都没有提到国王触摸时的费用，但多次记载向赈济官还钱，费用的用途没有说明，Treasury of the Exchequer Misc. Books *214；亨利八世的账簿，Brit. Mus. Add. mss. *2182 [1-8] 也没有关于国王触摸的任何文字。我也曾在爱德华六世的账册[2, 3]，E. A.*426, 6 及伊丽莎白时代的流水账上寻求，但徒劳无获。法夸尔颇仔细地检核了都铎时期的账簿；特别参考她提供的讯息：I, p. 79, 81, 88 n. 3, 91 n. 4。

3 Nicolas, *Privy Purse Expenses*, p. 249 (1549年8月31日)；文献提到一位"亨纳吉师傅"（master Hennage），我们从其他材料知道此人是"内库的主管"。

4 为求心安理得，我查询了查理二世时代的两份细目检核册，R. O. Lord Steward's Dept. *1, 3, 10，但枉费心血。

是始终如一地付给一枚同样的"天使币"。[1] "天使币"逐渐地不再是普通钱币，它的铸造几乎不再服务于治疗仪式以外的目的。查理二世执政时，"天使币"被纪念牌所取代，不再具有任何货币特点：这就是"触摸币"。17 世纪时，"天使币"与"触摸币"在伦敦塔铸币厂制造。我们手里有一些不同政府机关就这个问题给造币厂监管员的指令；我们也有一些账簿可以提供产品数量的一些讯息。[2] 这些统计数据很有趣味：起码从"天使币"不再用于他处而专用于国王触摸之时，造币厂出产的这种钱币或纪念牌的数量，就可以使我们对国王触摸的患者数量做出某些结论。不过，这种方法不能提供非常准确的详情，至多提供大致的数量概念，因为我们无法确知，在特定时候制造的钱币或纪念牌随后在哪个时间段里散发出去。更明白些说，我们通常不知道这种情况；但对于查理二世时代与詹姆士二世时代初期的情况，我们了解得稍微充分些。

在这两位君主统治时期，国王触摸纪念牌生产的记账制度如下。[3] 称作王室司库（Keeper of the Privy Purse）的负责宫廷财政的官员，直接与造币厂打交道，买回相当数量的纪念牌，然后依需要将它们散发。每次需要购买的总数，由财务官向他预先提出；但他随后必须向中央财政机关证明这笔钱的使用情况。当然不能只是出示钱币的总单据就万事大吉，他必须说明这些钱币是如何分发出去的。在分配给他制造一批新钱币的新名额之前，财务官要确知他已经完全用光了第一批钱币，且用之其所当用。所以，这位官员要对一定时期的情况发布一个证明书，列出每日触摸的患者的数量，这个数量在原则上是与散发的纪念章数量相等的。当时在证明书文件上签字的有两位当事的医生，连署的有教会官员即内勤执事（Clerk of the Closet），内勤执事在这个时期的职责是安排仪式，最后证明书在指定时间

---

[1] 关于国王触摸中使用金币的历史，见上文 p. 113, 377。
[2] 法夸尔（Farquhar, II, III）研究过这些文献，用功至勤。
[3] 这种制度的建立似乎取决于财政委员会于 1668 年初期几个月做出的一系列决定，尤其是 3 月 2 日的决定。参见 Farquhar, II, p. 143 以下，p. 149。譬如，1668 年 2 月 12 日与 1673 年 3 月 25 日 Baptist May, *Keeper of the Privy Purse* 非常清楚地显示了这种方法：R. O. Pipe Office, Declared Accounts 2795。

呈交检查账目的各机关。这些证明书是极难得的辅助证据，可以为今人提供文献史的极为准确的讯息。遗憾的是，这些材料没有得到很好的保存。人们对它们的兴趣是暂时的，没有人会操心费力，将卷宗与它们拢在一起。其中的五件不知在何时、如何落入收藏家之手，最终归于华盛顿的美国陆军"军医总监"图书馆。[1] 但是并非所有这类证明书都离开了国家档案馆。我曾有幸发现一捆文件，这捆文件莫名其妙地跑到了财政卷宗的"杂卷"里，其中有15件证明书。[2] 更彻底的搜寻无疑会发现更多。但目前来说，N. 杜莱姆任内勤执事时于1685年12月编成的证书，须被视为有关国王奇迹的最晚近的财政文献。[3]

（2）英国账簿中的医疗戒指

关于医疗戒指，账簿提供的讯息更为准确且连贯，远过于对瘰疬病触摸的讯息。上文已经备述的耶稣受难日仪式每年都需要一笔钱币形式的钱款，自然需要记载下来。这笔花费自然是每年只有一次；毫无疑问，这可以解释它何以不见于年度账目的前半部分（人们应记得，年度账目是以编年形式编写的），而见于第二部分，归于赈济官额外开支名目下。从爱德华三世到爱德华四世，这种做法已经习以为常。[4] 这件事总体上是非常简单

---

1 F. H. Garrison, *A relic of the King's Evil* 编辑或分析过这些文献；参见 Farquhar, II, p. 130（复印件），对加里松（Garrison）文献的订正，见 III, p. 117-118。

2 Exchequer of Receipts, Miscellaneous Books, E. 407, 85 (1). G. Fothergill, *Notes and Queries*, 10th series, IV（1905），p. 335 的一个注释中包含的讯息引导我找到这个卷宗。这些文献横跨 1669 年 4 月到 1685 年 12 月；对于其中包含的数字，参见前文 p. 377, 378 n. 1, 389。

3 当然，要略去那些与制造触摸钱币相关的文献，这些文献一直持续到仪式终结之日，参见 Farquhar, IV, p. 159。

4 在 p. 438-442 的注释中，人们可以发现我已经检核的王室账簿的讯息。这里将账簿单以统治者逐个列出，这些账簿单提供了关于戒指仪式的讯息。人们将注意到，从爱德华三世到爱德华六世，只有爱德华五世一代是缺失的；戒指仪式不可能出现在那个时代，因为统治时间太短，甚至没有包含一个耶稣受难日；理查三世一代只有两个耶稣受难日。参见前文 p. 173 及注 2。方括号里的日期是举行戒指圣化式的耶稣受难日。爱德华三世：B. M. mss. Cotton Nero C. VIII, fol. 202 [1335 年 4 月 14 日], fol. 205 [1336 年 3 月 29 日], fol. 206 v° [1337 年 4 月 18 日]（Stevenson, *On Cramp rings*, p. 49; *Gentleman's Library Magazine*, p. 40 转引的前两项; Crawford, p. 169-170 转引的三项）; E. A. 388, 5 [1338 年 4 月 10 日]; R. O. Treasury of Receipts, Misc. Books, 203, fol. 150 [1339 年 3 月 26 日], fol. 153 [1340 年 4 月 14 日]; E. A. 396, 11, fol. 12 [1369 年 3 月 30 日];《Account Book of John Ypres》[1370 年 4 月 12 日], Crawfurd, p. 170 引述。——理查二世：Brit. Mus. Add.

的，只涉及一个微妙问题需要稍加注意。

爱德华三世、理查二世、亨利四世在位时期，以及亨利五世在位期间的1413年，与痉挛戒指相关的赈济费各项目，总是以同样的形式被记载下来，这一点完全符合我们所知道的仪式本质。支付价值相等的两笔钱的连续行动向人们显示：第一次所涉及的是，钱币由国王放置于圣坛之上，然后取走，熔化之后做成戒指；第二次涉及的是最终的祭品，被认为是"赎回"第一次的祭品。[1] 从1442年起——我发现这是首次涉及亨利六世时代——这种记账方法变了：只记唯一的款项，套语含义也不太清楚："我主国王的祭品，耶稣受难日敬献于十字架，金或银，用于制造医疗戒指，25先令"；[2] 从亨利八世时代起："用于我主国王耶稣受难日制造祭品，敬献于

---

mss. 35115, fol. 33 v. [1393年4月4日]；E. A. 403, 10, fol. 36 [1396年3月31日]（Crawfurd, p. 170引述）。——亨利四世：Brit. Mus. Harleian 319, fol. 39 [1407年3月25日]〔*British Archaeological Journal*, IV（1847）, p. 78转引〕。——亨利五世：E. A. 406, 21, fol. 37 [1413年4月21日]。——亨利六世：E. A. 409, 9, fol. 32 [1442年3月30日]。——爱德华四世：E. A. 412, 2, fol. 31 [1467年3月27日]〔关于1468年4月15日，Crawfurd, p. 171引用而没有出处〕。——亨利七世：E. A. 413, 9, fol. 31 [1493年4月5日]。——亨利八世：Brit. Mus. Add. mss. 35182, fol. 31 v° [1533年4月11日]。——爱德华六世：E. A. 426, 1, fol. 19 [1547年4月8日]；Brit. Mus. Add. mss. 35184, fol. 31 v° [1553年3月31日]。将这个账簿单与那些分成细目的账簿单比较，可以发现，一些锦衣库账簿在没有明显理由的情况下没有提到戒指仪式花费的经费：这是那些反常现象的一个新证据，所有历史家在使用中世纪行政文献时对此必须预先考虑到。

1 例如，爱德华三世执政时，1335年4月14日："In oblacionibus domini regis ad crucem de Gneyth, die Parasceues, in capella sua infra manerium de Clipstone, in precio duorum florenciorum de Fflorentia, xiiij die aprilis, vj s. viij d.; et in denariis quos posuit pro dictis florenciis reasumptis pro anulis inde faciendis, ibidem, eodem die, vj s. Summa xij s. vjjj d." Brit. Mus. Cotton Nero C. VIII, fol. 202; Stevenson, *On cramp-rings*, p. 49 (*Gentleman's Magazine Library*, p. 40); Crawfurd, p. 169。亨利五世执政时，1413年4月21日："In oblacionibus domini regis factis adorando crucem in die Parasceues in ecclesia fratrum de Langley, videlicet in tribus nobilibus auri et quinque solidis argenti xxv s. In denariis solutis decano Capelle pro eisdem denariis reasumptis pro anulis medicinalibus inde faciendis xxv s." E. A. 406, 21, fol. 19. 人们将注意到，在有关爱德华三世的文献中，前后两次付出的钱在价值上存在非常小的差异，这一点可以很容易理解：首次付出的钱需要优质钱币，这要求使用外国钱币，外国钱币的价值不能与本国计算的钱币正好对等。

2 亨利六世，1442年3月30日："In oblacionibus domini Regis factis ad orandam crucem die Parasceues in Auro et argento pro Anulis medicinalibus inde fiendis xxv s." E. A. 409, 9, fol. 32 v°。同样的套语：E. A. 412, 2, fol. 31（爱德华四世）；413, 9, fol. 31（亨利七世）。

十字架，赎回以制成医疗戒指，金或银，25先令。"¹ 如果说这种风格幽晦不明，那是因为记账人在继续使用旧词语，这些旧词语使人相信，将奉献于圣坛的钱币赎回并制造戒指的旧习惯仍然存在。实际发生的事可以有把握地从原初的双重支付行为的简化推断出来，从1369年起，这种双重支付行为就恒定不变地从两次的25先令² 变成了一次性支付原来发散款总数的一半。国王们并没有变得吝啬：他们仍然一直是向礼拜堂提供同样的赠礼，因为它实际上不过是从前曾经被礼拜堂保留的第二次的祭品，即25先令。从前使用的第一次的祭品被取回用来制作戒指；这是已经消失的一部分。何以如此呢？我们将在记账部门之外的一些文献中找到需要的答案，此即福蒂斯丘所著《为兰加斯特家族的权利辩护》，³ 以及亨利八世时代的一份仪典书。从这个时候起，人们在耶稣受难日早晨带来现成的戒指。用来制造戒指的金属在节日前好久就被从王室财库里取出。与这贵金属设备相对应的这笔费用，就再也没有必要出现在赈济金项目中了；现在这笔钱应该到与王室珠宝相关的特别账目中去寻找；实际上，至少从爱德华四世时代，我们确实有时见到这笔费用。⁴

448

---

1 亨利八世，1532年3月29日："In oblacionibus domini Regis factis in adorando crucem die Parasche(ues) et pro redempcione, anulis medicinalibus inde fiendis, aurum et argentum, infra tempus huius compoti xxv s." Add. mss. 35182, fol. 31 v°。E. A. 426, 1, fol. 18（爱德华六世：1547年4月8日）中的套语表达的意思也同样相当地令人不满意："In oblacionibus domini Regis secundum antiquam consuetudinem et ordinem pro adhorando crusem die Parascheues et pro rede[m]pcione Anulorum Medicinalium inde fiendum [sic] aurum et argentum, infra tempus huius computi xxxv s.（可能是 xxv s. 之误）"；Add. mss. 35184, fol. 31 v°（爱德华六世：1553年3月31日）差不多原原本本地重复了这段文字。

2 E. A. 396, 11, fol. 12.

3 参见前文 p. 179。

4 关于爱德华四世，Privy Seal Account, Crawfurd, Cramp-rings, p. 171 所引；参见 *A collection of ordinances and regulations for the government of the Royal Household* (Soc. of the Antiquaries), in-4°, Londres, 1790, p. 23 中的 *Liber Niger Domus Regis*（支付"珠宝室"的费用）。亨利七世：W. Campbell, *Materials for a history of the reign of Henry VII* (Rolls-Series), II, p. 142。亨利八世：王室支付款账簿，Brit. Mus. Add. mss. 2181, 第二年，〔1511年〕4月19日；*Letters and Papers, Foreign and Domestic, Henry VII*, XV, n° 862；XVIII, I, n° 436；2, n° 231, p. 125, 127。亨利八世统治时期——至少从1542年以后——医疗戒指所费支出列入"增项基金"（*le fonds de Augmentations*），这个基金的来源是没收的宗教财物（关于这些基金，参见 F. A. Gasquet, *Henry*

概言之，我们可以说，关于治疗仪式，英国旧君主制的财政档案提供给我们的，只是些碎片化且常常不精确的讯息，在瘰疬病的触摸问题上尤其如此。法国的档案，虽然材料远为贫瘠，但在一些方面却更为优胜。这是一种惊喜，这种惊喜常见于这类资料，这种资料充满了令人失望的地方，但它带来的意外发现也比比皆是。

在一系列轮廓分明的钱币中，某个特殊时刻发生的登记安排上的些微变化，虽然乍看起来意义不大，但也许在历史学家的眼皮底下掩藏着一整类极重要的讯息。一位微不足道的官员也许决心改变一下前辈们的常规，其古怪行为却使我们受惠。我们认为，以账目中出现的明显沉默为立论基础，乃不明智之举，其原因即在于此。

VIII and the English monasteries, II, 6th éd., 1895, p. 9）。玛丽·都铎：〔J. Nichols〕, *Illustrations of the manners and expences of antient times in England*, in-4o, Londres, 1797, *New Years' Gifts presented to Queen Mary*, p. 27。

二 图像说明

我尽己所能收集了一些与国王奇迹相关的图画或造型作品,下文汇集的是一些简要说明。1908年像萨洛蒙·雷纳克这样博闻的学者,在提及我的说明单中第三号作品时宣称,他从未见到其他表现这一主题的图画〔*Rev. archéologique*, 4ᵉ série, XII (1908), p. 124, n. 1〕读者将看到,我已经很幸运地在整体规模上显著扩展了国王触摸与治病仪式的肖像画档案。尽管如此,这个档案仍不太丰富。毫无疑问,比我更幸运的研究者也许有朝一日会扩展之,至少,就最后两三个世纪创造奇迹的君主而言,情况会是如此。就中世纪而言,我认为不会有很多发现。况且,我咨询迪里厄伯爵先生与亨利·马丁先生,他们都客气地复函说,除了我这里列出的彩饰画,不知道其他与瘰疬病相关的彩饰画。至于现代的情况,卡纳瓦莱(Carnavalet)博物馆馆长朱尔·罗比凯(Jules Robiquet)先生及圣热内维耶夫(Sainte-Geneviève)图书馆馆长夏尔·莫尔泰(Charles Mortet)先生,都肯定地向我表示,他们所管理的收藏品中没有任何表现瘰疬病触摸的艺术品。

至于分类方法,我采用的是每个子目下按编年顺序排列。标星号(*)的数字表示我通过更早的作者所了解的作品,这些作品或已佚失,或不能找到。

对于每一作品，我说明了对它转载的情况，然后是对它研究的情况；在合适的地方，我增加了简短的考辨。一篇恰如其分的说明，要真正有用的话，总是需要相当的长度，这往往会与前文已经说过的内容重叠。在两种情况下我才这样做：首先，需要进行讨论之时；其次，该作品没有出版或者被任何印行的作品（包括本书）转载过。至于文中的转载，我不得不为自己设定了一些限制，为的是容易理解。我的选择乃受到下列理由支配：我已经向读者展示了两幅表现国王触摸的版画，一幅表现法国的仪式，另一幅表现英国的仪式（n°s 8, 13）；法国特有的一幅圣坛画，说明治病的国王与圣马库尔之间的联系性（n° 16）；最后是一幅有趣的 16 世纪的小图画，在这幅画上，一位不知名的艺术家匠心独运地将神圣王权最鲜明的两个方面集合到一起，即经过圣餐仪式而获得的准教士职分，以及创造奇迹的力量（n° 3）。我还希望在这些文献之外增加圣里基耶（Sainte-Riquier）修道院的壁画（n° 20），这幅壁画生动地表现了国王创造奇迹过程中圣马库尔所承担的代祷者的角色；但我前往那里进行实地考察时未能为壁画拍照，后来也没能获得任何照片或照片副本。

人们以各种方式热情帮助我，将这些散落各地的文献搜集起来。对所有这些人，我要表示感谢之忱，他们是：迪里厄伯爵，亨利·马丁，萨洛蒙·雷纳克，朱尔·罗比凯，夏尔·莫尔泰，亨利·吉拉德，阿布维尔的圣伍尔弗朗（Sainte-Wulfran d'Abbeville）修道院主祭。著名印刷商弗朗索瓦·帕亚尔（François Paillart），历史纪念碑首席建筑师保罗·古（Paul Gout），图尔内市档案管理员奥凯（Hocquet）先生，都灵王室美术馆的古列尔莫·帕基奥尼（Guglielmo Pacchioni）先生，博洛尼亚的马提诺第（Martinotti）教授与杜卡蒂（Ducati）教授，以及海伦·法夸尔小姐。

1 对瘰疬病的触摸治疗

（1）忏悔者爱德华触摸瘰疬病妇女　一幅 13 世纪的彩饰画，见于剑桥大学图书馆手稿 Ee III 59，内有一首诗，题作 *La Estoire de Seint Aedward le Rei*, p. 38。

转载：Crawfurd, *King's Evil*, p. 18 对面页；C Barfoed, *Haands-Paalaeggelse*, p. 52（取自 Crawfurd）。

研究：H. R. Luard, *Lives of Edward the Confessor* (*Rolls Series*), Londres, 1858, p. 12, n° XXXVII；参见前文 p. 44，319。

（2）* 一位法国国王触摸瘰疬病患者　圣米歇尔山修道院教堂、环形圣米歇尔礼拜堂，安德烈·洛雷院长命令完成的圣化礼彩画玻璃窗，上部第二个圆形雕饰图。

这个玻璃窗现今已经被毁，我们只是通过从前人们对它的描述，尤其是 Abbé Pigeon, *Nouveau guide historique et descriptif du Mont Saint-Michel*, Avranches, 1864, 经 Paul Gout, *Le Mont Saint-Michel*, II, p. 556-557 转载的描述，才知道它的存在。我在上文（p.145）已经引用了这个描述的部分内容；此处是全文：

"第二个圆形雕饰图表现的是国王，他领受两种形式的圣体后，走到一个公园，那里汇集了众多的患者。他以右手逐个触摸他们，从前额到下巴，从一个脸颊到另一个脸颊，同时重复着神圣的话语："愿上帝为你治疗，国王为你触摸。"

画面的一角是一个笼子，几只鸟正从笼中飞出，象征着新继立的国王给予囚徒们的自由，以及将给予臣民的自由。

"愿上帝为你治疗，国王为你触摸"这个套语，当然没有出现在玻璃窗上；据我看来，阿贝·皮容（Abbé Pigeon）提到它，只是为了显示自己的博学。但必须承认，在这一点上，他的记述远不够清晰。

研究：见上文 p. 144。

（3）一位法国国王接受圣餐的面包与酒，并准备触摸瘰疬病患者　16 世纪的一幅图画；18 世纪见于热那亚，存于 Palais Durazzo, via Balbi（参

451

见 Ratti, *Guido di Genova*, 1780, I, p. 209）；1824 年为撒丁国王所获得；现存都灵王室美术馆第 194 号。

转载：*Reale Galleria illustrata*, IV, p. 153; Paul Richer, *L'art et la médecine*, in-4°, s.d., p. 296; Eugen Hollaender, *Die Medizin in der klassischen Malerei*, Stuttgart, 1903, p. 265; S. Reinach, *Répertoire de peinture du moyen-âge et de la Renaissance*, IV, 1918, p. 663; Martinotti, *Re Taumaturghi*, p. 133; 本书图版一。

研究：Hollaender, 前引书, S. Reinach, *Revue archéologique*, 4e série, XII (1908), p. 124, n. 1; 参见前文 p. 315; 王室美术馆馆长 M. 古列尔莫·帕基奥尼的信件使我获益良多，上文所使用及下文讨论所使用的大量珍贵讯息，都来自他的信札。

这幅画的确切主题是什么？为了回答这个问题，最好先简短地描述一下这个作品。

在画面的左边，朝右开门的一座礼拜堂里，一位法国国王，蓄着胡子，身披斗篷，斗篷上饰有百合花，头戴王冠，身边是象征正义的节杖和权杖。国王正要跪于大理石桌案前，大理石桌案必是圣坛。他似乎双手捧着一个带盖的圣餐杯。国王对面是一位正在跪下的主教，双手也捧着一件东西，我认为可以有把握地识辨出是一个空着的圣餐盘。环绕圣坛，还有正要跪下来的另一位主教和一位修士，另一位修士与三位俗人站立着——一位侍者拖曳着第一位主教的衣物，另一人则握着一个物件，此物可能是一个王冠覆盖的头盔。在画面的右边，礼拜堂开门相对的一个院子，毗邻一堵带城垛的墙，这墙开有一巨大的门口，两个患者拄着拐杖，一个跪着，一个站立，一位妇女怀里抱着一个小孩，另外两个人，一个叉着手，靠近门口处是几个卫兵。墙外面的风景中有一座城，一支骑马的队伍正向城里开去。

所有人似乎都一致认为，右手的人物（除了卫兵）中可以识辨出正在等待国王触摸的瘰疬病患者。至于左边的场景，霍兰德（Hollaender）与雷纳克认为表示国王接受涂油礼。我认为，更应视为国王依其家族特权领受圣餐中的面包和酒。圣餐盘的存在几乎消除了一切疑问。国王已经接受了面包，正准备从圣杯盘里接受酒。然后他将动手触摸患者。圣餐礼也是圣化礼的一部分吗？乍看起来，国王的装束也许让人做此想法；但人所共知的是，在这个时期的艺术作品中，这种装束只是一种习惯性手法，表示这个人物是一位国王，一位法国国王。很有可能，艺术家的意图，只是将这两个场景并联在一起，显示法国君主的两个突出的特权：与教士一样领受圣餐，能创造治病的奇迹。情况似乎是，圣米歇尔山彩色玻璃窗的设计者已经受到类似观念的启发；但是彼处，因为整个玻璃窗的主题表现的是国王的圣化礼，圣餐式无疑发生在这个仪式过程中。

有待解决的问题是，作者可能为何人。人们曾将这幅未署名的画，先后归于阿尔布莱希特·丢勒[1]（Ratti，前引书）、科隆画派、卢卡斯·冯·莱顿，以及贝尔纳·冯·奥尔雷；最后一种观点为布克哈特（Burckhardt, *Cicerone,* Fr. trans., II, p. 637）、《美术馆目录》（*Catalogue de la Pinacothèque*）、博迪·德·韦斯梅（Baudi de Vesme）的著作采纳，而获得半官方的价值。不过，这种观点有一难题：冯·奥尔雷是一位特命画家，受命于奥地利的玛格丽特与匈牙利的玛丽。他如何受到诱导创作一幅作品，为法国人创造奇迹的荣光喝彩？（关于冯·奥尔雷的生平，见 Alph. Wauters, *Bernard Van Orley*, 1893）我们看到的这幅图画，大概出自低地国家的某位艺术家之手，受到意大利画风的影响。这似乎就是我们能够做出的相当模糊的认定。

（4）一位法国国王触摸一位瘰疬病患者　　灰色装饰画〔Degrassalius (Grassaille)〕上的版画，*Regalium Franciae iura*, 1538, p. 62。

（5）亨利二世触摸瘰疬病患者　　亨利二世《时刻簿》中的彩饰画，Bibl. Nat in lat. 1429, fol. 106 V°。

转载：du Bastard, *Peintures et ornements des manuscrits*, VIII（彩色）；*Livre d'heures de Henri II, reproduction des 17 miniatures du ms. latin 1429*

1　阿尔布莱希特·丢勒（Albrecht Dürer，1471—1528 年），德国画家、版画家。——译者

de la Bibliothèque Nationale (1906), pl. XVII; Landouzy, *Le toucher*, 单页插图; Crawfurd, *King's Evil*, p. 58 对面页; Farquhar, *Royal charities*, I, p. 43 对面页。

研究: 关于整个手稿, 尤其参见 L. Delisle, *Annuaire-Bulletin de la Soc. de l'histoire de France*, 1900, 及 *Exposition des primitifs français ...,Catalogue ...*, 1904, *Manuscrits à peintures*, p. 316 n° 205 彩饰画上侧。

(6) 玛丽·都铎触摸一位年轻的瘰疬病患者　女王弥撒礼彩饰画, 威斯敏斯特大教堂图书馆。

转载: Crawfurd, *King's Evil*, p. 68 对面页。

研究: 关于弥撒礼, 见 Sir Henry Ellis, *Proceedings of the Society of Antiquaries*, 1st series, II (1853), p. 292-294 的一封通信; Sparrow Simpson, *On the forms of prayer*, p. 285-287。

(7) 伊丽莎白女王触摸瘰疬病患者　佛兰德尔版画雕刻家朱斯·德翁特 (Joose de Hondt) 完成的雕刻画, 大概创作于他居留英国期间 (1583—1594年)。

Tooker, *Charisma, Epistola Dedicatoria*, p. [10]: "... cum nuper in *Tabulis Geographicis et Hydrographicis* depictam vidimus, et exaratam salutiferae hujusce sanationis historiam, et quasi consecratam memoriam oculis contemplati sumus", 这段文字带有边注: "Iodocus Flandr. in descript. sive tab. orbis terr", 我从图克提到的这段文字知道这幅雕刻画。参见 Delrio, *Disquisitionum*, 1606 éd., p. 61, 图克支持伊丽莎白的所谓能力举出的一些证据: "Probat etiam quia quidam Judocus Hundius eam curationem pictam in lucem dedit"。在我所能查询的有关 J. 德翁特著作的各图中, 我没有找到类似的内容: *Theatrum imperii Magnae Britanniae..., opus nuper a Iohanne Spedo ..., nunc vero a Philemone Hollando..., donatum*, fol. Amsterdam, 1616, "ex officina Judaci Hondii"; *Thrésor. des Chartes*, La Haye, 无日期;

Pierre Bertius, *La Géographie raccourcie ... avec de belles cartes ...* , par Judocus Hundius, Amsterdam, 1618; 以及他所编辑的墨卡托（Mercator）著作的各版本。

关于 J. 德翁特居留英国的情况，见 *Bryan's Dictionary of Painters and Engravers*, éd. G. C. Williamson, 及归于他名下的 *Dictionary of National Biography*。

（8）自然表象……法国与纳瓦拉的虔诚笃信之王亨利四世触摸瘰疬病患者 菲朗（P. Firens）完成的雕刻画，无日期。我知道有下列复制品：① Bibl. Nat. Estampes, coll. Hennin, XIV, fol. 5; ② Bibl. Nat. Imprimés, coll. Cangé, L b ^{35} 23b, fol. 19（尚未套印文字说明的样张）；③同前引，fol. 21; ④ *Oeuvres de Me André du Launres ... recueillies et traduites en françois par Me Théophile* Gelée, fol. Paris, 1613, Bibl. Nat. Imprimés, T^{25} 40 B 的一个副本（尚未套印文字说明的样张），装订于 *Discours des Escrouelles* 顶端的剪贴画；⑤装订于 Andreas Laurentius, *De Mirabili strumas sanandi vi...*, in-8°, Paris, 1609, British Museum, 1187 a 2（尚未套印文字说明的样张）副本顶端的剪贴画；⑥同前引，同著作另一副本顶端，存同一图书馆（尚未套印文字说明的样张）。

转载：Abel Hugo, *France historique et monumentale*, V, in-4°, 1843, pl. I（非常平庸）; *Nouvelle icongraphie de la Salpêtrière*, IV (1891), pl. XV; A. Franklin, *La vie privée d'autrefois, Les médecins*, p. 15 对面页（部分）; Landouzy, *Le toucher*, p. 2; Crawfurd, *King's Evil*, p. 78 对面页; Martinotti, *Re Taumatughi*, p. 136; Roshem, *Les escrouelle*, p. IX（特别简化）; 本书图版三。

研究：前文 p. 343。洛朗斯论瘰疬病治疗的著作的一些副本或译本中，前头都有这幅雕刻画，这常使人们认为，这幅雕刻画的创作是用作该著作的卷首插图，尤其是用作 1609 年最初印本的插图（因为不列颠图书馆的两个副本就是如此）；但很清楚的是，在这两个副本中，就像国家图书馆所藏的 1613 年译本中，这幅雕刻画是置于稍后一处的。此外，它幅广（不计文字）大约 15½ × 11¾ 英寸，对于 1609 年印本的八开本的小卷册而言，用作卷首插图太过庞大；最后，我们知道，这个版本的众多副本根本就没有收入这幅画。

（9）**一位国王触摸一位罹患瘰疬病的妇女**　雕刻画，载 S. Faroul, *De la dignité des roys de France*, 1633, p. 1 对面页。

转载：Landouzy, *Le toucher*, p. 20。

（10）**一位状似路易十三的国王在圣马库尔面前触摸瘰疬病患者**　Oudard Bourgeois, *Apologie*，1638 扉页上的雕刻画。

转载：Landouzy, *Le toucher*, p. 18。

研究：前文 p. 287。

（11）**1515 年 12 月 15 日弗朗索瓦一世在博洛尼亚触摸瘰疬病患者**　卡洛·西尼亚尼（Carlo Cignani）及埃米利奥·塔鲁菲（Emilio Taruffi）奉大主教热罗姆·法尔内塞（Jerôme Farnèse）之命创作的壁画。1658—1662 年，法尔内塞是派驻博洛尼亚的使节；Bologne, Palazzo Comunale, Sala Farnese。边饰文字："Franciscus primus Galliarum rex Bononiae quam plurimos scrofulis laborantes sanat"。

转载：G. Martinotti, *Re taumatughi*，载 *L'illustrazione medica italiana*, IV (1922), p. 134。

研究：G. Martinotti，前引书，参见前文 p. 364（彼处我已经使用了杜卡蒂教授慷慨提供的讯息，其中有些取自 Salvatore Muzzi, *Annali della città di Bologna dalla sua origine al 1796*, VIII, Bologna, 1846, p. 12 以下。）

（12）**查理二世触摸瘰疬病患者**　豪埃（F. H. van Houe）创作的雕刻画，用于印刷单首页（单面印刷），展现国王触摸仪式：Londres, Dorman

Newman, 1679。

转载：Landouzy, *Le toucher*, p. 25；Crawfurd, *King's Evil*，单页插图；Eugen Holländer, *Wunder, Wundergeburt und Wundergestalt in Einblattdrucken des fünfzehnten bis achtzehnten Jahrhunderts*, in-4°, Stuttgart, 1921, p. 265。

标识处：前文 p. 319, n. 2。

（13）查理二世触摸瘰疬病患者　罗伯特·怀特（Robert White）创作的雕刻画，J. Browne, *Charisma Basilikon* 封面，构成其作品 *Adenochoiradelogia*, Londres, 1684 的第三部分。

转载：Landouzy, *Le toucher*, p. 27；*Home Counties Magazine*, XIV (1912), p. 118；Crawfurd, *King's Evil*, p. 114 对面页；Farquhar, *Royal Charities*, II, 单页插图；本书图版四。

标识处：前文 p. 319, n. 2。

（14）路易十四在圣马库尔面前触摸瘰疬病患者　让·茹弗内（Jean Jouvenet）创作的图画，见于从前的圣里基耶（Sainte-Riquier）修道院教堂（索姆省）圣马库尔礼拜堂；落款为"Jouvenet, p. 1690"。

转载：*La Picardie historique et monumentale* (*Soc. des antiquaires de Picardie; fondation E. Soyez*), IV, 1907-1911, Georges Durand 关于 Saint-Riquier 的专论，图版 LV。

研究：G. Durand, 前引书，p. 337-338；参见 p. 230；前文 p. 287。关于作者，基本著作仍是 F. M. Leroy, *Histoire de Jouvenet*, 1860；参见 Pierre-Marcel Lévi, *La Peinture française de la mort de Lebrun à la mort de Watteau*, 无年月（thèse lettres, Paris）。

（15）路易十四在圣马库尔面前为瘰疬病患者触摸　未署名的 17 世纪图画，见于阿布维尔地方圣伍尔夫朗教堂祭坛。

标识处：*La Picardie historique et monumentale*，III, p. 39；参见前文

p. 287；阿布维尔地方的主祭先生经由 F. 帕亚尔先生，热情地向我提供了一些极为有用的讯息。

这幅画保存得很差。路易十四的相貌特征轮廓相当模糊，身着衣领饰有宝石的貂皮披肩斗篷，朝向右方，俯身触摸一位瘰疬病患者的额头。他的右边是手执牧杖的圣马库尔。除了受他触摸的患者外，还有正在跪下的另外一人。在背景处的右方，开放的拱廊下，还有不同人等（患者与卫兵），这些人被描绘得很不清楚。

（16）一位法国国王与圣马库尔正在治疗瘰疬病患者　17 世纪下半叶的祭坛画，图尔奈圣布里斯教堂。

转载：本书图版二。

研究：前文 p. 287；我从档案员奥凯先生处得到一些极为珍贵的讯息。当地传说通常将这幅画说成是米切尔·布永（Michel Bouillon）所作，此人于 1630—1677 年在图尔奈开办过一所学校；圣布里斯档案没有提到它。

（17）* 安妮女王触摸小男孩　一种带有爱国图片的纸牌中，红桃九上面的小图片，在 *Gentleman's Magazine*, I, 1814, p. 129（C. G. L. Gomme, *Gentleman's Magazine Library*, IX, p. 160），其所有者 G. W. L. 戈姆对纸牌有过描述。对红桃九的描述是："女王陛下触摸治病。她的右手放在一个小孩的头上，小孩跪在她面前。"

标识处：前文 p. 391。

可疑的图像

（18）被认为表示国王触摸瘰疬病患者的浅浮雕　这是一个浅浮雕片段，发现于拉孔达米讷（摩纳哥公国）；藏于摩纳哥博物馆（圣日耳曼昂莱博物馆藏模塑品）。

转载：*Rev. archéologique*, 4ᵉ série, XII,（1908），p. 121; E. Espérandieu, *Recueil général des bas-reliefs de la Gaule*（未刊印文献），II, n° 1684。

研究：S. Reinach, *Sculptures inédites ou peu connues*, *Rev. archéologique*, 前引书，p. 118 以下；E. Espérandieu, 前引书。

该浮雕似属中世纪（13 世纪？）之物；但难以诠释。有人认为它表达的是一位国王——因为这位中央的人物头戴王冠——正在触摸瘰疬病患者。这种观点只是作为一种推测，由雷纳克提出，并为埃斯佩朗迪厄（Espérandieu）所接受。实际上"国王"没有"触摸"靠近他的人们。除此之外，与国王触摸相关的场景似乎也不符合中世纪图像的习惯。

2 医疗戒指圣化礼

（19）玛丽·都铎在祈祷，准备圣化戒指

转载：Crawfurd, *Cramp-rings*, p. 178 对面页。

研究：前文 p. 179, 181；关于弥撒，参见第 6 项。

3 圣马库尔与法国诸王 [1]

（20）圣马库尔授予法王治疗瘰疬病的力量 壁画，大概创作于 1521 年之后不久，可能受圣里基尔修道院财务官菲利普·沃洛亚（Philippe Walois）之命完成；绘于圣里基耶修道院教堂（索姆省）财务室西墙壁。

转载：*La Picardie historique et monumentale*，IV，*Saint-Riquier*，图版 XXXII（包括整个墙面的装饰）。

研究：G. Durand, *La Picardie*，前引书，p. 305；前文 p. 285（及图版一［附］）。

---

[1] 也参见前文第 14、15、16 项。

(21)*圣马库尔授予法王治疗瘰疬病的力量　埃贝尔（H. Hébert）创作的雕刻画；我们知道它的存在，是经由 L. J. Guénebault, *Dictionaire iconographique des figures, légendes et actes des saints*, 载 Migne, *Encyclopédie théologique*, 1re série, XLV, col. 388：画面上，这位圣徒正触摸着一位国王的下颌，国王在他近前跪着。格纳博（Guénebault）在马扎然图书馆见过这幅雕刻画，"portefeuille n° 4778 (38), fol. 58, n° 8"。1860 年 11 月 15 日，这个画夹，包括全部的雕刻画作品，被归档于国家图书馆的版画陈列室。由于归档作品的细目册目前还没有编制出来，我发现在版画陈列室不可能找到埃贝尔创作的这幅雕刻画；此画没有收入 *Collection des Saints*。

研究：见上文 p. 287。

(22) 圣马库尔右手伸向一位跪拜国王的头　一枚表达虔诚的纪念章，无疑属于 17 世纪末或 18 世纪初，来自阿拉斯（Arrras）。它正面所讲述的是圣马尔科（S. Marco）的传说，背面讲的是圣列万（S. Liévin）的传说，在阿拉斯地区的圣克鲁瓦教堂，圣列万与圣马库尔一起受到人们的崇奉。收入 Collection Dancoisne。

转载：J. Dancoisne, *Les médaille religieuses du Pas-de-Calais*; *Mémoires Académie Arras*, 2e série, XI（1879）, pl. XVIII, n° 130.

研究：同前引，p. 123 及前文 p. 288。

(23) 一位法国国王礼拜圣马库尔　前往格雷杜瓦索（布拉班特）朝圣"旗帜"上的雕刻画，无年月（18 世纪）；安特卫普的范·厄尔克（Van Heurck）美术馆收藏。

转载：Schépers, *Le Pèlerinage de Saint Marcoul à Grez-Doiceau*, *Wallonia*, 1899, p. 180（大概取自范·厄尔克美术馆收藏品的不同副本；E. H. Van Heurck, *Les drapelets de pèlerinage en Belgique et dans les pays voisins*, 1922, p. 157。

研究：Van Heurck, 前引书；前文 p. 288。

同一主题还以其他两种形式呈现于格雷杜瓦索教堂："另一小雕像表现的是圣马库尔拿着一件圆形物，俯身让跪在他前面的一位国王亲吻之；一幅画得很糟的图画，在突出的位置表现的是同一个主题，远景是朝拜者接近格雷杜瓦索教堂时的情形"（Van Heurck, p. 158）；我不知道这两件艺术品创作的日期，范·厄尔克先生没有说明它们的日期，很可能是因为他不能判断出一个精确的日期。这一点人们很清楚。参见 Schépers，前引书，p. 181。

（24）路易十六完成圣化礼后在圣马库尔圣骨盒前抒献忠诚 18世纪末创作的圣坛画，未署名，出自贡比涅地方圣雅克教堂（左手第二礼拜堂）。在画的中央，国王身着蓝色斗篷，斗篷以百合花装饰，貂皮领，双手合实，正要在一个圣坛脚下跪下来，圣坛朝向画面的右方；圣坛上面放着的是圣骨盒，其上是这位圣徒的小雕像。

圣坛的右边是一位大主教，左边是一位教士，穿着礼拜服，手里拿着一本书。国王的后面是两位佩戴勋带的贵族、两位教职人员与两名卫兵。在背景部分，扶栏的后面是百姓模样的人群（患者？）。场景是在一座哥特式教堂内。在画面的左下角，一个方框里的铭文是："路易十六在圣化礼之后，于触摸患者之前，在圣马库尔圣骨盒前，感谢上帝——1773年7月11日。"

作品的笔法极为平庸。

三　国王涂油礼及圣化礼的肇始

下面我搜集了一些资料，目的是支持本书前面的论述；在前面的论述中，由于印刷上的需要，我没有列出参考资料（第一卷，第二章，第68页以下）。当然，我想到的只是涂油礼首先出现的西欧国家：西班牙、法兰克王国、英格兰以及一些凯尔特国家；我还要说一说拜占庭的情况。我不想追踪这个仪式在较晚时期向欧洲其他国家的传播。以纳瓦拉和苏格兰为例，涂油礼是以教皇谕令分别于1257年和1329年授权进行的。参见 Baronius-Raynaldi, éd. Theiner, XXII, p. 14, n° 57; XXIV, p. 422, n° 79。在苏格兰，这个特权经过长期的请求才获得准许。教会法学家苏萨的亨利，通常以霍斯廷西斯[1]闻名于世，他在写于1250—1261年间的 *Summa Aurea*, lib. I, c. XV, fol. Lyon, 1588, fol. 41 v° 中写道："Si quis de novo ungi velit, consuetudo obtinuit quod a papa petatur, sicut fecit Rex Aragonum[2] et *quotidie instat Rex*

---

[1] 霍斯廷西斯（Hostiensis），意大利的红衣主教，活跃于13世纪，是当时著名的教会法学家。——译者

[2] 阿拉贡诸王中，第一位接受涂油礼的国王似乎肯定是彼得二世，1204年11月11日他从教皇英诺森三世接受了涂油礼；见 G. de Blancas, *Coronaciones de los serenissimos reyes de Aragon*, Saragosse, 1641, p. 1 以下。

Scotiae";[1] 参见前文第 195 页，注 1。

有些事实本身不涉及讨论，在这些地方我将略做提及。

1 西班牙的西哥特王国

Dom Marius Férotin, *Le liber ordinum en usage dans l'église wisigothique et mozarabe d'Espagne* (*Monumenta ecclesiae liturgica*, V), in-4°, 1904; Appendix II, col. 498-505 论述了西班牙的西哥特人国王涂油礼的历史。我的论述很多借用了这部卓越的著作。

有可靠证据证明举行涂油礼的第一位西哥特国王是万巴，他于 672 年 9 月举行过涂油礼（Julian de Tolèdo, *Liber de historia Galliae*, c. 3, 4; Migne, *P. L.*, t. 196, col. 765-766）。但讲述该仪式的这位同时代作者显然认为仪式是传统的。很多实例证明，万巴之后，这个仪式具有连续性。

总之，可以说，这个仪式肯定在万巴之前即已存在。但我们能否知道其确切日期呢？费罗坦（Dom Férotin）认为文献证据不可能做到这一点。人们禁不住会想到，发起这种改革的是雷卡里蒂（586—601 年），他是统治西哥特的第一位信仰天主教的国王。Schücking, *Regierungsantritt*, p. 74 注意到 Isidore de Sèville, *Histoire des Goths* 中涉及这位君主登基的一段文字："regno est coronatus"[2]（*Menum. German.* AA, XI, p. 288）。但是，很难从这段文字中获得确切的讯息。应该怎样理解 regno coronatus？它们是否就是这个字眼确切意义上的登基，即在拜占庭那样的教会仪式氛围中进行的庄严肃穆的王冠交接呢？拜占庭的做法确实在多方面为西哥特国王所仿效。如果托莱多的朱利安对万巴即位仪式的详细描述，没有使我们必须承认，西哥特人熟悉国王涂油礼，但不熟悉加冕礼，那么我们也许大可认为是如此。那么，是否像

---

1 "近来，当某人想被施以涂油时，习惯于他可以向教皇提此要求，亦如阿拉贡国王所为，以及苏格兰国王每日所求。"——译者

2 意为"国王加冕了"。——译者

舒金（Schücking）所说的那样，塞维利亚的伊西多尔所回忆的内容就是指涂油礼本身呢？但是，如果我们采纳这种见解，那就必然意味着，讨论中的这个短语只具有隐喻意义。一旦接受这种可能性，我们显然必须做好准备，将问题进行到底。伊西多尔认为王冠是国王的标志，这也正是从彼时起拜占庭的实际情况，尤其《圣经》所主张的情况（参见下文 p. 470），而且很有可能，西哥特诸王虽然不在宗教仪式的即位礼中接受王冠，但有时确实头戴王冠显示国王威仪。[1] 伊西多尔使用 coronatus 这个词语，不可能只是出于形象化手法，或者说文学修饰手法，如同我们今天说一位国王"登上王位"而不涉及任何具体仪式一样吗？简言之，虽然我们可以肯定国王涂油礼在 672 年以前传入了西班牙，但文献却无法使我们确切地指出传入的时间。

至于 Eichmann, *Festschrift G. von Hertling dargebr.*, p. 263 错误引用的 638 年的托莱多宗教会议，它的决议中丝毫没有涉及涂油礼，也没有涉及任何国王圣化礼；参见 Mansi, *Concilia*, 1764 éd., X, col. 659 以下。而在另一方面，681 年于同一城市举行的宗教会议决议的第一章非常明确地提到了国王涂油礼：同前，XI, col. 1028。

穆斯林入侵摧毁了旧的西哥特王权时，奥维耶多的新基督教王朝，至少从 886 年以后，似乎已经复兴了涂油礼传统。〔Férotin, col. 505；参见 Barrau-Dihigo, *Recherches sur l'histoire politique du royaume asturien* (thèse lettres), Paris, 1921, p. 222, n. 2〕这是本地仪式的遗存呢，还是应该认为它已经被遗忘，我们现在看到的仪式仿效了新兴的法兰克人的习惯呢？文献记载不允许我们决定这两个假设孰是孰非。

2 法兰克王国

与 751 年丕平涂油礼相关的众多证据，读者应参见 Böhmer-Mühlbacher,

1　关于西哥特王国中佩戴王冠的情况，参见 Felix Dahn, *Die Könige der Germanen*, IV, Leipzig, 1885, p. 530-531。

Die Regesten des Kaiserreichs, 2ᵉ éd., p. 32。关于举行仪式的日期，见 M. Tangl, *Die Epoche Pippins, Neues Archiv*, XXXIX (1914), p. 259-277。

我们知道，754 年 7 月 28 日丕平第二次由教皇接受涂油礼；参见 Böhmer-Mühlbacher, p. 38；关于举行仪式的日期，见 Erich Caspar, *Pippin und die römische Kirche*, Berlin, 1914, p. 13, n. 2。

丕平真是第一位接受涂油礼的法兰克国王吗？迄今为止，人们还几乎一致地相信这一点。最近，热尔曼·莫兰发表一篇文章〔Germain Morin, Un recueil gallican inédit de bénédictions épiscopales, *Revue bénédictine*, XXIX (1912)〕，对这一点表示怀疑。莫兰先生在一份 9 世纪的慕尼黑手稿中发现有一处提及圣化礼仪式，他认为这次圣化礼是人们所知的一个法兰克国家内举行的最古老的仪式——我认为他持之有故（p. 188；参见上文 p. 73. n. 1）。但是，我要重申的是，这是一份 9 世纪的手稿，我不明白它何以作为论据来怀疑"普遍接受的观点"，即墨洛温时期"国王以圣油进行涂油礼……在高卢不为人所知"。除非有新发现公诸于世，"普遍接受的观点"似乎还不会被抛弃。

3 加洛林帝国的涂油礼

在查理曼重新振兴的帝国西部，帝国涂油礼的历史，已由 René Poupardin, *L'onction impériale, Le Moyen-Age*, 1905, p. 113-126 完全揭示出来。我所做的，只是为这个重要的研究成果补充一个不太重要的细节。

查理曼是接受过涂油的国王，甚至可能接受过两次涂油（Böhmer-Mühlbacher, p. 38, 57）；大多数文献都一致说，他在皇帝位上没有再接受涂油（同前，p. 165）；教皇利奥三世认为，为他加冕就够了。同时，不同时代的作家都重复着一个相反的传说，依这个传说，这位法兰克君主在接受加冕礼的同时，也接受了涂油礼。真正说来，所有的证据都追溯到一个源头，即拜占庭编年史家塞奥凡尼斯的记载（Théophane, *Chronographia*, éd. C. de Boor, I, 1883, p. 473）。实际上，可确定无疑的是，不仅 12 世纪的拜占庭人君士坦丁·马纳塞（Constantin Manassès, *Histor. de France*, V. p. 398），而且路易二世皇帝致马其顿王朝瓦西里的著名信件——写于 871 年或 879 年——的作者，其资料都来自塞奥凡尼斯（*Chronicon Salernitanum*, Pertz, SS., III, p. 523）。普帕尔丹（Poupardin）先生虽一向精准，但似乎没有注意到这封信件与塞奥凡尼斯记载之间存在的依赖关系。但其联系性是显而易见的。实际上，无可置疑的是，这封信是由被称作"图书员"的阿纳塔修斯草就的；阿纳塔修斯不可能忽视塞奥凡尼斯的著作，因为他此前曾在其著作（*Chronographia tripartia*）中将它译成拉丁文；而且，在这部著作中，他还收录了有关查理曼涂油礼的段落，完全是照样录载（Théophanes, éd. de Boor, II, p. 315）。[1] 正是从 *Chronographia tripartia*，这个细节被采纳到 *Chronicon Casinense*（Muratori, *Scriptores*, II, p. 364 E）；*Chronicon Casinense* 是一部质量低劣的汇编作品，以阿纳塔修斯的名义问世，实际出自（12 世纪上半叶）助祭彼得之手。还有待考察的是，对于单单取自塞奥凡尼斯著作的证据，我们应抱有多大的信心。

塞奥凡尼斯的写作是在 9 世纪之初，所以距这些事件，在时间上为近，但在空间上为远；面对法兰克与罗马资料提供的准确讯息，塞奥凡尼斯的说法不能坚持。很有可能，塞奥凡尼斯或提供讯息者的头脑中，混淆了查理曼在加冕礼仪式（及仪式上的喝彩）接受的皇帝圣化礼，与这位新皇帝的长子接受的涂油礼——这位长子从其父也称作查理，他在同一天同样接受了由教皇实施的涂油礼，然而是以国王的身份接受的（Böhmer-Mühlbacher, p. 165）。此外，情况似乎是，在拜占庭，以圣油实施的涂油仪式受到人们嘲笑，是东方礼拜式所不熟悉的。塞奥凡尼斯说教皇为查理曼"从头到脚实施涂油"（χρίσας ἐλαίῳ ἀπὸ κεφαλῆς ἕως ποδῶν）——这个说法随后被所有从他那里取得讯息的文献所重复，只有路易二世的信件除

---

[1] 我只是通过 E. W. Brooks, *Byzant. Zeitschrift*, XXII (1913), p. 154-155 的评论才知道 P. G. Preobrazenskij 论塞奥凡尼斯的（俄文）著作。作者认为这一段落是插入的，既不常见于 *Chronographia* 的希腊文手稿，也不常见于阿纳塔修斯的拉丁译文。所以涉及涂油礼的这一段无可置疑。

外，路易二世将这个说法写下来，是为了证明法兰克诸王采纳的皇帝称号的正当性，但显然没有包括用来讥讽这位最伟大君主的细节（参见前文 p. 66）。

第一位以皇帝身份接受涂油的君主是虔诚者路易，他于 816 年在兰斯举行的一次仪式上，从教皇斯蒂芬四世那里既接受了以圣油实施的圣化礼，又接受了王冠（Böhmer-Mühlbacher，p. 265）。从那时起，涂油仪式似乎已经成为了皇帝圣化礼的一个不可分割的组成部分。

4 英 国

有时人们认为，盎格鲁-撒克逊人的国王涂油礼比法兰克人的涂油礼更为古老，甚至认为法兰克人的涂油礼乃由这个邻近的岛国传入。布伦纳（H. Brunner, *Deutsche Rechtsgeschichte*, II, p. 19）仍然坚持这种观点。一种论点乃基于所谓的艾格伯特主教仪典书所包含的圣化礼书（éd. *Publications of the Surtees Society*, XXVII, 1853；参见 Dom Cabrol, *L'Angleterre chrétienne avant les Normands*, 2ᵉ éd., in-12, 1909，以及 *Dictionnaire d'archéologie chrétienne* 中同作者所撰写的 Egbert 词条）。然而，这份文献似乎不能佐证这样的结论。它的年代不确定：包含这份文献的传世的手稿（Bibl. Nat. lat in 18575）不会早于 10 世纪。真正说来，文献内容证明存在一个早于手稿的礼拜仪式阶段，但将它归于约克大主教艾格伯特（？732—766 年）则没有严格的证据支持，而只是基于一点：手稿的顶端有艾格伯特完成的（肯定真实的）忏悔规条书的一个片段。毋庸说，不同作者的两部著作很有可能是互相抄录。至于手稿第三页（éd., p. XI-XII）明确将主教仪典书归于艾格伯特的提法，乃出自 1682 年《目录》（*Catalogue*）的作者尼古拉·克莱芒之手，因此并不具有充当证据的价值。此外，《国王加冕礼》（*Coronatio regis*）的礼拜仪式书看起来肯定不属于原始材料集（参见 Dom Cabrol 在 *Dictionnaire*, col. 2213 中的论述）。最后，即使将艾格伯特视为主教仪典书的作者，尤其是《国王加冕礼》的作者，那么我们也千万不要忘记，这位高级教士之死，是在法兰克人实施第一次涂油礼十五年之后。

事实上，也许可以断言，第一位接受涂油礼的英国国王是艾格伯特（他的名字与约克大主教相同，当然是没有意义的巧合），此人是麦西亚国王奥法之子，终其一生都与其父王位联系在一起。其仪式于787年在切尔西（Cealchythe）大会上举行，教皇特使出席。参见 *Two of the Saxon chronicles parallel*, éd. Ch. Plummer, in-12, Oxford, I, 1892, p. 53-54 以及卷 II 的相应的注释；A. W. Haddan et W. Stubbs, *Councils and ecclesiastical documents relating to Great-Britain and Ireland*, III, Oxford, 1878, p. 444 以下。当然，我们看到的文件没有使用涂油礼这个词：各编年史说艾格伯特是被"圣化过的"（consacré）国王（to cyninge gehalgod）。但这是一个通常用于主教圣职授任礼的特定词语，在盎格鲁－撒克逊的仪式中意味着使用圣油。此外，会议的各项决定，就如同特使向教皇阿德里安二世所做的报告（Haddan et Stubbs, p. 447; *Monum. Germaniae, Ep.*, IV, p. 19, n° 3），也证明了一种非常清楚的倾向：国王的"选举"，如同加入教士行列，要服从同样的有效条件。这段文字表述如下："我们规定，通奸或乱伦所生之人将不得当选为国王；就像今天一样，按照同样的标准，教会法禁止通奸所生的孩子获得教士职位；同样，不是合法婚姻所生的任何人不能成为神命之主，不能成为整个国家的国王及祖产的继承人。"[1] 对这两种显位的比较当然是为教规而做出的，但它不可能同时传入仪式中吗？最后，我们要注意"神命之主"（christ du Seigneur）这个词语，这个词语将再次出现（见上文

466

---

[1] C. XII. *Monum.*, p. 23-24: "Duodecimo sermone sanximus, ut in ordinatione regum nullus permittat pravorum praevalere assensum, sed legitime reges a sacerdotibus et senioribus populi eligantur, et non de adulterio vel incaestu procreati: quia sicut nostris temporibus ad sacerdotium secundum canones adulter pervenire non potest, sic nec christus Domini esse valet, et rex totius regni, et heres patrie, qui ex legitimo non fuerit connubio generatus." 早些时候在诺森伯里亚王国举行的宗教会议，在教皇特使之一在场的情况下，做出了同样的决定。这两次宗教会议的谕令在各点上都吻合；但在诺森伯里亚，当时似乎没有举行任何国王涂油礼，无疑是因为没有合适的场合。

p. 70）。在其他情况下，这个词语也许在纯粹的比喻意义上使用，如在许多拜占庭文献中似乎就是这样使用（参见下文 n° 8, p. 413）；但在这里，这个词是与编年史中的 gehalgod 一起使用。让人怎能不赋予它更具体的解释，视其为直接指示特定的涂油礼仪式呢？

在切尔西宗教会议诸事务中，所有的迹象都显示有可能受到法兰克的影响。奥法与欧洲大陆上的这个强大邻国的关系是人所熟知的。但更为重要的是，主持宗教会议的各位教皇特使，于786—787年出使英国时，是由一位名叫维格伯的法兰克修道院院长陪伴的，此人明确地代表"卓越的查理国王"（Haddan et Stubbs, p. 447-448; *Monum. Germ.*, p. 20）。最后，另外一种俗制，即什一税——像涂油礼一样，什一税既是《圣经》所载的内容，也是法兰克人的东西——获得这次宗教会议决议的批准（c. XVII）。鉴于这些事实，很难怀疑应用于艾格伯特的圣化礼模式，乃直接受到加洛林榜样的影响；我们知道，加洛林圣化礼早在此前约三十年即已实施。

这里应该顺便注意一个相当有趣的类似现象。大约在涂油礼出现于法兰克国家的同时，国王的宫相想到要用自己的方式表达君主所具有的宗教性，其方法是在君主的名号下加入 gratia Dei（蒙神恩的）著名字眼，这种做法也许在丕平时代已经存在，无论如何，在其子查理与卡罗曼统治时期肯定有之。有些学者认为，这个套语乃由加洛林的君主或他们的教士从盎格鲁-撒克逊人的习俗中借来。但他们似乎弄错了。近来的研究表明，这两个字是在法兰克文书采用一些年以后，才出现在盎格鲁-撒克逊人的法令——尤其是麦西亚的奥法的法令中。在这里，我们再次看到，首创者乃来自欧洲大陆（Karl Schmitz, *Ursprung und Geschichte der Devotionsformeln*, Stuttgart, 1916, p. 174-177）。西哥特王权的崩溃使之丧失了在大小事件上的广泛影响；为西欧提供基督教神圣王权榜样的荣光，落到了加洛林王朝身上。

毫无疑问，从787年艾格伯特接受涂油礼起，由他肇始的这种仪式就在整个盎格鲁-撒克逊人辖境内传播开来，并得到巩固。所谓的艾格伯特主教仪典书是人所共知的了解英国圣化礼仪式的最古老的文献；参见下文 p. 470 引用的其他文献，及 W. Stubbs, *Histoire constitutionnelle de l'Angleterre (Constitutional History of England)*, trad. Petit-Dutaillis, I, p. 186 以下。同样，需要说明的是，埃德加从 957 年以后是诺森伯里亚和麦西亚的国王，从 959 年以后是整个英格兰的国王，直到 973 年他才接受涂油礼及加冕礼：这样的延宕是令人吃惊的，但我们不知道其中的原因；后来教会传说杜撰的缘由毫无价值。(参见 *Two of the Saxon Chronicles Parallel*, éd. Plummer, II, p. 160-161。) 不过，这种延宕的事实说明，在这个时期，可以在不接受涂油礼的情况下，由继承权或选举成为国王；关于秃头查理引起的圣化礼延迟，参见下文 p. 471，关于德国亨利一世对圣化礼的拒绝，参见下文 p. 472。

父亲健在时继承人可以接受涂油礼，这种仪式初始时期的奥法与艾格伯特的情况清楚地说明了这一点。关于这种情况，参见我编辑的 Osbert de Clare, *Analecta Bollandiana*, 1923, p. 71, n. 1 所注意到的另一实例。

5 凯尔特诸国

我在前文（p. 69）已经指出，高卢地区受爱尔兰影响而发展起来的思想潮流有利于模仿《旧约圣经》，这种思想潮流使得法兰克国家更容易引入国王涂油礼。人们有时要问，凯尔特人国家，尤其是爱尔兰，是否为法兰克高卢或盎格鲁－撒克逊英格兰提供更具体的榜样：国王涂油礼仪式不是从很早时期就由这些地区的教会实施过吗？遗憾的是，这个问题无法得到确定的结论，因为相关的文献都不是决定性的。

吉尔达于 6 世纪写了《不列颠的攻伐与征服》（*De excidio et conquestu Britanniae*），他在第 21 章（*Mon. Germ., AA.*, XIII, p. 37）叙述罗马军团撤离大不列颠以后的灾难时，使用了 ungebantur reges non per deum 这个短语，他指的是一种特定的仪式呢，还是对《圣经》字句的一种纯语言上的记忆呢？我们无法肯定，因为吉尔达是一位不甚谨严的历史家。

伊奥纳修道院院长阿达曼（卒于704年）写过一本圣哥伦巴传，这个传记（III, c. V, éd. J. T. Fowler, in-12, Oxford, 1894,[1] p. 134）说，这位圣徒因为做了一个梦，就为一位国王"授了圣职"（ordonner, ordain）；但传记描述的仪式只是涉及按手礼与祝福礼，并没有提到涂油礼。

最后，是一部爱尔兰教会法汇编，即 *Hibernensis* (éd. H. Wasserschleben, *Die irische Kanonensammlung*, 2e éd. Leipzig, 1895; 关于书目，参见 Sägmüller, *Lehrbuch des katholischen Kirchenrechts*, 3e éd., I, p. 152)；在 l. XXV, c. 1, *De ordinationi regis* 中，引用了一些与涂油礼有关的《圣经》内容。*Hibernensis* 大概是8世纪的作品，它对法兰克教会的影响是巨大的。遗憾的是，我们没有这个作品的令人满意的版本，将原初内容与后世补充的内容区别开来（关于 Wasserschleben 版本，参见 S. Hellmann 在 Sedulius Scottus 编辑的 *Liber de rectoribus*, p. 141 及 P. Fournier, *Revue celtique*, 1909, p. 225, n. 3）。另外，即使我们认定涉及"授职"（ordination）的一段文字是原始的，那么对于 *Hibernensis* 问世的社会环境中人们实际遵守的仪式，我们还是难以从中得出确定性结论：从引述的《圣经》文字，我们怎敢推出结论，认为这段引文证实的一种制度存在呢？人们也许注意到，布列塔尼首领诺米诺伊在秃头查理统治时期自立为王时，立即接受了涂油礼（参见 J. Flach, *Les Origines de l'ancienne France*, IV, p. 189, n. 3）。但这里的事件显然只是对法兰克风俗的模仿，这种模仿非常有趣，因为它证明早在这一时期的高卢，一个人除非接受了涂油礼，他不会被认为是名副其实的国王。

概而言之，我们可以说，除非有某些文献上的意外发现，这个问题似乎不可能得到肯定或否定的答案。如果说信奉基督教的凯尔特各王国，确实先于法兰克高卢、英格兰甚至西班牙而熟悉国王涂油礼，那么，在保守秘密上，他们做得非常成功。

---

[1] 关于这个传记的缩编本，长期被人们认为是早于阿达曼，实际上不过是这位伊奥纳修道院院长同一著作的概要，见 G. Brüning, *Adamans Vita Columbae, Zeitschrift für celtische Philologie*, XI (1916)。

6 加冕礼；王冠交接与涂油礼合为一体

我们在上文已经说明（p. 69）严格意义上的加冕礼如何从拜占庭传入西欧。查理曼从教皇手中接过皇冠，仿效的是东部皇帝，东部皇帝是从君士坦丁堡大主教手里接过皇冠；在同一庄严肃穆的仪式中接受涂油并戴上皇冠，虔诚者路易是第一位这样做的君主（Böhmer-Mühlbacher, p. 165, 265）。关于拜占庭的冕与冠，见 Jean Ebersolt, *Mélanges d'histoire et d'archéologie byzantines*, p. 19 以下，尤其是 p. 67。关于罗马的风俗，参见 Daremberg, Saglio 和 Pauly-Wissowa 所编各辞典中 Corona（冠）和 Diadema（冕）词条；也参见 J. Hastings, *Encyclopaedia of Religion and Ethics* 中 Crown 词条。

实际上，作为王权的象征，冠与冕也许并非全然不为蛮族国王所知。关于西哥特人的情况，见上文 p. 462。在法兰克诸王中，按照图尔的格利高里提供的证据（*Hist. Franc.*, II, 38; 参见上文 p. 63），克洛维在图尔城是戴着冕出现在臣民面前的。他的后继者有时也佩戴同样的标识吗？他们在钱币上的形象经常是佩戴这种标识的；但是，人们在这些平庸的人头像上，除了看到对帝国钱币的笨拙模仿，还能看到什么呢？其他的文献，不管是历史文献还是考古文献，都很难做出诠释（参见 Schücking, *Der Regierungsantritt*, p. 131）。只有一个事实可以肯定：即使承认查理曼以前的法兰克诸王有时佩戴冕，他们也从未在标志其登基的宗教仪式上接受冕或其他标识。

另一方面，应该注意到，冠作为至高政治权力的标识，它的使用也与涂油礼的实施一样，因《圣经》提供的先例而变得容易：这不是因为《圣经》为隆重的登基仪式，像使用圣油一样，提供了明确的榜样，而是因为《旧约圣经》多次提到冠，将它作为王权的标识与象征（具体内容，见 Vigouroux, *Dictionnaire de la Bible*, Couronne 词条）。最后，一旦严格意义上的加冕礼传入西欧，就形成一种观念，赋予王冠一种神秘意义，将它比作"光荣的桂冠"——在一些段落中，《圣经》直接地或比喻性地许诺将

"光荣的桂冠"给予当选人。参见前文（p. 73, n. 1）所引祈祷书（首次为秃头查理的圣化礼所见证）。

虔诚者路易的加冕礼只是一个皇帝的加冕礼。但在国王登基礼中，冠与涂油礼一起很快就出场了。838年，在没有举行任何宗教仪式的情况下，虔诚者路易就将"王冠"交给了儿子查理，即未来的秃头查理（B. Simson, *Jahrbücher des fränkischen Reichs unter Ludwig dem Frommen*, II, p. 180）。848年，查理决定由桑斯大主教为自己举行圣化礼时，他不是仅仅接受涂油：教士交给他一顶王冠，还有一根权杖——这是一个新的举动（见下文p. 471）。于是，圣化礼就真的产生了：它由加冕礼——或者，以更普通的做法，由王权标志物的交接——与涂油礼结合而成。

同样的事情也发生在英国——我不需要考察欧洲其他国家的情况了（虽然下文第7节涉及德国的情况）。将两种根本性举动结合在一起，这样的做法发展得相当迅速。最古老的盎格鲁－撒克逊教会历书，即9世纪前后出现的伪艾格伯特教会历书（前文 p. 465），已经向我们展示主教向诸王交接 galeum——此物必定是王冠——的行动（*Surtees Society* éd., p. 103）。所谓的埃塞列德教会历书（J. Wickham Legg, *Three Coronation Orders*, Bradshaw Soc., XIX, p. 57）及 Robert de Jumièges, *Benedictional*（éd. Wilson, Bradshaw Society, XXIV, p. 144）明确提到了王冠；同样，对937年埃德加国王的圣化礼的叙述，及 J. Raine, *The historians of the church of York* (Rolls Series), I, p. 437-438 的 *Vita. S. Oswadi* 中，也提到了王冠。这四部文献都证明了仪式中使用权杖。这样看来，法兰克人与盎格鲁－撒克逊人的仪式并驾齐驱地发展起来，我们也许大可认为，它们之间存在着交互影响。

7 涂油礼的存续；在德国的中断

像国王涂油礼这样的一种仪式，一旦引入某个国家的君主制习惯中，

三 国王涂油礼及圣化礼的肇始

它就倾向于无限期地存在下去，这似乎是它的一种本性。实际上，这种仪式在西哥特人统治的西班牙（前文 p. 461）、盎格鲁－撒克逊人及诺曼人统治的英国（前文 p. 467）似乎都保持了良好的连续性。同样的情况也见于加洛林帝国演化而来的诸国家、西法兰克即法兰西。848 年 6 月 6 日，在奥尔良，秃头查理从桑斯大主教加尼隆那里接受了涂油、"冕"和权杖（Levillain, *Le sacre de Charles le Chauve à Orléans*; *Biblioth. de l'École des Chartes*, 1903, p. 31; F. Lot et Louis Halphen, *Le règne de Charles le Chauve*, 1909, p. 192 以下）。在时间上，圣化礼来得很晚，因为查理做国王很长时间而没有接受涂油。我们已经看到（前文 p. 470），838 年他已经从他父亲虔诚者路易手中接受了王冠——没有经过宗教仪式；[1] 但他认为，在一个隆重的宗教仪式中，完成涂油礼以及由教士完成的王冠与权杖的交接，对他的威望而言是不可或缺的。他的后继者们也相信，没有这种仪式是不行的。涂油礼及加冕礼似乎也同样施行于意大利（参见 Ernst Mayer, *Italienische Verfassungsgeschichte*, II, p. 166 以下）、洛林（Robert Parisot, *Le royaume de Lorraine sous les Caroligiens*, 1899, p. 678）乃至普罗旺斯王国及勃艮第的诸小国（René Poupardin, *Le royaume de Provence*, 1901, p. 112, n. 8, p. 457, n. 4; *Le royaume de Bourgogne*, 1907, p. 66, n. 2）。但在东法兰克王国，即德国——这个名称使用起来方便却具有时代错乱性——国王圣化礼的历史却并非如此简单。

关于日耳曼路易父子及阿尔努夫，没有文献提到宗教圣化礼（参见 G. Waitz, *Verfassungsgeschichte*, 4e éd., VI, p. 208, n. 4; U. Stutz, *Der Erzbischof von Mainz und die deutsche Königswahl*, Weimar, 1910, p. 5, n. 3）。这种文献上的缄默只是出乎偶然吗？不否认这种可能性，因为我们的资料远非完备；然而，这些文献协调一致的缄默无词，却也是令人吃惊的，最起码它

---

[1] 同样，英国国王埃德加只是在执政十六年以后才接受圣化礼（见前文 p. 470），在举行名副其实的加冕礼之前很久就佩戴王冠了。*Vita Oswaldi*（载 J. Raine, *The historians of the Church of York, Rolls Series*, I, p. 437）说明，他在举行仪式之日进入教堂时，头戴王冠，然后将这个标志物放在圣坛上，接受涂油礼后，最终由大主教邓斯坦（Dunstan）戴在他头上。

证明编年史家对这种仪式毫无兴趣。所以,似乎可以肯定,在这个时期,登基礼的教会仪式,在其重要性上,德国次于高卢;显而易见的是,阿尔努夫以前,包括阿尔努夫在内,各位国王是否求助于这些仪式,也是成问题的。

对于"孩子"路易,证据是模糊的(参见 Stutz, 前引书; Böhmer-Mühlbacher, p. 796)。

另一方面,康拉德一世则肯定接受过涂油礼与加冕礼(Böhmer-Mühlbacher, p. 823)。

最后,我们研究一下亨利一世的情况。关于亨利一世,证据是清楚的。他谢绝了美因茨大主教主动提出的为他举行涂油礼和加冕礼的建议(关于相关文献以及一些现代史学家的观点,参见 G. Waitz, *Jahrbücher des deutschen Reichs unter König Heinrich I*, 3e éd., Excurs 10; Böhmer-Ottenthal, *Die Regesten des Kaiserreichs unter den Herrschern aus dem sächsischen Hause*, p. 4)。《乌尔里希传》(*Vita Udalrici*, 见 Pertz, *SS.*, IV, p. 38)中有一段有趣的文字,反映了这个决定在教会圈内引起的反感。这段文字说,使徒圣彼得出现于奥格斯堡主教圣乌尔里希面前,手提两把宝剑,一把宝剑有把柄,另一把则没有;他对这位教士说:"告诉国王亨利,那把没有柄的剑象征着王权,他将在没有教廷祝佑的情况下拥有王国;而被涂油之人将在神的祝佑之下掌握权力"("Dic regi Heinrico, ille ensis qui est sine capulo significat regem qui sine benedictione pontificali regnum tenebit; capulatus autem, qui benedictione divina tenebit gubernacula")。亨利一世为何执拗地坚持在不要"教廷的祝福"的情况下执政?我在上文(p. 72)已经说明,在这个问题上,我同意大多数史学家所持的观点。在我看来,显而易见的是,这种拒绝背后只有一种动机,即担心让人看上去他的国王职分只是从教士手中获得。值得注意的是,所有迹象表明,在亨利一世宫中,大主教的影响是相当弱小的(A. Hauck, *Kirchengeschichte Deutschlands*, 3e éd., III, p. 17, n. 3)。然而,对早于格利高里改革时代的10世纪的一位君主而言,敏锐地意识到教会支配权对王权可能带来的危险，似乎是相当惊人的。克吕格尔由此提出一个大胆的解释 [M. J. Krüger, *Grundsätze und Anschauungen bei den Erhebungen der deutschen Könige in der Zeit von 911-1056,* (*Untersuchungen zur deutschen Staats- und Rechtsgesch.*, h. 110), p. 42 以下。编年史家威杜金的记载是关于亨利一世行为的主要资料来源，这位学者拒绝接受这位编年史家的证据，视之为纯粹的"幻想"。但在这种情况下，我们又能利用《乌尔里希传》中的什么内容呢？该作品只是稍晚于威杜金，且没有任何理由相信该作品受到威杜金的影响。毕竟，一旦文献不符合我们的理论，就以虚假文献视之，这样处理真是太随便了。说到底，克吕格尔对于亨利一世的焦虑所表现出的惊讶态度，无疑是太过分了，没有必要。我在上文（p. 71, p. 216）已经指出这个事实：教会作家从最有利于他们要求的角度去诠释国王的涂油礼，没有等待格利高里七世去做这件事。

936 年奥托一世甫一即位，就接受了涂油礼和加冕礼（Böhmer-Ottenthal, p. 34; Köpke-Dummler, *Jahrbücher der deutschen Geschichte: Otto der Grosse*, I, p. 27 以下）。他树立的榜样为所有后继者所仿效。

8 拜占庭帝国

在这里，我不想考察拜占庭圣化礼的全部历史。我只想集中考察这个仪式的一个因素，即涂油礼。诚然，对于西欧君主制圣化礼历史的任何研究者而言，断定皇帝涂油礼何时引入拜占庭，都是非常重要的。原因有二：如果我们认定这习惯首先在东部确立，那么我们就不得不问，西班牙或法兰克高卢最初的神圣国王是否是简单地仿效了来自东部帝国的榜样。此外，依照这种《圣经》仪式在一个君主崇拜传统牢固确立的国家出现的或早或晚的日期，我们将不得不或多或少地修正我们从不同欧洲国家登基仪式比较史中得出的结论。

首先，这一点是可以肯定的：佛兰德尔的鲍德温于 1204 年举行过圣化礼，这个仪式是按照拉丁礼仪进行的，显然可以不予考虑；如果撇开这个圣化礼，那么首先明确提到皇帝涂油礼的确定性文件，就是乔治·帕契梅尔对米哈伊尔九世[1]加冕礼的记载。米哈伊尔九世于1295年5月20日加冕；乔治·帕契梅尔于1310年前后撰写了 *De Andronico Paleologo*，见 Migne, *P. G.*, t. 144, col. 216。尼基弗鲁斯·格里高拉斯记载塞奥多鲁斯·拉斯卡鲁斯于1254年接受涂油礼（*Byzantinae Historiae*, lib. III, cap. II; *P. G.*, t. 148, col. 181）。但尼基弗鲁斯于1359年前后进行写作，其记载可能受到他那个时代的习俗的影响，并不能确切证明一个世纪以前的事件。约翰六世康塔库尊皇帝在其《历史四卷书》（*Quatre livres d'histoire*）中记载过帕列奥列格王朝安德罗尼库斯三世的加冕礼，这次加冕礼发生在1325年，也包括一场涂油礼；他写作的时间是1355年至1383年之间（*Histor.* lib. I, cap. XLI, *P. G.*, p. 153, col. 276 以下）。

所以，14世纪初，诸位皇帝无疑接受了圣油的印记，这个仪式注定要持续到帝国覆亡。但是这种仪式究竟从何时开始呢？这才是真正可以自由争论的地方。

14世纪以前的好多文献都使用了涂油礼和涂油（χρίσμα, χρίειν）这些词，去表示一个新产生的皇帝，或者称皇帝本人为"涂过油的皇帝"（χριστὸς Κυρίου）。全部的问题是要知道，这些词是应在书面意义上理解，还是在纯粹比喻意义上理解，因为这些意象都取自《圣经》词汇。西克尔［W. Sickel, *Das byzantinische Krönungsrecht bis zum 10. Jahrhundert*; *Byzantinische Zeitschrift*, VII (1898), p. 524，特别是 p. 547 以下。］所采纳的是第一种方案，即从书面意义上来理解这些词。顺便说一句，即刻注意到这一点很重要：西克尔所引用的最古老的证据仅仅溯源到9世纪下半叶，取自著名大主教弗提乌斯致瓦西里一世的信件，在这封信件中这位教士提醒皇帝，他的圣化礼是"涂油礼与皇帝按手礼"（χρίσμα καὶ χειροθεσίαν βασιλείας）（Ep. I, 10; *P. G.*, t. 102, col. 765）。瓦西里一世的登基可以确定

---

[1] 米哈伊尔九世（Michael IX，1294—1320年），拜占庭帝国帕列奥列格王朝皇帝。——译者

三　国王涂油礼及圣化礼的肇始

为 867 年，较之第一位接受涂油礼的法兰克国王丕平，已是一个多世纪之后；较之西哥特人的首次涂油礼，已是两个多世纪之后。不管怎样解释，都不太可能以西克尔列举的文献为根据，证明西欧诸君主借鉴了东部的习惯。

站在西克尔对立阵营的是这样一些学者，他们将弗提乌斯信件或类似文献使用的短语只是看作一些简单的比喻：J. J. Reiske 编辑的 Constantin Porphyrogénète, *De Cerimoniis* (*Corpus S.S., historiae Byzantinae*) II, p. 351；特别是 Brightman, *Byzantine imperial coronations*, *Journal of Theological Studies*, II (1901), p. 383；Jean Ebersolt, *Mélanges d'histoire et d'archéologie byzantines* (由 *Rev. d'hist. des religions*, LXXVI 辑录), 1917, p. 22-23, 27。[1] 他们的论证在我看来是非常有力的。即使在弗提乌斯的正文中，χειροθεσίαν 这个词显然也只能视为一个形象，因为从来没有按手礼出现在皇帝的圣化礼仪式中。当 χρίσμα 与 χειροθεσίαν 两个词彼此密切关联地出现在一个句子之中的时候，为何赋予前者以具体的含义，而赋予第二个词以纯粹象征意义呢？还有，君士坦丁七世（Constantine Porphyrogénète 949—959）皇帝完成的著名著作《论仪式》(*De Cerimoniis*)中对圣化礼有一段详细描述，但没有提及涂油礼。同样，12 世纪早期的一份瞻礼祈祷书提到圣化礼拜式，但也没有提到涂油礼（Brightman, p. 378）。一个简单的解释就是，我们正在讨论的这种仪式，在 10 世纪乃至 12 世纪早期还没有得到实施，如果不做这样的解释，那么这双重的缄默就是难以说明的。[2]

但似乎可以肯定的是，到 12 世纪末——不管埃伯索尔特（Ebersolt）认为如何（前引书，p. 27）——1204 年拉丁征服之前，这种仪式已经得到实施。尼基塔斯·阿科米纳托斯（Nicétas Acominatos）1210 年前后进

---

[1] 也许值得指出的是，W. Fischer, Eine Kaiserkrönung in Byzantion, *Zeitschr. für allg. Geschichte*, IV, 1887 的文章只是前引约翰·康塔库尊所做描述的释义，了无趣味。

[2] Sickel, 前引书, p. 547, n. 80 为了证明拜占庭涂油礼的古老性，引述了 10 世纪的亚美尼亚文献（John Katholikos, *Histoire d'Arménie*, c. 17, trad. Saint-Martin, p. 125），这个文献说明，亚美尼亚国王在仪式中既接受涂油，也接受加冕；按照他的看法，亚美尼亚只能从拜占庭借鉴这种仪式。我对东部的情况太不了解，不能讨论这段文献的含义，或检讨亚美尼亚的涂油礼是否真的只是模仿拜占庭习惯。无论如何，在我看来，很难反驳君士坦丁七世记载中的缄默。

行写作时，描述了阿列克修斯三世 1195 年的圣化礼（*De Alexio Isaacii Angeli fratre*, lib. I, *P. G.*, t. 139, col. 829），人们很难无视他使用的词句所提及的一个具体行动："ὅπως κατὰ τὸ ἔθιμον ἐς βασιλέα χρισθῇ καὶ περιβαλεῖται τὰ τοῦ κράτους σύμβολα"——"这样，按照习俗，他可以因涂油而成为皇帝，可以接受至高权力的象征物"。实施涂油礼和权力标志物的交接，这难道不是本质上类似西欧圣化礼的一种仪式的两个最基本特征吗？特别是有一文件，在我看来，布莱特曼（Brightman）没有进行字斟句酌的严格诠释。据我的研读，它毫无疑义地证明了，1200 年时皇帝涂油礼已经成为拜占庭风俗的一部分。它涉及 12 世纪安基拉[1]宗教会议法规的注释，由同时代的塞奥多鲁斯·巴尔萨蒙（Theodoros Balsamon）完成（*P. G.*, t. 137, col. 1156）。巴尔萨蒙叙述说，969 年，约翰·齐米兹暗杀了他的前任尼基弗鲁斯·福卡斯，起初被大主教波利尤克特禁入"大教堂"；但后来被宗教会议的谕令宣布接受，这位作者对谕令分析道（见上文 p. 198）[2]：

> 按照神圣宗教会议当时颁布的会议决议（决议文献保存在档案中），大主教宣布，由于神圣洗礼中的涂油礼可以消除从前所犯的所有罪孽（不管这些罪孽如何深重、如何众多），所以，皇帝涂油礼也同样地消除了齐米兹接受涂油礼之前犯下的暗杀罪。

我们无法知道巴尔萨蒙是否非常准确地转达了宗教会议决定的表述，这无关紧要。即使承认 χρίσμα 一词是"保存在档案中"的文献的内容，那么也没有什么东西阻止我们赋予它一种比喻意义，这种比喻意义是这个词

---

[1] 即今安卡拉。——译者

[2] "Εἶπε γὰρ μετὰ τῆς ἁγίας συνόδου, ἐν τῇ γενομένῃ τηνικαῦτα συνοδικῇ πράξει, τῇ ἐν τῷ χαρτοφυλακείῳ ἀποκειμένῃ, ὡς, ἐπεὶ τὸ χρίσμα τοῦ ἁγίου βαπτίσματος τὰ πρὸ τούτου ἁμαρτήματα ἀπαλείφε οἷά καὶ ὅσα ἂν ὦσι, πάντως καὶ τὸ χρίσμα τῆς βασιλείας τὸν πρὸ ταύτης γεγονότα φόνον παρὰ του Τζιμισκῆ ἐξήλειψεν".

在 10 世纪通常带有的。让我们继续研究巴尔萨蒙的注释。他评述说，许多人也从这个谕令中得出结论说，一个主教的罪愆也由于圣化礼中的涂油礼而清除了（διὰ τοῦ χρίσματος τῆς ἀρχιερωσύνης）。Χρίσμα 这个词在此处有何含义？很显然，纯粹是象征性的，因为在东部教会中，主教是从来不接受涂油的。巴尔萨蒙确实对他使用的比喻做过非常清晰的解释："按照旧律，国王和高级教士涂油使用膏油；〔那些坚持这种观点的人〕说，对于当今的主教，取代这种膏油的是，〔在他们举行圣化礼之日〕如同将轭放在他们脖子上一样地放置《福音书》，并伴以呼唤圣灵的按手礼留下的印记；这样做就足够了……"[1] "对于当今的主教……就足够了"，在第二个句子中，并没有提到国王。何以如此？这种缄默不太可能只是出于遗忘。如果我们的注解者没有说明与《圣经》描述的涂油礼相对应的同时代的礼拜式是什么，那么，很有可能是因为没有产生一个对应的礼拜式。他那个时代的主教们——他将这些人等同于旧律中的高级教士（希腊字称作 ἀρχιερεύς）——并不像其希伯来前辈们一样，接受以圣油实施的圣化礼；而皇帝们显然仿效大卫和所罗门的样子接受涂油。

有待回答的问题是，为何涂油礼经历如此漫长的时期才渗透到拜占庭。迪歇纳（Duchesne）先生（*Liber Pontificalis*, II, p. 38, n. 35）非常正确地注意到，东部的圣化礼长期拒绝使用膏油，这符合东方教会的普遍习惯；在东部教会，在教士或主教的授职仪式中涂油礼是没有位置的。我认为，还要补充一点，此点我已经说过，这就是，拜占庭君主从它的罗马起源上被认为是神圣的，且受到皇帝崇拜传统存留因素的支持，所以并不像西部的蛮族王室那样，感到需要仿效《圣经》提到的仪式来加以神圣化。后来，西部榜样的影响才显现出来。很有可能，在相当晚的时候，拜占庭是从那些由法兰克帝国分化而来的国家借鉴了国王涂油礼仪式；可以肯定地说，西哥特诸王或丕平的涂油礼并非由拜占庭借鉴而来。

477

---

1 Ἀντὶ δὲ τοῦ χριομένου ἐλαίου τοῖς βασιλεῦσι καὶ τοῖς ἀρχιερεῦσι, κατὰ τὸν παλαιὸν νόμον, εἶπον ἀρκεῖν τοῖς ἀρχιερεῦσι τοῦ ἐπικείμενον ξυγὸν τοῦ Εὐαγγελίου τῷ τραχήλῳ αὐτῶν, καὶ δι' ἐπικλήσεως τοῦ ἁγίου πνεύματος σφραγῖδα τοῦ χειροτονοῦντος.

四 让·戈林《论圣化礼》节录及简析

卡迈尔会修士让·戈林有一篇论法国诸王圣化礼的小论文,1372年,他为查理五世翻译纪尧姆·迪朗的《神职论》时,将这篇论文加入到译文中。这篇论文是一个重要证据,证明这位"智慧且仁慈"的国王的近臣中流行的观念 [这在其前言中我们已经看到(Bibl. nat., franç. 437, fol. 2 v°, col. 1)]。至少其中一部分,即涉及瘰疬病触摸的部分,是要呈现这位君主的思想。我不将其全文刊载,也许会受到责难。但我不想使已经非常冗长的《附录》臃肿不堪。而且,必须承认,关于这个仪式,让·戈林关于圣化礼规则的专论所告诉我们的,似乎没有什么东西是我们从其他文献,特别是亨利·布拉肖学会发表的教会日历书上了解不到的。[1] 至于精妙且散漫的表意注释(这种注释伴随着对仪式每个细节的描述),它对于我们已了解的查理五世安然自适的思想环境所具有的心理与精神倾向,并没有提供许多新知识。所以,经过郑重考虑,我决定只转载节录,辅以简短的分析。人们将注意到,这篇论文涉及国王奇迹、法国王朝的传说,以及瓦洛亚朝廷上形成的男系继承理论。除了这些珍贵资料,还包含了有关特平的奇怪传说、关于法国国王"图像"的肖像学讯息、对至今不为人确切理解

---

[1] *The Coronation Book of Charles V of France*, éd. E. S. Dewick, 1899 (*Bradshaw Soc.*, XVI).

的桑斯大教堂的一座雕像的真正意义的说明，以及对chapelain一词的有趣的语源学知识的说明（下文p. 482-484）。最后，在他为《上帝之城》译文所作的序言中，让·戈林批判了拉乌尔·德·普雷勒所使用的与瘰疬病有关的词语，使我们可以纠正利奥波·德利勒（Léopold Delisle, *Recherches sur la librairie de Charles V*）提出的该书成书的年代（1376年前后）。现在可以肯定，这部名作完成于1372年之前。

《神职论》的译本于1503年由维拉尔（Vérard）付印；[1]这个印本似乎获得了相当程度的成功。1611年克洛德·维莱特（Claude Villette）出版了后来数度再版的论礼拜式的论著；他读过此书，并从它对圣化礼的论述中汲取了灵感。[2]但维拉尔的版本讹误连篇。至于手稿，有几个版本存世，尤其是Bibl. Nat. franç. 176（14世纪），Arsenal 2001, 2002 (XVe)；但要确定正确内容，只要一个就够了，此即国家图书馆法兰西基金会所存第437号文献。这个手稿乃特为查理五世所作，在它的最后一页仍有国王私人图书签，时间是1374年。关于圣化礼的一段文字占据fol. 43 v°-55 v°。[3]我很有信心地遵从了这个手稿，只是在一两个地方改正了明显的错误，将它们标示出来。

这个手稿有一个奇怪的特点。在论圣化礼的一段文字，且仅在此处，边页上有一些注释，书写相当美观，与手稿为同时代，但不是抄写员的手迹。这些注释不是作者所做的修订，因为在一个地方注释者反驳正文内容本身（下文p. 483，参见上文p. 233）；它们是一位细心的读者所做的订正。这位读者是不是国王本人呢？这样的设想颇具诱惑力，但无法确证。其书法的非个性化特点相当明显，看起来不是查理五世的手迹；也许出自接受

---

[1] *Le racional des divins offices*, Paris, 1503.

[2] *Les raisons de l'office et ceremonies qui se font en l'Eglise catholique, apostolique et romaine, ensemble les raisons des ceremonies du sacre de nos Roys de France, et les douze Marques unique de leur Royanté Céleste, par dessus tous les Roys de Monde*, in-4°, 1611. 在致太后的献词中，明确提到"让·戈林"。关于圣化礼，见p. 211-250；特别参考p. 220让·戈林的论述。

[3] 由于编号失误，fol. 56直接排在fol. 54后面。这篇论圣化礼的论著内有三幅彩饰画：国王接受涂油（44 v°），王后接受涂油（50 v°）；军旗的祈福礼（51 v°）。

四　让·戈林《论圣化礼》节录及简析

国王口授意见的秘书之手。但这样的事情如何证实呢？读者将在下文看到这些置于斜括号＜　＞之中的边页注释。

〔关于法国国王与王后的圣化礼〕[1]

前言——圣化礼的高贵性——查理曼确定的法国王位继承的规定——查理五世圣化礼的细节〔fol. 43 v°- 44〕：

"我们只是简短地讨论了各君主的圣化礼，这个圣化礼不应受到漠视，因为我对令人敬畏且至高无上的主公怀有崇敬之情，他于1364年神圣的三一节，接受了兰斯大主教让·德·克拉昂的圣化礼，成为法国国王。[2]

罗马和君士坦丁堡的诸位皇帝接受涂油，其他一些国王如耶路撒冷、西班牙、英国及匈牙利的国王，也接受涂油，而另一些则没有。查理六世[3]是在兰斯以前辈们的方式加冕且接受涂油，但不是用任何主教或药剂师手中保存的油或香脂，而是以神圣的天堂之液涂敷——这天堂之液现在装在圣油瓶中，保存于兰斯的圣雷米修道院——因它经由天使之手从天堂带来，故为高贵且高尚的法兰西诸王所做的涂敷，较之旧法与新法之下任何其他国王的涂敷，更为尊贵与圣洁。以此之故，他被称为最高贵的国王，基督教教会与信仰的至为虔诚的捍卫者，不承认任何高于他的俗世君主。

基督教诸王在取得对萨拉森人的辉煌胜利之后，前来支援天主教信仰及保卫罗马，查理曼皇帝接受教会与诸王的忠告，让在那里举行的全体会议——参会者有教会的高级教士、高贵的世俗诸王及罗马元老院议员（查理曼是罗马的贵族及皇帝）——对这一要职做出了规定，即教皇的选举应

---

[1] 标题乃取自印刷本，手稿并无标题。

[2] Ms. ccc lx；实际在1364年5月19日圣三一节星期日。第一个句子结构并不正确，突然而止。这种形式——以不同的句子 le benoite Sainte Trinité——见于贝里公爵图书馆的 franç.176 手稿。

[3] 原文如此；参见 p. 481 进一步的论述。但在 p. 487, 488，让·戈林称这位国王为查理五世（Charles le Quint）。

交由大主教，皇帝的选举应交由德国贵族，法兰西王国应属于法国诸王，即出自神圣且接受圣化的家族的男性继承人，以便这种祝福可以不间断地代代相传。

因此，王后也要接受圣化礼。与前述我的至尊主公一起加冕的，是让娜·德·波旁，她是高贵的王子波旁公爵的女儿，出身于同一神圣家族，是国王的堂妹；但经过教会的安排，国王想娶她为妻。由于神圣的圣化礼，从上帝而不是其他有福的一代人那里，我得出结论，法王比皇帝或其他国王更有威严：这一点各编年史及武功歌都说得很清楚。"

接下来讲述一些罗马皇帝的历史，这些人"出身卑微而被选为皇帝"。

〔fol. 44〕"这个缘由让查理曼皇帝与教会做出规定，贵族选举罗马皇帝，皇帝应由教皇加冕并涂油；但是，上帝祝福过的圣油瓶装的是性质完全不同的油与香脂的混合体；这个容器即油瓶，它的质料没有人见过，也无人能伪造，油瓶所装液体的芬芳超过人们知道的任何物质。聪慧、仁慈、善良的查理六世国王，因为用这种油接受涂敷，所以，如同前文所说，在三一节宴会上，经由神圣忠诚的选举而得到任命。而且，像天父上帝喜欢的那样，对其接受洗礼涂油礼的儿子说：'这是我的儿子，我所喜欢的'（Hic est filius meus dilectus in quo michi complacui）。[1] 圣灵以鸽子的形象降临，为他涂油，'以愉悦之膏施于追随他的人'，[2] 以人的形象出现的圣子接受了神圣的圣化礼，这样，我们所说的这位虔信圣三位一体的主公，以纯粹的忠诚心接受了神圣的圣化礼，由于这样的恩典，他的英国敌人或其他敌人，都无力量和能力攻击他及其国家；而他却在返程途中，遇到了科切雷尔（Cocherel）战役的几位重要俘虏，这些人曾计划在上述圣化礼之前袭击他；[3] 但结果却事与愿违。因此，我们善良的国王感谢三位一体，在返回巴黎途中厚施贫穷的托钵僧及其他穷人，就像一个人感受到涂油礼——按照兰斯大主教的仪典书所规定的仪式进行的涂油礼——的仁慈

1　2 *Petr*., I, 17.
2　*Psalm*. XLIV, 8: "oleo laetitiae prae consortibus suis".
3　这个有趣的细节似乎不为史书所载。

恩典。关于涂油礼的意义，下文将做解释。"

这段文字之后，接下来说明法国国王圣化礼的意义。

对圣化礼的描述，解释其象征意义——不同仪式的"神秘意义"。下列细节应该注意：

对瘰疬病的治疗〔fol. 46, v°〕：一旦仪式完成，圣油瓶将归还"圣德尼教堂或圣尼古拉礼拜堂"。[1]

圣德尼证实了他带入法国的信条，即人们应归还曾以坚定信念宣誓的圣油瓶。将圣油瓶放置于圣尼古拉礼拜堂，证实这油总是从他的神圣躯体中神奇地流出，[2]这油经由神的奇迹和神圣的谕令装入圣油瓶，所以也是神圣的。国王以这油接受涂敷及圣化礼时，就像一些人涂抹了圣尼古拉躯体流出的油之后迅速痊愈了，所以，那些身染瘰疬病的人，如果接受国王之手——国王之手接受过圣油瓶之油的涂敷——的触摸，就会迅速得到治疗，恢复健康；如果有人介入，但不是合法的国王且名正言顺地接受涂油，那么他会很快染上圣雷米病，就像从前出现的情形。[3]

桑斯地方的君士坦丁雕像。对圣化礼誓言的评注，根据这誓言国王许诺保护教会：〔fol. 47〕"这象征着以色列诸王向教士们所发的誓言，前面提及的历史上亚历山大所发的誓言；[4]君士坦丁在桑斯教堂所发的誓言就是如此，它出现在桑斯教堂的西门之上，誓言以金字写在雕像上方，那是他发誓的地方，誓言是：Regnantis veri cupiens verus cultor haberi – Juro rem cleri libertatesque tueri（我想成为真正统治者的真实仰慕者——我发誓捍卫教士们的事业与自由）。"[5]

---

1 圣德尼教堂于10世纪在当时大教堂的院落外由教士会成员所建（Marlot, *Histoire de Reims*, II, p. 689）；圣尼古拉礼拜堂位于主宫医院内；参见 *The Coronation Book*, éd. Dewick, col. 7; Godfroy, *Ceremonial*, p. 247。

2 我没有发现任何与此传说相关的记载。

3 圣雷米病（mal Saint-Rémi）就是瘟疫；参见 L. du Broc de Seganges, *Les saints patrons des corporations*, II, p. 303; 我不知道此处让·戈林所说的故事；参见前文 p. 223。

4 前面（fol. 47, col. 1）让·戈林已经提及亚历山大大帝对耶路撒冷高级祭司所发的效忠誓言。

5 这座雕像后来被认为是代表瓦洛亚家族的腓力；关于这个问题，我想在另处发表一个短论。

国王制服与礼拜式礼服的比较〔fol. 47〕:"衣装……按副助祭的祭服〈及主教法衣〉样式裁制。穿上这种衣装后,穿上上衣外套〈一边像祭披、一边像斗篷的麻布衣,整个麻布衣裁成方格型〉。"

百合花的起源。列举和解释全部以百合花标示的王室制服之后〔fol. 48〕:"因此之故,圣德尼修道院院长提供了全部装饰物;因为圣德尼老爷曾向法国诸王提供饰有百合花的武器〈不对,因为上帝曾将武器神奇地送到蒙茹瓦[1]〉。"

圣化礼涤清国王的罪愆〔fol. 48〕:"国王脱去衣装之时,证明他正在放弃从前的世俗状态,而呈现出国王的宗教状态;如果他以应有的崇敬心保持这种状态,我认为他就完全涤清了其罪愆,就如同一个人刚刚以宗教使命感宣布自己的信仰;关于这一点,圣伯尔纳在其著作《训令与赦免》(*de precepto et dispensacione*)的末尾说:因为在洗礼中罪愆得到赦免,所以他们被宗教生活所接纳;圣伯纳德的原文开头是:Audire vult 等。[2] 所以,如果有意在生活中悔罪并坚定地服务于上帝,作为回报,其罪愆就得到赦免,那么,对于一个有身份的人——在这个身份上,他面临众多形形色色的焦虑和忧伤——那就更是如此。"

Chapelain 一词的语源〔fol. 48 v°〕:"因为这种胜利的信念,高贵的法国诸王依据古训和习俗,戴着圣马丁老爷的帽子投入战斗,这个帽子是羊毛做成的,由教士们极为虔敬地保存在一个圣物盒中,因此,人们不以教士称呼他们,而是以 Chapelain 相称,以表示对这个毛制帽子的崇敬;这个字由帽子(chappe)和羊毛(laine)组成,因此之故,这些人被称作 chapelains。"

手套、御用标识;对圣油的礼敬〔fol. 49 v°〕。授予标识以后:"此后

---

1 在让·戈林本人的文字中(见下文 p. 485),百合花图案的起源被归于茹因瓦尔的这位隐修者;参见前文 p. 123。

2 *De praecepto et dispensacione*, XVII, 54, (Migne, *P. L.*, t. 182, col. 889): "Audire et hoc vultis a me, unde inter caetera paenitentiae instituta monasterialis disciplina meruerit hanc praerogativam, ut secundum baptisma nuncupetur".

手套被放在一起并接受祈福；然后大主教将它们戴在接受过圣油涂敷的手上，以保护它们不接触其他东西。有人说应该用棉布将涂油部分弄干，然后戴在手上。因为这位法国国王以高贵过于其他国王的方式接受双手的涂油，所以人们刻画他们的肖像时让他们戴上了手套。[1] 圣路易老爷明白这一点：当他被萨拉森人俘虏，萨拉森人问他什么时候洗手，是饭前还是饭后时，他选择饭后洗手，以便只洗手一次，且洗手之后，将手套戴在手上，以答谢他崇敬的圣油或神圣的涂油礼。因为同样的原因，这位大主教头部接受涂油之后，头戴一顶帽子，且总是戴着它，作为他头部已经接受神圣的涂油礼，且具有了更高贵的神圣性的一种标志。所以，他脑海里总是记得，他应终生戴着帽子，永远不让人用剃刀剃头：他像纯粹的拿撒勒人一样献身上帝。"同样，在圣化礼举行之日使用的汗衫将被"焚掉"。

从 fol. 50, col. 2 起，是对王后圣化礼的论述。然后是：

两位君主的圣餐礼〔fol. 51〕："国王与王后应该从他们的宝座上走下来，谦卑地走向圣坛，从大主教手里接过面包和酒；在这个行动中，国王的与教士的职分展现出来：因为酒不会单独给予任何人，除非他是教士。"

对国王旗帜的祈福礼〔fol. 51vº〕："此后是对国王旗帜的祈福礼：Inclina, Domine, aurem tuam ad preces ……[2] 对国王旗帜的祈福礼应在兰斯举行，[3] 国王要出发作战时，在法国的圣德尼教堂为军旗举行祈福礼。"

接下来讲述军旗的发源史。在萨拉森人入侵期间，君士坦丁堡的皇帝曼努埃尔做了一个梦，在梦中他看见一位骑马的全副武装的骑士在他床脚边，这位骑士手握一杆长矛，长矛"通体闪光，犹如镀金之物"，发出一道"火舌"。待他醒来时，一位天使出现在他眼前，告诉他有人将把他的帝国从萨拉森人手中解放出来，此人就是这位骑士。曼努埃尔想到查理曼

484

---

[1] 有必要证实这个细节提到的这个肖像画规则的准确性；乍看起来，它似乎普遍地没有严格实行。

[2] 意为：主啊，请将您的耳朵侧向神父吧……——译者

[3] 这里说的是饰有百合花的旗帜（bannière fleurdelisée），然而，同一卷面上的彩饰画表现的是军旗的祈福礼。Dom Martene, *De antiquis ecclesiae ritibus*, III, p. 221 和 Dewick, *Coronation Book*, p. 50 都有说明军旗祈福礼的内容（此处的彩饰画，pl. 38 也都展示了军旗）。

的形象，认为查理曼就是梦中的那个人，写信向他求助。讲述查理曼在圣德尼竖起一杆军旗。

关于特平的传说〔fol. 52.vº〕："有的史书说特平是第一个高举前述旗帜，跟随查理曼反抗异教徒的人，此前九年间，他曾是许多病人寄宿的瑞米耶日（Jumieges）修道院的修士，后来被推举为兰斯大主教，为捍卫信仰同耶稣基督的敌人进行勇敢的斗争，就像一些史书上所说的那样；他的遗体安放在普罗旺斯的阿尔勒·勒不朗克以远的勒尚，虽然在一个田野的石墓中历经风雨，但是，当人们打开坟墓时，其肌肤栩栩如生，遗体保存完好，这是我看得很清楚的情形。"[1]

两面御用旗帜的天堂起源〔fol. 52 vº〕："法国的这两面旗帜，一面有三颗百合花的旗帜，乃由茹因瓦尔的一位圣徒般的隐士送来的，另一面旗帜则是经由天使的启示得到的——这些天使呈现为奇妙的幻象和清晰的幽灵——并由高贵的胜利所证实。"

详细说明两面旗帜。

有些国王不带真正的军旗参加战斗〔fol. 53〕："法国诸王参加战斗时，带着查理曼从君士坦丁堡带回的军旗的仿制旗，他们为新旗帜祈福，留下查理曼的旗帜，带着新旗；战争胜利后，他们将旗帜归还圣德尼老爷。"

关于罗马鹰起源的故事（误归于普林尼的作品）〔fol. 53〕：奥古斯都皇帝"坐在一个花园里，一只雄鹰从头上飞过，从爪下丢下了一只白色的母鸡，母鸡的嘴里衔着一根带果粒的月桂枝"；"戴在战争胜利者，特别是

---

[1] 实际上，特平被简单地葬在了兰斯地方他生活的大教堂里（Flodoard, *Historia Remensis ecclesie*, II, 17; *Monumenta, SS.*, XIII, p. 465）；但传说何以赋予他一个如此寒微的墓地，以此为满足呢？人们看到，他的墓地不止一处：依《罗兰之歌》（v. 3961）的说法，其墓地在布莱地方的圣罗曼教堂（St-Romain de Blaye），罗兰与奥利弗的旁边；所谓卡利斯图二世教皇的书信，是著名的 *Historia Karoli Magni et Rotholandi* 一书的前言，该书是以特平本人（伪特平）的名字流传的。按照教皇书信的说法，特平的墓地在维也纳；éd., F. Castets, *Publicat. de la Soc. pour l'étude des langues romanes*, VII, p. 65。据我所知，将古老的阿利斯康（Aliscamps）罗马人公墓明确地作为特平的长眠之地，让·戈林是这样做的唯一作者；但《查理曼传奇》（*Karlamagnussaga*，德文译作 *Romanische Studien*, hgg. v. Ed. Böhmer, III, p. 348）已经将十二位贵族的墓地安置于此处；所以，这位据说死于龙塞沃（Roncevaux）的勇敢教士与他的战友聚集在一起，是很自然的事情。

皇帝头上"的桂冠，与皇帝徽章及"帝国军旗"上的雄鹰形象，就源于这个事件；[1] 在作者所处的时代，这只鹰将出现在"罗马联合体"的红色旗帜上；除此之外，还有旗上斜书（从一角到另一角）的四个字母 S.P.Q.R.，有人认为这四个字母表示 le signe du peuple romain（"罗马民众的标记"），另外一些人则认为其意为 Senatus Populusque Romanus（"罗马人的元老院"）。

法国与加洛林帝国〔fol. 53 et v°〕："所以，有人想说，因君士坦丁堡的皇帝产生幻觉而授予查理曼的这面军旗，预示着他将成为罗马人的皇帝，正如他后来当上了皇帝，被称为贵族与皇帝；将这一帝国标帜留在法国，象征帝国永存——通过男性继承而绝非罗马帝国和德国那样的选举而永存。所以，以珍贵的天堂膏油涂敷的法国皇帝更为卓越，生育子嗣像父辈一样拥有继承权、奉神命而承运，理所宜然。"

既已解释两面旗帜及国王涂敷之膏油的天堂渊源，就要从这些前提中推出必要的结论。

结论；对瘰疬病的治疗；男性继承权；查理五世对治病能力的态度〔fol. 53 v°-54〕："由此可以得出两个明显的结论：法国国王的身份显赫尊贵，因为国王使用来自天堂的圣油涂敷，通过他当受的涂油，他能治疗异乎寻常的瘰疬病：并非因为人们由此而认为他是神圣之人，或正在创造奇迹，而是因为他拥有崇高的国王身份，拥有超越其他所有国王的特权。

我们应当明白，虽然教士在授职礼之后能充任祭司，因念诵圣化礼誓词而圣化面包，但这样的祭司并不能被称为神圣或创造奇迹，因为一位可能身负罪愆的教士，以其在圣化礼中被赋予的权威及特性，可以进行圣化活动；同样，我也不说，国王因为涂油礼就拥有这种特性，虽然他因圣化礼以及神圣的血统而拥有如此卓越的品性，以至于能够愉悦上帝，赋予他医治瘰疬病这种丑恶疾病的能力。正如使徒所说（I Timothy 5: 17）：'Qui

---

[1] 这个传说不见于 Arturo Graf, *Roma nella memoria e nelle immaginazioni del Medio Evo*, II, Turin, 1883，专论雄鹰的几段文字（p. 453 以下）。

bene presunt presbiteri dupplici honore digni habentur'[1]('善于管理的教士当得到加倍的荣耀'),一是因为作为精神职位的教士身份的权威,一是因为他们身上的个人性质的善,瘰疬病治疗能力赖以为基础的国王权威,更多地是取自神圣涂油礼的精神权威,神圣涂油礼并非是个人的,但个人之善值得以教士般的善去尊敬。所以,人们不应说,国王因此而神圣或者说创造奇迹,教士也一样;因为一位僭越者或臭名昭著的罪人——他可能是教士——也能因其教士的职分施行圣化行动,但人们不能说他像圣徒一样完成了奇迹。所以国王的高贵与职分应该从这样的意义上来理解;我很清楚地知道,命我翻译这部论圣化礼论文的主公,即聪慧、仁慈的查理五世,以其伟大的智慧,绝不希望得到神圣性或他所具有的创造奇迹的能力,因为他更愿意做上帝眼中的那些事情,而非得到俗世的崇拜;虽然他不希望也不会这样做,但是,按照使徒的话(Romans XI: 13):'*Quamdiu quidem ego sum gencium apostolus ministerium meum ego honorificabo* etc'('只要我是上帝的使徒',圣保罗说,'我就要荣耀我的职分');[2] 他总是称自己为可怜的罪人,从不称自己为圣徒,但他把圣徒们完成的奇迹归于上帝,及上帝的荣耀。"

同样,基督说到施洗约翰时(Luke, 7: 28)说,妇人所生之人,无人比约翰更伟大,但在天国里最渺小者也比他伟大:"所以我肯定不会坚持认为,国王会同意人们对他说'你终生创造奇迹',因为那是将虚荣给予了他,他并不在意这虚荣,而是将一切归于上帝,由于上帝,他现在及将来都行使统治,使上帝荣耀,使敌人谦恭。这显然就是第一个结论。"

第二个论点是,女王从来没接受涂油,圣化礼的最后阶段,无论百合花旗帜还是军旗都没有接受祈福。行文如下〔fol. 54 及 v°〕:"从未有女人这样接近过教士品阶,以至于接受国王的涂油礼,也没有女人负有治疗上述疾病之责。因此,情况似乎是,在法国,女人不能也不应该享有继承权,

---

1 I. *Ad. Tim.*, 5: 17.

2 *Ad Rom.*, XI: 13.

而且就国家而言,那也是错误的。因为,首位接受涂油的国王,以世袭继承的方式,立下规矩,以圣油瓶之油施行涂油礼,永远与女人无关。所以女人无王位继承权,而且不能由选举获得继承权。因为,查理曼受命接受军旗且安排教皇、皇帝及法国国王选举,他与教皇、神圣的红衣主教团和高级教士、各位国王、公爵,及其他基督教君主一道,经所有方同意,与教会一起发布诏书规定,法兰西王国以血统最近的男性继承人的顺序行使统治;因为每个有理性的人都能很容易地得出结论,无论是举行涂油礼的职分,还是武装从戎的职分,都不属于女人,这种情况看起来,与其说是人类的规定,倒不如说是神的训诫,反映了神圣的三位一体;因为百合花徽章是至高无上的,所以国王徽章可以被理解为拥有某种主权的圣父;而其他人就神性而言与圣父是平等的,所以,以儿子的身份获得人的形象,是一种次等的形象,关于这一点,信条里写道:'Filius est equalis Patri secundum divinitatem, minor Patre secundum humanitatem'('圣子在神性上等同于圣父,而在人性上不及圣父');[1] 人们可以将三种百合花比作君主统治权;虽然他们都连在一起,但在表示圣灵的涂油礼中被神秘地分开;它以鸽子的形象带来圣油瓶,且出现在耶稣的洗礼中,关于这一点教会歌唱道:'In specie columbe Spiritus Sanctus visus est'('在鸽子的眼中,圣灵闪现');红色的军旗象征人类形象的圣子,从被他那珍贵鲜血浸染、渍染成红色的十字架上升起来。所以,很显然,这种职分更多地关乎一个男子而非女子,英国的爱德华国王长期坚持错误观点,说因为他母亲,他对法兰西王国享有某种权利,他一点也不了解自己的情形;如果说他了解自己的情形,那就是贪婪蒙蔽了他,他的罪愆正在受到且将受到上帝的审判,将使他的计划落空。这一审判正由我的主公查理五世加诸其身,查理五世

---

[1] 所谓的阿塔纳修斯信条 (H. Denzinger, *Enchiridion Symbolorum*, 12ᵉ éd., Friborg, in-12°, 1913, p. 19): "aequalis Patri secundum divinitatem, minor Patre secundum humanitatem。"

按:阿塔纳修斯(Athanasius,约295—373年),325年出席尼西亚会议,328年任亚历山大城主教;所谓"阿塔纳修斯信条"(Athanasian Creed),即坚持认为,圣子由圣父所生,而非被圣父所创造;圣父与圣子同性、同体。——译者

并不将上帝在法国完成的奇迹归功于己,而归于上帝的善行与恩典,上帝以其悲悯之心让他知道、明白并说出诗篇中大卫以至大忠诚说出的话:'Tu es Deus solus qui facis mirabilia magna et qui facis mirabilia magna solus'('你是唯一的神,你实现了伟大的奇迹,唯独你实现了伟大的奇迹')。[1] 如果不使用神学词汇的人,将应该归于造物主的东西归于受造物,这毫不足怪,因为人们经常说:'某个圣徒完成了奇迹,某个人治好了某种疾病。'但是,那是上帝在他们身上的力量,而绝非他们自己的功德,正如圣伯尔纳在第四书中对教皇尤金努斯说:'virtus vero in sanctis manens ipsa facit opera'('是存于神性之中的功德做了它自己的事情')。[2]

但是我没有处理这个问题,以反驳我的师父拉乌尔·德·普雷勒大师,他曾在《上帝之城》一书的序言里说,我的主公一生创造奇迹,且这种能力是授予他治疗瘰疬病的。[3] 但我这样做,为的是未来那些学问不如我主公精妙、老练的人,不要为虚荣而投机,也不要自视为圣徒或奇迹创造者。钱币的边缘上印有:Christus vincit, Christus regnat, Christus imperat(基督胜利、基督为王、基督统治),正因为这一点,不无道理。[4] 上帝将这种恩典给予了文中提及的我的主公,他运用其精妙的才智去研究,所以明白了让他个人得救、让上帝荣耀的神学语言,以及其他学问的语言,以至于显而易见地能运用于国家管理。为了这个目的,为了教导贵族们,热尔韦写下了 de ociis imperialibus。"[5]

---

[1] *Psalm* LXXXV, 10: "Quoniam magnus es tu, et faciens mirabilia; tu es Deus solus"; LXXI, 18: "Benedictus Dominus Deus Isreal, qui facit mirabilia solus"; CXXXV, 4: "Qui facit mirabilia magna solus."

[2] 让·戈林此处似乎是指论著 *De Consideratione* 的第四卷,该书是圣伯纳德向教皇尤金努斯三世所做的演说。但他说的引文不见于此处,我在圣伯纳德著作的其他处也没有找到这段引文。

[3] 参见前文 p. 136, n. 2。

[4] 取自复活节赞歌的题铭,自圣路易时代就已经出现于大多数法国金币上,参见 G. Froehner, *Annuaire de la Soc. française de numismatique*, 1889, p. 45。让·戈林在前文(fol. 45, col. 2)早已引用过这段铭文。

[5] 指的是蒂尔堡的热尔韦(Gervais de Tilbury)为奥托四世皇帝所写的 *Otia imperialia*(《统治者的安闲》)。

五 法国诸王举行圣化礼后前往科尔贝尼朝圣及圣马库尔圣物向兰斯的迁移

法国诸王在接受圣化礼之后要往拜圣马库尔,表达虔敬,我将关于这个行动的参考资料汇集于此,因为不想让这些资料使前文注释臃肿不堪。

关于圣路易的圣化礼,见 Lenain de Tillemont, *Vie de Saint Louis* (*Soc. de l'Hist. de France*), I, p. 429 以下;关于未成年时期的巴黎人的忠诚,见 Joinville, c. XVI。可以肯定,路易几次访问科尔贝尼,这并不奇怪,因为这座小市镇位于交通熙熙攘攘的罗马古道上。人们可以想见,他每次造访这位圣徒的圣殿,必定会宣读祈祷文;但有案可稽的最早的访问是在 1248 年 5 月 28 日〔*Histor. de France*, XXI, 275 J;关于其他次的往拜,见同前,399 C, 400 B, 402 A, G; Lenain de Tillemont, IV, p. 70, VI, p. 276(彼处 11 月应改正为 12 月), IV, p. 126, 388; V, p. 22〕。到 1248 年,这位虔诚笃信的国王肯定按照其祖先的传统,已经习惯于触摸瘰疬病患者,且为时不短了。塞尔夫(Cerf, *Du toucher*, p. 236)及勒杜布勒(Ledouble, *Notice sur Corbeny*, p. 193)承认路易不可能在接受圣化礼之后立即进行朝圣之旅,但认定他于 1229 年去过科尔贝尼(塞尔夫更精确地认定朝圣之旅是在 1229 年 12 月 1 日)。但无论在勒南·德·蒂耶蒙(Lenain de Tillemont)的著作,还是 *Histor. de France*, t. XXI 的编者们完成的

Mansiones et Itinera 中，我都没有发现任何证迹。即使此点可以作为肯定的事实接受，也不能认为圣路易是往拜科尔贝尼风俗的肇始者，因为这个风俗的主要特征恰恰是，国王接受圣化礼之后立即往拜圣马库尔表达虔诚。

人们知道美男子腓力在圣化礼之后的往拜旅程，是因为王室财库管家所保存的记事簿中的记载；*Histor. de France*, XXII, p. 492-493。

路易十世：掌玺大臣簿册（le registre de la chancellerie），Arch. Nat. J. J. 52, fol. 118 v°, n° 229 收有这位君主颁布的一份法令，时间是1315年8月（此月举行圣化礼），地点是叫作 Corberiacum 的地方；*Itinéraire* 一文发表于 *Historiens de France*, t. XXI, p. 465，该文的作者们认为，正确的写法是 Corbeniacum（Corbeny，科尔贝尼），这是非常有可能的。在沙特尔财库从前列 n° 51 的账簿（现今存于彼得格勒）中，这份法令还应该有另一副本，因为这个账簿是 n° 52 账簿的誊写本（见 H. François-Delaborde, *Catalogue des actes de Philippe-Auguste*, p. lxv）。这份法令证实在安热洛（Angelo）的圣朱斯特，由沙罗莱的封主让·德·克勒芒，以及他的妻子、苏瓦松女伯爵让娜建立了一座招待所。我没有见到这个副本。

腓力六世肯定没有在圣化礼之后前往科尔贝尼。见 Jules Viard, *Itinéraire de Philippe VI de Valois*; *Bibliothèque de l'Ec. des Chartres*, 1913, p. 89 及 *Additions*，同前，1923, p. 168。

M. E. Petit, *Séjours de Jean II*; *Bullet. Historique et philologique*, 1896, p. 587 考订出了好人约翰1350年9月30日（国王于26日接受圣化礼）去 Cormisiacum 的旅程。Cormisiacum 应改正为 Corbeniacum。事实上，在兰斯的圣雷米档案 l. 190 n° 2 中有一份货真价实的摘录，这份摘录是受（账簿室的）"主人"之命，于1355年11月28日，从1350年圣诞节的王室账簿中所取得，所述如下 "de gisto habitatorum villarum de Corbeniaco et de Craonne XXV^a octobris cccl pro uno gisto quod rex cepit de iure suo apud Corbeniacum supradictum adreditum sacri, die xxx^a septembris precedentis, computatum per Renerum Coranci ij xxiij l. x s. v d. p." [1]

查理五世的旅程没有确切的文献证据可以证实，但可从他整个的旅程中进行具有一定可能性的推论。这是 M. Delachenal, *Histoire de Charles V*, II, 1916, p. 97 的结论。

关于查理六世，我们有一些可靠的证据：E. Petit, *Séjours de Charles VI*; *Bullet. Historique et philologique*, 1893, p. 409；参见 Douët d'Arcqu, *Comptes de l'Hôtel des rois de France aux VIVe et XVe Siècles* (*Soc. de l'Hist. de France*), p. 6, 64。同样，关于查理七世，也有几件证据：参见上文 p. 283, n. 1; Vallet de Viriville, *Histoire de Charles VII*, II, 1863, p. 102; de Beaucourt, *Histoire de Charles VII*, II, 1882, p. 234。路易十一的情况也有证据，*Letters*, éd. Dupont (*Soc. de l'Hist. de France*), XI, p. 4。

从查理八世到弗朗索瓦二世，每位国王往拜科尔贝尼，都有确凿的证据，且各种证据可以彼此印证。我只向读者推荐 Godefroy, *Ceromonial*, I, p. 208, 234, 265, 293, 311；关于路易十二，参见前文 p. 284, n. 1；关于亨利二世，见 p. 321, n. 3。

关于查理九世与亨利三世的往拜行动，我没有见到任何证据；但没有理由认为这些君主打破了旧传统。

无可争议的是，在沙特尔接受圣化礼的亨利四世没有前往科尔贝尼朝拜。乌达尔·布儒瓦（Oudard Bourgeois, *Apologie*, p. 64）断言他在进入巴黎前曾在圣克卢堡向这位圣徒做九日祈祷礼；但我不知道其他哪份文献支持这一讯息；乌达尔·布儒瓦萦绕心中的是礼赞这位圣徒，这使得他提供的讯息相当可疑。

关于路易十三，Godefroy, *Ceromonial*, I, p. 417 以及在圣雷米档案 l.190, nº 5 中，有一份法律上得到证明的证书，说明这位国王开始进行九日

---

[1] 此段意为：有关 Corbeniacum 和 Craon 两地村民的接待所，1350 年 10 月 25 日，为国王以其法律的名义在前述 Corbeniacum 村内所提供的一个的接待所，在此之前的 9 月 30 日，通过 Renerum Coranci 两次核算为 23 个里弗尔，10 个苏，5 个第纳尔。

按：因为是记账信息，句子并不完整。——译者

祈祷礼（1619 年 10 月 29 日）。

路易十四圣化礼期间圣马库尔圣物向兰斯的迁移，见 1654 年 6 月 17 日的一份公告，l. 190, n° 14（"由于紧急事件及该城遭受毁坏蹂躏"，国王不能前往科尔贝尼）；1654 年 7 月 3 日的一封安全指导函（同年 7 月 10 日检核），同前，n° 15（"致彼处：如果不是受阻于目前的战事，我们应该往拜并表达虔诚的地方"）。关于 1642 年及 1653 年科尔贝尼所受兵燹之灾，见 l.190, n°s. 9, 13。

路易十五时期发生的同样的迁移，见 H. Dieudonné, *La châsse de Saint Marcoul au sacre de Louis XV*, Revue de Champagne, 1911, p. 84；参见前文 p. 397, n. 2。

路易十六时期的情况，见 Leber, *Des cérémonies du sacre*, 1825, p. 447；参见前文 p. 399, n. 2。

Du Tillet, *Mémoires et recherches*, in-4°, Paris, 1578, p. 147 以下发表了据说是腓力·奥古斯都于 1170 年使用的圣化礼弥撒祷告书的译文；Godefroy, *Ceromonial*, I, p. 1 追随他也发表了译文，但不确切。施赖尔（M. H. Schreuer）在其他史学家（包括 A. 吕谢尔）之后，否定了这种归属法；布克内尔（M. Buchner）则坚持这种归属法，反对他的看法（关于这场争论的参考书目，见 *Revue historique*, CVIII, p. 136）。弥撒祷告书提到了前往科尔贝尼的朝圣之旅（Du Tillet, p. 156; Godefroy, p. 11）。涉及朝拜之旅的句子来自迪·蒂耶（Du Tillet）的版本（由戈德弗鲁瓦删除），乃是迪·蒂耶本人的窜入，迪·蒂耶认为应该加入他亲眼所见的国王触摸的论述——他所涉及的是美男子腓力的情况。至于 1179 年，这是一个令人吃惊的时代错乱。如果这种情况不是显而易见，我们就应该加入这个讨论。此外，这位优秀的书记官甚至在弥撒祷告书中加入注解，此非仅有的例证。在 p. 155 有一个评注，涉及约翰二世的儿子贝里公爵。施赖尔所做的否定性推论，在我看来是具有决定意义的。但要对误归于腓力·奥古斯都名下的弥撒祷告书的日期有个肯定见解，我们应该掌握更可靠的东西，而不只是一个改动过的译本。

六　补充与修正

1　日耳曼各族的原始共和制度

　　p. 55 以下。——在我对这个主题的全部论述中，也许有人会责备我对一度非常著名的一种理论太过轻视，未加理睬，这就是日耳曼各族的原始共和制理论。可以肯定，人们相当熟悉，整个历史学界，大部分德国人，都认为日耳曼王权是较晚发育的制度，是随着历次入侵的大变动产生于西欧日耳曼人中的。但这种理论真的值得详加讨论吗？由于它乃基于文献的支持，而且不仅仅反映启蒙运动或浪漫主义运动[1]迷人的幻象，总之，它是基于双重的误读，所以应该加以讨论。首先，人们对拉丁作家使用的词语的诠释非常不具批判性。在描述日耳曼社会时，人们喜欢保留 rex 这个词，用以称呼大群体的各首领；在他们看来，小部落群体的头领只是 principes。由于没有进行基本的考察就将他们的语言转换为法语或德语，我们得到的最终结果只能是怪论谬说。以现行的社会学语汇，principes 与

---

[1]　浪漫主义运动（Romanticism），指 18—19 世纪在西欧发生的思想与情感运动。它注重以强烈的情感作为美学经验的来源，重视民间艺术、自然以及传统；受到了启蒙运动理念的影响，也吸收了中世纪文化复古的艺术成分。——译者

reges 显然都是王，即享有世袭性威望的君主。我处心积虑地使用世袭性这个词，因为正是在这个词的理解上，追溯出来的共和制度的支持者们陷于了第二个混乱。由于选举方法在选择 principes，甚至 reges 方面肯定发挥着一定作用，他们乐于将这两个阶层（尤其是前者）视为纯粹选举性的长官，以及小共和国的"总统"——我也许可以斗胆如此表述。但这样说意味着忘记了，与个人合法性并存的，是家族合法性；如果人们的选择只限于特定的家族——这个家族总是被赋予一种经由血缘传承的能力——那么就存在世袭性。这似乎就是古代日耳曼人中通常的规则。关于这个问题，我希望读者参阅 Heinrich Brünner, *Deutsche Rechtsgeschichte* 第一卷中的精彩一章 *Königtum und Fürstentum*（2ᵉ éd. 1906, p. 164-165；也可参考 *Grundzüge der Deutsche Rechtsgeschichte*, 7ᵉ éd., 1921, p. 14-15）；对于这样一个严肃的问题做如此简单的处理，我在末尾引用一位历史学家最近表达的见解作为借口吧！阿尔方索·多普施（Alphonse Dopsch）说："日耳曼各族落中从一开始就存在王权，这在今天是无须再有置疑了。"(*Wirtschaftliche und soziale Grundlagen der europäischen Kulturentwicklung*, t. II, 1920, p. 23）对于这位历史学家，人们不要怀疑我有过分的偏爱。

2 充当祭司的法兰克国王

对于前文（p. 66）所引福尔图纳的文献，毫无疑问应补充 511 年参加奥尔良宗教会议的主教们致克洛维的信件，此信件是与克洛维沟通说明他们的决定："Quia tanta ad religionis catholicae cultum gloriosae fidei cura vos excitat, ut *sacerdotalis mentis affectum* sacerdotes de rebus necessariis tracturos in unum collegi iusseritis …"[1] (*Concilia aevi merovingici; Monum.*

---

[1] 译文：因为对光荣信仰的关注是如此之大，它唤醒了对正统宗教的敬仰，所以，鉴于对神职人员意见的尊重，您规定了这些神职人员须集会解决必要的问题。——译者

Germ., Concilia, I, p. 2)。

遗憾的是，文献有些不太清晰。所有的手稿均作 *affectum*，令编辑者惊讶不已。也许我们应视之为 *affectu* 的抄写讹误。如果接受这种解释，则所有暧昧点顿消；很显然，与会的教士们声称，克洛维的灵魂乃是祭司的灵魂。在这里，与东方教会在风格上的相似性（见前文，p. 187, n. 3）是非常令人惊讶的；此外，对历史家而言，注意到高卢的主教挪用一个真正表示皇帝属性的词语，将它用到正在进行征服活动的法兰克人身上，这是何等的趣事！

3 百合花传说中的图像学

p. 234 及 n. 1——（1）表现大胆查理婚礼的壁毯：应参考 *Mémoires de Jean, sire de Haynin et de Louvignies*, éd. D. D. Brouwers (*Soc. des bibliophiles liégeois*), Liège, 1906, II, p. 25，而取代 Jean de Haynin 的 *Mémoire*。

（2）上文没有说明的作品：

这个传说在 15 世纪德国的声望见于下列两部作品：*Triomphe de l'Empereur Maximillien*, H. Burgmair 雕刻，éd. 1796, pl. 105；克洛维的形象是，徽章居中，右边三个癞蛤蟆，左边三朵百合花——见于茵斯布鲁克的豪夫教堂（Hofkirche）的克洛维雕像（马克西米廉墓地的雕刻群）。这位法兰克国王的形象同样被表现为，徽章居中，但左边癞蛤蟆，右边百合花（参见 Zimmeter, *Führer durch die Hodkirche*, p. 6 对页插图）；这座雕像依克里斯多夫·安贝格（Christopher Amberger）的设计完成。

4 诺曼诸公爵的圣化礼

p. 194, n. 1.——上文对手稿——流传下来的圣化礼仪典书取自这些手稿——的说明，是全然错误的，应该改正如下文；我能够认识到错误并改正之，得益于鲁昂市图书馆与历史档案馆馆长亨利·拉布罗斯（Henri Labrosse）先生。

497　　谢吕埃尔（Chéruel）与德拉舍纳尔（Delachenal）只是从 17 世纪的各副本知道诺曼公爵的仪典书，这些副本每一本似乎都来自一个不同的副本。前者似乎参考了藏于鲁昂市档案馆标号 A/38 的手稿，后者则似乎参考了同馆收藏的 S. 1 手稿。不过，还有描述这个内容的一个更早得多的抄本，这个抄本在著名的 Robert de Jumièges, Bénédictionnaire（《祈福书》）中可以读到；Robert de Jumièges, Bénédictionnaire 藏于鲁昂图书馆，标号 Y 7，1903 年由威尔逊（M. H. A. Wilson）出版（*The Benedictional of Archbishop Robert*; Henry Bradshaw Soc., XXIV）。《祈福书》本身是 10 世纪末在英国——大概在温彻斯特——草成的，于 1052 年由坎特伯雷大主教罗伯特带到了诺曼底的瑞米耶日。坎特伯雷大主教罗伯特曾遭流放，原因是败于敌手戈德温。但 fol. 181-183 的书法不同于整个手稿，明显属于较近的作品。毫无疑问，我们应该接受奥蒙（Omont）（*Catalogue général de ms. des Biblio-thèques des Départments; Rouen*, n° 369）的见解，认定日期为 12 世纪。威尔逊版认为其属于 13 世纪末（前引书, p.157, n. 4）；但拉布罗斯亲自检定这份手稿后，盛情告诉我，日期肯定很晚。威尔逊的版本的内容与马特内（Martene）的版本在所有方面都符合，但后者没有说明其来源。

　　此外，威尔逊版（p. 196）已经非常清楚地说明，*Officium ad ducem constituendum* 的编者只是从盎格鲁-撒克逊《国王圣化礼》（*Consecratio regis*）中为其礼拜式萃取了材料，《国王圣化礼》见于《祈福书》的古代部分（该版 p. 140 以下）。实际上，他的公爵圣化礼仪典书取自国王圣化礼仪典书：(1) 国王誓言；(2) 有关戒指与宝剑交接的礼仪套语程式；(3) 祝福礼，此礼仪在公爵礼的末尾举行，但在国王登基礼之前举行。注意到一位大封建主的就任式如何以这种方式仿效国王的就职礼，是有意义的。但真正说来，这种复制不过是缩短版，尤其是，涂油礼仍是纯粹的君主之礼。

5 国王詹姆士二世身后的奇迹

p. 393, n. 1.——马东（M.Matton）在 *Bulletin de la soc. académique de Laon*, XV (1805), p. 14-22 发表了詹姆士二世代祷产生的一件神奇治疗的书面报告，这份报告标明日期为 1703 年 9 月 28 日。在费雷·昂塔登瓦（Fère-en-Tardenois）地方的主宫（Hôtel-Dieu）医院里接治的一位年轻女子，被认为患上了"癫痫病"，据说她向这位虔诚的国王履行九日祈祷礼之后，病情痊愈。此外，从这份文字报告可以清楚地看出，意外事故造成的神经性休克病症，也被划入"癫痫病"名下；其后果可持续长达九年。

6 Gratia Gratis Data

前文所引许多文献（尤其是 Félix Fabri, p. 150, Benoît XIV, p. 291, n. 2, Du Laurens, p. 343）叙述了上帝授予各君主的治病能力，称作 gratia gratis data 或 donum gratis datum。在引述或有时翻译这些文献时，我遗漏了一点，没有说明，要理解这些文献，只有借助于一种神学理论——这种理论是从前所有受过教育的人都熟悉的，但现在大概普遍地鲜为人知了——才能理解 gratia gratis data 与 gratia gratum faciens 之间的区别。在这两种恩典中，第一种恩典被认为一点都不会改变接受者最内在的本质；它只是使接受者能够在他人得救时配合做出某些行动。但第二种恩典是梯阶高得多的恩典，因为它使接受者可以进入上帝的视野；用圣托马斯·阿奎那的话说，这种恩典"将他与上帝结合"（*Summa theol.*, Ia, IIae, qu. CXI, a. 1）。实现奇迹的能力是 gratia gratis data 的经典实例；国王疗病只是奇迹的一种特别形式；上文所用术语由此而来。

7 第七子或第七女；百合花与圣马库尔

第二卷第四章第三节——在涉及第七子的能力的内容里，我要增加下列讯息，这些讯息分属这些国家：

匈牙利："按照古代广泛流传于福尔索-博尔多格法尔瓦（属乌德沃尔海伊［Udvarhely］省）的一种信仰，一位母亲所生的第七个儿子，如果他为人虔诚，且未曾宣誓，如果在他七岁时将其右手拇指甲涂上罂粟油，那么他就拥有一种能力：透过已经变得透明的拇指甲，他可以发现隐藏的宝物"（*Revue des traditions populaires*, XIII (1898), p. 120-121）。（注意对数字七的固执：第七子，七岁时。）

法国，布列塔尼："布勒特伊与马勒塞布的总督与绅士们在执行国王的命令时的通信，国王的命令要他们关注富热尔附近勒库斯教堂区的一位富凯先生，此人自称神奇，能治疗瘰疬病，因为他诞生为家中的第七个男孩，下巴上有百合花"〔*Inventaire sommaire des Archives Départementales, Ille- et- Vilaine*, C 206; 参见 *Rev. des trad. popul.*, XXI (1906), p. 405〕。

多尔地区：第七子或第七女身体某处带有百合花图案，在四季大斋日触摸瘰疬病。"如果瘰疬病患者注定死亡，患者将在触摸后一个星期内死去"〔*Rev. des trad. popul.*, VIII (1893), p. 374〕。

南特地区与旺代：第七子在舌下或臂上带有百合花图案，可以治疗所有疾病〔*Rev. des trad. popul.*, XV (1900), p. 591〕。

诺曼底低地：第七子或第七女为肠系膜淋巴结结核病患者触摸〔*Rev. des trad. popul.*, XXIV (1909), p. 65〕。

卢瓦-谢尔省："只有男孩组成的家庭里，七个男孩中最年幼的孩子，具有治疗瘰疬病的能力。人们称之为马库。"〔*Rev. des trad. popul.*, XV (1900), p. 123; 参见同前，381，此处记载说一位"马库"也可以治疗某些其他疾病。〕

贝里：人们告诉我，即使在今日，贝里地区的某个村落里，一位第七子最近曾经施展——可能现在正在施展——其神奇的能力。他似乎为各种病人触摸，但只在濯足节¹到耶稣受难日²的夜间进行。（在这里我们可以识辨出，人们特别喜欢星期五——这一点前文已经指出——尤其是耶稣受难日进行的治疗。）第七子喜欢一大群患者聚拢到他那里，而且不仅仅是来自穷人中的患者。在这样的一个夜晚，有人告诉我："你可以看见大量马车，甚至有汽车，停在他的门前。"

最后，我必须说明，M. F. Duine〔*Rev. des trad. popul.*, XIV (1899), p. 448〕提到，莫雷尔（L. Morel）在他编辑的《马克白》（英文，Paris, Hachette, 1888, p. 226）中涉及第七子，但我没有采用。

8 杂补与修正

p. 131. —— 纪尧姆·德·索克维尔修士所说的大卫的名字，显然取自 St. Jérôme, *De nominibus hebraicis*; Migne, *P. L.*, t. 23, col. 857。

p. 132, n. 1. —— 托罗米奥·德·卢卡的研究书目：J. Bauermann, *Studien zur politischen Publizistik in der Zeit Heinrichs VII und Ludwigs des Bayern*, Breslau (Auszug einer Breslauer Diss.) 似乎涉及托罗米奥的政治作品；不过，我只是由 Buchner, *Histor. Jahrbuch*, XLI (1921), p. 336-337 这篇简短评论知道该著作。

p. 152. —— 阿尔瓦雷斯·佩拉约文献的译文，第2行，"桑科国王" 代之以 "声名卓著的桑科国王"。

p. 271. ——圣马库尔崇拜。补充布卢瓦（Blois），圣尼古拉教堂 (*Rev. des trad. popul.*, XV, 1900, p. 123)。

p. 206, n. 1. —— 关于圣餐两圣品，读者可参阅康斯坦特（G. Constant）置于其著作卷首的提要，该著作题为 *Concession à l'Allemagne*

---

1 濯足节（Jeudi, Maundy Thursday），又称"圣周四"，复活节前的星期四。——译者
2 耶稣受难日（Vendredi Saint, Good Friday），即复活节前的星期五。——译者

de la communion sous les deux espèces (*Biblioth. des Écoles de Rome et d'Athènes*, fasc. 128), 1923, p. 1 以下；关于皇帝和国王圣餐礼的简要说明，p. 7, n. 1, p. 6；康斯坦特似乎相信，从克力门六世发布诏书以后，法国国王在举行圣化礼之日只能分享圣餐中的酒。这一点当然是错误的。关于圣餐两圣品（sub utraque specie）向马克西米廉二世的让步，同前，p. 153。

p. 225, n. 3. —— 关于欣克马尔的伪造，还应参考 E. Lesne, *La Lettre interpolée d'Hadrien Ier à Tilpin et à l'église de Reims au IXe siècle; Le Moyen-Age*, 1913, p. 325, 389。

p. 279 及 n. 2. —— 我将萨勒、布雷、布吕什置于阿尔萨斯境内，是错误的。1871 年这些地方被德国兼并，今天是下莱茵省的辖境；但它们确实属于洛林；在旧制度时代，这些地方是洛林公国的辖境。

p. 358，第 16 行 —— 我没有找到福卡泰尔提到的塞尔苏斯著作的段落。这位善杜撰的律师的参考书大概不应被当作确信无疑的东西。

p. 360, n. 3. —— 接受路易十三触摸的患者的某些数字乃是依据 *Revue des traditions populaires*, XVII, 1902, p. 417 的 *Gazette de France*。

p. 370. —— 关于法国诸王对第七子的态度。比较波尔多大主教所采取的措施，与前文 p. 498 所引 18 世纪的通信；但我发现这则讯息太迟，无法及时获得一个副本。

p. 422. —— 我提到乔治·布尔并引述他的布道词时，无疑应该说明这位神学家生活的确切年代。他从前声闻欧洲，但在今日却完全湮没无闻。我所使用且在注释中提及的版本，是 1816 年的版本，这一点可能产生误导。乔治·布尔出生于 1654 年，卒于 1710 年；他的布道词在其死后才获出版。

p. 455. —— *Charles II touching for scrofula*. 读者将在 *Revue Historique*, 119 (1915), p. 431 看到对 Macaulay, *History of England* 版本的一则评论，内有一图版说明"查理二世为瘰疬病人触摸"。弗思（C. H. Firth）盛情可嘉，为我购得麦考莱著作的第四、五、六卷。我没有目睹这个作品；很有可能是前文所列 12、13 号作品之一的复制。另外，对于前文所列 13 号作品的复制品，我们要补充 C. Barford, *Haands-Paalaeggelse*, p. 72 对页所载的一幅作品。

p. 469. —— 冕与冠。按照 J. Maurice (*Bulletin de la soc. nationale des Antiquaires*, 1921, p. 233)，"以天然宝石及水晶坠装饰的冠"——与"东部诸王"及戴克里先的冕形成对照——是由君士坦丁大帝效仿以色列国王的榜样引入罗马帝国的；它与冕形成对照，成为诸皇帝的标帜，而冕仍是凯撒们的标帜。法国诸王的冠乃由这种形式转化而来。

p. 478. —— 关于让·戈林，读者也应参考 A. Molinier, *Les sources de l'histoire de France*, IV, n° 3344 开列的书目。注意，可略去 A. Thomas, *Mél. [d'archéologie et d'histoire] de l'école de Rome ...*, II, 455。

参考书目[1]

人们将看到，下面有两类参考书目。第一部分包括的参考书数量最少，这部分参考书包括一些通论王权或专论英法王权的著作，我在论述中经常提到这些著作。提到它们的目的只是便于参考。在这方面，我的目标不是提供一个详尽的书目——甚至不是提供一个精选书目。对于每本书或回忆录，我已经在合适的地方说明了其中专论神奇王权的页码。

从第二部分开始的第二类参考书，更确切地讨论治病能力，第七部分讨论对王权神奇性的另外形式的信仰，即对国王胎记的迷信。我尽可能地使这些参考书完备一些，但并非绝对完备。我并非只是以这种局限性来掩盖无意识的遗漏，这种无意识遗漏肯定是有的。我有意略去了一些看起来意义不大、不值一提的不明期刊的文章。对那些被历史"奇趣"所吸引的业余研究者，这个主题总是产生过多的吸引力，有时却不能诱惑那些刚毅、质朴超越能力的作者，尤其是英国的作者；对这样一个主题，对书目进行如此的删除是必要的。我做这件事颇为小心谨慎。我记得，研究中的一则要旨与研究主题无关的短注，却经常给予我重要的参考价值。当材料如此分散时，一位最无阅历的研究者，如能为搜集的资料增加一则未刊行的文献，也是极受欢迎的。[2]

---

[1] 法文版《参考书目》原在《序言》之前，考虑到中文读者的阅读习惯，并参考英译本做法，将其移至《附录》之后。——译者

[2] 我要补充的是，法夸尔小姐发表的题为 Royal Charities 的几篇出色的论文（见下文，IV，3），已经使得此前有关英国触摸钱币的所有论述失去了价值。这些论文使我能够删去几篇更旧的著作，否则它们会充斥我的书单而毫无用处。

除了专论神奇能力或国王胎记的著作，收入这个参考书目的大量著作或文章，在讨论更广泛的主题时，有时也提供关于这个观念两个表象特征的有用讯息：每次我都说明可查询的页码。这类著作并不总是价值微小。当然，我略去了那些只是提及事实而无新见的作品，这些事实我们已经从其他资料中了解到了。

有些著作我仅知道其标题，我在这样的著作前加了星号（*），意在是向有的研究者标识之，他们也许可以在藏书中找到我没有找到的这些著作。

在每个部分中，作品基本上按作者（无作者的著作按照标题）名称的字母排序。只有第三部分是例外，在这一部分中，列出的是19世纪初叶之前发表的有关国王病的著作。我采取的是编年排序。我认为这样做可以提供一幅更真实的文献发展图，文献演化史与国王奇迹的信仰发展史关涉最为密切。

为了简便起见，涉及第八部分所包含的各卷册时，我略去了全称格式；涉及巴黎出版的书籍时，我略去了出版地。本书参考书遵循同样的规则。

一、关于王权的概论性著作

JOHN NEVILLE FIGGIS, *The divine right of the kings*; 2e éd., Cambridge, 1914. J.-C. FRAZER, *The Golden Bough*; 12 vol., 3e éd., Londres, 1922; Part I, *The magic art and the evolution of Kings*, I, p. 368-371; 参见 Part II, *Taboo and the perils of the soul*, p. 134。

J.-C. FRAZER, *Lectures on the early history of Kingship*; Londres 1905 (尤其 p. 126); 法文译本题作 *Les origines magiques de la royauté*, 1920, p. 135-137。

FRANTZ FUNCK-BRENTANO, *L'ancienne France, Le Roi*; 1912 (尤其是 p. 176-181)。

J. HITIER, *La doctrine de l'absolutisme*; *Annales de l'Université de Grenoble*, XV (1903)。

FRITZ KERN, *Gottesgnadentum und Widerstandsrecht im früheren Mittelalter: Zur Entwicklungsgeschichte der Monarchie*; Leipzig, 1914〔参见我的评论：*Revue Historique*, CXXXVIII (1921) p. 247〕。

G. LACOUR-GAYET, *L'éducation politique de Louis XIV*; 1898.

HANS SCHREUER, *Die rechtlichen Grundgedanken der französischen Königskrönung*; Weimar, 1911.

二、关于国王治病能力的书目

ULYSSE CHEVALIER, *Topobibliographie*, I; in-4°, 1894-99, Écrouelles 一词〔亦见

Corbeny 一词，及 *Biobibliographie* II, 2e éd., 1907 中的 Marcoul (st) 一词]。

Index Catalogue of the Surgeon General's Office U. S. Army, XII in-4°, Washington, 3 1891, Scrofula 一词，p. 793, 尤其是 805 以下；*Second Series*, XV, 1910, p. 347。

ALPHONSE PAULY, *Bibliographie des sciences mddicales*; 1874, col. l092-94.

JULIUS ROSENBAUM, *Addimenta ad Lud. Choulant Bibliothecam medico-historicam*; Halle, 1842-1847, I, p. 43, II, p. 63-64.

三、触摸瘰疬病患者：19 世纪以前的著作

1. 法国作者著作

VINCENTIUS [CIGAULD], *Allegationes super bello ytalico*; 1512, 最后一章 p. XXXlX, v°; 再印于 V. CIGAULD, *Opus laudabile et aureum* [1516]。

JOHANNES FERRALDUS (J. FERRAULT), *Insignia peculiaria christianissimi Francorum regni, numero viginti, seu totidem illustrissimae Francorum coronae prerogativae ac preeminentiae*, Paris, 1520; "*Ius quartum*", p. 45-47.

JACQUES BONAUD DE SAUSET, *Panegyricus ad Franciam Fanciaeque regem*, 附录于 JOANNES DE TERRA RUBEA, *Contra rebelles suorum regum* (由 Bonaud 本人编辑的三篇论文); Lyon, 1526, p. cx v°。

CAROLUS DEGRASSALIUS (CH. DE GRASSAILLE), *Regalium Franciae jura omnia*; Lyon, 1538, lib. I, p. 62-65.

BARTHOLOMEUS FAIUS (B. FAYE D'ESPEISSE), *Energumenicus*; 1571, p. 154-156.

STEPHANUS FORCATULUS (ET. FORCATEL), *De Gallorum imperio et philosophia libri VII*; Lyon, 1595, p. 128-132.

H. MORUS (MEURIER), *De sacris unctionibus libri tres*; 1593, p. 260-262.

ANDREAS LAURENTIUS (A. DU LAURENS), *De mirabili strumas sanandi vi solis Galliae Regibus Christianissimis divinitus concessa*; 1609.[1]

ANDRÉ FAVYN, *Histoire de Navarre*; fol. 1612, p. 1055-1063.

---

1 关于该著作各版本、译本及作者生平，见 E. TURNER, Bibliographie d'André du Laurens... avec Quelques remarques sur sa biographie; *Gazette hebdomadaire de médecine et de chirurgie*, XXVII(1880) p. 329, 381, 413。

4   I. BARBIER, *Les miraculeux effects de la sacrée main des Roys de France Tres-Chrestiens: pour la guarison des Malades et conversion des Heretiques*; 1618.

P. DE L'ANCRE, *L'incredulité et mescreance du sortilege, plainement convaincue*; in-4°, 1622, p. 156-173.

MICHAEL MAUCLERUS (M. MAUCLERC), *De monarchia divina, ecclesiastica et secutari christiana, deque sancta inter ecclesiasticam et secularem illam coniuratione, amico respectu, honoreque reciproco, in ordine ad aeternam non omissa temporali felicitatem*; fol. 1622, lib. VII, cap. X, col. 1565-1569.

HIPPOLYTE RAULIN, *Panegyre orthodoxe, mystérieux et prophetique sur l'antiquité, dignité, noblesse et splendeur des fleurs de lys*; 1625, p. 116-180.

RENÉ DE CERIZIERS, S. J., *Les heureux commencemens de la France chrestienne sous l'apostre de nos roys S. Remy*; in-4°, Reims, 1633, p. 190-206.

BESlAN ARROY, *Questions décidées, sur la Justice des Armes des Rois de France, sur les Alliances avec les heretiques ou infidelles et sur la conduite de la Conscience des gens de guerre*; 1634, p. 39-46.

[DANIEL DE PRIEZAC], *Vindiciae gallicae adversus Alexandrum Patricium Armacanum, theologum*; 1638, p. 60-65.

LOUIS MAIMBOURG S. J., *De Galliae regum excellentia, ad illud D. Gregorii Magni: quanto caeteros homines Regia dignitas antecedit; tanto caeterarum gentium Regna Regni Francici culmen excedit, Panegyricus in solemnibus Rhotomag. gymnasii comitiis... dictus XIII Kal. Decemb. anno* 1640; petit in-4°, Rouen, 1641, p. 26-34.

DON GUILLAUME MARLOT, *Le Theatre d'honneur et de magnificence préparé au sacra des roys*; in-4°, Reims, 1643; 2e éd., 1654, p. 710-724 et 757-760.

GUILLAUME DU PEYRAT, *L'histoire ecclesiastique de la Cour ou les antiquitez et recherches de la chapelle et oratoire du Roy de France*; in-4°, 1645, p. 793-819.

THEODORE et DENYS GODEFROY, *Le ceremonial françois*; 2 vol., folio, 1649.

JEAN BAPTISTE THIERS, *Traité des superstitions*; in-12 1679, p. 424-441 (chap. XXXVI); 第四版题作 *Traité des superstitions qui regardent les sacremens*, I; in-12 1777, p. 431-462 (livre VI, chap. IV)。

MENIIN, *Traité historique et chronologique du sacre et couronnement des rois et reines de France*; 2e éd., in-12 Amsterdam, 1724（1723 年初版）, p. 323-329。

[REGNAULT, chanoine de Saint-Symphorien de Reims], *Dissertation historique touchant le pouvoir accordé aux Rois de France de guerir des Ecroüelles, accompagné* (sic) *de preuves touchant la verité de la sainte Ampoule*: 前面是同作者的 *Histoire des sacres de nos rois*; Reims, 1722。

PIERRE LE BRUN, *Histoire critique des pratiques superstitieuses*; noun. éd. II, in-12, 1750, p. 112-135.

OROUX, *Histoire ecclésiastique de la cour de France*; in-4°, 1776, p. 180-184 [1].

2. 英国作者著作

WILLIAM TOOKER, *Charisma sive donum sanationis seu explicatio totius quaestionis de mirabilium sanitatum gratia, in qua praecipue agitur de solenni et sacra curatione strumae, cui Reges Angliae rite inaugurati divinitus medicati sunt et quan serenissima Elizabetha, Angliae, Franciae et Hiberniae Regina, ex coelesti gratia sibi concessa, Applicatione manuum suarum, et contactu morbidarum partium, non sine Religiosis ceremoniis et precibua, cum admirabili et faelici successu in dies sanat*; pet. in-4°, Londres, 1597.

WILLIAM CLOWES, *A right frutefull and approved treatise for the artificiall cure of that malady called in Latin, Struma, and in English, the Evill, cured by Kynges and Queenes of England;* in-4°, Londres, 1602.

To the Kings most Excellent Majesty The Humble Petition Of divers hundreds Of the Kings poore Subjects, Afflicted with that grievous Infirmitie Called the Kings Evill. Of which by his Majesties absence they have no possibility of being cured, wanting all meanes to gain accesse to his Majesty, by reason of His abode at Oxford; London, Printed for John Wilkinson, Feb. 20, *Anno Dom.* 1643, plaquette [8 p.]. [British Museum Thomason Tracts E 90 (6)[2]].

JOHN BIRD, *Ostenta Carolina, or the late Calamities of England with the Authors*

1　ROSENBAUW（I, p. 43）及 PAULY（col. 1092）提及的 RENÉ MOREAU, *De manu Regia, oratio panegyrica et inauguralis habita in collegio Cameracensi regio*, Paris, 1623, 实际上是对路易十三的颂词，在触摸问题上，只是顺便提及而已 (p. 5, 特别是 p. 18-19)。

2　标题页转载于 CH. Cox，*The parish register of England* (*The Antiquary's Books*), Londres (1910), p. 181。

of them. The great happiness and happy government of K. Charles II ensuing, miraculously foreshewn by the Finger of God in two wonderful diseases, the Rekets and Kings-evil. Wherein is also proved, I that the rekets after a while shall seize in no more children but vanish by means of K. Charles II, II that K, Charles IIis the last of Kings which shall so heal the Kings-evil*; pet. in-4°, Londres, 1661.

Χειρεξοχη, *The Excellency or Handywork of the Royal Hand*; pet. 1-4°, Londres, 1665.

RICHARD WISEMAN, *Severall Chirurgical Treatises*; Book IV: *A treatise of the King's Evil*, chap. I, *Of the Cure of the Evil by the King's touch*; 1ʳᵉ éd., Londres, 1676; 6ᵉ éd., 1734, I, p. 392-397.

J. BROWNE, *Adenochoiradelogia; or an anatomick-chirurgical treatise of gandules and strumaes, or king's evil swellings; together with the royal gift of healing, or cure thereof by contact or imposition of hands, performed for above 640 years by our kings of England, continued with their admirable effects and miraculous events; and concluded with many wonderful examples of cures by their sacred touch*; Londres, 1684（第三部分题作：*Charisma Basilikon or the Royal Gift of Healing Strumaes or Kings-Evil*，专门论述国王奇迹。它单独标有页码，除非另有标示，我所引页码均指此）。

RICHARD CARR, *Epistolae medicinales variis occasionibus conscriptae*; Londres, 1691, 尤其是 XIV, p. 152-158。

A Letter from a gentleman at Rome to his friend in London, giving an account of some very surprizing cures in the King's Evil by the Touch, lately effected in the Neighbourhood of that City... Translated of the Italian; pet. in-4°, Londres, 1721.

WILLIAM BECKETT, *A free and impartial inquiry into the antiquity and efficacy of touching for the cure of the King's evil ... Now first published in order to a compleat confutation of that supposed supernatural power lately justified in a pamphlet, intituled A letter from a gentleman at Rome to his friend in London ...* ; pet. in-4°, Londres, 1722.

RICHARD BLACKMORE, *Discourses on the Gout, a Rheumatism and the King's Evil*; in-12, Londres, 1726.

[SAMUEL WERENFELS], *Occasional thoughts on the power of curing for the king's-evil ascribed to the kings of England*; pet. in-4°, Londres, 1748（此构成题作 *A Dissertation upon superstition in natural things*; pet. in-4°, Londres, 1748 的小册子的第二部分，这个小册子单独标页码）。

JOHN BADGER, *Cases of Cures of the King's Evil perfected by the royal touch*; Londres, 1748〔*Notes and Queries*, 3rd series I (1862), p. 258 提及；但显然不见于大英博物馆〕。

[JOHN DOUGLAS], *The Criterion or Miracles examined with a view to expose the pretensions of Pagans and Papists to compare the Miraculous Powers recorded in the New Testament with those said to subsist in Later Times, and to shew the great and material Difference between them in Point of Evidence: from whence it will appear that the former must be True, and the latter may be False*; in-12, Londres, 1754, p. 191-205.

3. 英、法以外作者的著作

MARTIN DELRIO S. J., *Disquisitionum magicarum libri sex*; Lib. I, cap. III, Qu. IV, Mayence, 1606 I, p. 57-65[1]; 在 1624 年的美因茨版中（p. 24-27），一些观点得到发挥。

O. WIESELGREEN, "The Kings Evil", Zwei gleichzeitige Berichte; *Archiv für Kulturgeschichte*, XII (1916), p. 410-411（瑞士旅行家罗森汉 [ROSENHANE] 于 1629 年旅行伦敦，及吉尔·登斯托尔普 [GYL DENSTOLPE] 于 1699 年旅行凡尔赛所作的游记）。

ALEXANDER PATRICIUS ARMACANUS [JANSENIUS], *Mars Gallicus seu de iustitia armorum et foederum regis Galliae libri duo: editio novissima* (2e éd.) s. 1., 1636, lib. I, c. 13, p. 65-72 (1635 年第一版)。

Doctor FRANCISCO MARTI Y VILADAMOR, *Cataluna en Francia Castilla sin Cataluna y Francia contra Castilla. Panegyrico glorioso al christianissimo monarca Luis XIII el Iusto*; Barcelone, 1641, cap. XI, p. 81-84.

PHILIPPUS CAMERARIUS, *Operae horarum subcisivarum sive meditationes historicae; Centuria tertia*, cap. XLII, *De peculiaribus donis Regum et Principum nonnullorum sanandi aegrotos et peculiaribus eorum notis*; in-4°, Francfort, 1644, p. 143-146;[2] 参见法文译本 S [IMON] G [OULARD]: *Le Troisiesme volume des meditations historiques de M. Philippe Camerarius*; in-4°, Lyon, 1610, p. 171-175（有增订）。

---

1 我没有见到 1593 年美因茨第一版。

2 这是我能够参考的最早的版本。*Troisième Centurie* 第一版问世于 1609 年的法兰克福（参见 MEUSEL, *Bibliotheca historica*, I, 2, Leipzig 1784, p. 338）。该书获得巨大成功，被多次重印和翻译。

JOHANNES JACOBUS CHIFLETIUS (J. J. CHIFLET), *De ampulla Remensi nova et accurata disquisitio*; fol., Anvers, 1651（特别是 p. 57-58）。

JOANNIS LAZARI GUTIERRII (J. L. GUTIERREZ), *Opusculum de Fascino*; in-4°, Lyon, 1653, p. 153-156.

* GE. TRINKHUSIUS, *De curatione regum per contactum*; Iéna, 1667（ROSENBAUM, *Addimenta* II, p. 64 提及）。

GASPAR A REIES, *Elysius jucundarum quaestionum campus*; in-4°, Francfort s. le Main, 1670, qu. XXIV et XXVIII.

DANIEL GEORGIUS MORHOVIUS (MORHOF), *Princeps medicus*; plaquette petit in-4°, Rostock, 1665 48 p.；转载于 D. G. MORHOFI, *Dissertationes academicae*; in-4°, Hambourg, 1699。

JOHANNES JOACHIMUS ZENTGRAFF, *Disputatio prior de tactu Regis Franciae, quo strumis laborantes restituuntur*; plaquette petit in-4°, Wittenberg, 1667 (16 p.); *Disputatio posterior de tactu Regis Franciae*; plaquette petit in-4°, Wittenberg, 1667 (16 p.).

JOHANN CHRISTIAN LUENIG, *Theatrum ceremoniale historicot politicum*, II; in-4°, Leipzig, 1720, p. 1015 et l043-47.

* S. P. HILSCHER, *De cura strumarum contdctu regio facta*; in-4°, Iéna, 1730.[1]

四、触摸瘰疬病患者：1800 年以后的著作

1.概论

CHR. BARFOED, *Haands Paalaeggelse (Medicinsk-Historiske Smaaskriften ved Vilhelm Maar*, 8); in-12, Copenhague, 1914.

JOSEPH M. BATISTA Y ROCA, *Touching for the King's Evil*; Notes and Queries, 12th series III (1917), p. 480-82.

* J. R. BILLINGS, *The King's Touch for Scrofula; Proceedings of Charaka Club New-*

---

1 关于触摸治疗，起码是国王的治病能力，ROSENBAUM, *Addimenta*, II, p. 64 提到下列著作：MICH. BERNH. VALENTIN, *De herniis arcano regis Galliarum absque sectione curandis*, Giessen, 1697; 此书可能就是 ZENTGRAFF, *Disputatio VI: De nova herniarum cura*（收入 MICHAEL BERNHARDUS VALENTINUS, *Polychresta exotica*, Francfort 1700）；它研究的是一种称作"国王秘方"的治疗疝病的方法，只是一种简单的治疗方法，其名称注定引起人们的想象力，但与国王奇迹没有关联。

York, II.

PAULUS CASSEL, *Le roi te touche*; Berlin, 1864 (* 2ᵉ éd., Berlin, 1878).

A. CHÉREAU ET A. DELAMBRE, *Dictionnaire encyclopédique des sciences médicales*, t. 32, 1885, article *Ecrouelles*, p. 481-86.

L. CHOULANT, *Die Heilung der Skrofeln durch Königshand; Denkschrift zur Feier der fünfzigjährigen Amtsführung... J. A. W. Hedenus... hgg. von der Gesellschaft für Natur- und Heilkunde in Dresden*; Dresde, 1833.

RAYMOND CRAWFURD, *The king's evil*; Oxford, 1911.

EBSTEIN, *Die Heilkraft der Könige*; *Deutsche mediz. Wochenschrift*, 1908, I, p. 1104-1107.

EBSTEIN, *Zur Geschichte der Krankenbehandlung durch Handauflegung und verwandte Manipulation*; *Janus*, 1910, p. 220-28 et 1911, p. 99-101.

E. GURLT, *Geschichte der Chirurgie und ihrer Ausübung*; 3 vol., Berlin, 1898, I, p. 104, 108, 110; II, p. 139 et 871; III, p. 570.

L. LANDOUZY, *Le Toucher des Ecrouelles. L'Hôpital Saint-Marcoul. Le Mal du Roi*; in-4°, 1907（为法国科学进步协会印行，由1905年5月10日 *Presse Médicale* 发表的一篇短文扩展而成）。

* M. A. STARR, *The king's evil and its relation to psychotherapy*; *Medical Record New-York*, 1917 et 1918.

2. 论法国仪式的著作

E. BRISSAUD, *Le mal du roi*; *Gazette hebdomadaire de médecine et de Chirurgie*, XXII (1885), p. 481-92.

Dʳ CABANÈS, *Remèdes d'autrefois*; 2ᵉ série, in-12, 1913, p. 5-74.

Abbé CERF, *Du toucher des écrouelles par les rois de France*; *Travaux Acad. Reims*, XLIII (1865-66), p. 224-288.

ALFRED FRANKLIN, *Les rois de France et les écrouelles*; *Nouvelle Iconographie de la Salpétrère*, IV (1891), p. 161-166; 转载于 A. FRANKLIN, *La vie privée d'autrefois, Les médecins*; in-12, 1892, p. 254-268.

A. JAL, *Dictionnaire critique de biographie et d'histoire* au mot *Ecrouelles*, 2ᵉ éd., 1872, p. 522-3.

C. LEBER, *Des cérémonies du sacre*, 1825, p. 447-461 et 523-524.

AD. LECOCQ, *Empiriques, somnambules et rebouteurs beaucerons*; Chartres, 1862, p. 11-19.

E. MARQUIGNY, *L'attouchement du roi de France guérissait-il des écrouelles? Etudes religieuses, historiques et littéraires*, 4ᵉ série, I (1868), p. 374-90.

GIOVANNI MARTINOTTI, *Re taumaturghi: Francesco I a Bologna nel 1515; L'Illustraziona Medica Italiana*, IV (1922), p. 134-137.

R. DE MAULDE-LA-CLAVIÈRE, *Les origines de la Révolution française au commencement du XVIᵉ siècle*; 1889, p. 26-28.

R. DE MAULDE-LA-CLAVIÈRE, *La diplomatie au temps de Machiavel*; 1892, I, p. 52 et 60 (1893 年以 *Histoire de Louis XII, Deuxième partie: La diplomatie*, I 为题再次印行)。

ROSHEM, *Los écrouelles, leur étiologie, leur traitement vers* 1690; *Paris Medical*, XIII (1923, 17 mars), *Variétés*, p. VI-X.

KARL WENCK, *Philipp der Schöne van Frankreich, seine Persönlichkeit und das Urteil der Zeitgenossen*; in-4°, Marbourg, 1905, p. 54-57.

3. 论英国仪式的著作

WILLIAM ANDREWS, *The doctor in history, literature, folklore etc.*; Hull et Londres, 1896, p. 8-23.

H. FRANÇOIS-DELABORDE, *Du toucher des écrouelles par les rois d'Angleterre; Mélanges d' histoire offerts à M. Ch. Bémont*, 1913.[1]

HELEN FARQUHAR, *Royal Charities; The British Numismatic Journal*, XII (1916), p. 39-I35; XIII (1917), p. 95-163; XIV (1918), p. 89-120; XV (1919), p. 141-184.

KARL FEYERABEND, *Bilder aus der englischen Kulturgeschichte*: I. *Die königliche Gabe; Die Grenzboten*, 1904, I, p. 703-714 et 763-773.

FIELDING H. GARRISON, *A Relic of the King's Evil in the Surgeon General's Library (Washington D. C); Proceedings of the Royal Society of Medicine*, VII (1914), Section of the

---

[1] *Bulletin soc. antiquaires de France*, 1913, p. 86-88 发表该作者题为 *Le toucher des écrouelles par les rois d'Angleterre* 的文章，此文是 *Mélanges Bémont* 所发之文的概要。

History of Medicine, p. 227-234.[1]

EMANUEL GREEN, *On the Cure by Touch, with Notes on some Cases in Somerset*; *Proceedings of the Bath Natural History and Antiquarian Field Club*, V (n° 2, 1883), p. 79-98.

EDWARD LAW HUSSEY, *On the cure of scrofulous diseases attributed to the royal touch*; *The Archaeological Journal*, X (1853), p. 187- 211; 另见前引，p. 337。

THOMAS LATHBURY, *A history of the convocation of the Church of England*; 2ᵉ éd., Londres, 1853, p. 428-439.

W. E. H. LECKY, *History of England in the Eighteenth Century*; Londres, 1892, I, p. 84-90.

CORNELIUS NICHOLLS, *On the obsolete custom of touching for the King's Evil*; *The Home Counties Magazine*, XIV (1912), p. 112-122.

THOMAS JOSEPH PETTIGREW, *On superstitions connected with the history and practice of medicine and surgery*; Londres, 1844. p. 117-154.

The royal cure for the King's Evil; *British Medical Journal*, 1899, II, p. 1182-1184; p. 1234.

W. SPARROW SIMPSON, *On the forms of prayer recited (at the healing) or touching for the King's Evil*; *The Journal of the British Archaeological Association*, 1871, p. 282-307.

ARCHIBALD JOHN STEPHENS, *The book of common prayer with notes legal and historical (Ecclesiastical history Society)*; in-4°, Londres, 1850, II, p. 990-1005.

五、治病戒指[2]

RAYMOND CRAWFURD, *The blessing of cramp-rings. A chapter in the history of the treatment of epilepsy*; *Studies in the history and method of science*, Charles Singer ed., I, Oxford, 1917, p. 165-187.

GEORG F. KUNZ, *Rings for the finger, from the earliest known times to the present*;

---

1 这篇文章的概要已经以德文发表在 *Archiv für die Geschichte der Naturwissenschaften und der Technik*, VI (1913), p. 113-116, 题作 *Medizinisch-Historische Denkmäler des Kēnigsübels in der Medizinischen Bibliothek des Kriegsministeriums zu Washington*。

2 顺便指出，上文第三部分与第四部分中的一些著作，有时也有一些有关治病戒指的信息。

Philadelphie et Londres, 1917, p. 336 以下。

HERMENTRUDE, *Cramp rings*; *Notes and Queries*, 5th series, IX (1878), p. 514.

WILLIAM JONES, *Finger-ring lore*; 2e éd., Londres, 1890, p. 522-526（差不多抄录下文提到的沃特顿［Waterton］的文章）。

J. STEVENSON, *On-cramp-rings*; *The Gentleman's Magazine*, 1834, I, p. 48-50; 转载于 *The Gentleman's Magazine Library*, éd. G. L, GOMME［t. III］*Popular Superstitions*, Londres, 1884, p. 39-42。

C. J. S. THOMPSON, *Royal cramp and other medycinable rings*; plaquette, pet. in-4°, Londres, 1921 (10 p.).

EDMUND WATERTON, *On a remarkable incident in the life of St Edward the Confessor, with Notices of Royal Cramp-Rings*; *The Archaeological Journal*, XXI (1864), p. 103-113.

六、圣马库尔及前往科尔贝尼朝圣

BALTHASAR BAEDORF, *Untersuchungen über Heiligenleben der westlichen Normandie*; Bonn, 1913, p. 24-42.

ED. DE BARTHÉLEMY, *Notice historique sur le prieuré Saint-Marcoul de Corbeny*; *Soc. académique des sciences, arts... de Saint-Quentin*, troisième série, XIII (1874-75), p. 198-299.

M. A. BENOIT, *Un diplôme de Pierre Beschebien, évêque de Chartres: les reliques de Saint Marcoul*; *Procès-verbaux, Soc. archéolog. Eure-et-Loir*, V (1876), p. 44-55.

BLAT, *Histoire du pèlerinage de Saint Marcoul à Corbeny*; 2e éd., in-12, Corbeny, 1853.

OUDARD BOURGEOIS, *Apologie pour le pelerinage de nos roys à Corbeny au tombeau de S. Marcoul, abbé de Nanteuil, contre la nouvelle opinion de Monsieur Faroul, licencié aux droits, doyen et official de Mantes*; pet. in-4°, Reims, 1638[1].

1　E. de Barthélemy, *Notice historique sur le prieuré Saint-Marcoul* 中写道（p. 210）："乌达尔·布儒瓦在这一年出版了第二部著作 *Traité des droits, privileges et immunités de l'église et monastere de Corbeny*, in-12,1638。" 我没有接触到这本书，国家图书馆没有收藏此书。巴泰勒米［Barthélemy］脑海里是否存在混乱？勒杜布勒［Ledouble］,（*Notice sur Corbeny*, p. 131），也像我一样查找这本书，但一无所获。

H. M. DUPLUS, *Histoire et pèlerinage de Saint Marcoul*; Dijon, 1856.

SIMON FAROUL, *De la dignité des roys de France et du privilege que Dieu leur a donné de guarir les escroüelles: ensemble la vie de saint Marcoul abbé de Nantueil*; 1633.

CHARLES GAUTIER, *Saint Marcoul ou Marculphe abbé de Nanteuil, sa vie, ses reliques, son culte...* ; in-16, Angers, 1899.

EMILE H. VAN HEURCK, *Les drapelets de pèlerinage en Belgique et dans les pays voisins. Contribution à l'iconographie et à l'histoire des pèlerinages*; in-4°, Anvers, 1922.

ABBÉ LEDOUBLE, *Notice sur Corbeny, son prieuré et le pèlerinage à Saint Marcoul*; Soissons, 1883.

LE POULLE, *Notice sur Corbeny, son prieuré et le pèlerinage de Saint-Marcoul*; Soissons, 1883.

Notice sur la vie de Saint-Marcoul et sur son pèlerinage à Archelange; in-16, Cîteaux, 1879.

C. J. SCHÉPERS, *Le pèlerinage de Saint-Marcoul à Grez-Doiceau (canton de Wavre)*; Wallonia, t. VII (1899), p. 177-183.

Louis TEXIER, *Extraict et abrégé de la vie de S. Marcoul Abbé*; plaqnette, Saumur, 1648, 8 p.（见于*Discours touchant la fondation de la chapelle Nostre-Dame de Guarison à Russé*之后）。

七、国王胎记[1]

OTTO GEISSLER, *Religion und Aberglaube in den mittelenglischen Versromanzen*; Halle, 1908, p. 73-74.

H. GRAUERT, *Zur deutschen Kaisersage*; Histor. Jahrbuch, XIII (1892), p. 122 et 135-136.

FERDINAND LOT, *La croix des royaux de France*; Romania, XX (1891), p. 278-281 (载有GASTON PARIS 的一个注释)。

PIO PAJNA, *Le origini dell'epopea francese*; Florence, 1884, cap. XII, p. 294-299.

ANTOINE THOMAS, *Le "signe royal" et le secret de Jeanne d'Arc*; Revue Historique,

---

1　前文第三部分第 3 节提到的 CAMERARIUS, *Operae horarum subcisivarum* 应作为古代资料加入这个书单。

CIII (1910), p. 278-282.

八、关于手稿的引用和编年纪

我所用资料的出处以下面的缩写表示：

Arch. Nat.: Archives Nationales.

Bibl. Nat.: Bibliothèque Nationale.

Brit. Mus.: British Museum.

E. A.: fonds dit *Exchequer Accounts* au Public Record Office de Londres

R.O.: Record Office, à Londres（Exchequer Accounts 以外的资料）

除非另外说明，所有日期以新样式给出，一年的初始日为 1 月 1 日。1752 年 9 月 14 日之前的英国日期、1582 年 10 月 20 日之前的法国日期按儒略历给出。

索 引

（条目后数字为法文原书页码，即中文版边码）

本索引基本包括了书中涉及的所有人名与地名。不过略去了：(1) 某些地理名称，这些地理名称在文中出现太过频繁，标注其重复出现的页码，实际上已经没有任何用处，如英国、欧洲、法国、高卢、大不列颠、拉芒什；(2) 页注和所引用的参考书作者的名字，以及这些著作标题中出现的人名、地名；当然，如果书中讨论或在一定程度上介绍了作者的观点，页注提及的作者也出现于索引中。

英国或法国各大王朝的名称，如墨洛温、加洛林、卡佩、瓦洛亚、波旁、金雀花、都铎、斯图亚特等之所以被保留下来，是因为它所出现的段落，对相关王朝的历史都进行了一定的阐述（如涉及卡佩王朝登基事件的段落）；一些地方只是简单地提及这些名称，故没有标出。

关于人物专名：(1) 如果涉及16世纪以前的人物，查询其名；(2) 如果涉及较近期的人物，则查询其姓。

与国家或城市居民相关的地理名称，应在国名或城市名下查询。例如，没有"波尔多人"词条，但有"波尔多"词条；没有"苏格兰人"词条，但有"苏格兰"词条。

难以翻译的名称，将标出其拉丁语、古英语或法语形式。

至于瘰疬病、医疗戒指、奇迹、王权等主题名称，我已全部摒除之。这些名称贯穿于全书或者几乎贯穿全书；全书自始至终，至少是必须阅读的章节，都在讨论这些主题；目录提供必要的指南。此可视为初步筛选。做了这个筛选后，我在选择附注时所遵循的规则，就是努力使自己的工作对绝大多数读者有用。这项工作不可避免地存在很大的武断性。我认为这并不可怕。在学问方面，如同在其他方面，畏惧冒风险和害怕担责任，都不是可取的情感。

"补充与修正"部分纳入索引。

AARON 亚伦，大祭司 73-74

ABBEVILLE 阿布维尔，索姆省：圣皮埃尔教堂 272；圣伍尔夫朗修道院 287, 456 n°15

ABBON de Fleury 阿邦·德·弗勒里 80

ABERDEEN 阿伯丁，苏格兰：主教 144 n. 5

ABRAHAM 亚伯拉罕 66

Abraxas 魔法咒语 168

Abosolution 赦罪：《罗兰之歌》中查理曼的赦罪 208-209；世俗之人的赦罪 209 n. 1

ACHÈRES 阿舍勒，塞纳－瓦兹省，圣日耳曼昂莱区：兵营 364 n. 3

ACQUAPENDENTE (Fabrizio d') 法布里奥·达卡本登，医生 118 n. 2

ADALARD 阿达拉尔，科尔比修道院院长 65 n. 2

ADALBÉRON 阿德尔伯罗，兰斯大主教 80

ADAM DE LA HALLE 哈勒的亚当，诗人 250, 251

ADAMAN 阿达曼，伊奥纳修道院院长 468

ADDOU-NIRARI 阿杜·尼拉里，叙利亚君主 67

ADOUR 阿杜尔河 107

ADRIEN (saint) 圣阿德里安 274 n. 6, 280 n. 1

ADRIEN II 阿德里安二世，教皇 202 n. 1, 465

ADRIEN 哈德良皇帝，实施奇迹治疗 63

AENEAS PICCOLOMINI 见 Pie II

Affiches (Registres d') 布告簿 361 n. 2, 362

AGNÈS 阿涅丝，波尔多方济各会修女，接受美男子腓力触摸 106 n. 4

AGNÈS D'ELBEUF 埃尔伯夫的阿涅丝，美男子腓力触摸的患者 106

AGRIPPA (Cornelius) 科尼利厄斯·阿格里帕 296, 298

Aigle 鹰：罗马鹰传说 485-486

AILRED DE RIEVAULX 里沃克斯的艾尔列，圣徒传作者 43-44, 49 n. 1, 162

AISNE 埃纳河 263, 268, 271, 281, 303

AIX-LA-CHAPELLE 艾克斯拉沙佩勒，德国：239；教士会 201 n. 1

ALAMANS 阿拉曼人 234 n. 4

ALBANO 阿尔巴诺，意大利，罗马行省 349 n. 5

ALBERT DÜRER 阿尔布列希特·丢勒 452

D'ALBON (Claude) 克洛德·达尔邦，作者 19, 346, 352

ALBRECHTSTAL 阿尔布莱希达尔 150-151（见 VAL DE VILLÉ）

ALEXANDRE IV 亚历山大四世，教皇 197, 199 n. 2

ALEXANDRE 亚历山大，伊伯里亚国王 254 n. 2

ALEXANDRE LE GRAND 亚历山大大帝，马其顿国王 30, 482

ALEXANDRIE 亚历山大里亚，埃及 63

ALEXIS III L'ANGE 阿列克修斯三世，皇帝 475

ALIGRE (Charles d') 查理·德·阿利格，圣里基耶修道院院长 287

ALLEMAGNE 德国：国王涂油礼与加冕礼 471-473；医疗戒指的声望 326；英国国王触摸的声望 108, 378；法国国王触摸的声望 363；君主的治病能力 149-151；第七子 294；皇室胎记 251, 252-253, 255；皇室继承 217；被提及 58, 72, 127, 193, 249, 251, 252 n. 2, 297, 486（亦见德国君主统治下的神圣罗马帝国）

ALPES 阿尔卑斯山 109, 363

ALPHONSE XI 阿方索十一世，卡斯提尔国王 151

ALSACE 阿尔萨斯 150, 279, 499

ALVAREZ PELAYO 阿尔瓦雷斯·佩拉约，作者 143, 147, 151-152

AMALES 阿马尔家族，哥特王朝：56

AMBERGER (Christophe) 克里斯多夫·安贝格，

索引

画家 496

AMBROISE (saint) 圣安布罗斯 202

AMÉNOPHIS IV 阿门诺菲斯四世,法老 67

AMIENS 亚眠,索姆省:大教堂 162 n. 3, 164 n. 1;教区 272;圣菲尔曼修道院 274;主教官 317

AMMIEN MARCELLIN 阿米安奴斯·马赛利奴斯,作者 58

Amphoule (Saint) 圣油瓶 33, 78 n. 2, 135, 136 n. 1、2, 200 n. 2, 223, 224-229, 234, 236, 243, 244, 331, 342, 356, 357, 480-482, 487;参见 133, 220, 327, 345, 368, 486

AMYOT (Jacques) 雅克·阿米约,作者 311 及 n. 1

AMYRAUT (Moyse) 穆瓦斯·阿米罗,牧师 367-368

ANAGNI 阿纳尼,意大利,罗马省区:阿纳尼事件 110

ANASTASE 阿纳塔修斯,皇帝 64 n. 1

ANASTASE LE BIBLIOTHÉCAIRE 阿纳塔修斯,"图书员" 463-464

Ancre 船锚:塞琉古家族船锚状胎记 253-254, 301 n. 2

ANCYRE 安基拉,小亚(今安卡拉):安基拉会议 198, 475

ANDELYS (LES) 莱桑代利,厄尔省 279 n. 5

ANDRÉ LADRE 安德烈·洛雷,圣米歇尔山修道院长 145, 450 n° 2

ANDRÉ DE LA VIGNE 安德烈·德·拉维涅,作者 313

ANDREA DI BARBERINO 安德烈·德·伯布里诺,作者 249

ANDRONIC III PALÉOLOGUE 安德罗尼库斯三世,皇帝 474

Angel "天使币",英国钱币 113-114, 320-322, 338, 369, 377, 443

ANGERS 昂热,曼因-卢瓦尔省:273;大教堂 273 n. 2;教士会 274;教区 279 n. 6;圣米歇尔教堂 273 n. 2

ANGLO-SAXONS 盎格鲁-撒克逊人:王权观念 55, 61-62;涂油礼及圣化礼仪式 69-70, 73, 464-467, 471 n. 1;王室族谱 56 及 n. 2

ANGOULÊME 昂古莱姆,夏朗德省 314 n. 4

ANJOU (maison d') 安茹家族 131-134, 155, 223, 279

ANNE 安娜,英国女王 177, 390-391, 457 n° 17

ANNE D'AUTRICHE 奥地利的安娜,法国王后 274, 306

Anneau 戒指:诺曼底或阿奎丹的公爵在临位仪式上佩戴戒指 194, 497

Anneau magiques 魔法戒指 165-176, 390 n. 4

ANONYME DE PASSAU (l') 帕绍地方的匿名作者 353 n. 2

ANONYME D'YORK 约克地方的匿名作者 84, 94, 126-127, 189-190, 213, 217

ANSEAU CHOQUART 安索·肖卡尔,查理五世的使节 136

ANSLEME, DE LIÈGE 列日地方的安塞尔姆 188-189

Antiquité classique 古典古代:国王的治病能力 59 n. 2

ANTOINE (saint) 圣安托万 123

ANVERS 安特卫普,比利时 104 n. 3, 274;普兰丁博物馆 234 n. 4

APOLLON 阿波罗 253

AQUILÉE 阿奎利亚,意大利,埃斯特里亚省:主教 74 n. 2

AQUITAINE 阿基坦:公爵临位 194;被提及 97 n. 1, 104, 241

ARABES (médecins) 阿拉伯医生 115

ARABIE 阿拉伯:一些家族的治病能力 59 n. 2, 84-85

ARAGON 阿拉贡:国王涂油礼 195 n. 1, 460

479

n. 2；国王的治病能力 153-155

ARCHELANGE 阿彻朗日，侏罗省，罗什福尔区 274

ARDENNES 阿登 272, 278 n. 1, 382, 423 n. 2

ARGENSON (le marquis d') 阿尔让松侯爵 400, 426

ARGENTILLE 阿金蒂尔，丹麦人哈夫洛克的妻子 257 n. 1

ARGONNE 阿戈讷 272

Argument *ex silentio* 以沉默的材料立论，在某些情况下的价值 35

ARLES [le Blanc] 阿尔勒·勒不朗克，罗讷河口：阿利斯康墓地 484, 485 n. 1

Armacanus (Alexander Patricius) 亚历山大·帕特里修·阿马卡努斯 366（见 JANSENIUS）

ARMÉNIE 亚美尼亚，国王涂油礼 475 n. 2

ARNAUD DE VILLENEUVE 阿诺·德·维尔纳夫，医生 28 n. 1, 118

ARNULF 阿尔努夫，德国国王 471, 472

ARRAS 阿拉斯，加来海峡省 273, 278 n. 2；458 n° 22；圣克鲁瓦教堂 273 n. 4, 288, 458 n° 22；主教 211-212

ARROY (Bésian) 阿罗伊·贝西安，作者 148, 355

ARTOIS 阿图瓦 106

ASES 阿斯，神名 55-56

ASTURIES 阿斯图里亚 西班牙省区 109 n. 1

ATHALARIC 阿塔拉里克，东哥特国王 56

ATHANASE (symbole d') 阿塔纳修斯信条 488 及 n. 1

Attrapa 魔法咒语 168

AUBINEAU (Léon) 莱昂·奥比诺，作者 402, 424 n. 1

AUBRY 奥布里，兰斯圣雅克教堂教士 291

AUGSBOURG 奥格斯堡，德国巴伐利亚：主教 472

Auguste 奥古斯都：罗马帝号 64 及 n. 1, 65

AUGUSTE 奥古斯都，皇帝 203, 485

AUGUSTIN (saint) 圣奥古斯丁 159, 196

AUMONT 奥蒙，可能在侏罗省，波利尼区：384 n. 1；奥蒙家族 384

AURAY 欧赖，莫尔比昂省 279 n. 7, 290 n. 2, 426

AUTRICHE (empereur d') 奥地利皇帝，享用圣餐的特权 205

AUTRICHE (ducs d' – ou maison d') 奥地利公爵或家族，见 HABSBOURG

AUVERGNE 奥弗涅 208, 279, 351

AUXERRE 欧塞尔，约讷省 279 n. 8

AUXERROIS 欧塞尔人 279

AUXILIAIRES (les QUATORZE) 十四位救人圣徒，尤其是在德国，人们祈求治病的 280

Avènement (cérémonial de l') 登基仪式：墨洛温王朝 62 及 n. 2；法国大封建主的临位仪式 194；496；多菲内省的 194；法国的 218-219（亦见 anneau, bannière, couronne, éperons, glaive, onction, scepter, vétements）

AVIGNON 阿维尼翁 119, 392, 393 n. 1, 394, 427

AVITUS (saint) 阿维图，维也纳主教 56 n. 2

AVRANCHES 阿弗朗什，芒什省：主教，见 Jean d'；殉难者 267 n. 2

BAAR-SCÉBAH《圣经》提及的地点 242

BABILONIUS 巴比约尼乌，普瓦提埃圣西普里安修道院修士 241 n. 1

BABUT（E. -Ch.）巴比，学者，有争议的观点 350 n. 3

BAEDORF 贝多尔夫，学者，有争议的观点 267 n. 1

BAILLET (Antoine) 安托万·巴耶，第七子 281 n. 1, 305-307

BAILLEUL (famille de) 巴约尔家族 381-382

BAILLEUL (Jean de) 让·巴约尔 381

BAILLEUL (Nicolas Ier de) 尼古拉·巴约尔一世 381

BAILLEUL (Nicolas II de) 尼古拉·巴约尔二世 381-382 及 382 n. 1

BAINS DE LUCQUES (*Bagni di Lucca*) 卢卡浴场, 意大利托斯堪尼区 393 n. 1

BALAAM 巴兰,《圣经》人物 30, 366

BALE 巴塞尔, 瑞士: 宗教会议 214 n. 1

BALHAM 巴尔哈姆, 阿登省, 阿斯费尔德区 272

BALIGANT 巴利冈,《罗兰之歌》中萨拉森人的埃米尔 208

BALTHASAR 朝拜初生耶稣的三博士之一, 见 Bastasar

BALZAC (Jean-Louis Guez de) 让·路易·德·巴尔扎克, 作者 346, 355

Bannière 旗帜, 阿基坦或诺曼底公爵临位仪式上的旗帜 194; 教堂里的旗帜 235 n. 2; 百合花旗帜 135, 284, 485, 487-488; 罗马城的旗帜 485-486（亦见 Oriflamme）

BANOU-SINAN 巴奴·希南, 阿拉伯家族 85 n. 1

BANQUO 班戈:《麦克白》中的人物 339

Baptême 洗礼, 见 eau

BARBIER (Josué) 若苏埃·巴尔比耶, 作者 363

BARCELONE 巴塞罗那, 西班牙 153, 313

BARROIS 巴鲁瓦 278

BARTHÉLEMI L'ANGLAIS 英国人巴托罗米, 作者 233

Barthélemi de Roye 巴托罗米·德·鲁瓦, 法国宫廷总管 230, 231 n. 2

Bas-Empire 晚期罗马帝国 350

BASILE Ier LE MACÉDONIEN 马其顿王朝的瓦西里, 皇帝 463, 474

Bastasar 朝拜初生耶稣的三博士之一 Balthasar 名字的一种形式 168

BATH 巴斯, 英国, 萨默塞特郡 389 n. 3

BATIFFOL (Mgr.) 巴蒂福尔, 学者, 有争议的观点 63 n. 3

Baudoyn, comte de Flandres (le livre de)《佛兰德尔公爵博杜恩传》, 冒险传奇故事 247 n. 7

BAYEUX 巴约, 卡尔瓦多斯省 262, 269 n. 3; 主教区 279 n. 5; 267 n. 2

BÉARNAIS (le) 贝阿恩人 342（见 HENRI IV）

BEAUCE 勃斯 299, 421

BEAUDOIN DE FLANDRE 佛兰德尔的鲍德温, 皇帝 473

BEAUVAIS 博韦, 瓦兹省: 主教 212

BECKETT (William) 威廉·贝克特, 医生 393, 417, 418

BEDFORD (le duc de) 贝德福德公爵 234

BÉGON 贝贡, 武功歌《洛林人加林》中的人物 90 n. 1

BELLARMIN (le cardinal) 贝拉明, 枢机主教 354, 363

Bénédiction 祈福: 国王的祈福 94, 208, 210

BENOÎT (saint) 圣本笃 123

BENOÎT XIV 本笃十四世, 教皇 291

BENOÎT DE PETERBOROUGH 彼得伯勒的本尼迪克, 一本编年史的作者 221 n. 2

BÉRANGER 贝朗热, 作者 404

BÉRENGER DE FRIOUL 弗留利的贝伦加尔, 皇帝 74

BERKS (comté de) 伯克郡, 英国 166

BERNARD (saint) 圣伯尔纳 190 n. 2, 197, 483, 489

BERNARD DE GOURDON 贝尔纳·古尔东, 医生 116, 119, 146

BERNARDIN DE SIENNE (saint) 锡耶纳的圣伯纳迪诺 167

BERRY 贝里 235 n. 2, 279, 294, 384

BERRY (Jean duc de) 贝里公爵让 480 n. 1, 493

BERTIN 贝尔坦, 国务大臣 400, 401

BERTRADE DE MONTFORT 贝特拉·德·孟福尔，法国王后 31

BETHSAÏDA 贝塞斯达，《圣经》提及的地点

Beuter (Anton) 安东·伯特，作者 360 n. 2

BEUYE DE HANTONE 伯夫·汉顿，同名传奇故事中的人物 247, 248, 249, 257

BEZALU 贝兹卢，西班牙，加泰罗尼亚 304

BÉZIERS 贝济耶，埃罗省 357

BIALON 比亚隆，美塞镇，多姆山省，布尔格-拉斯提克区 250

BIGNON (Jérôme) 热罗姆·比尼翁 148, 347

BIGORRE 比格拉 106, 107

Biographe (le) 传记作者，圣徒忏悔者爱德华传记的匿名作者 44, 47, 91

BIRD (John) 约翰·伯德，作者 376

BISACCIA 比撒希亚，意大利，坎帕尼亚：主教 15-16, 22

BISCAYE 比斯开，西班牙省区 294, 297, 300

BJÖRN 比昂，诺曼首领 263 n. 1

BLACKMORE (Sir Richard) 理查德·布莱克莫尔，医生 390 n. 1

BLATHON (Jacquemart) 布拉通·雅克马尔，图尔奈的泥瓦工 273 n. 1

BLAYE 布莱，吉伦特省：圣罗曼教堂 485 n. 1

Boeufs 见 Chariots

BOHÉME 波西米亚：国王 197, 199 n. 2

BÔHMER (H.) 波默，学者，有争议的观点 259 n. 1.

BOISGAUDRE 见 GAUDRE.

BOISSONNADE (P.) 布瓦索纳德，学者，有争议的观点 208 n. 3

BOLOGNE [la Grasse] 博洛尼亚，意大利 109, 313, 364, 415, 455 n° 11

BONAUD DE SAUSET (Jacques) 雅克·波诺·德桑塞，作者 416

BONIFACE VIII 卜尼法斯八世，教皇 109, 216

Bononia Crassa 109 n. 3（见 BOLOGNE）

Book of common prayer《共同祈祷书》370, 376 n. 2, 391-393

BORDEAUX 波尔多，吉伦特省 104, 106, 107；大主教 370；圣米切尔教堂 370 n. 3

BOSPHORE 博斯普鲁斯海峡 64

BOSSUET 博绪埃 299, 302 n. 1, 329, 345, 347, n. 2, 352, 355-356

BOUCHER (Jean) 让·布歇，巴黎代理大法官 341 n. 1

Bouclier 盾牌：从盾牌上升起 62 n. 2

BOUILLON (Michel) 米歇尔·布永，画家 287, 456 n° 16

BOURBON (Pierre Iᵉʳ, duc de) 皮埃尔一世，波旁公爵 480

BOURG 布雷，布雷-布吕什镇，下莱茵省，萨勒省 279 n. 2, 499

Bourg-le-Namur 布雷·勒纳穆尔，多菲内省某地，不可考 279 n. 12

BOURGEOIS (Oudard) 乌达尔·布儒瓦，科尔贝尼修道院院长 270 n. 2, 287, 289, 292, 305-306, 357 n. 2, 492

BOURGES 布尔日，谢尔省：大主教 192；主教区 279 n. 9；传说中的公爵 247；国王 250（见 CHARLES VII）

BOURGIN (G.) 布尔金，学者，有争议的观点 31 n. 1

BOURGOGNE 勃艮第 106, 273, 274 n. 1, 279, 384；公爵 206 n. 1；勃艮第王国的国王涂油礼 471；第七子 294 n. 8.

BOUVINES 布汶，北部省，锡苏万区：布汶之战 209, 230 n. 2

BOYLE (Robert) 罗伯特·波义耳，科学家 384

BRABANT 布拉班特 272, 288, 290；布拉班特公爵 241

BRADWARDINE 见 THOMAS

BRADA 布雷达，荷兰 376

索 引

BRETAGNE 布列塔尼 106, 107, 279；布列塔尼省三级会议 383, 384, 426；第七子 498

BRISTOL 布里斯托尔，英国 427 n. 1

BRODEAU (Jean) 让·布罗多，作者 415 n.1

BROWNE (John) 约翰·布朗，医生 321, 376-379, 385, 409, 421, 422, 423

BRUCHE 布吕什，布雷-布吕什镇，下莱茵省，萨勒区 279 n. 2, 499

BRUXELLES 布鲁塞尔，比利时：萨布隆圣母会 274；布鲁塞尔宫 234 n. 4, 325 n. 3

BÜCHNER (M.) 布克内尔，学者，有争议的观点 492-493

BUCILLY 布奇利，埃纳省，伊尔松 401 n. 2

BUDÉ (Guillaume) 纪尧姆·巴迪 326-327

BUEIL 比埃伊，安德尔-卢瓦尔省，讷维-勒罗瓦区 273

BUGAIN (Jeanne) 让娜·比加因，接受路易十四触摸的患者 426

BULL (Georges) 乔治·布尔，神学家 422, 500

BURGMAIR (H.) 布格梅尔，雕刻家 496

Bus，地点，不可考 278 n. 4

BYZANCE 拜占庭，帝国的封圣活动 62 n. 1；皇帝的祭司特性 72 n. 2, 187 n. 3, 202；皇帝的圣餐 207；加冕礼 70, 469；皇帝同化于副助祭 202；军旗传说中提及皇帝 236, 484；皇帝的涂油礼 65-66；198, 460, 473-477, 480；总主教 70（亦见 PHOTIUS, POLYEUCTE）；帝国宗教 63-66；宗教会议 187 n. 3；被提及 63, 464, 485

CADMUS 卡德摩斯，希腊英雄 253

CADURC 卡迪尔克，法国总管 192

CAÏPHE 该亚法 30 及 n. 2

CALAIS 加来，加来海峡省 323, 324 n.1

CALCAGNINI (Celio) 塞利奥·卡尔卡尼尼，作家 329, 413, 415

CALCAGNINI (Thomas) 托马斯·卡尔卡尼尼 415 n. 2

Calembours 文字游戏：在圣徒崇拜中的作用 266

CALIYTE II 卡利斯图二世，教皇 485 n. 1

CALVIN 加尔文 329, 352

Calvinisme 加尔文教 331, 340

Camerarius 卡默拉里乌斯 252（见 KAMMERER）

CAMERINO 卡梅里诺，意大利，马尔凯区：主教 336 n. 3

CAMPANELLA 康帕内拉，哲学家 416 n. 2

Canonisations 封圣：拜占庭帝国的封圣 62 n. 1；国王封圣 61-62, 246

CANTERBURY 坎特伯雷，英国 240 n. 2；大主教，见 DUNSTAN, RICHARD, ROBERT DE JUMIÈGES, SANCROFT, THOMAS BECKET, THOMAS BRADWARDINE

CANTO (Charles) 查理·卡图，法院通报员 362（引文）

CAPÉTIENS 卡佩家族：王朝的登基 79-82, 156；参见 54

CARAN 卡兰，《圣经》中的地点 242

CARDAN (Jérôme) 杰罗姆·卡尔丹，作者 329, 415

CARENTOIR 卡朗图瓦尔，莫尔比昂省 271

CARIULPHE (saint) 圣卡里乌尔夫 270

CARLISLE 卡莱尔，英国，坎伯兰郡：卡莱尔主教托马斯·史密斯 389 n. 3

CARLOMAN 卡洛曼，法兰克国王 75, 467

CARLOS DE VIANE (don) 卡罗斯·德·维亚纳，阿拉贡与纳瓦尔的王子 153-154

CARNAVON 卡纳万 102

CAROLINGIENS 加洛林王朝：登基 68-69；参见 54, 81；王朝的垮台 79-80；加洛林时代使用古罗马帝国的术语 63-64；加洛林传说对君主观念的影响 209-210；加洛林时代的文献 34；加洛林时代的政治理论 36, 64 n. 2

507

483

CARR (Richard) 理查德·卡尔，医生 429
"Carreau" 淋巴结核病：库唐斯家族医治的疾病 384 n. 1；第七子或第七女医治的淋巴结核病 303 n. 1；498
CARTE (Thomas) 托马斯·卡特，作者 292, n. 2, 393-394, 427
CASTELLI (le Cristoforo di) 克里斯多夫罗·迪卡斯迪利，旅行家 254 n. 1
CASTILLE 卡斯提尔：国王的治病能力 151-152, 155
CATALOGNE 加泰罗尼亚：独立运动的代表 153；对法国人的影响 154, 365-366；第七子 294, 297, 300, 303-304
CATHERINE (sainte) d'Alexandrie 亚历山大里亚的圣凯瑟琳：徽章 300；圣凯瑟琳的亲属 175, 300, 302, 304 n. 2, 382
CATHERINE DE MÉDICIS 凯瑟琳·梅迪奇，法国王后 414
CATHERINE DE SCHWARZBOURG 施瓦茨堡的凯瑟琳，德国贵妇人 326, 330
GAUCHIE (Mgr.) 科什，学者：有争议的观点 122 n. 1
CAUDAT 科达，传说中的国王 232 n. 1
CAUX (LE PAYS DE) 库克镇 381
Cecile 203 n. 1（见 SICILE）
Célibat des prêtres 修士独身 259-260
CELLINI (Benvenuto) 本维努托·塞利尼 326
CELSE 塞尔苏斯，医生 358, 500
CELTIQUES (pays) 凯尔特国家：国王涂油礼 460, 467-469；国王登基的异教仪式 242
CENEAU (Robert) 罗贝尔·塞内欧，作者 289, 348
CERF (l'abbé) 塞尔夫修道院院长，学者 405
CERIZIERS (le René de) 勒内·德·塞里兹埃，牧师 301
CHALCÉDOINE 卡尔西顿，比提尼亚城市：卡尔西顿会议 187 n° 3, 350

CHALONS-SUR-MARNE 马恩河畔沙隆 400, 40l n. 2
Chambre des Communes 见 Parlement
Chambre étoilée 星室法庭 371
Chambre des Lords 见 Parlement
Chambrier (le Grand) 内廷大总管 275
CHAMPAGNE 香槟 106, 278, 314, 400
Chanson de Roland《罗兰之歌》208-210, 235-236, 244 n. 3, 485 n. 1
Chansons de geste 武功歌：封臣的爱国情怀与忠诚感 244 n. 3；起源理论 254-255
Chapelain 这个字的语源 479, 483
CHAPPE (Estienne) 沙佩·艾蒂安，司号手 362（引文）
CHARCOT 查尔科，医生 417, 419
Chariots attelés de boeufs 牛引车 60 n. 1
CHARLEMAGNE 查理曼：对帝国旧宗教的态度 64, 354 n. 1；涂油与加冕 66, 69-70, 463-464, 466, 467, 469；传奇 208, 210, 234 n. 5, 235-236, 239, 240 n. 2, 244 n. 3, 247, 479-481, 484, 485, 486, 487；自称大卫 69 n. 1；关于国王与教士的论文 74；参见 75；引用 71, 80, 123
CHARLES 查理 75,123,236（见 CHARLEMAGNE)
CHARLES LE CHAUVE 秃头查理，法兰西及洛林国王、皇帝 70, 71, 73 及 n. 1, 75 n. 1, 225, 467, 469, 470, 471
Charles le Chauve《秃头查理》冒险传奇, 196, 220, 247 n. 8
CHARLES LE GROS 胖子查理，皇帝 80
CHARLES IV 查理四世，皇帝 203
CHARLES QUINT 查理五世，皇帝 252, 325, 355
CHARLES Ier 查理一世，英国国王 296, 298, 322 n. 1、2, 339 n. 1, 349, 369-375, 379 n. 1, 385, 393, 396, 401, 421 n. 3, 425, 426
CHARLES II 查理二世，英国国王 138, 175,

227 n. 3, 321 n. 3, 333 n. 4, 369 n. 1、2, 375-379, 384, 392, 421, 443-445, 443 n. 2, 455 nº 12、13, 500

CHARLES-EDOUARD 查理－爱德华，英国王位觊觎者 394-395

CHARLES III LE SIMPLE 傻子查理，法国国王 263-264, 270, 281 n. 1, 304

CHARLES V 查理五世，法国国王 130, 134-140, 168-169, 197-198, 203, 204, 206 n. 1, 210, 221, 222, 223, 232-233, 236 n. 2, 243, 258, 269 n. 5, 433, 478, 479-481, 491

CHARLES VI 查理六世，法国国王 91, 213, 219, 423, 491

CHARLES VII 查理七世，法国国王 95, 140, 143, 212-213, 236 n. 3, 237, 250, 251, n. 1, 282, 357 n. 2, 491

CHARLES VIII 查理八世，法国国王 96, 269 n. 5, 283, 284-285, 310, 312-313, 314, 423, 433, 492；他的《时刻簿》316 n. 1

CHARLES IX 查理九世，法国国王 310-311, 317, 492

CHARLES X 查理十世，法国国王 399 n. 3, 401-405, 424, 428 n. 1

CHARLES Iᵉʳ D'ANJOU 安茹的查理一世，那不勒斯国王 132-133, 155, 250, 251

CHARLES II 查理二世，那不勒斯国王 133 n. 1

CHARLES MARTEL 查理·马特 62, 68, 360 n. 2

CHARLES 查理，查理曼长子 464

CHARLES LE TÉMÉRAIRE 大胆查理，勃艮第公爵 234 n. 4, 496

CHARLES DE FRANCE 法国的查理，路易十一的兄弟 194 n. 1

CHARLES DE TARENTE 塔兰托的查理，安茹王子 132

CHARLIEU 沙尔略，卢瓦尔省 279 n. 11

CHARRAY-[EN-DUNOIS] 杜诺瓦的沙雷，厄尔－卢瓦尔省，克卢瓦区 271

CHARRON (Pierre) 皮埃尔·沙朗，作者 359 n. 2, 360 n. 2

CHARTRES 沙特尔，厄尔－卢瓦尔省 281, 341 n. 1, 342, 492；主教 75, 127 n. 1, 270, 351-352, 354, 356 n. 2

CHATEAU-PORCIEN 波尔西安堡，阿登省 401 n. 2

CHATEAUBRIAND 夏多布里昂 404

CHELSEA 切尔西，英国，米德尔塞克斯：宗教会议 70, 465-467

CHESTER 切斯特，大教堂 389；切斯特郡 100

Chevage 人头税：英国诸王向坎特伯雷的圣托马斯圣殿、法国诸王向圣德尼修道院交付的款项 240 n. 2

Chevelure 长发：长发的魔法性质 60-61；日耳曼人蓄留长发 61 n. 1；法国国王的长发 226 n. 5

CHIARA 基娅拉，受美男子腓力触摸的博洛尼亚妇女 109

CHIFLET (Jean-Jacques) 让·雅克·希夫莱，学者 226

CHIGI (le cardinal) 枢机主教希吉 309 n. 1

CHILDEBERT Iᵉʳ 希尔德贝尔一世，法国国王 66, 262, 289, 292

CHILDÉRIC 希尔德里克，法兰克国王：他的坟墓 275 n. 1

CHINE 中国：王权观念 57

Chrême 圣油：这个词的含义 191 n. 1；与圣油相关的迷信 78 及 n. 2, 228 n. 5；国王涂油礼中圣油的使用 199-200

CHRISTOPHE (saint) 圣克里斯托夫 280

Christs du Seigneur 神命之主，用于国王的词语 41, 54, 70, 82, 466, 474 509

Chronique de la Pucelle《圣女纪年》282, 283

CIGAULD (Vincent) 樊尚·西戈尔，作者 355

CIGNANI (Carlo) 卡洛·西尼亚尼，画家 364, 455 n° 11

CIHAMP (le P. de) 德·尚神父，路易十四的代理忏悔师 398 n. 1

CLAIR (saint) 圣克莱尔 267

Clara de Bononia Crassa 109 n. 3（见 CHIARA）

CLÉMENT V 克力门五世，教皇 219

CLÉMENT VI 克力门六世，教皇 205, 206 n. 1, 499

CLÉMENT 克莱芒，作家 128

CLÉMENT (Nicolas) 尼古拉·克莱芒，国王图书目录的作者 465

CLERMONT [-EN-BEAUVAISIS] 克莱蒙-昂博韦，瓦兹省 299, 305

CLERMONT-FERRAND 克莱蒙-费朗，多姆山省：克莱蒙主教区 279 n. 10

CLIPSTONE 克里斯顿，英国，诺丁汉郡：克里斯顿堡 446 n. 1

CLODOMIR 克洛多米尔，法兰克王 61 n. 1

CLOTAIRE Iᵉʳ 克洛退尔一世，法兰克王 33, 37

CLOTILDE (sainte) 圣克洛提尔达 231, 291 n. 2

CLOUD (saint) 圣克卢 3072

CLOVIS 克洛维，法兰克国王：称圣 359 及 n. 6；受洗 56 n. 2, 68 及 n. 1, 133 及 n. 2, 135 及 n. 1, 224-227, 237 n. 1, 244（亦见 Ampoule, sainte）；行政官职位 63-64；祭司的灵魂 496；成为第一位治疗瘰疬病的国王 32-33, 42-43, 289-290, 291, 357-360；戴冕 469；在百合花传说中的角色 231-233, 234 n. 4, 237 n.1, 496；在军中传说中的角色 236, 237 n. 1；被提及 36, 54, 62, 68, 284

CLOWES (William) 威廉·克洛斯，医生 336, 426

CLUNY 克吕尼，索恩-卢瓦尔省：修道院 273

COCHEREL 科切雷尔，乌尔贝克-科切雷尔镇，厄尔省：科切雷尔战役：481

COEFFETEAU 克弗托，作家 35

COGNAC 科尼亚克，夏朗德省 309 n. 1

Coiffe 帽子：法国国王的帽子 228 n. 5, 484

COÏMBRE 科英布拉，葡萄牙 427

COLLIER (Jérémie) 杰里米·科利尔，作家 390

COLOGNE 科隆，德国 272, 274, 384 n. 1；科隆学派（绘画）452

COLOMBA (saint) 圣哥伦巴 468

COLOMBAN (saint) 圣哥伦班：他的条规 90 n. 1

Colombe 鸽子：图像 226-227

COMMINES (Ph. de) 科米纳，作者 314

COMMOLET 科莫莱，耶稣会士 365

Communion 圣餐：拜占庭教士与皇帝的圣餐 202, 207；法国国王触摸患者前的圣餐 145, 315, 397, 398 n. 1, 451 n° 2, 451-452 n° 3；领受圣餐两圣体的君主 205-207, 349 及 n. 2, 3, 402 n. 1, 450, 451 n° 2, 451-452 n° 3, 484, 499；有关圣餐面包、酒与圣盘的迷信 77-78

COMPIÈGNE 贡比涅，瓦兹省：圣雅克教堂 272 n. 1, 459 n° 24

Comptes royaux, anglais et français 英、法王室账簿 90-115, 160, 310-318, 330, 431-448

CONDAT 孔达，利布尔讷镇，吉伦特省 104

CONDÉ (le prince de) 孔德王子，所谓大孔德 383

CONDÉ-LES-HERPY 孔迪·勒赫尔派，阿登省，波尔西安堡：401 n. 2

CONDON 孔东，热尔省 104

CONFLANS-SAINTE-HONORINE 孔弗朗-圣-奥诺兰，塞纳-瓦兹省，普瓦西区 230-231

CONFLAT 孔夫拉，传说中的国王 231

Confréries 帮会，纪念圣马库尔的帮会 274-281, 304-306

索　引

CONRAD Ier 康拉德一世，德国国王 72 n. 1, 472

CONRAD II 康拉德二世，皇帝 196

CONSTANCE 康斯坦茨，德国：宗教会议 203

CONSTANTIN Ier 君士坦丁一世，皇帝 69, 123, 187 n. 3, 202, 350, 482, 500

CONSTANTIN VII PORPHYROGÉNÈTE 君士坦丁七世，皇帝 475 及 n. 2

CONSTANTIN MANASSÈS 君士坦丁·马纳塞，拜占庭作家 463

CONSTANTINOPLE 君士坦丁堡，见 BYZANCE

CONTARINI 康塔里尼，威尼斯大使 329 n. 1

CONTI (le prince de) 德孔第王子 383

Contre-Réforme 反宗教改革 209, n. 1, 348（亦见 TRENTE, concile de -）

COPERNIC 哥白尼 415 n. 2

Corbenist 科尔贝尼论者 305-306（见 CORBENY）

CORBENY 科尔贝尼，埃纳省，克拉奥讷区：科尔贝尼村与隐修院 39, 222, 263-308, 312, 357, 403, 425, 426, 490-493

CORBIE 科尔比，索姆省：修道院 65 n. 2, 91

Corbigny 282（见 CARBENY）

CORNÉ 科尼，博福尔镇，马恩－卢瓦尔省 279 n. 6

CORNOUAILLES 康瓦尔，英国城镇 169 n. 3

COTENTIN 科唐坦 262

COTTENCHY 科唐希，索姆省，博沃区 272

Couronne 冠：皇帝与国王的冠 69-70, 228 n. 1, 461-464, 469-470, 471 及 n. 1, 473, 500；阿基坦或诺曼底公爵临位仪式中冠的角色 194

COUTANCE (maison de) 库唐斯家族 384 n. 1

COUTANCES 库唐斯，芒什省 274；大教堂 265, 268；主教区 262；主教 263（亦见 Lô）；仪典书 268；殉教录 267 n. 2

Crampe 痉挛：以魔法戒指治疗痉挛，见 anneaux 一词；以英王祝圣的戒指治疗痉挛，见 épilepsie 一词

CRAONNE 克拉奥讷，埃纳省 263, 264 n. 1, 279, 491

Crapauds 癞蛤蟆徽章，克洛维皈依前的徽章 233-234

CRAWFURD 克劳福德，医学史家 23, 42, 46 及 n. 3

Crescenitiis (Petrus de) 医生，不可考 340 n. 2　　511

Croce ds sangue 249（见 signe royal）

Crois roial "王者十字" 248（见 signe royal）

Croissants 十字形：克洛维皈依前的徽章 231, 233

Croix 十字，第七子的标志 300；见 signe royal

CROMWELL (Olivier) 奥利弗·克伦威尔 375, 379, 425 n. 2

CROMWELL (Thomas) 托马斯·克伦威尔，亨利八世的大臣 324 n. 3, 325 n. 2

CUJAS 居雅斯，法学家 357-358

Cusé 大概即 CUSSET，阿列省 279 n. 10

CYSOING 苏锡万，北部省：修道院 272

DADRÉ (Jean) 让·达德尔，鲁昂敕罪院主教 341 n. 1

DAGOBERT Ier 达戈贝尔一世，法兰克国王 62, 235

DAGUESSEAU 达盖索，掌玺大臣 350

DALESCHAMPS (Jacques) 雅克·达莱尚，医生 340 n. 2

DAMAS (le baron de) 德·达马男爵 402, 403

DAMMARTIN [-LES-CUISEAUX] 达马尔坦，索恩－卢瓦尔省 279 n. 11

DANEMARK 丹麦：王权观念 58 及 n. 1；所谓国王治病能力 148；关于教士的迷信 76（亦见 WALDEMAR）

DANTE 但丁 109

DANUBIENNE (region) 多瑙河地区 57

DAUPHIN 王太子，习惯上对圣化礼举行前的

国王的称呼 221（亦见 DAUPHINÉ）

DAUPHINÉ 多菲内 279；王太子的登基仪式 194 n. 1

DAVID 大卫，犹太王 68, 69 n. 1, 131, 476, 499

DELABORDE (H. François -) 弗朗索瓦-德拉博德，学者 23；有争议的观点 38-40

DELACHENAL (R.) 德拉舍纳尔，学者，有争议的观点 139

DELISLE (Léopold) 利奥波·德利勒，学者，有争议的观点 478-479

DÉLOS 提洛岛，希腊岛屿 253

DELRIO (le P.) 德尔里奥神甫，作者 386-387, 414, 421-422

DENIS (saint) 圣德尼 232-233, 234, 235 n. 2, 482-483, 485（亦见 SAINT-DENIS, abbaye）

Dent du Christ 基督的牙齿：苏瓦松地方圣梅达尔修道院保存的遗物 29, 32

Δεποτάτος 教会官员：拜占庭皇帝同化于教会官员 202

Des droiz de la couronne de France《论法王的权力》，查理七世时代的政治作品 236 n. 3, 237 n. 1, 251 n. 1

DESGENETTES (L'abbé) 德热内特修道院院长 402-403

DESMARETS DE SAINT-SORLIN 德马雷·德·圣索兰，作家 359-360

Diable 魔鬼：在奇迹中的角色 342, 367, 387, 423-424

Diacre 助祭：德国皇帝同化于助祭 200-203；拜占庭皇帝同化于助祭 202

Diademe 冕，见 couronne

Dict de la fleur de lys《百合花的慰藉》230

DIEMAND (A.) 迪耶曼，学者，有争议的观点 201 n. 1, 255 n. 1

DIEMERBROEK 迪默布罗克，医生 321

DIEUDONNÉ 迪厄多内，传奇中的人物 247

Dime 什一税 69 n. 1, 466

DINANT 迪南，比利时，纳穆尔省 272, 307 n. 1

DIOCLÉTIEN 戴克里先，皇帝 500

DJEBAÏL 杰巴伊尔，叙利亚（从前的巴比伦）225 n. 1

DOLE 多勒，侏罗省 58 n. 1

DOMARD (saint) 圣多马尔 270

DOMINIQUE DE JESUS (le P.) 耶稣会的多米尼克神甫，作者 301

DONEGAL (comte de) 多尼戈尔郡，爱尔兰 295 n. 4

DONKLY (Thomas) 托马斯·唐利，王室内室管理员 378 n. 2

DORCHESTER (Lord) 杜切斯特勋爵，国务大臣 371

DOUGLAS (John) 约翰·道格拉斯，作者 412, 131, 417, 418, 421

DOUVRES 多佛尔，英国，肯特郡 104 n. 1

DOUZINEL (Louis) 路易·杜则奈尔，科尔贝尼的朝圣者 278 n. 2

Drapelets de pélerinage 朝圣的旗帜 288, 458 nº 23

DREUX 德勒，厄尔-卢瓦尔省 279 n. 4

Du Bos (Jean) 让·迪波，司号手 362（引文）

Du Boys (H.) 迪布瓦，作者 347

DUCHESNE (André) 安德烈·迪歇纳，作者 347, 349, 351

Duel (entre souverains) 两君主间的决斗 16

DU HAILLAN (Bernard de Girard) 迪艾兰（伯纳尔·德·吉拉尔），作者 355 n. 3, 356

DU LAURENS (André) 安德烈·迪洛朗，医生、学者 32, 33 n. 1, 289, 327, 342-343, 359, 376, 377 n. 1, 387, 411, 454 nº 8

DUNSTAN (saint) 圣邓斯坦，坎特伯雷大主教 471 n. 1

DU PEYRAT (Guillaume) 纪尧姆·迪佩拉，神甫与作者 24, 32-33, 35, 206 n. 1, 289, 315 n. 5, 349, 359, 387, 400

索 引

DUPLEIX (Scipion) 西皮翁·迪普莱，作者 33, 359
DU PLESSIS-MORNAY 德普莱西-莫尔奈，作者 35
DURESME (N.) 杜莱姆，内勤执事 445
DU TILLET 杜蒂耶，作者 492-493

Eau 水：洗礼用水的迷信 77 n. 2；圣水的迷信 77 n. 2；英国禁用圣水 333 n. 1；用圣物举行"浸礼"后圣化之水 276；水在触摸仪式中的角色 90-92
EBERSOLT (J.) 埃伯索尔特，学者，有争议的观点 275
EBSTEIN (W.) 埃波斯坦，医学史家：有争议的观点 59 n. 1；417 n. 1
ECOSSE 苏格兰：大使 144；加尔文宗 336-337；国王涂油礼 195 n. 1, 460；医疗戒指的声望 324；中世纪英国触摸治疗的声望 101, 103, 107；登基仪式 242；传说中的国王 247；第七子 295, 297 n. 3, 298 n. 1；与钱币有关的迷信 396；被提及 111, 252, 373, 375, 378
EDGAR 埃德加，撒克逊王 467, 470, 471 n. 1
EDIMBOURG 爱丁堡，苏格兰：霍利鲁德城堡 394
EDOUARD LE MARTYR (saint) 殉难者圣爱德华，盎格鲁-撒克逊国王 70 n. 3
EDOUARD LE CONFESSEUR (saint) 忏悔者圣爱德华，盎格鲁-撒克逊国王 43-49, 59 n. 1, 83, 90-91, 124, 145, 161-165, 183, 267 n. 1, 319, 331, 386 n. 2, 391 n. 1, 425, 450 n° 1
EDOUARD Ier 爱德华一世，英国国王 19, 95, 96, 97-106, 112, 159, 163, 173, 242, 311, 437-439
EDOUARD II 爱德华二世，英国国王 95, 96, 97-106, 112, 160, 161 n. 1, 163, 173-175, 183, 238-241, 439-440 n. 4、5、6

EDOUARD III 爱德华三世，英国国王 15-17, 93, 95, 96, 97-106, 108 n. 1, 112, 114, 117, 144, 146 n. 1, 173, 176, 177, 257, 311, 438 n. 3, 439 n. 2, 440 及 n. 3、6, 441 n. 1, 445 及 n. 3, 446 及 n. 1, 488
EDOUARB IV 爱德华四世，英国国王 111, 114, 223, 323, 438 n. 3, 441 n.1, 442 n. 1, 445 n. 3, 448 及 n. 1
EDOUARD V 爱德华五世，英国国王 173, 445 n. 3
EDOUARD VI 爱德华六世，英国国王 330, 332-334, 442 n. 2、3, 445 及 n. 3, 447 n. 2
EGBERT 艾格伯特，麦西亚国王 465-467
EGBERT 艾格伯特，约克大主教：归于他名下的主教仪典书 465, 467, 470
EGIDIO COLONNA 埃吉迪奥·科隆纳，作者 216, 243-244, 353-354
Eglise 教堂：与教堂相关的迷信 77
EGYPTE 埃及：王权观念 58；国王登基仪式 67 n. 1；被提及 67, 360 n. 2
Eikon Basilikè《皇帝肖像》349-350
ELBEUF 埃尔伯夫 106
ELÉONORE 埃莉诺，英国王后 162 n. 3
ÉLÉONORE D'AUTRICHE 奥地利的埃莉诺，法国王后 315
ELIE 埃利，利摩日的教堂歌咏班领唱人 194 n. 1
ÉLISABETH 伊丽莎白，英国女王 176, 177, 223, 320, 33 n. 3, 333-336, 338, 369, 386 n. 2, 387, 426, 442 n. 2, 3, 453 n° 7
ELISEE 以利萨，先知 422
ELPHINSTONE 埃尔芬斯通，阿伯丁主教 144 n. 5
Empereur de France 法国皇帝，法国国王称号 486
EMPIRE (romain, gouverné par des souverains allemande) 帝国（德国君主统治下的罗马

513

489

帝国）108, 124, 127, 131, 142, 193, 217, 251, 480, 486

Encyclopédie《百科全书》388

ENGUERRAN DE MARIGNY 昂盖朗·德·马里尼 220

Épée 剑：在登基仪式中的角色，见 Glaive；家族标识 301 n. 2

Éperons 马刺：在阿奎丹诸公爵就职仪式中的角色 194

EPILEPSIE 癫痫病，称作圣让病 164 n. 1, 418; 魔病特性 166, 182;（圣马丁族人）的治疗 170-171, 175-176; 英国国王的治疗 159-183, 418-419; 丹麦国王的治疗 148; 朝拜初生耶稣的三博士的治疗 168; 各种治疗仪式 170-171, 175

EPIRE (rois d') 伊庇鲁斯国王 59 n. 2

ERASME 伊拉斯姆 415 n. 2

ERPS 埃尔普斯，埃尔普斯－凯尔比镇，比利时布拉班特省 272

Escarboucles 红宝石：德国皇冠上的红宝石 242, n. 2

ESCURIAL (L') 埃斯科里亚尔，西班牙 155

ESPAGNE 西班牙：瘰疬病的地方特点 28 n. 1; 瘰疬病起源相关的传说 359, 360 n. 2; 国王的涂油礼 68, 460-462, 471, 473, 474, 477, 480; 法国国王创造奇迹的声望 99, 106 n. 4, 109, 155, 311-313, 363-366; 被提及 68, 151, 249, 300, 382

ESPERANDIEU (E.) 埃斯佩朗迪厄，学者，有争议的观点 457 n° 18

ESTIENNE (Henri) 亨利·艾蒂安，作者 266, 330

ESTOUTEVILLE (le cardinal d') 埃斯图特威尔的枢机主教 212 n. 3

Esturia 阿斯图里亚 109 n. 1（见 ASTURIES）

Etendards 见 banniere

ETHELRED (*ordo* d') 埃塞列德教会历书 470

ETIENNE III 斯蒂芬三世，教皇 75

ETIENNE IV 斯蒂芬四世，教皇 70, 464

ETIENNE DE BLOIS 布卢瓦的斯蒂芬，英国国王 43-44, 49 n. 3

ETIENNE DE CONTY 艾田·德·孔第，作者 91-92, 93, 137 n.1, 140, 233

ETIENNE MARCEL 艾田·马赛 138

EUGENE III 尤金努斯三世，教皇 489

EUSÈBE 尤西比乌斯，作者 187 n. 3, 350

Evêque du dehors (ou: des païens) 教外的主教（即异教主教）：给予君士坦丁皇帝的称号，及变异后给予法国国王的称号 187 n. 3, 350-351, 402 n. 1

EVREUX 埃夫勒，厄尔省：主教，见 CENEAU (Robert)

Face (affections de la) 面部的感染，与瘰疬病的混淆, 27-28

FAITTA 费塔，枢机主教波尔的秘书 180 n. 2, 181-183, 320

FALAISE 法莱斯，卡尔瓦多斯省 275, 288 n. 1

FALSTAFF 法尔斯达夫，莎士比亚作品人物 257

FAREMOUTIERS 法雷穆捷，塞纳-马恩省，罗祖瓦区：修道院 299

FARNESE 法尔内塞，家族 364 n. 2

FARNÈSE (le cardinal Jerôme) 枢机主教热罗姆·法尔内塞 364, 455 n° 11

FAROUL (S.) 法鲁尔，曼特斯的地方教长 270 n. 1、2

FARQUHAR (Miss Helen) 海伦·法夸尔小姐，学者 23, 320 n. 1

FAUCHET (le president) 福歇，作者 233-234; 356 n. 2

FAVYN 法韦恩，作者 342, 384

FELINO SANDEI 菲利诺·桑德，教会法学

索 引

者 144, 415-416.

FELIX FABRI 费利克斯·法布里，作者 150-151, 152, 251-252

FÈRE-EN-TARDENOIS 费雷·昂塔登瓦，埃纳省 497

FERRARE 费拉拉，意大利，艾米利亚省：公爵 326 n. 2

FERRAULT (Jean) 让·费罗尔 346-347

FIACRE (saint) 圣菲亚克 128 n. 2, 283

FIDJI (les îles) 斐济诸岛，大洋洲 421 n. 1

FIERABRAS 费厄拉布拉，同名传奇中的主人公 60 n. 3

FILESAC (Jean) 让·菲莱萨克，神学家 198, 354 n. 1

FINETT (Sir John) 约翰·菲内特爵士，典礼官 339 n. 1

FIRENS (P.) 菲朗，雕刻家 342-343, 454 n° 8

FISMES 菲姆，马恩省：圣马克赖宗教会议 71

FLANDRE 佛兰德尔：对法国触摸的态度 117-118, 363；对马库尔的崇拜 272；佛兰德尔伯爵家族，见伯爵之子 PHILIPPE；英国触摸的声望 104-105, 107, 101；对法国人的嘲笑 234；第七子 295 n.1

FLEURANGES 弗勒朗日,《回忆录》作者 283

FLORENCE 佛罗伦萨，意大利 394 n. 5, 446 n. 1；桑塔·玛利亚·诺韦拉修道院 132

FLORENT 弗洛伦提乌斯，传说人物 247

Florent et Octavian《弗洛伦提乌斯和奥克塔维安》，浪漫传奇 247 n. 2, 257 n. 1

FONTAINEBLEAU 枫丹白露，塞纳-马恩省 32, 365

FONTENELLE 冯特内尔，作家 420

FORCATEL (Étienne) 艾蒂安·福卡泰尔，作家 289, 355, 357-360, 496

FORÊT-NOIRE (roi de la) 黑森林之王，预言性作品中的人物 252 n. 2

FORTUNAT 福尔图纳，诗人 34, 35, 66 n. 4, 188, 496

FOURNIER (Paul) 保罗·富尼耶，学者，有争议的观点 130, n. 1

FRAMBERGE 弗朗伯格，律师 212

FRANCFORT 法兰克福，德国：宗教会议 74

FRANCO (le P. Antoine) 安东尼奥·法兰克神父，作家 427

FRANÇOIS DE PAULE (saint) 圣弗朗索瓦·德·波勒 398, 423

FRANÇOIS Ier 弗朗索瓦一世，法国国王 114, 155, 23, 283, 309 n. 1, 310, 332-317, 355, 364, 415, 455 n° 11

FRANÇOIS II 弗朗索瓦二世，法国国王 492

FRANÇOIS (frère) 法兰西斯修士，比撒希亚主教 15-17, 144, 257

FRAZER (Sir James) 詹姆士·弗雷泽爵士，有争议的观点 33 n. 1, 52-54, 59

FRÉDIGAIRE (le pseudo-) 伪弗列德加留，作家 60 n. 1

FRÉDÉRIC BARBEROUSSE 红胡子腓特烈，皇帝：64 n. 3；圣化礼 191 n. 1, 217；视其他君主为"方国之王" 193；被提及 218, 384 n. 3

FRÉDÉRIC II 腓特烈二世，皇帝 109, 251

FRÉDÉRIC III 腓特烈三世，皇帝 205

FRÉDÉRIC LE PACIFIQUE 腓特烈，梅斯涅总督 251, 253

FRÉDÉRIC [LE SAGE] 腓特烈，萨克森选帝侯 149 515

FRÉDÉRIC (l'emperenr) 腓特烈皇帝，预言作品中的人物 252 n. 2

FRÉDÉRONE 弗雷德隆，法国王后 263-264

FRISE 弗里西亚，传奇中的国王 247

FROISSART 弗鲁瓦萨尔 221, 234 n. 5

FULBERT 富尔贝，沙特尔主教 75

FULLER (Thomas) 托马斯·富勒，作者 425,

426

GALLES (PAYS DE) 威尔士 100, 101, 159
Gallican (rite) 高卢仪式 68
Gallicanisme 法国教会自主论 141, 215
GAND 根特,比利时 105
Gando 冈多,佩鲁贾附近的地方,不可考 109 n. 1、3
GANELON 加尼隆,桑斯大主教 471 参见 470
GANELON 加尼隆,史诗人物 208-209
Gants 手套:法国国王圣化礼中使用的手套 204, 483-484
Garda 加尔达,阿斯图里亚某地,不可考 109 n. 1
Garderobe 锦衣库,有时用指英国王宫,有时用指王官事务之一 438-448
GARDINER 加德纳,温彻斯特主教 325 n. 2, 332-333
Garin le Lorrain《加林·勒洛兰》,武功歌 90 n. 1, 244
GASCOGNE 加斯科尼 104;公爵 244, n. 2
GASPARD, Roi-Mage 朝拜初生耶稣的三博士之一,见 Jasper
GAUDRE (Jacques-Philippe) 雅克·菲利普·戈德雷,第七子 322 n. 2; 371 n. 1
GEDFFROI DE VENDBME 若弗鲁瓦·德·旺多姆,作家 190 n. 2
GÉLASE Ier 格拉修斯一世,教皇 72 n. 2
GENES 热那亚,意大利 35, 312
GENOBALDE 热努巴尔,《克洛维》中的人物 350 n.1
GEOFFROI DE BEAULIEU 若弗鲁瓦·德·博利厄,作家 92, 128-129
GEORGES Ier 乔治一世,英国国王 392, 396 n. 1
GEORGES II 乔治二世,英国国王 391
GEORGES PACCHYMARE 乔治·帕契梅尔,拜占庭作家 473
GEORGIE 格鲁吉亚:国王标识 254
GERBERT 热贝尔,兰斯大主教 79
GERHOH DE REICHERSPERG 赖彻斯堡的格尔霍,作家 218
GERMANIE 日耳曼尼亚:王权观念 55-62, 85, 186, 495;原始共和制理论 495 (亦见 ALLEMAGNE)
GERSON 见 JEAN GERSON
GERVAIS DE TILBURY 蒂尔堡的热尔韦,作者 489 及 n. 4
Gesta Berengarii《贝伦加尔之歌》73 n. 1, 74 n. 1
GIBLET 吉布利,叙利亚城市杰贝尔的法文名称:领主 115 n. 1
GIFFORD 吉福尔,兰斯大主教的代表 277-278
GILBERT (Richard) 理查德·吉尔伯特,第七子 296-297, 371 n. 3
GILBERT (William) 威廉·吉尔伯特,一位第七子的父亲 296-297, 373 n. 3
GILBERT L'ANGLAIS 英国人吉尔伯特,医生 115
GILDAS 吉尔达,作家 468
GILETTE LA CHATELAINE 吉莱特·勒沙特莱纳,美男子腓力触摸的患者 106
GIOVANNI ANDREA 乔万尼·安德烈,教规学家 141, 144
GIOVANNI DE VERONE 维罗纳的乔万尼,美男子腓力触摸的患者 109
GIRARD GOBAILLE 吉拉尔·戈巴耶,巴黎当选主教 141
GIRAUD DE CAMBRIE 吉罗·德·康布里埃,作家 125 n. 3, 230
GISORS 日索尔,厄尔省 279 n. 4
GISSEY-SUR-OUCHE 乌什河上的日塞,科多尔省 273

Glaive 宝剑：阿基坦与诺曼底公爵就职礼仪式中的 497

Glossaire latin-français de la Bibl. de St-Germain des Prés 德普雷圣日耳曼文库中的拉丁－法文词汇 128 n.1

GLOUCESTER 格洛斯特郡，英国 396

Gneyth (croix de) 格内丝十字架 159

GODEFROY (Theodore) 塞奥多尔·戈弗雷，作家 492-493

GODEFROY DE VITERBE 维泰博的戈弗雷，作家 353

GODWIN 戈德温，盎格鲁－撒克逊伯爵 497

GÖLNITZ (Abraham) 亚伯拉罕·戈尔尼兹，作家 309 n. 1

GONDI (Jean-François de) 让·弗朗索瓦·德·贡迪，巴黎大主教 383

Gonfanon 见 Banniere

GONTRAN 贡特拉姆，法兰克国王 33-35, 37, 59 n. 1, 81

GOTHA 哥达，德国，图林根 150

GOTHS 哥特人：王权观念 55-57；留长发 61 n. 1（亦见 OSTROGOTHS 及 VISIGOTHS）

GOURGAUD (le general baron) 古尔戈伯爵 350 n. 1

GOUSSET (Mgr.) 古塞，兰斯大主教 402 n. 2, 405 n. 1, 419 n. 1, 423 n. 2, 425 n. 2；痛风：以魔法戒指治疗痛风 166

GRAAL (cycle du) 圣杯传说 208 n. 3（亦见 TABLE RONDE）

Grandes Chroniques《大编年史》221

GRASSAILLE (Charles) 夏尔·格拉塞耶，作家 347, 348, 355

Gratia: gratis data ou gratum faciens 497 [1]

Gratia Dei 蒙神恩的，英法国王使用的套语 467

GRATIEN 格拉提安，皇帝 187 n. 3, 350

GRATIEN 格兰西，教会法学者 202

GRAUERT 格劳尔，学者，有争议的观点 133 n. 1

GREATRAKES (Valentin) 瓦伦丁·格雷特雷克，爱尔兰治病者 379 n. 1, 384 516

GRÈCE 希腊：荷马时代的王权观念 186

GREENWICH 格林威治，英国，肯特郡 442 n. 1

GRÉGOIRE VII (saint) 圣格利高里七世，教皇 45, 76, 120-124, 186, 202, 208 n. 3, 354, 405, 473

GRÉGOIRE DE TOURS 图尔的格利高里，作家 33-36, 37, 55 n. 2, 63, 64 n. 1, 75, 469

Gregorienne (reforme) 格利高里改革 36, 45, 83-84, 120-145, 185-215, 354, 472-473

GREGORIO 格利高里奥，奥古斯丁修士会的修士，美男子腓力触摸的患者 109

GRENADE 格林纳达，西班牙，见 LOUIS DE GRENADE

GRENOBLE 格勒诺布尔，伊泽尔省 299 n. 12, 317 n. 1

GREZ-DOICEAU 格雷杜瓦索，比利时，布拉班特 274, 276 n. 2, 278 n. 1, 279, 288, 290, 458-459 n° 23

GRIMM 格里姆，学者，有争议的观点 60, n. 1

GRIMOALD 格里莫阿尔，宫相 62

GRISY 格里塞，或是格里塞－勒斯－普拉特，塞纳－马恩省，马里讷县，或是格里塞－叙奈，塞纳－马恩省，布里－孔德－罗贝尔区，或是格里塞－叙－塞纳，塞纳－马恩省，布雷－叙－塞纳区 279 n. 4

---

[1] 此处有误，应为 p. 498。——译者

Guerre de Cent Ans 百年战争：准备战争的谈判 15-16；参见 110-104；被提及 83, 104, 111

Guerre de Deux Roses 玫瑰战争：对触摸者的影响 110-114, 319-320, 322

GUI DE CHAULIAC 居伊·德·肖利亚克，医生 117

GUI D'IBELIN 盖伊·德伊伯林，十字军参加者 209 n. 1

GUI D'OSNABRÜCK 盖伊·德奥斯纳布吕克，作家 189, 213, 216

GUIBERT DE NOGENT 吉贝尔·德·诺让，作家 29-32, 46, 94, 124-125, 129, 146

Guides, pour voyageurs 旅游指南：历史价值 309 n. 1

GUILHELM 吉扬，美男子腓力触摸的患者 107

GUILLAUME Ier LE CONQUÉRANT 征服者威廉，英国国王 48

GUILLAUME III ou GUILLAUME D'ORANGE 威廉三世，即奥兰治的威廉，英国国王 390, 399, 429

GUILLAUME LE BRETON 纪尧姆·勒布雷东，作家 209

GUILLAUME COQUILLART 纪尧姆·科基亚尔，兰斯教士及诗人 285

517　GUILLAUME DURAND 纪尧姆·迪朗，礼拜仪式家 136, 139, 187 n. 3, 194 n. 1, 199-200, 202, 478-479

GUILLALIME GUIART 纪尧姆·吉亚尔，作家 130, 146, 235 n. 3

GUILLAUME DE MALMESBURY 马姆斯伯里的威廉，编年史家 43-49, 124

GUILLAUME DE NOGARET 纪尧姆·德·诺加雷 109, 110, 129, 143

GUILLAUME OCCAM 威廉·奥卡姆，哲学家 136 n. 1, 142, 143, 222

GUILLAUME DE PLAISIANS 纪尧姆·德·普莱西安 110, 129, 130 n. 1

GUILLAUME DE SAINT-PATHUS 纪尧姆·德·圣帕图，作家 128, 160

GUILLAUME DE SAUQUEVILLE 纪尧姆·德·索克维尔，预言者 131, 499

GUILLEBERT DE METZ 吉耶贝尔·德·梅斯，作家 136 n. 2

Guillelmus de Alba 107 n. 1（见 GUILHELM）

GUINGAMP 甘冈，北滨海省 106 n. 1, 107

GUTIERREZ 古铁雷兹，医生 152-153

H. de Jubileto 115（见 HUGUE DE GIBLET)

HABSBOURG 哈布斯堡家族：他们引发的论战 366；所谓的治病能力 148-149, 150-151, 155, 366；圣化礼 356 n. 2；家族标识 251-252, 253

HAGEN 哈根，传奇中的人物 253

HAINAUT 埃诺 279；伯爵 176；总督 400

HALFDAN LE NOIR 黑人哈夫丹，挪威国王 57

HAMERANI (Gioacchimo) 乔阿奇莫·哈梅拉尼，雕刻家 395

HANOVRE (Electeur et dynastie de) 汉诺威选帝侯及家族：在英国登基 391-392, 395

HANS 昂斯，马恩省，圣默努尔德区 106

HARALD 哈拉尔德，奥拉夫国王的父亲 59

HAROLD 哈罗德，英国国王 47

HASTING 哈斯廷，诺曼头领 263 n. 1

HAUBAN 欧本，上比利牛斯省，巴涅尔-德比戈尔区 107

HAUREAU 奥雷欧，学者 41

HAVELOC LE DANOIS 丹麦人哈夫洛克，同名抒情诗中的主人公 249, 257 n.1

HAYNES (Thomas) 托马斯·海恩斯，王室礼拜堂的"律师" 378 n. 1

HÉBERT (H.) 埃贝尔，雕刻家 287, 458 n° 21

HÉBREUX 希伯来人 69, 73 n. 1（亦见 ISRAEL）

Heimskringla《挪威诸王传》，冰岛传奇 57-59

HELGAUD 埃尔戈，作家 36-40, 129

Hendinos 亨迪诺，勃艮第王的名字 58 n. 2

HENNAGE (master) 亨纳吉师父，英国内库主管 443 n. 1

HENRI Ier 亨利一世，德国国王：拒绝涂油礼 72, 217, 467, 472-473

HENRI III 亨利三世，皇帝 122 n. 1, 188-189, 355

HENRI IV 亨利四世，皇帝 122, 189, 193

HENRI V 亨利五世，皇帝 189 n. 2, 193

HENRI VI 亨利六世，皇帝 258, 353

HENRI VII DE LUXEMBOURG 卢森堡的亨利七世，皇帝 219-220

HENRI Ier BEALICLERC 亨利一世，英国国王，44-49, 82-84, 85 n. 2, 91, 94, 127 n. 1, 146, 156, 175

HENRI II PLANTAGENET 亨利二世，英国国王 41-42, 43, 46, 49, 54, 125, 238, 258

HENRI III 亨利三世，英国国王 124, 162-163, 192, 437 n. 2

HENRI IV 亨利四世，英国国王 241-242, 441 n.1, 445 n. 3, 446

HENRI V 亨利五世，英国国王 160, 211 441 n. 1, 445 n. 3, 446 及 n. 1

HENRI VI 亨利六世，英国国王 111, 179-180, 205, 219, 223, 234, 441 n. 1, 445 n. 3, 447 及 n. 1

HENRI VII 亨利七世，英国国王 93, 95, 112-114, 164, 317, 318, 324 n. 3, 389, 442-443 及 442 n. 2 及 3, 445 n. 3, 448 n. 1

HENRI VIII 亨利八世，英国国王 93, 112-113, 164, 179-180, 183, 309 n. 1, 317, 318, 323, 324-325, 330 及 n. 3, 332, 338, 390 n. 4, 442-443 及 442 n. 2 及 3, 445 n. 3, 447 及 n. 2, 448 n. 1

HENRI IX 亨利九世，英国国王，见 YORK (le cardinal Henri d')

HENRI Ier 亨利一世，法国国王 37, 191 n. 2

HENRI II 亨利二世，法国国王 284, 286, 311-312, 316, 329 n. 1, 341, 381, 453 n° 5, 492；《时刻簿》286, 316, 453 n° 5

HENRI III 亨利三世，法国国王 266 n. 3, 341-342, 492

HENRI IV [LE GRAND] 亨利四世，法国国王 24 及 n. 1, 32, 138, 175, 205, 206 n. 1, 222 n. 1, 228, 281, 314 n. 3, 327, 333 n. 3, 341-344 及 344 n.1, 356, 357, 360 n. 2, 362 n. 2, 365, 381, 387 n. 3, 454 n. 8, 492

HENRI DE SAXE 萨克森的亨利，德国王子 85 n. 2

HENRI DE MONDEVILLE 亨利·德·蒙德维尔，医师 116

HENRI PAYOT 亨利·帕约，农民 95-96

HENRI DE SUSE 苏萨的亨利，教会法学家 200 n. 1, 460

HEREFORD 赫里福德，英国：主教 239

HERMANN 赫尔曼，梅斯主教 122

HERPIN 赫平，传说中的布尔日公爵 247

HERTFORD (le comte de) 赫特福德伯爵 324 n. 1

HÉRULES 赫鲁利家族，日耳曼人 57

HEYLIN (Pierre) 彼特·黑林，作家 425 n. 2

Hibernensis 爱尔兰教会法汇编 468

HILLS (Henry) 亨利·希尔，印刷商 318 n. 2

HINCMAR 欣克马尔，兰斯主教：使用罗马帝国旧词汇 65；在圣油壶传说形成中的作用 225-227；政治理论 71-72, 74, 75 及 n. 1, 188, 216, 227；被提及 35, 73, 243, 499

HINCMAR 欣克马尔，拉昂主教 225 n.1

Historic de la reyna Sebilla《西比拉女王故事》，冒险传奇 249

HOBBES 霍布斯 345-346

HOHENSTAUFEN 霍亨斯陶芬王朝：使用罗马帝国旧词汇 65 n. 3；被提及 127, 142, 193, 217, 251, 353 n. 2

HOLDENBY 霍尔登贝 374 n. 2（见 HOLMBY）

HOLINSHED 霍林谢德，作者 43

HOLLAENDER (Eugen) 尤金·霍兰德，学者，有争议的观点 452

HOLLANDE 荷兰：英国触摸者的声望 378

HOLMBY 霍姆贝，英国，北安普顿郡 374

HONDT (Joos de) 朱斯·德·翁特，雕刻家 453-454 n° 7

HONGRIE 匈牙利：国王涂油礼 480；所谓的国王治病能力 148-149；传说中的国王 247, 248 n. 3；第七子 498

HONORIUS 霍诺里乌斯，皇帝 123

HONORIUS *Augustodunensis* 洪诺留斯·奥古斯多丹昂斯 186-187, 189

HORMISDAS 贺尔米斯达，教皇 225, n. 1

Hostiensis 霍斯廷西斯，见 HENRI DE SUSE

HOUE (F. H. van) 豪埃，雕刻家 455 n° 12

HOWSON (John) 约翰·豪森 335 n. 2

HUBERT (saint) de Bretigny 布雷蒂尼的圣于贝尔 164 n. 1

HUBERT (saint) de Liège 列日地方的圣于贝尔 164 n.1, 277 n. 3, 299 n. 5, 423 n. 2；圣于贝尔的亲属 175-176, 382-383（亦见 SAINT-HUBERT, Belgique）

HUBERT (Georges) 乔治·于贝尔，所谓的圣于贝尔骑士 370 n. 3, 382-383, 384

HUBERT WALTER 休伯特·沃尔特，坎特伯雷大主教, 115 n. 1

519 HUGO (Victor) 维克多·雨果 402

HUGUE CAPET 休·卡佩，法国国王 79-81

HUGUE 于格，传奇故事人物 247, 248 n. 3

HUGUE 于格，叙利亚的吉布利家族的主人 115 n. 1

HUGUE DE FLEURY 于格·德·弗勒里 127 n. 1

HUGUE DE SAINT-VICTOR 圣维克多修道院的于格，作家 216

Huiles (saintes) 圣油：迷信 78（亦见 Chrême）

HUME (David) 戴维·休谟 395, 412

HUSSEY (Law) 劳·赫西，学者 23

Hussites (doctrines) 胡斯教义 205, 366 n. 2

HYÈRES 耶尔，瓦尔省 299

Hystérie 歇斯底里症：以此解释国王奇迹 419-420

IBERIE 伊伯里亚，高加索地区的国家：国王标识 254 及 n. 2

IENA 耶拿，德国，图林根：大学 411

ILE-DE-FRANCE 法兰西岛 107, 231, 279

ILES SAINT-MARCOUF 圣马库尔诸岛，芒什省 268 n. 1

INNOCENT II 英诺森二世，教皇 192

INNOCENT III 英诺森二世，教皇 195 n. 1, 199-200, 216, 353 n. 2, 460 n. 1

INNSBRÜCK 茵斯布鲁克，奥地利 496

Insignes (du sacre) 圣化礼标志物 475；亦见 anneau, bannière, couronne, eperons, glaive, sceptre

Intestine (inflammations des) 体内炎症：第七子治疗 303 n. 1

IONA 伊奥纳岛，苏格兰，阿盖尔伯爵领：修道院 468

IRLANDE 爱尔兰：爱尔兰教会法的影响 69, 468；国王涂油礼 468；国王登基礼 242；第七子 169 n. 2, 297；被提及 384, 395, 396

ISABEAU DE BAVIERE 巴伐利亚的伊莎贝拉，法国王后 250

ISAÏE 以赛亚，先知 254 n. 2, 255

ISIDORE DE SEVILLE 塞维利亚的伊西多尔，作家 461-462

ISLAM 伊斯兰教：君主权利中的世袭的治病

能力 84-85，被提及 233

ISLANDE 冰岛 58, 253

ISRAEL 以色列 67, 482, 488 n. 2, 500

ITALIE 意大利：主教 74；国王涂油礼 471；治病戒指 326；法国触摸者的声望 17, 99, 109, 312-313；363-364；君主的治病能力 155；东哥特王国 63 n. 3；被提及 68, 127, 131, 132, 217, 249, 251, 300, 328, 382, 394, 413

IVE DE CHARTRES 沙特尔的伊沃，作家 127 n. 1, 195

IVE DE SAINT-DENIS 圣德尼修道院的伊沃，作家 130

JACOB 雅克布，主教 242

Jacobites 詹姆士二世党人 393-394, 412

JACQUES Ier 詹姆士一世，英国国王 242, 252, 320, 331, 334, n. 2, 336-339, 351, 354, 369, 386, 389, 390, 392

JACQUES II 詹姆士二世，英国国王 221 n. 3, 318 n. 2, 333 n. 3, 376 n. 5, 379, 388-390, 392-394, 395 n. 2, 421, 444-445, 497

JACQUES III 詹姆士三世，英国国王，英国王位觊觎者 388 n. 1, 392-394

JACQUES III 詹姆士三世，苏格兰国王 144 n. 5

JACQUES DE VITRY 雅克·德·维特里，作家 77

JANSENIUS 让瑟纽斯，伊普尔主教 366-367

JAPON 日本 62

JARNAC 雅那克，夏朗德省：战斗 311

Jaro 不可考的地点，克莱蒙主教区 279 n. 10

Jasper 朝拜初生耶稣三博士之一加斯帕（Gaspard）的名字形式 168

JAUCOURT (le chevalier de) 谢瓦利叶·戴若古，作者 388

Jaunisse 黄疸病：匈牙利国王治疗的疾病 148

（亦见 morbus regius）

JEAN-BAPTISTS (saint) 圣施洗约翰 487；对癫痫病的治疗 164 n. 1

JEAN (saint) 圣约翰，福音传播者 318, 319 n. 1；对癫痫病的治疗 164 n. 1；与忏悔者爱德华相遇的传说及表现此传说的画像 162-163

JEAN VIII 约翰八世，教皇 71 n. 1

JEAN XXII 约翰二十二世，教皇 238-240

JEAN Ier TSIMITZES 约翰·齐米兹，皇帝 198, 475 476

JEAN VI CANTACUZENE 约翰·康塔库尊，皇帝 474

JEAN II LEBON 约翰二世，法国国王 205, 206, n. 1, 221, 281, 433, 491, 493

JEAN II 约翰二世，布拉班特公爵 241

JEAN [LE CONSTANT] 约翰，萨克森选帝侯 149-150

JEAN-ERNEST 约翰·恩斯特，萨克森-魏玛公爵 83 n. 1, 336 n. 3

JEAN-FREDERIC 约翰·腓特烈，萨克森选帝侯 252, 253

Jean Andre 约翰·安德烈 144（见 GIOVANNI ANDREA）

JEAN D'AVRANCHES 让·德·阿夫朗什，礼拜仪式家 159

JEAN BATIFFOL 让·巴蒂福尔，农民 250, 251 n.1

JEAN CHARTIER 让·沙尔捷，作家 283

JEAN DE CLERMONT 让·德·克勒芒，沙罗莱的封主 491

JEAN CORBECHON 让·科尔伯尚，作家 233

JEAN DE CRAON 让·德·克拉昂，兰斯大主教 480

JEAN L'ESCART 让·勒斯卡尔，查理八世触摸的患者 423

JEAN DE GADDESDEN 约翰·加德登，医生 94, 117, 119

JEAN GERSON 让·热尔松，作家 213, 218, 233

JEAN GOLÉIN 让·戈林，作家 136-140, 146 n. 1, 178 n. 1, 197-198, 204 n. 2, 207, 211, 223-224, 228 n. 5, 229 n. 1, 233, 235 n. 2, 236 及 n. 2, 243, 298, 349 n. 2, 478-489, 500

JEAN DE JANDUN 让·德·让丹，作家 215 n. 2

JEAN JOUVENEL DES URSINS 让·茹弗内尔·德·乌尔辛，作家 212-213

JEAN LE MOINE 让·勒穆瓦纳，枢机主教 210

JEAN DE MIRFIELD 约翰·米菲尔德，医生 117, 119 n. 1

JEAN MIRK 约翰·米尔克，传教士 163

JEAN DE PARIS 让·德·巴黎，作家 218

JEAN PILLON 让·菲隆，曼特斯大教堂教士 270

JEAN DE SAINT-JUST 让·德·圣朱斯特，王室金库管账人 432

JEAN DE SAINT-VICTOR 圣维克多修道院的让，作家 220

JEAN DE SALISBURY 索尔兹伯里的约翰，作家 216, 353, 354 n. 1

JEAN SIMON 让·西蒙，巴黎主教 141

JEAN TRISTAN 让·特里斯坦，传说中的人物 247

JEAN D'YPRES (OU YPERMAN) 伊普尔地方的让，医生 117-118; 147

JEANNE D'ARC 贞德 165, 220, 221, 245

JEANNE DE BOURBON 让娜·德·波旁，法国王后 480

JEANNE, COMTESSE DE SOISSONS 让娜，苏瓦松女伯爵 491

JEANNE DE LA TOUR 图尔的让娜，美男子腓力触摸的患者 106

Jehan Andre 约翰·安德烈 141（见 GIOVANNI ANDREA）

JÉRUSALEM 耶路撒冷：高级祭司 482 及 n. 3；传说中的王 248；国王的涂油礼 480

Jeux de cartes 纸牌游戏 22, 391, 457 n° 17

JOHN FLETE 约翰·弗莱特，作家 163 n. 2

JOHN FORTESCUE (Sir) 约翰·福蒂斯丘爵士 111-112, 114, 177-178, 180, 223, 447

JOHN LYDGATE 约翰·利盖特，作家 234

John of Ypres 伊普尔的约翰，英国锦衣库官员 445 n. 3

JOIGNY 茹瓦尼，约讷省 279 n. 8

JOINVILLE 茹安维尔，上马恩省 317 n. 1

JOINVILLE 茹安维尔，作者 209 n. 1

JORDANÈS 乔丹尼，作者 55-57, 58 n. 2

JOSEPH D'ARIMATHIE 阿里玛提亚的约瑟夫，基督门徒 42 n. 3, 161

JOURDAIN 约旦河 226 n. 2

Journal du Siège [d'Orleans] 奥尔良的《法官报》283

JOUVENET (Jean) 让·茹弗内，画家 287, 456 n° 14

JOYENVAL 茹因瓦尔，尚布尔西镇，塞纳-瓦兹省，圣日耳曼昂莱区：修道院 230-233, 381, 483 n. 1, 485

Jubileto 115（见 GIBLET）

JUIFS 犹太人 74（见 HEBREIJX, ISRAEL）

JUMIÈGES 瑞米耶日，塞纳河下游省，迪克莱尔区：修道院 484, 497

Junctinus (Franciscus) 朱恩蒂尼·弗朗西斯科，天文家 414

JUNON 朱诺 353

JUPITER 朱庇特 231, 353

JURQUES 朱尔克，卡尔瓦多斯省，奥登河畔欧奈区 279 n. 5

JUSTINIEN 查士丁尼，皇帝 64

KAMMERER (Philippe) 菲利普·卡默勒 252

索 引

Karlamagnussaga《查理曼传奇》485 n. 1

KENILWORTH 凯尼尔沃思，英国，沃里克郡 334 n. 3

KERN (Fritz) 克恩·弗里茨，有争议的观点 240 n. 1

König vom Schwarzwalde《黑森林之王》252 (见 FORÉT-NOIRE, roi de la)

KORAÏCHITES 阿拉伯家族 84

KRAMMER (Mario) 马里奥·克拉默尔，学者，引用的观点 133 n. 1

KRÜGER (J.) 克吕格尔，学者，有争议的观点 472-473

KUDRUN 库德朗，同名诗歌中的女主人公 249, 253

LA CHAISE (le P. de) 拉谢兹神甫，路易十四的告罪师 400

LA CONDAMINE 拉孔达米讷，摩纳哥公国 457 n° 18

LAMBERTINI (le cardinal Prosper) 见 BENOÎT XIV

LANCASTRE 兰加斯特，英国：公爵 241；家族 242

LANCASTRIEN (parti) 兰加斯特派 111, 223；参见 177

Lance 长矛，忒拜城的家族标识 253-254, 301 n. 2；墨洛温王朝时期登基仪式中长矛的角色 62 n. 2

L'ANCRE (P. de) 德·勒安克尔神甫，作家 411

LANDES (les) 朗德河，下夏朗德省，圣让·当热利区 317

LANFRANK 朗弗朗，医生 117 n. 4

LANGLEY 兰利，英国（不可考，以此名见称的地点为数众多）："兄弟会"教堂 446 n. 1

LANGRES 朗格勒，上马恩省 95, 317 n. 1；主教区 96 n. 1；279 n. 8

LANGUEDOC 朗格多克 107

LANICET 拉尼塞，克洛维侍从 33, 358, 360 n. 1

LAON 拉昂，埃纳省 31；圣樊尚修道院 266 n. 1；大教堂 268；主教区 268, 305；主教 212, 225 n. 1；礼拜仪式书 268 n. 3

LAONNOIS 拉昂地区 265

LASCARIS (Jean) 让·拉斯卡里，诗人 313

LATIL (Mgr.) 拉蒂伊先生，兰斯大主教 403

LAURENT (Marcel) 马塞尔·洛朗，考古学家，有争议的观点 226 n. 2

LAUSANNE 洛桑，瑞士 108

LAVAL 拉瓦尔，马耶讷省 279 n. 6

LA VRILLIÈRE 拉弗里埃，国务大臣 400

LAZARE 拉撒路，由耶稣起死复生者 422

LEBEUF (abbé) 勒伯夫修道院长，学者 105

LE BRUN (Pierre) 皮埃尔·勒布兰 383

LEDUCHAT 勒迪沙，学者，有争议的观点 308 n. 1

LEEDS 利兹，英国，约克郡，西区 374 n. 1

LEFEVRE DE SAINT-REMI 圣雷米的勒菲弗，作家 283

LE FRAIN (Jacques) 雅克·勒弗兰，司号手 362（引文）

LEFRANC (Abel) 阿贝尔·勒弗朗克，学者，522 对吉贝尔·诺让《论圣物》的观点 30

LEGG (Wickham) 莱格·威克姆，有争议的观点 187 n. 2

Legitimite dynastique ou familiale 王朝或家族的合法性 57, 82, 84-85 及 85 n. 2, 495

LEMAISTRE 勒迈特，律师 348 n. 1

LÉON LE GRAND (saint) 伟大的圣利奥，教皇 187 n. 3, 239

LEON III 利奥三世，教皇 69, 235, 463-464

LEON X 利奥十世，教皇 313

LÉON Ier 利奥一世，皇帝 66 n. 4, 187 n. 3

LEONARD (saint), de Noblat 圣莱昂纳尔·德·诺

布拉 301

Leopard 豹子：英国王室徽章 230

LÉOPOLD II 利奥波德二世，皇帝 206 n. 1

Lepre 见 morbus regius

"*Le Roy est mort, vive le Roy*" "国王驾崩，国王万岁" 218-219

Leschans 勒尚 484（见 ARLES, cimetière des Aliscamps）

L'ESTRANGE (Hamon) 阿蒙·勒特朗日，作家 330 n. 3

Lettre tombée du ciel 从天突降的书信 267

LEVERETT (Richard) 理查德·莱弗里特，第七子 371 n. 1

LEVISON (W.) 利维森，学者，有争议的观点 267 n. 1

LEWIS (ile de) 路易斯岛，苏格兰，罗斯伯爵领 322 n. 2

Lia Fa'il 塔拉的石头 242 n. 2（见 IRLANDE, 登基仪式）

LIBAN 黎巴嫩，叙利亚 295

LIBOURNE 利布尔讷，吉伦特省 104

Libri Carolini《加洛林书》64

LIÈGE 列日，比利时：主教 122 n. 1, 188；列日地区 279

LIESSE 列斯，埃纳省，锡索讷区：圣母院 274

LIÉVIN (saint) 圣列万 458 nº 22

LIGUE (la SAINTE) 神圣联盟 281, 341

LILIENFEIN (H.) 利良芬，学者，有争议的观点 64 n. 2

LIMOGES 利摩日，上维埃纳省：宗教会议 244；教堂歌咏班领唱人 194 n. 1

LINACRE (Thomas) 托马斯·利纳克，人文主义者及医生 326

LINCOLN 林肯，英国 339 n. 1；主教 124, 192

Lion 狮子：韦尔弗家族的徽章 230；狮子礼敬王胄 16-17, 256-258

LION DE BOURGES 布尔日的利昂，同名传说中的人物 247, 248 n. 3

LIPPOMANO (Jerome) 杰罗姆·利波马诺，威尼斯大使 309 n. 1

Lis (flours de) 百合花：关于其起源的传说 33, 137 n. 1, 229-234, 236, 357, 482-483, 485, 496；国王标识 250-251, 252, 301-303；第七子的标识 301-303, 405, 498

LISLE (le vicomte) 莱尔子爵 323

LISLE (HONOR GRENVILLE, lady) 奥诺尔·格伦维尔，莱尔夫人 323-324

Lô (saint) 圣洛 262

LOCHABER 洛哈伯，苏格兰的地方，因弗内斯伯爵领 396, 397 n.1

LOING 卢万河 107

LOIRE 卢瓦尔河 107

LOMBARDIE 伦巴第人 106 n. 4, 109

LONDRES 伦敦 54, 241, 372-373, 393, 436 n. 1, 437 n. 1；被提及 394；主教 333；白厅的官殿 372-373, 376, 395 n. 2；伦敦塔，圣约翰礼拜堂 163

LONGPONT 隆蓬，埃纳省，维莱科特雷区 109 n. 1

LORRAINE 洛林：圣马库尔的声望 279, 499；法国触摸者的声望 108；洛林王国 73, 225；洛林王国国王涂油礼 471

LOT (Ferdinand) 斐迪南·洛特，学者 254

LOTHAIRE 罗退尔，皇帝 108

LOTHAIRE 罗退尔，法国国王 85 n. 2, 264 n. 1

LOUIS 路易，给予第七子的名字 302 n. 2, 307

LOUIS LE PIEUX 虔诚者路易，皇帝 70, 122, 464, 469-470, 471；传说 247

LOUIS II 路易二世，皇帝 463-464

LOUIS LE GERMANIQUE 日耳曼路易，德国国王 471

LOUIS L'ENFANT 孩子路易，德国国王 472

LOUIS LE BAVIÈRE 巴伐利亚的路易, 皇帝 142

LOUIS LE BÈGUE 结巴路易, 法国国王 73 n. 1

LOUIS D'OUTREMER 外国人路易, 法国国王, 264

LOUIS V 路易五世, 法国国王 79

LOUIS VI 路易六世, 法国国王 30-32, 37, 94, 129, 190, 228, 235 n. 2, 200 n. 2, 259

LOUIS VII 路易七世, 法国国王 190-192, 243

LOUIS VIII 路易八世, 法国国王 237 n. 2, 243

LOUIS IX (saint) 圣路易九世, 法国国王 19, 32, 92, 94, 128, 129 n. 2, 132, 160, 243, 247, 269, 275, 280, 281, 360 n. 2, 396 n. 2, 432 及 n. 1, 483-484, 489 n. 3, 490-491

LOUIS X 路易十世, 法国国王 93, 220, 281, 282, 491

LOUIS XI 路易十一, 法国国王 78 n. 2, 95, 140, 144, 153, 194 n. 1, 212, 237 n. 1, 283, 314, 398, 433, 492

LOUIS XII 路易十二, 法国国王 114, 283-284, 310, 312, 355, 492; 他的《时刻簿》316 n. 1

LOUIS XIII 路易十三, 法国国王 206 n. 1, 266 n. 3, 275 n. 3, 284 n. 1, 287, 344 n. 1, 360-368, 370, 381, 383, 455 n° 10, 492;《路易十三的遗嘱》359

LOUIS XIV 路易十四, 法国国王 19, 24, 52, 275 n.1, 281, 282, 284, 287, 290 n. 2, 344, 350, 359, 360-368, 370, 398 及 n. 1, 426, 435 n. 1, 456 n° 14、15、16, 492; 他的《时刻簿》316 n. 1

LOUIS XV 路易十五, 法国国王 281 n. 1, 282, 284 n.1, 315 n. 5, 397-400, 426, 492

LOUIS XVI 路易十六, 法国国王 282, 284 n. 1 399-402, 403, 424, 435 n. 1, 459 n° 24, 492

LOUIS DE GRENADE 格林纳达的路易, 神学家 312 n. 2, 355, 360 n. 2

Louis de Poissy 普瓦西的路易, 路易九世的名字 281 n. 1

LOUVAIN 鲁汶, 比利时, 布拉班特省 274 n. 8

LOUVET (Erie) 埃利·卢韦, 第七子 305-306

LOUVIERS 卢维耶, 厄尔省 279 n. 5

LOVEL (Christophe) 克里斯托夫·洛弗尔, 詹姆士三世触摸的患者 426-427; 参见 393-394

LUCAS DE LEYDE 卢卡斯·冯·莱顿 452

LUCHAIRE (Achille) 阿希尔·吕谢尔, 学者, 有争议的观点 41 n. 3, 191 及 n. 2; 被引用的观点, 127 n. 1

LUCIUS 卢修斯, 大不列颠传说中的王 42-43

LUCQUES 卢卡, 意大利, 托斯坎尼 28, n. 1, 131-132

LUDLOW 拉德洛, 英国, 什罗普郡: 教堂 162 n. 3

LUNÉVILLE 吕内维尔, 默尔特-摩泽尔省 279, n. 3

LUPTON (Thomas) 托马斯·卢普顿, 作家 297, 298

Lusitania 卢斯塔尼亚 427 n. 2 (见 PORTUGAL)

LUTHER 路德 149-150, 326, 329, 330, 340

LUXEMBOURG 卢森堡: 女伯爵 239

LYDGATE 利德盖特 见 JOHN LYDGATE

LYNDWOOD 林伍德 见 WILLIAM LYNDWOOD

LYON 里昂, 罗讷省 327; 主教区 279 n. 11; 里昂地区 279 及 n. 11

MACAIRE 马卡里乌斯, 同名传奇故事中的人物 247

MACBETH 麦克白, 莎士比亚同名剧中的人物 43, 339

MACDONALD (Sheila) 希拉·麦克唐纳, 作者 396

MACDUFF 麦克德夫,《麦克白》中的人物 43

MACÉDONIENS 马其顿人: 王权观念 56 n. 1

MADRID 马德里，西班牙 155, 366

Magister mititum 军事官员：塞奥多里克的官称 64 n. 1

MAILLY (Madame de) 德迈利夫人，路易十五的情妇 397

MAIMBOURG (le P.) 曼堡神甫，作家 355, 363, 365

MAINE 曼恩 279

MAINTENON 曼特农，厄尔－卢瓦尔省 279 n. 4

MAJORQUE (royaume de) 马亚卡王国 93, 106

MALCOLM 马尔康，《麦克白》中的人物 43

Mal-Saint-Rémi 圣雷米病，瘟疫名称 223, 482

MALTE 马耳他 175

MANAHBIRIA 马纳比里亚，法老 67

MANASSÉ Ier 马纳塞，兰斯大主教 208

MANEGOLD DE LAUTENBACH 马内戈尔·劳登巴赫，作家 121-122

MANFRED 曼弗雷德，西西里国王 217 n. 1

MANTES 曼特斯，塞纳-瓦兹省 246 n. 1, 269, 305；圣母教会 269-271

MANTOUE 曼托瓦，意大利，伦巴第 141

MANUEL 曼努埃尔，皇帝 484

MARC (saint) 圣马可，福音传播者：马可福音, 318

MARCHE (comté de la) 拉马什伯爵领 106 n. 4

MARCIEN 马西安，皇帝 66 n. 4, 350

MARCO POLO 马可·波罗 253-254

Marcou 马库，猫的通称 308 n. 1；第七子；307-308

MARCOUL (saint) 圣马库尔 38, 128 n. 2, 143 n. 2, 222, 261-308, 316, 319, 330, 331, 348, 356, 357, 384 n. 1, 403 n. 2, 425, 450, 455, n° 10, 456 n° 14、15、16, 457 n° 20, 459 n° 24, 490-493, 498；圣马库尔的亲属 383 n. 1

MARCOUL 马库尔，中世纪传说中的角色 292 n. 2

MARGUERITE 玛格丽特，苏格兰女王 324

MARGUERITE D'AUTRICHE 奥地利的玛格丽特，低地国家摄政 452

MARGUERITE D'YORK 约克的玛格丽特，勃艮第女公爵 234 n. 4

MARGUERITE DE HANS 昂斯的玛格丽特，美男子腓力触摸的患者 106

Maria de Garda 加尔达的玛丽，阿斯图里亚的妇女，美男子腓力触摸的患者 109 n. 1

Maria de Hispania 西班牙的玛丽，美男子腓力触摸的患者 109 n. 3

MARIE 玛利亚，圣母 238-242, 274, 334, 389

MARIE 玛丽，詹姆士三世的妻子，英国女王 177

MARIE DE HONGRIE 匈牙利的玛丽，低地国家摄政 452

MARIE 玛丽，可能是路西·沃尔特与查理二世所生的女儿 394 n. 4

MARIE THÉRÈSE 玛丽·泰蕾兹，法国王后 364 n. 3

MARIE TUDOR 玛丽·都铎，英国女王 173, 176, 177, 179, 180 n. 2, 181-183, 317-319, 320, 325 n. 3, 330 n. 3, 333, 334, 388 n. 1, 442 n. 2、3, 448 n. 1, 453 n° 6, 457 n° 19

MARLOT (dom) 马尔洛，作家 291, 359 n. 2

MARLY (forêt de) 马尔利森林，在塞纳-瓦兹省 230

Marque corporelle 身体上的印记 300-303（亦见 Signe royal）

MARSILE DE PADOUE 马西留·帕多瓦，作家 215 n. 2

MARTI Y VILADAMOR (Francisco) 法兰西斯科·马尔蒂·威拉达莫尔，作家 366 n. 1

MARTIAL D'AUVERGNE 马夏尔·德·奥弗涅，作家 283

MARTIM (Michel) 米歇尔·马蒂姆，西班牙耶稣会士 427

索 引

MARTIN (saint) de Tours 图尔的圣马丁：神奇香脂 78 n. 2, 342；帽子 483；圣马丁家族之人 170-171, 175, 176, 382；被提及 76, 123

MARTIN IV 马丁四世，教皇 132 n. 1, 133

MASSON (Papire) 帕皮尔·马松，作家 358

MATHIEIU (Pierre) 皮埃尔·马蒂厄，历史家 15, 32, 33, n.1, 410

MATHIEU PARIS 马修·帕里斯，作家 237

MATOUGUES 马图格，马恩省 400

MAXIMILIEN 1ᵉʳ 马克西米廉一世，皇帝 219, 496

MAXIMILIEN II 马克西米廉二世，皇帝 206 n. 1, 499

MAY (Baptist) 巴普蒂斯特·梅，王室司库 444 n. 1

MAYENCE 美因茨，德国，黑森州：大主教 72, 196, 472

MAZARIN 马扎然 282

Medailles 虔诚纪念章 273-274, 276, 288, 458 n. 2；英国为触摸者打造的 377, 378 n. 1, 394-396, 443-445

MELCHIOR 朝拜初生耶稣的三博士之一 168

MELCHISÉDEC 麦基洗德 66, 402 n. 1

MENAULT (le Dr) 梅诺医生，学者 302-303

MENDE 芒德，洛泽尔省：主教 139

MENNEVILLE 芒奈维尔，埃纳省，埃纳河畔讷沙泰勒区 290 n. 2

MER NOIRE 黑海 57 n. 2

MERCIE 麦西亚国王，见 EDGAR, EGBERT, OFFA

Merciers 布品商，见纪念圣马库尔及"布品商之王"建立的帮会

MERCURE 墨丘利 231

MERCURIALE (Jérôme) 杰罗姆·墨丘里阿尔，医生 118 n. 2

MERLAT (Elie) 埃利·梅拉牧师 367

MÉROVÉE 墨洛维，法兰克国王，关于其出生的传说 60 n. 1

MÉROVINGIENS 墨洛温王朝：对罗马帝国及帝国宗教的态度 64；圣化礼的特点，60 及 n. 1, 63；登基仪式 62 n. 2, 68

Metaux 金属：禁止触摸金属 277

METZ 梅斯，摩泽尔省 108, 225；主教 108, 122，亦见 HERMANN

MEURIER (H.) 默里耶，作家 341-342, 359

MÉZERAY 梅泽雷，作家 358 n. 4, 359 n. 3

MICHEL (saint) 圣米歇尔 377, 395；帮会 252 n. 2

MICHEL IX PALÉOLOGUE 米哈伊尔九世，皇帝 473

Mikados 日本天皇 62

MILAN 米兰，意大利 109, 384 n. 1, 71 n. 1；公爵 144；《帕特里亚》259 n. 1

MINCHINHAMPTON 明钦汉普顿，英国，格洛斯特郡 321 n. 4, 396

MIZAULD (Antoine) 安托万·米扎乌尔，作家 297, 298

MOGK (E.) 莫克，学者，有争议的观点 56 n. 1

MONCEAU-IMBRECHIES 蒙索-因布莱奇，比利时，埃诺省 272

MONTCONTOUR 蒙孔图尔，维也纳：战役 311

MONMOUTH (duc de) 蒙茅斯公爵 379, 392, 394

MONT-DE-MARSAN 蒙德马桑，朗德省 315

MONTDIDIER 蒙迪迪耶，索姆省 271

MONT-DISON 蒙迪松，迪松镇，比利时，列日 272

MONTECATINI (di Val di Nievole) 蒙特卡蒂尼，意大利，托斯坎尼：战役 132

MONTEIL (A.) 蒙泰伊，学者：收藏品 434 n. 1

MONTESQUIEU 孟德斯鸠 15, 52, 398

MONTJOIE 蒙茹瓦，镇名 230；孔夫朗－圣奥诺雷里讷村庄附近山丘上的塔楼 230-232, 233 n. 1, 483

Montjoie-Saint-Denis 蒙茹瓦·圣德尼，战斗呐喊用语 231

MONTMORENCY 蒙莫朗西，塞纳－瓦兹省：家族 358 n. 4

MONTPELLIER 蒙彼利埃，埃诺省 106, 298

MONTREUIL-SUR-MER 海边的蒙特勒伊，加来海峡省 106

MONT-SAINT-MICHEL 圣米歇尔山，芒什省，蓬托尔松区：修道院礼拜堂 145, 315 n. 4, 450 nº 2, 452

Morant 不可考的地点 317 n. 1

Morbus regius 国王病，既可用于麻风病也可用于黄疸病的名称 59 n. 1, 148

MORHOF (Daniel-Georges) 丹尼尔·乔治·莫尔霍夫，作家 24, 411, 417 n. 2

MORIN (dom Germain) 热尔曼·莫兰，学者：有争议的观点 462-463

Morsures venimeuses 毒蛇咬伤，圣保罗亲属的治疗，见 PAUL (saint)

MORTON (Th.) 莫尔顿，神学家 425 n. 2, 428 n. 1

MOUTIERS [-EN-RETZ] 雷斯地区的穆捷，卢瓦尔下游省，雷斯新堡区 271

MÜHLBERG 米尔贝格，德国，萨克森州：战役 252

MUNSTER 明斯特，德国，威斯特伐利亚：主教 191 n. 1

Mystère de Saint Rémi：《圣雷米的秘密》126 n. 1

NAAMAN le Syrien 叙利亚人纳南，《圣经》人物 422

NAMUR 那慕尔，比利时：多米尼克修士会 272

NANT 南村，今日圣马库夫，芒什省，蒙特堡区 262-265, 267, 270, 275；修道院院长，见 MARCOUL (saint)

NANTES 南特，卢瓦尔下游省 106；南特敕令 24 n. 1

NANTEUIL 南特韦尔 280（NANT 名称的变形）

NAPLES 那不勒斯，意大利 312；教会的那不勒斯省 15；王国与国王 132 n. 1, 155（亦见 CHARLES D'ANJOU, CHARLES II, ROBERT）

NAPOLEON Iᵉʳ 拿破仑一世 350 n. 1

NASSIGNY 纳西耶，阿列省，埃里松区 279 n. 9

NAVARRE 纳瓦拉 106 n. 4, 109, 153, 154；国王涂油礼 195 n. 1, 460

Nazarien 拿撒勒人 228 n. 5, [1] 484（见 *Nazir*）

Nazir《旧约圣经》名称，指特别献身上帝的人，参 229 n. 1; [2] 484（见 *Nazarien*）

NEMEIZ (Joachim-Christoph) 乔基姆·克里斯托夫·内梅茨，作家 367 n. 1

NEMOURS 内穆尔，塞纳－马恩省 107

NERTUS 纳尔土斯，日耳曼女神 60 n. 1

NEUFCHATEL-SUR-AISNE 埃纳河畔讷沙泰勒，埃纳省 290 n. 2

NEUSTRIE 纽斯特里亚 47, 267

NEVERS 讷韦尔，涅夫勒省：主教区 279 n. 8

NEW-HAMPSHIRE 新罕布什尔，美洲的英国殖民地 378

NEWPORT (lord) 纽波特 390 n. 2

NEWTON 牛顿 385

NICÉPHORE GRÉGORAS 尼基弗鲁斯·格里高拉斯，拜占庭作家 473-474

NICÉPHORE PHOCAS 尼基弗鲁斯·福卡斯，

---

1 此处法文本作 226 n. 5，误。——译者
2 此处亦误，应作 228 n. 5。——译者

皇帝 476

NICÉTAS ACOMINATOS 尼基塔斯·阿科米纳托斯，拜占庭作家 475

NICOLAS (saint) 圣尼古拉 131 n. 3, 482

NICOLAS Ier 尼古拉一世，教皇 72 n. 2, 225

NICOLAS DE CLAMANGES 尼古拉·德·克拉曼，作者 211, 213, 216

NICOLAS de Larisvilla 尼古拉·德·拉里斯维拉，作者 140 n. 2

NICOLAS DE STRATTON 尼古拉·德·斯特拉顿，多米尼克派修士 238-240

NICOLO TEDESCHI 尼可罗·泰德齐，教会法学家 214-215

NICOPOLI, ou NIKOPOL 尼科堡，保加利亚：尼科堡之战 92 n. 1

Niello 黑 249 及 n. 2（见 signe royal）

NIVERNAIS 尼韦奈地区 279

NOËL 圣诞节：礼拜式 170, 171, 203, 255-256

NOËL (le D^r) 诺埃尔，医生 424 n. 1；428 n. 1

NOGARET 诺加雷见 GUILLAUME DE N.

NOGENT [- Sous - Coucy] 库西下的诺让，欧夫里克－诺让镇，埃纳省，库西堡区：修道院，院长，见 GUIBERT；书目 29 n. 6

NOLHAC (P. de) 诺亚克神甫，学者，有争议的观点 398 n. 1

NOMINOË 诺米诺伊，布列塔尼首领 469

Non-conformistes 非国教徒 332, 379

Nonmandes (invasions) 诺曼人的入侵 263

NORMANDIE 诺曼底：诺曼小森林 303；诺曼底公爵 205, 206 n. 1；公爵的临政仪式 194, 221 n. 2, 496；被提及 47-49, 106, 241, 268, 279

NORTHLEW 诺斯莱，英国，德文郡 167

NORTHUMBRIE 诺森伯里亚王国 466 n. 1；国王，见 EDGAR

NORVÈGE 挪威：国王 57, 59

Noticia Saculi, 13 世纪德国政治文件 243 n. 1

NOTRE-DAME 圣母，见 MARIE

OCCAM 奥卡姆见 GUILLAUME

OCÉANIE 大洋洲 54

OCTAVIAN 奥克塔维安，传奇故事人物 247, 257 n. 1

OFFA 奥法，麦西亚国王 465-467

OISE 瓦兹河 230

OKEHAMPTON 奥克汉普顿，英国，德文郡：167 n. 1

OLAF (saint) 圣奥拉夫，挪威国王 59

OLIPHAUNT (lord) 奥利方特，苏格兰贵族 324

OLIVIER 奥利维耶，史诗人物 60 n.1, 485 n. 1

OLIVIER 奥利维耶，高等法院律师 141；Cf. 212

OMBRIE 翁布里亚 109

Onction 涂油礼：希伯来仪式中的 67, 476；基督教仪式中的 67-68, 139, 476-477；埃及的 67 n. 1

Onction royale 国王的涂油礼 41, 65-75, 78 及 n. 2, 79, 81, 84, 121, 124-125, 135, 136 n. 1、2, 139, 177-178, 182, 185-245, 255 n. 1, 281, 285-293, 348-349, 355-357, 463-473, 474, 477, 479-489

Onction impériale 皇帝涂油礼，拜占庭的 65-66, 473-477, 480；西部帝国的 185-207, 216-220, 463-464

Ordalie 神命裁判：与证人相关的规则 259 及 n. 1

ORIFLAMME 军旗 235-237, 357, 479 n. 3；484 及 n. 1, 485, 486, 487-488

ORLÉANS 奥尔良，卢瓦雷省 471；宗教会议 496；圣艾尼昂修道院院长，王家修道院院长 214；围攻奥尔良 234 n. 5

ORLÉANS (Gaston, due d') 奥尔良：加斯东，公爵 383

ORLÉANS (Elisabeth-Charlotte, duchesse d') 奥

527

尔良：伊丽莎白·夏洛特，公爵夫人 298, 368

ORLEY (Bernard van) 伯纳德·冯·奥尔雷，画家 452

OSBERT DE CLARE 克莱尔的奥斯伯特，圣徒传作者 43-44, 47, 49 n. 1, 163 n. 2, 267 n. 1, 467

OSTROGOTHS，东哥特人，日耳曼族人：意大利的东哥特王国的帝国宗教 63 n. 3（亦见 GOTHS）

OTHONET 奥托奈，传奇故事中人物 247

OTTON Ier 奥托一世，皇帝 85 n. 2, 473

OTTON IV 奥托四世，皇帝 230 n. 2, 489 n. 4

OTTON 奥托，萨克森的奥托王子 339 n. 1

OTTON DE FREISING 弗赖辛的奥托，作家 191 n. 1

OUALOS 乌阿拉人，塞内加尔部落 59

OUDERT 乌德尔，查理一世起居注的作者 425 n. 1

OUEN (saint) 圣旺 267

OVIÉDO 奥维耶多，西班牙，阿斯图里亚 462

OXFORD 牛津，英国 372, 373 n. 1

PACIFIQUE (Océan) 太平洋 52

PADOUE 帕多瓦，意大利：学派 328-329, 411, 414-417

PALATINE (la PRINCESSE) 帕拉丁见 ORLÉANS (Élisabeth-Charlotte, duchesse d')

PALESTINE 巴勒斯坦 162

PAMPHYLIE (mer de) 潘菲利亚的大海 30

Panormitain (le) 见 NICOLO TEDESCHI

Panseux de secret 持秘方的医师 19, 294

PARÉ (Ambroise) 安布鲁瓦兹·帕雷，医生 340

PARIS (le diacre) 帕里斯副主祭 412 及 n. 1

PARIS 巴黎 54, 107, 232, 233 n. 1, 279 n. 4, 342, 361, 367, 393 n. 1, 397, 398 n. 1, 481；圣维克多修道院 231 n. 2, 266 n. 1；大主教 383；大教堂 317；巴拉斯·莫贝尔的卡迈尔修士会 274, 288 n. 1, 299, 305-307；主教 190；巴黎人对圣路易的忠诚 281；卢浮宫 352, 361, 362；宫殿 431, 435；高等法院 211-212, 313, 348 n. 1, 350；巴黎的圣厄斯塔什堂区 383；圣雅克街 343

Parise la Duchesse《女公爵帕里塞》，冒险传奇故事 247 n. 6, 248 n. 3

PARLEMENT (anglais) 英国议会 372-375, 376, 379, 385

PARME 帕尔马，意大利，艾米利区 109

PASSAU 帕绍，德国，巴伐利亚州，见 ANONYME DE PASSAU

Passion du Christ 基督受难日：赋予记忆中的所有事物以魔术特性 167-169

PATIN (Gui) 居伊·帕坦，医生 342

Patrimoine de Saint Pierre《圣彼得的遗产》110

Patriotisme francais 法国人的爱国主义 244-245

PAUL (saint) 圣保罗，使徒 341 n. 1；希伯来书 216；罗马书 487；提摩太前书 486；圣保罗的亲属 144 n. 2, 175, 302, 382, 416

PAUL III 保罗三世，教皇 355, 356

PAULIN 保利努斯，阿奎利亚的主教 74 n. 2

PAVIE 帕维亚，意大利，伦巴第 312；战役 155, 313

PAYNE (F.) 佩恩，医学史学家，有争议的观点 115 n. 1

PAYS-BAS 低地国家 105, 234, 288, 295, 375, 452

PÉLOPIDES 珀罗普斯族人 253 n. 2

PÉONIE 牡丹根（魔法疗方）411

PÉPIN 丕平，法兰克国王 36, 68-69, 188, 257 n. 2, 462, 467, 474

PERCEY-LE-PETIT 小波尔塞，上马恩省 96 n. 1

PÉROUSE 佩鲁贾，意大利，翁布里亚 109-

索 引

110

Persay-le-Petit 今日之 PERCEY-LE-PETIT（小波尔塞）

Peste 疫病：称作圣雷米病 223, 482 及 n. 2；英国亨利一世治疗的 41-42；圣罗克的亲属治疗的 175；由不同圣徒治疗的 274 n. 6, 280 n. 1

Peste Noire 黑死病 114

PEUCER (Gaspard) 加斯帕尔·佩策尔，作家 411, 413, 417 n. 2

PHILIPPA 菲利帕，英国王后 176-178

PHILIPPE Ier 腓力一世，法国国王 30-32, 35, 37, 38, 40, 42, 59 n. 1, 235, 200 n. 2

PHILIPPE II AUGUSTE 腓力二世，法国国王 125 n. 1, 209-210, 230, 246, 258, 492-493

PHILIPPE III 腓力三世，法国国王 432

PHILIPPE IV LE BEL 腓力四世，法国国王 17, 93, 95, 96, 99, 105-110, 116, 127, 129-131, 140, 143, 146, 157, 210, 213, 216, 218, 220, 243-244, 269 n. 5, 281, 310, 311, 432-433, 439, 491, 493

PHILIPPE V 腓力五世，法国国王 130

PHILIPPE VI DE VALOIS 腓力六世，法国国王 16-17, 104, 205, 206 n. 1, 257, 281, 482 n. 4, 491

PHILIPPE 腓力，匈牙利传说中的国王 247

PHILIPPE [DE THIETTE] 腓力·德·梯也特，佛兰德尔伯爵居伊·德·当皮埃尔之子 244 及 n. 1

PHILIPPE DE VITRY 腓力·德·维特里 230

PHOTIUS 弗提乌斯，君士坦丁堡大主教 474-475

PICARDIA 皮卡第 15 n. 2（见 PICARDIE）

PICARDIE 15 n. 2, 102 n. 2, 265, 278

PIE II 庇护二世，教皇 141 n. 1, 143, 147, 220-221, 236 n. 3, 237, 283, 357 n. 2

PIE IV 庇护四世，教皇 206 n. 1

Pieces de monnaie 钱币：法国金币上的铭文 489 及 n. 3；在英国触摸仪式中的角色 92, 319-322；英国的防病护身符 396-397；法国的防病护身符 397 n. 2（亦见 Angel）

PIÉMONT 皮埃蒙特 279 n. 12

"Pierre de Destinée" ou "de Scone" "命运石"即"斯昆石" 242-243

PIERRE (saint) 圣彼得，使徒 72, 75, 76, 208 n. 3, 263 n. 2, 472

PIERRE II 彼得二世，阿拉贡国王 195 n. 1；460 n. 1

PIERRE BESCHEBIEN 皮埃尔·贝舍宾，沙特尔主教 270

PIERRE DE BLOIS 布卢瓦的彼得，作家 41-42, 54, 75-76, 125, 157, 196, 223

PIERRE DE CHARTRES 皮埃尔·德·沙特尔，美男子腓力统治时期的王室内库管理员 107 n. 1

PIERRE DE CHATRE 皮埃尔·德·沙特，布尔日大主教 192

PIERRE DE CROISAY 皮埃尔·德·克鲁瓦塞，原告 212 n. 3

PIERRE DAMIEN (saint) 圣彼得·达米安，30 n. 2, 195

PIERRE DIACRE 助祭彼得，作家 464

PIERRE D'EBOLI 埃博利的彼特，作家 353

PIERRE MASUYER 皮埃尔·马舒耶，阿拉斯主教 211-212

PIERRE de Natalibus 皮特罗·纳塔利，圣徒传作者 34

PIERRE DE PREZZA 普雷扎的彼得，作家 217 n. 1, 353 n. 2

PIGEON (abbé) 阿贝·皮容，学者 145, 451 n° 2

PISE 比萨，意大利，托斯坎尼 132, 394 n. 5

PITHIVIERS 皮蒂维耶，卢瓦雷省 279 n. 4

PLAISANCE 皮亚琴察, 意大利, 艾米利区 109

PLAISIANS 普莱西安, 见 GUILLAUME DE P.

PLATTER (Felix) 费力克斯·普拉特, 医生 299 n. 1

PLATTER (Thomas) 托马斯·普拉特, 医生 342 n. 2

PLESSIS-LES-TOURS (LE) 图尔的普莱塞, 拉里齐镇, 安德尔－卢瓦尔省, 图尔区 78 n. 2

PLINE L'ANCIEN 老普林尼 340

PLUTARQUE 普鲁塔克 210

POBLET 珀波莱, 西班牙, 加泰罗尼亚: 修道院 129 n. 2, 154

POISSON (Pierre) 皮埃尔·普瓦松, 拉博迪尼耶的主人, 作家 346-347

POISSY 普瓦西, 塞纳－瓦兹省: 招待所 364 n. 3

POITIERS 普瓦提埃, 维埃纳省 106; 圣西普里安修道院 238, 241 n. 1; 战役 138; 伯爵 221 n. 2; 圣乔治教堂 238, 241 n. 1; 圣格利高里教堂 241 n. 1

POITOU 普瓦图 104 n. 1, 208, 241, 294

POLE (le Cardinal) 枢机主教波尔 181 n. 2, 320

POLOGNE 波兰: 主教 313

POLYDORE VIRGILE 波利道尔·维吉尔, 作家 164-165, 412 n. 1

POLYEUCTE 波利尤克特, 君士坦丁堡大主教 198, 476

POLYNÉSIE 波利尼西亚 53

POMPONAZZI 彭波纳齐, 作家 329, 335 n. 1, 413, 416

PONTHIEU (comté de) 蓬蒂欧伯爵领 15 n. 2, 104 n. 1 (亦见 SAINT-RIQUIER).

Pontifex maximus 大祭长, 信奉基督教的皇帝放弃的称号 187 n. 3; cf. 350

PONTOISE 蓬图瓦兹, 塞纳－瓦兹省, (PONTHIEU 的讹误) 15 n. 2

Pontyus 蓬蒂斯 15 n. 2 (见 PONTHIEU)

PORTUGAL 葡萄牙: 法国触摸者的声望 363, 364 n. 1, 427; 第七子 293

Possédés 魔怪附身: 卡斯提尔国王的治疗 151-152

POULETT (John, lord) 约翰·波利特勋爵 370 n. 2, 371-372, 426

Pourpre (adoration de la) 紫袍崇拜: 意大利境内的东哥特王国 63 n. 3

POYNTYNGE (Henri) 亨利·波因廷格, 自由民 296 n. 4

PRESTLEIGH 普雷斯利, 英国, 萨默塞特郡 296-297, 371 n. 1

Pretres 教士: 与他们的魔法特性相关的迷信 76-77

Prévôt (le Grand) 宪兵司令 361, 362

Primicerii 意大利境内东哥特王国中的罗马官员 63 n. 3

Primiscrinii 意大利境内东哥特王国中的罗马官员 63 n. 3

Primitifs (peoples) 蒙昧人: 王权观念 20, 51-54, 58 n. 2, 59-60

Primogéniture (dans les dynasties royales), 王室家族内的长子继承制 56-57, 84-85 及 85 n. 2

PRINCE NOIR (le) 黑王子 241

PROCOPE 普罗柯比, 作家 57 及 n. 2

PROVENCE 普罗旺斯 299, 484; 王国, 国王涂油礼 471

Psaumes《圣诗》:《圣诗》43, 159;《圣诗》82, 352

PTOLÉMÉE 托勒密, 古代地理学家 327

Puritains 清教徒 335

PYRÉNÉES 阿尔卑斯山 109, 312, 363

PYRRHUS 皮洛士, 伊庇鲁斯国王 59 n. 2

Quaestio in utramque partem《正反两方面的问

题》，美男子腓力统治时期的小册子 29-130, 136, 143, 157

QUITÉRIE (sainte) 圣基特里娅 304

RACOUR 拉库尔，比利时，列日 272

Rage 狂犬病：某些阿拉伯家族的神奇治疗，84-85；雷蒂尼的圣于贝尔的治疗 164 n. 1；列日的圣于贝尔的治疗 164 n. 1；圣于贝尔的亲属的治疗 175-176, 382-383；圣基特里娅的治疗 304；第七子的治疗 297, 303-304

RAJNA (Pio) 皮奥·拉吉纳，学者，有争议的观点 254-256

RAOUL DE PRESLES 拉乌尔·德·普雷勒，作家 130, 136, 140, 231 n. 2, 232, 235 n. 3, 236 及 n. 2, 296 n. 2, 478, 489

RATHIER DE VÉRONE 维罗纳的拉特里乌斯 216

RAULIN (le P. Hippolyte) 伊波利特·洛兰神甫 347, 355

Reali di Francia《法兰西真实故事》，冒险传奇故事 249, 254

RECCARÉDE 雷卡里蒂，西哥特国王 461

Récoltes (influence des rois sur les) 国王对收获的影响，57-60

Réforme protestante 宗教改革：指责对立的民族 147；对国王奇迹的影响，221, 327-341, 367-368, 386-388；被提及 181

Regale spirituelle (droit de) 国王的精神权利 210, 212

Reges criniti 长发国王，用于墨洛温王朝国王的称号 61

REGNAULT 勒尼奥，兰斯的圣桑福里安修道院议事司铎，作家 301, 423

REGNAULT (Nicolle) 尼科勒·勒尼奥，路易十四触摸的患者 291

Régne (commencement du) 王位纪年之始：如何计算 218-219

REIMS 兰斯，马恩省 68, 70, 71, 78 n. 2, 135, 139, 204, 221, 222, 224-229, 245, 281, 282, 291, 327, 341, 342, 345, 359 n. 2, 368, 400, 464, 480, 484；圣雷米修道院 224, 261 n. 1, 264, 268, 273, 282, 284, 397, 480, 492；大主教 208, 211-212, 227-228, 237 n. 3, 277, 355 n. 2, 402 n. 2, 403, 419 n. 1, 423 n. 2, 425 n. 2, 480, 481（亦见 HINCMAR, RÉMI）；大教堂 268, 485 n. 1；圣尼古拉礼拜堂 481 及 n. 1；大教堂教士会 134, 284-285, 290-291；圣桑福里安教士会，见 REGNAULT；帮会 275 n. 1；圣雅克教堂 291；圣德尼教堂 481 及 n. 1；圣马库尔招待所 275 n. 1, 401 n. 2, 403-404, 424；主宫医院 481 n. 1；[1] 礼拜书 268, 273, 481；雕像 269 n. 1；大学 355

REINACH (Salomon) 萨洛蒙·雷纳克，学者：有争议的观点 52, 452, 457 n° 18

Religion imperials 帝国宗教：罗马的 63-64；意大利东哥特王国的 63 n. 3

RÉMI (saint) 圣雷米 35, 68, 133 n. 2, 135, 223, 224-227, 244 n. 2, 482

REMIREMONT 勒米尔蒙，孚日省 279 n. 3

RÉMOIS (le pays) 雷米区 265

RENAN 勒南 245 及 n. 1；410

RENAUD DE ROYE 雷诺·德·鲁瓦耶，美男子腓力时期的王室金库管理员 105-110, 432 n. 3, 433

Renerus Coranci 勒内·科朗，法国王室金库官吏 491

RHIN 莱茵河 363

---

1 此处法文版有误，应为 p. 481 n. 4。——译者

RHÔNE 罗讷河 108

Ricardo (fratre) 理查修士，对比撒希亚地方的法兰西斯修士的误称 15 n. 1

RICHARD Ier COEUR DE LION 狮心理查，英国国王 221 n. 2

RICHARD II 理查二世，英国国王 117, 241, 438 n. 3, 441 及 n. 1, 445 n. 3, 446

RICHARD III 理查三世，英国国王 173, 438 n. 3, 445 n. 3

RICHARD 理查德，坎特伯雷大主教 125 n. 3

RICHARD LE BEAU 美男子理查，同名传奇故事中的人物 247, 248

RICHELIEU (le cardinal de) 枢机主教黎世留 365, 366 n. 1

RICHEOME (le P. Louis) 路易·里什奥梅神甫，作家 340

RICHER 里歇尔，作家 80

RICHIER 里希耶，诗人 229, 244

RIDLEY (Nicolas) 尼古拉·里德利，新教牧师 325 n. 2, 332-334

RIEZ (le P. Balthasar de) 巴尔塔扎·里耶兹，作家 47, 349

RIPON 里彭，英国，约克郡，西区 374 n. 1

RIVIÈRE (Jean) 让·里维埃，学者 353 n. 2

RIVIÈRE (Rémy) 雷米·里维埃，路易十六触摸的患者 400

ROBERT Ier 罗贝尔一世，法国国王 70 n. 3

ROBERT II LE PIEUX 虔诚者罗贝尔，法国国王 36-40, 75, 79-83, 85 n. 2, 90, 129, 175

ROBERT D'ANJOU 安茹的罗伯特，那不勒斯国王 15 及 n. 1, 132, 244

ROBERT Ier 罗贝尔一世，鲁昂大主教 262 n. 2

ROBERT BLONDEL 罗贝尔·布隆代尔，作者 237 n. 1

ROBERT GROSSETTE 罗伯特·格罗塞特，林肯主教 124-125, 192-193, 195, 197

ROBERT DE JUMIÈGES 瑞米耶日的罗伯特，坎特伯雷大主教：他的祈福书 470, 497

ROBERT SAINCERIAUX 罗贝尔·赛恩塞里奥，诗歌 243

ROBERTET (Jean) 让·罗贝泰，代表内廷大总管 275 n. 4

Roch (saint) 圣罗克：被人乞灵抗击瘟疫 274 n. 6, 280 及 n. 1；圣罗克的亲属 175, 382

ROCHESTER 罗切斯特，英国，肯特郡 395 n. 2

ROCROY 卢克洛，阿登省：战役 383

RODOLPHE DE HABSBOURG 哈布斯堡王朝的鲁道夫，罗马人的国王 132 n. 1, 133, 151

ROGER 罗吉尔，医生：他的注释者 116

ROIS-MAGES 朝拜初生耶稣的三博士 168, 384 n. 1

Rois des merciers 布商之王 275, 281 n. 1, 306 n. 3

ROLAND 罗兰，史诗人物 208, 485 n. 1

ROLAND DE PARME 罗兰·德·帕尔玛，医生：他的注释者 116

ROLLAND (Louis) 路易斯·罗兰，作家 347

ROMAGNE 罗马涅地区 109

ROMAINS (roi des) 罗马人国王 200 n. 1, 201, 219 n. 1, 220

Romantisme 浪漫主义 86

ROME 罗马 64, 65, 70, 110, 136, 147, 202 n. 1, 217 n. 1, 246, 247, 325, 337, 353, 393 及 n. 1；480, 486, 487；罗马联合体旗帜 485-486；圣彼得的皇冠；69, 217；圣彼特罗尼拉教堂 313；圣彼得大教堂的教士会 201 及 n. 1；202 n. 1；特里的桑科塔·玛利亚教堂 201；皇帝 480；拉特兰宫 236；元老院议员 480

ROMORANTIN 罗莫朗坦，卢瓦-谢尔省 96

RONCEVAUX (col de) 龙塞沃之战 485 n. 1

ROOPER (John) 约翰·罗珀，安妮女王的国库副管家 390 n. 4

索 引

ROQUEFORT 罗克福尔，朗德省 315
ROSEWELL 罗斯维尔，长老会牧师 379 n. 1
Ross (comté de) 罗斯郡，苏格兰 396-397
ROSTOCK 罗斯托克，德国，梅克伦堡州：大学 411
Roue 车轮：圣凯瑟琳的徽章及这位圣徒亲属的家族标识 300
ROUEN 鲁昂，塞纳河下游省 194, 221 n. 2, 267, 269, 270 n. 1, 365；大主教 262 n. 2, 263, 267；亦见 JEAN D'AVRANCHES
ROUILLÉ D'ORFEUIL 鲁耶·奥尔弗耶，沙隆总督 400, 401 n. 1
ROUSSILLON 鲁西永 297 n. 3, 300 n. 3, 304
ROZOY-EN-BRIE 罗祖瓦－昂布里，塞纳－马恩省 279 n. 4
RUE 吕，索姆省 272
RUFIN 鲁芬，教会法学家 193
RUSSÉ 拉塞，阿洛讷镇，马恩－卢瓦尔省，索米尔区 271
RUSSIE 俄国 322 n. 1
RUZÉ (Arnoul) 阿努尔·吕泽，教会法学家 215 n. 1, 348 n. 1

SAALES 萨勒，下莱茵省 279 n. 2, 499
Sacra 圣物，用于皇室或王室信件的称呼 75 n. 2
Sacrament-rings 圣礼戒指 167 n. 1, 169 及 n. 3
Sacre 圣物，见 couronne, onction, sceptre, JEAN GOLEIN
Sacrement 圣礼：国王涂油礼是圣礼吗？195-198, 239
SAINÉAN (L.) 赛奈安，学者，有争议的观点 308 n. 1
SAINT-AMAND 圣阿芒，北部省：圣礼书 66
SAINT-CLEMENT 圣克勒芒，默尔特－摩泽尔省，吕内维尔区 279 n. 3
SAINT-CLOUD 圣克卢，塞纳-瓦兹省，塞夫尔区：圣克卢堡 357 n. 1, 492
SAINT-DENIS 圣德尼，塞纳省：修道院 232, 235, 240 n. 2, 482, 484；被提及 246 n. 1（亦见 DENIS, saint）
SAINT-DIE 圣迪耶，孚日省：圣迪耶谷 279 n. 3
SAINT-GALL 圣加尔，瑞士 170-172, 175
SAINT-GERMAIN EN LAVE 圣日耳曼昂莱，塞纳－瓦兹省 363, 393 n. 1
SAINT-GILLES 圣吉勒，加尔省：传说中的公爵 247
SAINT-HUBERT 圣于贝尔，比利时、卢森堡：朝拜 278 n. 1, 418 n. 1
SAINT-HUBERT (le chevalier de) 圣于贝尔骑士，见 HUBERT (Georges)
SAINT-JEAN D'ANGELY 圣让·当热利，夏朗德下游省 317
SAINT-JUST in *Angelo* 安热洛的圣朱斯特，无疑即肖塞的圣朱斯特，瓦兹省 491
SAINT-MARCOUF 圣马库夫，卡尔瓦多斯省，伊西尼区 268 n. 1
SAINT-MARCOUF 圣马库夫，芒什省，蒙特堡区 262, 268 n. 1（见 NANT）
SAINT-MARCOUF 圣马库夫，皮埃尔维尔镇，芒什省，皮厄区 268 n. 1
SAINT-MARCOUL 圣马尔，给予科尔贝尼的名称 275
SAINT-MAUR-DES-FOSSÉS 圣莫－德福塞，塞纳省：修道院 263 n. 2
Saint-Michel (ordre de) 圣米歇尔修道会 145, 286
SAINT-PIERRE-DES-FOSSÉS 圣彼得－德福塞 263 n. 2（见 SAINT-MAUR-DES-FOSSÉS）
SAINT-RIQUIER 圣里奎尔，索姆省，阿伊勒欧克洛谢区：修道院 269 n. 1, 272, 283-286, 287, 288, 303, 450, 456 n° 14, 458 n° 20；修道院院长，见 ALIGRE；财务官，见

533

WALLOIS

SAINT-SIMON (le duc de) 圣西蒙公爵 368, 398

SAINT-THOMAS 圣托马，曼恩省，图尔布河畔维尔区 272

SAINT-VALERY-SUR-SOMME 索姆河上的圣瓦莱瑞，索姆省：修道院 271

SAINT-WANDRILLE [-RANÇON] 圣旺德里尔，塞纳河下游省，科德贝克-昂科克区：修道院，殉教录 267 n. 2

SAINTE-BEUVE (Jacques de) 雅克·德·圣伯夫，作家 299

SAINTE-MACRE 圣马克雷，见 FISMES

SAINTE-MARTHE (Scévola de) 塞沃拉·德·圣玛尔特 382

SAINTE-MENEHOULD 圣梅内乌尔，马恩省 106

Saints médecins 圣徒-医生，中世纪晚期流行的对他们的崇拜 280；他们对某些疾病的治疗能力 38-40（亦见 calembour 一词）

SALEM (MELCHISÉDEC, roi de) 撒冷：麦基洗德，撒冷国王 66

Salive 唾液：魔力 415 及 n. 2

SALOMON 所罗门，犹太王 68, 161, 476

Saludadors 萨露达多，加泰罗尼亚地区人们给予第七子的称号 303（见 CATALOGNE, septièmes fils）；西班牙巫师 175, 304 n. 2

SAMSON 参孙，《圣经》人物 61

SAMUEL 撒母耳，《圣经》人物 196, 199

SANCERRE 桑塞尔，谢尔省 279 n. 8

SANCHE 桑科，加斯科尼公爵 244 n. 3

SANCHE II 桑科二世，卡斯提尔国王 152

SANCROFT 桑克罗夫特，坎特伯雷大主教，376

SARRASINS 萨拉森人 236, 247, 480, 483, 484

SAUMUR 索米尔，曼恩-卢瓦尔省 273；圣皮埃尔修道院 271

SAVARON (Jean) 让·萨瓦龙，作者 351, 359 n. 6

SAVIGNY (-LE-VIEUX) 萨维尼，芒什省：修道院的圣徒 228

SAVOIE 萨瓦 108

SAXE 萨克森：选帝侯 149-150, 252；王子 339 n. 1（亦见 HENRI DE SAXE）

SAXE-WEIMAR 萨克森-魏玛：公爵 83 n. 1, 336 n. 3

SAXO GRAMMATICUS 萨克索·格拉玛提库 58

Saxons (empereurs) 萨克森诸帝：对罗马帝国旧词汇的使用 65 n. 3

SAÜL 扫罗，犹太王 196, 199

SCANDINAVE (péninsula) 斯堪的纳维亚半岛 57

SCANDINAVIE 斯堪的纳维亚：王权观念 55 n. 1, 56-60；被赋予世袭治病能力的家族 384 n. 1

SCARAMELLI 斯卡拉迈利，威尼斯使节 83 n. 1, 336 n. 3

Sceau 印章：腓力·奥古斯都的 230；科尔贝尼圣马库尔帮会的 275, 280, 281

Sceptre 权杖：国王登基仪式中的 70, 470

Schisme (grand) 教会大分裂 143, 210 n. 2, 211, 224

SCHRÖDER (Richard) 理查德·施罗德，学者，有争议的观点 252 n. 2

SCHÜCKING (W.) 舒金，学者，有争议的观点 461-462

SCIARRA COLONNA 夏尔拉·科洛纳 109

SCONE 斯昆，苏格兰，珀斯郡 242

SCOT (Reginald) 雷金纳德·斯科特，作家 335

SCOTIA 斯科提娅，传说中的公主 242 n. 2

SÉBASTIEN (saint) 圣塞巴斯蒂安 274 n. 6, 280 及 n. 1

SÉBASTIEN DE SOTO 塞巴斯蒂安·索托 152-

索 引

153
SEINE 塞纳河 230, 276 n. 1
SÉLEUCIDES 塞琉古王朝 253-254, 302 n. 2
SÉLEUCUS LE GRAND 塞琉古大王，叙利亚的国王 253
SÉLEUCUS IV 塞琉古四世，叙利亚之王 253
SÉNÉGAL 塞内加尔 59
SENLIS 桑利斯，瓦兹省 80
SENS 桑斯，约讷省 79, 432 n. 1；大主教 227, 470, 471；管辖区 96 n. 1；大教堂 478, 482；主教典仪书 236 n. 2
Sept (pouvoir magique du chiffre) 数字7的魔力，见 Septièmes fils, Septièmes filles
Septièmes fils 第七子 169 n. 2；293-308, 322, 368, 370-372, 383, 397, 405, 415 n. 2, 421, 498
Septièmes fines 第七女 293-295, 296 n. 1, 297 n. 3, 303 n. 1, 428 n. 1, 498
SERAPEUM 塞拉皮乌姆 63
Serpent 蛇形：圣保罗亲属的家族标志 300
SERVET (Michel) 米海尔·塞维图斯，作家 327-328
Setes 塞特，加泰罗尼亚的人们给予第七子的称号 303（见 CATALOGNE, 第七子）
SÉVIGNÉ (Madame de) 塞维涅夫人 298
SHAKESPEARE 莎士比亚 43, 257, 339
SHETLAND (les îles) 设得兰群岛 396
Shogouns 幕府将军 62
SICILE 西西里：被赋予世袭治病能力的家族，384 n. 1；国王 196, 203 n. 1, 250, 251（亦见 MANFRED）
SICKEL (W.) 西克尔，学者，有争议的观点 474
SIGEBERT DE GEMBLOUX 让布卢的西格伯尔，作家 259 n. 1
SIGISMOND 西吉斯蒙，皇帝 203
Signe de croix 画十字的手势 90 及 n. 1, 128-129, 338

Signe royal 国王标识 246-256, 301-303
SILÉSIE 西里西亚 420
SILLY 锡利，比利时，埃诺 272
SIXTE IV 西克塔斯四世，教皇 141 n. 1
SMITH (Adam) 亚当·斯密，作家 412 n. 1
SMITH (Richard) 理查德·史密斯 333 n. 3, 386 n. 2
SNURRE STORLESON 斯诺里·斯图尔拉松，作家 59
SOISSONS 苏瓦松，埃纳省：女伯爵 491；圣母修道院 274；辖区 401；圣梅达尔修道院 29
SOMERSET (comté de) 萨默塞特郡，英国 295 n. 2（见 PRESTLEIGX, WELLS）
SOMME 索姆河 104 n. 1
SOMZÉE 松泽，比利时，那慕尔 272
Songe du Verger《园林之梦》135-136, 218, 222-223, 233, 289
SOUBISE (princesse de) 德·苏比斯夫人 398
Souches (marquis de) 苏谢侯爵，SOURCHES 的不同拼写法 362
SOURCHES (marquis de) 苏谢侯爵，宪兵司令 362；参见 360 n. 3（见 Souches）
Sourciers 魔法师 294
SOURDIS (Henri de) 亨利·德·苏尔第，波尔多大主教 370
Sous-diacre 副助祭：皇帝同化于 200-203
SOUTERRAINE (LA) 拉索特雷讷，克勒兹省 106 n. 4
SPARTES 斯巴达人 301 n. 2（见 Σπαρτοί）
SPINOLA (Antoine) 安东尼奥·斯皮诺拉，英国特工 326
Spirituels (Franciscains) 方济各灵修会 109
STENBOCK (comte) 斯滕博克伯爵 367 n. 1
STRASBOURG 斯特拉斯堡，下莱茵省 24
Succession a la couronne 王位继承制：英国家族继承的规定 177-178；在法国 178 n. 1；478, 487-488；亦见 ALLEMAGNE et EMPIRE

534

SUÈDE 瑞典，王权观念 58
SUÈVES 苏维汇人，日耳曼族人：蓄长发 61 n. 1
SUGER 叙热，圣德尼修道院院长 190
SUISSE 瑞士：法国触摸者的声望 363
Survivance (sens de ce terme en sciences sociales) 遗物（该词在社会学上的意义）20
SWIFT (J.) 斯威夫特，作家 391
SYDNEY (Sir Philipp) 菲利普·西德尼 257
SYRIE 叙利亚 67

TABLE RONDE (romans de la) 圆桌骑士的传说 161（亦见 GRAAL）
TACITE 塔西佗 55, 60 n. 1, 335 n. 2
TAKOU 塔库，叙利亚王子 67
Tapisseries représentant la légende de l'invention des fleurs de lis 表现百合花创始传说的挂毯，234, 496
TARA 塔拉，爱尔兰，米斯郡 242
TARASCON 塔拉斯孔，罗讷河口省 108
TARUFFI (Emilio) 埃米利奥·塔鲁菲，画家 364, 455 no 11
TELL-EL-AMARNA 特尔·阿马尔纳，埃及 67
TEMPLIERS 圣殿骑士团 107
TERRE SAINTE 圣地 238
TESTAMENT (ANCIEN)《旧约圣经》：对神圣王权观念的影响 66-69, 73-74
THÈBES 忒拜，希腊 253-254, 301 n. 2
THEODORE BALSAMON 塞奥多鲁斯·巴尔萨蒙，教会法学家 198, 476
THEODORE LASCARIS 塞奥多鲁斯·拉斯卡鲁斯，皇帝 473-474
THEODORIC 塞奥多里克，东哥特国王 63 n. 3, 64 n. 1
THEODOSE Ier 塞奥多西一世，皇帝 123
THEODOSE II 塞奥多西二世，皇帝 66 n. 4

THÉOPHANE 塞奥凡尼斯，拜占庭作家 463-464
THIERS (Jean-Baptiste) 让－巴蒂斯特·梯也尔 168, 170-171, 175-176, 299
THOMAS (Antoine) 安托万·托马，学家 250
THOMAS (Hubert) 列日的于贝尔·托马，作者 283, 309 n. 1
THOMAS D'AQUIN (saint) 圣托马斯·阿奎那，《论君主统治》133-134, 289；对博绪埃的影响 345；关于奇迹的观点 124 n. 1
THOMAS BECKET (saint) 圣托马斯·贝克特 125 n. 3, 195；他的圣骨堂 240 n. 2；英国国王圣化礼所用圣油 238-243, 336 n. 3
THOMAS DE BIVILLE 马斯·德·比维尔，诺曼教士 128
THOMAS BRADWARDINE 托马斯·布拉瓦丁，坎特伯雷大主教 93-94, 99, 100, 107-108, 143-144, 146 n. 1, 177, 355
THOMAS DE LANCASTRE 兰加斯特的托马斯，英国王子 103
THOMAS DE MONTAIGU 蒙泰居的托马斯，法国伯爵 265
THOU (Jacques-Auguste de) 雅克·奥古斯都·德·图，作者 342
THULÉ 图勒，此名可能指斯堪的纳维亚 57 及 n. 2
THURSTON (le P.) 瑟斯顿神甫，学者，有争议的观点 187 n. 2
TIMOTHÉE 蒂莫西，圣保罗的门徒 341 n. 2
TIRNOVO 蒂尔诺沃，保加利亚大主教 199
TOLÈDE 托莱多，西班牙：宗教会议 462
TOLOMEO DE LUCQUES 卢卡的托罗米奥 131-134, 155, 223, 237 n. 3；289, 499
TONGA (îles) 汤加诸岛，波利尼西亚 53, 59
TOOKER (William) 威廉·图克，作家 42, 223, 320, 334 n. 1、2, 335, 412 n. 1；421-422
TORCELLO 托尔切罗，意大利，威尼斯：主

教 131

Torchastel 朗格勒地区某地，不可考 317 n. 1

Tory (le parti) 托利党 390-391

TOSCANE 托斯坎尼，法国触摸者的声望 109；帝国代理人 132 及 n. 1

Touchou 触摸者 294

Touch-Pieces 触摸点见 médailles, frappées pour le toucher

TOULOUSAIN 图卢兹人 106

TOULOUSE 图卢兹，上加龙省 106 n. 4, 107, 360；大学 357

TOURAINE 图赖讷 273

TOURNAI 图尔奈，比利时，埃诺：圣布里斯教堂 266 n. 3, 269 n. 1, 273, 274-275, 274 n. 6, 287, 456 n° 16

Tournée solennelle à travers le royaume 庄严肃穆地在国内巡游 62 n. 2

TOURS 图尔，安德尔－卢瓦尔省 266 n. 1；圣马丁修道院院长职位，皇家修道院院长职位 214；主教，见 GRÉGOIRE, MARTIN

TRENEL (le marquis de) 特勒内尔侯爵，法国大使 339 n. 1

TRENTE 特兰托，意大利，蒂罗尔：会议 187, 198, 348

Tres chrétien 至真基督教徒，归于法国国王的称号 137 及 n. 1, 480

TRINKHÜSIUS 特林胡修，作家 411

TROYES 特鲁瓦，奥布省 273；圣艾蒂安大教堂 273 n. 5

TUKE (Bryan) 布赖恩·图克，英国国王锦衣库司库 442 n. 3

TUROLD 特罗尔，《罗兰之歌》的所谓作家 208 n. 3

TURPIN 特平，兰斯大主教 208, 239, 478, 484-485；置于其名下的《查理大帝史》485 n. 1

TURQUIE 土耳其：大使 338（亦见 TURS）

Turs 突厥人 235 n. 3

TUSCULUM 图斯库鲁，枢机主教称号 395

TWEED 特威德河，大不列颠河流 103

ULM 乌尔姆，德国，威登堡 151

ULRICH (saint) 圣乌尔里希，奥格斯堡主教 472

UPTON (Nicolas) 尼古拉·厄普顿，作家 234 n. 5

URBAIN II 乌尔班二世，教皇 228

URBAIN V 乌尔班五世，教皇 136

URBIN 乌尔比诺，意大利，马尔凯区 109-110

USBECK 裕斯伯克，《波斯人信札》中的人物 52

VACANDARD (abbé) 瓦康达尔修道院院长，学者 267 n. 1

VAIRO (Léonard) 列奥纳多·瓦伊罗，作家 416 n. 1

VAL DE VILLÉ 瓦勒·德·维莱，阿尔萨斯河谷 151（参见 ALBRECHTSTAL）

VALDES (Jacques) 雅克·瓦尔德斯，作家 161

VALENCE 巴伦西亚，西班牙 313

VALENCIENNES 瓦朗谢讷，北方省：圣伊丽莎白教堂 272

VALENTINIEN Iᵉʳ 瓦伦提尼安一世，皇帝 202

VALÉRIE (sainte) 圣瓦莱里 194 n. 1

VALOIS (Noël) 诺埃尔·瓦卢瓦，学者，有争议的观点 137 n. 1

VAN HELMONT 万·赫尔芒，医生 366 n. 2

VANINI (Jules-César) 儒勒－凯撒·瓦尼尼，作家 328, 329, 416, 418

VANNES 瓦讷，莫尔比昂省：教区 271

Vassalité 封臣制：忠诚感 244-245

VAUCLERC 沃克勒克，马恩省 135

VENDÔMOIS 旺多姆人 384 n. 2

Vendredi 基督受难日：归于基督受难日的魔

力 169 n. 2, 323；基督受难日英国国王的仪式，见文中各处，尤其是 159-183, 323-327, 330, 332-334

VENISE (Italie)（意大利）威尼斯 15-19, 21, 109, 144, 257, 325；威尼斯大使，见 CONTARINI, LIPPOMANO, SCARAMELLI

VÉRAND 维拉尔，出版商 479

VÉRONE 维罗纳，意大利 109；主教，见 RATHIER

VERSAILLES 凡尔赛，塞纳－瓦兹省 398 n. 1；400

VESPASIEN 苇斯巴芗，皇帝：他实施的奇迹治疗 30, 63, 335 n. 2

Vêtements 服装，帝国圣化礼上的 200-201；法王圣化礼上的 197, 204, 349 n. 4, 482

VEXIN (comté du) 韦克辛伯爵领 235

VÉZERONCE 韦兹隆思，伊泽尔省，莫雷斯泰勒区：战役 61 n. 1

VICTORIA 维多利亚，英国女王 176, 177, 396

VIENNE 维也纳，奥地利 366

VIENNE 维埃纳，伊泽尔省 485 n. 1

VIERGE (la) 童贞女，见 MARIE

VILLETTE (Claude) 克洛德·维莱特 349, 479

VINCENT DE BEAUVAIS 博韦的樊尚，作家 269

VIRGILE 维吉尔 262

VIRGINIE 弗吉尼亚，英国在美洲的殖民地 78

VISIGOTH (royaume) 西哥特王国：国王涂油礼 68, 461-462, 471, 473, 474, 477；佩戴王冠 461-462, 469；被提及 467

VIVIEN 维维安，美男子腓力时期的王室守门人，106

VOLTAIRE 伏尔泰 291, 395 n. 2, 398-399

Voltairien (esprit) 伏尔泰精神 85-86

VORLY 沃尔利，谢尔省，莱沃区 279 n. 9

VOVETTE 沃韦特，特维尔镇，厄尔－卢瓦尔省，沃夫区 299, 302, 306 n. 1, 307, 405, 421

Voyages (récits de) 游记：其历史价值 309 n. 1

WACE 韦斯，作家 263 n. 1

WALDEMAR Ier 瓦尔德马尔一世，丹麦国王 58 n. 1

WALLOIS (Philippe) 菲利普·沃洛亚，圣里基耶大教堂财务官，285-286, 458 nº 20

WALLONIE 窝龙 295 n. 1, 308 n. 1

WALTER (Lucy) 露茜·沃尔特，查理二世的情妇 392

WAMBA 万巴，西哥特国王 461

WASHINGTON 华盛顿，美国 444

WATERTON 沃特顿，学者 23

WAZON 瓦佐，列日主教 122 n. 1, 188-189

WELFS 韦尔弗家族，德国王朝 230

WELLS 韦尔斯，英国，萨默塞特郡 393, 427；主教 296

WERDEN (J. van) 冯·沃尔登，画家 234 n. 4

WESEMBEEK 韦森贝克，比利时，布拉班特 272

WESTMINSTER 威斯敏斯特，英国，米德尔塞克斯：修道院 44, 162 n. 3, 163-165, 242, 396；天主教大教堂 318 n. 3；威斯敏斯特官，圣马库尔厅 292 n. 2

Whigs 辉格党人 379, 392-394, 412

WHITE (Robert) 罗伯特·怀特，雕刻家 455 nº 13

WIDUKIND 威杜金，作家 473

WIGBOD 维格伯，法兰克修道院院长 466

WILLIAM LYNDWOOD 威廉·林德伍德，教会法学家 211, 214

WINCHESTER 温彻斯特，英国，汉普郡 385 n. 1, 497；主教区 238 n. 1；主教，见 GARDINER

WINDSOR 温莎，英国，伯克郡：温莎城堡 176, 234, 389 n. 3

WINTON 温顿，英国，汉普郡 385

WIPON 维坡，作家 196

WISEMAN (Richard) 理查德·怀斯曼，医生 321, 412 n.1, 427

WITTEMBERG 威登堡，德国，萨克森州：大学 411

WOLFDIETRICH 沃尔夫迪耶特里，同名诗歌中的人物，249, 253 n. 1

WOLSEY (le cardinal) 枢机主教沃尔西 317, 326

WONDELGEM 旺德尔杰姆，比利时，东佛兰德尔，272, 274 n. 6

WORCESTER 伍斯特，英国：战役 375, 384

WORMS 沃姆斯：协定 193

WOTAN 沃顿神，日耳曼神灵 56

WYCLIF 威克利夫 210, 413

Yeux (affections des) 眼部的感染，与瘰疬病的混淆 27-28

YORK 约克，英国：大主教，见 EGBERT；公爵 376 n. 5, 379（见 JACQUES II）；约克家族 112, 177, 242；处方 160 及 161 n. 1；173（亦见 ANONYME D'- ）

YPRES 伊普尔，比利时，西佛兰德尔 117

ZELLICK 泽利克，比利时，布拉班特 212

ZENTGRAFF (Jean- Toachim) 让·若阿基姆·曾格拉夫，作家 24, 411, 413, 417 n. 2

Σπαρτοί（斯巴达）武士，忒拜人的治疗者 253-254, 301 n. 2

Χειρεξοχη《国王之手的勋绩》，英国保皇党作品 376

译后絮语

马克·布洛赫与《国王神迹》

随着马克·布洛赫各著作译本的陆续问世,[1] 这位大史学家的名字已为我国读者所熟悉,其学术声望也越来越高。除了他作为年鉴学派创始人之一的历史地位,布洛赫在二战期间以53岁的年龄毅然加入抵抗运动的浩然气节,以及被德国盖世太保杀害的悲剧结局,更使其杰出史学家的声誉增添了一份异乎寻常的悲壮,提高了他在人们心目中的地位与精神感召力。布洛赫是一位性情、经历与著作都独具特色、极富魅力的史学大家。近年来,无论是在国际学术界还是在国内学术界,他的早期著作《国王神迹》受到广泛关注,赞誉之多、评价之高,甚至有超越晚期名作《封建社会》之势。这里围绕《国王神迹》稍微介绍一下他的人生经历与事业成就。

---

[1] 马克·布洛赫著作译为中文的有:《为历史学辩护》(张和声、程郁译,上海社会科学院出版社1991年,中国人民大学出版社2006年;《历史学家的技艺》,黄艳红译,中国人民大学出版社2011年)、《法国农村史》(余中先、张朋浩、车耳译,商务印书馆1991年)、《封建社会》上下卷(张绪山、李增洪、侯树栋译,商务印书馆2004年;谈谷铮、何百华和谢依群译,台湾桂冠图书股份有限公司1995年)、《奇怪的战败》(陆元昶译,五南出版社2009年)。

一、布洛赫的事业与才情

马克·布洛赫（Marc Léopold Benjamin Bloch，1886—1944）1886年7月6日生于法国里昂的一个犹太知识分子家庭，其父古斯塔夫·布洛赫（Gustave Bloch）是一位从事古希腊罗马史研究的大学教授，祖父是一位中学校长，曾祖父是一位参加过法国大革命的战士。布洛赫早年的良好史学思维训练主要来自他的史学家父亲。

马克·布洛赫于路易大帝中学（Lycée Louis-le-Grand）毕业后，于1904年考入巴黎高等师范学院（École Normale Supérieure），1908年毕业，获得历史教师资格。在高师学习期间他结识了后来的合作者，同为"年鉴"学派创始人的吕西安·费弗尔（Lucien Febvre，1878—1956）。1908-1909年他到德国留学，在莱比锡大学和柏林大学学习，熟悉了德国的学术环境、研究氛围与研究方法，因此，较之同辈的法国学者，他对德国史学家的研究方法与开辟的学术领域显然有更多的了解，也更为重视；他对德国学术的活力表示敬佩，一生为德国学者的作品写下了500篇评论。1912年之后，在蒙彼利埃（1912—1913）和亚眠（1913—1914）的中学任教。

1914年第一次世界大战爆发，布洛赫投笔从戎，参加了索姆河战役和马恩河战役。战争提供了他就近观察人性的难得机会。他以历史学家的敏锐眼光，观察与思考着他正在经历的一切。堑壕里的士兵所面临的恶劣处境，战时新闻检查制度造成的错误信息的传播，让他体会到了一个准中世纪社会的环境，尤其是对集体心理获得了真切的认识，为他从事《国王神迹》的研究与写作提供了灵感。[1]战争期间，布洛赫作战勇敢，四次立功受奖，最终以上尉军衔退役。

1919年，布洛赫任教于刚从德国人手中收复的斯特拉斯堡大学。自此至1936年，这17年是他一生中生活与学业都相对稳定且富有成果的时

---

[1] Préface de Jacques Le Goff, *Les rois thaumaturges*, Gallimark 1983, p. vii；弗朗索瓦·多斯：《碎片化的历史学：从〈年鉴〉到"新史学"》，马胜利译，北京大学出版社2008年，第85—86页。

期。斯特拉斯堡位于法国东北部的阿尔萨斯省，德国占领时期，对校园与图书馆投入颇多，大战前藏书已达50万册，当时居世界第一。战后法国收复后，想把斯特拉斯堡大学建成对德国展示研究能力的窗口，也在经费上不惜投入。许多有才华的年轻学者集会于此，形成人才济济的局面。布洛赫在这里娶妻生子，过着相对安宁的书生生活，养育了六个子女，购置两栋房子。1920年12月以《国王与农奴》获得博士学位。随后又完成了几项影响深远的工作。首先，布洛赫在这里结识了众多奋发有为、学有专长的不同学科的学者。在多学科交汇的环境中，他有条件借鉴与融会社会学、经济学、语言学、民族学、人类学、心理学等学科的跨学科手段，进行他所热衷的中世纪欧洲史研究。[1]《国王神迹》就是在这样的环境与氛围中于1924年问世。其次，他与费弗尔发起了一项影响巨大的事业，1929年二人合作创办了《经济社会史年鉴》（Annales d'histoire economique et sociale）。从此，一个与传统史学不同的新流派在他与费弗尔的指导下逐渐形成，势力不断壮大，发展成为影响20世纪世界史学潮流的重要学派。第三，1931年，布洛赫完成了《法国农村史》。此书乃由1929年8月布洛赫以法国农业体系的相关研究，在奥斯陆"文化比较研究院"（Institut pour l'Etude Comparative des Civilisations）所做的系列演说集结而成。它研究自中世纪到法国革命这一时期的法国农村土地类型与农业文明形式，综合运用农业学、制图学、经济学、地理学、语文学、心理学、社会学与民俗学等多学科研究手段，开辟了农村史研究的新境域。这一著作使用了"倒溯历史法"（lire l'histoire à rebours），体现了布洛赫从已知推未知的治史理念，被学术界认为是最具开创性的学术贡献之一。不过，这一时期的后段，布洛赫的生活也遭遇了诸多不如意。布洛赫两次申请法国最高学府法兰西学院的教职，均告失利；1933年，他身体也出现了问题，慢性风湿发作，手关节麻木；大学预算缩减，家庭负担日重；法国的反犹太思想潮流开始显现，等等。

---

[1] Préface de Jacques Le Goff, *Les rois thaumaturges*, p. viii；弗朗索瓦·多斯：《碎片化的历史学：从〈年鉴〉到"新史学"》，第35页。

1936年，布洛赫接受巴黎索邦大学经济学教授职位，全家迁往巴黎。在巴黎期间，他完成了研究西欧中世纪社会历史的代表作《封建社会》两卷（1939—1940）。这部以年鉴学派总体史观为指导写成的学术巨著，将中世纪欧洲封建社会史的研究推向了空前的水准，出版半个多世纪以来，一直受到学术界高度赞誉，被认为是"为数不多的完美学术著作之一"，"论述封建主义的国际水准的著作"，[1]"比绝大多数教科书更出色的'教科书'"，"历史著作中的经典之作"。[2]此时已是世界大战前夕。

1939年第二次世界大战爆发，德法开战。同年3月布洛赫前往布鲁塞尔、剑桥讲学。旋即接到后备军人集结令，迅速回国。8月他离开巴黎，再次投笔从戎，以53岁的年龄入伍。法德开战一月，法军溃败，德国占领巴黎与法国大部分领土。布洛赫带家人前往中南部的自由区与流亡的斯特拉斯堡大学汇合，重新投入教学工作。但战时的教学已难如从前。加之老母病弱，拖家带口，健康欠佳，生活困窘。在维希政权压力之下，《年鉴》杂志不能再签署犹太人马克·布洛赫的名字。尽管处境恶化，但他拒绝离开法国。他认为留下来为法国而战，乃是他为道德命令承担的个人义务。1940年因伤病退伍。

正如勒高夫所说，布洛赫具备"将自己的经历转化为历史思考的独特才能"，这一年他利用"充满危险的闲暇"对个人战时经历进行思考，写成了《奇怪的败北：1940年写下的证词》（*L'Étrange Défaite: témoignage écrit en 1940*）。他在缺乏历史学家常规工作条件——远离图书馆，缺乏必备的档案资料——的情况下，完成了对1940年法国大溃败之原因与特点的省察。在这份可能是迄今为止对大溃败事件所做的"最富有洞察力的研究"中，人们看到的是一部真正的史学作品，而不是纠缠于事件的记者式的战事报道。[3]布洛赫是职业历史学家，但决不是皓首穷经、不谙

1　波斯坦：《封建社会》1961年英文版前言，见马克·布洛赫：《封建社会》上册，张绪山译，商务印书馆2005年，第19页。
2　布朗：《封建社会》1989年英文版前言，马克·布洛赫：《封建社会》上册，第18页。
3　勒高夫：《序言》，见马克·布洛赫：《历史学家的技艺》，黄艳红译，中国人民大学出版社2011年，第3-4页。

世事的书斋式历史学家。

尽管时局艰险，布洛赫的学术活动仍在继续。他为人们留下的最后一部实实在在的作品，是展现他喷薄才华的未完成的《为历史学辩护》（又作《历史学家的技艺》）。这部未竟稿大约写于1941年下半年和1942年上半年。[1] 由于担心不测局面，他将书稿抄写一份送给了费弗尔。该书的主旨在于探讨历史学的合法性，并"讲述历史学家如何及为何从事自己的职业"，用布洛赫自己的话说，是"一本工匠的便览"，"一本伙计用的手册"。这部历史研究法著作，以其高度的简洁质朴与处处闪耀的真知灼见，见证了这位大史学家对自己热爱的历史学及历史学研究活动之本质特性的思考，被后世誉为年鉴学派的宣言书。

1942年下半年，布洛赫加入抵抗组织，成为里昂地区地下组织的代表。1943年德军占领整个法国后，布洛赫成为了一名游击队员。1944年春，纳粹逮捕了里昂地区抵抗运动委员会的大部分成员，3月8日上午九时许，盖世太保的一辆车子开到他所在的房子附近，向面包店老板打听一位名叫布朗夏尔（Blanchard，布洛赫的化名）的中年人，面包店老板指了指前方拿行李箱的布洛赫，布洛赫遭逮捕，被投入蒙吕克（Montluc）监狱。盖世太保对他进行审问并施以鞭打、泼冷水、烧灼、拔指甲等酷刑。由于受伤且患上肺炎，布洛赫在医院待了四个星期。出院后他在监狱里教狱友一些法国历史知识，打发时间。盟军攻入法国的第十天，1944年6月16日晚八点，德国纳粹分子为了销毁犯罪证据，用一辆卡车将包括布洛赫在内28名抵抗运动成员运往里昂郊外一个小村庄圣迪迪埃（Saint-Didier-de-Formans）的一片田地里，九时许机枪声响起，抵抗战士四人一组一组地倒下。其中两人侥幸未死，将布洛赫就义前的情形告诉了后人：布洛赫身旁的一位16岁少年，惊恐地对这位大学者说，这会很疼啊！布洛赫爱抚地拉着他的胳膊，平静地回答说："不要怕，孩子，不疼的。"他带头高呼："法兰西万岁！"机枪声响起，一代卓越历史

---

[1] 吕西安·费弗尔：《有关本书手稿的一点说明》，见马克·布洛赫：《为历史学辩护》，张和声、程郁译，中国人民大学出版社2006年，第20页。

学家的生命戛然而止。[1] 他与好友吕西安·费弗尔再度合作的愿望化为泡影，[2] 他可能写出的另一部史学名著《欧洲思想精神史的特征》也随着其生命的结束而永无可能。[3]

1998年，为纪念马克·布洛赫的卓越贡献，斯特拉斯堡的社会科学大学（第二大学）改名为马克·布洛赫大学（Université Marc Bloch）。2009年1月1日，马克·布洛赫大学成为斯特拉斯堡大学的一部分。马克·布洛赫被公认为二十世纪最杰出的史学家之一。

二、《国王神迹》与年鉴学派

1929年1月《经济社会史年鉴》杂志创刊，标志着年鉴学派的诞生。但在此前吕西安·费弗尔与马克·布洛赫已有不少研究成果问世。[4] 年鉴学派史学家以新方法与新思路的开放性著称，其研究活动呈现出实践领先理论反思的特点，他们似乎无意总结出一套历史理论或历史哲学，但

---

[1] 弗朗索瓦·多斯：《碎片化的历史学：从〈年鉴〉到"新史学"》，第51页。

[2] 马克·布洛赫：《历史学家的技艺》，黄艳红译，第29页。

[3] 波斯坦在为1961年的英文版《封建社会》所写前言中写道："如果布洛赫在战争中大难不死，他也许已经写成一部中世纪思想史的巨著，即《欧洲思想精神史的特征》（les caractères originaux d'histoire morale et intellectualle européenne），完成了他对中世纪史的论述。"《封建社会》上卷，商务印书馆2004年，第26页。布洛赫早年的《国王神迹》研究中世纪法、英两国的心态与心理，1931年的《法国农村史》研究中世纪法国土地使用模式，1939—1940年的《封建社会》全面研究欧洲封建制度。鉴于他晚年更加坚持"社会状态在本质上是心理状态"的信念，人们有充分的理由认为，他会重拾早年兴趣，写成一本《欧洲思想精神史》，以完成他对中世纪欧洲之物质、制度与精神的全方位研究。实际上，他一直未曾放弃对《国王神迹》的关注。参见勒高夫：《〈国王神迹〉序言》，p. xxxii. 历史上，杰出史学家格于意外境遇而未完成自己理想中的著作的情况，可谓不乏其例。中国现代杰出史学家陈寅恪一生都怀有撰著《中国通史》与《中国历史的教训》的计划，并为此进行了长期准备，但晚年遭逢文化浩劫，纵有万丈雄心，终成无奈，不得不在悲愤绝望中哀叹："一生负气成今日，四海无人对夕阳。"中外历史学家的悲剧何其相似乃尔！

[4] 1929年之前，费弗尔出版了三篇名著：《腓力二世与弗朗什—孔泰：政治、宗教、社会史》（1911年）、《大地与人类演进：地理历史导论》（1922年）、《马丁·路德：一种命运》（1928年）；布洛赫的著作有：《法兰西岛》（1913年）、《国王与农奴》（1920年）、《国王神迹》（1924年）和《为欧洲社会的比较史而奋斗》（1928年）。

无可否认的是，其研究活动具有很强的理论预设。[1] 1924年问世的《国王神迹》是年鉴学派理论预设与新方法在实践中的一次成功运用。

年鉴学派的诞生，在很大程度上是对19世纪占主导地位的传统实证主义史学的反抗。传统实证主义史学在历史研究上表现出的重大特点是：以政治－军事史为中心；重视事件构成的历史，强调对事件的描述而不是分析；以档案材料为中心，认为从档案材料可以还原历史真相。这种历史研究传统在19世纪末、20世纪初已经面临强烈挑战，陷于危机。与传统实证主义史学局限于狭隘的研究范围不同，年鉴学派从一开始就强调并坚持扩大历史学研究的领域，扩大历史学家的视野，从整体上研究人类的活动；主张历史研究的对象是人类的全部活动："整体史"（histoire globale ou totale）成为年鉴学派的核心理念之一。在研究方法上，年鉴学派主张推倒各学科之间的壁垒，综合运用跨学科研究手段与方法来推进历史研究。《国王神迹》是布洛赫运用整体史理念、运用跨学科手段进行历史研究的尝试。

《国王神迹》全书的研究对象，是中世纪11世纪到18世纪期间，广泛流行于法、英两国的一种现象，即国王以手触摸为瘰疬病（écrouelles, scrofula）患者治病，以及人们相信国王的触摸能够治愈这种疾病的普遍心态。瘰疬病是近代以前世界各国常见的一种疾病，即淋巴结结核、慢性淋巴结炎等炎症。中国古代民间俗称"老鼠疮"或"疬子颈"，以颈部为最常见，多发于颈部、耳后，有的缠绕颈项，延及锁骨上窝、胸部和腋下。瘰疬病发病缓慢，先是有肿块如黄豆，皮色没有变化，无疼痛感。然后肿块逐渐增大，数目增多，并伴有化脓，此时皮色转为暗红，溃烂后出现清稀脓水，夹有败絮状物，长期不愈。这种疾病如其他任何病一样都不是国王可以治愈的，但在11—18世纪的英、法两国，却形成了国王以手触摸治疗这种疾病的习俗，而且人们对此深信不疑，成为普遍的信仰。国王为人治病这种习俗，与人们相信国王能为人治病这种心态，

---

1 伊格尔斯：《二十世纪的历史学》，何兆武译，辽宁教育出版社2003年，第57-58页。

犹如一对连体婴儿，是这一时期英法两国盛行的历史现象。长期以来，学术界尤其是史学研究从未将它纳入历史视野，更未纳入研究范畴，而多以迷信视之。布洛赫认为，这种现象长期存在，是真实历史的组成部分，应该置于欧洲中世纪社会的整体背景中加以研究。年鉴学派的总体史观在这里得到体现。

正如布洛赫所说，王权的历史主导了欧洲历史的发展过程，各国的政治发展在很长时期内都是各大王朝的变迁史。因此，布洛赫写作《国王神迹》的目的，是通过一个长期存在而不被人重视的现象，研究广义的欧洲政治史。用他自己的话说，"我这里所要做的工作，在本质上是为欧洲政治史贡献一分力量——我指的是宽泛且真实意义上的欧洲政治史。"[1] 但布洛赫没有像传统史学那样去研究王权制度下行政、司法与经济体系的运作，而是研究长期存在的国王为人治病习俗，普通民众怀有的"国王具有神奇医治力量"的信仰，以及二者之间的互动过程；通过研究一种存在长达八个世纪之久的"神圣化"的王权治病仪式，以及与这种仪式密切关联的一种集体心态或信仰体系，展现前现代王权对民众思想与精神实施控制的运作机制。布洛赫认为这一动态过程的演变，反映了自古以来人们相信"王权"神秘力量的"集体意识"、一种意识趋向。布洛赫的这一研究取向，将宏观史与微观史勾连为连续性很强的统一体，因为权力系统总是依赖社会规则及其集体幻觉，而"社会规则又能借助仪式行为嵌入身体，社会权力关系也随着这些嵌入过程被内化"。[2] 布洛赫所描述的这种治病仪式包含了这一基本预设。很显然，从这个视角进行的历史政治学研究，是以往的传统史学研究不曾有过的。

英国著名史学家彼得·伯克（Peter Burke, 1937—）指出，该著作的卓越之处有三：一是它不限于像中世纪那样的传统历史阶段，而是选择了与问题相适应的时段，他将八个世纪国王触摸的兴衰作为考察对象，

---

[1] Marc Bloch, *Les rois thaumaturges*, p. 21.
[2] 克里斯托弗·乌尔夫：《社会的形成》，许小红译，广东省出版集团2012年，第28页。

意味着"长时段"（La longue durée）研究方法的运用；二是对"宗教心理学"的贡献。《国王神迹》关注的是"一种奇迹的历史"，布洛赫从"集体幻觉"现象解释人们对国王奇迹的信仰，认为对奇迹的信仰产生于对奇迹的期盼。这样的解释跨越了心理学、社会学与人类学之间的学科界限。三是它对英法王权触摸行为的比较研究，为"比较史"研究做出了贡献。[1]

从年鉴学派的发展历程看，"长时段"研究的实践是由布罗代尔发扬光大并完成充分理论阐释的，但不可否认的是，其最初的范例是由布洛赫所开创；宗教心理学及心态史为年鉴学派其他史学家继承与发扬，20世纪60年代以来，乔治·杜比、罗伯特·芒德鲁、雅克·勒高夫以及其他许多人所做的心态史研究，大大得益于费弗尔与布洛赫提供的典范；[2]"比较史研究"在世界范围内日益赢得学者关注而获得很大发展，但作为比较研究方法的先驱，布洛赫的大力提倡具有开创意义，而他的成功实践则具有示范作用。

严格说来，《国王神迹》对史学研究的贡献远不止以上三点。

首先，它开创了新政治史的先河，树立了新政治史学研究的实践榜样。正如布洛赫在导言中所说，他的研究意在为真正的欧洲政治史研究贡献力量，但他没有蹈袭旧的研究套路，而是独辟蹊径，别开生面，从一个从未有人尝试的角度进入政治史研究的核心领域，以实际研究开辟了政治史研究的新维度。《国王神迹》的一大贡献，是向人们证明了在历史研究中，"迄今为止仅被视为趣闻的东西可以转变为历史"。[3]正是从这个意义上，雅克·勒高夫认为《国王神迹》革新了政治史研究的内容与方法，创造了历史政治人类学研究的范例。美国历史学家H. S. 休斯认

---

[1] 彼得·伯克：《法国史学革命：年鉴学派，1929—1989》，刘永华译，北京大学出版社2006年，第25页。

[2] 彼得·伯克，上引书，第25页；Andre Burguière, 'Marc Bloch, historien des mentalités', in Pierre Deyon, Jean-Claude Richez, and Leon Strauss (ed.), *Marc Bloch, l'historien et la cité* (Strasbourg: Presses Universitaires de Strasbourg, 1997), p. 43-55

[3] Marc Bloch, *Les rois thaumaturges*, p. 18.

为，布洛赫的历史观具有的重要意义在于，它把我们从那种缩小了目标的历史学研究的束缚中解脱出来。"在他的启发下，我们认识到，只要我们稍微转动一下常规的历史观的透镜，就会立即看见整个可能的世界"。[1] 休斯的评价针对布洛赫的全部著述，但《国王神迹》尤其符合这一评价。

权力合法性来源是政治史研究不可回避的核心问题之一。权力合法性的来源有三：一是对意识形态合法性的认同，形成对权力当局有效的、道义上的信任；二是对表现意识形态的权力结构的信仰，形成对当政者的信仰；三是对当政者个人品质的赞同，使人们对当局者产生有效的独立的信心。[2]《国王神迹》所研究的触摸仪式涉及到了权力合法性的这三种来源。布洛赫明确论述了仪式、王权与合法性之间的关联性：在日耳曼入侵过程中兴起的国家，由于将王权引入合法的基督教仪式，王权的合法性和合法的基督教仪式紧密联系起来。对基督教意识形态、既定的教会组织结构以及神圣性国王的信仰，构成普通民众的共同情感。这种情感把神异世界与生活世界、个体追求与社会需要、历史记忆与公共秩序等连接起来，构成了政治系统的一部分，触摸仪式正是情感外显的一部分，它使得国王获得了道义的信任、信仰上的支持与个体品质形象的提升。《国王神迹》不仅系统论述了三种基本类型的合法性，而且深刻论述了这些情感背后的实际利益与公共秩序的关联和互动。因此，从《国王神迹》对权力合法性来源研究的独特贡献来看，则会进一步体会到它在政治史研究上的独特地位与开创性贡献。

其次，开辟了民众史研究的新境域。通常说来，宗教包含两个基本范畴，一为信仰；一为仪式。就信仰而言，往往涉及人们对世界认识的两个基本领域，一为神圣事物，一为凡俗事物。就仪式而言，其首要作用是凝聚个体，加深个体之间的关系，使个体之间彼此更加亲密，因此，仪式反映一定的集体生活，一定的集体状态，乃是一种集体表象

---

[1] H. S. Hughes, *History as Art and as Science*, New York, 1964. 转自杰弗里·巴勒克拉夫：《当代史学主要趋势》，杨豫译，上海译文出版社1987年，第68页。

[2] 戴维·伊斯顿：《政治生活的系统分析》，王浦劬译，华夏出版社1999年，第347页。

（représentations collectives）。这种集体表象包括了民众的心理与行为。《国王神迹》虽然研究王权政治神学，但同样重视研究民众信仰，尤其是民众的信仰接受心理，民众如何将神圣事物和凡俗事物联系起来，王权如何利用这种联系性来维系政治合法性。因此，所谓"神迹"实际上是国王与民众互动的集体表象。这样的研究与传统史学以帝王将相为中心的"政治史"是迥然不同的。年鉴学派最初强调的"从阁楼到地窖"的研究原则，在这里得到充分体现并被恰如其分地付诸研究实践。

长期以来，破除传统史学以帝王将相为中心的历史观与编纂模式，进行民众生活史的研究，已成为现代史学研究者的共识，但问题是，普通民众属于"沉默"群体，记载这个群体的文献少之又少，如何展开研究？《国王神迹》的研究主要对象之一，正是英法"沉默"群体所怀信仰的心理研究。在布洛赫的民众心理史研究中，人们看到了他对"了解之同情"原则的娴熟运用。"了解之同情"另一种表述就是"感同身受"。[1]卡洛·金兹堡在谈到自己从《国王神迹》所获得的教益时说："揭露性的成分只是其中的一个方面。另一方面则是同情的成分，这是就'一同受苦'的词源学意义来说的：这是一种试图理解人们为何具有他们所怀有的那些信仰的移情行为（empathy）。这是我阅读布洛赫《国王神迹》时学会了要进行的区分。一方面，布洛赫很乐意揭露阴谋，并表明在英国和法国国王治疗瘰疬病的背后隐藏着的是有意识的政治策略。但是，另一方面，布洛赫也力图理解为什么那些穷人、乞丐和妇女要经历那么漫长的朝圣历程以求治愈自己的病症。"[2]布洛赫将"了解之同情"治史观念

---

[1] "了解之同情"，作为一种历史研究观念，在我国学术界多被认为乃现代史学大家陈寅恪所发明。然近有学者研究，陈氏此语乃化自德国近代思想家赫尔德（J. G. von Herder, 1744-1803）。自赫尔德以下，这一观念在欧洲代有传承，不乏其人。兰克（1795—1886）、德罗伊森（1808—1884）、克罗齐（1866—1952）、柯林武德（1889—1943）等，都坚持并发挥过这种观念。陈氏或自西洋书籍，或经其友吴宓或他在哈佛的师友白璧德（1865—1933）熟悉此一观念，吸收消化而后重新表出。见陈怀宇：《陈寅恪与赫尔德——以了解之同情为中心》，《清华大学学报》2006年第4期，第20-32页。

[2] 玛丽亚·露西娅·帕拉蕾丝-伯克编《新史学：自白与对话》，彭刚译，北京大学出版社2006年，第238-239页。

应用于对中世纪英法两国民众情感与信仰的研究，让人们看到了一种与以往机械的政治、经济决定论生硬模式大不相同的解释模式，展示了新的历史解释方法的效力与魅力。

再次，扩展了历史学研究资料的范围。布洛赫明确提出："历史证据几乎具有无限的多样性。人的一切言论和著作、一切制作、一切接触过的事物，都可以也能够揭示他的情况。有趣的是，很多不了解我们工作的人对史料多样性的范围的判断十分狭隘。这是因为他们仍然固守关于历史学的陈旧观念，这个观念属于几乎只知道阅读有意识留下的史料的时代。"[1] 这是后来写下的文字，但它无疑代表了布洛赫从早年就坚持的思想。《国王神迹》打破了兰克实证主义传统对历史档案的过分依赖，大大地扩展了史料的利用范围。如波斯坦所说，布洛赫所具有的卓越本领之一，是用他的"强大粉碎机"将形形色色的历史事实融为一体。[2] 在《国王神迹》中，肖像材料（包括绘画作品）的利用占有相当大的分量。以肖像揭示社会无意识行为是著作中最令人振奋的内容之一。布洛赫树立了以肖像学材料进行历史研究的榜样。另外，宫廷账簿、公文资料、叙事文学、政治学理论著作、小册子、教堂人口登记簿、医学与神学论文、《圣经》、宗教祈祷文、诗文、法律诉讼文件、信件、钱币、遗嘱等，甚至连游戏纸牌、酒肆小店中村夫野老的对话，都成为了历史研究的材料。[3] 将历史研究利用的资料扩展到如此广泛的范围，这在传统史学研究是做不到的，也是不可想象的。

复次，历史人类学的创立。对民俗学的重视，是布洛赫研究的一大特色，他说："在多种意义上，民俗会比任何理论学说告诉我们更多知识。"[4] 民俗学走向历史人类学有一个长期过程。很长时期内，民俗学只被视为与历史学不搭边的寻奇探胜的边缘学科。在《国王神迹》中，布洛

---

[1] 马克·布洛赫:《历史学家的技艺》，黄艳红译，第75页。
[2] 波斯坦:《封建社会》1961年英文版前言，《封建社会》上卷，第21页。
[3] 如，讨论国王与生俱来的百合花胎记时，他引用了1457年6月18日（或19日）乡村客栈里几位村民的闲聊对话。见 Marc Bloch, *Les rois thaumaturges*, p. 250。
[4] Marc Bloch, *Les rois thaumaturges*, p. 19.

赫清楚而有力地证明：王权的超自然性是与一系列仪式相联系的，其中最重要的有涂油礼、圣餐礼、戒指圣化礼等，这些仪式本身具有神秘感与神圣性；与这些仪式之间的固定联系，赋予国王触摸治疗活动以神圣性与神秘感。正是在与这些合法的神圣仪式的联系中，王权的神圣性建立起来，王权的正当性与合法性也随之建立起来。其情形正如同巫师的权威通过神秘仪式而确立。王权的正当性与合法性是政治制度史与法律史的重要内容。民俗学、人类学与法律学领域的学者对《国王神迹》表现出浓厚的兴趣，原因在此。不过，正如有学者指出，马克·布洛赫受弗雷泽与列维-布留尔人类学研究成果的影响，将中世纪民众对"国王神迹"的信仰视为一种"原始心理体系"，将所谓高等、符合逻辑的西方精神与被视为幼稚的原始心态和神话对立起来，反映了当时他所依赖的心态工具是一种不成熟与固守欧洲中心论的人类学。这个偏颇为后来的人类学研究所纠正。[1]

年鉴学派史学研究独具特色的贡献是：问题导向、比较史、历史心理学、地理学、长时段、系列史、历史人类学。这些独特贡献的雏形大多可以在《国王神迹》中找到。当今历史学正在经历重大变革，研究理念与手段正在发生重大变化。与历史上许多风靡一时的史学著作最终归于寂寞形成对照的是，《国王神迹》在经历漫长岁月的冲击与洗刷后，越发焕发出光彩与魅力，受到各领域学者越来越多的重视。1999年，有人问彼得·伯克"在你看来，哪些书是你要向未来的历史学家推荐的必读书目"时，他说："我不喜欢必读书这样的说法，因为它会妨碍人们的创造力。……我是一个史学多元论者。然而，我确实有些东西很想推荐给别人。比方说，布洛赫的《国王神迹》。布罗代尔的《地中海》，尽管篇幅浩大。还有……布克哈特、赫伊津加。史景迁（Jonathan Spence）的中国研究。纳米尔关于18世纪英国的充满洞见的论文。所有这些东西都需要

---

[1] 弗朗索瓦·多斯：《碎片化的历史学：从〈年鉴〉到"新史学"》，第79-80页。勒高夫在序言中认为，布洛赫拒绝从列维-布留尔那里得到的中世纪之人与"野蛮人"同化的理念。见 Préface de Jacques Le Goff, *Les rois thaumaturges*, p. xxxv. 似乎并不准确。

好好消化，尽管并不必定要当作是自己工作的验方（换个比喻来说）。"[1] 各代学者对《国王神迹》的高度评价是连续性的。[2] 还有什么比这更能证明这部著作内在的魅力与学术价值呢？

《国王神迹》所采取的历史研究观念及设定的纲领与方法，对后世的年鉴学者产生了极大的影响，被公认为年鉴学派最出色的著作之一。尤其是，近年来社会人类学研究的发展，《国王神迹》的学术价值更显突出。可以说，未来的研究者，历史学家、民俗学家、人类学家、心态史家、政治学家、社会学家，可能对《国王神迹》的某些结论有所修正。[3] 但作为一本在许多方面都具有开创性的学术著作，它将不断地给人以灵感与启示。《国王神迹》是当代为数不多的常读常新的历史著作之一。

三、英法"国王神迹"与中国"皇帝神迹"

王权的神圣性与神秘性是人类从远古时代传承下来的生命力最顽强的心智遗产。[4] 就欧洲历史而言，罗马帝国覆亡于蛮族入侵的冲击以后，

1　玛丽亚·露西娅、帕拉蕾丝-伯克编《新史学：自白与对话》，第183页。

2　1925年有学者评价说："在对国王治疗的研究中，布洛赫似乎走的是僻异小径；但是，想到他所分析的各信仰与迷信所引起的重大问题，我们认为，较之弗里茨·科恩（Fritz Kern）博士1914年出版《神恩与抵抗权》(Gottesgnadentum und Widerstandsrecht) 以来的任何著作，他对中世纪神圣权力起源的研究贡献更大。" E. F. Jacob, 'Review of Marc Bloch's Les rois thaumaturges', The English Historical Review, xl (1925), p. 267。1998年卡洛·金兹堡回忆1958年阅读《国王神迹》时的情形："我开始读《年鉴》这个杂志时，被马克·布洛赫吸引住了，并且读了1924年第一版的《国王神迹》——那在几年后才有了重印本。那让我真是大吃一惊，因为在那之前，我以为历史著作大概总是枯燥乏味的，而这一本却很不一样。这本书让我留下了深刻的印象……"见玛丽亚·露西娅、帕拉蕾丝-伯克编《新史学：自白与对话》，第233页。Préface de Jacques Le Goff, Les rois thaumaturges, p. xxix-xxxi.

3　如勒高夫已经研究证明，法英国王的治病仪式可能只是在13世纪中叶才变成一种习惯性做法。见Préface de Jacques Le Goff, Les rois thaumaturges, p. xvi。

4　古往今来，获得权力的人似乎总有一种制造"权力神圣观念"的欲望。即使在科学昌明的当今世界，仍有当权者为自己制造"奇迹"。据报道，2007年初，冈比亚共和国总统叶海亚·贾梅曾宣称自己拥有"神秘的力量"，可以治疗哮喘和艾滋病。冈比亚国家电视台甚至播放了相关新闻。见中新网2007年2月3日。

帝国宗教观念及仪式不可能复兴，但无论是罗马人还是日耳曼人，王权的神圣观念仍然存在。在兴起于各次入侵活动中的各个国家中，并没有一种固定的惯制来体现王权神圣观念与情感。由于基督教精神支配权的确立，王权的神秘性与神圣性被纳入基督教精神形态，由基督教仪式加以体现。

在帝国西部，特别是盛行高卢仪式的国家，即西班牙、高卢、大不列颠和意大利北部，作为一个人或物由俗入圣的步骤，国王涂油礼于7世纪首先被引入西班牙的西哥特王国。751年，法兰克宫相矮子丕平废黜墨洛温末代国王而攫取王位，为粉饰其篡权行为，将自己装扮成"神命之主"，采用新的涂油礼。其行动为后继者所仿效，8世纪末叶传入英格兰，不久传遍整个西欧。同时加冕礼也被引入。800年12月25日，在圣彼得大教堂，教皇利奥三世为查理曼加冕。从816年，其子虔诚者路易在兰斯同时接受加冕礼与涂油礼之后，两种礼仪密不可分地联系起来。广义上的圣化礼（consécration）包括这两部分内容，而狭义上的圣化礼（或称圣礼）则指涂油礼。经由圣化礼，王权的神圣性与超自然性得以确立，并将以创造奇迹的形式表现出来。987年卡佩家族夺取加洛林家族的王位，为了赋予改朝换代的夺权行动以正当性，确立其新家族政权的合法性，虔诚者罗贝尔及其谋僚采取了以为人治病、创造奇迹的手段，来表现新上位的国王及其家族的神圣性。一个世纪以后，征服英国的诺曼王朝的亨利一世在1100年采取了法国国王的这一做法，以彰显其为"神命之主"，同时将这种为人触摸治病的异能赋予了被诺曼征服摧毁的英国盎格鲁—撒克逊王朝的忏悔者爱德华，以制造自己是英国本土王朝继承人的印象，争取英国人的认同。通过创造奇迹，尤其是与奇迹相关的仪式的联系，英法王权确立了政权的合法性与正当性。

对于欧洲大陆其他各国如德国、西班牙、意大利等国为何没有像英法一样发展出一套仪式，布洛赫从普遍性与偶然性两方面加以解释：普遍性原因"是对王权超自然特性的信仰；这偶然性原因，就法国论，似乎在于卡佩王朝早期的政策，就英国论，则在于亨利一世的雄心和能力。

这个信仰本身通行于整个西欧。法国和英国之外其他国家所缺乏的东西只是特殊环境。……在德国，人们可以设想，萨克森王朝和士瓦本王朝从帝国皇冠上享受着太多的荣光，想不到去扮演医生的角色。在其他国家，其君主无疑缺乏必要的机敏去做这样一种设计，或者缺乏必要的胆量、毅力或个人威望去推行之。一种偶然因素，或者说，个人的天才，一定发挥了作用，促使法国或英国治病仪式的产生；而在其他地方，同样意义上的偶然性，似乎可以解释类似现象何以没有出现。"[1] 对英法王权神迹演变过程的比较，以及英法王权观念与其他国家王权观念的比较，让人们看到了历史发展普遍性与特殊性之间的关系。

布洛赫认为，所谓"国王神迹"，实际上是一个"假消息"，然而，民众何以相信国王能为人治病？他的回答是，"除非人们早就期待从国王手上寻求奇迹，那么就不会如此轻易地宣称奇迹的存在"，正是神圣王权观念下国王身上"一定有奇迹产生的信念，促成了人们对奇迹的信仰"。[2] 换言之，民众对"国王神迹"的信仰，正是源于对神圣王权超自然性的信仰，即王权诱导下民众产生的"错误集体意识"，或者说"集体错误"（erreur collective）。

至于它的衰落，布洛赫认为，首先是17、18世纪发生英、法两国的政治革命，动摇了对王权超自然性的信仰。但更重要的是，这一时期知识精英进行的精神活动所产生的影响。知识精英试图将超自然的任性而为的事物从世界秩序中清除出去，普遍拒绝对国王神迹做出任何超自然的解释，同时又试图创造出一种纯理性的政治制度观念，使舆论习惯于将君主仅仅视为世袭的国家代表，打消人们从国王那里发现神奇事物的念头。于是，国王触摸仪式逐渐退出了法、英两国的政治舞台。

布洛赫对英法王权神迹的比较研究，很自然让人联想到中国两千年的"皇帝神迹"。实际上，在布洛赫的研究中，中国的"皇帝神迹"确曾是他的参照物之一。他说，"真正具有神圣性的国王被人们认为拥有某种

1　Marc Bloch, *Les rois thaumaturges*, p. 156.

2　Marc Bloch, *Les rois thaumaturges*, p. 428-429.

超自然的力量。按照其他许多民族中存在的观念,特别是盛行于中国社会的观念,国王被认为对万物的秩序负有责任。"[1] 布洛赫认为,基督教精神统治在欧洲的确立,使英、法国王以基督教认可的"创造奇迹"的形式表现其神圣性;国王不再像古代社会一样被认为对万物秩序负责——如帝王德行影响物产丰歉的观念被摒弃,而是像基督教的圣徒那样为人治病。"国王神迹"所表现的是国王的教士特性:创造奇迹在本质上是圣徒的能为。英法国王治病神迹是基督教精神氛围中王权神圣观的表现。

中国"皇帝神迹"的演化进程与法英"国王神迹"大不相同。

在初民社会,人们无法将自身与自然区分开来,故"天人合一"观念普遍见于人类各族群。国家首领的前身是巫师,即承担与神秘大自然沟通的神秘人物;[2] 进入阶级社会以后,帝王取代了巫师的地位,成为俗人与上天沟通的媒介,得到国家意识形态的肯定。中国初民社会所盛行的这种原始思维与心态,在皇权时代几乎被一以贯之地延续下来。它没有经历欧洲社会在中世纪之初基督教确立之后所经历的改造与变化。

中国没有欧洲基督教意义上的"上帝"观念,与基督教"上帝"所对应的是"天"。"天"作为一种难为人类驾驭的变化莫测的神秘力量,对人类的赐福与惩罚是人类感受最为真切的。正是与这种神秘且恐怖的力量的联系,使得君权的神秘性与神圣性确立起来。汉代罢黜百家,独尊儒术,儒家思想成为意识形态的正统;"皇帝神迹"被儒家代表人物加以系统化与理论化。董仲舒《春秋繁露》从"王"字上解释帝王的"天性"(神性):"古之造文者,三画而连其中,谓之'王'。三画者,天、地与人也;而连其中者,通其道也。取天地与人之中,以为贯而通之,非王者,孰能当是?"又说:"唯天子受命于天,天下受命于天子,一国则

---

1 Marc Bloch, *Les rois thaumaturges*, p. 57.
2 生活于原始状态的爱斯基摩人说:"我们相信我们的巫医、我们的魔法师。我们相信他们,是因为我们希望自己能活得长久些,是因为我们不愿受到饥荒和饿死的威胁。我们相信他们,是为了使自己的生活安全、食物有保障。如果我们不相信魔法师,我们要狩猎的动物就会全无踪影。如果我们不听从他们的劝告,我们就会生病、死亡。"见斯塔夫里阿诺斯:《全球通史:1500 年以前的世界》,吴象婴、梁赤民译,上海社会科学出版社 1988 年,第 72 页。

受命于君。君命顺,则民有顺命;君命逆,则民有逆命;故曰:一人有庆,兆民赖之,此之谓也。"负有贯通天、地、人之责的超自然神圣皇权观念,是中国皇(王)权概念的最基本的特征之一。

古代帝王的"天性"(神性)一脉相承、一以贯之地以"神迹"的形式进入正史,成为不可缺少的内容。黄帝是其母见雷电绕北斗身感有孕而生;夏朝的创立者禹是其母吞食了神珠薏苡而生;商的先祖是其母吃了玄鸟卵而生;周的先祖是其母踏巨人足迹而生。诸如此类的君王神迹,恐怕不能简单地从所谓"母系社会"的"不知其父"来解释,更应该理解为,这些传说都是借"君王"之母的肚子,建立君王的超自然身份,其手法与基督教所谓处女玛利亚因神降孕而诞生基督耶稣,或英法国王的为人治病,属于同样的范畴;没有这个超自然的"神迹",君权的神圣性就失去了"奉天承运"这个根基。

在这些传说中,尤以周祖先的传说具有典型性。《史记·周本纪》:[1]

> 周后稷,名弃。其母有邰氏女,曰姜原。姜原为帝喾元妃。姜原出野,见巨人迹,心忻然说,欲践之,践之而身动如孕者。居期而生子,以为不祥,弃之隘巷,马牛过者皆辟不践;徙置之林中,适会山林多人,迁之;而弃渠中冰上,飞鸟以其翼覆荐之。姜原以为神,遂收养长之。初欲弃之,因名曰弃。

司马迁《史记》所记周祖传说,属于经历演化后的定型,此前传说形式可能有所不同。但无论如何,其中的两个原始因素是固有的:一是"天源"(或天缘)。姜原践巨人迹而孕,"巨人"不过是"天"之媒介,而本源在"天"。这是后来"皇帝神迹"传说中开国皇帝之母与神灵交感而孕的原型。二是"异象"。姜原之子被弃于"隘巷",来往的牛马避而不践踏之,弃之冰上,"飞鸟以其翼覆荐之"的"神异"之象,与英

---

[1] 司马迁:《史记》,中华书局1997年缩印本,第111页。

法"国王神迹"传说中"狮不食王胄"属于同一范畴。这两个原始因素成为皇权时代"皇帝神迹"母题的主干与核心内容，后来表现皇帝神迹的"异象"，在形式上随时代推移而日益多样化，属于历史传说中的"累层积累"。

秦始皇并吞六国，一统天下，被称作"千古一帝"，本应有相应的"天赋异象"的传说，但秦政崇尚法家，焚书坑儒，施政暴虐，皇祚短暂，秦政制为后世儒士所非议，故秦始皇的神迹不多。《史记·秦始皇本纪》未记其出生神话，只有一段有关嬴政异相的记载："秦王为人，蜂准、长目、挚鸟膺、豺声，少恩而虎狼心。"

但刘邦建立汉朝，情况就大不同了。刘邦以泗水亭长的卑微身份夺得皇位，在当时世卿世禄的社会中，自然是名不正言不顺。为了赋予暴力夺权行为以合法性与正当性，不得不在其身份的神秘性与神圣性上大做文章。所以，刘邦这位痞子皇帝的所谓"神迹"，呈现出前所未有的典型性与完整性。

首先是出生神话："其先刘媪尝息大泽之陂，梦与神遇。是时雷电晦冥，太公往视，则见蛟龙于其上。已而有身，遂产高祖。"这是人神交合而孕的典型，"蛟龙"取代周弃神话中的"巨人"，成为"天"之媒介。此后，"龙"及其形象逐渐具有垄断性，成为皇帝与皇权的独家标识物。其次是容貌异相："隆准而龙颜，美须髯，左股有七十二黑子。""帝王异相"成为"帝王神迹"的内容之一，与君权神圣性联系起来。再次是奇禀异行：每醉卧，人常见"其上常有龙"；所居之处"常有云气"；更令人称奇的是"赤帝子斩杀白帝子"的传说：刘邦"夜径泽中，令一人行前。行前者还报曰：'前有大蛇当径，愿还。'高祖醉，曰：'壮士行，何畏！'乃前，拔剑击斩蛇。蛇遂分为两，径开。行数里，醉，因卧。后人来至蛇所，有一老妪夜哭。人问何哭，妪曰：'人杀吾子，故哭之。'人曰：'妪子何为见杀？'妪曰：'吾子，白帝子也，化为蛇，当道，今为赤帝子斩之，故哭。'人乃以妪为不诚，欲苦之，妪因忽不见。"刘邦所具有的超自然的"赤帝子"身份由传说加以肯定。通过神人交合而孕，以及体貌异相、奇禀异行等"天赋异象",刘邦本人的超自然的"神圣性"身份得以确立。

刘邦版的"皇帝神迹"成为后世模板。后来各代皇帝,尤其是开国皇帝,皆行仿效。

《南史·梁本纪》记梁武帝萧衍:"初,皇妣张氏尝梦抱日,已而有娠,遂产帝。帝生而有异光,状貌殊特,日角龙颜,重岳虎顾,舌文八字,项有浮光,身映日无影,两骻骈骨,项上隆起,有文在右手曰'武'。帝为儿时,能蹈空而行。及长,博学多通,好筹略,有文武才干。所居室中,常若云气,人或遇者,体辄肃然。"梁武帝之母张氏的所谓"尝梦抱日,已而有娠",与刘邦之母刘媪的"梦与神遇"、蛟龙覆身,云云,可谓如出一辙,其核心都是天人交合而孕;而体貌异相即所谓"日角龙颜,重岳虎顾,舌文八字,项有浮光,身映日无影,两骻骈骨,项上隆起,有文在右手曰'武'",以及"蹈空而行"、"博学多通"、"所居室中,常若云气"等奇禀异行,与刘邦故事也一般无二。

《隋书·帝纪》记隋文帝杨坚:"皇妣吕氏,以大统七年六月癸丑夜生高祖于冯翊般若寺,紫气充庭。有尼来自河东,谓皇妣曰:'此儿所从来甚异,不可于俗间处之。'尼将高祖舍于别馆,躬自抚养。皇妣尝抱高祖,忽见头上角出,遍体鳞起。皇妣大骇,坠高祖于地。尼自外入见曰:'已惊我儿,致令晚得天下。'为人龙颔,额上有五柱入顶,目光外射,有文在手曰'王'。长上短下,沈深严重。"所谓出生时"紫气充庭","头上角出,遍体鳞起"、"龙颔,额上有五柱入顶,目光外射,有文在手曰'王'"云云,无一不是"天赋异象"的"帝王神迹"。

《宋史·本纪》记宋太祖赵匡胤:"后唐天成二年,生于洛阳夹马营,赤光绕室,异香经宿不散。体有金色,三日不变。既长,容貌雄伟,器度豁如,识者知其非常人。学骑射,辄出人上。尝试恶马,不施衔勒,马逸上城斜道,额触门楣坠地,人以为首必碎,太祖徐起,更追马腾上,一无所伤。又尝与韩令坤博土室中,雀斗户外,因竞起掩雀,而室随坏。"显然都是大同小异的套路。

译后絮语

《明史·太祖本纪》记明太祖朱元璋:"陈氏,方娠,梦神授药一丸,置掌中有光,吞之,寤,口余香气。及产,红光满室。自是夜数有光起,邻里望见,惊以为火,辄奔救,至则无有。比长,姿貌雄杰,奇骨贯顶。志意廓然,人莫能测。"也许是因为时移世易,"神人交感而孕"难以再惑人耳目,故老套的"梦与神遇"或"尝梦抱日"变成了"梦神授药一丸"。形式虽异,本质则一,都是赋予其母肚子里所怀的胎儿以超自然性。至于所谓"及产,红光满室",以至被邻居误认为失火,以及所谓"姿貌雄杰,奇骨贯顶"云云,都是"神命之主"的俗套。

萧衍、杨坚、赵匡胤、朱元璋式的"皇帝神迹",其实不过是刘邦式"皇帝神迹"的翻版。中国两千余年的皇权时代,"天人感应"观念之下,每位皇帝,尤其是开国皇帝几乎都有诸如此类的"神迹"。不过,在塑造这种"神圣性"的套路中,核心"神迹"会有所不同,有些只是突出其中一二点。[1] 这种旧套路一直延续到清代,[2] 乃至民国。[3]

"专制主义是一种宗教"。[4] 中国传统"皇帝神迹"成为思维定势并演化为民众心态,固化为统摄民众心灵的永久性力量。这种统摄力弥漫开来,较之有形的经济与政治措施,渗透力更强,可谓无远弗届,无孔

---

[1] 如唐高祖李渊,《太平御览》卷七三一转《唐书》曰:"高祖生长安,紫气冲庭,神光照室,体有三乳,左腋下有紫志如龙。"《旧唐书·本纪》记唐太宗李世民:"隋开皇十八年十二月戊午生于武功之别馆,时有二龙戏于馆门之外,三日而去。……龙凤之姿,天日之表。"

[2] 如《清史稿·世祖本纪》记清世祖福临:"母孝庄文皇后方娠,红光绕身,盘旋如龙形,诞之前夕,梦神人抱子纳后怀曰:此统一天下之主也。…… 翌日上生,红光烛宫中,香气经日不散。上生有异禀,顶发耸起,龙章凤姿,神智天授。"塞外来的马背首领入主中原后,最终也以中原传统模式来确立其"神迹",可见这个传统的根深蒂固。

[3] 袁世凯居大总统权位后,心思仍停留在皇帝位上。九龙白玉杯是袁从清废帝溥仪那里弄来的心爱之物。袁午休时,书童不小心将杯子打碎,惊恐中谎称看见一条白龙飞入袁卧室内,因受惊吓而致使杯子脱手坠地。袁世凯听后喜不自抑,免责书童。又,袁称帝前,每次洗澡时都将大鱼鳞夹带进浴室,偷偷丢在浴池内,以便侍者清理浴池时发现鳞片,散布他身上有"龙鳞",乃顺应天命的"真龙天子"的神话。为证明自己是"真龙"再现,袁到处搜求"龙瑞"、"龙迹"。1915年10月,湖北宜昌神龛洞中发现恐龙化石,被当成"龙瑞"电奏北京。袁闻之大喜,册封恐龙化石为"瑞龙大王",改宜昌县为"龙瑞县",并令从省库中拨款万元修祠堂供奉。见香港《大公报》所刊陆茂清《袁世凯造作"真龙天子"》文,中新网2011年6月10日。

[4] Marc Bloch, *Les rois thaumaturges*, p. 345.

不入，使民众"无所逃避于天地之间"，不得不接受其影响，最终演化为传统政治思维的逻辑起点，"理故宜然"的"天理"，其作用就如同古希腊逻辑学中作为"不言自明的"（self-evident）前提而存在的"公理"。这种心态是维护皇权合法性与正当性的最强大的力量之一。

不过，不同于有些国家（如日本）王权"万世一系"观念，中国传统政治思维中，与"皇帝神迹"并存的是"天道无常，惟有德者居之"、"天命无常，惟眷有德"的观念。这种观念一方面使任何人（哪怕是刘邦式的无赖之徒）夺得大位后都可以为自己贴上"有德"的标签，另一方面也使觊觎皇权、夺取皇位成为证明自己"有道"、"有德"的手段。于是，在执掌大位的统治者权力宣扬自己的"皇帝神迹"之时，反抗者也往往"创造奇迹"以证明自己"奉天承运"、"受命于天"。陈胜、吴广高喊"王侯将相宁有种乎"，但同时也不忘制造"神迹"——鱼腹置书"陈胜王"，令人狐鸣夜呼"大楚兴、陈胜王"——以鼓动人心。皇权时代走马灯似的王朝更迭中所呈现的历史事实是，越是崛起于草莽之间的下层造反者如刘邦、朱元璋，越是用心于制造"神迹"，以便于用来证明自己的神圣性，以及夺取权力的"天命所归"——用今天的话说就是"必然性"——故他们的"皇帝神迹"往往编造得格外圆满、生动。这与英法王权每当陷于危机时，国王为人触摸治病规模就呈现增长之势，是同样的道理。

在前现代世界各国各民族，政权的合法性与正当性毫无例外地基于两点：一是"君权神授"观念，二是血统世袭原则。虽然历代统治者都自诩自己的统治是"顺天应人"，但权力的合法性与正当性并非基于民意，而是"奉天承运"——没有这一点，世袭制度就没有法理基础。而一旦政权稳定，世袭原则本身就成为权力合法性与正当性的表现。西汉末年农民起义者，硬是强行"拥戴"刘氏后裔15岁放牛娃刘盆子为帝，以便发号施令，体现的是家族神圣性带来的权力合法性。

布洛赫多次强调，社会状态"在深层性质上是心态"。"皇帝神迹"是中国史册中司空见惯、俯拾即是的重要内容；对"皇帝神迹"的信仰，是中国前现代社会的重大历史现象，是民族政治心态的重要（甚至是核心）组成部分。近代以来，虽然已有"从来就没有什么救世主，也不靠神仙皇帝"的"显意识"，但作为中国文化传统中根深蒂固的"潜意识"，"皇帝神迹"塑造的政治心态，尤其是集体心理状态，至今仍不时地以"领袖神话"的形式有所表现。令人遗憾的是，从"皇帝神迹"角度书写的中国政治史著作迄今尚未出现，从这个角度进行的民族心态史的研究还没有展开。20世纪初新文化运动以来的国民性研究与批判，虽与民族心态研究有一定关联，但毕竟不是遵循同样的路径。因此，我甚是希望中国学者不要再以惯常的老套路，将这些"皇帝神迹"简单地以"迷信"视之而置之不理，而是从心态史、社会心理学的角度，写出一部令人耳目一新的"皇帝神迹史"。一部内容充实的"皇帝神迹史"会让人们明白，历史上乃至时下流行的形形色色的"政治神话"之所以大行其道，是因为它符合两千余年来"皇帝神迹"塑造的民族心态，符合这种根深蒂固的心态环境所滋育的文化接受习惯。只有完成对民族心态的剖析之后，思想启蒙方能更为有的放矢。

四、关于《国王神迹》的翻译

在布洛赫身后留下的传世作品中，《封建社会》与《国王神迹》居于突出地位。《封建社会》是布洛赫的后期作品，大气磅礴、气势恢宏的理论构架，伴以行云流水般的文字，让人看到的是作者敏锐、稳健、凝练、简洁的风格——我称之为法国写作风格；而《国王神迹》是布洛赫早年的作品，同样是体大思精、新见迭出，论证严密，但旁征博引、肆意汪洋之下的资料充溢、注释浩繁，明显地体现着他所受德国学术风格的影响。著作中不时出现的希腊语、拉丁语、古法语、德语等文字，篇幅巨大（几与正文相侔）的注释，尤其是让人应接不暇的书目信息、文字校勘、资料考辨、地方掌故、宗教礼仪、医学、民俗等众多领域的知识，让我的翻译倍感吃力，压力空前之大。这种压力在工作的中期尤其难以忍受。如果说在刚刚投入工作的初期，会有某种新鲜感与新奇感，而在结束时有一种曙光在前、丰收在望的收获感，那么中期的劳动则充斥着一种"前不着村，后不着店"、迷失在茫茫林海中进退失据的迷惘感：经年累月的紧张与疲劳，神经已处于麻木状态；而著作的难度丝毫未减，翻译进度却呈现减缓趋势；放弃工作已不可能，而竣工之日似乎遥遥无期。这种窘境是所有翻译大部头著作的学者都必然遭遇的，非有一往无前的意志，很难熬过那样的艰难时光。

本稿依据法文版 *Les rois thaumaturges: étude sur le caractère surnaturel attribué a la puissance royale particulièrement en france et en angleterre*, Gallimard 1983 与英文版 *The Royal Touch: Sacred Monarchy and Scrofula in England and France*, translated by J. E. Anderson, Routledge & Kegan Paul 1989 对照译出。法英两个版本的标题存在差异，选用"国王神迹"这个名称颇费思量。法文 thaumaturge 转自希腊语 θαυματουργός，源于古希腊语 θαυματοποιός，意为"魔法师""玩奇术者"。按照当今学界普遍遵守的直译原则，法文版标题 les rois thaumaturges 宜译为"魔法师国王"或"玩魔法的国王"；英文版 the royal touch 可径译为"国王的触摸"，或更简洁些，"御触"。但这样的译法不能令人满意。法文名称"魔法师国王"或"玩魔法的国王"本来是布洛赫借自孟德斯鸠的说法，是一种形象的比喻。如果中译本以这个名称出现，则可能会令读者误以为英、法国王的行为属于魔法范畴，而非基督教精神伦理中的政治行为，如此则有违布洛赫书写政治史的本意；而英文名称"国王的触摸"属于现象的刻画，过于直白，难以简明地揭示其超自然性质。相比而言，"国王神迹"则更为合适：在汉语文中，"神"与"天"一样意味着超自然性，"神迹"意味着超自然行为，"国王神迹"表达的则是国王神圣性所带来的超自然的奇迹——这显然与布洛赫整个著作的本意非常契合。而且，在汉语世界，很多学者都是以这个名称了解这部著作，故无必要另做他译。沿用"国王神迹"这个译法，更有利于学界对它的接受。

另外，这两个版本存在为数不少的细微差异，主要体现在两个方面。一是法文本中作者常用反问句表达肯定之意，而英文版几乎均改译为肯定句。我没有拘泥于哪个版本，没有完全依从法文本或英译本，而是根据实际需要，以译文流畅为原则决定取舍；二是法文本有些段落太长，英译本进行了适当的分段，我认为英译本改动处更佳时，即从英译本。

卡洛·金兹堡是国际史学界知名的史学家，他为意大利文版《国王神迹》所写的序言，受到包括勒高夫在内的许多西方学者的重视，为了使读者更多地了解西方学术界对《国王神迹》的认识与评价，我邀请陈栋女士将金兹堡序言自意大利文译出，与勒高夫序言一并刊出。陈栋曾在清华大学读书，毕业后留学意大利，研究金兹堡并与金兹堡本人保持着学术交往。金兹堡的这篇文章翻译难度很大，陈栋付出了巨大的辛劳。盛情高谊，令我感铭于心。

还有一段插曲令我耿耿于怀。就在工作进入后期阶段的修改与索引翻译时，我改换了一部新电脑。新电脑的大屏幕让我获得了更多的阅读舒适感，内心充满了现代新技术带来的喜悦。然而，就在我紧张工作近三个月之后，一件意外——更确切些说，一个灾难——发生了，电脑突然黑屏，再启动时，电脑拒绝工作。我寻厂家讨说法，厂家的答复是仅负责更换硬盘，拒绝承担恢复数据的责任——中国传统社会的强者逻辑又添一例证。其实，我近三个月的劳动价值何止一台电脑！我赶忙寻找电脑专家帮忙，以至于找到相关部门的顶级专家，均告无能为力，原因是电脑硬盘断裂。近三个月紧张的劳动成果付之东流，我被现代技术着实重重地捉弄了一回，也被现代商人狡黠地戏耍了一遭，更为强梁的商人与弱势的消费者之间的不平等关系实实在在地戏侮了一场。愤怒、无奈、疲惫、沮丧一并袭来，心绪、脾气坏到了极点。我切身感受到谈迁丢失《国榷》手稿之后的心情。我不得不在旧电脑保存的旧稿之上重新做起。此时正是2013年的春节前后。

无需说，我的工作得到许多朋友的帮助。我身边的同事经常询问翻译进展情况，使我不敢过分懈怠。许明龙、顾杭先生帮我解决了法语翻译的一些问题，拉丁文得到了张弨先生的帮助；译稿完成后，尹忠海、黄振萍、程方毅、张绪强、李大伟、卢兆瑜等诸友人帮我通读了译文，提出了许多修改意见。彭博、张捷、瞿泽媖、杨翱铭等也帮我校读了部分稿件。最后，我还要说，本译稿曾获得几家出版机构的青睐与优势稿酬的承诺，但我不能辜负商务印书馆王明毅先生自始至终对此书倾注的高度热情。他曾是拙译《封建社会》的责任编辑，其职业精神令我钦佩。此书由他负责，我感到放心。杜廷广君为此书的编辑付出了巨大的辛劳，此稿能以目前的面貌问世，赖杜君之力甚多。当然，丑小鸭经人打扮固然可以变得漂亮一点，但"原坯子"是他人无法改变的，我对译稿中的舛误承担全部责任。如蒙读者诸君不弃，一如既往地提出建议与批评，助我改进，在我将是莫大的荣幸，也是内心的至盼。

张绪山

2013年11月草成

2017年11月修改

于北京清华园

图书在版编目（CIP）数据

国王神迹：英法王权所谓超自然性研究/（法）马克·布洛赫著；张绪山译. —北京：商务印书馆，2018（2021.7重印）
ISBN 978－7－100－15838－1

Ⅰ.①国… Ⅱ.①马…②张… Ⅲ.①君主制—研究—英国②君主制—研究—法国 Ⅳ.①D756.121②D756.521

中国版本图书馆 CIP 数据核字（2018）第026740号

权利保留，侵权必究。

国 王 神 迹
英法王权所谓超自然性研究

〔法〕马克·布洛赫 著
张绪山 译

商 务 印 书 馆 出 版
（北京王府井大街36号 邮政编码 100710）
商 务 印 书 馆 发 行
山东临沂新华印刷物流
集团有限责任公司印刷
ISBN 978－7－100－15838－1

2018年8月第1版 开本 660×960 1/16
2021年7月第3次印刷 印张 38½

定价：158.00元